| 心理学经典导读系列丛书 |

教育心理学

经典导读

An introduction to the classics
of Educational Psychology

俞国良 / 主 编

董 妍 金东贤 / 副主编

北京师范大学出版集团
BEIJING NORMAL UNIVERSITY PUBLISHING GROUP
北京师范大学出版社

图书在版编目（CIP）数据

教育心理学经典导读 / 俞国良主编. —北京：北京师范大学出版社，2020.10（2021.7重印）
ISBN 978-7-303-26495-7

Ⅰ．①教… Ⅱ．①俞… Ⅲ．①教育心理学 Ⅳ.①G44

中国版本图书馆 CIP 数据核字（2020）第 216089 号

营 销 中 心 电 话	010－58807651
北师大出版社高等教育分社微信公众号	新外大街拾玖号

JIAOYU XINLIXUE JINGDIAN DAODU

出版发行：	北京师范大学出版社　　www.bnup.com
	北京市西城区新街口外大街 12-3 号
	邮政编码：100088
印　　刷：	北京京师印务有限公司
经　　销：	全国新华书店
开　　本：	730 mm×980 mm　1/16
印　　张：	31.25
字　　数：	600 千字
版　　次：	2020 年 10 月第 1 版
印　　次：	2021 年 7 月第 2 次印刷
定　　价：	68.00 元

策划编辑：周雪梅	责任编辑：周雪梅　祝　蕾
美术编辑：李向昕	装帧设计：李向昕
责任校对：陈　民	责任印制：马　洁

　　"前事不忘，后事之师。"经典，就是老师，就是样板，就是世范。作为一名后学者和教育工作者，我一直强调多读一点"经典"，并试着身体力行。继 2009 年出版《社会心理学经典导读》(北京师范大学出版社 2016 年第 3 版)和 2010 年开明出版社出版《心理健康经典导读》(北京师范大学出版社 2019 年修订版)后，现在我们又推出了《教育心理学经典导读》，三部曲终于按时完成。如果再加上此前我主编的"心理学大师心理健康经典论著通识丛书"(17 种，浙江教育出版社 2012 年第 1 版，2013 年校园版)和"心理学大师人际关系思想经典研究书系"(9 种，人民教育出版社 2019 年第 1 版)，以及独著的《20 世纪最具影响的心理健康大师》(商务印书馆 2017 第 1 版)和《心理健康大师：认知与评价》(开明出版社 2019 年第 1 版)，这项工作可以暂告一段落了。这是我与科研团队集体智慧的结晶，吾心甚慰！

　　回到正题，何谓教育心理学？它是研究教育和教学过程中教育者和受教育者心理活动现象及其产生和变化规律的心理学分支学科，是一门介于教育科学与心理科学之间的中间学科。实际上，在学科发展史上，心理学与教育学关系极为密切。前者是后者的基础与依据，后者是前者的指导与应用。它们在学科发展中不仅相互影响、相互借鉴，而且在许多领域有相同的研究主题。在教育心理学领域，心理学在方法论、实验设计等方面对其有决定性影响，而教育学在理论分析、实践应用等方面做出了特殊贡献。

　　从心理学、教育学交叉融合研究的历史进程看，教育心理学的研究范式的形成有一个过程。随着 19 世纪初期机能主义思想的发展，哲学、心理学和教育学之间的交叉融合也在发展，人们倾向于把教育学理论建立在心理学研究成果的基础上。在上述背景下，心理学方法论大行其道，加之教育实验本身就是学生身心机能发展在教育领域的一种尝试，教育实验中的交叉融合思想自然应运而生。这一时期教育学家裴斯泰洛齐(J. H. Pestalozzi)和蒙台梭利、心理学家赫尔巴特(J. H. Herbart)和杜威(John Dewey)等人的教育实验，已经散发着心理学方法论的光芒。在裴斯泰洛齐教育实验中，他明确地把心理学方法作为教学的基础，提倡"教育心理学化"。继裴斯泰洛齐之后，赫尔巴特试图在心理学基础上建立教育学方法论。显然，赫尔巴特已经注意到实验科学方法的重要性，在观念心理学的基础上提出了明了、联想、系统、方法四个阶段教学理论。19世纪末期，蒙台梭利在发展机能主义实验方面做出了新的贡献，以"儿童为中心"将教育实验科学化的进程又向前推进了一步。20世纪初，杜威接受了皮尔斯的实用主义哲学方法论和詹姆斯的机能主义心理学思想，为心理学与教育学的交叉融合做出了不可磨灭的贡献。从方法论看，第一，他接受了詹姆斯意识和心理发展的机能主义观点，坚持和发展了儿童作为一个有机整体，在与环境积极地相互作用的过程中发展的思想，从而为美国进步教育实验的机能主义模式奠定了心理学基础；第二，他在詹姆斯的"意识流"理论基础上，提出了"反省思维"（Reflective thinking）理论，具有广泛的方法论意义；第三，他充分肯定了心理学在教育学研究中的重要价值，强调儿童的主体作用，特别是儿童青少年年龄发展阶段的特点以及课程设计的心理学基础。这些既是教育学的成果，也是心理学的成果。一句话，这些是教育心理学初创期的奠基性研究成果！

从心理学、教育学交叉融合研究后形成的成果看，人类历史上的许多伟人已能够在教育实践中自觉地根据人的心理特点和规律有的放矢地开展教学活动。中国古代的教育家孔子就提出"不愤不启，不悱不发。举一隅不以三隅反，则不复也"的启发式教学方法；古希腊的苏格拉底也提出了"我不是给人知识，而是使知识自己产生的产婆"这样的教育心理学思想。值得一提的是，19世纪末在欧洲和美国形成的实验教育学派，它主张的是一种完全在实证主义精神影响下的教育教学实验活动，它所创立的科学主义教育实验模式是教育学发展中的重要里程碑。它广泛汲取了19世纪中叶以后实验心理学、心理测量学的研究成果。就心理测量学来说，它促使了教育学和心理学的结合，并为教育心理学的诞生提供了理论和方法。1870年，巴索罗梅（Bartholome）首次用问题表格法测量2000名小学生入学时的心理状态；1894年，法国比奈发表论文，开始探讨如何测量心理能力，并在1905年与医生西蒙编制了世界上第一个标准化的心理测验——比奈—西蒙量表；1897年，德国的艾宾浩斯（Ebbinghaus）首创填充法测量学生智力；1903年、1904年桑代克出版的《教育心理学》和《心理与社会测量导论》两书，不仅是教育心理学诞生的标志，也是心理与教育测量理论和技术发展的重要标志。从此，各种成就测验量表如算术量表、作文量表、智力量表、兴趣测验、人格测验和教育测验等相继问世。心理与教育测量技术的发展为教育实验的研究提供了方法支持。此后，实验心理学的方法开始在教学研究领域得到了独立的运用，即研究者在教育实验中开始采用实验心理学中的测量、统计与实验设计方法。毫无疑问，作为心理学与教育学交叉融合研究的实验教育学派，首次把科学主义实验的模式经由心理学引入教育实验中来，这种努力促进了教育实验的科学化和规范化发展。这种心理学的实验研究演化而成的实证主义的教育实验范式，正是教育心理学先驱所希望倡导的研究范式。这里，值得一提的是，瑞士心理学家皮亚杰的结构主义认识方法论对推动教育实验从传统的科学主义模式和传统的经验主义模式中走出来，发挥了重大作用。皮亚杰运用发生学的观点对结构主义进行再思考，提出了结构主义的认识论思想。他所创立的临床试验研究方法为教育实验研究提供了新思路、新视角。例如，布鲁纳的教育实验和认知发现学习理论、布卢姆的掌握学习理论和奥苏贝尔的有意义言语学习理论等，就是结构主义思想的产物。一言以蔽之，只要教育心理学研究需要，无论心理学的量表法、实验法、统计法，还是教育学的调查法、文献法、历史研究法，都是适合的。

众所周知，科学心理学诞生于1879年冯特在德国莱比锡大学建立的世界上第一个心理学实验室，在20世纪得到蓬勃发展，目前心理学已成为美国学科分类的七大部类之一。进入21世纪时，人们不禁要回首煌煌百年心理学的发展历程，看看哪些心理学家做出了重要贡献。为此，国际心理学界久负盛名的《普通心理学评论》杂志在2002年第2期刊发了一篇文章，题为《20世纪最著名的100名心理学家》(其中有4名诺贝尔奖获得者)，研究者通过三个量化指标及三个质性指标，对20世纪最杰出的心理学家进行了排名，并提供了99位心理学家的名单，留下一个空额让人们见仁见智。在金榜题名的这99位心理学家中，许多人的研究领域都涉及教育心理学。其中一些人毕生的学术专长就是试图破解人类"学与教"的心理学奥秘。比如行为主义的代表人物斯金纳(排名第1位)的"斯金纳箱"、班杜拉(排名第4位)观察学习理论的经典实验，举世闻名；教育心理学的创始人桑代克(排名第9位)的"学习定律：练习律和效果律等"更是被现代教育心理学工作者奉为经典。另外一些心理学家涉猎稍广，但其在教育心理学领域同样功不可没，拥有举足轻重的地位。例如吉尔福特(排名第27位)、科尔伯格(排名第30位)、乔姆斯基(排名第38位)、奥斯古德(排名第40位)、托尔曼(排名第45位)，詹森(排名第47位)、韦克斯勒(排名第51位)、斯滕伯格(排名第60位)、斯彭斯(排名第62位)、霍尔(排名第72位)、维果茨基(排名第83位)、罗森塔尔(排名第 84 位)、莫勒(排名第 98 位),特别是对心理学和教育学均做出卓越贡献的布鲁纳(排名第 28 位)、杜威(排名第 93 位)等。

我们选择了以上 18 位在教育心理学研究领域卓有建树的心理学家,对他们的教育心理学思想与应用以及对人类进步发展的贡献进行了详细解读。在每一章,我们首先简述该心理学家的事迹和贡献,即对其成长经历和教育背景等生平事迹进行了介绍,接着选译了反映其涉及教育心理学的经典论文或重要著作的重要章节,并对其教育心理学领域的经典名著进行了解读,然后对其有关教育心理学的思想或理论产生的社会文化背景和教育心理学的主要观点进行了论述,对其教育心理学思想或理论进行评价,并论及其对教育心理学相关研究领域的独特贡献及其研究进展,最后谈一下我们的认识与理解。我们从该心理学家所属流派,其在流派中的地位和作用,其教育心理学思想等入手,论及该思想的启示、进展与展望、应用前景等,并从总体上讨论了该心理学家的心理学思想与理论的优缺点,并进行评价。

本书由我确定编写原则、结构、内容、体例和样章,其中我的"老学生"董妍博士协助我做了许多具体的组织协调工作,策划编辑周雪梅博士更是鼎力相助。同时,本书更是集体智慧的结晶,这里既凝聚了我国老一辈心理学家的研究和指导,也包含了年青一代心理学工作者的努力劳动和辛勤工作的成果。书中的大部分译著和全部评价文章均是作者的原创性成果,并在我的博士生专业课程"教育心理前沿问题研究"上进行了介绍与阐述,由我讲评后再修改定稿。全书各部分主要译、评作者在各章节前已有说明,他们中既有我已毕业的或在读的博士、博士后,也有选修我主讲课程的其他学生。从他们身上,我不仅学到了很多东西,也真正体会到了后生可畏。因此,书中任何有创意的观点、有新意的成果,应归功于他们的殚精竭虑、严谨治学的学术精神。至于书中的纰漏和错误,则应当由我负责检讨。

特别需要说明的是,由于诸多原因,我们未能及时联系上一部分原著的译者,敬请他们见谅,并在见到本书出版后直接与我们或出版社联系。对于书中的缺点和错误,真诚地祈望同行专家和读者朋友批评指正。

俞国良于北京西海探微斋

2019 年 6 月 6 日

目 录

2

3

第一章 斯金纳[1]

[印象小记]

　　伯尔赫斯·弗雷德里克·斯金纳(B. F. Skinner，1904—1990)，美国行为主义心理学家，新行为主义的代表人物。他发明了研究动物学习活动特点和规律的"斯金纳箱"，从而发现了有别于巴甫洛夫经典条件反射的另一种条件反射行为——操作性条件反射(operational conditioning)，在此基础上提出了操作性条件反射理论。他长期致力于研究鸽子和老鼠的操作性条件反射行为，提出了"及时强化"的概念以及强化的时间规律等，形成了富有特色、自成系统的学习理论。1950 年，斯金纳当选为美国国家科学院院士，1958 年获美国心理学会颁发的杰出科学贡献奖，1968 年获美国总统颁发的最高科学荣誉——国家科学奖。2002 年，斯金纳被美国《普通心理学评论》杂志评为"20 世纪最著名的 100 位心理学家"之一，并荣膺冠军。

---

❶　本章作者：刘军伟，俞国良。

[**名著选读**]

重访瓦尔登湖第二❶

　　1945 年初夏，我写《瓦尔登湖第二》，当时不算西方文明的一个坏时期。希特勒死了，史上最野蛮的政权之一行将就木。30 年代的大萧条已被淡忘，共产主义不再是一个威胁，因为俄罗斯是值得信赖的盟友。再过一两个月，广岛将沦为一种可怕的新式武器的试验场。一些城市产生了一些烟雾污染，但没有人担心整体的环境问题。存在战时短缺，但工业界将很快再次转向投入无限的资源去满足无限的欲望。据说工业革命平息了马尔萨斯的呼声呢。

　　害得我写《瓦尔登湖第二》的，是个人的不如意。我已经看到我妻子和闺密们奋起从家务圈子里面自拔，还看到他们在要填职业的空格里写"主妇"时皱眉头。我们的大女儿刚刚上完一年级，若要人关注教育问题，怎么也拗不过大孩子新上学这件事的。我们很快要离开明尼苏达迁居印第安纳，所以我一直在找住房。我将离开一群才华横溢的年轻管弦乐演奏家，他们一路忍受了我弹得蹩脚钢琴，我不确信能否找到人接他们的班了。我刚刚结束了古根海姆研究员职位上成果丰富的一年，但我接受了印第安纳一个系主任的位置，不知道什么时候会再有时间搞科学或学术。关于这一类的问题，有没有办法解决呀？有没有行为科学碰巧可以助一臂之力？

　　这些是小范围的问题，这可能是一件小事，因为我可能不会有勇气对付那些大的问题。在七年前发表的《生物行为》一书中，我曾拒绝在实验室以外应用我的成果。"谁愿意推断就让他去吧。"我说。不过我当然已经思辨到行为科学所隐含的技术，以及它可能发挥的移风易俗的作用。我最近一直很重视个中含义，因为我每月要与一群哲学家和批评家（其中包括赫伯特·菲格尔，奥伯里·卡斯特尔和罗伯特·佩恩·沃伦）开一次会，会上关于人类行为的控制已经成为一个中心议题。

　　将这一切都归拢，写一部乌托邦社会的小说，可能是由于一个同事。爱丽丝·F.泰勒送了我他的新书《自由的发酵》，是关于完美主义运动在19 世纪美国的一项研究。搬到印第安纳前有两个月的空闲时间，我决定

---

❶　［美］斯金纳：《瓦尔登湖第二》，王之光、樊凡译，1-12 页，北京，商务印书馆，2016。为使译文更加流畅，本书对节选的原译文个别词句、标点做了改动，特此说明，之后不再赘述。

写下我的想法，也就是说，一千人一个群体如何借助行为工程，可能解决他们日常生活中的问题。

两家出版社拒绝考虑《瓦尔登湖第二》，而麦克米伦接受出版的前提条件是，我要先写一些介绍性的文字给他们。这些编辑部式的判断在当时是完全正确的。一两位杰出的批评家非常重视此书，但市民大众不理它了十几年。然后，书开始好卖，年销售稳步上涨，呈现了复利曲线。

我认为，有两个原因唤醒了人们的兴趣。书中如此频繁地提到的"行为工程"，在那个时候跟科幻小说差不多。我原以为行为的实验分析可以应用到实际问题，但还没有证明它。但是，20 世纪 50 年代出现了公众后来得知的行为矫正的开端。有关精神病和智障人士的早期试验，然后试验教学机器和程序教学，而这些实验进行的一些环境本质上位于社区内。60 年代，应用到其他领域，如咨询和激励制度的设计，就更接近我在《瓦尔登湖第二》中的描述了。研究行为的技术已不再是纯粹虚构的，事实上，对于很多人来说，这实在是太真实了。

不过，我认为，有一个更好的理由，说明为什么越来越多的人开始读这本书。世界正开始面对全新数量级的问题——资源枯竭、环境污染、人口过多和核灾难的可能性，等等。当然，物理和生物技术可以派上用场。我们可以找到新的能源，并更好地利用现有的能源。世人可以通过种植更有营养的作物，吃粮食不吃肉，来养活自己。更可靠的避孕方法可以让人口保持在一定范围内。固若金汤的防御可以使核战争无从发动。但是，只有人的行为改变了，这一点才会发生，而如何改变仍然是一个悬而未决的问题。如何诱导人们利用新的能源形式，吃谷物不吃肉并限制家庭规模呢？如何让核武库不落入铤而走险的领导人手中？

高层政策制定者不时呼吁，要更多地关注行为科学。美国国家科学院的行动部门，国家科学研究委员会，许多年前做了一个这样的提示，指出已经开发了有用的"政策制定的见解"。但它暗示，行为科学的主要作用是搜集事实，并坚持说，"知识在决策中不可替代智慧、常识"，可能是为了安慰被科学家的野心所惊呆的政策制定者。科学家会搜罗事实，但国会和总统将用智慧和常识作出决定。

诚然，当行为科学超越事实的搜集去推荐行动方针，并通过预测后果来自荐时，就没有太大的帮助了。例如，并非所有的经济学家都意见一致，税收的增减和利率的变化将如何影响生意、价格或失业，而政治学家也不可能就国内、国际政策的后果取得一致性意见。人类学、社会学和心理学的首选公式是那些不规定行动的公式。例如，地地道道的发展主义几乎否定了有效行动的可能性。应用心理学通常是科学和常识的混合物，而弗洛伊德认为治疗是精神分析的小贡献。

从一开始，对于行为的实验分析的应用是不同的。它倍加关注后果。行为可以通过改变它的后果而改变——这是操作条件作用——但它可以改变，因为其他种类的后果便会随之而来。精神病和智障人士会活得更好，师生的时间和精力可以节省，家会成为更开心的社会环境，人们会更有效地工作，同时享受自己在做的事情，等等。

这些都是传统上预期智慧和常识带来的各式成就，但《瓦尔登湖第二》的主角弗雷泽坚持认为，它们是一种特殊的行为科学的囊中之物，后者可取代智慧和常识，并带来更快乐的结果。过去的二十五年里发生的事增加了他的成果的合理性——在那个社区里，日常生活中最重要的问题，以及经济和政府的某些方面都解决了。

弗雷泽的批评者会申明反对。我们能从千人的成功社区里得出什么结论？拿这些原则到纽约市，或者国务院试试看，看看会发生什么。这个世界是一个庞大而复杂的空间。一个小群体行得通的东西，远远不能满足一个国家或全世界的需要。

弗雷泽的回答可能把瓦尔登湖第二称为试点试验。工业界先小规模尝试了新的流程以后，才投资大厂。若要发现人们如何生活在一起不吵架，不用工作太辛苦就可以生产自己需要的商品，可以更有效地养育、教育孩子，让我们先从易掌握大小的单位开始，然后转移到更大的问题。

但更令人信服的答案是这样的："大"有如此美妙吗？人们常常说，世界正在遭受大型化弊病的痛苦，而我们的大城市现在有一些临床实例。许多城市可能已经越过了优良管治的临界点，因为太多的事情都错了。我们倒不如问问，我们是否需要城市？有了现代通信和交通系统，企业并不需要彼此处在步行或出租车的距离之内，而且为了过上幸福的生活，有多少人是必须靠近的？人们涌向城市寻找就业机会和更有趣的生活，如果就业机会和更有趣的生活都可以在他们的来处找到，他们就会蜂拥回流。有人建议，有了现代通信系统，未来的美国可能干脆是小城镇的网络。但我们不该说瓦尔登湖第二了吗？一些城市的骨架可能幸存，像博物馆里的恐龙骨架，作为一种生活方式演变的过渡阶段的遗迹。

英国经济学家 E. F. 舒马赫在他的力作《小即是美》中讨论的是来自大的问题，并概述了适合中间尺寸的系统的技术。涉及新能源和农业新形式的许多项目，似乎非常适合小型社区来发展。小城镇或瓦尔登湖第二的网络会有它自己的问题，但令人惊讶的事实是，它可以轻而易举地解决当今世界所面临的许多关键问题。虽然小社会并不带来"人性的一切必要的善"（小城镇从来没有支持这一浪漫的梦想），却可以促成根据应用行为分析的原则安排更有效的"强化的相倚联系"。我们不必细查从这些原则得出的各种做法，就可调查其中的一些可能解决小社会基本问题的做法。

要诱导人们去适应少消费、从而少污染的新生活方式，我们不需要讲节俭或紧缩，仿佛我们意在牺牲。有些强化的相倚关系中，人们不断追求（甚至超越）幸福，而消费远远低于他们现在消费的。行为的实验分析清楚地表明，不是商品的数量（如供求规律所示），而是商品和行为之间的或然关系才重要。故而，使美国旅游者吃惊的是，世界上还有人比我们快乐，尽管他们拥有的财产少得多。通货膨胀据说是当今世界上最严重的问题。它被不无道理地定义为花费超过了现有的财富。实验社区可以纠正鼓励不必要开支的强化相倚关系。至于污染，小社区对于循环的物资、避免浪费的分配方法是最优的。

基础研究也表明，每个人，不论男女老少，不仅要收到货物，而且要从事生产，这一点有多么重要。这并不意味着，我们都应该根据新工作伦理像工作狂一样努力。省力的方法有很多，但不应该如弗雷泽指出的那样设法节省劳动者，从而增加失业者。只要把想就业的人数除以美国人每年收到的工资总额，就得到了每一个人每年合理的年工资。但是，这意味着对很多人来说，生活水平要下降；就目前的情况来看，这恐怕是不可能的。不过，在一系列的小社区，每个人都会有一份工作，因为工作，工资可以在工作者中间进行划分。而良好的激励条件，例如，人们不是挣钱，而是获得钱可以购买的东西，就不需要我们所说的辛勤工作了。

如果世界要节约任何部分资源用于未来，就必须不仅减少消费，而且减少消费者的数量。实验社区应该是很容易改变出生率的。父母不需要为经济安全生儿育女，无子女的人可以随心所欲地和孩子们长时间相处；社区将运作成一个亲情的大家庭，每个人都扮演着父母和子女的角色。血缘于是成为微不足道的问题。

人们如果不是在为个人身份或专业地位竞争，就更倾向于友好热情地对待彼此。但良好的个人关系也取决于赞扬或谴责的直接征象，也许是通过简单的规则规范来支持。大城市的大而无当，麻烦正是在于我们遇到的这么多人将再也看不到了，从而赞扬或谴责是没有意义的。这个问题不能靠委托警察和法院行使谴责的办法来真正解决。那些在家庭咨询或机构中使用行为矫正的人，知道如何安排面对面条件，促进人与人之间的尊重和爱。

如果我们可以改变罪犯的早期环境，就可以解决许多青少年犯罪和成人犯罪的问题。人无须好心地认为，如今许多年轻人根本没有被他们的家庭或学校准备好，在法律范围内过成功的日子，或者，如果准备好了，没有机会通过获得工作岗位来这么做。被送进监狱的罪犯很少好学，因此法官倾向于减刑或缓刑令，但犯罪不加惩罚就会增加。我们都知道早期的环境如何改善，科恩和菲利普查克报告的一个备受忽略的实验已经证明，犯罪者偶尔也可以改造好。

儿童是我们最宝贵的资源，而他们现在被可耻地浪费着。在人的幼年期，可以做精彩的事情，但我们把他们留给庸人，其失误范围从儿童虐待到过度保护都有，还有对错误行为滥用亲情。我们很少给幼小孩子机会去发展与同伴或成人的良好关系，特别是在单亲家庭，而后者有增加的趋势。孩子从一开始就是较大的社区的成员时，这一切都改变了。

城市学校证明，规模大对于教育有很大损害，而教育是重要的，因为它关乎文化的传输，因而关乎文化的生存。我们知道如何解决许多教育问题，采用计划指令和良好的应急管理，去节约资源，节约师生的时间和精力。小社区是采用新类型的指令，不受政府官员、政客和教师组织干涉的理想场所。

尽管我们空谈自由，我们很少推进个体的发展。有多少美国人能说，他们正在做自己最有资格做、最喜欢做的各种事情呢？他们有什么机会去选择与自己的才能、或他们在早年获得的兴趣和技能相关的领域？女性才刚刚开始可以选择不做家庭主妇，现在会发现年轻时是多么难以选择合适的职业，而日后换职业又多么难。

而一旦幸运地做着自己喜欢的事，获得成功的机会又有多大？艺术家、作曲家和作家如何可以轻松地让他们的作品，得到那些欣赏作品，而其反应将以创造性的方式塑造行为的人的关注？那些知道强化相倚关系重要性的人，知道如何引导人们去发现自己做得最好的事情和自己会从中得到最大满足的事情。

虽然有时会受到质疑，艺术、音乐、文学、游戏等不依赖于严肃的人生事业的活动拥有生存价值，这是很清楚的。文化必须正面加强那些支持它的人的行为，必须避免造成负面的强化物，供它的成员背叛逃避。被艺术家、作曲家、作家和表演者美化和弄得令人兴奋的世界，与满足生理需求的世界，对于生存一样重要。

有效地利用休闲，在现代生活中几乎完全被忽视。我们夸耀我们的工作日和工作周缩短了，但是我们处置不得不度过的空闲时间的方式，没有什么让人非常自豪的。休闲阶级几乎总是求助于酒精和其他药物，去赌博，并看着别人过着疲惫或危险的生活，我们也不例外。由于电视的帮忙，数以百万计的美国人现在过着其他人的兴奋的和危险的生活。许多州正在使赌博合法化，并建立了自己的彩票系统。酒精和毒品的消耗量不断增加。人们可以这些方式度过一生，并在生命结束时基本保持不变。休闲的这些用途是由于一些基本的行为过程，但同样的过程在不同的环境里，可以导致人们尽可能地发展他们的技能和能力。

难道我们十分确定这一切？也许不是，但瓦尔登湖第二可以帮助我们确定。即使作为一个更大的设计的一部分，一个社区可以作为试点实验。现在的问题是它能否行得通，以这样或那样的方式，答案通常是明确的。如果是这样的话，我们可以尽可能高的速度增加我们对人类行为的理解。这可能是回答当今世界面临的真正重要的问题——不是经济学或行政问题，而是人类的日常生活问题的最好机会。

是的，但对于经济学和政府又怎么说呢？我们不也是得回答这些问题吗？我不确信我们必须回答。考虑一下下面的经济命题吧。首先是来自亨利·大卫·梭罗的《瓦尔登湖》的命题：通过减少我们消费的商品量，就可以减少我们花费在不愉快的劳动上的时间。第二个命题似乎断言正好相反的东西：我们必须尽可能多消费，让每一个人都能有一份工作。我认为第一个命题是比较合理的，即使第二个命题今天也有很多人辩护。事实上，可以争辩说，如果美国转变为一个小型社区的网络，我们的经济将土崩瓦解。但是，当必须拯救系统而不是拯救该系统应该服务的生活方式，事情就出差错了。

但是，政府怎么说呢？当然，我并不是说没有联邦政府我们照样可以过活？但政府有多少是必要的？我们的国家预算的一大份额去了卫生、教育和福利部。健康？教育？福利？但像瓦尔登湖第二这样的实验社区就等于卫生、教育和福利！我们有一个庞大的联邦部门，唯一原因是，数以百万计的人们被困在杂草丛生的、行不通的生活空间。

另一个大份额的预算去了国防部。我是在说没有它我们可以照样过吗？我们怎样才能保持世界和平，如若我们不配备最厉害的武器，再加上一个产业，继续发展更强大的武器呢？但是，我们有武器，只是因为其他国家也有，虽然我们觉得受到军事实力不相上下的国家的威胁，尤其是原子弹的威胁，真正的威胁可能是几乎一无所有的国家。一些高度工业化的国家不可能长期一边持续消费和污染环境，一边面对世界其他地区。生活的一种方式，其中每个人只用世界资源的公平份额，但仍然自得其乐，将是迈向世界和平的真正一步。这是很容易被复制的模式，我最近感到振奋，有人从国务院打电话告诉我，他认为美国应该停止试图输出"美国生活方式"，而是出口瓦尔登湖第二来代替。基于体力的镇压，正式的、法律的，社会的控制而定义的状态在文明的发展中没有必要；虽然这样的状态确实在我们自己的发展中出现过，我们可准备进步到另一个阶段了。

假设我们知道，美好的生活需要的什么，我们如何把它实现呢？在美国，我们几乎本能地通过政治行动来改变现状：颁行法律，投票选举新的领导人。但很多人都开始怀疑。他们对所谓人民的意志显然被以不民主的方式所控制的民主进程失去了信心。而且总是这个问题，即如果我们非要惩罚性地解决问题，那么，基于惩罚性制裁的政府是不恰当的。

有人认为，解决方案可能是社会主义，但经常有人指出，社会主义与资本主义一样，致力于增长，因而致力于过度消费和污染。当然，经历社会主义五十多年的俄罗斯并不是我们想要效仿的典范。中国可能更接近于我一直在讲的解决方案，但在美国搞共产主义革命是很难想象的。这会是血淋淋的事，并且总是有列宁的问题需要去回答的：为了后来人起见，可以强加给现在的人多少苦难呢？而且我们可以确定后来人的日子会有什么改善吗？

幸运的是，有另一种可能性。《瓦尔登湖第二》有个重要主题是，政治行动要避免。史家已经停止描述战争和征服英雄、帝国，他们纷纷转向的目标虽然远不是那么戏剧性，却是更为重要的。伟大的文化革命不从政治开始。在人类事务中有影响力的伟人——孔子、佛陀、耶稣，文艺复兴中的学者和科学家，启蒙运动的学者领导人，马克思——都不是政治领袖。他们没有通过竞选公职改变历史。我们所需要的并不是一个新的政治领袖或一个新型的政府，而是关于人类行为的深入知识和应用这些知识进行文化实践设计的新途径。

现在人们普遍认识到，美国人的生活方式必须大为改观。我们不仅无法像现在这样消费和污染，一边面对世界其他地区，而且无法长期一边承认我们身边的暴力和混乱，一边面对自己。选择是明确的：要么我们什么也不做，让悲惨的、可能灾难性的未来赶超我们，要么用我们对人类行为的知识来创造一个社会环境，我们就可以过着生产性和创造性的生活，而不是危害后来人这样做的机会。像瓦尔登湖第二这样的东西不会是一个糟糕的开局。

8

第 16 节 ❶

就在花园的南面，在一条铺在温暖草地上的毯子上，躺着 个赤裸娃，九到十个月大。一对男孩和女孩正在试图让她爬向一只橡皮玩具。我们在走向公共休息室的路上停下来一会儿，欣赏他那奇怪的不成功的努力。

当我们继续前行，弗雷泽随便地说，"他们的头胎孩子。"

"我的天!"我叫道。"你是说那两个孩子是娃娃的父母?"

"当然啦。也是个不错的娃娃。"

"可他们不超过十六七岁!"

"可能。"

"可那不令人惊奇吗? 这不是件通常发生的事，我希望。"我的声音怀疑地越来越小了。

"对于我们，这一点儿也不少见。"弗雷泽说。"在瓦尔登湖第二，母亲的头胎平均年龄是十八岁，我们希望让这个数字进一步下降，是战争干预了一下。我相信你们看见的女孩生孩子的时候是十六岁。"

"可是，你们为什么要鼓励那个?"芭芭拉说。

"有十多个好的理由。通常的迟婚或者迟育，都是没有借口的——但是我们能把事情留到午餐时谈吗? 一点钟在服务室怎样?"

我们到了自己的房间，弗雷泽径直离开了我们。我们洗涮了一番，在大楼前重新会合，在靠墙的长椅上坐成一排，被伸出的屋顶遮阴。我们都没力气了。

"做那种事我要记工分，"卡斯尔说，一屁股坐到长凳上，"一定要记2点00分，不然我不玩。"

"对弗雷泽今天所讲的，你怎么想?"罗杰说。

"嗯，我可以这么和你说，"卡斯尔说，"我不会在虚线上签名的!"

罗杰不安地看看芭芭拉，带着明显的失望。

"为什么不?"我问，给予我所能给予的支持。

"你会吗?"卡尔斯说。

"嗯，这我可不知道，但是弗雷泽今早所说听上去很合理。他承认都是实验。如果他能真的始终自由地改变做法——如果他能避免把自己刻板地束缚在某种理论上——我想他能成功的。"

---

❶ [美]斯金纳:《瓦尔登湖第二》，王之光、樊凡译，136-144 页，北京，商务印书馆，2016。

"这简便易行的，这种实验态度。"卡尔斯说。"科学家在了解任何事前可以自信。我们的哲学家应该想到这一点。"

"我想你是对的，"我说。"科学家可以吃不准答案，但往往确信他能找到答案。那显然是一种哲学不享有的条件。"

"我想看一些答案——不仅仅是对答案的保证。"

"你不相信自己的眼睛吗?"我说。我仍在试图鼓起罗杰的热情。

"我的眼睛告诉我零。这种冒险经常一度走得很好。我们想知道的是，这玩意儿是否有永久的潜力。我想再看到更多的美妙的第二代。"

"那很奇怪，"我说。"我对第一代更担心。我想弗雷泽关于教育人们合作生活的话非常正确。困扰我的是，当第二代准备好接管，怎样让第一代安全进入坟墓，或至少是安乐椅。弗雷泽答应我们，今天晚上就此多说说。"

"是应该多说，"卡斯尔怒气冲冲地说。"多得多。"

"是不是应该出发吃午饭了?"芭芭拉欢快地说。"你能想象十六岁生娃娃吗?"

我们发现餐厅有点拥挤，我们在英吉利饭店选了一张小桌子。弗雷泽在等我们，还没有等我们拿起叉子，他已经开始说话，似乎他刚停下来。

"无疑，女孩在进入育龄后一两年结婚，给你们的印象是原始文明，或者更坏，在我们自己国家的落后社区，"他说。"早婚被认为是不适宜的。数字显示，长远看起来早婚更少成功，而且从经济观点来看简直异想天开。然而，我几乎不用指出，瓦尔登湖第二对于任何年纪的婚姻没有经济障碍。年轻的小两口不管结婚与否，都会生活得相当好。孩子以同样的方式被照顾，不管其父母的年龄、经验或者挣钱能力。"

"当然，大多数的女孩十五六岁都达到育龄了。我们喜欢嘲笑'早恋'。我们说早恋不会持久的，并依此判断他的深度。嗯，它当然不会持久！千百种力量在协力反对它。而且也不是自然的力量，而是来自一个组织糟糕的社会。男孩和女孩都准备好爱了。他们再也没有同样的能力来爱了。他们准备结婚生子。这都是同一回事。但是社会从来不让他们来证明。"

"相反，社会把它变成一个性生活问题。"我说。

"当然!"弗雷泽说。"性生活本身不是问题。在性生活里，青少年发现了自然冲动的直接而令人满意的表达。它是一个解决方案，有产出，有体面，被社会崇敬和骄傲地看待。和我们大多数人曾一度私密羞耻地回忆起性生活是天差地别！青春期回忆起来很少是愉快的，充满了不必要的问题，不必要的推迟。它应当是短暂而无痛的，我们在瓦尔登湖第二就把它变成这样了。"

"你们所有的把青少年置于麻烦之外的计划——你们对那些性生活提供的'健康'替代品哟！"弗雷泽继续道。"性生活有什么不健康的？为什么要一定用替代品？爱，或者婚姻，或者生育有何不对？通过推迟不解决任何事——反而让事情变得更糟。紧跟而来的或多或少的病态失常很容易被看到，但是还有很多节外生枝。正常的性生活调整经常被阻止。性生活里面的嬉戏元素被宣扬——每个异性变成了勾引的挑战。这是我们乐于避免的恼人的文化特点。淫乱的攻击不比爱吵闹、喜欢挑逗、开心的拍背示好更自然。但是如果你在让性生活变成严肃之前坚持把它变成游戏或猎艳，以后怎能指望有清醒的态度？"

"女孩们这么年轻时能同样容易怀孕吗？"芭芭拉说。

"更容易的，"弗雷泽断然说，似乎他自己在年轻时生过几个。"当然，我们要保证女孩子能正常生育，但是，在任何年纪都应当那么做的。"

"她持续多长时间在生儿育女呢？"

"随她喜欢，但一般并不异乎寻常地长。比如说，如果她要四个孩子，就在二十二三岁结束生育了。那并不算太快，因为她被免除了照顾孩子的劳累，尽管她可能在托儿所工作挣她的工分；也因为她得到了一流的医药保养。在二十三岁，她会发现自己的身体和精神都年轻，似乎这几年过来一直未婚。她的成人生活向她开放着，有许多有趣的前景。首先，她那时和男人平等。她已经做出特殊的贡献，那是女人的责任或特权，可以不分性别取得她的地位了。你们可能注意到了，我们当中男女完全平等。几乎没有任何工作类型不是平等分享的。"

我突然不由自主想到一句话，我吃惊地听到自己把它说了出来：

"在瓦尔登湖第二，'一代'意味着大约二十年！"

"而不是通常的三十年，"弗雷泽说，笑我少见多怪。"取笑那些'大窝生崽子'的人，我们从中获得无穷无尽的乐趣。我们并不牺牲我们的妇女，去规定尽可能多生育的政策，但是我们通过简单的两代人变三代人的计策，持平或者超出了他们的繁殖率，而且得到的是健康的孩子。"

"男人三十五岁就当外公了，"我越来越惊异。"达到古稀之年时，第五代就出世了！"

"我们当中的一个，在同样年龄，曾孙辈人数可以和常人的孙辈人数同样多——而每对夫妇孩子却更少，"弗雷泽说。"那个应该是对指控我们一定程度上干涉了天伦之乐或家庭关系的足够回应。瓦尔登湖第二的普通社员，要比大社会的突出成员看到更多的后代。每个孩子会有多得多的在世祖父母，曾祖父母和其他亲戚来关心他。"

"我想可能还有一个优点，"我说。"年轻的父母应该对儿童问题有更新鲜的记忆，更好的理解。他们一定会更有同情心，更能助人。"

"如果真需要同情和帮助的话。"弗雷泽有点急躁地说，似乎我暗示了社区在某些方面有缺陷。

"但是没有一个麻烦吗？"芭芭拉说。"年轻人真的知道自己要和什么样的人共度余生吗？"

"他们看上去是这样想的。"弗雷泽说。

"但是年轻人长大了会产生隔阂的。"

"那是真的吗？"

"研究数据表明，"芭芭拉说，对用弗雷泽的语汇说话感到明显的骄傲，"早婚会不幸福的。"

"因为丈夫和妻子长大了产生隔阂，还是我们的经济系统惩罚早婚？"

"我不知道。"

"经济困难会让人们长大产生隔阂，"弗雷泽说。

"我所知道的是，我年轻时候喜欢的男孩子，现在已经无法让我动心了，"芭芭拉说，如释重负地放弃了数据。"我不能想象当初在他们身上看到了什么。"

"我纳闷，任何年纪是否都这样。我们不住在一起的时候就产生隔阂。"

"我想麦克琳小姐说的可能有点道理，"卡斯尔说。"我们在那个年纪更少可能会定位到我们最后的生活方式。我们还试图在发现自己呢。"

"很好，先让这一点成立——虽然我无法看到这有何要紧，因为瓦尔登湖第二的人们从不停止改变。但至少我们可以提供一些补偿性的优势。我们可以确信，夫妻会出身同样的经济水平，同样的文化，同样的教育。关于那个，数据显示了什么？"

芭芭拉想了想。"我记得，那些事情也是重要的，"她终于说出口了。

"那样我们就扯平了，"弗雷泽说。"我们的男孩女孩彼此也很了解。我们当中没有仓促结婚的。"

"早婚事实本身应该防止'因为性迷恋而结婚'，"我说，"除非你感觉我在毁坏你对早恋的同情远景。"

"你一点没在毁坏他。早恋根本没有表现为公开性生活。通常是高度理想化的。我们考虑的不是挫败自然冲动以后产生的兴奋，而是一种自发产生的爱，有尽可能少的障碍，因而本身是成功的最确立的保证。"

"很浪漫，不科学。"我说。

"那让我添加一点科学的意味吧。年轻男女订婚后，就去找我们的婚姻主管。他们的兴趣、学校成绩单和健康都要检查。如果在知识、能力和性格上有大的差异，就会建议不要结婚。至少婚姻要推迟，而那通常意味着放弃。"

"就那么简单吗?"我说。

"通常是的。其他交往的机会不无裨益啊，正像个人嫉妒的情况一样。"

"但是你们逼女孩这么早结婚难道不是在毁掉她一生最好的年头吗?"芭芭拉说。

"不是被'逼婚'。这都是一个选择的问题。她跳过了十几岁后几年和二十多岁的头几年，那些我们文学中浪漫描画的年头。但是她很快就拿回来了，在生育期结束后。而这些年比放弃的那些年要好。对于大多数女孩来说，青春期是一个关注个人成功和婚姻的时期。对于少数满意的人来说，它是虚假的兴奋。初进上流社会的闪亮的年轻女子带着一串情郎，是文明用不着的虚假玩意儿。"

"我不知道为什么你的透露这样令人不安，"我说。"十六七岁结婚在其他时代和其他文化并不少见。然而在某种程度上，它给我的印象是瓦尔登湖第二生活中最激进的特点。"

"我想我不喜欢它，"芭芭拉说。

弗雷泽冷冷看了她一眼，"你让我很难回答伯里斯先生的话，"他说，"我本来要指出，在其他时代和其他文化性成熟要快得多。人可以在十五六岁成年。我确信，麦克琳小姐没有虚度她看得那么重的几年，但那不是普遍的情况。至少中学的一半时间纯粹是浪费——大学的一半时间也是这样，我们思想解放的教育者正开始发现这一点。不管他们年龄多少，瓦尔登湖第二的年轻社员不成熟是不结婚的。他们比其他地方的同龄人会更好地控制自己，他们也更少可能误解自己的感情，误解其他人的动机。麦克琳小姐。'一生中的最好几年'只有在青春期的问题解决或者过后才能达到。我们要把它们乘上好几倍呢。"

"恐怕计划生育的人不会谢谢你们早婚的，"我说。"马尔萨斯一定在他的坟墓里多翻了一圈身。"

"减少懂得马尔萨斯问题的人的出生率，并不是解决这个问题的办法。相反，我们需要推广认识到有必要计划生育的文化。如果你认为我们应该做出榜样，你就必须向我证明，我们在榜样被遵从以前不会灭种。不，我们的基因工程是有生命力的。我们不担心我们的生育率，不担心它的后果。"

"你们有没有进行任何基因试验呢?"我说。

"没有,"弗雷泽说,但是他坐起身来,仿佛这话题特别有趣。"我们当然不鼓励不健康的人生孩子,但仅此而已。你一定记得,我们最近才达到现在的规模。即使如此,我们对于试验,规模还不够大。也许以后能有所作为。家庭结构的弱化,会让试验性的生育变得可能。"

弗雷泽静静地微笑着。

"我在等着那一个!"卡斯尔爆发性地说,"'家庭结构的弱化'是怎样的,弗雷泽先生?"

"外部世界全神贯注关心的问题嘛,"他说,"是瓦尔登湖第二的家庭发生了什么。家庭是现代制度里最薄弱的。它的虚弱性尽人皆知。随着文化的变迁,家庭能生存下去吗?我们就像母亲看见迟钝的孩子走向讲台开始背课文一样诚惶诚恐地看着它。嗯,瓦尔登湖第二的家庭发生了很多事,卡尔斯先生,可以实话告诉你的。"

我们结束了午餐,但餐厅已经不那么拥挤,所以不离席。弗雷泽用了一个明显不舒服的手势,建议我们在开始做作业前找个更舒服的地方待上几分钟。附近的客厅有人了,但我们发现一个空的工作室。几块皮垫子散落在地板上,我们坐了上去,感觉像放荡不羁的吉卜赛人,因而对讨论的问题非常客观。

[思想评价]

1904年伯尔赫斯·弗雷德里克·斯金纳出生于美国宾夕法尼亚州东北部的一个车站小镇,父亲是当地的律师。斯金纳从小就爱制作各种小玩意儿,成为行为主义心理学家后,又发明并改造了很多动物学习实验的装置。在中学和大学期间,他曾立志当一名作家,并试图进行文学创作,但很快发现无论是自己还是其他作家对人的行为理解都不够。为了更深入地理解人的行为,他转向了心理学。在哈佛大学攻读心理学博士的时候,他受到了行为主义心理学的影响,成为一名彻底的行为主义者,从此开始了他一生的行为主义心理学家生涯。

一、生平事迹与操作性条件反射形成的背景

在斯金纳所处的时代,即19世纪末20世纪初,美国逐步强大起来,开始积极涉足国际事务。在领土方面,先是把夏威夷岛纳入美国版图,后又从西班牙手中赢得了关岛、波多黎各和菲律宾的统治权。1901年,西奥多·罗斯福接任美国总统,他很喜欢重复一句叫"大棒在手、温言在口、行走长久"的非洲格言,在具体事务操作中,他却是"大棒在手"多于

"温言在口"，强化美国作为世界警察的角色并利用这一角色为美国谋取利益。他于 1903 年怂恿巴拿马反叛哥伦比亚，并从中获取了巴拿马运河的修建权，于 1905 年促成了俄国和日本之间的和平条约并因此获得诺贝尔和平奖。罗斯福为后继者确立了"炮舰外交"的政策基调，1909 年上台的威廉·塔夫脱总统又提出"金元外交"作为"炮舰外交"的补充，在实践中交替使用或者同时使用。

在美国政府忙于对外侵略扩张的同时，美国国内的改革运动在各个领域全面展开。"黑幕揭发者"曝光邪恶，引发变革；与此同时，其他团体也在为改善妇女和儿童的工作环境、鳏寡老人的福利资助、工伤事故的医疗保险而努力奋斗。其中，美国工人为改善工作条件而组织的多次罢工尤其引人注目，工人组织通过与资本家斗智斗勇，逐步为自身争得了相应的权利。斯金纳生于 1904 年，20 世纪的前 20 年是其人生成长的关键时期，这一时期美国"金元外交"和"炮舰外交"相结合的外交政策取得了明显的效果，对斯金纳的思想发展具有重要影响，从其思想中可以看到"强化""惩罚"的影子。另外，产业工人通过罢工争取权利和条件的做法也让他看到了主动"反应"的意义和价值，在一定程度上为其提出操作性条件反射理论奠定了思想基础。

斯金纳从小喜爱发明创造，富有冒险精神。他喜欢制造各种各样的玩意儿：有轮子的滑橇，有驾驶盘的小推车，长雪橇和可以在浅水上用篙撑驶的木筏。他还制作陀螺、空竹、用橡皮筋推动的飞机模型、测量气象用的风筝箱，将白铁片制成螺旋桨，用卷轴和绳子作推进器把它送上天空。

斯金纳在一所单幢校舍读完小学到中学十二年的全部课程，并在这所学校扎扎实实地学了四年中等数学，但科学课程的教师比较差，他就自己在家里补做物理和化学实验。中学毕业时，他们班里只有八个学生。他很喜欢这所学校。学生们时常喜欢集结在校外等待打铃开门。但斯金纳总是来得比别人早些，要求先进校门。这经常给看门老头制造麻烦。校长嘱咐他别把斯金纳先放进去，但看门老头总是单独为他开绿灯。

斯金纳的父亲威廉是当地铁路局的法律顾问，他志向远大，喜欢读书、藏书。他常对斯金纳说："我们和城里某些大户人家有交往，应该像个样子。"他购置了大量图书放在家里，大部分是一些大部头之类的丛书，如世界文学名著、世界历史丛书、幽默集锦等，另外，还有一些装潢美观的应用心理学丛书。这些书对斯金纳的成长影响很大，斯金纳在自传中回忆道："我记得其中有一段讲到画一个用大铁锨把可可豆送进一座巨大的烘炉来作为巧克力的广告，这样做从心理学上说是极不高明的。"斯金纳的母亲巴络士·格莱斯弹得一手好钢琴，而且是个难得的女低音。这些都对斯金纳的成长产生了潜移默化的影响。

斯金纳大学就读于汉密尔顿学院，主修英国文学，选读过古代英语，乔叟、莎士比亚的著作，英国复辟时期戏曲和浪漫派诗歌，并把乔叟的《卖赎罪券者的故事》译成现代英语。斯金纳大学一年级选修生物学，此后还读过胚胎学和猫体解剖，为以后的心理学研究奠定了生理知识基础。1926年斯金纳从汉密尔顿学院毕业，转入哈佛大学心理系。在哈佛大学学习期间，他为自己制定了一张极严格的日程表，从早晨6点至晚上9点的分分秒秒几乎都用来钻研心理学和生理学。他不看电影不看戏，谢绝一切约会。功夫不负有心人，斯金纳于1930年获哈佛大学心理学硕士学位，1931年又获心理学博士学位。

当时，资本主义世界出现了一个短暂的、局部相对稳定的时期，美国的资本主义经济也出现了一个短暂的繁荣，到1929年，美国的工业总产值已达世界的48.5%。然而，在经济繁荣的表象背后，早已埋下了危机的种子。从1929年10月19日开始，一场以美国股市崩盘为标志的经济大危机席卷了整个资本主义世界。这场危机持续了四年之久，影响到美国社会的各个方面，银行倒闭，千百万投资者破产，普通人的储蓄化为乌有，商店关门，工厂关闭，数千万失业者踟蹰街头，等待政府救济……美国政府采取一些救市政策，但收效甚微。1933年3月4日，罗斯福接任美国总统，在随后的100天里，他雷厉风行，大刀阔斧地出台了一系列应对危机的政策法案，有效抑制了经济下滑的局面，让悲观绝望的民众看到了希望。这些政策法案统称"罗斯福新政"。"新政"的实质是国家干预，"新政"的显著效果让斯金纳看到了政府干预对于社会改造的重要作用，也为他"利用行为技术改造社会"的思想奠定了认识基础。

二、操作性条件反射的主要内容

操作性条件反射。斯金纳根据行为发生的原因把行为分为应答性行为和操作性行为，前者是由已知的刺激引起的反应，后者是有机体自身发出的反应，与任何已知刺激物无关。相应地，斯金纳把条件反射也分为两类。与应答性行为相应的是应答性反射，称为S型条件反射(Stimulation)，与操作性行为相应的是操作性反射，称为R型条件反射(Reaction)。S型条件反射是强化与刺激直接关联，比如，用针扎手，手就会突然缩回等。R型条件反射是强化与反应直接关联，比如学生课堂主动发言后得到老师的表扬，以后发言会更加积极。斯金纳认为，人类行为主要是由操作性反射构成的操作性行为，操作性行为是作用于环境而产生结果的行为。在学习情境中，操作性行为更有代表性。斯金纳很重视R型条件反射，因为依据这种反射可以塑造新行为，这在学习过程中尤为重要。

斯金纳关于操作性条件反射作用的实验，是在他设计的斯金纳箱中进行的。箱内放进一只白鼠或鸽子，并设一杠杆或键，箱子的构造尽可能排除一切外部刺激。动物在箱内可自由活动，当它压杠杆或啄键时，就会有一食丸掉进箱子下方的盘中，动物就能吃到食物。箱外有一装置记录动物的动作。

斯金纳通过实验发现，动物的学习行为是随着一个起强化作用的刺激而发生的。斯金纳把动物的学习行为推广到人类的学习行为上，他认为人类学习行为虽然在性质上比动物复杂得多，但也要通过操作性条件反射来完成。操作性条件反射的特点是，强化刺激既不与反应同时发生，也不先于反应，而是随着反应发生。有机体必须先做出所希望的反应，然后得到"报酬"，即强化刺激，使这种反应得到强化。学习的本质不是刺激的替代，而是反应的改变。

斯金纳用强化列联这一术语表示操作性条件反射的行为结构。强化列联由三个变量组成：辨别刺激，行为或反应，强化刺激。刺激辨别发生在被强化的反应之前，它使某种行为得以建立并在当时得到强化。在一个列联中，一个操作—反应过程发生后就出现一个强化刺激，这个操作再发生的强度就会增加。斯金纳认为，教学成功的关键就是精确地分析强化效果并设计特定的强化列联。他进一步认为，人的行为几乎都是操作性强化的结果，人们有可能通过强化作用的影响去改变别人的反应。在教学方面教师充当学生行为的设计师和建筑师，把学习目标分解成很多小任务并且一个一个地予以强化，学生通过操作性条件反射逐步完成学习任务。

强化理论。斯金纳在对学习问题进行了大量研究的基础上提出了强化理论，十分强调强化在学习中的重要性。强化就是通过强化物增强某种行为的过程，而强化物就是增加反应可能性的任何刺激。斯金纳依据强化的性质把强化分成积极强化和消极强化两种。积极强化是指获得强化物以加强某个反应。如，鸽子啄键可得到食物。消极强化是指去掉厌恶的刺激物，通过厌恶刺激的退出而加强了那个行为。如，主动系安全带以摆脱提示音干扰。教学中的积极强化是教师的表扬、赞许等，消极强化是教师的批评、皱眉等，这两种强化都增加了反应再发生的可能性。斯金纳认为不能把消极强化与惩罚混为一谈。他通过系统的实验观察得出了一条重要结论：惩罚就是企图呈现消极强化物或排除积极强化物去刺激某个反应，仅是一种治标的方法，它对被惩罚者和惩罚者都是不利的。他的实验证明，惩罚只能暂时降低反应率，而不能减少消退过程中反应的总次数。在他的实验中，当白鼠已牢固建立按杠杆得到食物的条件反射后，在它再按杠杆时给予电刺激（厌恶刺激），这时反应率会迅速下降。如果以后杠杆不带电了，按压率又会直线上升。斯金纳对惩罚的科学研究，对改变当时在美国和欧洲盛行的体罚教育起了一定作用。

条件性强化是强化理论中的另一个重要问题，所谓条件性强化是指一个中性刺激与一个强化刺激反复匹配联合，从而也具备了强化的性质。例如，在白鼠按压杠杆时，让灯光和食物同时出现，白鼠很快形成条件反应。此后同时撤除灯光和食物，反应迅速消退。此时，再安排白鼠按压杠杆，不给食物而仅呈现灯光，白鼠的压杆反应增加。这表明，灯光已具备了强化性质。许多中性刺激都是由此而获得条件性强化的性质的。应该指出，条件强化物的强化力量与其跟相匹配的原始强化物的配对次数成正比。如灯光与食物的匹配次数越多，灯光的强化作用便增强。如果某种条件性强化物与许多原始强化物相匹配，那么该条件性强化物便具备了多方面的强化作用而成为一个概括性强化物。最典型的例子莫过于金钱了，它与衣、食、住、行等皆相联系、匹配，因而具有广泛的强化作用。斯金纳进一步指出，概括性强化物即使没有了赖以为基础的原始强化物相伴出现，效果也依然存在。

强化的程式。强化程式是指按合乎要求的反应次数和各次强化之间的时距适当组合而产生的各种强化安排。强化程式的类型包括连续强化程式、定时强化程式、不定时强化程式、定比强化程式、不定比强化程式等，其中后四者属于间隔式强化。连续强化程式是指习得期内每个正确的反应都会受到强化；定时强化程式是指每隔一定的时间出现一次强化，机体可以学会根据强化的时间进行反应，定时检查学会作业属此类强化程式；不定时强化程式里的强化出现的时间无规律可循，机体不知何时出现强化，不定期的卫生检查属此类强化程式；定比强化程式是指每当机体做出一定次数的反应时出现强化，机体做出的反应越多，得到的强化越多，机体完全依靠自己的反应去控制强化，让儿童完成一定量的作业后再玩属于此类强化程式；不定比强化程式里的强化由反应次数所决定，但每次强化所要求反应的次数不一样，机体做出的反应越多，得到的强化越多，但机体不知强化的标准，不能完全控制强化，日常生活中家长、教师对儿童的表扬、批评属于此类强化程式。

不同的强化程式并没有好坏优劣之分，要结合具体的学习任务灵活选择和组合强化程式才能取得最佳的强化效果。一般来讲，教新任务时，

18

要进行即时强化，不要进行延缓强化，强化紧跟行为比强化延续要有效得多。在任务的早期阶段，要进行连续强化，强化每一个正确的反应，随着学习的发生，对比较正确的反应优先强化，逐步转为间隔式强化；在间隔式强化中，先实施定比强化，逐步转向不定比强化。另外，强化要保证做到朝正确方向促进或引导，不要一开始就要求做到完美，也不要强化不希望的行为。

行为的塑造。所谓塑造，又称"连续逼近法"，就是通过把目标行为分为许多小步骤，并对有机体每一步骤的反应进行强化来塑造其新行为的训练方法。斯金纳认为"教育就是塑造行为"，对于如何通过强化去塑造行为，斯金纳采用连续接近的方法，对趋向于所要塑造的反应方向不断地给予强化，直到引出所需要的新行为。例如，在上文训练鸽子或老鼠按压杠杆的实验中，当动物在斯金纳箱中装有杠杆的那半端时，实验者触发喂食装置进行强化。当动物由于靠近杠杆而被强化时，它就倾向于待在箱内那个位置。动物停留在杠杆附近，实验者在它更靠近杠杆时才给予强化。随后，只有当它触动杠杆时才给予强化，再后来仅当它用力压杠杆时才给予强化，最后只有当它独自按压杠杆时才给予强化。

在课堂教学中，塑造是一个重要的策略性方法。假设教师想训练学生如何写议论文，那么，这一任务包括许多部分：提炼话题的精神内核，确立文章的论证方式，设定文章的结构框架，梳理相关的论证素材，依据要求整理成文。如果教师在一节课里教所有这些技能，要求学生写出一篇文章，并且根据文章的思想价值、论证方式、结构框架、论证素材和文笔文采而评分，那么大多数学生将会失败，学生从练习中将学不到什么。反之，老师可以一步一步地教这些技能，逐步帮学生塑造出最终的技能。学生可以先学如何提炼精神内核，再学习如何确立论证方式，研究如何设定结构框架，然后，探索如何梳理论证素材。最后，对如何"整理成文"也进行系统训练。在每一阶段，学生都有机会获得强化，因为强化的标准都是他们可能达到的。

在塑造行为时要注意这样一条原则：学生必须在他们能力所及的行为范围内得到强化，同时这些行为又必须能向新的行为延伸。学生能在15分钟之内解10道数学题，如果能在12分之内解出就应强化，但不要要求必须在8分之内才予以强化。但是，一个能做20题的学生必须做24题后才强化，不能在少于20题时就予以强化。

程序教学与教学机器。斯金纳认为，学习是一种行为，当主体学习时反应速率就增强，不学习时反应速率则下降。因此他把学习定义为反应概率的变化。在他看来，学习是一门科学，学习过程是循序渐进的；

而教学则是一门艺术,是把学生与教学大纲结合起来的艺术,通过安排可能有强化作用的事件来促进学习,教师起着监督者或中间人的作用。要想使学习过程最有效,教师必须做到三点:一是小步骤地呈现要学习的信息;二是给予学习者关于他们学习准确性的快速反馈;三是使学习者能按自己的速度进行学习。斯金纳强烈抨击传统的班级教学,指责它效率低下,质量不高。他根据操作性条件反射和积极强化的理论,对教学进行改革,设计了程序教学方案和一套教学机器。

在教学实践中,程序教学可以通过教学机器实施,利用教学机器所进行的程序教学被称为"机器教学",采用机器教学必须把教学内容编成程序输入机器。斯金纳对机器教学做过较为系统的研究,并发表《学习的科学和教学的艺术》和《教学机器》等论文,推动了程序教学理论的发展和教学机器的研制,掀起了 20 世纪 50 年代末 60 年代初美国程序教学的高潮,并对世界许多国家产生了深远影响。

三、对操作性条件反射的评价

斯金纳是教育心理学史上的一位巨擘,他所提出的强化学习理论和据此设计的应用技术被广泛用在教育教学领域,对世界各国的教育改革产生了重要影响。斯金纳的学习理论具有多方面的积极意义,在课堂教学、学生管理和行为矫正等方面都取得了积极的成效,但该理论仍然存在一些不足,一线教师在应用该理论时应深入把握理论本质,客观看待理论局限,在理论与实践有效结合的基础上推进教育教学改革,提高教育教学质量。

理论贡献。斯金纳提出和倡导的强化学习理论与相关应用技术对于探索学习本质,调整学习行为和改善学习效果具有重要的价值和意义,主要体现在以下几个方面。

一是发现了操作性条件反射现象。斯金纳发现了操作性条件反射现象,并对其进行了系统的实验研究和理论分析。该研究推进了条件反射的实验研究,与对群体被试进行研究并基于不同实验条件进行一般规律比较的做法不同,斯金纳采用了一种特殊规律的方法,通过对单个被试进行长时间的观察来进行探索,该研究的成果不仅丰富了条件反射的类型,加深了人们对条件反射本质的认识,也推翻了传统行为主义"没有刺激,就没有反应"的错误观点。

斯金纳的操作性条件反射理论在一定程度上克服了桑代克的试误说和华生的经典条件反射说用联结解释学习现象的局限,从新的视角开拓了行为主义学习理论的边界,将行为主义学习理论推向一个新的高度。

斯金纳依据操作性条件反射建构的学习理论在学习理论体系中具有重要地位。

二是提出了强化理论。斯金纳在发现操作性条件反射现象的基础上对这一现象进行了系统研究，在结合前人研究成果的基础上提出了强化理论，并用这一理论解读、分析了一些教育问题，为改进教育实践提出了一些策略建议。

首先，斯金纳认为儿童做出良好行为后，教师要及时予以强化，否则，这种行为容易消退。他据此提出"即时反馈"原则，要求教育工作者要敏锐地观察儿童的进步，哪怕只有一小点变化，都应及时给予强化，使儿童的进步行为进一步发展起来，最终达到改善学生行为，培养学生良好习惯的目的。

其次，斯金纳认为惩罚虽然是控制行为或调整行为的方法之一，但只可能偶尔压抑住某些行为，并未减弱反应的总倾向。因此，他坚决反对教育儿童时使用惩罚，甚至在他的小说《瓦尔登湖第二》中，称惩罚是一种罪恶。他鼓励人们大量运用积极强化来教育儿童，用积极强化物来使儿童形成和维持良好行为。他要求教育工作者要多鼓励儿童，不要滥用惩罚。

最后，斯金纳认为不同程式强化的效果不同，不同程式的强化组合可以提升强化效果。在学习一个新的行为时，连续式强化是最有效的，能让儿童迅速习得新行为，但这一行为容易因强化停止而消退，间隔式强化并非每次都强化，但会给儿童一个心理期待，这种心理期待也能起到强化作用。定时强化和定比强化给予儿童一种明确的心理期待，不定时强化和不定比强化给予的则是未知的心理期待，有助于儿童把行为的外在满足感转化为内心成就感，从而有利于行为的保持。教育工作者在教育实践中要巧妙利用强化程式组合，在行为建立初期，主要进行连续强化，再逐步转向定时强化和定比强化，最后转向不定时强化和不定比强化。

与许多其他学习研究者相比，斯金纳的理论体系很直接，而且很容易被应用到从动物训练到人类行为矫正治疗的所有问题。

三是提出了程序教学理论。斯金纳以操作性条件反射理论为依据提出了程序教学理论，这一理论强调教学程序、即时反馈和有效强化，符合学生的认知特点和学习心理，提高了学习行为的有效性和教学的效率，对学校教育产生了深刻的影响。首先，程序教学理论主张自定学习步调，强调教学一定要适合个体的特点、不强求统一的教学进度，教学要按照学生本人最适宜的速度进行。程序教学理论推崇个别化的教学方式，引起了人们对个别化教学的高度重视，促使了教学设计理论的发展。其次，程序教学理论主张鼓励学生积极反应，并在每一个反应后及时强化，提高了儿童学习的积极性，激活了儿童的学习状态，有助于提高教学效率和效果。最后，程序教学理论主张小步子原则，强调教材一定要按照内在的逻辑顺序去编写，教学内容被分配到多个步骤中，前一步的学习为后一步的学习做铺垫，两个步子之间的难度相差很小，使学习者很容易获得成功的学习体验，有助于学习者自信心的建立和自学能力的培养。

程序教学理论对教学实践发展和教学理论探索都产生了重要影响，20 世纪 50 年代兴起的"程序教学"运动在很大程度上要归功于斯金纳的程序教学理论，程序教学成为当时教育研究的一个新兴领域，启发和推动了后续的教学研究。程序教学思想是计算机辅助教学（Computer Aided Instruction，CAI）的理论基础之一，为 CAI 的发展提供了基本的原则和思路。

理论不足。不可否认，斯金纳的理论在具有重大价值的同时也存在着一些不足，这些不足体现在以下几个方面。

一是强化理论存在认识误区。

首先，强化理论忽视了人的内部心理过程。强化理论只注重描述可观察的外显行为，而不解释内在行为机理；只注重外部反应和行为结果，而不探讨内部心理机制。它一方面忽视了情感、意志和价值观等因素在学习中的作用，另一方面对内隐性的潜在学习缺乏关注。强化理论把行为的内部过程看成一个"黑箱"，从而削弱了自身的说服力和解释力。

其次，强化理论忽略了替代强化的作用。关于强化是不是学习的必要条件，学习是不是一定要有外显行为（反应），强化是不是必须直接作用于学习者等，斯金纳没能做出科学的解释，后来的心理学家班杜拉对这些问题进行了深入的研究，并据此创立了自己独特的强化理论，即社会学习强化理论。

再次，强化理论抹杀了人的特殊性。人类与动物在行为发展方面是有本质区别的，斯金纳把从动物实验中得到的有关强化的结论直接应用于人，而没有考虑到人的特殊性，如社会性、意识性和主观能动性等，这显然是不科学的。

最后，强化理论具有机械论色彩。根据斯金纳的强化理论，人成了环境和形形色色强化作用的消极承受者，人的自由和尊严都是不存在的，并且这种支配人的环境只是人即刻所处的情境。这一观点忽视了人的主观能动性和自由意志，同时对环境的理解过于偏狭和庸俗，忽视了社会的多元性和偶然因素的作用。

二是程序教学的局限性。

首先，程序教学阻碍了师生的及时交流。程序教学理论对师生随机交流的价值缺乏全面的认识，在指导教学时忽视师生交流。教学实践表明，程序教学追求最终结果的正确与否，不重视学习发生的过程，师生间缺乏有效的互动交流，不利于学生创造性思维能力的养成，在一定程度上削弱了教学的实质意义。

其次，程序教学破坏了教学内容的完整性。程序教学理论对教学内容的结构性和系统性未做论述，只是主张把教材分解成前后相连的小步子，然后逐步实施。这一做法在策略上过于刻板，注重对教材的分析，把教材分解得支离破碎，破坏了知识的连贯性和完整性。

再次，程序教学弱化了学生对知识的理解。知识具有多种类型，不同类型的知识需要学生掌握的程度不同，对于大部分知识，学生不仅要知其然还要知其所以然。程序式教学在实践中，往往盲目追求教学的进度，只要最终的答案正确，学生就可以进行下一步的学习，这样容易导致学生养成对问题一知半解，盲目猜想答案的坏习惯，不利于学生的长远发展。

最后，程序教学的理论假设存在一定误区。虽然程序教学对教学设计产生了深远的影响，但是程序教学依据的强化理论把基于动物行为的实验结论直接移植到人身上，把人当作被动的机器，忽视人的主观能动性的发挥，否定人的大脑对行为的支配作用，这在一定程度上限制了程序教学的实践效果。

总之，斯金纳的学习理论存在着一些不足，在一些文献中，论述其理论不足的篇幅多于论述其理论价值的篇幅，这就给读者造成一种假象：斯金纳的理论存在很大问题。事实上，这只是白璧微瑕，那些不足与其价值相比是微不足道的。

四、我们的认识与理解

斯金纳是美国现代行为主义心理学派的代表人物，先后获得杰出科学贡献奖和美国国家科学奖❶，是世界闻名的心理学大师。斯金纳从一个天真活泼的少年修炼成举世闻名的大科学家，其成长经历很值得我们研究探讨。斯金纳出生于一个中产阶级家庭，父亲是律师，母亲擅长弹钢琴，这些都对童年的斯金纳产生了重要影响。童年的斯金纳热爱发明创造，喜欢制造各种各样的玩意儿，这一爱好一直伴随斯金纳到成年，

---

❶ 美国国家科学奖是美国总统颁发的最高科学荣誉，斯金纳 1968 年获得该奖。

并促进了斯金纳的科学研究。斯金纳进入大学后，社交圈逐步扩大，经常接触一些硕学鸿儒，这些经历对他的成长有很大帮助。斯金纳对自己要求很严格，并且自制力强，这也是他在学术上成功的重要因素。斯金纳很勤奋，一直到高龄依然著书立论，甚至在 1989 年被诊断患白血病后依然如故。在逝世前十天他还在美国心理学协会作报告，并在逝世的当日，完成了那次报告的文章。

斯金纳发现了操作性条件反射现象，并基于这一现象提出了强化理论，他把强化理论作为分析工具，分析了教育和社会问题，依据这些分析研究他撰写了《瓦尔登湖第二》《超越自由与尊严》《科学与人类行为》《言语行为》等著作。

斯金纳提出的程序教学理论，对教育实践改革和教育理论研究都产生了重要影响，一度掀起程序教学运动热潮，与此同时，程序教学也受到理论界的广泛批评。虽然这些批评有一定道理，但是不能否认程序教学理论的价值，特别是实践价值。我们认为，对程序教学不能求全责备，应看到其不可替代的应用价值，并在实践中充分发挥程序教学的价值，解决教育中的问题。同时，也不能无视对程序教学的批评建议，教育工作者在教育实践中可根据具体需要对程序教学的操作程序做适当调整，也可以把程序教学与其他教学模式进行有效组合，发挥不同模式的教育合力，达到最优的教育效果。目前，程序教学理论对学校教育产生了深远的影响，为计算机辅助教学的发展提供了基本原则和思路，布卢姆的掌握学习和凯勒的个人教学计划都深受程序教学理论的影响。

强化理论是斯金纳提出的学习理论的核心观点，该理论自提出以来，受到教育实践工作者和教育理论研究者的普遍青睐，也受到一些教育理论研究者的批评。随着对强化的深入研究，不少学者提出了合理应用强化理论的意见和建议，以期进一步发挥强化理论的价值并推动教育实践的发展。这些意见和建议包括以下几个方面：一是遵循普雷马克法则，合理运用强化物；二是及时强化和延时强化有效结合；三是强化应与最近发展区理念相结合；四是巧用奖励，慎用惩罚；五是引导学生自主强化。虽然强化理论在教育领域应用得比较广泛，但它不是教育的专利，强化理论在多个领域都有比较广泛的应用，比较典型的是在公共管理和工商管理领域。当然，强化理论在这些领域的应用价值还有待进一步拓展。另外，强调外显行为是强化理论的一大特点，虽然这一特点广受诟病，但这也是强化理论的一大优点，对于实操性的工作具有重要的方法论上的指导意义。受强化理论的启发，单位在训练员工的职业技能时，可以借助信息化工具全方位记录员工的外显动作，通过逐步纠正错误、规范行为细节可迅速提高员工的职业技能的掌握水平等。

第二章　班杜拉❶

[印象小记]

　　班杜拉（Albert Bandura，1925—　），美国心理学家，认知行为主义的杰出代表，社会学习理论的创始人。2002年，班杜拉被美国《普通心理学评论》杂志评为"20世纪最著名的100位心理学家"之一，位列第30名。他在对传统行为主义的继承与批判过程中提出了社会学习理论，以此作为分析人的思维和行为的框架。该理论从个体、环境和行为三元互动作用论的观点出发，强调人的行为是内部因素和外部因素相互作用的结果，人类不仅具有使用象征性符号的能力，也具有自我调节、自我控制的能力，其思想、情感和行为不仅受直接经验的影响，而且受到观察的影响。班杜拉据此认为，源于直接经验的一切学习现象实际上都可以依赖观察学习而发生，其中替代性强化是影响学习的一个重要因素。他在认知心理学和人本主义心理学几乎平分心理学天下的时代独树一帜，其影响波及实验心理学、社会心理学、临床心理治疗以及教育、管理、大众传播等社会生活各个领域。班杜拉在1974年当选为美国心理学会主席，1980年获美国心理学会颁发的杰出科学贡献奖。

---

❶　本章作者：金东贤，赵军燕。

[名著选读]

社会学习理论的概观❶

到目前为止，为了说明人的行为已经提出了很多理论。直到最近，某些理论家们，都把叫作需要、内驱力、冲动等一般认为是在下意识中起作用的动机的力量看成是行为的主要原因。这个学派的倡导者们认为，行为的主要原因是个人的内部力量，要求用内部的力量去说明人们为什么是那样行动的。这种见解虽然博得了广泛的声誉，对其他的研究给予了影响，但也并非是无懈可击的。

这种理论，从概念的和实验两个方面受到了批判。因为内部的决定因素是从它所要说明的行为推测而来的，所以往往以似是而非的说明性记述而告终。例如，敌意的冲动，是当某个人非常愤怒地去行动时，从他的行为推论出来的。而其十分愤怒的行为则是由于被心中敌意的冲动作用所激起的。同样地，成就动机的存在是从成就行为演绎的；依存动机是从依存行为，好奇动机是从探索的行为，权力动机是从支配行为分别演绎的。如果从根据动机引起的假定行为的种类来推论它的动机的话，那么动机的数量可以说是无限的、数之不尽的了。实际上，各种理论都提出有形形色色的不同动机因素的分类。在某一分类中，只是包含少数万能的驱力；而在另一分类中，特殊的驱力则被分为各种种类。

强调把内驱力作为行为主要动机的理论，由于它无视人的反应性的无限复杂，因此它的概念构造也受到了批判。某种行为由于状况、对象、时间等方面的不同，它所发生的频度和强度上也有显著不同的事实，仅仅根据一个内在动机因素无论如何是不能说明这种差异的。当行为适应各种环境条件发生变化时，被假定的内部原因同作为它的结果的某种行为的复杂性相比，恐怕不能不说是太简单了。

这里的问题不仅是被动机激起的行为是否存在的问题，而且也是像那样的行为仅归结为冲动的作用能否得到充分说明的问题。这种类型的分析的限度，例如考察一下像读书这样最普通的活动就清楚了。读书具有由强烈的动机而引起的行为的性质。人们在买书上都花费很高的代价。另外，也尽量从图书馆去借书，长时间埋头于读书。而没有读书机会的话（例如报纸没送来），情绪就会产生混乱。

---

❶ ［美］阿伯特·班杜拉：《社会学习心理学》，郭占基等译，1-14 页，长春，吉林教育出版社，1988。

如果遵循这种从一贯的行为来推论动因的存在的一般方法的话，那么叫作读书的活动就是被"读书动因"，或者说是被什么更高级的动因所驱使的结果。但是，如果想预测每个人读什么，什么时候读，读多长时间，而且在有几本读物时按照何种顺序去读的话，与其要求寻找动机，不如去探寻先行刺激、从读书得到的和期待的利益以及影响读书活动的认知因素。就先行条件来说，我们可以举出作为课题所分配的读书的数量，它的截止期限以及在日常生活中必须加以处理的信息的类型，等等。那本书是否有趣？有无价值？读了有无益处等，这些也是重要的决定因素。根据读书的做法对读书所得到结果的影响，可以看到决定行为结果的原因。更进一步说，读书活动是受一个人的预期、意图和自我评价等认知控制的。如果把激起动机的潜能根据先行刺激、诱发刺激以及认知刺激的观点来加以考虑，那么这同假定为习得性动因的立场之间就有根本性的不同。前者的概念实验验证是可能的，说服力也大，后者实验验证很困难，也缺乏说服力（Bolles，1975）。

　　关于冲动能量理论（impulse energy theories）的恰当性，虽然是必须花费长时间讨论的问题，但就其经验的限度来说恐怕任何时候都是不能无视的。冲动能量理论虽然能够解释过去的事件，却不能预测将来的事件（Mischel，1968；Peterson，1968）。在事实已经发生后去说明它，是任何理论都能做到的。心理学理论的说服力在于它能够明确地肯定支配心理现象的条件和结构的程度。从这种观点来评价冲动能量理论，不论从哪方面来说都是不充分的。

　　某一理论的价值，是根据其方法所产生的心理学效果的力量而最后被判定的。其他的科学，是根据它的知识对技术革新和预测方面的贡献被评价的。例如，航空科学家们在风洞试验中发展了流体力学的原理，如果这一原理不能很好地应用在飞机设计上的话，那么这个理论假说的价值就是非常可疑的。同时，在医学领域中，关于生理过程的理论如果不能治疗身体疾病的话，其理论的价值就是十分值得怀疑的。在把行为归因于内部冲动作用的心理学研究中，认为引起持久的行为变化的是顿悟和自我意识。在把偶然的举止和态度中自然表现的人们的冲动命名为这个或那个的过程中，位于行为之后的某种决定因素似乎逐渐被意识到了。这样，当人们注意到自己的冲动时，这种冲动作为驱动行为的因素已经不起作用了，或者说，被假定为能被意识控制了似的。

　　可是，实际上根据测定行为变化的研究，已经知道受到精神分析学派治疗过的患者的行为和没有受到任何治疗而耽搁了的患者的行为变化几乎没有什么不同（Bandura，1969；Rachman，1971）。所谓得到关于自己内在动机的领悟的事，与其说是自我发现的过程，不如说是一种像信仰的对话那样的东西。正如马默（Marmov，1962）所指出的那样，在各种各样的精神分析的研究中都有各自所爱好的内部原因和独特的领悟的样式。治疗者可能对患者所说的事情予以暗示的解释，如果与治疗者的信仰一致时总是受到选择强化的话，那么患者就会变为叙述与治疗者相一致的信仰了。进行这种会面的结局，假定上的决定因素就可能成为实际上被确认的东西。由于这种原因，在精神动力学派中观点不同的理论家们，虽然各自都重复发现了所选择的动机因素的机能，但却很少同意站在其他立场上的理论家所强调的动机因素的存在。作为实际问题，在这样的分析过程中，人们想要预测自己本身所选择的无意识动机因素和有关的顿悟的形式，与其说是有助于了解患者的实际心理状态，恐怕还不如说是更有助于了解治疗者的信念体系。

对于意识到自己这种各自信仰的对话的疑问点，根据场合，对于行为主义的研究也许可以提出同样的指责。如果只是教给患者如何把自己的行为换成行为主义的术语，而实际上并不改变那些需要得到纠正的行为的话，问题就成为完全相同的了。由于这种理由，各种各样的心理学方法，会基于它能否有效地改变心理学机能这种实际的效果，而被最好地加以评价。

这样，就明确了如下的事实。

为进一步推进对人类行为的理解，在评价说明体系的妥当性上必然要求最严格的条件。也就是说，理论必须表现出预测力。理论必须明确地指出人类行为的决定因素，同时必须明确它变化的中介机制。

由于行为理论的发展，分析因果关系时的焦点已从笼统的内在决定原因的分析，转向影响人的反应性的外来影响的探讨了。行为已经通过它唤起的刺激条件和维持它的强化条件得到了分析。其结果，一般地由内在原因所做的反应模式，已经被证实是由改变各种外来影响所引起，或者被消除，或重新被恢复。这样的研究结果，许多心理学家们都认为行为的决定因素不是在有机体的内部，而是在环境因素方面。

人类的行为是由外部的因素所控制的这一观点虽然反复地被证实，但并不是被广泛接受了的。这种观点，对很多人来说，像把人类还原为被动的存在那样，反映了单方面的控制过程。民众是一部分超自然的专家如意地操纵的，这种可怕的社会观念，根据关于心理控制可能性的通俗的说明，像魔术那样被虚构出来了。

激进的行为主义者之所以引起很多人的反感还有另一个理由。假定是环境控制行为的话，那么就必然认为行为一定随状况的变化而改变。

但是，行为主义者们对这种看法恐怕也并不是完全同意的。因为每个人是以同样的方法行动，还是以不同的方式行动，这是依赖于环境的机能价值的。因此，在各种情况下理智的行为举止是有机能价值的，所以在显著不同的其他情况下也一贯采取理智的行为。与此相应的，如果向售货员提出这个或那个要求时可以得到接待，而向警官提出要求不会得到奖赏的话，那么人们虽然对店员可以摆出骄傲自满的架子，而对警官恐怕要小心对待吧。像这样，行为理论不仅是拥护行为的变动性，而且关系到决定行为的一般性和特殊性两个方面的条件。虽然如此，行为依存于场景这种观点，同采取人具有超越场景的一贯的行为倾向的观点是有显著不同的。行为的气质决定论对场景决定论的古老论争，虽然沉寂了很长的时期，但这里又重新成为引人注意的问题了。

对诸如攻击、依存这样的行为在不同的情况下测量的研究（Mishal，1968）指出，超越场景的行为的一贯性只不过是极其有限的事情。米歇尔联系这个问题论述了虽然实际上行为没有一贯性，可是却使人们把它看成一贯的。在给人以一贯性的印象的因素中，包括：相貌、说话方式等的外显行为上有身体的一贯性；一个人反复被观察的场景具有规律性；根据广义的、含糊的分类归纳到一起的不同质的行为；想要维持稳定的对人的认识的内部压力；还有所使用的性格测验与其说是追求在特定场景下的行为，不如说是要求在典型的场景下评定行为等。像这样，反应的可变性或者被隐蔽起来，或者是被忽视，或者是被重新解释。

从特性和动机那里夺回主权的努力并不是没有受到反驳。这种理论的倡导者们，主张表面上不同的行为实际上也有相同的动机背景。这类讨论因为没有把作为某种特别动机所表现的行为和不是那种动机的行为区别开来的可信标准而缺乏说服力。某些研究家们向研究行为的一贯性的传统方法的前提提出了疑问。贝姆和艾伦（Bem & Allen，1974）提倡过一种见解，就是某个人在某一行为领域中虽然一贯性很高，但把一贯性的人和变动的人的资料在研究者的结构基础上一起处理，那么有关超越了场景的一贯性证据是很稀少的。作为验证这种主张的东西，他们举出在以亲切、诚实等特征为名称的行为尺度上，把自己评定为一贯的个人比那些变动的个人，从别人得来的同样的评定倾向是很大的。不过，这样的结果作为支持行为的一贯性的证据来说是不强的。为什么这样说呢？因为这一结果是追求整理在各种场合下评定的总计得分，是建立在其与评定者之间的互动关系基础上的。再加上行为的测度是使用记录了许多不同情况的问卷，评定的资料是根据亲切程度和诚实程度不同的被试本人、他的双亲、朋友的评定而得来的。不过，有关各种特性尺度的评定，是超越场景被合计为一个总得分而求出的。想要测验一贯性，与其根据每个人与其他人建立什么样的关系、总得分有哪种一致的情况，不如根据在不同的场景下每个人的行为是如何变化的，也就是必须测定在每一个场景下行为变化的幅度及一致性程度。

为了研究不同状况的一贯性最有力的方法，是在观察超越了场景的行为变化时，把引发其行为结果（consequence）显著不同的场景作为问题。与其说任意地选择作为问题的场景，不如说必须把特定的行为习惯所引起的结果加以尺度化。如果进行那样的研究的话，那么所有的人经常是有不同行动的情况就清楚了。用一句话来说，场景对每一个人即使有完全无意义的东西，其中也有具有重要意义的东西。这样理解环境的价值，才能够正确评价在环境状况中的人们的反应性。被列入一贯性高的反应者类型的人的数量依下列的条件而发生变动，即根据研究对象选择什么样的行为，根据引发行为结果的场景有哪些不同性质，再有根据在一贯性的标准上允许有多大程度的变动，以及是根据观察行为的言语报告还是测验行为的方法等，所有这些条件都会有很大变化的。对待别人亲切这种行为和智力活动一样，因为是在多种多样的场景下起作用的机能，所以越和那些场景不同、效果不同的行为进行比较，一贯性也就被认为越高。例如，不论是对双亲、教师、朋友或者是警察都一贯进行攻击行为的年轻人恐怕是不多的。就是相同的行为，它的结果也会有显著的不同（Bandura & Weters，1959）。就连像亲切度那样被广泛承认的行为里，在对于引起亲切行为的场景下，例如，被利用了或受到蔑视，这时反应者的一贯性也会降低。然而，就是没有识别能力的人和缺乏现实感的人，常常也能持续采取温顺的态度吧。

在行为的变动性的问题上贴上"一贯性"的标签是不幸的事。对这个词来说包含着惹出误解的意思。在一贯性这个词中，虽然有不变性、原则性的意思，同时，在某种情况下，也会与所谓的不安定性的意义上的"非一贯性"对比使用。但是，在很多情况下，实际是和这相反的，行为是变化着的东西。不管情况如何都同样地去行动，这或者是对周围的场景完全没有注意，或者是对那个行为的个人社会效果漠不关心而变得迟钝了。由于这种原因，一贯性这一术语的价值意义就变为相反的结果，对有关不变行为研究的关心也就集中到环境决定因素和行为决定因素之间的相互作用的研究上了。

参加关于行为易变性决定因素争论的许多人，都采取了行为不是由人和场景的任何一方所决定，而是由人和场景的相互作用所决定的这种看法（Bowers，1973；Endler & Magnussen，1975）。虽然由于意见一致而使争论停了下来，但这两种影响因素如何结合在一起来决定行为这一基本问题的，仍被留给了未来。

根据因果过程如何起作用的观点，对相互作用可能有几种不同的理解。一种是抓住相互作用的单方向的现象，把人和场景看作各自独立的实体，认为它们是交织在一起而引起行为的。这种模型常用 B ＝ f(P·E)来表示。这里 B 是行为，P 是人，E 是环境的意思。像后边所说的那样，这一被广泛承认的看法的妥当性在若干点上还是有疑问的。人和环境因素并不是作为独立的决定因素而起作用的，恐怕应该看成是相互一起来决定的。再有，"人"对其行为并不能成为独立的原因。每个人都依靠其行为创造环境条件，而且被创造了的环境条件接着又影响行为。如此，行为和环境是相互地影响着的。还有，根据行为所获得的经验，部分地决定某个人能够做什么，成为什么样的人，然后像这样被决定了的人，接着又影响他以后的行为。

关于相互作用的第二种观点是，虽然承认人和环境的影响是两个方向的，但就行为来说只限于一个方向的看法。在这种分析中，人和环境虽然是相互依存地成为作用于行为的原因，但行为归根结底还是人和环境影响的结果，而不能成为原因，这被图解为[B＝f(p⇌E)]。可是，像已经知道的那样，行为是相互作用的决定因素之一，是"人——场景"相互作用的结果。

第三种看法是，根据社会学习的观点的看法。作为相互决定的过程在本书的最后一章中将作详细的论述，即行为是他的个人因素以及环境因素作为决定因素而相互地发生作用的看法，这可以被图解为

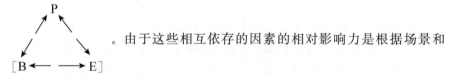

。由于这些相互依存的因素的相对影响力是根据场景和行为而不同的，所以，既有根据环境因素对行为起强大影响的情况，也有人的因素对环境情况起强大控制作用的情况。

对于极端行为主义恰当的批判，是对准它太过分地避开虚有其表的内部因素，以至于无视人的认知机能所引起的行为决定因素这一点上。提倡行为研究的人们，对于为什么认知现象在因果分析中没有参与的资格列举了很多的理由。他们提出，认知只是把信赖置于没有价值的根据自我报告的不可捉摸的基础之上的；认知是来自结果的推论；认知是附带的现象；或者说认知是单纯的虚构，等等。就是现在，仍然有人持有这种看法。

虽说理论家长期主张的内部因素已经没有充分的根据了，但这并不是说把全部的内部因素从科学研究中排除出去就是合理的，现在有关认知的许多研究仍在进行着。认知通过指导语而被激活，它的存在被间接地测定，它与行为之间的机能关系受到注意而被深入地探讨着。根据这样的研究结果，人使用认知手段比重复行为和强化能更好地学习并保持行为的事实已经被明确地显示出来。随着认知对行为的影响的证据的增加，反对内部决定因素的影响的讨论已经开始失去了力量。

无视根据思维可以控制行为这一事实的理论，在解释复杂的人类行为上是无能为力的。认知活动虽然在操作条件作用的结构中是被否认的，但在因果系列上认知活动所担当的任务是不能简单地忽视的。由于这个原因，操作条件作用理论的支持者们把认知的操作解释为行为的用语，把它的效果归结为外部现象的直接作用。现在考察一下这种外部化过程的两三个例子。当信息的线索以思维为媒介影响行为时，其过程是作为一种刺激控制被描述的，即不谈判断的连锁，而看成刺激直接地唤起行为。另外，把看到过别人以前曾经有过痛苦经验和刺激联系起来而谨慎行事的人，不说成从别人的行为学到了预期不愉快的结果，宁可假定那个刺激似乎带有不愉快的特性。但是，实际上根据相关的经验而变化了的并不是刺激，而是那个人关于环境的知识。因此，如果说某个词预告身体的痛苦的话，那是因为那个词对那个人具有预期的意义的缘故，而不是因为那个词带有刺激的痛苦特性。

行为的决定因素实际在什么地方起作用的，这一作用的位置的问题，同环境刺激的问题一样，也是关系到强化影响的问题。行为是根据它的直接后果所控制，这是操作理论的主要规律。如果一时的反应后果决定后来的关联行为的话，那么有机体在极其偶然地未被强化时就必定会停止反应。而实际上，行为在那种条件下却持续进行。假定 50 次反应中只出现一次强化，那么百分之九十八是消去，只有百分之二的结果是被强化了，即使在这样的条件下行为也还是持续着。因此，我们必须从超越直接环境的结果中去寻找行为的决定原因。

就连采取操作立场的也有人主张，行为与其说是根据其直接后果不如说是根据综合的反馈加以控制的（Baum，1973）。根据这种见解的话，那么有机体是对某个期间内的行为被强化的数据进行综合，并根据这一综合的结果来调整行为的。这种类型的分析，是和我们的见解——通过思维的综合把结果与行为连接起来的——相接近的观点。

从社会学习理论来看，人既不是单由内部的力量所驱使的，也不单是根据环境的刺激随波逐流的。心理的机能是由人的因素和环境因素之间的连续相互作用来说明的。而且在这种研究中，象征的、替代的以及自我调整的过程被认为具有卓越的作用。

在传统心理学的理论中，学习被假定为仅仅发生在进行了反应并经验了它的结果的时候。不过，这样依靠直接经验而来的学习现象，可以根据观察别人的行为及其结果，能够替代地形成的事实已经清楚了。

像这样，由于具有通过观察进行学习的能力的缘故，人们才能不依靠无聊的尝试错误一点一点掌握复杂行为的方法而很快地习得很大的综合的行为模式。

观察学习所造成的学习过程的缩短，对于人类的发展和生存来说是很重要的。人类假如没有直接体验到尝试的结果就不能学习的话，那么失败就会造成极大的损失，因为有时会有牺牲生命的情况，人类生存的可能性就会变得很小。因此我们教孩子游泳，教青年人开汽车，教医学院学生外科手术时，并不是任凭他们用尝试错误去发现适当的行为。由失败而来的损失和危险越大，观察学习的重要性也就越大。就算把生存的问题除外，像对言语、生活方式等在学校的各种教育内容，难道仅仅是以对偶然的行为施以选择性的强化才能学习吗？不借助于实际上呈现出来的文化模式的榜样，能够对新的成员进行教育指导吗？像这样的社会传递的过程是不能想象的。

某种复杂的行为的形成仅仅根据示范是可能的。假定儿童完全没有机会听到榜样的发言，学习言语事实上是不可能的。仅仅对胡乱的发音有选择地进行强化，困难的单词和措辞不可能有步骤地形成起来，也不可能创造性地运用语法。从行为的无数的可能的组合中，根据选出的某些特别的组合而形成起来的行为，在其他方面也的确是有的。但是在像那样的行为中，某种反应模式，或者说类似那样的东西自发出现的机会是很少的。在新的行为方式仅仅依靠社会的线索才能有效地传递的场合，示范就成为不可缺少的手段。就是依靠其他手段形成新的行为时，其习得过程通过示范也能显著地缩短。

由于使用符号，人类获得了处理环境的强有力的手段。人们依靠言语和表象象征性地去处理经验、保持经验，并且能够用它来指导将来的行为。有意图的行为之所以存在可能是因为有象征的活动。为了长远目的进行的有计划行为，是通过描绘作为目标的美好未来的表象而完成的。以符号为媒介，人们实际上能够解决没有看到过的这样或那样的问题。还有，能够预见各种行为将要产生什么结果，并能根据它来改变行为。假定没有象征的能力，恐怕人类就不能思维了。因此，关于人类行为的理论就不能忽视人类的象征活动。

社会学习理论的另一个显著特征，是赋予人的自我控制能力以重要的作用。人们调节环境的刺激，发挥知识技能的作用，自己给自身行为以结果，能够控制自己的行为。这样的自我控制机能诚然是根据外在的影响而形成的，并且以后常常是依靠外在的影响来支持的，但是说它起源于外部，恐怕不能否定一旦形成了的自我影响力就部分地决定行为的事实。

人类行为的一般理论，在说明行为模式的习得过程的同时，也必须说明通过外在的影响源和自我生成的影响源的相互作用控制行为模式的方式。从社会学习理论来看，人类的特质在于它有无限发展的可能性，这种潜在的能力虽然也有生物学的限度，但是通过直接经验和替代经验却能够被赋予各种各样的形态。无疑，某个时间习得了什么是受心理、生物学的发展水平所制约的。关于这样的问题，在以后的各章中将详细论述。

[思想评价]

班杜拉是新行为主义或认知行为主义的代表人物之一，社会学习理论的创始人和奠基者。他认为来源于直接经验的一切学习现象实际上都可以依赖观察学习而发生，其中替代性强化是影响学习的一个重要因素。1977 年发表的《社会学习理论》一书，标志着班杜拉社会学习理论体系的诞生。班杜拉主要对传统学习理论进行了连续的继承与批判，从而建构起社会学习理论，形成他的一般学习论观点。班杜拉的一般学习论观点的重要组成部分之一，是三元交互决定论。在三元交互决定论中，有关人的主体因素及其作用机制的研究，已经超出了学习理论的逻辑而不属于学习理论的范畴。在 1986 年《思想与行动的社会基础：社会认知论》发表后，班杜拉的学术兴趣主要集中于对人的主体因素及其作用机制的经验研究和理论建构上，并展开了对自我现象的全面考察。因此，班杜拉将他的后期理论称为社会认知理论，这成为其学术思想的一个分水岭。

一、生平事迹与社会学习理论形成的背景

1925 年班杜拉生于加拿大阿尔伯塔省的曼达尔镇。1949 年班杜拉在温哥华不列颠哥伦比亚大学获学士学位。在上大学期间，由于一个偶然的机会，他选修了心理学课程。在心理学老师的引导下，他对心理学的临床治疗方面产生了浓厚的兴趣，决定改变自己的专业，进一步接受更高层次的研究生教育，专攻临床心理学。

当时在心理学界有两大占主导地位的学派：精神分析学派和行为主义心理学派。在临床心理学领域，精神分析学派有着深远的影响。它主张严格的精神决定论，重视关注人的内部原因，认为人类的各种心理疾病的症状都是由其内在的潜意识动机决定的。心理治疗的任务是帮助患者将被压抑的想法带到意识中来，并帮助患者对症状和被压抑的冲突之间的关系产生领悟。行为主义心理学派主要关注可以观测到的人的外部行为，主张心理学应该用严格客观的科学方法来研究人的行为。它认为异常行为和正常行为一样，是通过基本的条件作用原理和学习原理习得的行为，因此，可以通过以学习原理为基础的治疗去纠正那些异常行为。面对临床心理学治疗领域两个学派的纷争，班杜拉认为临床心理学应该建立在人类精神活动的可靠知识的基础之上，在推广一种心理治疗方法之前，需要对之加以严格的科学检验，以确保接受这种疗法的患者受益。带着这种想法，他来到美国艾奥瓦大学，师从著名心理病理学家本顿（Arthur L. Benton）攻读临床心理学学位，分别于1951年和1952年获得硕士和博士学位。

在此期间，班杜拉有幸结识了一批行为主义心理学家，他们注重经验验证以及严谨、客观的科学方法给他留下了深刻的印象。班杜拉利用本顿教授的神经心理学实验室，对临床心理学的多种问题进行实验研究，使他在后来研究社会学习问题的时候，非常重视学习过程中神经生理因素的作用。此外，米勒（Neal E. Miller，1909—2002）和多拉德（John Dollard，1900—1980）两位学习理论家在1941年合著的《社会学习与模仿》一书对他影响深远。米勒和多拉德提出了社会学习的驱力-线索-反应-酬赏理论（drive-cue-response-reward theory），将模仿看成社会学习的重要形式之一，认为人的模仿学习遵循以下的过程：示范者的行为成为某种可被辨别的线索，它引起观察者内部与此线索相应的反应，随即产生驱力，驱动观察者模仿示范者的行为。如果观察者的模仿行为得到正面的酬赏，其内驱力就会上升，观察者以后在类似情景中就会再次做出模仿行为。在这个过程中，强化起着不可缺少的作用。一方面，如果示范者的行为没有得到正面的酬赏，或是得到的很少，他的行为就不能作为特殊线索在观察者内部引起反应，或是引起的反应较弱，致使随后产生的模仿驱力也就较弱；另一方面，如果观察者做出模仿示范者行为的反应之后，没有得到正面的酬赏，这种反应就不会被保持。米勒和多拉德的社会学习理论激发了班杜拉的灵感，他认为，传统学习理论中通过试误法来学习的理论已经不能解释人的学习，如果人仅仅是通过实际表现某行为反应并直接体验行为反应的结果而获得各种行为反应技能，那么，在许多生活领域内的高度危险的行为活动，将会导致致命的结果。例如，如果学习汽车驾驶的人不接受别人的指导而盲目试验各种驾驶操作，通过驾驶操作中的错误来学习驾驶技术，很可能在他学会驾驶技术之前就车毁人亡。因此，对人类的生存与发展而言，人必然拥有某种更有效的获得各种技能的方式。

在此基础上，班杜拉提出了示范作用（modeling）的概念，认为模仿概念过于狭隘，只是个体对他所观察到榜样行为方式的精确的原样复制，而示范作用过程是一个复杂的抽象过程，个体在示范作用过程中获得的是被观察行为的规则和结构，而不是对被观察行为的简单复制。观察者以整体知觉的方式观察到示范者在一定情景中对某一刺激物做出的反应，这个过程今后以表象的方式在观察者意识中再现，同时，他利用语言符号系统对其进行思维表征，促进了他对该情景中特殊刺激物与示范者反应之间联系的认识，以及对示范者反应细节的掌握。这样，观察者若在类似场景中遇到类似的刺激，即使示范者不在场，他也能独立地做出从示范者那里习得的反应。示范作用的概念成为班杜拉社会学习理论体系的核心基础概念之一。

从1953年开始，班杜拉在全美最高学府之一斯坦福大学任教，从此开始了他那漫长而成果辉煌的教学与研究生涯，历经助教、讲师、副教授，至1964年晋升为教授。当时西尔斯（R. R. Sears）先于班杜拉来到斯坦福大学心理系并担任系主任。他曾经和米勒、多拉德合作出版了《挫折与侵犯》（1939），后来致力于人格的发展研究，特别是儿童的独立性和攻击性与其家庭教养方式之间的关系，以及儿童社会行为和认同学习的家庭影响因素等的研究，这些为班杜拉建立社会学习理论体系提供了一个偶然的历史契机。

西尔斯的工作为班杜拉提供了一个经验研究的操作范式，可以对行为技能或方式在不同个体之间的社会传递过程进行实证研究。受西尔斯的启发，班杜拉开始与他指导的第一个博士生沃尔特斯（Richard H. Walters，1931—1968）合作，设计出"波波玩偶实验"（the Bobo doll experiment），进行社会学习和侵犯的实验研究。即让儿童观看成人攻击波波玩偶的行为或电影。那个成年人时而坐在玩偶身上，时而打它，用锤子砸它。然后把儿童带进有玩偶的游戏室。那些看过成人攻击行为或电影的儿童比未看过的儿童对玩偶表现出更多的攻击性。班杜拉认为，许多社会行为例如攻击性行为，通过观察或模仿的方式就可以习得，无须强化。儿童的攻击性，特别是青少年犯罪者的超常攻击性（hyper-aggressiveness）与其家庭背景之间存在着密切的关系，青少年模仿了其父母攻击性的敌意态度。在这些研究的基础上，班杜拉开创了有关攻击行为的社会学习观，促进了社会学习理论的建构与发展。

班杜拉在建设其理论的过程中深受两方面的影响。一是行为主义的影响。尽管班杜拉强调认知的作用，但认知过程一直被摆在"先行刺激"和"行为后果"的控制之下。行为主义的客观性原则深深影响了班杜拉。然而，班杜拉认为行为主义理论具有局限性，专注于操作而忽视了行为的内部决定因素，如强调强化自动作用假说，即认为作为反应结果的强化刺激对反应方式的塑造和控制，是以一种自动化的机械方式发生的。学习的发生必须以学习主体亲身经历强化刺激为前提。同时，强化自动作用也要求强化的即时性，即当个体做出合适的反应后，必须立即给予强化，否则学习难以发生。班杜拉指出这些假设与经验研究的事实相差甚远，要想真正理解行为结果如何改变行为的心理机制，就必须分析认知等主体因素与它们之间的交互影响过程。另一影响来自认知心理学，认知心理学对内部心理因素的探索给予班杜拉以深刻启示。然而，班杜拉认为认知论的局限性在于，认知论的方法让自己沉溺于思想中而脱离了行为。如极端形式的认知主义强调用思维等认知活动来解释人的情感与行为。班杜拉认为，将人类心灵的建构特性推向极端，不仅在理论层面歪曲了人与世界之间的真实关系，而且在经验层面也极为荒谬。

班杜拉则要联合这两种方法于一种理论系统中，构建一个能够包容意识因素、并说明它与行为之间关系的新行为体系。随着计算机科学的发展产生了信息加工认知心理学，班杜拉吸纳了信息加工心理学的理论术语来说明人的行为，使其社会学习理论突破了传统行为主义学习理论的框架，把强化理论和信息加工观点有机地结合起来，既强调了行为的操作过程，又重视行为获得过程中的内部认知活动，是对行为主义学习理论的重要发展，使解释人类行为的理论参照点又发生了一次重要的变革。

1977年《社会学习理论》的发表，标志着班杜拉社会学习理论体系的诞生。班杜拉认为，知识、行为技能或行为表现方式在不同个体之间的社会传递过程，是观察学习的过程，即学习者通过观察榜样对某一行为的操作而获得这一行为的过程。他通过实验证明，在观察学习中，人们不用外部奖励或强化，甚至也不用参加实践，只要通过对榜样的观察，就可以学到新的行为，这是一种"无尝试学习"，是通过形成一定的行为表象来指导自己的操作或行动的。强化对模仿学习不具有决定作用，只是对习得的行为反应再现起易化作用。在观察学习过程中，学习是通过对外界榜样模仿而进行的，榜样的行为对儿童社会行为的形成具有替代性强化作用。

班杜拉的奠基性研究和社会学习理论的诞生，也使他在西方心理学界获得极高的声望：1972 年获美国心理学会授予的"杰出科学贡献奖"；1973 年获加利福尼亚心理学会"杰出科学成就奖"；1974 年当选为美国心理学会主席；1976 年，当选斯坦福大学心理系主任；1977 年，获卡特尔奖（James Mckeen Cattell Award）；1980 年，当选美国西部心理学会主席，并获得攻击行为国际研究会杰出贡献奖（Distinguished Contribution Award from the International Society for Research on Aggression）以及美国心理学会颁发的杰出科学贡献奖，同年当选美国艺术与科学院（American Academy of Arts and Sciences）院士；1989 年，当选美国科学院医学部（Institute of Medicine of the National Academy of Sciences）院士。此外，他还应邀担任《美国心理学家》《人格与社会心理学杂志》《实验社会心理学杂志》等 20 余种杂志的编辑，并经常出入美国国会听证会（Congressional Hearings）。多项殊荣集于一身，充分表明了学术界对班杜拉的贡献与成就的认可。

班杜拉的主要著作有：《青少年的攻击性行为》（1959，与他的博士研究生沃尔特斯合著）、《社会学习与人格发展》（1963）、《通过榜样实践进行行为矫正》（1965）、《行为矫正原理》（1969）、《心理模型：一种冲突的理论》（1971）、《认同过程的社会学习理论》（1972）、《榜样理论：传统、趋势和争论》（1972）、《攻击：社会学习的分析》（1973）、《行为变化的社会学习理论》（1977）、《自我效能：一种行为变化的综合理论》（1977）、《社会学习理论》（1977）、《人类事物中的自我效能机制》（1982）、《思想与行动的社会基础：社会认知论》（1986）、《自我效能》（1994）和《群众沟通的社会认知理论》（1994）等。

二、社会学习理论的主要内容

班杜拉认为，社会学习理论"重视心理学的机能上的代理的、象征的、自我调节的过程"，是关于人类个体在社会情境中的学习现象的一种理论，它研究各种社会因素影响和改变人的思想、情感与行动的过程。班杜拉于 1977 年出版的《社会学习理论》一书，简略地概述了当时在社会学习领域的理论和实验研究成果，是社会学习理论及其研究成果的一本总结性的著作。从这部著作中，不仅可以看到他的基本观点、主要研究成果，而且也可以看出其理论思想的形成过程。

社会学习理论的基本观点是三元交互决定论。班杜拉认为，一种心理学理论的价值在于它能否准确地预测行为，它必须能正确地说明影响人行为的因素以及引起行为变化的中介机制。解释行为的传统理论有两种，一种强调人的心理因素对行为的调节和控制作用，如本能论、驱力论、需要论、动机论等。班杜拉认为这种理论能够对行为进行较好的解释，但在对行为的预测方面并不成功。另一种强调环境（外部）因素对行为的控制作用，如强化论。这种理论没有研究人和环境的交互作用，因此，在对行为的预测上也不成功。

班杜拉指出，"社会的学习理论，是根据认知的、行为的、环境的决定因素之间的连续相互作用去说明人类行为的"。他主张的是三元交互决定论，将环境因素、行为、个人的主体因素三者看成相对独立、同时又相互作用、相互决定的理论实体。其中，个人的主体因素包括行为主体的生理反应能力、认知能力等身心机能。所谓交互决定，是指环境、行为、人三者之间互为因果，每二者之间都具有双向的互动和决定关系。三者之间相对的交互影响力及其交互作用模式在不同的情境中、对不同的个体或在不同的活动中会有不同的表现形式。班杜拉认为从行为（B）、人（P）和环境（E）因素存在联结并且不断交互作用的观点出发，就能够成功地预测人的行为。

班杜拉认为儿童通过观察他们生活中重要人物的行为来习得社会行为，这些观察以心理表象或其他符号表征的形式储存在大脑中，来帮助他们模仿行为。班杜拉的这一理论不但接受了行为主义理论家们的思想，而且更加注意线索对行为、对内在心理过程的作用，强调思想对行为和行为对思想的作用。他的观点在行为主义学派和认知学派之间架起了一座桥梁，并对认知—行为治疗做出了巨大的贡献。

在班杜拉的理论体系中，最基本的也是影响力最大的是观察学习理论。传统的行为主义者一直认为，学习是在直接经验的基础上通过条件反射而发生的，学习者必须经历行为的后果，学习才能发生。班杜拉认为所有来源于直接经验的学习现象都可在替代的基础上，通过观察他人的行为及其后果而发生。他把观察学习界定为"一个人通过观察他人的行为及其强化结果而习得某些新的反应，或使他已经具有的某种行为反应特征得到矫正，同时，在其中，观察者并没有对示范反应做出实际的外显操作的过程"。在观察学习过程中，示范者通过观察者的观察活动而影响观察者的过程，被称为示范作用。因此观察学习也可以被称为示范作用过程。通过观察学习，人们可以获得大量的行为模式，而不必经过令人生厌的试误的过程。

观察学习有三个特点。首先，观察学习并不一定具有外显的反应。班杜拉把学习同操作加以区分，认为学习者经由观察可以获得新的反应模式，但并不必然表现出来，因此观察学习也可以叫作"非尝试学习"。其次，观察学习并不依赖直接强化。传统行为主义把强化作为学习的必要条件，而班杜拉则认为强化在观察学习中并不是关键因素，没有强化，观察学习同样可以发生。最后，认知过程在观察学习中起着重要作用。班杜拉认为，在观察学习中，学习者从接触榜样到表现榜样的行为，中间经历了注意、记忆、表象利用等认知过程，这些观点使得班杜拉被许多人称为"认知的行为主义者"。

班杜拉认为，观察学习由四个相互关联的子过程组成，即注意过程、保持过程、运动再生过程、动机过程，如图 2-1 所示。

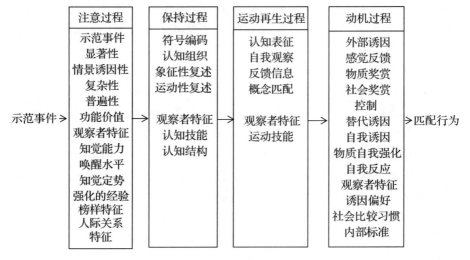

图 2-1　观察学习的子过程

1. 注意过程

班杜拉认为，只有注意到且精确地知觉到示范活动的相关方面，人们才能对示范事件进行观察，并接受示范事件的影响。因此，观察主体对示范刺激的选择性注意是观察学习过程的关键因素之一。概括起来，影响注意过程的因素主要有四种。其一是示范活动本身的特征，包括行为活动的显著性，情景的诱因性，示范活动的复杂性、普遍性及功能价值。其二是观察者本身的特征。观察学习中的注意并不是简单地吸收来自感官的信息，而是要对信息进行必要加工以抽取其中的意义结构。因此观察者的感知能力、唤醒水平、知觉定势和强化的经验不仅影响着注意的选择和指向，而且影响着从观察中抽取哪些特征和怎样解释这些特征。其三是榜样的特征。行为榜样的特征，如性别、年龄、职业、社会地位、社会声望等，也影响着观察者对榜样的注意程度。榜样与观察者的相似程度越大，就越容易受到观察者的注意。其四是人际关系的结构特征。班杜拉认为，在影响和制约注意过程的因素中，人际关系的模式是最重要的，因为一个人通过观察学到什么样的行为，会出于他归属的社会团体不同而有所不同，这对观察者的行为模式或人格特征的形成，具有特殊的意义。

2. 保持过程

所谓保持过程，是指观察者将在观察活动中获得的有关示范行为的信息以符号表征的方式储存于记忆之中以备后用的过程。

班杜拉认为，观察学习主要依存于两个表征系统：表象和言语。一些示范行为以表象的形式保存着。示范行为引起观察者的注意后，就产生了观察者对示范行为的感觉和知觉。示范行为刺激在头脑中的重复呈现造成示范行为的持久的、可复现的表象的产生，以便在以后的某种情境中将其唤起。表象系统与示范行为的言语编码有关，它可以保证人的观察学习和保持的速度。调节行动的认知过程大多数是言语的而不是视觉的。示范行为被转换成表象和言语符号后，这些言语符号将起到指导行为的作用。言语编码相较于视觉表象，在观察学习时更具有确定性。除了符号编码外，复述在帮助记忆上有重大作用。人们通过内部复述（即象征性复述），或者实际做些示范动作（即运动性复述），使象征性表象保持得更好，更容易在适当的情境中被唤起。

3. 运动再生过程

观察学习的第三个子过程是把符号的表象转换成适当的行为。这一过程比较复杂，为方便分析，可将其分解为反应的认知组织、反应的起动、反应的监察和依靠信息反馈对反应进行改进。行为实施的第一个阶段，是将再生的反应在认知水平上选出和组织起来，然后在行动中表现出来。再现出来的行为并非是准确无误的，还需要调整和纠正。在一些自己能够观察到的行为中，可以通过自我反应的监察来纠正或调整动作；在那些自己观察不到的行为反应中，则需要他人提供反馈信息来进行纠正或改进，从而达到同示范一致的正确反应。

4. 动机过程

所谓动机过程，是指观察者在特定的情境条件下由于某种诱因的作用而表现示范行为的过程。和运动再生过程相比，二者实质上是从不同的角度或不同方面对同一现象即观察者实际表现示范行为的现象的理论说明。其中，运动再生过程从认知的角度说明观察者如何实现对示范行为的表现，如何将示范行为的认知表征转换成示范行为的实际操作。动机过程则从动机方面说明观察者是否会对示范行为加以实际的操作表现。

因此，行为的获得是一个认知过程，而行为的表现则是动机过程，二者依赖于不同的心理机制。班杜拉认为，人们并不一定实际表现他们所学到的所有行为。如果示范行为对观察者具有某种实用的功能价值，那么一旦他掌握了如何做出示范行为，他就会以不同的频度表现出这一示范行为；相反，如果示范行为对观察者不具有任何实用的功能价值，那么即使他在认知上掌握了如何做出这一示范行为，他也不会在行动上加以表现。

班杜拉在观察学习情境中，将决定观察者是否表现示范行为的诱因条件分为三类：直接诱因、替代诱因以及自我诱因。所谓直接诱因，是指示范行为本身所导致的直接结果。如果示范行为本身会导致某种奖励性结果，观察者则会因为追求这种奖励性结果的内在动机而表现这种示范行为。班杜拉认为，虽然外在结果每次给予行为以影响，但它不是决定人行为的唯一结果。人是在观察的结果和自己形成的结果支配下，引导自己的行为的。

所谓替代诱因，是指对观察者来说，示范原型表现示范行为所导致的结果。在由观察而获得的行为中，那些对示范原型有用的行为比那些对示范原型无用的行为更有可能在观察者身上表现出来。观察者如果看到他人成功或获得赞扬的行为，就会增强发生同样行为的倾向，如果看到失败或受罚的行为，就会削弱或抑制发生这种行为的倾向。

所谓自我诱因，是指观察者对示范行为及其结果的自我评价经验或自我反应，亦即观察者对示范行为的情感赋予或价值赋予。如果观察者对某示范行为赋予高度的自我评价或者怀有极大的兴趣，那么他更倾向于表现这种示范行为。反之，他则很少表现。

随着观察学习现象在学习理论界被广泛承认，班杜拉从实验的、分析的角度具体阐述了观察学习的若干功能，即获得功能、禁抑与解禁功能、反应促进功能、环境凸显功能、情绪唤起功能等。班杜拉认为，对观察学习进行功能分析有助于进一步澄清观察学习的概念。

获得功能。传统行为主义认为，任何行为技能都是在行为主体实际操作这一行为并直接经历其结果的基础上获得的。而班杜拉认为，人类个体不必经过实际操作而仅仅通过观察，在替代经验的基础上就可以获得新的行为反应模式，这就是观察学习的获得功能。观察主体通过观察活动可以获得新的反应模式、行为反应技能、社会态度、价值观念、判断标准、行为规则等。

禁抑与解禁功能。禁抑(inhibition)与解禁(disinhibition)是两个相反的作用过程或心理机制，禁抑是指对行为表现的抑制过程，它抑制着行为主体对他所习得的某种行为方式的表现。而解禁是指解除对某种行为方式的抑制作用，从而表现出行为主体所学会的，但一直处于抑制状态而未能表现出来的行为方式的过程。观察学习同时具有禁抑和解禁双重功能。当观察者发现榜样对某一行为的执行导致了消极的惩罚性结果，他会倾向于加强抑制这种行为；反之，观察者如果发现榜样的示范行为产生了积极的奖赏性结果，则会解除对这一行为方式的抑制作用，表现出观察学习的解禁功能。

反应促进功能。榜样的示范操作能够作为观察者执行示范行为的反应线索来促进观察者对示范行为的表现，这就是观察学习的反应促进功能。一种已经习得的行为由于没有足够的诱发条件很可能不会得以表现。榜样对这一行为的表现，构成了观察者表现这一行为的诱发线索，从而促进观察者对这一行为的表现。

环境凸显功能。班杜拉认为，示范行为不仅能促进观察者对示范行为类似的行为反应的表现，而且能将观察者的注意力引向示范行为的操作媒介以及示范行为所针对的环境对象，从而使与示范行为有关的特定的环境对象从环境背景中凸显出来。例如班杜拉的波波玩偶实验中，示范者用小木槌攻击玩偶，作为观察者的被试儿童不仅学会了攻击行为，而且和没有观察学习经验的对照组相比，被试儿童在日常生活中更多地使用小木槌作为表现其行为方式的操作工具。

情绪唤起功能。班杜拉认为，在观察学习过程中，观察者不仅可以通过示范作用从榜样那里获得各种情绪反应的表达方式，还可以通过观察榜样的情绪反应在替代经验的基础上唤起自己的情绪反应。

三、对社会学习理论的评价

社会学习理论是班杜拉对其关于人类存在方式及行为表现的直观感悟进行理论建构的一个尝试，是他在与传统行为主义关于人类行为现象的理论阐释的对立与争辩过程中，吸收当代认知心理学的研究成果而建立起来的。班杜拉试图在理论上为我们理解人类行为现象提供一个统一、全面的思想框架。在经验研究层面上，社会学习理论最富有特色和最具代表性的部分是观察学习，亦即由示范作用引起的学习现象。观察学习是社会学习理论的核心。班杜拉认为，学习的基本形式，即以直接经验为基础的学习，已经得到了彻底的研究，而那种更普遍、更有效的学习方式，即通过观察进行的学习却基本上被忽视。因此，为了弥补传统行为主义的不足，他对观察学习进行了广泛的实验研究，并力图对传统行为主义的研究结果进行重新解释，使社会学习理论相对于传统的学习理论无论是在研究范围还是在关于人类行为的理论观点上都有着重大的突破。

第一，观察学习强调人的行为是内部因素和外部因素相互作用的产物。传统的行为主义学习理论忽视了学习的内部过程和行为的认知因素，把人的行为看成完全受外界环境控制和制约的和由刺激和强化所决定的。班杜拉批判了这种机械论和环境决定论的观点，提出了三元交互决定论，打破了单一因素决定论的错误思想，这在学习理论中是一个巨大的突破。在这一交互作用的模式里，行为、环境、个人的主体因素三者相互联结，相互决定。但是，环境、个人主体因素、行为这三个相互联结的因素的相对影响力在不同条件下对不同的人是不同的。在某种条件下，环境的影响对行为具有决定作用；在另外一些条件下，行为也可以成为这三个相互作用因素中的主要成分。同样，认知因素也可以在这个交互影响链中起决定作用。

三元交互决定论把人的行为与认知因素区别开来，指出了认知因素在决定行为中的作用，在行为主义的领域内重新确立了认知的地位。它从环境、人及其行为的互动关系中考察人的心理活动与行为表现，把人的心理活动看成环境、人及其行为之间的互动系统，真实地把握了人与环境之间的关系，因而与传统心理学理论所隐含的人性观及其背景下的一元单向决定论因果模式相比，在理论上具有更大的合理性。它既构成了社会学习理论的基础，同时又为心理学如何理解人提供了一个崭新的视角，其影响还波及心理学研究的其他领域。如在社会化研究中，传统上一般只强调父母等对儿童的影响，随着三元交互决定论的提出，人们发现，父母对儿童的影响方式在很大程度上是由儿童决定的，这使得社会化的研究开始考察父母与儿童之间的双向交互决定关系。

第二，观察学习理论消除了学习只能发生在个体直接经验基础上的偏见。传统的行为主义把学习主体对强化的直接经验看成学习的必要条件，这其中隐含着对人性存在方式的理解，即人性只能是个体化的存在，每个人的经验都是彼此孤立和封闭的，不能相互沟通。它把学习过程的研究局限于个体经验的范围内，无论是赫尔的假设—演绎系统，还是斯金纳的操作强化理论，其理论范围都没有超出个体水平。传统行为主义对人性存在方式的把握，与其以低等动物为被试不无关系，因为低等动物只有生物学意义上的种属特征，而人性同时是个体化的存在和类的存在。由于人的类属特征的存在，个体直接经验可以在社会水平上实现共享。人类个体可以以其类的属性为中介，以他人试误的直接经验的学习过程为手段，从而获得某种间接的学习，而不必亲身经历尝试错误的结

44

果。这就是班杜拉社会学习理论体系中的观察学习。因此，班杜拉对观察学习的强调，使社会学习理论超越了传统行为主义把学习过程看成只发生在个体水平的心理现象的局限，而在社会水平上研究人类的学习过程，从而对于作为社会性存在物的人类行为现象，提供了一种比传统学习理论更加真实而有效的理解方式。

第三，强化在观察学习中的作用。传统的学习理论认为，观察学习是选择性强化的结果，即观察者当偶尔表现出与榜样行为相对应的一系列反应时便获得强化，而当表现出与榜样行为不一致的反应时便得不到强化甚至遭到惩罚，这会使榜样的行为反应成为观察者匹配反应的刺激线索，匹配反应导致的强化结果才是观察者是否重复表现榜样行为的决定因素。班杜拉指出，这种理解方式远远不足以解释一些观察学习情境，如观察者在观察示范行为的过程中并不做出外显的匹配反应，或者当榜样和观察者的行为都没有受到强化时，以及观察者在观察经验的数日、数周甚至数月后才对示范行为加以表现等。因此，在社会学习理论体系中，观察学习主要是一个信息加工的认知过程，即观察者在观察榜样示范操作的过程中，获得有关示范行为的信息，并将这些信息组织成新的行为模式加以保持的过程。并且示范行为的获得和表现是两个不同的过程，观察者在认知上已经习得的示范行为未必立刻就表现出来。因此，外部的强化刺激并不是观察学习得以发生的必要条件。此外，当观察者在没有立即的外部强化的条件下做出示范行为，这种无奖赏的示范作用也表明强化不是观察学习所必需的因素。不仅示范行为，事实上全部人类行为，无论是通过何种方式获得的，都可以在没有立即的外部奖赏的条件下表现出来。其中认知因素对行为产生了重要的影响。

尽管班杜拉认为强化对于观察学习不是必需的，但是作为一位行为主义者，其建构社会学习理论的方法论基础是生物进化论的适应思想，这就决定了他在逻辑上必然将强化看成人类一切行为的终极基础。从表面上看，这似乎是矛盾的。但从思想体系上看，二者是统一的。班杜拉将人类的学习分为直接学习和观察学习两种形式。就作为类存在的人而言，人的一切行为技能最初都必然是通过各行为领域内的先驱性个体的直接学习即试误学习获得的。一旦这些个体习得了某一生活领域内的行为技能，并将其总结成人类的普遍经验，其他个体就可以通过观察学习获得这一行为技能，而不必重复他们最初的直接学习过程。因此，就人类行为的起源而言，人类的哪种学习方式更为适用，取决于这种行为方式对人的普遍经验是否新奇。对于新奇的行为方式或生活方式，人类要通过试误去学习，而一旦这种行为方式已经成为人类的普遍经验，则可以通过观察学习来掌握。因此，对个体行为获得的现实过程而言，由示范作用引起的观察学习比由反应结果引起的试误学习更普遍有效。

第四，观察学习现象的认知论解释。在对人的主体性思想进行理论建构的过程中，班杜拉受到了当代认知心理学的影响，以认知的术语阐述观察学习的过程和作用，改变了传统行为主义重刺激—反应过程，轻中枢过程的思想倾向，用信息加工理论来说明符号操作等内部的主体过程，并把他的研究成果纳入其社会学习理论体系。他把观察学习的过程分为两个阶段，即获得阶段和操作阶段。在前一阶段中，外部物理操作的行为结果转换成稳定的内部认知结构，其中注意、记忆、思维等认知变量起着关键作用；在后一阶段中，行为的内部认知过程转换成实际的、物理的反应操作过程，其中直接的、替代的、自我生成的诱因等强化变量居于核心地位。这两个阶段反映了强化与认知相结合的过程。因此可以说，班杜拉从信息加工理论中汲取了观察学习的注意和保持因素，从行为理论中汲取了运动和动机因素，依照这四个过程来解释人的心理活动，他的解释基本上是信息加工和行为主义理论模式的综合。

四、我们的认识与理解

班杜拉的社会学习理论是对传统学习理论的巨大超越，然而这种超越却使班杜拉在学术上处于尴尬境地。一方面，班杜拉是一个行为主义者，在其社会学习理论建构的过程中，他始终坚持着行为主义的基本立场——客观性的原则。在研究认知、思维等主观因素时，他坚持使用客观化方法。他认为，尽管认知过程不能被直接观察到，但是人们可以通过一些指标间接了解认知过程。在探索内部事件怎样控制行为的规律时，需要以评估被试的言语为中介来间接评估其思维和随后活动之间的函数关系。在他看来，这类研究并不违反科学研究的客观性原则，因为使用间接方法也是自然科学的研究途径之一。尽管如此，但有学者认为，"诸如班杜拉之类的方法已偏离行为主义的基本原则甚远，以致不能再被称为学习理论，而应属于另外的阵营"。

另一方面，尽管班杜拉强调了认知过程的重要作用，他对信息加工认知心理学的研究成果及其理论术语的吸纳也表现出不断增加的趋势，但他却不可能成为真正意义上的认知心理学家。在他的理论中，认知因素并没有获得独立的地位，仍然处在先行刺激和反应结果的钳制之下。正如他自己所说："然而，认知事件并非作为行为的独立自主的原因起作用。它们的本质，它们的情绪唤醒特性和它们的发生都处在刺激的强化的控制下。"可见，在班杜拉那里，认知过程仍没有得到应有的重视。正如苏联心理学家安德烈耶娃指出的："在这位学者提出的传统学习方式的各种变式中，我们只看到对传统范式的修改，而不是对传统范式的背离。"固此，班杜拉对信息加工认知心理学的吸纳　方面使他理论的有效性取决于信息加工认知心理学的意识观，另一方面又使他的理论体系带有浓厚的折中主义色彩。

我们应该为班杜拉的超越及尴尬而感到庆幸，因为历史本身就是一个不断自我超越的过程。在学习理论的发展历史中，班杜拉的社会学习理论超越了行为主义的逻辑，对意识的理论建构赋予了行为主义以合理的人性基础，并为在历史中作为心理学两大对立基础的行为主义和人本主义的结合提供了一个新的历史起点。他的超越恰恰折射出历史的进步与人类自我认识的不断深化。

[印象小记]

　　爱德华·李·桑代克（Edward Lee Thorndike，1874—1949），美国心理学家，他是动物心理实验的首创者，比较心理学的鼻祖，联结主义心理学的建立者，教育心理学之父，也是美国教育测量运动的领袖人物之一。他提出了一系列关于学习的定律，包括练习律和效果律等。桑代克在1912年当选为美国心理学会主席，1917年当选为国家科学院院士，1949年8月9日逝世。他一生共著有507部（篇）著作、专题论文和期刊文章，心理学界只有皮亚杰才能与他媲美。他的代表作有《动物智慧》(1911)、《智力测验》(1927)、《人类的学习》(1931)、《比较心理学》(1934)和《教育心理学》三卷本(1903，1913，1914)等。

---

❶　本章作者：邱香。

第一讲　一种情境发生频率的影响❶

看来，我为本校和梅森格讲师资格（Messenger Lectureship）赠与者所提供的最佳服务便是向你们呈现有关人类学习的性质和演化的某些事实与理论。这一课题具有内在的巨大意义。对人类而言，人类改变自身的力量，也就是人类的学习，大概是印象最为深刻的事情了。解释人类学习的现代理论将会有助于我们从总体上了解某些重要的心理学理论。这个课题与文明进化（evolution of civilization）问题紧密相关，也是梅森格讲师资格赠与者所规定的课程。确实，文明是人类学习的主要产物。家庭和工具，语言和艺术，习俗和法律，科学和宗教，都是通过人类心理的变化而创造的。它们的维持和运用也有赖于人类的可变性（human modifiability）——人类学习的能力。如果人类的学习能力被减去一半，那么下一代便只能习得今天人类能够学习的那些东西的一半难度，大多数人类文明将不能为下一代所利用，而且会很快从地球上消失。例如，在这所大学里所教的大多数东西（如果不是全部的话），就没有人能够学会。药房里库存的药品会使我们中毒。轮船、火车和汽车，如果行驶它们的话，人们可能会像孩子开玩具船和玩具火车那样的混乱状态来运作。

人类学习涉及人类本性和行为的变化。而人类本性的变化只能通过行为的变化来了解。我们在这里和后面所使用的"行为"（behavior）一词意指人类这一动物（human animal）所做的任何事情。它包括正在进行的思维和情感，而不涉及这些东西的更深层的性质。我们根据对它们的发现来探究它们。

根据一个人面临的情境（situation）或状况，他对这些情境或状况所作的反应（responses），以及由千百万种情境导致或引起的反应所构成的联结（connection），我们可以方便地表述一个人的生活。人生的情境和反应显然不是任意的或偶然的。如果某种情境，我们称之为 S1，发生在某人的生活中，他不会相应地作出一个人可能作出的百万种（或百万种以上）反应中的任何一种反应。相反，S1 通常具有十分明显的倾向，也即它引起某一特殊的反应，或者少数反应中的某一反应。"联结"这个术语专门用来表示某一特定情境引起某种反应而不是其他反应。因此，S1 与

❶　［美］爱德华·桑代克：《人类的学习》，李维译，1-14 页，北京，北京大学出版社，2010。

R27 相联结意味着 S1 倾向于引起 R27，或 R27 随 S1 而发生。这不属于情境和反应的偶然安排。

当一个人生活和学习时，他对同一情境或状况的反应也随之变化。不管在何种场合，倘若提问"64 的立方根是多少"，引起的反应将是沉默，或者"我不知道"，或者问"这是什么意思"，这个问题后来引起了即时反应"4"。于是，我们可以说 64 的立方根和 4 之间已经形成了联结。

这样一种联结可能以不同程度的强度（strength）存在着。写"repeat"这个词和写下 r－e－p－e－a－t 这 6 个字母的反应之间，联结可能十分有力，以至于一个人甚至在半睡眠状态下也能把这个词写下来；或者这种联结比较有力，以至于一个人在清醒状态下十次中有九次能把这个词写下来；或者这种联结软弱无力，以至于经常拼写成 r－e－p－e－t－e 或 r－e－p－p－e－e－t。

任何特定情境（例如 S1）和任何特定反应（例如 R27）之间联结的强度是指 R27 紧随着 S1 而发生的可能性程度。因此，如果 S1 是思维"9×7 等于几"，而 R27 是思维"63"，那么，对于一名受过算术良好训练的人来说，这种联结是很强有力的。如果那种情境重复发生 1000 次，其中可能有 990 次会发生这种反应而其他反应发生的机会是极少见的，由此可以说 S1→R27 的强度近似于 0.990（对那个人而言）。如果同样的情境发生在刚开始学习乘法 9×7 的孩童身上，那么这种联结便弱得多。其发生的概率也许只有 0.250。

学习，部分地说，是由 S→R 联结强度的变化所组成的，正如上面所讲的 S1→R27 联结强度从 0.250 增至 0.990 那样。

学习也包含新反应的产生。例如，一个人在他储存的反应（譬如说 963728 种反应）中增加 10 种新的反应，即从 R963729 到 R963738。然而，这些新反应往往与某种东西相联结而发生。由于一种新反应的形成意味着某种情境与之相联结，因此，正如我们以后将看到的，它改变了对这种情境进行反应的可能性。无论我们把学习看作是获得一些反应并且改变这些反应与生活情境相联结的强度，还是仅仅把学习看成是后者，它都是一个容易理解的问题。把学习看作消除某些反应，或者从个人的反应库中除去某些反应，这同样是正确的。完全彻底地消除一种反应便是将它与一切情境的一切联结强度降低到零。

我们可以把任何情境看作某种无穷小的概率（infinitesimal probability），也即它极少有可能从一个特定个体身上引发大量反应中的任何反应，甚至极少有可能从该个体能做的一切反应中引发可以想象的反应。"9×7 等于几"，可以使一个人想到的不是"63"，而是"莎士比亚"(Shakespeare)，或者" 瓶墨水"，或者"70×7"。当我们说某种联结的强度为零时，我们通常并不是在真的强度为零和像千万分之一这种无穷小的概率之间作出区分，因为无此必要。

然而，学习是真实的——即使它改变一种联结的概率只有万分之一，只要以前的概率小于那个比例的话。但是这些十分低下的强度有时却具有非凡的重要性。例如，让我们假设某种联结 S693→R7281 在 100 万人的每个人中具有万分之一的强度。对这些人中的每个人来说，如果 S693 今天发生一次，那么有 100 个人可能会作出 R7281 的反应。在 100 个人这样做和没有人这样做之间的差别可能引出许多凶杀案，或一场战争，或一项重大的发明，或某种杰出的慈善行为。同样，从强度 0.0001 中产生的 0.99 或 1.00 强度的学习，可能比从 0.0000 强度中产生的 0.99 或 1.00 强度学习更加容易得多。在前一种情形中，反应至少作为一种概率存在着。

1.00 强度的联结

看来，保证操作的联结实际上可能有着不同的强度。对于那些处于一般环境之下和目前状态的人们来说，这些联结都可能具有 1.00 的强度，但是其中一个联结可能十分有力，以至于强烈的兴奋或分心或一段时间的不实践都无法阻止一个人对这一情境作出反应；而另外一个联结可能在一个人兴奋或分心或一年没有实践以后会变得不稳定起来。许多学习实际上是增加联结的强度，以便这些联结能抵抗干扰的条件避免或因失用(disuse)而引起破坏性的后果。

当一个联结强度从零或无穷小向上增加时，我们通常称之为"形成联结"(forming the connection)。当强度从某种实际强度向更大的强度增加时，我们通常称之为"增强联结"(strengthening the connection)。这两者没有根本的区别。

只有考虑到与联结平行的生理事件或条件(physiological event or condition)，或者构成联结的生理事件或条件，联结一词的使用才会不带偏见。迄今为止，单就表示某个 R 将随着某个 S 而发生的概率，可以用结合(bond)、连接(link)、关系(relation)、趋向(tendency)，或任何没有情感色彩的术语来取代联结一词。

学习不仅由情境和反应之间联结强度的变化构成，也不仅由新反应的获得构成，还由对情境和部分情境可变的敏感度和注意力构成。研究已发现，那些变化的一般动力对联结的形成来说是同样的道理，无须多言了。

迄今为止，我所提供的关于学习的解释是朴素的和肤浅的。它可能很容易地受到下列批评。第一，在该情境中，还包含了多少有关那个人周围的外部情形？"64 的立方根是多少"，或者"9×7 是多少"，无疑只是那个人此时所受影响的一小部分。第二，那个人此时所做的反应是他全部行为的多少？除了说"我不知道"或"4"以外，他还瞧着，呼吸着，并做其他许多事情。第三，实际上，由于全部情境和反应通常十分复杂，那我们又如何知道 S 的哪一部分激发了 R 的特定部分？第四，情境在何处停止，之后反应是随即开始的吗？

这些问题，以及其他一些更为微妙的问题、异议和限制条件都是合理的，在适当时间我们可以对它们进行研讨，但是我认为，对我们来说，目前就去考虑它们是无益的。情境、反应、联结和联结强度尽管朴素和肤浅，却都是很方便的术语，有助于我提出关于学习的某些事实。不考虑这些事实所提供的词汇，这些事实也是真实的和有价值的。让我们暂且推迟对我们所使用的术语进行严格的处理，直到我们为了理解事实本身而需要这种处理为止。

我们可以首先考虑的事实是在对这些问题进行调查后获得的：当一个人一次又一次地面临同样的情境时会发生什么？如果一个人能够遭遇同样的情境，譬如说 1000 次，同时使周围环境中的其他事件和他内部的每个事件除了重复该情境和变化 1000 次以外都保持不变，那会发生什么情况？这就是我们正希望确定的影响，也即当其他一切因素都不变时重复一种情境所产生的影响。

例如，让我们考虑一下下述的实验：你坐在桌旁，面前放一本笔记簿和一支铅笔，闭起你的双眼并且想："用最快的动作画一条 4 寸❶的线。"于是，你便一次又一次地用快速动作画一条线，意欲把每条线都画成 4 寸长。你自始至终闭着双眼。你日复一日地这样操作，直到画了 3000 条线。可是，你却未见过这 3000 条线中的任何一条线。就这样，你对差不多同样的情境作出了反应——"以快速动作在同一本子和同样的位置上用同样的铅笔画一根 4 寸长的线"——3000 次。

表 3-1 呈示了这种实验的结果。它表明了两个普通的真理或原理：(1)多重反应(multiple response)或可变反应(variable reaction)的原理；(2)重复情境未能导致学习的原理。

第一次试验的反应从 4.5 寸变化到 6.2 寸；第二次从 4.1 寸变化到 5.5 寸；第三次从 4.0 寸变化到 5.4 寸；其他各次均相似。在整个实验中，变化范围从 3.7 寸到 6.2 寸。对一种我们能够把握的几乎相同的情

---

❶ 寸：长度单位，1 寸合 1/30 米。

境，由一个我们能够控制的几乎相同条件的个人来作出反应，这种反应的多重性是一种规律。在另外一个实验中，一名被试反复遭遇这样的情境，"拼读 o 的长音"，该任务是与拼读   系列由实验者发出的二个音节的无意义单词相伴随的，例如 kaca-eed′aud，weece′-ol-eet，kawl-awt-eez′。被试有时写出 e，有时写出 ee，有时写出 ie，有时写出 ei，有时写出 i。由于被试的大脑、神经和肌肉活动在不同的时刻有着细微的差异，结果呈现出对同一外部情境的反应的多重性或多样性。

表 3-1　被试 T 每次闭眼坐着画 4 寸长的线条时的反应分布

反应	1~12 次试验的频率											
	1	2	3	4	5	6	7	8	9	10	11	12
3.7									1			
3.8								2				
3.9												
4.0			3						3			
4.1		4	1				1	3			2	
4.2		6	8			1		3	6	1	2	1
4.3		3	9	1				4	5	3		4
4.4		13	12	6			3	4	12	2	4	3
4.5	3	18	18	14	2	7	3	15	14	8	7	11
4.6		20	23	23	3	7	8	13	14	8	14	11
4.7	6	20	14	22	11	14	16	25	13	9	14	21
4.8	6	22	15	18	14	27	17	16	18	15	19	26
4.9	13	17	24	24	22	28	18	21	16	10	18	31
5.0	25	20	16	24	26	21	29	25	14	24	19	20
5.1	27	10	16	12	25	32	14	15	14	22	31	22
5.2	24	11	8	12	24	21	23	25	16	18	28	16
5.3	30	8	2	11	21	13	17	13	18	16		12
5.4	17	4	2	8	10	10	7	8	12	12	7	7
5.5	12	1		4	13	8	7	3	10	13	4	3
5.6	7			2	4	7	4	1	4	5	2	2
5.7	3			1	4	2	5	2	6	4	3	1
5.8					1		1			2		

续表

反应	1	2	3	4	5	6	7	8	9	10	11	12
5.9	1				1					1	2	
6.0									1			
6.1										1		
6.2	1						1					
合计	175	171	174	183	181	198	172	192	200	175	190	192
中位数	5.23	4.83	4.77	4.93	5.15	5.07	5.07	4.96	4.97	5.13	5.09	4.96
Q*	0.16	0.22	0.23	0.22	0.19	0.19	0.21	0.24	0.33	0.24	0.21	0.20

注：* Q 是需要包括中间 50％反应的一半范围。

即使将这一情境重复 3000 次也不会引起学习。把第 11 次和第 12 次试验时所画的线条与第一次和第二次试验时所画的线条相比较，未见有明显的改善或不同。表 3-2 呈示了逆向的实验结果，但是，如果你不了解这一点而被要求选择表示该学习过程的实验结果，你往往会像其他人一样选择这个结果。任何一组心理学专家也会这样干的。

以往曾有许多人假设，单单重复一种情境便会引发学习。至于"如何学习"始终是一个谜。但是在一个声誉显赫的理论中，它已被解释为高频率联结从低频率联结中减去强度的倾向。在我们的实验中，根据这一理论，"画 4 寸长的线条"的情境引起了长度为 5.0、5.1、5.2 和 5.3 寸线条的反应，这种联结在第一次试验中的出现频率为 106（与之相对照的是，其他所有反应的出现频率为 69），它将在第二次和以后各次试验中得到增强。

可是，这类情况在实验中并未发生。5.0、5.1、5.2 和 5.3 的反应并未在牺牲 4.5 或 5.7 的情况下得到增强。在拼读长音 e 和其他声音的实验中也未发生这类情况。例如，考虑一下发嘶声 s 的这些数字。通过单个 s 拼读的反应远比通过 c 或 ss 拼读的其他反应频率要高得多，其发生频率为我们实验开始时所有其他拼读合在一起的 12 倍。然而，随着情境的一再重复，它的频率就不再增加。单个 o 发 o 的长音，单个 a 像在 make 或 late 中那样发 a 的声音，也是同样情况。可是，导致这种反应的联结并未从导致其他反应的联结中强度被剥夺。在该实验开始时，上述三者的强度与所有其他拼音合起来的强度之比为 4：1；而到该实验结束

时，强度之比仍然是 4∶1。❶

表 3-2　表 3-1 中逆向的反应分布

					1～12 次试验的频率							
反应	1	2	3	4	5	6	7	8	9	10	11	12
3.7				1								
3.8					2							
3.9												
4.0				3						3		
4.1	2			3	1				1	4		
4.2	1	2	1	6	3		1			8	4	
4.3	4		3	5	4				1	9	3	
4.4	3	4	2	12	4	3			6	12	13	
4.5	11	7	8	14	15	3	7	2	14	18	18	3
4.6	11	14	8	14	13	8	7	3	23	23	20	
4.7	21	14	9	13	25	16	14	11	22	14	20	6
4.8	26	19	15	18	16	17	27	14	18	15	22	6
4.9	30	18	10	15	21	18	28	22	24	24	17	13
5.0	20	19	24	14	25	29	21	26	24	16	20	25
5.1	22	31	22	14	15	14	32	25	12	16	10	27
5.2	16	28	18	16	25	23	21	24	12	8	11	24
5.3	12	16	18	18	8	17	13	21	11	2	8	30
5.4	7	7	12	12	8	7	10	10	8	2	4	17
5.5	3	4	13	10	8	7	8	13	4		1	12
5.6	2	2	5	4	1	4	7	4	2		7	
5.7	1	3	4	6	2	5	2	4	1			3
5.8			2		1			1				
5.9		2	1					1				1
6.0												

❶　2094∶516 和 2080∶530。

续表

反应	1	2	3	4	5	6	7	8	9	10	11	12
6.1				1								
6.2						1						
合计	192	190	175	200	192	172	198	181	183	174	171	175
中位数	4.96	5.09	5.13	4.97	4.96	5.07	5.07	5.15	4.93	4.77	4.83	5.23
Q^*	0.20	0.21	0.24	0.33	0.24	0.21	0.19	0.19	0.22	0.23	0.22	0.16

当然，人们将会认识到，重复一种情境通常会产生学习，因为我们对由这一情境引起的联结给予奖励而对其他联结则给予惩罚。这种奖惩方式是将它们作出的反应分别称为正确或错误，或者用其他方式如赞成或反对。如果在画线条的实验中，第二次和以后各次的试验期间，每次用铅笔画线条后我都睁开眼睛，并对线条加以测量，对其正确性感到满意，那么，导致 3.8、3.9、4.0 和 4.2 长度的联结将会更频繁地出现，直到我达到学习的极限为止。如果实验是学习拼读单词，被试在每次反应后都被告知他的反应是否正确，那么，导致正确反应的那些联结，不论实验开始时出现的频率高低，将会得到增强。我们的问题是，仅仅重复一种情境本身是否会导致学习，特别是高频率的联结是否因为它们频率更高而会在牺牲低频率的联结的情况下增加其强度。我们的答案是否定的。

由于这是个根本性的问题，因此我设法对我们的否定回答予以检查。我增加了被试人数，运用了各种实验，在这些实验中，高频率的联结有机会从低频率的联结中排除强度。我将报告其中的一个实验，在这个实验中，为最初的频率提供了这样的机会，而对其结果的满意和烦恼也有机会表现出来。为被试准备一长串单词的起始部分（如 ab、ac、ad、af、ba、bc、bi、bo，等等），然后要求被试在这些起始部分后面分别加上一个或一个以上的字母，以便构成一个单词。他们每天要做 240 次填充单词的作业，连续 14 天。在实验过程中，某些单词的起始部分发生了 28 次之多，因此我们就对每名被试在每种情境里的表现做了记录，就像表 3-3 中所示被试 C 完成 el 填充单词那样。

在这一情形里存在着学习。被试 C 在填充 el 到 elf 的过程中显然已经改变了书写 f 的方向，但绝非通过增加开始时的频率和降低开始时的频率这种方式，而是增加了短的（字母少的）填充和降低了长的（字母多的)填充。因为填充 f 要比填充 evate 或 ephant 更容易，而且更快。❶ 被试 C 的 el 记录是颇为典型的。单个字母的反应得到增强，而不管它们在开始时的出现频率如何。当使用的字母数恒定不变时，开始时频率较高的反应未能得到进一步增强。

表 3-3　被试 C 在填充 el 中的反应

最初 8 次		最后 8 次
evte		f
cphant		f
ephant	（12 次中间反应在这里未加以报道）	f
evate		f
aphant		f
ephant		f
ephant		f

关于其他实验的细节我们无须加以讨论了，因为它们的一般结果与迄今为止我们所描述的例子是一致的。就我现在能够了解到的而言，重复一种情境本身是没有选择力(selective power)的。如果某种情境作用于一个人达 1 万次，就 1 万次重复所涉及的任何一种内部活动(intrinsic action)而言，这个人在最后 1000 次所做的反应和最初 1000 次所做的反应是一样的。由此可见，情境的重复在改变一个人方面所起作用很小，就像通过一根电线重复一篇电文对电线的改变很小一样。就这种重复本身而言，它对这个人的影响就像电文对电报交换机的影响一样少。尤其是，高频率的联结并不由于其高频率而被选择。

这些发现的两个结果可以简单地记下。借排除(drainage)来表达的一切心理学抑制理论(theories of inhibition)比以往更值得怀疑，原因在于我们的实验对这类排除的偏爱例证提出了否定的结果。所有这些将价值依附于经验或活动的教育信条，由于不考虑经验或活动的方向及其结果，比以往更难为人们所接受。在面临生活情境和对生活情境作出反应的意义上，如果这样一种经验的数千次重复作用极小，则它几乎不能成为或有利或有害的重要动因。

---

❶　原著注：实验时并未要求被试加快速度，但对 240 个单词的时间做了记录，如果填充时间缩短的话，自然是件值得骄傲的事情。

第二讲　一种联结发生的频率的影响：相属原理❶

在前面一讲中，我们讨论了一个人在反复遭遇同一种情境（situation）时心理上产生的变化。今天，我们将讨论同一种联结（connection）的反复操作（operating）给一个人心理上带来的变化。

在通常的学习实验中，被试知道他要学习的东西，他对趋向学习的进步最终是满意的。因此，若要单独获得重复潜力（potency of repetition）的任何测量是困难的。例如，在记忆一系列对子（pairs）时，被试在听到或看到对子以后，即便在心理上将材料保持 1 秒左右也比不去记它要感到满意。如果他在听到对子的第一个数字后期望第二个数字，那么当他的期望反应被证明正确时，他就会感到特别满意。因此，在通常的实验中，"重复的次数"（number of repetitions）部分地意味着"满意的或烦恼的后效（after-effects）起作用的机会数（number of opportunities）"。

我们谋求在不受联结结果影响下获得重复活动的近似数，也即采用不同的形式来呈示联结的对子，以某些方式对被试进行指导，并对我们随后测试的学习予以隐蔽或伪装。

为了获得这种结果，在我们的实验中，最常运用的方案是呈示一长串对子（从 500 对到 4000 对），在这一系列对子中，有些对子经常重现，告诉被试轻松地聆听，而不要去想和记听到的东西，只要去体验所提供的东西。第二个方案是让被试抄写对子，或者根据听写记下对子。该实验被描述成获得疲劳数据（data on fatigue）的一种手段，或者是获得有关速度和正确性，以及有关疏漏等数据的一种手段。

例如，假如我读给你听一系列名字和数字，我一边读，你一边把与每个名字相关联的数字写下来：Amogio（阿莫吉奥）29，Barona（巴鲁那）72，Delose（德劳斯）68，Barona（巴鲁那）72，Delfonso（德方索）18，Palesand（帕尔桑德）51，Amogio（阿莫吉奥）29，Nanger（南格）79，Raskin（拉斯金）60，Geno（根诺）15，Barona（巴鲁那）72，Palesand（帕尔桑德）51。我一共读了 90 个不同的名字，每个名字后面有一个从 10 到 99 的不同数字，其中，Amogio 29，Barona 72 和其他一些对子，每个对子发生的次数为 100 次；Delose 68，Delfonso 18 和其他一些对子，每个对子发生的次数为 50 次；而 Palesand 51，Nanger 79 和其他一些对子，每个对子发生的次数为 25 次；有些对子的发生次数只有 6 次或 3 次。

---

❶　［美］爱德华·桑代克：《人类的学习》，李维译，15-28 页，北京，北京大学出版社，2010。

这样一来，听到某个名字和写下某个数字之间的联结在你心中已经重复了若干次数。如果到实验结束时，你听到一些名字，然后在每个名字后面写下首先想起来的二位数，那么你写下的数字将部分地有赖于这些联结的重复。你在听到 Amogio 后将想到 29，听到 Barona 后将想到 72，比起没有读过的一系列名字，你将更有可能这样去想。"听到 Barona→想起 72"这种联结的强度已经从接近零度改变到某种实际的度数。那么，这种特殊的变化是如何得到的呢？一般说来，一种情境和一种反应之间的联结的反复活动对那个联结做了些什么呢？

我们最好先来纠正一下我们陈述中的一些模棱两可的东西。我们已经把"联结"这个词用于两种不同的意思，其中一种意思是异常的含糊。当我们说"讲了 Barona→想起 72"这个联结的强度已经从接近于零提高到实际的强度时，我们清楚地把"联结"这个词用作这样一种名称，即伴随着某个情境而非常迅速地发生的某个反应的概率（probability）；例如，讲了 Barona 这个词以后想起 72 的概率。但是，当我们说我们将讨论由重复操作同一个联结而产生的变化时，"一个联结的操作"（operating of a connection）可能仅仅是指两个事物的序列（sequence）。这种序列可以是两个事物具有一种意义（sense）的序列，即第二个事物相属于第一个事物，也可以是这样一种序列，即加上相关意义（sense of relatedness）或所属关系（belonging），再加上个体由遇到第一种要素（element）积极产生的第二种要素，或者其他更为复杂的事件（events）。一个联结的操作，联结中发生的事件，36 与 4×9 联结 10 次，以及在心理学讨论中常见的其他一些类似的特殊表述，涉及各种联结，或者在心中把事物合在一起以形成或增强一种联结。从概率的严格意义上说，也就是一个东西后面紧跟着另一个东西。

让我们考虑一下这些不同类别的联结中每一种重复联结的潜力，我们从同一心理活动中序列意义的联结开始。

如果一个人单是重复地体验相继出现的 A 和 B，而并未意识到 B 紧随 A 是正确的和合适的，或者甚至 B 属于 A，那么对这个人的影响就极小。实际上，你们经常在系好鞋带后才将身体挺直，于是便产生了这样的感觉，即系好鞋带与挺直身体构成一个序列。你们从事这样的动作可能已达到 1 万～4 万次了（这要依据你们的相应年龄和喜欢更换鞋子的频繁程度），但是，这种系鞋带的体验也许不会在你们的心中唤起任何挺直身子的感觉（sensation）、意象（image）或观念（idea）。缺乏符合（fitness）或归属的序列几乎不起作用。

由于任何一种类别的重复联结很少注意到个体身上正在进行的事件，

因此，实验上难以确定它的作用究竟有多少。单单考虑暂时的接近(temporal contiguity)而不意识到作为适当或正确序列的归属性或接受性，通常意味着对问题中的序列不加注意或注意程度很低。我们需要测试的仅仅是暂时的接近，并予以充分的或至少是平均的注意。

刚才进行的小实验代表了这方面的一种努力，现在我们可以报告其结果了。由于实验的一般条件清楚地告诉你们，第一个问题的正确答案是 10 个句子中开头的第一个名字中的一个，这些名字是阿尔弗雷德(Alfred)、爱德华(Edward)、弗朗西斯(Francis)、巴尼(Barney)、林肯(Lincoln)、杰克逊(Jackson)、夏洛特(Charlotte)、玛丽(Mary)、诺曼(Norman)和爱丽丝(Alice)；也告诉你们第二个问题的正确答案是姓氏中间的一个，这些姓氏是杜克(Duke)、戴维斯(Davis)、布拉格(Bragg)、克罗夫特(Croft)、布莱克(Blake)、克莱格(Craig)、迪安(Dean)、鲍拉(Borah)、福斯特(Foster)和汉森(Hanson)，因此单靠机遇(chance)，对每个问题来说，10 个答案中应该有一个正确答案。序列"极少→弗朗西斯，高兴→杰克逊和单调→诺曼"的重复次数和"林肯→布莱克或玛丽→鲍拉"的重复次数是一样的。小实验如下：

将下列句子朗读 10 遍，要求听者仔细地听，以便他们能够说他们听到了每个词。

阿尔弗雷德·杜克和他的妹妹辛劳地工作。
爱德华·戴维斯和他的兄弟极少争辩。
弗朗西斯·布拉格和他的堂兄拼命玩耍。
巴尼·克罗夫特和他的爸爸热切地注视。
林肯·布莱克和他的叔叔高兴地倾听。
杰克逊·克莱格和他的儿子经常争吵。
夏洛特·迪安和她的朋友轻松地学习。
玛丽·鲍拉和她的伙伴单调地抱怨。
诺曼·福斯特和他的妈妈买了许多东西。
爱丽丝·汉森和她的教师昨天来了。

第 10 次朗读结束时，要求听者对下述 8 个问题写出答案，每题 5 秒：

1. 在"极少"后面跟着哪个词？

2. 在"林肯"后面跟着哪个词?

3. 在"高兴"后面跟着哪个词?

4. 在"单调"后面跟着哪个词?

5. 在"玛丽"后面跟着哪个词?

6. 在"热切"后面跟着哪个词?

7. 在"诺曼·福斯特和他的妈妈"后面跟着哪个词?

8. 在"和他儿子经常争吵"后面跟着哪个词?

在一个类似的但更加细致的实验中,将一系列句子重复 10 次,从一个句子的开头,其序列的正确率为 2.75%;在同一句子中,从第一个词到第二个词,其序列的正确率为 21.5%。"和他的儿子经常争吵"后面跟着哪个词的回答正确率为 2%;"诺曼·福斯特和他的妈妈"后面跟着哪个词的回答正确率为 81%。❶

把下述"相属 A"标题下列举的一系列句子向 200 名大学生宣读,共读 6 遍。告诉这些听者:"请仔细听取我所朗读的内容,以便你们可以说已经听清并听懂其内容。"一旦这些句子读完 6 遍以后,便要求被试对后面列举的一些问题作出书面回答,这些问题是以每 10 秒一题的速度宣读的。

相属 A 的句子

阿尔弗雷德·杜克和朗纳德·巴纳德　工作　辛劳地。
爱德华·杜克和朗纳德·福斯特　工作　轻松地。
弗朗西斯·杜克和朗纳德·汉森　工作　在这里。
巴尼·杜克和朗纳德·库蒂斯　工作　今天。

林肯·戴维斯和斯宾塞·拉姆森　争辩　极少。
杰克逊·戴维斯和斯宾塞·伊文斯　争辩　单独。
夏洛特·戴维斯和斯宾塞·兰蒂斯　争辩　昨天。
玛丽·戴维斯和斯宾塞·拉姆森　争辩　木讷地。

诺曼·布拉格和杜鲁门·阿斯托　游戏　拼命地。
爱丽丝·布拉格和杜鲁门·邓尼斯　游戏　温和地。
丹尼尔·布拉格和杜鲁门·马森　游戏　在那里。

---

❶ 原著注:本篇演讲开始时所做的实验结果与这些数据十分相似。

贾内特·布拉格和杜鲁门·纳皮埃　游戏　分别地。

玛莎·克罗夫特和罗斯科·本特利　注视　热切地。
诺拉·克罗夫特和罗斯科·亨特　注视　欢快地。
安德鲁·克罗夫特和罗斯科·波德森　注视　密切地。
艾伦·克罗夫特和罗斯科·科内特　注视　迟滞地。

肯尼斯·布莱克和托马斯·罗林斯　聆听　高兴地。
奥维尔·布莱克和托马斯·杜伦特　聆听　到处。
阿瑟·布莱克和托马斯·罗普　聆听　那时。
亨利·布莱克和托马斯·尼科尔　聆听　长时。

马克斯威尔·克莱格和理查德·艾伦　争吵　经常。
大卫·克莱格和理查德·富兰克林　争吵　大声。
罗拉·克莱格和理查德·特拉维斯　争吵　总是。
帕特里克·克莱格和理查德·克斯特　争吵　迅速。

伯特兰姆·迪安和文森特·艾利斯　学习　轻松地。
诺利斯·迪安和文森特·戈尔登　学习　狂热地。
霍拉斯·迪安和文森特·威尔德　学习　很少。
刘易斯·迪安和文森特·萨克特　学习　容易地。

彼得·鲍拉和莎拉·艾尔登　抱怨　阴郁地。
埃德加·鲍拉和莎拉·霍根　抱怨　从不。
拉契尔·鲍拉和莎拉·莫利斯　抱怨　现在。
伦道尔夫·鲍拉和莎拉·比肖普　抱怨　一起。

1."极少"后面是哪个词？
2."密切"后面是哪个词？
3."大声"后面是哪个词？
4."狂热"后面是哪个词？
5."布莱克和"后面是哪个词？
6."鲍拉和"后面是哪个词？
7."布拉格和"后面是哪个词？
8."克莱格和"后面是哪个词？

9．"阿尔弗雷德"后面是哪个词？

10．"伯特兰姆"后面是哪个词？

11．"肯尼斯"后面是哪个词？

12．"林肯"后面是哪个词？

13．"阿斯托"后面是哪个词？

14．"艾伦"后面是哪个词？

15．"艾尔登"后面是哪个词？

16．"巴纳德"后面是哪个词？

17．"理查德"后面是哪个词？

18．"朗纳德"后面是哪个词？

19．"罗斯科"后面是哪个词？

20．"莎拉"后面是哪个词？

21．"争辩"后面是哪个词？

22．"抱怨"后面是哪个词？

23．"聆听"后面是哪个词？

24．"游戏"后面是哪个词？

问题 1～4 是测试一个句子末尾和下一个句子开头之间联结的强度。每个句子的出现频率为 6（共读 6 遍），但相属关系很少——因为只有极少数人认为这一系列句子可以作为整体来加以记忆。在作出 800 个正确反应的可能性中（听者为 200 名大学生，每组 4 个句子），只有 5 个正确反应，或 0.6％。这一百分比的原因可能是胡乱猜测所致。

问题 21～24 是测试同一句子中从动词到副词的联结强度。每个动词后面出现 4 个副词中的 1 个，共 6 次。这两个词紧密地相属。在总共 3200 个正确反应的可能性中（如果每名被试为每个问题写出 4 个答案），其正确数为 265，或 8.3％。根据记住的副词进行猜测，将只提供 80 个正确反应，加减少量的机遇变数，即使每名被试写出 16 个词也是如此。事实上，极少有被试写出的答案超过那个数目的半数，因此 30 这个数目已经是极大的上限了。

问题 5～8 和问题 9～12 提供了多相属关系和少相属关系之间不那么极端的对比。在问题 5～8 中，4 个联结中每一个联结共出现 24 次，但是其相属关系的程度仅仅由于同一句子中包括两个名字。

然而，在问题 9～12 中，每个联结只出现 6 次，但是相属关系却是同一句子中同一人的名和姓。

问题 5～8 的正确反应数为 55，而问题 9～12 的正确反应数为 94。

后者的重复率虽然只有前者的 1/4，但是更大的相属性导致更强的强度，从而使产生的正确反应是后者为前者的 2 倍。在上述两种比较中，测验系列中的位置（position）促进了较少相属关系的联结。

相属关系的原则有着巨大的重要性。它被研究学习的学者们所忽视，也许因为我们认为它是理所当然的。

一个更为结论性的实验可以这样来安排：让一长列单词对子后面跟着数字，正如前面描述的那样，安排的方式是某些数字后面紧跟着某些单词。我们向被试宣称："我将向你宣读一长列单词和数字的对子，例如面包 29，墙壁 16，得克萨斯 78。我一边读你一边听。你的注意力应像平时在班级里上课一样。但要保证听清我读的每个对子。"这一系列包括 1304 个对子，在其他对子中，4 个对子（残渣 91，字谜 17，秋千 62 和羚羊 35）每一个出现 24 次，于是做如下安排：

残渣总是在 42 以后出现，
字谜总是在 86 以后出现，
秋千总是在 94 以后出现，
羚羊总是在 97 以后出现。

在宣读了一系列的句子以后，要求被试写出哪些数字恰巧跟在某些单词后面，而哪些单词恰巧跟在某些数字（也就是说 42、86、94、97）后面。

在对子中，对紧随单词后面的数字，正确反应的平均百分率为 37.5％（中位数 38％）。这些对子分散在系列中，每一个出现的次数为 18 次或 21 次。对紧随数字（每一个出现的次数为 24 次）后面的单词，正确反应的平均百分率为 0.5％，这与偶然性的猜测差不了许多。

指导语的性质，宣读对子的方式，以及一般的生活习惯，使被试认为每个单词与它后面跟着的数字相属，而每个数字则与它前面的单词相属。在这个实验中，一个数字与其后面跟着的单词暂时接近，仅仅是序列关系而不是相属关系，与联结毫无关系。

持反对意见的人可能认为，对于"单词→数字"联结的注意力阻碍或抵消了，从数字到序列单词由于纯粹暂时接近而强化这种联结的真正倾向。但是，看来这并不真实。至少，任何一种这样的倾向是很微小的。这是因为，如果我们减少对该系列的注意，从而排除这种所谓的阻碍，那么我们仍将得到和以前同样的结果。如果我们不去鼓励被试对该系列持注意的和认真的态度，而是对他们说，"除了保持清醒的意识，并听到每个单词和数字以外，别付出更大的注意"，那么在第二批 100 名被试中，对"数字→紧随其后的单词"的对子的正确反应的百分率仍然和偶然猜测情况下获得的百分率差不了。

对于下述的普遍证据，即心中的序列仅仅是非常微弱和完全无力的，现在有一种奇怪的和可能是重要的例外。这种可能的例外便是所谓的条件反射（conditioning of reflexes），它是由巴甫洛夫（I. Pavlov）首先报道的，并由他的学生和其他学者精心研究。一只狗的唾液腺的分泌活动，与铃声或圆盘的转动或黑色方块的呈现形成强固的联结。铃声、圆盘和黑色方块均反复出现在分泌活动之前，或与分泌活动交叉，尽管这只狗对分泌活动与该情境的关系并不感到符合或相属，而且狗并不产生或控制这种活动，或对该活动加以注意，甚至知道分泌正在发生。

巴甫洛夫、别列托夫（Beritoff）、克拉斯诺高尔斯基（Krasnogorski）、安雷普（Anrep）以及他们的追随者的研究工作，我们将在后面予以特别的关注。他们的所谓学习在有些方面看来与其他学习并不相似。目前，我们可以把这种理论视作与下述普遍证据相矛盾的一种说法，那个普遍的证据认为，两个事件在心中的暂时接近几乎没有力量在两者之间形成一种联结。

当一名心理学家谈到联合或联结两件事物时，他通常假设一种相属特征（feature of belonging）。甚至在像 Barona→72 这种名字和数字的学习对子的十分任意的任务中，学习者也把 Barona 和 72 看作相属的，而且确实形成了一种"正确的"或可以接受的序列，至少在这个实验中是如此。

接着的重要特征是，这个人将对子的第二成员（second member）加以联结，借此做出反应。心理学家普遍认为，如果 A 和 B 是被我们相继听到的两个单词，而 A1 和 B1 是被我们同时听到的两个单词，其中第二个单词被我们用相继形式写出，那么后者更为有效。一种情境和对这种情境作出积极的反应，不同于我们消极地体验两个事件。在实际的教育学（pedagogy）中，这种区别肯定是很重要的，因为它导致由相属感（sense of belongingness）相伴随的重复，由兴趣和注意相伴随的重复，由探索和纠正错误与弱点相伴随的重复，以及由减少过度学习（overlearning）的浪费相伴随的重复。在学习基础心理学或生理学中，它就显得不那么重要，需要用更加确切的术语加以表述。像积极的（active）和消极的（passive）这类词语几乎没有什么用处，有效的基本比较并不在体验和反应之间。我们在两种情形中做出反应。在所谓的消极体验（passive experiencing）中，真正发生的事情是：情境是外部事件，而我们的反应则是由此引起的知觉。相继听到两个单词构成了两个情境—反应(situation-response)的对子，声波→听到单词 A，第二组声波→听到单词 B。

在听到两个单词，而我们自己写出第二个单词这一所谓的积极反应(active responding)中，发生的情况像以前一样，不过加上了第三个情境——反应的对子，也即听到单词 A1→写出单词 B1。如果在听到 A 和 B 与听到 A 并从记忆中回忆 B 之间进行比较，那么这两个事件实际上如下：第一个事件构成两个情境—反应对子，像前述一样(声波→听到 A，第二组声波→听到 B)。第二个事件则是听到 A→从记忆中唤起 B 取代了对子的第二成员。通过消极体验来学习，意味着在这样的情形里由于两个知觉反应的暂时接近而将两个单词联结起来。

那么，一个反应对其情境的暂时接近比之两个毗邻反应的暂时接近究竟有什么固有的优点呢？如果相属性、可接受性和注意力都存在并相同的话，我们现在便无须询问了。有两种类别联结其中一者或另一者，它们通常意味着我们通过一个联结的频率、练习(exercise)或重复来谈论学习。

上述两种类别中任何一种类别的重复联结都能产生学习，尽管相当缓慢。去年，我准备了大约 4000 个对子的系列，像面包 27、门 16、前进 98，其中有些对子出现 48 次，其他对子出现 24 次，如此等等。我选择对子，然后一对接一对地写下整个系列；一星期后，我在一个实验中将整个系列的 3/4 读给一组被试听。此外，我用该系列中出现 48 次的 3 个对子和出现 24 次的 10 个对子进行自我测验。我对前者的每一个对子仔细考虑至少 85 次，对后者的每个对子至少考虑 43 次。我在前面 3 个对子中答对 1 个，后面 10 个对子中答对 3 个。在速记员将整个对子表抄好以后大约 10 分钟，我要求她写出跟在某些单词后面的任何数字。这些单词已经写在给她的一张纸上了。结果，在出现 48 次的那 3 个对子中她没有写对 1 个，在出现 24 次的 10 个对子中也只写对 3 个。在我自己的情形中，记录却是不适当地提高了，原因在于阅读这一系列时，每当我看到一个单词但尚未看到后面的数字时，便猜测这个单词后面的数字是什么。当我猜对时，由此产生的满足有助于强化这种联结。偶尔，我还在阅读对子以后，在心中默默地重复该对子。另一方面，在这个实验中，85 次或 48 次或 24 次重复可能由于这些插入的对子的干扰而变弱了。如果在间隔期间获得充分休息或较少干扰性的活动，那么学习也许会快一些。但即使这样，学习仍是缓慢的。

另一名被试(她是一位有才能的研究生，一般说来是一个学习的快手)，用打字机打了 1208 个对子系列，其中有些对子出现的次数从 3 次到 21 次不等。她这样做完全是出于工作需要，丝毫没有接受测验的味道。在 2 小时后对她进行的测验中，她的正确率是 12.5%，这是把一些出现 15 次、18 次和 21 次的对子合起来加以统计的。如果单凭偶然，她的正确率仅为 1.1%。

我们已经或多或少地复制了这些自然的实验，其方法是用关于疲劳或疏漏的实验伪装，把学习掩蔽起来。我们还进行了这样的实验，即对被试的指导语是强调不要去考虑那些对子。由此获得的大量结果充分证明了我们的陈述：一种联结的重复加上相属关系会引发学习，但是这种学习是缓慢的。我将引述其中一个例子。让 14 名成人每人听写 3586 个五位数的数字，这些数字作为一种疲劳实验以"21897、43216"的形式向被试口述。被试中没有人作出任何努力去记住任何数字。一旦整个系列听写完毕，就给被试一些纸张，上面印着许多读过的数字，但删去了最后二位数字。要求被试根据记忆填补这二位数字，以便使纸上的三位数仍变为五位数；如果被试记不住听写过的数字，他们可以写下心里想起的任何二位数字。在听写过的系列中，凡是出现过 30 次、36 次、42 次或 48 次的那些数字，填充上去的数字正确率为 5%、5%、3% 和 10%，而在偶然的情况下预期的正确率为 1.24%。

在两件事物仅仅构成序列的意义上，联结的重复力量微乎其微，因此难以构成学习的原因。相属性是必要的。甚至当补充了相属性和可接受性以后，它仍然软弱无力，看来需要某种东西来帮助它构成学习的原因。那么，应该加上什么东西呢，这便是我们下次讨论的问题。

[思想评价]

一、生平事迹与联结主义心理学形成的背景

1874 年 8 月 31 日桑代克出生于美国马萨诸塞州的威廉斯堡，父亲本来是律师，后来当了卫理公会的牧师，每隔两三年就被委派到不同的教区，因此桑代克一家也总是随之从一个小镇搬到另一个小镇。作为镇子上新来的孩子，桑代克其貌不扬，总是比较孤独，形成了内敛、害羞的性格。他觉得只有在学习中才能感觉到轻松快乐。桑代克也特别有学习的天赋，同时又有一丝不苟的母亲的严格监管，桑代克一直是一个优秀的学生，高中的成绩一直处在前两名。1891 年，桑代克很轻松地考入了康涅狄格州米德尔顿的卫斯理大学（Wesleyan University），主修文学，他的哥哥阿什利也是这所大学的学生。1895 年毕业时，桑代克获得了学校 50 年来最高的平均成绩。正如他所说，他在上大学三年级以前没有接

触过心理学，当时他为了参加一个有奖阅读比赛，读了威廉·詹姆斯的《心理学原理》，这才知道了心理学，并对心理学产生了兴趣。他去哈佛继续研究生工作，计划学习英语、哲学和心理学，可是，亲身听了詹姆斯的两次课之后，他就完全被最后这一门课程迷住了。后来，桑代克(1936)把詹姆斯的《心理学原理》描述为"比之前我阅读过的任何一本书都更令人兴奋，而且与此后阅读的任何一本书相比，可能也是如此"。

1896 年，他在哈佛获得另一个文学学士学位，1897 年获硕士学位。尽管对詹姆斯非常尊敬，他却选择了一个非常没有詹姆斯特色的课题——"鸡的直觉及智力行为"。他把小鸡放在由竖直放立的书本搭建的简单迷津中，观察它们如何逃出来。以此第一次研究了小鸡的本能和智力。在后来的生活中，他说，当初的动机"主要是为了满足获取学分和毕业文凭的需要……当时明显没有对动物的特别兴趣"。另外他在别的场合还表达过"我的第一个研究室是关于动物心理学的，并不是因为我了解动物或是对它们更为关注，而是因为我认为，我能做得比已有的更好" ❶。当时詹姆斯不再搞实验心理学，但他同意了这个选题，当桑代克的女房东拒绝他在租住的公寓里饲养小鸡做实验时，詹姆斯还把他家地下室里的一块地方提供给没有足够大实验室的桑代克做动物实验。

1898 年，桑代克追求一位年轻漂亮的女士伊丽莎白·莫尔顿(Eliza-beth Moulton)受挫，他不想因为个人感情问题影响自己的学术研究，决定离开(后来桑代克与这位女士终成眷属)，时值哥伦比亚大学聘请他为大学评议员，提供给他奖学金，他带着两只受过最好训练的小鸡到了纽约，在这个研究起来更方便的地方继续完成博士学位。指导教师是詹姆斯·麦克金·卡特尔，当时这位教授正在进行通过人体测验来测量智力的研究。尽管桑代克后来也进行过精神测验，但为了完成博士论文，他只得继续进行自己的动物学习研究。在学校的一座旧阁楼里的楼顶上，他用水果箱和蔬菜箱做了 15 个样式各不相同的迷宫，继续用小猫小狗做实验，研究它们如何学习逃脱，这就是后来为人们熟知的桑代克迷笼实验。虽然前有感情受创，后有学校里的各种各样的诱惑，但桑代克一如既往地将学习研究放在了第一位，并抛弃常规，开创动物实验的先河，力图在客观的实验中去寻找动物学习的规律，就这样又勤奋又有天赋的桑代克在卡特尔教授的指导下，于 1898 年完成了题为《动物的智慧：动物联想过程的实验研究》的论文，获得哲学博士学位。

---

❶ Joncich G M. *The sane positivist*：*A biography of Edward L. Thorndike*，Connecticut，Wesleyan University Press，1968，p. 89.

1899 年桑代克获得博士学位后，在俄亥俄州的克利夫兰（Cleveland）的凯斯西储大学（Case Western Reserve University）的女子学院任教，因为他的哥哥阿什利也在那里任教员，所以桑代克满怀期望地来到克利夫兰，但是这一年却变成了一段痛苦的时光，他认为这是一场学术流放。在那里，他对教育学所知甚少，因而不得不耗费六周时间疯狂地阅读文献资料来熟悉教育学。在 1899 年年底，桑代克欣喜地收到卡特尔的召唤，重又回到哥伦比亚大学，成为哥伦比亚大学教育学院的一位心理学讲师，并在那里度过了他余下的职业生涯。1900 年 8 月 29 日，桑代克与伊丽莎白·莫尔顿结为夫妻，并育有四个孩子。1901 年他升任教育心理学副教授，1904 年任教授，这年他才 30 岁。

在哥伦比亚大学任教期间，桑代克建立了教育心理学体系，创办了《教育心理学杂志》，使教育心理学从教育学和儿童心理学中正式独立出来。1903 年他出版了第一本《教育心理学》，讨论人性和个体差异。这是桑代克联结主义在教育工作中的具体应用，也是世界上公认的最早的较为科学系统的教育心理学专著，标志着教育心理学作为一门新学科的正式问世。1905 年桑代克运用他的智力测验，开始了有名的双生子研究。1911—1913 年，他又相继出版了三卷本的《教育心理学》，1914 年缩编成一册。1911 年，桑代克对早期的博士论文和其他一些动物研究做了总结，出版了《动物的智慧》，这本书成为动物心理学史上的经典著作。桑代克对教育测量也很有兴趣，从早在 1904 年出版《心理测量和社会测量论导言》，到 1926 年，他被评为美国智力测量运动中的领袖人物之一。1928—1929 年，他应邀在康奈尔大学开设了一系列讲座，在此基础上汇编成《人类的学习》（*Human Learning*）一书，正式出版于 1929 年。该书是其将动物心理实验技术运用于人类学习的最具代表性的著作之一。

人们对桑代克的严谨治学给予了充分的肯定，授予他许多荣誉，如：艾奥瓦大学（1923）、哥伦比亚大学（1929）、芝加哥大学（1932）、雅典大学（1937）和爱丁堡大学（1936）的名誉博士；1912 年被推选为美国心理学会主席；1917 年成为首批进入美国国家科学院的心理学家之一❶；1919 年当选为纽约科学院主席；1925 年获哥伦比亚大学"巴特勒金质奖章"❷；

❶ 桑代克之后心理学家伍德沃思（R. S. Woodworth）、道奇（Raymond Dodge）、推孟（Lewis M. Terman）等也相继入选。

❷ "巴特勒奖章"设立于 1914 年，每五年颁发一次，分金质、银质和铜质奖章，用于表彰在哲学或教育理论、实践和管理等方面做出突出贡献的学者。1915 年第一位金质奖章获得者是英国哲学家伯臣·拉塞尔（Bertrand Russell）。

1934年被推选为美国科学促进会主席；1934年还担任了美国成人教育协会（American association for adult education，AAAE）主席职务；1935年成为继路易斯·利昂·瑟斯顿（Louis Leon Thurstone）之后的第二位心理测量学会主席。

1939年桑代克从哥伦比亚大学退休。退休后的桑代克也没有片刻安闲，晚年的他似乎更迫切地希望用自己的心理学理论服务于社会。例如在1939年出版的《你的城市》中，他试图对城市的美德进行测量；1940年，他又在《人性和社会秩序》一书中从心理学角度探讨社会问题。此外，作为额外的工作，他还编辑了一些非常稀罕的学习资料，比如学生常见的2000阅读英语词汇手册，按照学生希望生活其中的欲望等级编订的美国城市列名，还有一本极受欢迎的词典。桑代克因罹患动脉硬化症而失聪，在大部分时间里他认为自己是个"疲惫不堪的老人"。他在退休之后发表了将近50部心理学著作，但是这并没有带给他快乐和满足。1942年，桑代克到哈佛大学担任詹姆斯讲座教授直至1949年，以此纪念他的心理学启蒙老师詹姆斯，之后继续从事心理、教育研究工作。1949年8月9日，桑代克死于脑出血，享年74岁。这一富有成果的生命于1949年8月9日只差几个星期就到他七十五岁生日的时刻结束。

桑代克一生在心理学或教育学领域直接或间接指导的博士超过80人，其中许多人最终成为桑代克教师学院的同事，如天才儿童研究领域的丽塔·霍林沃恩（Leta S. Hollingworth）、矫正阅读领域的亚瑟·盖茨（Arthur I. Gates）、儿童心理学领域的亚瑟·杰西尔德（Arthur T. Jersild）、测试与测量领域的欧文·劳齐（Irving Lorge）、咨询指导领域的鲁斯·斯特朗（Ruth Strang）、社会心理学领域的古德温·沃特森（Goodwin Watson）。❶ 他指导的知名学生还有杜鲁门·凯莉（Truman Kelly）、沃尔特·恩伯尔迪（Walter Fenno Dearborn）、哈里·霍林沃思（Harry Hollingworth）、斯特朗（E. K. Strong）、马克·梅耶（Mark A. May）、佛罗伦萨·古德诺夫（Florence Goodenough）以及后来以"需要层次理论"

---

❶ Lawrence A Cremin. *A history of teachers college*，*Columbia University*，New York，Columbia University Press，1954，pp. 44-45.

名扬天下的马斯洛❶等。❷ 他的很多学生最后在美国国内师范学校和教育学院均担任显要职务，继承和传播了桑代克的教育和教育研究思想。可以说，桑代克在哥伦比亚大学教师学院四十年培养了整整一代教育家，这一时期他的影响力是巨大的并遍布美国学校教育和人文科学领域。鉴于桑代克教育学术研究给教师学院带来的巨大声望，当时哥伦比亚大学教师学院院长拉塞尔毫不吝啬地赞誉桑代克的功绩，称他塑造了教师学院的特质，没有哪个人再有机会做到这一点。斯坦福大学的推孟也认为："当今没有哪个心理学家对教育的影响超过桑代克。"1925 年教师学院授予桑代克"巴特勒金质奖章"以表彰他在心理测量及在教育应用中做出的突出贡献。当时桑代克只有 41 岁。1935 年 76 岁高龄的杜威因其对哲学和教育的贡献，被教师学院授予"巴特勒金质奖章"，此时杜威已从哥伦比亚大学退休 5 年，比桑代克获得这枚奖章晚了整整十年。

---

❶ 马斯洛在美国经济大萧条时期，正在威斯康星大学做博士论文，关于灵长目类的研究已经有了开创性的进展，但由于他有犹太人的背景，生活前途并不光明。哥伦比亚大学心理学家加德纳·墨菲四处游说，为他争取职位，为此差点丢掉了自己的教席。马斯洛终于成为哥伦比亚大学教育研究院的科学助理，作为桑代克的助手，他要协助桑代克完成"人性和社会秩序"这个长达五年的庞大研究计划。马斯洛深知他所得到的来之不易，桑代克是他生命中的福星，而桑代克对他的计划充满了信心，对他的助手也充满了希望。马斯洛是一个个性非常突出的人，他在研究的过程中，一旦发现自己不喜欢继续深入的方式或内容，会坚决地弃之，他的性情决定他不能坚持做任何不喜欢的工作。在实验中，他认为桑代克的"人性和社会秩序"对他来说没什么意义，马斯洛认为所有人类活动中都是基因和文化因素的混合体。为了表明自己的观点，马斯洛以学术的方式，给导师呈上一份备忘录，对"人性和社会秩序"的整个观念进行了尖锐的辩驳。桑代克很快对这份备忘录做出了反应，他把马斯洛叫到办公室。此时的马斯洛也非常担心自己被解雇。他自己非常清楚，如果丢掉了这个职位，在经济大萧条时期是很难再找到工作的，况且，再也不会有这样优越的科研条件了。然而，桑代克是一个不同寻常的人，他首先告诉马斯洛智商测试结果是 195 分，这是一个惊人的数字。桑代克向惊呆的马斯洛表示，如果他找不到一个永久性的职位，桑代克愿意资助他一辈子。但是桑代克坦率地告诉马斯洛："我不喜欢你对支配力和性行为的研究，我希望你别继续下去了。但是如果连我都不相信智力测试的结果，那么谁还会相信呢？所以我想，还是应该让你自己独立思考。这样，对你、对我、甚至对世界都将是最合适的。"最后，桑代克把自己的办公室和书桌都交给马斯洛使用，并让他以后放手去干，每个月到桑代克这儿领薪水。桑代克和马斯洛的谈话就这样结束了。

❷ Mollie D Boring & Edwin G Boring, "Masters and pupils among the American Psychologists". The American journal of Psychology, 1948，61(4)，pp. 527-534.

1926 年，哥伦比亚大学教师学院还专门为桑代克举办了纪念聚会，超过 250 名杰出的教育家和心理学家参加了这次聚会，其中包括哥伦比亚大学校长巴特勒，桑代克的导师卡特尔，华盛顿大学校长、前哥伦比亚大学教师学院同事亨利·苏加洛，教师学院院长拉塞尔，芝加哥大学教育学院院长贾德，卡内基公司主席凯佩尔等。另外，出席聚会的还有桑代克的学生乔治·斯特里耶、亚瑟·盖茨、查尔斯·哈恩特(Charles W. Hunt)、阿格尼斯·罗杰斯(Agnes Rogers)等，以及教师学院校友协会的 1000 名会员。

在 20 世纪以前，美国教育仍以传统主义为主流，杜威曾将传统主义的特点概括为三点："第一，把过去拟订好的知识和技能的体系作为教材，第二，在过去，已经建立了各种行为的标准和规则，道德训练就是形成符合这些规则和标准的行动习惯，第三，学习组织的一般模式，同其他社会机构相比，具有极为显著的特征"。很显然，这样的教育传统已不适应工业革命所促成的社会急剧变化的形势，19 世纪末 20 世纪初，西欧和北美的一些国家发生了第一次重大的教育改革，在美国被称为"进步主义教育运动"，以便加强资产阶级的民主政治。以卢梭、裴斯泰洛齐等人为代表的欧洲自然主义思想，达尔文的进化论，尤其是杜威的思想对进步主义教育起了重大作用。杜威提出的"教育即生活""从生活中学习""教育就是不断生长"等命题，可以看作进步主义教育的基本主张，这种主张强调反对权威主义，教育原则应顺乎儿童天性的发展。

与此同时，19 世纪末 20 世纪初，也是美国实用主义哲学和机能主义心理学兴起的时候。桑代克在美国第一次教育改革浪潮的大背景下，随着美国机能心理学的兴起、发展而成长为美国第三代心理学家，也是在美国本土接受全部教育的头一批美国心理学家之一。桑代克的学术生涯开始于 20 世纪初，他秉承了实证主义所主张的"在一切学科中都贯彻经验自然科学精神，把实证方法作为一切学科的方法"的精神，并按照经验实证的原则建立他的教育心理学，力图使他的教育心理学与时代精神相符合。

桑代克成年后的 20 世纪 20 年代，是欧美主要资本主义国家经济发展的"黄金时期"，随着 1929 年资本主义国家第一次空前严重的世界性经济危机的爆发，国际政治关系发生了很大变化，国际上德、意、日集权势力对"美国的民主理想"构成威胁。在政治、经济领域，美国社会有种重归现实的倾向，一改过去那种纸上谈兵的理想主义、浪漫主义风气。针对传统教育改革的以杜威为主要代表的美国进步教育，在 20 世纪 20 年代后期也逐渐暴露出天真的浪漫主义的乌托邦色彩。在教育领域的两个焦点问题是，学习应该对社会发挥什么样的作用，教育研究应该采取什么样的方法和途径，这就引起了对全国进步主义教育的种种实践和对当时教育状况的深刻反思。在那个知识专门化和学科分化的时代，桑代克提倡的按照经验实证的原则建立起来的教育心理学，明显要更贴近科学，更符合时代精神，他提倡根据实证主义的要求以实验和量化的方法作为教育心理学的基本方法，因此，有人认为他和主张教育科学要建立在调查和测量之上的芝加哥大学教育学院系主任贾德共同掀起了教育研究的"科学主义运动（scientific movement in education）"，同时，这种"科学主义运动"与以杜威为代表的"进步主义运动（progressive education movement）"一起主导了20世纪初美国的教育思想、学术研究和实践。❶

二、桑代克的教育心理学思想

桑代克的教育心理学思想始于他创立的一种联结主义的动物实验方法。桑代克的思想先驱、动物心理学家罗曼尼斯和摩尔根对动物的观察大部分是在自然条件下进行的，而桑代克首创以严格控制的实验研究代替自然观察。当初他的小鸡学习实验用书本搭建了三种不同格局的迷津（详见图3-1左），把小鸡放在迷津中的S点，然后观察它们能否发现出口。桑代克发现它们起初会跳到隔墙上，发出许多嘈杂的声音，而且往往会跑向更深处而不是逃出来。不过几次尝试之后，它们放弃了无用的行为并找到了它们的出路。后来他的博士学位论文改用猫狗做被试，观察它们如何逃出他设计的"迷笼"（puzzle box，示例见图3-1右）。他设计和建造了15个迷笼，这些迷笼各有一个互不相同的装置，当猫按动了这个装置后，笼门就会自动打开。实验中的猫处于饥饿状态，笼外面放着食物，猫出来后就会吃到食物。桑代克把13只猫轮流放入迷笼里，观察猫的反应，记录它们逃出迷笼所花费的时间。桑代克发现，13只猫中有11只猫被放入迷笼后，都有一种逃脱拘束的行为。它们乱抓，乱咬，竭力要从任何豁口中挤出来，做出许多无效的动作。最后偶然触动了开门的装置，逃出来获得了食物。通过多次的尝试以后，无效的动作逐渐减少，而导致成功的动作则逐渐保留下来，最后，猫在一放入迷笼后就立刻能用一定的方式打开笼门了。

❶ 康绍芳：《实验主义与科学主义：美国教育研究取向之争》，载《高等教育研究》，2015，36（1）。

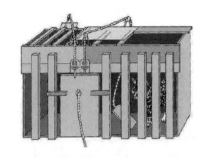

图 3-1   桑代克小鸡学习实验中使用的三种迷津格局(左)以及迷笼实验中的迷笼示例(右)

当桑代克开始他的早期工作时，人们对动物"智慧"的一种很普遍的解释是，动物会思考或推理，以求得对问题情境的解决。桑代克鄙视这种解释动物行为的理论，他认为这种理论是站不住脚的。正如桑代克自己所说，他开始进行研究工作是"为了给他所鄙视的动物会思考的理论当头一击"。桑代克认为，动物的学习"全属盲目"，动物并不具有推理演绎的思维，动物的学习并不会受到任何观念或推理演绎的作用。小鸡和猫的实验结果表明，动物的学习过程乃是一种尝试与错误的过程，或者说，是选择与联结的过程。这个过程的起点是一套本能活动，这种本能活动因动物受拘束时感到不舒服而被激发，加之对情境的感觉印象，无须任何经验就表现为啄、挤、抓、叫、走等动作。通过成功的经验，其中的一种动作被选择出来，与情境形成稳固的联结，以后当动物面临同样的情境时，这一联结就被再次使用。简言之，在桑代克看来，小鸡和猫并非真正"明了"或"领悟"走出迷津和逃出迷笼的方法，它们是通过逐渐记牢正确的反应和逐渐消除不正确的反应而学会的。

由此可见，联结是桑代克教育心理学里一个非常重要的核心概念。所谓联结，是指某情境能唤起某些反应，而不唤起其他反应的趋向。桑代克认为学习的本质就是刺激和反应之间形成的联结。桑代克特别强调，情境与反应之间联结的建立，是在先天具有的"原本趋向(本能)"的基础上进行的，学习的作用就在于把先天带来的"原本趋向"改造、发展或消除。桑代克还把这种看法照搬到人类的学习，认为"学习即联结，心即人的联结系统"。联结是通过尝试与错误的过程来实现的。随着错误的反应的逐渐减少，正确的反应逐渐增加，最终形成固定的刺激—反应联结。

那么，这种联结究竟是以怎样的方式在尝试与错误的基础上形成的呢？桑代克认为，之所以正确的行为被保留，错误的行为逐渐被消除，是因为受他所称的学习律支配的结果。

桑代克在他发表于 1911 年的著作《动物智慧》一书中首次根据他的动物实验提出了两个学习定律——效果律（law of effect）和练习律（law of exercise），并将这两条学习定律称作"学习的主律"。他认为动物行为的适应性和人类的学习相似，应用这两条定律便能预测行为之间的联系（联结）。效果律认为，伴有满意结果的行为应答最有可能成为被采取的模式，并会在遇到相同刺激时再次出现。练习律认为，刺激和应答间联结的次数越多，该行为应答就建立得越牢固。桑代克在其《教育心理学概论》(1914)一书中进一步将练习律分为"应用律"和"失用律"。所谓应用律，指一个已经形成的可以改变的联结，若加以应用，就会使这个联结的力量增强；失用律则指一个已经形成的可以改变的联结，如不加以应用，这个联结的力量就会减弱。

桑代克在其学习的主律的基础上，还提出了五条学习的副律。第一条副律是准备，准备是指学习开始时的预备定势。在桑代克的迷笼实验中，为了保证学习的发生，猫必须处于饥饿状态。如果猫吃得很饱，把它放进迷笼后，它很可能不会显示出任何学习逃出迷笼的行为，而是蜷缩在那里睡觉。因此，对学习的解释必须包括某种动机原则。在这里，桑代克讲的准备不是指学习前的知识准备或成熟方面的准备（后来的研究表明这也是必需的），而是指学习者在开始学习时动机的准备。在联结处于有准备和没有准备的状态下，分别会出现三种情况：学习者在有准备又能活动时会感到满意，有准备而不活动则感到烦恼，学习者无准备而强制以活动时也会感到烦恼。第二条副律是反应的变式。一种反应要得到奖励，这种反应就必须发生。当学习者面临问题时，他们一个活动接着一个活动地尝试。如果偶然碰上适当的行为，就算成功了，学习也就成为可能之事。要是有机体不能变化它的反应，最佳的解决办法便永远不能出现。即使规定情境的某种反应可以带来某种奖励，围绕那种反应的变式也仍有适应价值，因为对其他反应来说，奖励也许更大、更经常。由此可见，桑代克已认识到未成熟的固定行为可能是适应不良的行为。第三条副律为辨别刺激要素的显著特征。显著特征即系列刺激要素中的优势特征。如果学习者能有选择地对某个问题或刺激情境中的优势或显著要素做出反应，我们就可以说，他们便能从一个复合的模型中提取出主要的项目，并以此为基础做出反应，他们会忽略其他一些偶然的特征，而这些偶然的特征可使一个低级动物困惑。这种处理情境中有关部分的能力，使得分析的和领悟的学习成为可能。第四条副律为联合的转移。如果一种反应经过了刺激情境中一系列渐进的变化后仍能保持不变，那么这种反应最后可以对一个全新的刺激起作用。改变刺激情境，起先是加进一些成分，然后减去另一些成分，直至原来的情境一无所存。桑代克用教会猫站立的例子来说明这条原则。起先，在猫面前悬挂一条鱼时，主试说"起立"。做了足够的尝试以后，鱼这个刺激可以省去，单用言语信号也会引起同样的反应。联合转移原则意味着我们可使学习者获得的任何反应能够与他所感受的任何情境联结起来。第五条副律是相似或类似反应。桑代克假定，对新情境的反应是以新情境同化于先前的学习情境为基础，并依据这两种情境的相似性或类似性做出反应的。学习者对一个新情境就像对某个与它相似的情境一样做出反应（后来的理论家称之为"刺激泛化"）；或者学习者对这个新情境中的某个熟悉的成分做出反应。

后来，由于其他学者的批评，桑代克还对自己的学习律进行了一系列的修改。主要的修改是把练习律从属于效果律。桑代克认为，重复的练习并不能无条件地增强刺激与反应之间的联结力量，单纯的练习不一定能引起进步。他在《人类的学习》（1931）中指出："据我现在看来，一种情境的反复，本身并没有选择的力量。""次数较多的联结，并不是因其次数较多而被选择的。"另外，对于效果律，他也不再强调烦恼情况所导致的效果了。桑代克通过自己后期的实验表明，奖励和惩罚的效果并不完全像他早期谈到有关满意物和烦恼物时提及的那样了，奖与惩的效果不是相等或相反的。实际上，在某些条件下，奖励比惩罚更为有效。❶

桑代克在证实形式训练说❷的实践中，还和吴伟士共同提出了针对学习的迁移问题的"共同要素说"。他批判了形式训练脱离学习内容的片面性，发现学习任务共同因素对迁移的作用。桑代克认为只要当两种学习情境存在共同成分时，一种学习才能影响另一种学习。这种共同成分是指两种情境具有的共同因素，也就是容易产生同样的反应的共同刺激。

桑代克在 1925 年到 1935 年，根据美国成人教育协会的建议，在卡内基基金会（Carnegie Corporation）的赞助下，还对成人学习进行了大量的研究，1928 年《成人学习》一书的出版是桑代克对成人学习研究的重要成果之一，并被视为成人学习与学习过程研究的重要里程碑。桑代克充分肯定了成人的学习能力，认为成人仍然具有可塑性。关于学习能力和年龄的关系，桑代克认为学习的黄金时间是 20 岁到 25 岁，25 岁以后人

---

❶ 王映学：《简论桑代克的联结主义及其修正》，载《河西学院学报》，2007，23（1）。

❷ 形式训练说（formal discipline theory）是一种教育主张，该主张根据机能主义心理学的原理，认为人的心理官能如认知、情感、意志、记忆和推理等是各自独立的，只需各自分别加以训练，即可发挥其能力。因此在教材上只需具备良好的形式，不需考虑其实用性，训练之后，即可自动无限度地迁移。

的学习能力有所下降，按照大约每年百分之一的速度下降，42 岁后保持不变，智力对于年龄相关的学习能力曲线影响很小，能力强者和普通人所表现出的曲线大致相似。桑代克还认为明显影响成人学习的东西可能不是智力，而是健康状况、能力、学习兴趣和动机等因素。

为了使教育研究具有科学性，桑代克开展对教学成果和智力的测量及数量化处理方法的研究。年轻时代的桑代克读过卡尔·皮尔森的《科学的语法》一书，皮尔森认为科学的合理运用能解决人类面临的所有问题。桑代克深受这一观点的影响，相信科学对教育的力量，他要把科学应用于教育，解决教育与教学过程中人类面临的各种问题。他宣称，教育心理学的目的是以量化的术语、统计的方式和实验的方法促进教育问题的解决，换言之，教育心理学的根本目标是以科学方法解决教育过程中的问题。❶

1911 年全美大学教育学教师学会(National society of college teachers of education)会议上，桑代克明确提出教育实施定量研究的合理性。❷他认为教育中进行定量研究是可能的，但首先需要对所研究的问题进行分类：教育的内容；教育的目标；教师；教育方式，如通过课堂、书籍、实验室等；上述几种要素组合产生的变化。这几种问题组合都可进行定量研究，但他也承认由于教育涉及的是人类行为，进行定量研究是有难度的。桑代克在提交给 1918 年全美教育研究学会的会议论文《教育测量的性质、目标与一般方法》中，直截了当地申明测量在教育研究中的作用："任何存在都是以一定形式的数量存在的。完全了解意味着了解其数量和质量。教育关注的是人的变化……要测量其中任何一种结果意味着通过某一方式确定其数量，专业人士才能较为准确判断其大小，其结果才能被记录和利用。这是十几年来寻求扩展与改进教育结果测评的人士所坚信的。"❸由此可见，桑代克教育研究取向的核心概念是测量(meas-

---

❶ 叶浩生、杨文登：《教育心理学：历史、分歧与超越》，载《教育研究》，2012(6)。

❷ Thorndike E L. "Quantitative investigations in education with special reference to cooperation within this association," Research within the field of education, its organization, and encouragement, in *The School Review Monographs*, I, Chicago, University of Chicago press, 1911, pp. 33-54.

❸ Thondike E L. "The nature, purposes, and general methods of measurements of educational products," in *The seventeenth yearbook of national society for the study of education. Part* II. *Bloomington: Public school publishing company*, ed. Whipple G M., Bloomington, Public School Publishing Co., 1918, pp. 16-24.

urement）。他将统计和组织效率的信念与道德理想主义和乐观主义结合在一起，认为教育改变人类的目标只有在保证测量的前提下才能实现，因此教育的目标和结果都应以量化的形式呈现。为了践行他的主张，桑代克编制了写字、绘画、作文等标准化的教育成就测验，除了参加军队的智力检测的编制外，还涉及了 CAVD 检验（完成句子、数学、词汇、按指令操作）和非文字量表，在测验标准化和修订常模等方面做了很多工作。测量工具的使用，促进了他对个体差异的研究。

三、对桑代克的教育心理学思想的评价

桑代克是一个兴趣极其广泛、著作相当丰富的心理学家。他所开创的工作不仅在学习理论方面，也在教育实践、言语行为、比较心理学、智力测验、训练的迁移等领域，以及把数量化的测量应用于社会心理学问题上产生了重要的影响。[1] 他最为突出的贡献是根据动物实验提出著名的联结学习理论。联结学习理论的主要内容可以简单概括为以下四点：（1）学习的实质是联结，即刺激与反应之间形成一定的联结；（2）学习的方式是试误，即联结是通过不断试误建立起来的；（3）学习以先天本能为基础，本身是一个渐进的、盲目的过程；（4）学习遵循着一定的规律，如效果律、练习律以及五条辅助定律；（5）学习是刺激和反应之间的直接联结，不存在中间媒介。

联结学习理论是教育心理学史上第一个比较系统完整的学习理论。该联结说的提出，对教育心理学从普通心理学、儿童心理学和教育学中脱离出来独立成为一门科学发挥了很大的作用。桑代克也因以实验心理学模式塑造教育心理学，力图使教育心理学成为规范的实验科学而被尊称为"教育心理学之父"[2]。梅耶则评价"在教育心理学的历史中，桑代克是一个无与伦比的人物。他的先驱性工作确立了教育心理学的科学地位，塑造了教育心理学的特点"[3]。

而且，联结说的提出也引起了一代人的兴趣，练习律、效果律等一直是学习心理学中的重要争论点和研究的主要课题，激起了后来许多心理学家的大量的实验研究。联结说的出现直接影响了行为主义心理学创

---

❶ 陈琦、刘儒德：《当代教育心理学》，67 页，北京，北京师范大学出版社，1997。

❷ Goodman G S，*Educational psychology*：*A application of critical constructivism*，New York，Peter Lang Publishing，2008，p.246.

❸ Mayer R E，*E L Thorndike's enduring contributions to educational psychology*. *Educational psychology*：*A century of contributions*，London，Lawrence Erlbaum Associates Publishers，2003，p.113.

始人华生的"刺激—反应说"的产生。而后来的斯金纳的"操作性条件反射说"又是在华生的"刺激—反应说"的基础上形成的。可以说桑代克是行为主义学习理论的奠基人。

但也要注意到，桑代克的学习理论是沿着实证进化论的路线，从生物学的角度，在学习问题上论证实用主义观点的理论之一。他援引动物实验的资料来解释人的学习，认为人的学习只是量的复杂化，与动物学习没有本质区别，从而抹杀了人类学习的独特特点。桑代克特别强调人和动物的先天本性，强调遗传的作用，从而把学习的作用只限于将"原本的结合或者永久保持，或者消除，或者改变而因势利导"。从而低估了学习的社会性作用，也否认了心理的能动性。学术界对联结学习论的批评主要有两方面。其一仍然持有"学习即联结"的基本立场，但对联结形成的过程与条件不完全赞同桑代克的看法。例如有人提出人在没有反应的情况下也可以学习，有时只需通过观察也可以形成刺激与反应的联结。其二是来自其他学习理论支持者的批评。批评的矛头直指桑代克认为的"联结是一个直接的无须任何中间媒介的过程"。桑代克的联结来源于外部情景，而随着学习心理研究的深入，认知心理学家们逐步认识到这种基于外部联结的学习观存在忽视学习的内在心理过程的严重缺陷，进而提倡人的学习过程是通过自身积极主动地进行操作，形成新的认知结构的过程。❶

虽然桑代克的学习理论存在不足，他的影响也因为更为精湛的学习理论体系的出现而减弱，但他的贡献仍然是不容置疑的，他对教育心理学的开创之功和启发之力是不可否认的。仍有人评价桑代克"作为先驱者对人类学习和动物学习领域内的研究在心理学史上是属于最伟大的研究之列的"❷。1948年希尔加德在其著作《学习论：学习活动的规律探索》中提及"在近半个世纪里，有一种学习理论，虽然受到了许多攻击，树立了许多敌对的理论，却支配着美国的心理学界，这就是桑代克的学习理论"❸。

桑代克的另一个重要贡献是在教育研究过程中对科学实验方法的强调。如前所述，作为动物心理学的先驱，他首次以严格控制的动物实验

---

❶ 莫雷：《论学习理论》，载《教育研究》，1996(6)。
❷ 刘传德：《外国教育家评传精选》(第3版)，196页，北京，北京师范大学出版社，2017。
❸ ［美］鲍尔、［美］希尔加德：《学习论：学习活动的规律探索》，邵瑞珍、皮连生、吴庆麟等译，上海，上海教育出版社，1987。

研究代替对动物的自然观察❶，使动物行为的研究系统化、可控化，把动物心理研究提高到一个新的水平，标志着动物实验心理学的建立。不仅如此，他的许多教育心理学思想也得益于他创立的动物实验方法。后来他又从动物心理的实验室实验拓展到以教育测验为主的教育实验，开创了以精密准确的量化方法研究教育心理问题的先河，并引领了 20 世纪初与美国"进步教育运动"相对的"科学教育运动"，桑代克也因此成为将美国传统哲学教育心理学转化为科学教育心理学的第一人。

在教育研究取向上，科学教育运动的代表桑代克，将教育科学视为客观知识的宝库，这些知识是由专家在实验室和人为控制的研究项目中生产出来的。教育心理学是大师科学，是教育领域的精华和阳春白雪。而当时作为"进步教育运动"的代表的杜威则认为教育科学是理性解决问题的方法，它可以也应该被各个层次的实践者运用。在教育研究取向上，杜威更倾向于一种合作式的教育研究，而不是狭隘的专业主义取向的教育研究模式。在杜威看来，教育研究需要许多不同领域的学者、学校管理者、教师建立合作伙伴关系，大学不同学科的学者、中小学教师、学校督导、家长等都应是教育研究的参与者。任何人为的分割都会阻碍教育研究的发展。以桑代克为代表的科学主义研究取向为大学教育学院和教育研究的学科基础提供了一个符合教育界专业化的组织模式思路。与此相反，杜威的教育方法主张各学科之间的对话与协作，而桑代克的方法则强调依赖专业化知识，并积极促进教育研究成为一门独立的科学。

快速浏览"科学教育运动"与"进步教育运动"就教育研究的路径与方法展开的长期争论的历程可以发现，在 19 世纪末和 20 世纪初期杜威的学说更引人关注和认可，1987 年，全美教育协会督学部（Department of superintendent of NEA）会议上，赖斯（J. M. Rice）提交的对拼写教学成果进行测量的报告引来非议。19 世纪末，高尔顿、詹姆斯、卡特尔、霍尔等心理学家都曾尝试将科学方法应用于教学，但在学校管理者和教师中的影响非常有限。1910 年后，形势发生了明显变化。1912 年在全美教育协会督学部会议中，教育测量成为热门议题。埃尔斯（L. P. Ayres）在会议报告中认为这种转变不是暂时的，而是根本、持久的，意味着教育

❶ 说起科学的动物实验，人们可能容易想起巴甫洛夫以狗为实验对象进行的经典条件反射实验，事实是巴甫洛夫进行的狗的经典条件反射实验是 1899 年，比桑代克的晚了 3 年。巴甫洛夫也曾称赞桑代克："……现在我们必须承认，沿着这条路走出第一步的荣誉是属于桑代克的。他的实验领先我们的实验两三年。"

正在发生根本的转变。❶ 1915 年全美教育协会督学部会议专门就"标准化""测量""测试"的利弊进行公开讨论。十年后，贾德在全美教育协会会议中认为这次大讨论无疑是美国教育史上的一场革命。自此，测量与测试最终征服了各种保守批评成为教育学术主流，测量、测试开始遍布美国每所进步的学校。20 世纪初至 30 年代，教育的研究文献大量涌现，教育开始迈向科学化，整个传统哲学和教育心理学受到质疑。最终教育心理学的影响力遍及美国教育理论和实践领域。康茨在 1930 年感叹道："与其他学校活动相比，对学校教育进行精确测量的兴趣在过去 25 年甚至 30 年里不断高涨。"❷由此可见在学术争论和博弈中，科学主义取向牢牢把握了教育研究的话语权，量化实证式的教育研究成为引领美国教育研究整体取向的主导力量。

但是，也必须正视的一个问题是，桑代克的理想是教育心理学的自然科学化，他所要建立的是一门实验科学。这门实验科学使用心理学实验室的研究结论，用控制条件下的实验成果指导教师解决教育过程中的问题。在这个过程中，教育心理学家不必躬身于课堂，他的岗位在实验室，他通过科学实验获得所需要的原理和结论，然后应用于教育。这样一来，教育实践成为第二位的、次要的，教育心理学由此产生了对教育实践的轻慢态度。20 世纪 20 年代在美国曾发起有关科学教育运动的四项重要研究计划❸，有人在分析其推行 10 年后效果不尽如人意的原因时指出：采用心理学的科学方法研究教育问题，如果舍问题的内在心理历程于不顾，只从问题表象去分析研究，那么再严密的方法也不能了解问题症结所在，自然更难达到解决问题的目的。❹ 在尝试教育心理学科学化的过程中，桑代克更注重心理学的基本原理对教育的指导意义，忽略了从教育和教学的角度研究心理学问题，这给后世留下了分歧和争论的

---

❶ Ayres L P，"Measuring educational processes through educational results，" School review，1912，20(5)，pp. 300-301.

❷ Counts G S，*The emerican road to culture：A social interpretation of education in the united states*，New York，The John Day company，1930，p. 146.

❸ 美国教育界为了大规模推动教育科学改革，特于 1918 年和 1919 年先后成立了公益基金会（Commonwealth Fund）和美国教育会（American council on education），支持多项教育心理学研究计划，其中最为重要的四项研究分别是(1)儿童阅读心理的研究，由芝加哥大学的贾德主持，(2)智力和智力测量的研究，由桑代克主持，(3)天赋优异儿童的研究，由斯坦福大学的推孟主持，(4)天性与教养问题的研究，由全国教育研究会负责。

❹ 张春兴：《教育心理学》，11 页，杭州，浙江教育出版社，2000。

"种子"。❶ 还有批评家认为，桑代克的教育研究是建立在大量还没有确证的心理学和认识论假设基础上的。桑代克及其追随者通过模仿自然科学的定量技术，忽视了学习情境的复杂性及人类经验的创造性和非理性因素。正如拉格曼所说，美国早期教育家们对教育形成了一种狭隘的以行为主义为中心的学科专业化概念，20 世纪影响教育学术最为强大的社会力量将其推向令人遗憾的方向，即逃离与政策和实践的紧密接触，转向过分定量化与科学主义。❷

四、我们的认识与理解

总体而言，桑代克研究范围的广度可以说是心理学史上前所未有的，在理论基础方面，桑代克在詹姆斯和卡特尔以及摩尔根❸和高尔顿的影响下，从达尔文进化论逐渐转向本能论、遗传决定论直到优生学。在研究方法方面，他的研究从动物心理的实验室实验拓展到以教育测验为主的教育实验。❹ 桑代克对教育心理学的贡献一方面体现在他提出的学习理论上，另一方面也体现在他倡导的科学实验研究方法上。人们很容易将桑代克的学习理论和后来行为主义的学习理论并为一谈，或很容易直接将桑代克看成行为主义心理学家。原因是行为主义也倾向通过对动物行为的研究来理解人类行为，也主张学习是刺激和反应的联结（即形成经典条件反射或操作性条件反射）。但事实上，行为主义的创始人华生拒绝承认桑代克是行为主义者，理由是桑代克的学习理论中含有构造主义心理学中意识的成分（相属原则）。❺ 也有人因为桑代克曾师从机能主义的詹姆斯和卡特尔，并且后期力主进行教育测验，而将其划归为机能主义学派。但桑代克却认为他不属于上述任何一个学派。他把自己的理论称为联结主义（connectionism），因为他认为学习就是选择与联结的过程，

---

❶ 叶浩生、杨文登：《教育心理学：历史、分歧与超越》，载《教育研究》，2012(6)。

❷ ［美］埃伦·康德利夫·拉格曼：《一门捉摸不定的科学：困扰不断的教育研究的历史》，花海燕等译，64 页，北京，教育科学出版社，2006。

❸ A. 培因说过，儿童学说话，散乱动作偶然得到满意结果便被保持，不满意动作中止，重复多次，满意动作便形成有意动作。动物学家 L. 摩尔根曾用培因的联结思想解释动物行为，提出"尝试错误"术语，设想过动物实验。

❹ 刘传德：《外国教育家评传精选》（第 3 版），196-197 页，北京，北京师范大学出版社，2017。

❺ Kazdin A F, *History of behavior modification：experimental foundations of contemporary research*, Baltimore, MD：University Park Press，1978。

是环境刺激和行为反应之间的匹配。学校教育的目的就是安排情境、控制反应，使学习者形成适当的联结。桑代克采用的实验方法不同于巴甫洛夫的经典条件反射实验，因为桑代克不采用刺激的替代原理去建立刺激和反应的联结，而是从动物的多种反应中选择其中的某项反应。但是不可否认的是桑代克确实在很多方面影响了行为主义。受到桑代克的影响，行为主义的学习理论都刻意强调了方法的纯洁性，凡不符合客观和量化标准的方法都遭到排斥。而作为新行为主义的代表斯金纳则在基本立场、方法论、试误说以及效果律等诸多方面直接沿袭和继承发展了桑代克的理论。《斯金纳自传》提道，斯金纳曾在写给桑代克的信中表示："……希尔加德在《心理学公报》中对所写《有机体的行为》一书的评论，使我得知您在同一研究中做了许多我自己认识不到的工作……我似乎曾把您的观点与现代心理学的观点等量齐观。显而易见，我只是继承了您的迷笼实验罢了。但是我过去却忘了把这个事实向我的读者言明。"桑代克复信说："我能为您这样一个研究工作者效劳，比我自己建立起一个'学派'更加高兴。"由此可见很多人将桑代克视为行为主义心理学的先驱性人物并不为过。事实上现代的心理学家们也把桑代克看作在詹姆斯、杜威的实用主义心理学之后，使机能心理学向华生行为主义和心理学生物学化的过渡者。

桑代克的动物实验为研究人的心理提供了新的视角，1998年，《美国心理学家》甚至出版了一个专号以纪念桑代克有关动物智慧的博士论文问世100周年，桑代克的学习论比较适用于解释动物的学习和人类的低层次学习现象，至今仍作为重要的学习理论之一指导着大量的教学以及教育研究实践。

在桑代克创立教育心理学之后的近半个世纪里，科学主义信念在教育心理学中也一直占据着主流地位。行为主义延续了桑代克开创的动物行为研究传统，继桑代克之后，以对白鼠等动物的研究为基础，提出了各种各样的联结学习理论，比如巴甫洛夫和华生的替代—联结说、斯金纳的强化—联结说，班杜拉的观察—联结说等。其中，斯金纳参照桑代克的试误学习原理和效果律等原则，在鸽子和白鼠的实验中总结出操作条件反射的学习原理，并且以这一原理为基础，提出了程序学习的概念，在教育与教学领域产生了广泛的影响。总之，在很长的一段时间里，教育心理学领域居于主流地位的学习理论皆以实验室中动物行为的实验为基础，其研究结论的获得更多考虑的是科学程序，很少或根本没有顾及人的特性和社会文化因素，表现出科学主义文化的强烈影响。

第四章　吉尔福特[1]

[印象小记]

　　吉尔福特(Joy Paul Guilford，1897—1987)，美国心理学家，主要从事心理测量方法、人格和智力等方面的研究。吉尔福特因受到海德的影响而对心理学产生兴趣。在康奈尔大学读博期间，他师从铁钦纳教授，并获该校心理学博士学位。吉尔福特因应用心理测量方法和因素分析法进行人格特质的研究，特别是对智力的分类而驰名世界，他对创造性的研究也为后人提供了很好的借鉴。由于在心理学界的突出贡献，吉尔福特在1950年当选为美国心理学会主席，1954年当选为美国国家科学院院士，1964年获美国心理学会颁发的杰出科学贡献奖。

---

❶　本章作者：于晓琪，董妍。

智力的三维结构[1]

本文研究的课题属于"人类智力"这一领域，目的是要向大家谈谈如何分析人类智力的组成。

近25年，人类智力组成知识的相关研究逐渐丰富起来。这其中最为瞩目的是能力倾向研究所取得的成果，这些成果都与创造性思维能力有关，大多都是崭新的发现。但对我来说，最有意义的研究结果是发展了一种统一的人类智力理论，这种理论将各种已经查明的、独特的和首要的智慧能力组织成为一个叫作"智力结构"的单一系统。在本文中，我将花费大部分的篇幅来谈论这个"智力结构"系统，并简要地提及它对思维、问题解决、职业测验和教育的一些意义。

智力组分的发现得力于因素分析法在实验中的应用。每一个智力组分或智力因素是一种独特的能力，这种能力是个体在未来很好地完成某一类课题或测验所必需的。我们发现一个普遍原则：有些人能够很好地完成某一类测验，但在另一类测验上表现很差，我们得到的结论是一个因素具有某些性能，而这些性能是从一类测验所共同具有的特征中分隔出来的。下面我将提供一些测验实例，其中每个测验表示一个因素。

智力的结构

每个智力因素都可用因素分析法明确地分析出来，分类的一种依据是按照实现过程（或操作）的基本种类。这种分类给我们提供了五大组智力因素：认知、记忆、分散性思维、集中性思维和评价。

认知即发现或再发现（即再认）。记忆是保持已经认知的信息。分散性思维和集中性思维是两类创造性的思维过程，它们能从已知的信息和回忆的信息中生成新的信息，在分散性思维操作中我们是沿着各种不同的方向去思考的，即有时去探索新远景，有时去追求多样性。在集中性思维中，全部信息则仅仅只是指向一个正确答案或一个我们认为最好的或最合乎惯例的答案。在评价中，我们要作出决定，即对我们所知道的、所记住的信息和在创造性思维中所产生的任何新信息就其优劣性、正确性、适用性及稳当性等方面加以评定。

---

[1] ［美］吉尔福特：《智力的三维结构》，转引自莫雷：《20世纪心理学名家名著》，726-739页，广州，广东高等教育出版社，2002。

　　智力因素的第二种分类方法是按照这些因素所包含材料或内容的分类来进行。迄今已知的因素包含三类内容：图形的、符号的和语义的。图形是通过感官所接受的具体材料，这种材料除了表象本身之外不能表现其他东西，如视觉材料具有大小、形状、颜色、方位或质地等性质，我们所听到或摸到的事物是图形材料的另一些实例。符号是由字母、数字和其他常用记号所组成，这些符号通常组成普遍通行的系统，如字母表或数系。语义是具有言语意义或观念形式的内容，这方面无须再举例了。

　　对某一种内容施行某一种操作时，有可能生成六种以上的产物。有足够的证据表明，无论那些操作和内容如何变换组合，都可能会生成相同的六种产物。这六种产物是：单元、类别、关系、系统、转化和蕴含。基于我们从因素分析法确定的结果，基本的产物种类只有这六种，所以这六种产物能对应于心理学上各种基本信息类别。

　　智力因素的三种分类可用下图所示的一个立体模型来表示，这个模型叫作"智力结构模型"，它的每一维代表着因素变异的多种方式之一。第一维表示各种操作，第二维表示各种产物，第三维表示各种内容类别。我在内容这一维度上增添了第四个类别，它指的是"行为的"内容，这一类别是根据理论依据增添的，目的是为了表示通常称作"社会性智力"的一般内容，关于这一部分后面还将详细谈到。

　　为了使人们更好理解这个模型，并接受它作为人类智力的图解，我将利用若干测验实例系统阐述这一模型。本模型中每个小立方体都代表综合操作、内容和产物三方面评价得来的一种能力。因为每个小立方体都是操作、内容、产物上不同元素的独特组合，所以测量该种能力的测验也要具有相同的三方面特性。我们在研讨该模型时，首先取一个垂直剖面，即从最前面一个立面开始，该立面含有 18 个小立方体（我们暂且不管"行为的"内容这一个立柱，因为与这方面有关的因素至今还不清楚）。在这 18 个小立方体中每一个小立方体表示了一种认知能力。

认知能力

　　我们现在已经知道了 15 种独立的认知能力，从逻辑上分析，它们相当于模型中认知能力 18 个小立方体表示的能力，它们具有共同的一类产物。第一横排的各种因素都与认知"单元"能力有关。测量"图形单元"认知能力的最佳测验是"斯特里特格式塔完形测验"（Street Gestalt Completion Test）。在该测验中，将各种人们熟悉的物体的图画形象以剪影的形式向被试呈现，虽然要被试辨认这些剪影图案是有困难的，但是测验目的是要被试画出这些物体某部分的草图。还有另一种认知图形单元的因

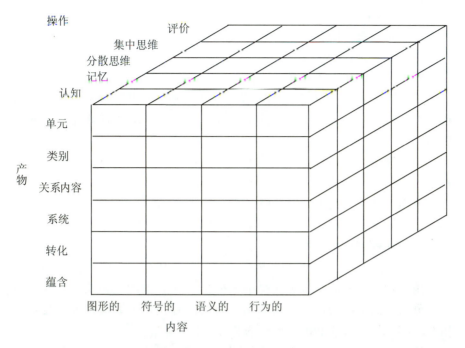

图 4-1 智力结构的立体模型

素广为人知，即听觉形象知觉，它出现的形式是旋律、节奏以及讲话声音等。此外还有另一种包含动觉形式的因素。这样，在一个小立方体中就存在了三种因素（可以想象，这是三种截然不同的能力，尽管至今尚未证实），这表明，在图形内容这一立柱中的每一个小立方体内，能找到的能力不止一种，因而对于图形内容我们可能还要用第四种维度来表示不同的感觉通道，这也是本模型的进一步扩充。

对符号单元的认知能力可用下述方法测量：

(1)在下列空格中填入元音字母，构成一个单词：

      P _ W _ R

      M _ RV _ L

      C _ RT _ N

(2)将字母重新排列构成一个单词：

      R A C I H

      T V O E S

      K L C C O

上述第一种测验叫作"无元音单词测验"，第二种叫"字母重排测验"。认知语义单元的能力就是著名的言语理解因素，它最好用"词汇测验"来进行测量。测验题如：

　　　　重力的含义是＿＿＿＿＿＿＿＿＿

　　　　杂技的含义是＿＿＿＿＿＿＿＿＿

　　　　美德的含义是＿＿＿＿＿＿＿＿＿

　　将上面两种因素（指认知符号单元及语义单元这两种能力）做一比较，很显然，认识一个词的字母拼法构成和理解词的含义是依靠完全不同的能力。

　　为了测量第二横排认知类别的能力，我们可以提供下面的题目，一种是关于符号内容的，一种是关于语义内容的：

　　下面几个字母组中，哪几组属于一类？

　　　　　　XECM，PVAA，QXIN，VTRO

　　下面几种物体中，哪几种属于一类？

　　　　　　蛤蛎，树木，炉灶，玫瑰

　　用一种普通的测验就可测得第三横排认知关系的三种能力，这三种能力测量方法的区别仅在于所使用题目的内容。著名的类比测验是很适用的，其中符号形式和语义形式的两种题目如下：

　　符号：Jire/kire　　　＊　　Fora/kore　kora　Lire　gora　gire

　　语义内容：诗歌/散文　　＊　　舞蹈/音乐　散步　唱歌　谈话　跳跃

　　（这个题目要求被试在后面五项内任选一项，即测试他发现类似于前面所示关系的能力——译者注）

　　第四横排认知系统的三种因素，目前在测验中出现的情况并不像上述三排所举例子那样彼此相似，然而它们也有一种作为共同基础核心的逻辑相似性。在图形内容中可使用正常空间测验，如瑟斯顿的"旗子、图形与卡片测验"或吉尔福特—齐墨尔迈（Guilford-Zimmerman）能力倾向调查（简称GZAS）中的第五类（空间定向）测验。认知内容所包含的系统是各种物体在空间中的次序或排列顺序。符号系统可用字母三角形测验的图解来说明。一个简单的题目是：

```
        ＿＿＿＿＿＿＿
d       ＿＿＿＿＿＿＿
be      ＿＿＿＿＿＿＿      在有问号的地方
acf  ？ ＿＿＿＿＿＿＿      应该是个什么字母？
```

　　理解一个语义系统的能力称为"一般推理"的因素，它最可靠的一个指标就是一种由算数推理题目组成的测验。在该测验进行中，甚至不要求被试作出完整的解答，他仅仅只需要指出他是怎样理解和处理问题的。

　　第五横排转化是指各种形式的变化，包括各种安排上、组织上或意义上的转化。有一种意义的变换能力（即认知语义变换因素）的测验叫作相似性测验，该测验要求被试讲出两种物体如一个苹果和一个橘子有哪些相像的地方。被试只有设法将两者各方面所包含的意义加以对照比较，才能对这种题目作出回答。

第六横排的三种能力是关于蕴含意义的认知。我们以往发现个体能超越已知信息的内容而看出含蓄的意义，但又没有到达作出结论或评价的程度，就可以说他具有推断能力，例如他能够由已知信息推想或预见到一些结果。

记忆能力

记忆能力领域的研究比其他一些操作要少些。在记忆能力的 18 个小立方体中至今仅知道其中 7 个所包含的因素。这 7 个小立方体分别属于 3 个横排：单元、关系和系统。记忆图形单元这一个小立方体中含有 2 个因素，即视觉记忆与听觉记忆，它与对应的认知图形单元中的 2 个因素是平行的。对于一系列字母或数字的记忆如记忆广度测验，相当于符号单元记忆，对于一段文章的意思的记忆相当于语义单元记忆。

在第三横排中，我们已经知道了其中的两种能力，即对于符号关系及语义关系的记忆能力。在配对联想法中，在各单元诸如视觉形状、音节和意义的单词之间形成联想，似乎表示了包含三类记忆关系内容的能力。

在第四横排中，最近刚发现了两种记忆系统的能力（克利斯塔尔，1958）。记忆各种物体在空间的排列属于图形系统记忆能力，对各种事件顺序性的记忆属于语义系统记忆能力。一个人能够说出他在某一页书上的什么地方看见过某样物体，但他却记不清是书中的哪一页了，这个例子就说明了这两种能力之间的差异。我们如果继续探索记忆能力中尚未知的剩下三个横排，有希望找到记忆类别，转化及蕴含的各种能力，就如同我们能找到记忆单元、关系和系统的各种能力一样。

分散思维能力

分散思维这一种创造性运算的特征是产生反应的多样性，分散思维的产物不是完全由给定的信息所决定的。

在测量字词流畅性能力时，要求被试列尽可能多的举出满足字母特定排列的字词，譬如以字母"S"开头的单词或"tion"结尾的单词。现在这种字词流畅性能力是作为符号单元分散思维的一种熟练能力，与此平行的一种语义单元分散思维能力是思想流畅性能力，典型的测量项目是要求被试尽可能多地列举出可以食用的圆形物体。

在第二横排"类别"产物中，属于分散思维能力的一种因素叫作"自发可塑度"，典型的测验要求被试在 8 分钟内列举出他所能想到的普通砖头的各种各样用途。如果他的答案是造房子、造仓库、造汽车房、造学校、造教堂、造烟囱、造人行道、造晒咖啡豆的产地，那么他的思想流畅性可能得到较高的分数，但自发可塑度的得分则很低，因为所有这些用途都是属于同一类别的。如果另一个人说做门槛、制成一块镇纸、打狗、造书架、赶猫、敲钉子、制成红粉、作打垒球的场地，那么他可塑度的得分是高的，因为他的思路常常从一个类别跳到另一个类别。

在第二横排中，图形内容和符号内容的分散思维能力是两种尚未搞清楚但可预言存在的能力，他们是否也能产生多种类别还在通过实验进行研究。在一个实验性的图形测验中，向被试呈现许多图形，这些图形可用几种方法分成三组，即每一个图形属于不止一个类别。而在另一个实验性的符号测验中，向被试呈示一些数字，这些数字也可用多种方法将其分类。

在第三横排"关系"中，有一种独特的能力叫作联想流畅性能力，那是要求对一种给定的事物，以特有的方式想出各种各样的事物。例如要求被试列举出与"好"字意义相同的各个词汇（即同义词），或者列举出与"硬"字意义相反的词汇（即反义词）。在这些情境中，实际上是去完成一种包含语义内容的关系。我们最近做了若干产生各种语义关系的实验，也做了一些包括图形内容和符号内容关系的测验。例如给被试 4 个数字，要求他答出有多少方法可将这些数字组合为结果等于 8。

在第四横排"系统"产物中，已知的一个因素是表达流畅性。关于这种因素的实验主要是要求被试快速组成短语或句子，例如，给出 4 个单词的第一个字母，要求被试造出不同的句子来：

w _____ c _____ e _____ n _____ 。

在解释表达流畅性时，我们将句子看作一种符号系统。同理，图形系统可能是某种线条和其他元素的组合，而语义系统可能是具有一种用言语表述问题的形式或者可能是像一种理论那样复杂的概念系统。

在分散思维第五横排"转化"中，我们发现了一些非常有趣的因素，其中之一叫作适应可塑度，我们认为它属于图形变换分散思维。这个因素的一种可靠的测验就是火柴问题，这种测验是根据将火柴搭成正方形的游戏来设计的。测验要求被试拿走规定数目的火柴，使剩下的正方形仍和原来一样大。有的题目中还会出现正方形重叠或嵌套的情况。还有一些火柴问题测验是要求被试每一个题目都要做出两种或更多的解答。

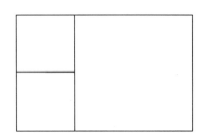

图 4-2 火柴问题测验例题之一

本题要求从图 A 中取走四根火柴，使六个正方形只剩下三个。答案如图 B。

现在认为，一种称作"独创性"的因素就是关于语义材料适应可塑度的，这种语义材料必然有意义上的变换，被试必须更换或变化意义，并且因此而产生新颖的、非凡的、聪明的或深远的思想。在"设计标题"测验中，向被试提供一个简短的故事，然后要求他们为该段文字冠以尽可能多的合适的标题。一个被试给出的聪明独特的标题的数目是其"独创性"的指标，或者说是他的语义变换分散思维能力的度量指标。

在另一种独创性测验中，被试面临一个非常新奇的任务，以致任何一种可能作出的反应对于他来说都是不寻常的。在创造符号测验中，要求被试设想几种简便的符号去代替每一个短句中的名词或动词，换句话说，就是要求被试发明出一些类似图形符号的记号。还有一种独创性测验要求被试为一些小画片题写"妙语警句"，这种测验任务本身就是对被试是否聪明的一种考验。综上，有相当多的测验是可以测量独创性的。

在第六横排"蕴含"意义中，产生各种蕴含意义的能力可由一些测验来评定，这些测验要求被试对给定的信息进行精心发挥。这一类型的图形测验是向被试提供一条或两条线，要求他在这线上画出线条以形成一个物体，他能添加的线条越多，他的得分就越高。一种语义蕴含意义测验是告知被试一个计划概要，要求他据此提出他所想到的促使该计划实现的一切详尽细节。我们正在尝试的一种符号内容蕴含意义的新测验，是向被试提出两个简单的方程，如 $B-C=D$ 和 $Z=A+D$，要求被试根据已知方程写出其他尽可能多的方程来。

集中思维能力

在 18 种集中思维能力中，现在已知 12 种，在第一横排"单元"中具有一种为图形性质（形状或颜色）取名的能力以及一种为抽象事物命名的能力（类、关系，等等）。

集中思维的第二横排"类别"的一种测验叫词汇分类测验，向被试提供 12 个单词，这些词能且只能分成具有意义的四组，没有一个词可同时划入两组。一个与此平行的测验叫图形概念测验，这种测验是向被试提供 20 种实际物体的图片，这些图片可按其意义分成两类，有的测验中也可分成更多种类，视每个测验而定。

集中思维的第三横排"关系"是由三种已知因素来表示的。这些因素全部都含有斯皮尔曼（Spearman）所谓的"相关训练"。符号内容的这种测验题目如：

Pots   stop   bard   drab   rats?

测量相关训练的一种语义内容题目是：

没有声音是因为 _____

集中思维第四横排"系统"中现在还只知道一种关于语义内容的因素。这种因素可由一组需要编排次序的多样的事件构成，而实际上这些事件本身是有一个最佳的、最合乎逻辑的顺序。测验表中所出示的各种事件可以是图画形式，也可以是言语形式。这些图画可以从连环画中选择。用言语表示的各种事件可以是"种植一块新草坪所需要的各个步骤"的形式。

在第五横排"转化"中已知的三种因素，叫作重下定义的能力。采用哥德沙尔特（Gottschaldt）嵌入图形测验可以测量为图形重新下定义的能力，测验时要求在一个比较复杂的图形结构中识别出一些简单图形。

在第六横排中，集中思维产生就是根据已知信息作出完全确定的结论。著名的数字计算能力属于符号内容。对图形内容可采用形状推理测验。语义内容的能力就是指通常所说的演绎因素，为了测量演绎因素可应用下面这一类题目：

查理比罗伯特年轻，

查理的年龄又比弗兰克大，

问罗伯特与弗兰克，谁的年龄大？

评价能力

在全部五种操作中，对评价能力这一领域的研究最少。事实上，在这一领域至今仅进行了一项系统的分析研究，只发现了八种评价能力认为是适合于这一领域的。

判断同一性是评价能力的一个显著特点，在符号内容单元的评价中，有这样一道题目可以作为例子：

判断下面几对符号是否一样：

825170493——825176493

dkeltvmpa——dkeltvmpa

C. S. Meyevson——C. E. Meyerson

这类题目在誊抄能力测验中是常用的。

在语义内容中应该有一种判定两种思想是否一致或不同的能力。如在这个句子中表达的思想与那个句子中表达的思想是相同的吗？这两句谚语所表示的意思实际上是相同的吗？诸如此类的测验应当是存在的。

第五横排评价语义变换的能力，就是平时所说的判断能力。在典型的判断测验中，要求被试从一个实际问题的五个解答中选择最合适的或最佳的答案。

在第六横排中，一种最早叫作"对问题的敏感度"的因素，现已认为它就是一种评价蕴含意义的能力，这种因素的一个测验就是社会风俗测验。在该测验中被试需指出社会风俗中的问题，例如给小费或全国竞选等习俗中有哪些地方还存在错误。我们可以这样说，缺点与不足之处都是一种评价所产生的蕴含意义。另一种解释可以是，对评价蕴含意义来说，能看出缺点与不足之处已经产生了良好的效果，因为它能促使这个事物的各个方面都更加完善起来。

智力结构模型的意义

对心理学理论的意义

虽然按一般的使用来说，因素分析法是专门用于研究各个个体之间彼此差异的方式，换句话说，就是用于发现个体的特征。但因为因素分析得到的结果也揭示了许多各个个体彼此之间相似的特征，所以关于各种智力因素以及它们之间的相互关系的知识有助于我们对个体智力功能的理解。五类按操作划分的智力可认为是代表物种智力功能的方式。智力的种类又是按照测验的内容来加以区别的。而且按照智力运算结果的产物不同所区分的智力的种类也标明了对于各种信息的或知识的基本形式的一种分类。个体按照这种智力结构分成各种类型，表明了不同个体是用各种方式去处理各种不同信息的。无论我们使用哪种方法去探讨这些问题，智力差异及智力分类的概念对我们将来进一步研究学习、记忆、解决问题、创造发明及作出决策等问题都是非常有用的。

对职业测验的意义

到目前为止，我们已经知晓了大约 50 种智力因素。智力结构是一个理论模型，理论上如果模型中每一小立方体包含一种智力因素，就将存在 120 种不同的智力。自从模型第一次被设想出来，预言中的 12 种智力因素已经找到了它们在模型中的位置，因而填满模型中的其余空格是指日可待的，最终我们将会获得 120 种以上的能力。

为了彻底地了解一个人的智力资源，我们将需要多到惊人的各种量表，这正是智力评估的最大问题。我们希望其中有许多智力因素是彼此相关的，这就表明采用合适的取样法，就能以有限的几个测验测得最重要的一些能力，指明和未来职业活动有关的智力状况。

对教育的意义

智力结构对教育的意义无比巨大。这种智力结构理论最根本的意义是我们可能据此改变过去对学生及学习过程的观念。以前流行的观点是将学生看作类似自动售货机的一种"刺激—反应"装置，你投进一个硬币就会有东西出来。机器分辨投进去的硬币面额就会售出对应商品，投进去什么硬币它就有什么反应产生。但是如果我们认为学生像一个处理信息的仪器，在这里信息的定义是广义的，那么他们更像一台电子计算机。我们给一台计算机输入信息，这台计算机就贮存了该信息，并且能运用分散思维或集中思维的方式从这些已知信息产生出新信息，并评价自己的结果。人能够从外界来源中寻求和发现新信息并自行编排程序，这是计算机也无法企及的。

教育就是一种训练学生思维或训练学生智力的活动。这当然不是说每个人不同智力因素的状况完全由学习决定的。至今我们还不知道这些智力因素是在多大程度上由遗传决定以及在多大程度上是由学习决定的。但是对于教育家来说，最好的选择就是假定每一种智力因素都有可能通过学习在每一个人身上发展，至少是通过学习而得到一定程度的发展。

如果教育具有发展学生智力这一普遍目标的话，那就可以将发展每一种智力因素看作特殊的目标。由于每种智力的定义都结合了内容、操作和产物三者，因此要想达到预定目标，也就要求进行特定类别的实践，而这种实践是为了改善能力。这就意味着需要选择课程和教学方法，以及创造一些新的教学方法，使得这些课程和教学方法能够最大限度地实现预定的结果。

考虑到智力因素所展现的能力多样性，我们有充分的理由提出这样的问题，就是在现在的教育中，是否忽略了那些普遍的智力技能的训练以及是否关注学生在发展的各种能力时是否达到了适当的平衡。近年来我们经常发现，在造就富于智谋及有创造性的毕业生的方法上已经失败了。与其他的时期相比，我尚且无法评论这种失败的真实情况如何，也许是由于人们已经普遍注意到了这种教育的缺陷，因此现在对发明创造能力的要求是如此巨大和迫切。无论如何，我们必须了解到更加引人注目的创造能力是寓于分散思维范畴之内的，在某种程度上也寓于变换的范畴之内。

当我们放弃了以前那种笼统单一的智力观点时，还有许多人们仍留恋于过去简单化的美好日子。简单化肯定具有它的吸引力，但人类的本性本来就是极其复杂的，因此我们最好还是面对事实。我们生活的世界中正在急剧变化，现实迫使我们必须充分认识人类的智力。人类对和平幸福的追求依赖于我们对自然和自身行为的控制，这自然也就依赖于我们对自己的认识，其中包括对我们自己智力资源的认识。

[思想评价]

一、生平事迹与三维智力理论形成的背景

吉尔福特在 1897 年出生于美国内布拉斯加州马奎特(Marquette)的一个农民家庭，父亲是一名农夫，家里有哥哥和妹妹。吉尔福特的父亲很聪明，对学习新事务也很积极，小吉尔福特也天资聪颖，小时候就梦想成为一名化学家。他在小学一年级的时候，所取得的学业成就已经超过了一般人在三年级的水平，更是早在 12 岁的时候就通过了高中的入学考试。不过由于家庭原因，他并没有直接进入高中，随后才跟同龄的同学一起进入高中学习。1914 年，吉尔福特从奥罗拉高中毕业，此后他做了两年小学教师，接着又去内布拉斯加大学学习了一年。后来，吉尔福特应征入伍。1919 年，回到内布拉斯加大学的吉尔福特遇到了海德(Winifred F. Hyde)，海德让他担任自己的助理以筹措学费，在这个过程中吉尔福特对心理学产生了浓厚的兴趣。1922 年和 1924 年，吉尔福特先后取得了内布拉斯加大学学士和硕士学位。在此期间，他还担任临时的心理诊所主任，处理了大约 100 个个案。正是这段经历让他觉得，仅用 IQ 来了解儿童的能力是远远不够的，对于智力仍需要有更加完整的鉴别方式。

1924 年，他来到康奈尔大学，师从铁钦纳(Edward Bradford Titchener)继续攻读博士学位，曾与瑟斯顿(Thurstone)、斯皮尔曼(Charles Edward Spearman)、赫尔森(Harry Helson)有过往来，也曾听过达伦巴哈(Karl M. Dallenbach)的课程，这使他对因素分析法有了一定的认识和了解。1926 年，吉尔福特和露丝(Ruth S. Burke)结婚，他们后来生了一个女儿。1927 年，吉尔福特取得哲学博士学位。毕业后，他曾去伊利诺伊大学和堪萨斯大学短暂工作。1928 年，吉尔福特又回到了内布拉斯加大学担任心理学教授。在这里，吉尔福特逐渐赢得国际声誉，并成为美国最有名的心理学家之一。1935 年吉尔福特任美国西北大学客座教授，

1940 年在南加州大学任职教授。

吉尔福特在南加州大学进行了多年名为"能力倾向研究方案"的研究工作。在这项研究中，他假设的许多能力因素被后来的因素分析研究证实。1959 年 4 月，吉尔福特提出著名的三维智力结构模式，即 SOI 模型，并于 1967 年在《人类智力的本质》一书中对该模型作了全面而详尽的论述。吉尔福特根据因素分析及信息加工原理，提出由操作、内容、成果构成的立体的智力结构。在吉尔福特的智力结构理论中，最引人瞩目的内容之一是对创造性的分析。吉尔福特发现，尽管发明家、作家、艺术家们进行创造性活动的表现方式不尽相同，但他们有着一些共同的创造性因素。在《论创造力》一文里，吉尔福特假定创造性才能具有思维的灵活性、对问题的敏感性、观念的流畅性及首创性、分析综合等特征，后来因素分析证实了除分析综合外的所有特征。此后吉尔福特进一步提出发散性思维包括流畅性、变通性和独创性三个维度。

吉尔福特对于创造性才能的研究，还有一段十分有趣的经历。在他四十多岁时，正值"第二次世界大战"爆发，此间（1941 年）他被指派去圣安娜陆军航空基地，负责设计一项能够挑选出最佳轰炸机飞行员人员的性格测试。为此，吉尔福特采用了智力测验、评分系统和面试等方法。但上级却委派了一名没有经过心理训练的退役空军飞行员来帮他进行飞行员的筛选工作，这令他十分不悦。吉尔福特并不信任这名退役的空军飞行员。最后，他们各自挑选了不同的候选人。在后来的评审中，吉尔福特发现一个令人惊讶的事实：与退役飞行员挑选的人相比，他挑选的飞行员被击落毙命的人数要多出许多。自己居然将那么多飞行员送上绝路，这让吉尔福特沮丧不堪，甚至产生了自杀的念头。但好在最终他没有选择自杀，而是决心找到原因。为此吉尔福特专门去询问了那位退役飞行员。飞行员说，他问了所有候选者一个问题："如果你在飞越德国时，遇到德国防空部队的炮火怎么办？"，最后他淘汰了所有回答"我会飞得更高"的候选人，而选择了那些违反飞行条例准则的人，例如那些回答"我不知道，我可能会俯冲""我会转圈，掉头避开火力"或"我会之字前进"的人。因为德国人知道如果遭遇炮火，美国飞行员会飞得更高，他们的战斗机会停留在云端，做好将美国飞行员击落的准备。因此那些更具创造力、不按照准则来的飞行员，比起吉尔福特挑选的那些也许更聪明却局限于规则的飞行员，反而更容易幸存。这件事情让吉尔福特意识到，有与众不同的思维和富于创造力是一种才华。他决定进一步研究这种才华，找到选择最佳飞行员的方法。他最初为空军设计的创造力测验方法之一就是那道经典题目，即要求飞行员候选人尽可能多地说出砖的用途。

这道题目尽管十分简单，却能很好地测验人的创造力。❶

　　由于在创造力领域的突出贡献，吉尔福特被很多人奉为现代创造力之父。吉尔福特在 1950 年就任美国心理学会年会主席时，发表了一篇题为《创造力》的演讲，这篇演讲被美国心理学界视为创造力研究史上的里程碑，也引发了 20 世纪五六十年代美国心理学界对创造力问题的研究热潮。随后吉尔福特一直工作到 1969 年退休，并任南加州大学的荣誉教授。他的一生成果颇丰，著作和论文多达 400 多种（篇），主要论著包括《统计学》（1940）、《人格》（1959）、《智力的分析》（1971）、《超越智商》（1977）、《认知心理学的参照框架》（1979）、《创造性才能》（1986）等。由于在心理学界的突出贡献，吉尔福特一生中获得过很多荣誉和奖项：1950 年任美国心理学会主席，1964 年获得美国心理学会卓越科学贡献奖，1974 年获得教育测验服务社教育与心理测量贡献奖，1977—1979 年任国际智力教育会主席，1983 年获得心理学基金会金质奖。1987 年，这位成果颇丰的心理学家病逝于美国加利福尼亚州洛杉矶，享年 90 岁。

　　自 19 世纪心理学从哲学中独立以来，心理学的首要任务就是摒弃以往的思辨式探讨，尽可能用实验的方法来研究心理现象，使自己成为一门像生理学、物理学那样的实证科学。但是，怎样才能将人的复杂心理现象真正客观化为实验室研究呢？这里就不得不提到冯特以及他的学生铁钦纳。他们创立了第一个近代心理学派别——构造主义心理学派，构造主义心理学把一切心理现象都还原为最简单的"感觉"元素，从而进行实验研究。复杂的心理意识现象难以直接进入实验室，而真正的实证科学又必须要依赖实验方法。如何将研究对象和研究方法有机统一？这一问题始终摆在心理学家面前，也成为 20 世纪初各心理学派争论不休的热点。为了不失去实验方法，保证实证科学的性质，心理学家们开始在研究对象上做文章，这导致后来心理学领域里出现了没有心理的心理学——行为主义占据统治地位几十年（至少可以说是享誉几十年）的怪象。

　　在这一心理学发展的大背景下，吉尔福特开创了现代创造心理学，打破了当时美国行为主义占据统治地位几十年的僵局。尽管我们不能说吉尔福特的创造心理学已经完全汇入心理学的研究主流，但在当时，吉尔福特的理论作为一个开端，对心理学的后续发展产生了深远影响。尽管此前的心理学派也涉及过创造性，比如格式塔心理学派就曾对创造性思维，特别是对顿悟做了很有影响力的研究，但由于行为主义心理学传统的影响，创造性才能的研究仍处于被长期忽视的状态，美国《心理学文

---

❶　费德里克·阿恩：《趣味横生的创造力测试》，载《发明与创新》，2008（7）。

摘》几十年内很少刊登关于创造力的研究。吉尔福特《论创造力》的发表，是适应时代发展潮流的需要，更是从创造性才能这一独特角度打破了行为主义垄断的传统局面的利刃。

虽然行为主义过于强调刺激—反应联结，有矫枉过正的趋势，但行为主义后期的操作主义心理学更加强调客观研究方法，这在一定程度上帮助了吉尔福特进行创造性思维的研究；此外，作为铁钦纳的弟子，构造主义心理学派重视心理结构分析的"元素主义"思想早已在吉尔福特心中埋下了种子。除恩师铁钦纳之外，吉尔福特年轻时也和英国心理学家斯皮尔曼、塞斯顿有过很多接触，斯皮尔曼、塞斯顿都曾提出自己的智力因素观，因而他们的因素分析思想也直接影响了吉尔福特的智力因素构成观。吉尔福特在早年对"元素分析"相关理论的接触，帮助他后来构建起基于测验统计、提出假说、构建模型、实验验证这一系列实证科学方法的理论大厦。吉尔福特运用了应用广泛的因素分析法来研究自己提出的因素智力观。尽管受到斯皮尔曼、塞斯顿的智力因素观的影响，但吉尔福特的智力因素观与前者的智力因素观并不相同，他认为，智力是由多种因素构成的，并不存在高低层次之分。

吉尔福特从对一般智力的关注到对创造性才能的系统研究的转变有着广泛的社会时代背景。首先，当时美国经历了"二战"及其后的"冷战"，世界上一些国家，尤其是美国都在大力发展科技，这促使美国首次形成了开发人的创造力、培养人的创造性才能的第一次高潮。1957年，苏联发射了第一颗人造卫星，这使美国受到剧烈冲击，也进一步推动了美国进行创造力开发的相关研究，于是美国迎来培养创造性人才的第二个热潮。其次，在第三次工业革命中，人工智能机器出现，代替人脑实现了许多功能。而当时的美国虽已盛行机器教学，但工商企业及政府部门对发现和培养有想象力及洞察力的创造性人才却一筹莫展。社会需要发掘更多适合的人才，也更加注重人是否具有健全的判断能力、设计能力以及想象力。❶

当时的社会有一种普遍流行的观点，即创造性才能和智力密切相关。因为人们发现，历史上富有创造力的杰出人物智商都很高，而且，推孟-比奈智力测验量表的结果也表明，智商与创造性才能之间存在正相关。但后来人们发现，衡量智力所用的主要标准是在校学生的成绩，而成绩很大程度上依赖于学科经验的掌握，却并不一定要求有较高的创造性才

---

❶ 刘伟：《吉尔福特关于创造性才能研究的理论和方法》，载《北京师范大学学报》(人文社会科学版)，1999(5)。

能。因此，吉尔福特产生了"智力是由许多能力组成"的想法，并开始了对创造力的研究。

二、吉尔福特的教育心理学思想

吉尔福特主要从事心理测量方法、人格和智力等方面的研究。他因受到海德的影响而对心理学产生兴趣，并在读博期间师从铁钦纳，接触了元素分析并将其运用于智力和人格特质的研究。他提出了著名的三维智力结构模型——SOI 模型。吉尔福特根据因素分析以及信息加工原理，提出由操作、内容、成果三个项目构成的立体的智力结构。在吉尔福特的智力结构理论中，最引人瞩目的内容之一是对创造性的分析。他把以前被智力概念忽略的创造性与发散性思维联系起来，还把发散性思维和辐合性思维相对应。吉尔福特指出发散性思维包括流畅性、变通性和独创性三个维度，通过对智商以及创造力测验分数的相关性分析，他发现创造力和智力之间存在正相关趋势。吉尔福特认为智力和创造力是两种不同的能力，属于两个不同层次的结构，一定水平的智力是创造力发展的必要条件。吉尔福特还提出，人格是由态度、气质、能力倾向、形态、生理、需要和兴趣这七种特质组成的统一整体。下面我们将详细介绍一下吉尔福特的三维智力结构模型，以及他关于创造性才能的基本理论。

(一)三维智力结构模型(SOI 模型)

1959 年 4 月，吉尔福特在《美国心理学家》杂志上发表了《智力的三维结构》，在这篇文章中，他首次提出了著名的三维智力结构模式，即 SOI 模型；1967 年，吉尔福特又在他的主要著作之一——《人类智力的本质》中，对该模型作了全面且详尽的论述。

根据因素分析以及信息加工原理，吉尔福特把智力看作由多种能力或心理机能构成的有机整体，这些机能或者能力可以通过不同的方式对各种内容进行信息加工。"机能"是对个体而言的，而"能力"是对个体差异而言的。智力可以从心理操作、信息内容、信息产品三个维度加以构建，它们共同形成一个立体的智力结构。吉尔福特认为智力活动是通过"输入(信息内容)——心理操作——输出(信息产品)"的信息加工流程来实现的。操作可以划分为认知、记忆、发散式思维、聚合式思维、评价五种不同的方式；内容可以划分为图形的、符号的、语义的、行为的四个项目；成果可以看作某种操作应用于某种内容的结果，可以划分为单元、类别、关系、系统、转化和蕴含六个项目。将三个维度加以结合，智力结构就形成了 4(内容)× 5(操作)× 6(成果)= 120 种不同的组合。这 120 种组合可看作人类智力的 120 种不同的因素。据吉尔福特所说，当时的研究已经识别出智力结构中的 70 多个因素了。1982 年，吉尔福特进一步修正了他的理论，把内容中的图形方面再细分为视觉和听觉两种，这样，智力就有了 $5 \times 5 \times 6 = 150$ 种不同的组合。吉尔福特认为，可以把上述的智力结构模式视为认知心理学的参考系统。

心理操作是智力的核心，它包括五个范畴：

(1)认知(cognition)，指发现、知道或者理解信息项目的过程，比如发现一只奶牛身上遍布着黑色斑纹、知道单词"爱"的意思等；

(2)记忆(memory)，指把已经认知的信息项目贮存在记忆库里的过程，比如记住汽车驾驶证号码、学习内容等；

(3)发散性思维(divergent production)，指为满足某个特定要求而从记忆库中提取出大量相应的信息项目(原样或加以修改的项目)的过程，比如给一段故事想各种可能的标题、尽可能多地说出可食用的坚硬物体的名称等；

(4)辐合性思维(convergent production)，指从记忆库中提取特定且包含具体描述的信息项目的过程，比如为交叉字谜填一个恰当的字、从给定事实中总结出一个恰当结论等；

(5)评价(evaluation)，指对某一信息项目是否符合特定逻辑需要并对符合程度做出判断的过程，比如判断把某个不完整的圆圈画完后是否会经过某个点、从四个给定的物体中选一个又圆又硬的物体等。

信息内容是心理加工的材料，它包括五个范畴：

(1)视觉(visual)信息，指视网膜直接接受的刺激信息，或者具有相同特征的表象信息；

(2)听觉(auditory)信息，指内耳耳蜗感受器直接接受的刺激信息，或者有相同特征的表象信息；

(3)符号(symbolic)信息，指常用来替代其他项目的信息项目，如数字、字母、路标等；

(4)语义(semantic)信息，指意思(meanings)，它经常但并不总是和文字符号联系在一起；

(5)行为(behavioral)信息，指心理状态如动机、意向等信息，通常在外显行为中体现。

信息产品是心理操作的结果，它包括六个范畴：

(1)单元(unit)，指像一个物体那样的整体，在属性和特征方面有自己的独特组合，比如一个蓝色三角形、一个打印出来的汉字、一种乐音、犯罪的意思、某人要踢他人一脚的意向等；

(2)种类(class)，指隐含于一组相似单元或其他种类产品中的概念，

此如一组长方形、一组以"亻"为部首的汉字、一组高音、一组职业、一组对某人的各种怀疑等;

(3)关系(relation),指两个信息项目间可观察到的联系,如男孩 A 比男孩 B 高、两个相继的音阶、字母表中相邻位置的两个字母、王丽嫁给张南、李海对赵庆生气等;

(4)系统(system),指三个或三个以上项目间相互联系而形成的整体,比如书桌上的摆设、一个电话号码、一个行动计划、一首歌、一部包含众多人物的电影等;

(5)转换(transformation),指某一信息项目的任何改变或者替换,比如音乐的变化、某个物体可观察到的运动、双关语、错字的更正、对某人情绪印象的改变等;

(6)蕴含(implication),指一个信息项目由另一信息项目暗示而来,比如看见写错的字就在它的底下画线、闪电过后会有雷、听到"轻"就想起"重"、看到 4 × 5 就想起 20、看到老朋友皱眉头就想到他可能要说的话或做的事等。

吉尔福特把上述三个方面看作空间的三个维度,把从属于各方面的范畴看作各维度的基本单位,由此构成一个智力的立体几何模型,简称 SOI 模型。在模型中,每种能力都是由三个维度中的特殊范畴确定的,命名方式为各个范畴开头的英文大写字母,按照"操作—内容—产品"的顺序排列而成,例如 CVR,就是 cognition of visual relation,即"视觉关系的认知能力"。为避免相同位置的各种范畴开头字母的重复,他把语义信息的开头字母由 S 改成 M,把辐合性思维的开头字由 C 改成 N。根据 SOI 模型,人类应具备 150 种能力(5 种内容 × 5 种操作 × 6 种产品)。如果把味觉、身体感觉等也算入内容,人类的能力将会远超 150 种。当然,这只是对人类能力数量做出的预测,目前发现和得到证实的能力已经超过 100 种。

在早期 SOI 理论中,吉尔福特认为,各能力之间是相互独立的,这和当时流行的一般智力的观点不一致,因而受到了许多学者的强烈指责。经过多年研究,吉尔福特也发现,上面谈及的那些能力(一级能力)并不是完全独立的,某些能力之间相关度的确很高,一级能力之上还有比该能力一般性更高的二级或三级能力的存在。二级或三级能力的存在也是有规律的,一般来说,二级能力应有两种共同的 SOI 范畴,如 CMU 和 CMI 的共同因素是 CM,CVC 和 NVC 的共同因素是 VC,ESR 和 EMR 的共同因素是 ER,这三个共同因素就是相应的三种二级能力:语义认知能力、视觉种类能力和关系评价能力;三级能力只有一个 SOI 范畴相同,发散性思维能力(D)、语义能力(M)和转换能力(T)等都属于三级能力。根据这种设想，人类应有85种二级能力(5种内容×5种操作＋5种内容×6种产品＋5种操作×6种产品)以及16种三级能力(5种内容＋5种操作＋6种产品)。至于是否还有更高级的能力比如一般智力的存在，吉尔福特认为还没有足够有力的证据来回答该问题；至于几级能力是如何形成的，吉尔福特认为，一级能力在人很小的时候就发展出来了，二级能力是一级能力间相互迁移而形成的，三级能力是上述两级能力相互迁移而逐渐形成并发展的。

(二)吉尔福特关于创造性才能的基本理论

1. 创造性才能的含义和基本特征

19世纪中叶以前，人们普遍认为创造性神秘而不可测。高尔顿首次把创造性才能视为可测的特征，却又把它归为世代传递的遗传素质。弗洛伊德注意到了人格、气质与创造性才能间的关系，认为创造性是性本能幻想的升华。但本质上，他强调的主要还是人的生物本能，忽视了人的社会本质属性，因而不可能给出创造性的科学说明。后来以华莱士为代表的轶事分析派给出了对创造活动过程的描述性看法，但也没能给创造性下一个规范的定义。

在1950年《创造力》这篇演讲中，吉尔福特说明了创造力问题被忽视的程度，并提出"创造力指最能代表创造性人物特征的各种能力"。随后，他又对这个定义给出了补充说明："创造性才能决定了个体是否有能力表现出显著的创造性行为。具备多种能力的个体能否产生创造性的成果，还取决于他的动机以及气质特征。"

吉尔福特的定义对创造性的研究有着重大意义。首先，他使人们认识到，创造性才能并不是孤立神秘的，而是由个体的各种基本能力构成的。其次，他强调了创造性行为具有相对性，也就是说创造性才能并不是某个人物的特殊天赋，所有正常人都拥有不同程度的创造性才能。这使我们也可以研究非杰出人物的创造性。最后，他强调个体的人格、气质与创造性才能间的密切关系。

然而，吉尔福特对于创造性才能的定义也有不完善的地方。他的定义会让人以为，创造性才能只是人各种能力的叠加，各种基本能力的提高必然导致创造性才能的提高。经过几年研究，吉尔福特在其1986年出版的《创造性才能》一书中修正了这一说法。他提道，"创造力是各种基本能力的组织方式，组织方式随不同范围的创造性活动而不同，每种基本能力都是一个变量"。

2. 创造性思维的实质

在确定了创造性才能的基本特征后，吉尔福特进一步探讨了创造性思维的实质——发散和转化。

吉尔福特在确认流畅性假设时，发现所有流畅性问题都在智力结构模式中的"发散性加工"类别中。因为在该类别的所有测验中，个体必须在自己的记忆储存中搜寻并尽可能多地提取信息项目。他还发现，灵活性中各种能力的共同点是都涉及转化，属于发散性加工。而观念首创性的测验分数和语义转化、发散性加工的转化有关。因此，吉尔福特认为，在智力结构中，最能体现创造性才能的因素是思维的发散性，但发散性加工能力并不能够代表智力因素中创造性的所有方面。发散性加工的能力是指为了满足某一特定需要而产生许多可供选择的信息项目，因而只注重观念的数量却完全忽视观念的质量。

转化是指在信息项目方面的认识和产生的种种变化，包括产生各种代替物。吉尔福特用因素分析法证明，尽管转化好似是一种心理活动，但实际上它像产品（即人脑认识或产生信息项目的形式）一样起作用。吉尔福特在"能力倾向研究方案"的实验研究中发现，转化与思维的灵活性及首创性有关，转化能力有助于摆脱思维定式，是多角度考虑的结果。这表明，思维的转化能保证观念的质量。

由此，吉尔福特认为，转化与发散性加工的结合，也就是发散性加工的转化，对创造性才能有双重贡献，它不仅能保证观念的数量，还保证了观念的质量。

3. 智力结构的问题解决模式

在探索了创造性才能的基本成分后，吉尔福特认为，静态的心理成分在心理过程中是密切相关、相互作用的。那么，创造性思维是如何作用的呢？为了解决这个问题，吉尔福特提出了智力结构的问题解决模式。

尽管学界对问题解决的定义不一，但吉尔福特认为有一点是确定的，即所有的创造性思维都包含问题解决，因为问题解决不仅需要组织新的信息项目，还需要以新的方式运用已知的信息项目。在杜威、华莱士、罗斯曼等人早期问题解决模式的基础上，吉尔福特在1967年出版的《人类智力的本质》中，提出了最初的智力结构的问题解决模式。但当时他还未分清发散性加工及辐合性加工在问题解决过程中的实际作用。1977年，吉尔福特又在《超越智商》中修正了智力结构的问题解决模式。

在该模式中，问题解决始于环境或人的信息输入。输入的信息经过"注意"这一过滤器进入大脑高级中枢，再进入认知阶段。认知阶段包含两个重要过程，察觉到问题的存在和认识到问题的本质，接下来就会进入解决问题阶段。当问题解决处于设想方案时，这属于问题解决的发散性加工过程；当问题解决不需要进一步搜寻，仅凭记忆储存就能直接找到问题解决方案时，这就直接到了辐合性加工阶段。各阶段都有可能拒绝提出的各种想法，这是评价的作用。如果问题没有被正确地认识，或得不到解决，就要返回重走。在问题被顺利解决前，可能存在若干这样的循环。

在这个模式中，评价及辐合性加工的作用都体现了出来。那么，创造性思维何时产生呢？吉尔福特认为，只要有发散性加工或转化的地方，都表明产生了创造性思维。思维转化的作用在于："我们常常需要找到能满足某种特殊目的某种物品，并重新做出假设。"

这个模式表明了发散性加工和辐合性加工的不同，也说明问题解决及创造性思维都可能涉及智力结构中任何一种信息内容，但问题解决可能包含智力结构中的所有运演，而创造性思维只涉及智力结构运演的个别类别。此外，我们还可以看到，问题解决和创造性思维是互相助益的，这也给了我们培养创造性思维的有效途径。

4. 创造性才能的人格因素分析

探讨了有助于创造性的能力后，吉尔福特认为这些能力并不能够代表有助于创造性思维和创造性加工的所有因素，因为"有某种才能是一回事，会用这种才能是另一回事，在需要或可以有效使用这种才能时能利用这种才能，则又是一回事"，并且，吉尔福特还认为，"有些人虽然拥有某些才能，但他们的表现并未达到他们可能达到的水平"，这和人们的人格特性有关。

在吉尔福特看来，人格是人的特性的组织方式，特性是一个人有别于另一个人的一些基本因素。吉尔福特用因素分析法考察了有助于创造性表现的多种人格因素，如认知风格、动机特征（包括兴趣）和气质品质。

在认知风格方面，吉尔福特认为，威特金提出的"场独立性"是和创造性才能最为相关的认知风格。场独立性是一种寻求转化的倾向，它能够促进转化，因此它对发挥创造性才能很有用。在动机特性方面，吉尔福特着重探讨了兴趣对创造性才能的影响。一方面，人们对思维类型的兴趣倾向性不同，有人偏爱发散性思维，有人偏爱辐合性思维。另一方面，人们对多样性需求的动机程度存在差异。多样性需求指渴望获得新体验，可能还包含不愿重复的倾向。此外，吉尔福特在许多发散性加工能力测验中都发现，能力倾向的"冲动性"以及自信心等品质都和发散性加工存在正相关。吉尔福特还认为，对问题持开放态度的气质特性有助于发展创造性。

总之，吉尔福特的许多研究证据证明，有助于创造性才能的各种特性（如认知风格），是可以通过练习、控制环境条件的变化而得到提升的。

三、对吉尔福特的教育心理学思想的评价

自吉尔福特的理论体系形成，心理学界就一直没有中止过对其观点的评价。北卡罗来纳大学心理学系的布朗曾在1989年版的《创造性手册》中，对这些评价进行了综述。我们参考该综述以及其他一些思想观点，总结了心理学家对吉尔福特理论的评述和思考。

心理学家们对吉尔福特理论的批评大都是从创造力或创造性才能测量的角度展开的，比如布朗曾指出，吉尔福特受到最多批评的地方是因素分析法的程序。吉尔福特的方法是先构建智力结构的模式理论，然后验证该理论。这种用事实去适合理论，而不是用理论去适合事实的方法是非常主观的。埃森克和沃尔兹等人则认为，吉尔福特的智力结构模型理论是封闭的，只涉及对测验的分析，没有涉及实际的行为，"创造力测验有结构效度，却没有效标效度"。因此当用该理论来设计测验、评价实际的创造力表现时，这个理论就会变得很混乱。

但除了少数批评的声音，心理学家们大都对吉尔福特的整个理论体系持积极的态度。此前心理学很少研究创造性才能这类复杂问题，吉尔福特不仅对创造性才能做了系统的研究，还开创了现代创造心理学的分支领域，他对创造性才能的理论做出的历史性贡献是不可磨灭的。布朗指出，吉尔福特对发散性思维以及辐合性思维的划分，使人们重新思考了问题解决的过程，也促进了多种创造性问题解决程序的发展。吉尔福特的三因素智力理论在当代心理学中也有十分重要的影响力。

吉尔福特的理论创立过程是不断发展、循序渐进的，从创造性理论体系的创立过程，我们可以看到正确的科学理论发展之路。恩格斯曾说："只要自然科学仍在思维着，它的发展形式就是假说。"吉尔福特的理论由假说演变而来。假说是对客观事物假定的说明或猜测。只有经过科学实践验证了的假说，才能上升到理论。大卫·索翰（David Sohn）认为，心理科学的某些分支之所以一直没有成熟的理论，是因为心理学家们常使用元分析（即文献检索）的方法直接提假设。通过元分析提出的假设，很容易出现Ⅰ类错误。科学假设的提出应该从事实出发，从基础学科的成熟理论入手。吉尔福特创造性理论体系的创立过程是科学的、有效的，因为他的绝大多数理论都建立在事实假说之上。比如在明确了创造性才能的研究对象后，吉尔福特对此前哲学家们提出的一个观点，即任何场合的创造性才能都是相同的，提出了异议。因为他发现，尽管在使发明

家、作家、作曲家、艺术家富有创造性的诸多因素中有一些共同因素，但他们的能力组织方式却不尽相同。据此，吉尔福特提出了一些关于创造性才能基本特征的假设。然而，假说毕竟是假说，有着猜测的成分，没有经过科学实验的检验，就无法上升为理论。假说的检验一般包括检验蕴含、概率确证、否证几种形式。检验蕴含指从假说中推出若干结论，再付诸实验检验。吉尔福特就是采用这种程序进行假设检验的，如他对"对问题的敏感性"（创造性才能基本特性之一）假设的验证，整个过程就是从假说到理论、从理论到假说、再到理论的循环往复的过程。

吉尔福特构建模型的方法已成为现代科学的核心方法。模型方法是"人们按科学研究的特定目的，在一定假设条件下，用物质或思维形式再现原型客体的某种本质特征，设计科学模型，通过对该模型的研究，进一步推知客体的某种性质或规律的认识方法"。科学模型包括物质形式的、思维形式的两种，思维形式的模型又可分为理想模型、理论模型、数学模型等。理论模型是在积累科学事实的基础上，进行系统分析和综合，提出基本概念并据此进行推论，对问题给出理论上的回答和解释，同时提出新预见，用实验加以证实得到的。吉尔福特的智力结构模型和智力结构的问题解决模型都属于这类理论模型。具体来看，智力结构的问题解决模型，是在去掉同智力因素、发散与产生转化的心理运演过程不直接相关的社会环境因素和其他思维过程的前提下，根据一定的假设、明确的操作步骤，模拟问题解决的过程建构起来的。该模型既与原型客体存在相似性，又有简单易操作的特点，还能通过对这个模型的研究预测创造性才能的心理运演过程。因而，我们从对吉尔福特建构模型的分析中可以看出，运用科学模型方法的过程，就是通过思想实验来弥补实际实验操作中可能存在的局限性的过程，这对科学实践具有重要的指导意义。

此外，吉尔福特开创的现代创造心理学，打破了当时美国行为主义占据统治地位几十年的僵局。尽管至今仍不能说它已完全汇入心理学研究的主流，但其作为一个开端，有着不可估量的深远影响。自19世纪心理学从哲学中独立以来，心理学的首要任务就是摒弃以往的思辨式探讨，尽可能用实验方法来研究心理现象，使其成为一门实证科学。为了将人的复杂心理现象真正客观化为实验室研究，冯特及其学生铁钦纳创立了第一个近代心理学派别——构造主义心理学派。主张把一切心理现象都还原为最简单的"感觉元素"来进行实验研究。但复杂的心理现象难以直接进入实验室，而真正的实证科学又必然要依赖于实验方法，这一矛盾始终横亘在心理学家面前。为了既不失去实验方法，也不失去实证科学的性质，心理学家们开始在研究对象上做文章，以致后来行为主义长盛不衰，占据统治地位几十年。吉尔福特《论创造力》的发表，适应了当时时代发展潮流的需要，为美国已经形成热潮的创造力开发提供了理论依据，更重要的是，从心理学发展史的角度来看，他从创造性才能这一独特角度打破了原来的传统局面。

吉尔福特因为应用心理测量方法和因素分析方法进行人格特质的相关研究，尤其是对智力的分类而闻名世界。自20世纪初，斯皮尔曼提出两因素理论以来，世界各国的心理学家都进行了孜孜不倦的探索，也相继提出各种智力结构模型。这些模型大致可分为两大类：一类是以伯特·阜南、埃森克等为代表的层次结构模型，另一类是以塞司登·希莱辛格、吉尔福特等为代表的三维智力结构模型。其中最有影响力的就是吉尔福特的三维智力结构模型。三维智力结构模型即 SOI 模型，在该模型中，吉尔福特根据因素分析以及信息加工原理，提出由操作、内容、成果三个变量构成的立体的智力结构。而在吉尔福特的智力结构理论中，最引人瞩目的内容之一是对创造性的分析。

吉尔福特对创造性才能的界定，是建立在对人类智力进行深入研究基础之上的。他不仅把以前被智力概念忽略的创造性与发散性思维联系起来，还把发散性思维和辐合性思维相对应。吉尔福特认为，发散性思维包括流畅性、变通性和独创性三个维度，而这些正是创造性的核心。通过对智商及创造力测验分数的相关分析，他发现创造力和智力之间存在正相关，智力和创造力是两种不同的能力，属于两个不同层次的结构，一定水平的智力是创造力发展的必要条件。吉尔福特还提出，人格是由态度、气质、能力倾向、形态、生理、需要和兴趣七种特质组成的统一整体。这是一个七角形的交互体，从不同的角度，我们可以观察到七种不同的人格特质。把因素分析法用于创造性才能的研究中，是吉尔福特的独创。这也使得吉尔福特对创造性才能的研究真正完成了从神秘主义理解到科学的理解、从定性研究到定量研究的转变。

虽然吉尔福特所采用的因素分析方法受到了一些抨击，但吉尔福特的功绩在于，他虽然强调对人类创造性进行整体研究的意义，但同时不放弃对它进行实验研究的可能。此前，由于行为主义心理学传统的影响，创造性才能的相关研究长期被忽视，但在此之前的心理学家也有所涉猎。比如强调知觉整体性质的格式塔心理学派，对创造性思维，特别是对顿悟作用的分析颇有成就和影响力。但除了少量的动物实验依据，格式塔心理学派对人的研究依据主要还是内省口头报告及逸事分析法。一方面，吉尔福特对创造性思维的研究得益于行为主义，特别是后期的操作主义心理学强调的客观研究方法；另一方面，作为铁钦纳的弟子，构造心理学派重视心理结构分析的"元素主义"思想，也对吉尔福特产生了深刻影响。甚至可以说，如果没有"元素分析"的理论基点，吉尔福特就很难构建起基于测验统计、提出假说、构建模型、实验验证一系列实证科学方法的理论大厦。用因素分析法研究创造性才能，可以说是吉尔福特的独创。在吉尔福特年轻时，他就曾和英国心理学家斯皮尔曼、塞斯顿等人来往甚密，他的因素分析思想也直接受到他们智力因素构成观的影响。但吉尔福特的智力因素观又和斯皮尔曼、塞斯顿的智力因素观完全不同。吉尔福特认为智力由多种因素构成，并不存在高低层次之分。从方法论意义上看，一个好的理论观点有助于开发出好的方法，吉尔福特的因素智力观，也直接促使他有效地运用了广泛适用的因素分析法。

总的来说，吉尔福特的研究既有功绩，也有不足。他的理论的根本缺陷仍在其理论体系本身。尽管可以运用客观的方法对人的创造性才能进行定量研究，但仅靠这种所谓的"客观化"研究无法穷尽其理。或者说，吉尔福特的研究为揭示人的创造性才能的规律开辟了一条可行的途径，却不是唯一的途径。

后来，美国心理学家阿玛拜尔又开辟了一条有关创造力的社会心理学研究途径，可以说是对吉尔福特理论的重要发展，也是对其缺陷的弥补。可以相信，尽管人的创造性才能极其复杂，但随着现代创造心理学研究的不断发展，以及其他学科，特别是认知神经科学、人工智能等相关领域的联合，我们对创造性才能的认识一定会越来越深刻。

四、我们的认识与理解

吉尔福特在因素分析的基础上提出了三维智力结构理论，即 SOI 理论。该理论是有关智力构成的重要理论，经过二十多年的正反论证，至今已有很大发展，并对教育实践产生了深远影响。不仅智力三维结构理论对人类智力结构的探究有重要的理论意义，而且，吉尔福特对创造力的研究对教育实践也具有重要的指导意义。[1]

吉尔福特的智力结构理论对开发智力、培养创造力具有重要的指导意义。智力和创造力在社会生活中越发重要，开发及培养学生的智力和创造力已成为当今教育的主要目标之一。当今教育已经意识到以往对智力和创造力培养的忽视，也在不断进行改革。根据 SOI 理论，传统教育

---

[1] 穆道欣：《SOI 理论及其在教育实践中的指导意义》，载《辽宁教育行政学院学报》，1991(1)。

在智力开发及创造力培养上仍有许多不足：(1)从操作维度来看，传统教育重视知识传授，强调认知、记忆，却忽视了思维、评价，而思维已被许多心理学家视作智力的核心成分；(2)从内容维度来看，虽然现有的学科已经基本包含了内容的各个维度，但对视觉能力(和具体形象有关)的重视仍旧不足。视觉能力在问题解决和创造性思维中起着重要作用，当下教育很有必要对学生进行视觉内容与语义内容间的转换训练；(3)从产品维度来看，传统教育注重找寻唯一正确答案，却很少鼓励学生多角度思考问题、解决问题，忽略转换的实际应用，而转换在创造力、纠错中均起着重要作用。

怎样更好地开发学生智力也是当今教育亟待解决的一个问题。首先，从 SOI 理论中，我们可以了解到，人的能力是多样的，任何学习活动都可能开发智力，如果能依据 SOI 理论，组织学生的学习活动，那么智力开发也就更加容易实现。其次，当前的教育还应充分认识传统教育的不足，并努力在目前的教育中弥补，同时，也要重视操作维度的训练。在吉尔福特看来，操作维度是智力的主要成分，操作水平的提高会带来整体智力水平的提高。想要训练这一维度，问题解决可能是最好的方法，因为问题解决并非有一种能力的参与就能完成，它需要在操作的各个类别的共同参与下实现。详见吉尔福特的问题解决模型。

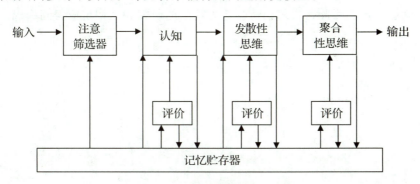

图 4-1　吉尔福特的问题解决模型

(采自 *The Structure of Intellect Model*，Guilford，1985)

发现问题和认识问题本质上都需要认知的参与，问题解决需要的首先是辐合性思维，其次是发散性思维，然后是二者的共同参与。每一步问题解决又都需要评价参与，以便及时做出反馈。记忆为每个步骤提供资料，还能将每个步骤的运行结果贮存起来，以便进一步应用。问题解决需要操作维度的各个类别共同参与，而结果的参与会促使各个类别的发展，提高各类别间的协调水平，进而提高智力活动水平。最后，当前的教育还应培养学生的迁移能力，让学生学会把培养起来的能力迁移到新情境中，做到"学以致用"。除任务间的相似程度外，迁移的效果还要看培养的能力的水平。吉尔福特认为能力与迁移范围相对应，能力水平越高，迁移的范围越广。低级能力相互迁移才会形成高级能力，为了提高迁移效果，可以在教学中多给学生一些难度稍大的问题，及一些跨学科问题，促进学生高级能力的形成和发展，帮助学生提高智力水平。教育工作者们已经开始重视创造力的培养，也在努力探讨如何才能更好地培养这种能力。SOI 理论对创造力的看法也许会提供一些有益的启迪。吉尔福特认为，流畅性、变通性与创造性思维有关，如果能对学生进行系统的发散性思维能力训练，那么学生的创造性思维能力一定会得到明显提高。

吉尔福特对创造力的研究对教育实践也具有重要的指导意义。"因材施教"是我国一直崇尚的教育思想，但往往实施起来存在一定难度，原因之一是教师只能通过学生的课堂表现了解学生的智能水平，但智力测验提供的信息极为有限。如果教育工作者能理解并掌握吉尔福特的理论，那么他们就会进一步认识学生的智能素质。此外，如果想快速了解每个学生智能素质，还有必要根据理论编制大量的测验。这些测验不仅可以很好地考察每个学生的各种能力，也可以通过测验结果为学生提供升学及就业指导，因此，吉尔福特创造力理论的研究和运用也应得到重视。

第五章　布鲁纳[1]

[印象小记]

　　杰罗姆·布鲁纳(Jerome S. Bruner，1915—2016)，美国心理学家、教育学家，对认知过程进行过大量研究，在词语学习、概念形成和思维方面有诸多著述，对认知心理理论的系统化和科学化作出了贡献。布鲁纳长期从事知觉和思维认知学习的研究，在对皮亚杰和杜威等人研究成果批判与吸收的基础上建立起了自己的教学理论，即结构主义教育理论，该理论的提出被誉为教育理论发展的一个里程碑。他在该理论中倡导结构教学，强调学科结构的重要性，将其视为结构教育思想的核心。布鲁纳在1962年获美国心理学会颁发的杰出科学贡献奖，1965年当选为美国心理学会主席。1972—1980年任英国牛津大学瓦茨(Walts)实验室教授，1980年之后返回美国担任纽约大学教授。布鲁纳是认知心理学先驱，是致力于将心理学原理实践于教育的典型代表，被誉为继杜威之后对美国教育影响最大的学者。2002年，布鲁纳被美国的《普通心理学评论》杂志评为"20世纪最著名的100位心理学家"之一，排名第28位。

---

[1]　本章作者：曹翼飞，张伟达，俞国良。

[名著选读]

直觉思维和分析思维❶

关于学生对所接触学科的与形式理解对比的直觉理解的重要性，在前面各章中（第一章《引论》、第二章《结构的重要性》、第三章《学习的准备》）已谈过不少。在学校的学习和学生的考试中，非常注重清晰的系统陈述以及学生用言语或数字形式进行复现的能力。着重这些方面，是否会妨碍以后直觉理解的健全发展，由于缺乏研究，并不清楚。的确，连直觉理解究竟由什么构成还不清楚。不过，我们仍能把表达思想不清楚的天才和表达思想清楚的白痴区分开来——表现为前者的学生，通过运算和结论，显示出对学科的深刻领会，但不大能够"说出它是怎样的"。这跟另一种学生不同，后者看上去充满恰当的词汇，却没有相应能力去利用这些词汇所代表的观念。仔细地考察直觉思维的本质，可能对于承担课程编制和教学的人大有助益。

数学家、物理学家、生物学家和其余人士在他们各自的领域里，都强调直觉思维的价值。例如，在数学中直觉概念是从两种不同的意义上来使用的：一方面，说某人是直觉地思维，意即他花了许多时间做一道题目，突然间他做出来了，但是还须为答案提出形式证明；另一方面，说某人是具有良好直觉能力的数学家，意即当别人向他提问时，他能够迅速作出很好的猜测，判定某事物是不是这样，或说出在几种解题方法中哪个将证明有效。

直觉思维效果的发展是许多在数学和自然科学方面受到高度尊敬的教师们的一个目标。人们反复地指出，在中学平面几何学教学中，典型的是对技巧、形式的证明等等强调得过分了；对几何学有着良好直觉感的学生，以及有本领发现证明方法而不只是去验算向他们提出的证明是否确实或记住这些证明的学生，需要多多注意他们的发展。例如，在希尔伯特和科恩《几何学与想象》一书中，采用图解进行几何学试验，尽可能用视觉证明替代形式证明，像这样的试验，实在做得很少。同样，在物理学中，牛顿力学也是典型的按演绎和分析方法进行教学的。许多物理学家认为，对直觉理解的发展太少被注意到了。确实，有些人已经指出，改进教师对直觉思维的运用，如同改进学生对直觉思维的运用，一

---

❶ ［美］杰罗姆•S. 布鲁纳：《教育过程》，上海师范大学外国教育研究室译，38-47页，上海，上海人民出版社，1973。

样是有待解决的问题。

　　然而，正像会议中的一位成员所指出的，把直觉看作"徒有形式而无内容"是错误的。直觉好的人可能生来有点特殊，但他的效果有赖于对学科的牢固知识，熟悉学科知识能使直觉有所作为。真的，有关学习的一些实验表明，为了有效地用直觉方法运用材料，精通材料是重要的。

　　同改进物理课程和数学课程特别有关的人们，经常把有助于改善直觉思维的程序的运用列为他们的重要目标之一。在他们试图设计这样的程序时，就发生了那种可能有用的系统心理学知识问题。可惜，关于直觉思维的性质和影响直觉思维的可变因素，合用的系统知识极少。因此，在这里最恰当的做法，似乎是试图画出一些研究工作的轮廓，这些研究工作，即使只进行一部分，也将开始提供给与特殊课程改革或者更一般地与整个课程改革有关的人们可用的资料。我们要求回答的到底是些什么问题呢？

　　关于直觉思维的性质问题好像集中在两个大的题目上：什么是直觉思维？影响直觉思维的又是什么？

　　人们对分析思维，可以说出比直觉思维多得多的具体情况。分析思维以一次前进一步为其特征。步骤是明显的，而且常常能由思维者向别人作适当报道。这类思维继续进行，比较充分地认识所包含的知识和运算。它可能包含仔细的和演绎的推理，往往使用数学或逻辑以及明显的进行计划。或者，它也可能包含逐步的归纳和试验过程，利用研究设计和统计分析的原理。

　　直觉思维则与分析思维迥然不同，它不是以仔细的、规定好的步骤前进为其特征的。的确，它倾向于从事看来是根据对整个问题的内隐的感知的那种活动。思维者得到答案，不管正确还是错误，他对其间的过程究竟如何，却很少认识。他难以做出怎样获得答案的恰当说明，而且他也许不知道他所回答的问题情况是什么样子。直觉思维总是以熟悉牵涉的知识领域及其结构为根据，使思维者可能实行跃进、越级和采取捷径，多少需要以后用比较分析的方法——不论演绎法或归纳法，重新检验所作的结论。

　　我们认为，应该承认直觉思维和分析思维的相互补充的性质。一个人往往通过直觉思维对一些问题获得解决，而这些问题如果借助分析思维将无法解决，或者充其量也只能慢慢解决。这种解决，一旦用直觉方法获得，可能的话，就应当用分析方法进行核验；同时，把它们看作这种核验的有价值的假设。的确，直觉思维者甚至可以发明或发现分析家所不能发现的问题。可是，给这些问题恰当的形式体系的，也许还是分析家。可惜，学校学习中的形式主义已经或多或少贬低了直觉的价值。过去几年来一直在从事设计课程，尤其是从事设计数学和自然科学课程的人，都坚决相信需要做更多的工作去发现，我们怎样才有可能从最早年级起便开始发展学生的直觉天赋。因为，正像我们已经看到的，在我们向学生揭示演绎和证明这种更传统的和更正式的方法之前，使其对材料能有直觉的理解，可能是头等重要的。

至于直觉思维的性质，到底是什么呢？很清楚，无论是把特定的解决难题的活动认作直觉的，或确实鉴别直觉能力本身，都并不容易。根据可以观察到的行为来下一个精确的定义，在目前是我们力所不及的。显然，我们不能等到可以给直觉思维下一个纯粹而不含糊的定义，并对出现的直觉有鉴别的精密技术时，才来研究这个题目。这种精密的要求是研究的目标，而不是据以进行研究的起点。查究我们是否有能力鉴定某些解决难题的活动比别的更为直觉，这足以作为起点。或者，另一种做法是，我们可探究能否同意把一个人的作风或偏爱的工作方式从性质上划分为更加分析或归纳的还是更为直觉的，而且更进一步；探究我们能否找出一个方法去把任务分类，看每个任务需要哪一种工作方式。确实很清楚，要紧的是不使用像有效或无效这类评价概念来混淆直觉思维和其他类型的思维，因为分析的思维、归纳的思维与直觉的思维都可能有效或无效。也不应该根据能否产生新的或熟悉的成果来区分这两种类型的思维，因为这不是重要的差别。

关于直觉的暂定界说，我们正好先用韦伯斯特的解释：直接了解或认知。直接这个词是同间接——靠正式的分析法和证明法为中介所获得的了解或认知——相对照而说的。直觉是指没有明显地依靠个人技巧的分析器官而掌握问题或情境的意义、重要性或结构的行为。直觉的正确或错误最后取决于通常的证明法而不是取决于直觉本身。然而，直觉的形式很快产生假设，且在知道观念的价值之前，便发现观念的组合。最后，直觉本身产生，对一类知识的试验性的组织，它可以酿成一种感觉，即那些事实如此组织是不言自明的，它的帮助主要在于给我们提供得以在检验现实性中前进的根据。

显然，直觉的跳跃有些是好的，也有些是不好的，这是按照它们的结果如何来定的。有些人是良好的直觉者，有些则应提醒他们注意。什么是良好直觉者的发现的基础，还不知道，但显然是值得去研究的。再者，把外显的技术转换成几乎能够自动地运用的内隐的技术，到底包含些什么，也是个充满着猜测的课题。毫无疑问，经验和熟悉该学科是有些帮助的，但是，它只对某些人有帮助。我们中有的人教授研究生，初次突击新的知识领域时，往往为我们对他们的观念的直接反应所震惊，我们感到他们的观念是好的或做不到的，或是浅薄的，可是我们为什么这样想，当时却不明白！结果常常证明我们是正确的；但有时候我们却成为过分习惯于过去的努力的受害者。这两种情形中的直觉，都可能走在我们显示聪明或蛮勇之前好几周或好几个月。布法罗大学收藏了当代第一流诗人所写的诗稿和修改稿。令人震惊的是，在对诗稿进行考查时，立刻感觉诗人的修改是正确的——不过，经常难以说出或说不出为什么修正的比原来的好；这对读者以及对诗人来说都是困难的。

的确很清楚，描绘或测量直觉思维需要一定的手续或工具，而且应该有力地去追求这种工具的发展。我们不能在这个阶段预见在这个领域里要用什么研究工具。例如，我们能否依赖受试者在工作中显出思维选择性时乐意说出：到底是靠直觉的跳跃，还是靠一步步的分析，抑或是靠经验的归纳而前进的呢？采用小规模的实验方法合适吗？能否用团体测量程序包括笔和纸的测验来提供某种测度呢？所有这一切都值得一试。

影响直觉思维的可变因素究竟有哪些？肯定有倾向性的因素，这些因素和直觉运用中的个别差异有关。这种倾向性因素甚至使人倾向于对某个领域而不对别的领域进行直觉思维。关于这些因素，我们只能举出一系列的推测。教师直觉地思维，学生的直觉思维会不会更有发展？也许包含着简单的模仿，也许包含着更复杂的鉴别过程。如果学生从未见到他的长辈有效地运用直觉的思维方法，他似乎未必会发展或相信自己的这种方法。凡是乐愿猜测班上提出的问题的各种答案，而后对他的猜测做严格分析的那种教师，恐怕比预先给全班分析一切的教师，更易于养成学生这种思维习惯。给某个领域提供各种经验，会增进那个领域内直觉思维的效果吗？多方面熟悉某门学科的人们，往往更能凭直觉一下子作出决断或解答难题——往后证明这个决断或解答是恰当的。例如，内科专家第一次看个病人，他可能问问病情，简短地检查一下，立即作出准确的诊断。当然，也许冒风险，风险就是他的办法可能导致大的错误——大于年轻实习医师诊断同样病人时使用较费力的、一步步的分析而得出的结论。在这种情况下，直觉大概是利用一套有限的线索，因为思维者知道什么事情在结构上同其他什么事情有关系。这不是说，临诊的预料比保险统计的预料来得好，或来得差。只不过是说，两者有所不同，并且两者都是有用的。

关于这一点，我们可以问，在教学上强调知识的结构或联结性，能否促进直觉思维。那些从事改进数学教学的人，经常强调发展学生对数学的结构或顺序的理解的重要性。就物理学而论，也有这种情况。看来这种强调中含有这样的信念：结构的理解能使学生从中提高他直觉地处理问题的效果。

教授各种启发式程序，对直觉思维有什么作用呢？正如我们已经觉察到的，启发式程序实质上是达到解决难题的一种不严密的方法。启发式程序常常使难题解决，但它提不出解决难题的保证。此外，算法也是解答问题的一种程序，如果进行得准确，它保证经由一定的步骤会发现问题的解答办法——只要这个问题有解答之道。当算法的程序不明了的时候，往往可用启发式程序，这是启发式程序的优点之一。而且，即使有合用的算法时，启发式程序也往往进度更快。教授启发式程序会促进直觉思维吗？例如，应否明确地教学生，当你不能够看出如何着手解题时，不妨想想同该问题相似的但较为简单的问题；然后用解决较简单问题的方法作为解决较复杂问题的计划。这样行吗？抑或应该引导学生学到这样一种技术，而不要求他向自己实际上说出那一番话？当然，这里可能用得上古代的一个谚语：当毛虫试图说出它如何走的时候，它便步难移了。逐渐被迫地认识到用启发式规则进行直觉飞跃的学生，可能会把这个过程简约为分析的过程。另一方面，很难相信经常应用一般的启发式规则——利用类比，使用对称，考察有限条件，使解法形象化，不是对直觉思维的支持。

为了学习怎样终于作出聪明的推测，应否鼓励学生去猜想呢？也许有某种情境，其间猜想是相宜的，并且可以促使直觉思维向合理程度发展。真的，可能有一种猜想，需要予以仔细的培养。可是，在学校的许多班级里，猜想是会受到严重处罚，而且不晓得什么缘故，还同偷懒联系起来。可以肯定，谁都不愿意只教学生猜想而不让干别的，因为继猜想之后总是应该根据需要尽量作出证明和认可；而对猜想处罚过严，会压抑学生任何种类的思维，使之只能辛辛苦苦工作，不许进行偶然的飞跃。当学生不能立刻说出正确答案时，他们进行猜想难道不比目瞪口呆好吗？直截了当地说，应该给学生一定的训练，使之认清猜想的合理性。在自然科学和普通生活中，我们常常被迫根据不完全的知识去行动；我们不得不去猜想。按照统计学的判定理论，根据不适当数据而进行的活动，必需考虑到概率和代价两方面。我们应当教学生识别的也许是，什么时候不去猜想的话，会代价过高；同样地，什么时候猜想本身的代价又太昂贵。我们认为做后者比做前者好得多。我们应否让学生从事两方面的实践，即不但进行有训练的猜想，而且还要认清别人提出的那些好像合理的猜想的特征——知道某答案至少在大小尺寸上是恰当的，或者知道那不是不可能的，而是可能的？我们感觉，一般说来，如果学生学会从存在于真理和缄默之间可以有各种选择，或许会给他的思维以很大的好处，但是我们切不可因自己没有鉴别两种不同的自信而把自己弄糊涂了——一种自信是个性的特征，另一种自信则是从对一个学科的知识中产生的。对教育者来说，只帮助学生树立前一种自信而不树立后一种自信，就算不了有什么特殊功绩。教育的目标绝不是生产具有自信的傻瓜。

可是，借助于发展学生的自信和勇气去培养有效的直觉思维，似乎还是可能的。凭直觉思维的人，常常可以获得正确的解答，但当他自行核对或接受别人检验时，也可能被证明是错了。因此，这类思维需要在努力试解难题过程中有甘愿犯诚实的错误的精神。凡是不甚牢靠和缺乏自信的人，也许不愿意冒这样的风险。

许多观察指出，在企业中，当要求决断的情境的新颖性或重要性提高时，分析思维的倾向也就增强。或许，当学生看出错误结果似乎过于严重以及成功结果又似乎太无把握的时候，他会抱住分析程序不放，尽管这些程序可能是不合适的。根据这些理由，人们可能怀疑，学校中现行的奖惩制度在学生看来是否实际上有抑制运用直觉思维的倾向。学校中等第的规定典型地强调获取事实的知识，主要因为这类知识最容易进行评价；况且，它倾向于着重正确答案，由于在简便的考试中，凡属正确的答案，都可以评为对的。在我们看来，重要的是从事某种研究工作，查明若是采用不同根据分等第，直觉思维的发展将会发生什么情况。

最后，关于能使直觉思维特别有效的条件，我们能够说些什么呢？在哪些学科的掌握中，用直觉程序，并继之以检验，会最有助益？解决各种各样问题的途径，最好借助直觉程序和别的程序的结合来进行，因此，知道是不是两种程序在用同样教学法的同样课程内都能得到发展，也是重要的。这就提出要我们去考查在不同领域内直觉的有效运转方式。人们听到最明显的议论是，像数学和物理学这些演绎和归纳的形式装置高度发展的领域里的直觉。数学家和物理学家使用直觉一词，可能反映他们对自己专业训练的力量和严肃性的确信之感。然而，其他的人几乎也同样使用直觉，或者用得更多，单以历史学家为例，历史学家在探索他的学科时，严重地依靠直觉程序，因为他必须选择有关联的事物。他并不试图查明或记录某一时期的全部事情；他自己只限于去发现或预知有成果的各种论据，这些论据结合起来，就能使他明智地猜想还发生过什么别的事情。我们觉得，各种不同知识领域里直觉思维的比较研究，肯定非常有用。

我们早已顺便指出过，诗人和文学评论家展现他们的技艺所要求的直觉信心：需要在没有特定的和意见一致的标准下，着手选择一个形象或者表述一个评论。对一位教师、一本教科书、一部示范影片来说，要为培养鉴赏的勇气提供明确准备，这是困难的。说不定，勇敢的鉴赏力要靠相信人们关于什么是感动人的，什么是美的，什么是俗气的等的直觉。像在我们这样一种文明里，有这么多的压力使我们对大众化的传播工具的鉴赏趋于一致，还有这么多的对个人特有表现风格的害怕——确实还有对风格观念一概怀疑的，因此，训练文艺界有信心的直觉，就变得更重要了。可是，人们发现在教育文献中关于这个课题的研究，实际上处于真空状态。

科学家慷慨给予那些博得直觉的标签的同仁们的热情赞扬，这是直觉在自然科学中是一种有价值的商品和我们应该努力在学生中培养直觉的主要证据。就艺术和社会学科的情况而论，直觉也一样有着强大的优势。不过，在教授法上培育这类才赋的问题是严肃的，当我们热切地把问题引入实验室中去的时候，不应忽视这些问题。我们已经注意到，直觉方法往往会产生错误答案这个事实。它要求敏感的教师将直觉的错误——有趣错误的跃进和愚笨的或无知的错误区别开来；它还要求教师对这种直觉的学生予以赞可，同时加以纠正。彻底了解该学科以致能够轻易地胜过教科书，这是对中学教师的高度要求。有时候的确遇到这种情况，即学生比他的老师不仅更有才智，而且知识更加丰富；他还能够提出自己不能解释的解决问题的直觉途径，而教师简直跟不上去，也不会自己重新创造。要教师给这样的学生以正确的奖励或纠错，这是不可能的，也许忍受这种无奖励的努力的正是我们才赋比较高的学生。因此，在计划使培养和测量直觉思维现象的方法发展起来的同时，一定要切实考虑课堂教学问题以及在鼓励学生发展这类技能上我们能力的局限性。这也是应该尽一切可能予以支持的研究课题。

这些实际困难不应该成为心理学家和教师们攻克这个问题的阻力。一旦我们取得本章举出的各种问题的答案，我们就将处于更好的地位，来介绍克服某些困难的程序。

[思想评价]

布鲁纳是美国著名心理学家、教育学家，也是一位在西方心理学界和教育界享有盛名的学者。他长期从事知觉和思维认知学习的研究，在对皮亚杰和杜威等人研究成果批判与吸收的基础上建立起了自己的教学理论，即结构主义教育理论。他在该理论中倡导结构教学，强调学科结构的重要性，将其视为结构教育思想的核心。此外，他还指出准备、直觉及兴趣的重要性，还就"如何在教学中最好地帮助教师"提出了设想。他在该理论中提出的"任何学科都能够以在智育上诚实的方式，有效地教给任何发展阶段的任何儿童"这一假设，刚一问世就引起了强烈反响。布鲁纳在 1941 年毕业于哈佛大学，获得心理学博士学位，1960 年协同米勒(G. Miller)创办了"哈佛认知心理研究中心"，被誉为继杜威之后对美国教育影响最大的心理学家、教育学家。

一、生平事迹与认知发现学习理论形成的背景

杰罗姆·布鲁纳于 1915 年 10 月 1 日出生于美国纽约，之后不久举家迁至法罗卡威，这是当时生活富裕的中产阶级的居住地区。在这个"有名无实地遵守教规的犹太人"家庭里，布鲁纳度过了愉快的童年时光。他因先天视力缺陷从两岁起便戴上了厚厚的眼镜，而这被大多数人视为其学识渊博的一个标志。布鲁纳曾先后就读于六所公立中学，但没有一所令他满意。布鲁纳对自己的中学教育背景描述为"教育糟糕透顶，尽管学习成绩尚可"。他曾遇到一位很仰慕的法语老师，并在其帮助之下迅速掌握了一门第二语言。布鲁纳擅长数学，喜爱历史。1933 年布鲁纳中学毕业，离开家乡来到北卡罗来纳州成为杜克大学的一名大一新生。那时候的布鲁纳在学术研究和职业发展上均未形成明确目标，后来他在自传中将其选择心理学研究归结于一些不甚明了的原因："一部分原因归于地点；一部分归结于人；一部分归结于时间。"布鲁纳在 1937 年毕业于杜克大学，随后考入杜克大学心理学研究生院，一年后转入哈佛大学，在著名生理心理学家拉什里(K. S. Lashley)指导下进行研究，并于 1939 年获得心理学硕士学位，1941 年又获得心理学博士学位，这一阶段他研究的兴趣热点是动物的知觉实验。

布鲁纳在杜克和哈佛这两所大学的际遇，为他在学术领域的成长提供了肥沃的土壤和充足的养料。在杜克大学期间，他师从社会心理学家威廉·麦独孤(William McDougall)、唐纳德·亚当斯(Donald Adams)和讲授格式塔心理学的卡尔·齐纳(Karl Zener)，对心理学产生了浓厚的兴趣，并决定继续进行心理学的研究。在哈佛大学攻读博士学位期间，布鲁纳潜心聆听着来自高尔顿·奥尔波特(Gordon Allport)、埃德温·波林(Edwin Boring)等心理学领域的杰出人物的声音。但他并没有拜倒在任何人的门下，而是不断地汲取各家学说的营养，兼收并蓄，用于佐证自己的直觉思维论。在他对这些理论进行思考的过程中，有两个占主导地位的思想：一是基本的认知过程包含假设检验；二是这些假设来自心智模型。这些思考对于他后来认知发现学习理论的建立产生了深刻影响。

第二次世界大战爆发，促使布鲁纳的研究方向转变为社会心理学，他先在艾森豪威总司令部搞心理战术研究，后在美联邦交通委员会、农业部等部门任职，还担任了普林斯顿公共舆论研究所副所长、战争信息办公室海外支部委员。1945 年他回到哈佛大学讲授心理学，并致力于对人的认知发展研究，于 1952 年升任教授。1960 年，布鲁纳协同心理学家乔治·米勒（G. Miller）创办了"哈佛认知心理研究中心"，于 1961—1972 年担任该研究中心主任，并先后担任美国心理学联合会主席，美国社会心理学研究会主席，美国艺术和科学院研究员，美国教育研究院研究员，美国科学促进会（AAAS）理事，国际社会心理学联合会理事等。布鲁纳因其在教育和心理实验研究及在社会科研活动中取得的丰硕成果而先后获得了美国优异科学奖（1962），美国教育联合会和教育出版机构联合奖（1969），以及梅里尔派尔美机构的嘉奖（1970）等。1972 年，布鲁纳离开哈佛赴任英国牛津大学沃尔夫森学院瓦茨（Walts）实验室教授，继续其幼儿研究及儿童语言方面的研究工作，这期间他的研究极大地促进了英国发展心理学的发展。1980 年他退休后返回美国，在新学院任职，后转至纽约大学任教授。1991 年起布鲁纳在法学院执教，提出将叙事或讲故事（storytelling）作为一种理解世界的基本方式，这大抵是近年STEM 教育（科学、技术、工程和数学教育）中流行的"故事叙述"教学模式的起源。

布鲁纳在其近 80 年的学术生涯中所涉及的研究领域甚广，并对教育学、心理学、社会学、语言学乃至法学均做出了许多开创性贡献。在早期，他主要从事动物行为实验研究，自 1947 年起转向对人的感知觉、人对认识理解及知识获得过程的研究。同年，他发表了题为《论需要在影响知觉中的重要性》的论文，在该研究中他让穷人和富人的孩子分别估计硬币的大小，结果穷人家的孩子比起富人家孩子会高估硬币大小。此外，他还进行了一系列类似的研究活动，并得出了"需求会影响人的认知，人的感知往往会受到其所处的社会与文化环境的影响"这一结论。该研究结果对当时以"刺激—反应"为特征的行为主义的心理学研究主流产生了巨大冲击。行为主义往往强调影响个体知觉的决定因素是所观察的对象本身，而布鲁纳则认为个体对观察对象的知觉很大程度上受主观因素的影响，对于同一事物不同主体的反应往往会大相径庭。布鲁纳指出研究者应该关注人是如何思维与推理的，而非仅仅在意对刺激如何做出反应，这些观点为美国认知心理学派的发展奠定了基础。

在早年的心理学研究工作中，布鲁纳就表现出了对教育改革的兴趣。"二战"结束后，西方各工业国家的科技和经济发展进入了空前繁荣的"黄金时代",尤其是美苏两国,都致力于发展科技,重视发现和培养创造性的人才。布鲁纳敏锐地察觉到美国社会政治、经济与科技的发展对教育提出的新要求,并审时度势地将其心理学理论运用到教育教学问题研究中来,开拓了心理学与教育学领域交界处的新研究领域。布鲁纳在对儿童智力的发展、学习与认知过程、课程和教材的编制设计及教学方法改革等问题的探讨过程中,吸收了皮亚杰(J. Piaget,1896—1980)有关"发生认识论"的研究成果,在此基础之上,创立了结构主义教学论。1957年10月4日,苏联先于美国发射了人造地球卫星,使美国朝野震惊,上下一片恐慌,由此深感美国学校的科学教育水平落后于苏联。他们认为,美国之所以在发射卫星上落后于苏联,主要是因为美国的教育存在问题,他们还认为美国学校的科学教育水平落后于苏联的原因在于杜威实用主义教育的不良影响,未能培养出大批高水平的科学技术人才。为了与苏联抗衡,确保美国科技、军事上的优势地位,培养大批科学技术专家和工程师,美国开始要求教育要充分利用现代科学技术发展的新成果充实课程的抽象理论,并通过教学发展学生的智力和能力。他们决心改革教育,特别是中小学数学与自然科学教育。1959年9月,美国国家科学院(National Academic of Science)召集34位数理学科的著名专家和一些心理学家在伍兹霍尔开会,讨论中小学自然科学教育改革问题,布鲁纳担任会议主席。会议结束后,布鲁纳以其结构主义教学思想为主导并结合会上专家与学者们的不同意见进行总结,于1960年出版了《教育过程》这一成名之作。曾有学者指出:"对渴望用明白易懂的文笔来合理评论教育的人来看,布鲁纳的著作是无可指责的。"布鲁纳称该书是一本"按照结构主义表达知识观,按照直觉主义来表达研究认识过程"的书。他用结构主义的观点阐述了他旨在改革美国中小学课程的理论假说——学科结构说,并指出:"在知识大爆炸的时代,应寻找新的方法向新一代传授那些正在快速发展的大量知识。"而他所指的新的方法,即发现教学法,在这样的背景下,布鲁纳大力提倡发现法教学理论,并以此为核心积极推进全美教育教学改革运动。❶

可以说,20世纪50年代末美国所处的内外环境,加上之前已有的强调积极思维、问题解决和创造性的教育理论以及格式塔心理学、发生认识论等心理学理论基础,使布鲁纳得以进行大规模学校教改实验,并提出能解释学生抽象思维水平学习现象的学习理论。其中,认知发现学

❶ 洪显利等:《教育心理学的经典理论及其应用》,143-144页,北京,北京大学出版社,2011。

习理论是布鲁纳理论的核心。为了创建该理论，布鲁纳研究了大量的相关课题，如知觉归类、概念形成、思维、动机等。知觉归类理论和概念形成的假设考验说是发现学习的理论基础，思维理论和动机理论指导如何进行发现学习。

第一，在知觉归类理论中，布鲁纳强调了三点：知觉的选择性、知觉是对课题的归类过程、个体的期待与需要决定类别的可接受性。从中可以看出，布鲁纳很重视知觉过程中主体积极、主动的构建过程。

第二，布鲁纳深入研究了人类概念形成的一般过程，总结出四种策略：同时性扫描、继时性扫描、保守性聚焦和博弈性聚焦。

第三，针对传统教学过于重视分析思维的弊端，布鲁纳非常重视直觉思维的作用及其培养。他指出：由于直觉思维时常以熟悉的涉及的知识领域及其结构为依据，使思维者可能实行跃进、越级和采取捷径，直接得出问题的答案，因此，它对分析思维可起到补充作用。布鲁纳还认为，对某领域知识经验的掌握能促进该领域的直觉思维；对知识结构的理解也能促进直觉思维的发展。布鲁纳强调，在学习中，应当鼓励学生大胆地去猜想。

第四，针对传统教学过于重视学习的外部动机和外部奖励的缺憾，布鲁纳对学习的内在动机给予了充分的肯定。他认为，内在动机足够维持学生的整个学习过程而不再需要别的外在动机。学习最好的刺激是对所学材料的兴趣，建立在对所学材料兴趣基础上的学习，有着广泛的适应性和迁移性。布鲁纳对内部动机的内涵与外延进行了极大的扩展，他把好奇心与求知欲当作内在动机的原型，同时把自居作用、自我胜任感等都归结为内在动机。综上，布鲁纳把学习定义为，儿童在教师的启发引导下按自己观察世界的特殊方式表现学科知识的结构，借助于教师或教师提供的其他材料去发现事物的过程。这种发现的对象不限于人类尚未发现的事物，也包括学生通过自己独立地阅读书籍和文献资料，独立地思考而获得的对于学习者来说是新知识的内容。至于如何进行这种发现学习，布鲁纳将内部动机理论和思维理论联系起来进行说明，很有特色。❶

布鲁纳是一位在西方心理学界和教育界享有盛名的学者，在众多领域进行了富有成效的研究，论著颇丰，主要代表作有：《思维之研究》(*A Study of Thinking*，1956，与人合著)、《教育过程》(*The Process of Education*，1960)、《论认识》(*On Knowing*，1964)、《教学理论探

❶ 刘奇志、谢军：《布鲁纳教育心理学思想及其启示》，载《教学研究》，2004 (5)。

讨》(*Toward a Theory of Instruction*，1966)、《认知生长之研究》
(*Studies in Cognitive Growth*，1966，与人合著)、《教育的适合性》(*The Relevance of Education*，1971)、《超越所给的信息》(*Beyond the Information Given*，1973)、《儿童的谈话：学会使用语言》(*Child' Talk：Learning to Use Language*，1983)、《心的探索》(*In Search of Mind*，1984)。

一、认知发现学习理论的主要内容

布鲁纳反对以 S-R 联结和对动物的行为习得的研究结果来解释人类的学习活动，而把研究重点放在学生获得知识的内部认知过程和教师如何组织课堂教学以促进学生发现知识的问题上，他的认知发现学习理论是当代认知学派学习与教学理论的主要理论之一。《思维之研究》与《教学过程》是其关于教育学和心理学方面研究的代表著作，也是其认知发现学习理论的结晶。在学习观上，布鲁纳强调应该让学生学习各学科的基本结构，使得学生能够主动参与到知识的结构建构中来，自觉地掌握知识整体与事物之间的普遍联系，而非零星的经验、事物或是知识的结论。在教学观上，布鲁纳认为应该广泛地采用"发现法"，教师应该引导学生自己去发现那些令人兴奋的观念，倡导让学生应该像数学家那样探究数学，像历史学家那样去思考历史，自己去发现规律与结论，成为一名发现者。此外，布鲁纳还指出学习动机在认知发现学习理论中的重要作用，认为应该激发学生内在学习动机，而通过外部的奖励机制获取的动机收效是短暂且有限的。❶

(一)主动"认知-建构"的学习观

布鲁纳认为，学习者不是知识、经验的被动接受者。学习的本质即学习者主动地获取外部信息，对其进行编码以形成认知结构(cognitive structure)的过程。而认知结构的主要成分是类别编码系统，学习过程即类目化的形成与发展新的类目编码系统的过程。认知结构可以看作编码系统(coding system)，其主要成分为人主观臆测外在世界的一套抽象且相互联系的感知类目，它是对新信息进行加工的编码系统，同时也是进行心理活动的参照体系。认知结构的核心即一套类别及编码系统。认知结构的形成是学生进一步学习和理解新知识的重要内部因素和基础。❷

---

❶ 洪显利等：《教育心理学的经典理论及其应用》，145-152 页。

❷ 肖少北：《布鲁纳的认知——发现学习理论与教学改革》，载《外国中小学教育》，2001(5)，38。

在编码系统中，高级类别比起低级类别更具普遍适应性。布鲁纳认为，学习任何一门学科的最终目的是为了构建学习者良好的认知结构，而良好认知结构的构建要经历习得、转化与评价这三个过程。一般而言，在学习者的学习过程中，总是不可避免地包含了习得、转换与评价这三步。习得新知识可以使原有的知识水平得到提升，知识的转换即改变知识的形态以适合新的任务，除此之外还要对知识是否恰当及充实进行评价。

布鲁纳认为，人们对客观事物的认知表现为人们怎样去表征事物。所谓表征，即信息记载和表达的方式。他提出来表征的三种模式，即动作性模式、图像性模式及符号性模式。这三种模式构成人类信息处理（编码）与储存的系统。布鲁纳曾用关于平衡木的研究来说明这三种模式的区别。一个很小的儿童，能够清楚地根据平衡木的原理去动作，并且用他可以在跷跷板上操纵自己来证明他能够平衡。他知道，要使他的这边下降更多，他的身体必须向离中心更远的方向移动。年龄稍大的儿童，能够用一个上面吊着可移动的小环使其平衡的模型，或者用一张图画来描述平衡木。平衡木的意象可能因为越来越少地出现不相关的细节而越来越精确，就像在物理学概论书中的典型图解那样。最后，儿童能够不用图解的帮助，象征性地用言语描述平衡木，甚至还可能用牛顿的惯性物理学的力矩定律，用数学的方式对其进行更好的描述。❶

此外，布鲁纳还认为直觉思维在认知建构中起着关键作用。在认知建构的过程中的建立假设或假想的阶段，直觉思维的作用是至关重要的。布鲁纳认为，直觉思维与分析思维是极不相同的两种思维模式。分析思维是依据详尽设计好的步骤，采取演绎或者归纳的方式进行推理的思维；而直觉思维通常"以熟悉有关知识领域及其结构为依据，使思维者可能实行跃进、越级和采取捷径"。布鲁纳指出，机智的推测、丰富的假设和大胆迅速地得出试验性结论——这些是从事任何一项工作的思想家极其珍贵的财富。他指出，在发现、发明、问题解决的过程中，常常是由直觉思维"猜测"出正确的答案，然后由分析思维去检验与证明的。他认为过去在教学中只注重培养学生的分析思维能力是不够的，还应注重发展学生的直觉思维能力。教师应在学生的探究活动中帮助学生形成丰富的想象，防止过早语言化，与其指示学生如何做，不如让学生试着做，边做边想。

---

❶ J. S. Bruner. *Toward a Theory of Instruction Cambridge*，London，The Belknap Press of Harvard University Press，1966，p. 5.

(二)重视"学科基本结构"的知识观

布鲁纳认为,学科的基本结构即学科的基本概念、定义和原则,它包括了学科的题材结构和学科结构。前者是指学科单元性结构,后者则指整个学科结构。掌握事物的结构,就是将事物之间有意义地联系起来去进行理解。布鲁纳认为教学的目的在于理解学科的基本结构。他指出教学的最终目标是使学生对学科结构形成一般性理解,即对学科基本概念、原理、原则、态度及方法的理解。布鲁纳说:"无论选学什么学科,务必使学生理解该学科的基本结构。""经典的迁移问题的核心,与其说是单纯地掌握事实与技巧,不如说是改换的学习结构。"当今各门学科知识都处于迅速增长的时期,知识信息量呈现出不断膨胀"爆炸"(explosion)趋势。同时,知识的发展又是相互联系和结构化的,这就表现出"爆聚"(implosion)的特征,也就是说知识增长从外部看来是爆炸,但从内部看则更体现出爆聚性。鉴于此,布鲁纳指出现代学校课程设计与教材的编订都应该以"学科的基本结构"为核心,利用知识的爆聚性使教师与学生走出学校教学内容随着知识爆炸性增长而加剧的新问题层出不穷的困境。

布鲁纳认为,学习"学科的基本结构"具有深远的意义。第一,基本结构是学科的精要部分。把握学科的基本结构能使整个学科更容易被理解,无论是在自然科学还是社会科学的学科中,掌握基本原理可以使学科更容易被理解。第二,结构能缩小学校"基础知识"和"高级知识"之间的距离,使得学校教授的各级知识间保持连贯性。如果提供适当的学习经验,幼儿也可以理解各种学科领域中某些基本的概念。由于学科的基本结构是简单而强有力的,因此,任何学科的基础都可用某种正确的和有用的形式教给任何年龄的任何人。第三,如果学科的基本结构能够达到组织合理且简化知识的标准,那么这会使学生对学习材料的记忆更有利。复杂的资料是以简化的形式保存在记忆中的,因而学科基本结构能够帮助学生记忆,并在需要时把资料重新提取和组织起来。第四,对学科知识的基本概念、定义、原理和原则等的领悟,能使学习者独立地进行探索以便促进知识迁移的发生。布鲁纳认为,领会学科的基本定义、原理和结构是知识迁移的基础,也是进一步激发智慧的关键。

(三)及早采取"发现法"的教学观

布鲁纳认为,学习行为由获得、转化与评价三个步骤组成,应该尽早采取合理有效的教学方法及时促进学生智力的发展,而合理实施"发现法"就是一条行之有效的途径。他指出,使用"发现法"进行教学能够让学生主动、有兴趣地产生学习行为,尽快掌握学科的基本结构,从而达到提高教学效率的目的。"发现法"可以引导学生亲自去发现过去不曾认识的观念间的联系、相似的规律性，并伴随着自我效能感的提升。布鲁纳认为，发现学习有以下三点作用。第一，发挥智力潜力。学习者自己提出解决问题的探索模型，学习如何对信息进行转换和组织，可发挥智力潜力。第二，使外部奖励向内部动机转移。通过学生自己发现例证之间的关系而学习概念或原则，本身就充满刺激和愉快，这比教师给学生做分析性的论述和外在的鼓励更能激发学习的动机。第三，通过对信息的发现，学会发现问题的最优方法和解决问题的最佳策略。

布鲁纳指出："任何学科均能够以在智育上诚实的方式，有效地教给处于任何发展阶段的任何儿童。"布鲁纳在接纳皮亚杰对于儿童认知发展阶段理论的基础之上又向前行进了一步，他认为儿童认知发展由动作性模式、图像性模式、符号性模式三个阶段组成。"发现教学所包含的，与其说是引导学生去发现那里发生的事情经过，不如说是他们自主发现头脑里认知形成的过程。"布鲁纳认为，采用"发现法"让学生掌握学科的基本结构，能够极大提高教学的效率和质量；在实施"发现法"教学时，应尊重儿童认知发展的顺序性原则，强调应根据儿童的认知发展水平和理解水平来选择教学方式，并且同样的内容应在不同年龄的教材中有不同水平上的重复出现，从而呈现一种螺旋式的上升趋势。在此基础上，他进一步提出了掌握学科基本结构的基本原则：（1）动机原则，他认为内部动机是维持学习的基本动力；（2）结构原则，为了使学习者容易理解教材的一般结构，教师必须采取最佳的知识结构进行传授；（3）程序原则，教学就是引导学习者通过一系列有条不紊的程序陈述一个问题或者大量知识的结构，通常每门学科都存在不同的程序；（4）强化原则，为了提高学习效率，学习者还必须获得反馈，知道结果如何，合适的强化时间和步调是学习成功的重要一环。在发现学习中，师生保持协作关系，学习者展开能动的活动，扮演积极的角色，有时甚至扮演主角。教师的作用是要形成一种学生能够独立探究的情境，而不是提供现成的知识。布鲁纳认为，重要的不在于记忆多少事实或结论，而在于获取知识的过程。他说："教一个人某门学科不是要使他把一些结果牢记下来，而一定要教他参与把知识建立起来的过程。学习是一个过程而不是一个结果。相比让学生学习一系列事实，让他们去表达一个问题、搜集资料、选择资料、处理资料以及做出推论等的过程是更重要的。"教师不必给学生提供答案，而是引导学生自发组织学习情景，让他们领会学习的过程与探索新知的方法。教师不必告诉学生现成的规则、概念或原理，而要让学生自主进行归纳并去发展这些规则。

"发现法"是布鲁纳实现其发展学生智力目标的一条重要的教学手段，教师在引导学生发现学习的过程中，使其解决问题的能力得到发展。布鲁纳认为，对学习过程的重视，强调课题的学习结构，在强调分析性推理的同时，注意直觉思维以及激发学习的内部动机等方面，都可体现在一种教学方法中，这就是发现法。布鲁纳说："发现不只包括寻求人类尚未知晓的事情的行为，确切地说，它包括用自己的头脑亲自获得知识的一切形式。"他认为学习知识的最佳方式是发现学习，即学生利用教材或教师提供的条件自己独立思考、自行发现知识、掌握原理和规律。他认为，"学会学习"本身比学会某一知识点更为重要。发现学习以学科基本结构为内容，以探究性思维养成为目标，使学生在"再发现"的过程中进行学习。布鲁纳认为，学习和理解一般的原理、原则固然重要，但更重要的是发展一种探索问题的态度，培养学生拟定假设推测关系，应用自己的能力以解决新问题的自觉。学生通过发现学习要获得的是知识的基本结构、发现的方法、自我效能感和内部动机、发现和创造的态度。发现学习和发现教学是相辅相成的两个方面。布鲁纳明确指出，发现法的实质就是在教师的启发与引导下，让学生依照自己观察和思考事物的独特方式来认识事物、理解学科的基本结构，或者让学生借助教材或教师提供的材料亲自探索并发现未知世界的规律。教师在"发现法"教学中的职责主要是拟定假设的探索内容并组织适当的教学情景。它的一般步骤包括：首先，提出和明确使学生感兴趣的问题，使学生对问题体验到某种程度的不确定性，以激发其获得成就的欲望；接着，提供解决问题的各种假设；然后，协助学生搜集和组织有价值的资料，并要组织学生审查材料以得出结论；最后，引导学生运用分析思维去验证结论，最终问题得到解决。

二、对认知发现学习理论的评价

布鲁纳的理论以其研究领域的广泛性和研究内容的新颖性而给人们留下了深刻的印象。他的理论既有早年的认知探索，又有其后的学习理论和教学论思想，还有晚年关于文化心理的研究与探讨。因此，布鲁纳的新观点、新思想层出不穷，特别是其认知发现学习理论，直到今天仍然具有较强的现实意义。布鲁纳将教育理论建立在心理学研究成果的基础上，然后根据学生、教育过程本身以及教材等方面的特点创新教学方法，避免了传统教育中忽视学生学习能力与灌输式教学的弊端，对促进现代教育发展起到了积极作用。然而，考虑到所处时代背景及认识等各方面的限制，我们仍要辩证地认识认知发现学习理论，同时，可以借鉴该理论的有益方面指导当前的教育改革工作。

(一)辩证地认识认知发现学习理论

认知发现学习理论强调学习的目的在于以发现学习的方式,使学科的基本结构转变为学生头脑中的认知结构。布鲁纳提示人们,教育过程是一个掌握知识和发展能力并重的过程,要正确认识和处理知识、智力和技能三者之间的关系。布鲁纳把教学的最终目的定位为智力的充分发展(通过掌握结构化知识来实现),提倡通过发现学习的方法来提高学生解决问题的能力(可以使学生在问题解决过程中掌握一定的技能),并认为在发现学习中应使用一定的策略(含认知策略和学习策略)。布鲁纳认为学生有学习的潜能,他们有独立发现问题、解决问题的能力,并且学生的学习过程不是被动的而是主动的,他们的学习主要受内部动机的激发、指引、维持、促成。因此,这一理论重视发现学习,强调学生的主体性与学生学习的主动性,重视学生知识的积累和知识结构的建立,注重学习能力的培养等,对学习理论的发展做出了突出的贡献。它培养了学生独立思考的能力,激发了学生学习的积极性与创造力。时至今日,布鲁纳的发现法对于我国中小学素质教育的实施仍然具有非常可取的现实意义。❶

布鲁纳的认知发现学习理论对当今教育的发展起到了重要的作用,但是它仍然存在着一些局限性。一是它过于夸大发现法的作用,将发现学习视为学生学习的主要方式,而忽略接受学习,忽视学生个体差异及教材内容对发现法的选择性。二是片面强调知识结构而忽视具体知识内容的传授的做法有欠科学,知识结构和基本原理的教学不能代替具体知识的传授,没有实际知识内容的传授,结构和原理只能是抽象的东西,无法解决实际问题,更难培养学生的适应能力。究其实质,是其混淆了科学与学科这两个概念的区别与联系,没有看到科学家的发现过程与学生学习活动的本质区别。三是发现法耗时较长,效率较低,不适宜在短时间内进行向学生传授一定数量的知识和技能的集体教学活动。布鲁纳自己也承认,并非一切知识都需要自我发现,一个人完全靠自我发现学习一切东西,既无此必要,也不可能。另外,布鲁纳强调学生必须亲历学习过程,亲自去发现,忽视了学生的社会交往与团体互动,相比于皮亚杰的合作学习和班都拉的观察学习,布鲁纳的理论在某些方面与现实是脱节的。四是认知发现学习理论对教师水平及教学现代化的要求过高,

---

❶ 陆凤桃:《开放性分区教学活动的初探——根据布鲁纳"认知发现说"设计的幼儿教学法新尝试》,载《现代幼儿教育》,2001(12)。

难以付诸实践。这一理论与绝大多数教师和学生"教"与"学"的实际能力并不相符，因而并不能达到预期的教改理想。布鲁纳的基本结构思想偏重理论知识，忽视应用知识，其结果使学生对那些高度抽象的概念难以理解，不利于培养把知识运用于实际的能力，也影响了基本技能的训练。❶此外，布鲁纳的认知发现学习理论非常重视概念和原理的学习，但只对人工概念的形成进行了系统的实验研究，而对原理方面的研究还存在空白。而且，人工概念能否代替自然概念，也还有待证明。❷

　　显然，在教育科学不断发展的今天，我们不断面临新问题，因而需要一边辩证地看待经典理论，一边考虑如何将经典理论更好地运用到不断变化发展的现实教育之中。

(二)科学应用认知发现学习理论

　　1. 要积极丰富学生的认知结构。知识经验的积累是发现学习的必要前提，学生只有基础课程学得好，建构起自己合理的知识结构和体系，才有可能站在巨人的肩膀上去探索未知的世界。扎实的基础知识和基本技能是培养学生探索、发现实践能力的前提条件。如果没有扎实的基础知识和基本技能，那之后的学习就如同无源之水、无本之木；倘若这样，即使实践能力再强，掌握的思想方法再多，这些也不能适应解决问题的需要。特别对于低年级的学生来说，他们的知识和生活经验相对较少，因此在教学前教师要给予学生丰富的材料以创建他们的知识结构，使他们具备初步的知识储备。而对于年龄大一点的学生特别是大学生来说，他们的知识经验就要丰富得多，但使用发现法前，也要确定他们具备了基本的知识和技能。但不管哪个阶段的学生，都需要大量动手实践的机会与时间，需要在实践过程中获得丰富的感性知识，积累基本的知识和技能，为之后的发现学习打下坚实的基础。因此，教师和父母应尽可能多地为学生提供实践动手的机会，传授相关的基础知识和技能，丰富学生的认知结构。

　　2. 精心设计教学是有效使用发现学习的前提。新的教学方法在对教师能力的要求上也更进一步，发现法的运用在很大程度上要由教师来引导和制约，教师本身对发现法的认识程度、操作水平、驾驭能力，对发现法的实施起着关键作用。这就要求教师在使用发现法前，不仅要熟悉课本的内容，还要相应地学习学生身心发展的规律、学科发展的动向以

129

---

❶ 柏燕：《布鲁纳和奥苏贝尔的教学理论比较及其在中小学教学中的应用》，载《外国中小学教育》，1999(6)。

❷ 刘奇志、谢军：《布鲁纳教育心理学思想及其启示》，载《教学研究》，2004(5)。

及最新的研究成果等。教师需要领会发现法的本质，精心选择教学内容，精心准备相关材料，精心设计教学的每一个环节。教师要根据学生身心发展的特点选取相应的恰当的教学内容，采用恰当的发现法，才能做到因材施教。处于幼儿阶段的孩子，他们的思维是具体的，因而教学对象和教学过程要尽量做到具体化、形象化。小学阶段，是从具体形象思维为主要形式过渡到以抽象逻辑思维为主要形式的时期，我们可以适当在教学中穿插一些抽象的语言和逻辑问题。中学阶段的学生的思维则有更高的抽象概括性，并且开始形成辩证逻辑思维，思维逐渐从经验型过渡到理论型，已经能够用理论指导来分析综合各种事实材料。所有这些，都是教师应该了解的，在教学过程中应当注意的地方。教学方法并不是一成不变的，只要有利于学生学习的方式都可以大胆运用到教学中去，前提是能保证学生在学习中既能学到知识又能对学习产生兴趣，更能主动地去学习。对于幼儿阶段的学生，具体的实物能使学生产生好奇感和感官上的冲击，使他们更容易理解与记忆。在幼儿教学中，我们可以运用学生喜欢的游戏式教学法，以角色扮演的方法使学生们在游戏中与教师和同学互动，在快乐中学习知识。在小学教学中，我们可以采用问题式和情景式的教学法，使学生们学会独立思考，培养其发现问题、解决问题的能力。对于中学生，将教学内容与实际相联系，可以加强学生对知识的理解性记忆，减轻学生的学业负担。对于大学生，了解新信息，可以使学生了解学科发展的动向，为其进行研究性和创新性学习提供研究方向。在大学生的教学中，我们可以开展研究性学习、合作式学习、自学、学术报告等方式，促进大学生的自主性和创造性发展。总之，在使用发现学习的过程中，教师应联系实际，促进学生在生活中发现知识的价值。只有不断地获取并储备新信息，掌握科学发展的最新动态，才能对事物具有敏锐的洞察力，产生创新的灵感。❶ 将所学知识运用到实践当中，使之具有现实意义，这才是学习的最终目的。

　　3. 对学生的学习成果要做适当的反馈与评价。布鲁纳在强调学生内部动机时，并没有完全否认教师的作用。在他看来，学生学习的效果，有时取决于教师何时、按何种步调给予学生矫正性反馈与评价，即要适时地让学生知道学习的结果，如果错了，还要让他们知道错在哪里以及如何纠正。教师的反馈与评价一方面说明了学生学习结果的好坏，另一方面也表现出了对学生的重视程度，因此对学生的反馈与评价一定要适

---

❶　朱峰：《布鲁纳"发现学习论"对我国教育改革的启示》，载《重庆科技学院学报(社会科学版)》，2008(3)。

当。特别是在低年级，学生对教师的反馈与评价十分重视，反馈与评价得当，会调动学生的积极性，促使其建立自信心；反馈与评价不当，则会打击学生的学习兴趣。教师的反馈与评价最好是从肯定、鼓励的方面进行。同时，还要注意，教学的目的在于使学生能独立学习、独立解决问题。提供矫正性反馈、评价也有可能会产生副作用，即会使学生一直依赖于教师的指正。因此，教师必须采取适当措施，使学生最终能自行地把矫正机制引入学习中去。

此外，在对学生的评价和引导中应更加重视过程与能力而非学习的结果。发现学习本身就是一个学习者亲自发现知识、发现问题的过程，也是一种对知识的学习掌握不断加深理解的过程。不管最终是否得到了期望的结果，学生再发现的过程本身就是一种学习，学习者锻炼了发现问题、解决问题的能力，享受到了过程的乐趣。在发现学习的过程中，教师应当好学生的顾问和助手，为学生营造一种良好的发现、探索的氛围，促进学生发现和学生间的交流合作。教师在评价学生的学习时，应重视学生从发现学习的过程中的表现及其进步，重视这个过程中学生能力的提升，重视过程中学习方法和解决问题的策略的灵活运用，重视这个过程中学生之间的相互影响，而对最终的学习结果持宽容的态度。

4. 发现学习与接受学习综合使用。接受学习适用于相对复杂的知识的学习，且能使学生在短时间学到更多的知识，但它有明显缺陷，尤其是忽视了学生创造能力的培养。发现学习法在培养学生的求知欲望，调动学生的学习主动性、积极性，发展学生的创造性才能方面，无疑具有重要的作用。一般来说，发现学习适合比较具体的概念与规则，适用于学习者学习新材料或新材料的早期阶段。但是发现学习存在耗时过多、对教师和学生的要求比较高、学生学的知识不系统、理解不到位等不足。同时，发现学习需要以接受学习为基础，没有一定知识基础而进行发现学习，其效率可想而知。更何况，人不能事事都靠自我发现，继承和接受人类文化遗产中的精髓是个体社会化的重要内容和途径。❶ 一般来讲，大量的教材知识主要是通过接受学习获得的，而各种问题的解决则主要是通过发现学习完成的。❷ 因此，接受学习与发现学习是一对既相互区别又互为补充、相互促进的学习方式。教师可以根据教学内容和有效教学的需要，灵活使用两种教学方法。

---

❶ 张郎昌：《论开放教育中的接受学习与发现学习》，载《江苏广播电视大学学报》，2001(3)。

❷ 王本法：《奥苏贝尔学习类型理论的意义》，载《济南大学学报》，1990。

此外，全面提升教师自身的素质也是采用发现法教学必不可少的基本保障。较之传统的教学方法，发现法对教师的知识和智力水平提出了更高的要求。在未来的时代里，价值的增长不再是通过简单的劳动，而是通过知识来实现的。信息社会是知识密集的社会，教育要迎上去，就必须提高知识和智力的高度。作为教育者，教师首先要征服这个高度，才能引导并适应学生的"发现"。"教师不仅是传播者，而且是模范。看不到教学的妙处及其威力的教师，就不见得会促使别人感到这门学科的内在刺激力。"❶发现法需要教师具有"教书育人"的思想，需要教师保持饱满的、不懈的热情，对学生无私的关爱和丰富的创造情趣。这不仅是提高教学质量的重要保证，更是一种感染力量。❷

三、我们的认识与理解

布鲁纳遵循了美国实用主义和进步主义思想家的一贯思想传统，在弘扬以杜威为代表的进步主义教育运动的同时，创立了结构主义教学学派并提出了认知发现学习理论，这是他为教育领域作出的巨大贡献。《教育过程》作为这次教育改革运动的纲领性著作，一经问世便被誉为"划时代之作"，布鲁纳本人也因此被称誉为"杜威以来第一个能够对学者们和教育家们谈论智育的人"。在布鲁纳看来，认知从来不是被动地接受，而是源于对世界的主动关心与积极反应，并在这个过程中让世界变得更加丰富多彩。布鲁纳为课程改革而做的努力，以及其在教育方面的著述，始终围绕着探讨教育对认知发展的重要意义。布鲁纳以实用主义作为其理论的基本框架，提出其对语言学、认知发展、教育学以及哲学话语的创造性观点，这使得他无论是在心理学还是在教育学领域中均有着一席之地。布鲁纳的认知发现学习理论及结构教学观在教育心理学领域中深受欢迎，学生应在教师的"支架式"教学的帮助下，主动建构知识等理念业已融入教师对"教与学之意义"的理解之中。教师们发现，这些教育理念不仅能提高教学效果及课堂互动水平，也极大地激励了学生主动进行认知建构活动。发现法引导学生在学习过程中对知识经验进行组织与总结，而非简单机械地进行记忆。布鲁纳强调通过发现学习，以此促进人们形成前所未有的心智，并运用到实践中去。发现式学习可以消除传统课堂让学生做出"正确答案"的压力，学生在教师的指导下可以自觉走向成功。布鲁纳强调学习动机对于发现学习的重要性，同时他认为最好的

❶ 朱履冰：《"发现法"的启示》，载《外国教育研究》，1985(2)。
❷ 洪显利等：《教育心理学的经典理论及其应用》，169-173 页。

学习动机是学生对所学材料本身的兴趣而非外在刺激。他强调要让各种能力水平阶段的任何儿童都可以从学习和理解中获得满足，让学习动机保持广博性与多样性，要唤起学习者对所学材料本身的兴趣。为此，布鲁纳主张在教学过程中让学生体验发现过程，而不是简单的信息输入与记忆。此外，布鲁纳在总结早前有关教学的理念时还归纳出了教学理论的一般性原则，将其概括为学习倾向、知识结构、序列和奖励四条。这体现了他从教育实践向教育理论研究的回归。布鲁纳所倡导的"发现法"，在促进学生积极主动地掌握知识、发展智力方面的有着令人欣喜的成绩，因此，这种教学方法在20世纪中期美国教育改革运动中大为盛行。虽然这次教育改革运动并未取得预期效果，但其倡导的结构主义教学理论和发现教学法，对教育教学方法的革新所起到的推动作用是毋庸置疑的。同时，布鲁纳的理论也激励了众多研究者开展对婴儿和儿童意图性、信念、概念转变、课堂讨论等主题的研究。时至今日，发现法在西方的教育教学改革中仍然是备受重视的教学与学习方法之一。

最后，布鲁纳的学术经历和理论思想启示我们，教育改革和教育理论的建设应当以教育问题为导向、以心理学理论为基础，深入到"人性"层面的研究中去。布鲁纳晚年在对文化心理的探讨中提出了一个重要的观点：应当还原心理学研究之本相。他强烈反对行为主义的动物化研究取向，强调人类的理性行为与尊严；同时，他也反对认知心理学研究者们走上技术化和计算机化的实证研究道路而忽视人的心理实质。这种倾向是以牺牲心理学中的有关心理概念，并使许多心理学的东西与其他人文学科相疏离为代价的。[1] 布鲁纳将教育理论建立在心理学研究成果的基础上，然后根据学生、教育过程本身以及教材等方面的特点来选择教学方法。教育是个系统工程，没有科学的心理学理论作为支持，这个系统将不能很好地发挥其功效。[2] 因此，在教育改革发展过程中，教育工作者和心理学工作者应当共同努力，协同探索以应对和解决教育改革发展面临的新情况和新问题。

---

[1] 刘奇志、谢军：《布鲁纳教育心理学思想及其启示》，载《教学研究》，2004(5)。

[2] 张爱卿：《布鲁纳认知教育心理学思想及现实意义》，载《宁波大学学报》（教育科学版），1999(4)。

第六章　科尔伯格

[印象小记]

134

　　劳伦斯·科尔伯格（Lawrence Kohlberg，1927—1987）是美国著名心理学家和教育家，他继承了苏格拉底、康德等人的道德哲学思想以及杜威、涂尔干道德教育理论的主要内核，发展了皮亚杰关于道德判断阶段的研究成果，从道德发展寻找道德教育的根据，提出了著名的"三水平六阶段"道德发展模型。科尔伯格遵循"心理学理论—教育实践—哲学反思"的逻辑顺序，创造性地将理论、研究和实践三者有机结合，构建了包括道德发展的哲学、道德发展的心理学以及道德教育实践策略的庞大的道德认知发展理论体系，其理论是集发展性、包容性、整合性于一体的开放体系。科尔伯格被誉为"现代道德认知发展理论之父"。2002年，科尔伯格被美国的《普通心理学评论》杂志评为"20世纪最著名的100位心理学家"之一，排名第30位。

---

❶　本章作者：薛欣欣，俞国良。

对道德阶段的理论描述❶

六个道德阶段分为三种主要水平：前习俗水平（阶段 1 和阶段 2）、习俗水平（阶段 3 和阶段 4）和后习俗水平（阶段 5 和阶段 6）。

为便于理解这些阶段，我们最好首先理解这三种道德水平。大多数九岁以下的儿童、部分青少年、大多数少年犯和成年罪犯都处于前习俗道德水平上。我们的社会和其他社会中的大多数青少年和成人都处在习俗水平。少数成人，而且只有在他们 20 岁之后，才能达到后习俗水平。"习俗"一词是指遵守和坚持社会或权威的规则、习俗和期望，之所以遵守和坚持也仅仅因为它们是社会的规则、期望和习俗。处在前习俗水平的个体还没有真正地理解和坚持习俗或社会的规则和期望。处在后习俗水平的个体理解并从根本上接受了社会的规则，但对社会规则的接受是以理解和接受确定这些规则的一般道德原则为基础的。在某些情况下，这些原则会与社会的规则相矛盾，此时，处于后习俗水平的个体便依据原则而非习俗来判断。

一种理解这三个水平的方法是把它们看成自我与社会规则和期望之间的三种不同类型的关系。按照这一观点，水平Ⅰ是前习俗的个体，对他而言，规则和社会期望是自我之外的东西；水平Ⅱ是习俗的个体，自我已经认同或内化了规则及他人的期望，尤其是权威的期望；水平Ⅲ是后习俗的个体，他已将其自我从规则和别人的期望中分化出来，并根据自我选择的原则界定他对价值的看法。

在三种道德水平内部，每个水平都包括两个阶段。每个水平的第二个阶段都是一般观点的更高级和更结构化的形式。表 6-1 界定了六个道德阶段，主要根据：（1）所谓对的；（2）坚持这种对的理由；（3）每个阶段背后的社会观点，即我们界定道德推理所依据的核心概念。

三种道德水平的社会观点

为了从结构上区分道德推理发展的特征，我们要找到一种能形成每个阶段的主要结构特征的共同结构。塞尔曼（1976）提供了探究这种共同结构的出发点；他界定的角色承担水平，类似于我们的道德阶段，构成

❶ ［美］L. 科尔伯格：《道德发展心理学：道德阶段的本质与确证》，郭本禹等译，163-173 页，上海，华东师范大学出版社，2004。

一种认知结构的层级。塞尔曼界定角色承担，主要依据个体将自己的观点与他人的观点相区别，并把不同观点彼此联系的方式。但在我们看来，还有一个构成角色承担和道德判断基础的更加一般结构化的构念。这便是社会道德观点（sociomoral perspective）概念，它是指个体用来界定社会事实和社会道德价值（或者说"义务"）的观点。对应着道德判断的三个主要水平，我们假设了社会观点如下的三种主要水平：

表 6-1 六个道德阶段

水平	阶段	内容		社会观点
		所谓的对	做得对的理由	
水平Ⅰ：前习俗水平	阶段1：他律阶段	避免破坏规则而受惩罚，完全服从，避免对人或物造成物理损害	避免惩罚和权威的强力	自我中心观点。不考虑他人的利益或认识到它们与行为者的利益之间的区别，不能把这两种观点联系起来。依据物质后果而不是依据他人的心理兴趣来裁判其行动。把自己的观点与权威的观点相混淆
	阶段2：个人主义、工具性的目的和交易	遵守会给人即时利益的规则。行动是为满足自己的利益和需要，并允许别人这样做。对的也就是公平的，即一种公平的交易、交换和协定	在满足自己的需要或利益情况下，也要承认别人有自己的利益	具体的个人主义观点。意识到每个人都有自己追求的各种利益，且充满着冲突。所谓对是相对的（具体的个人主义意义上的）

水平	阶段	内容		社会观点
		所谓的对	做得对的理由	
水平Ⅱ：习俗水平	阶段3：相互性的人际期望、人际关系与人际协调	遵从亲人的期望或一般人对作为儿子、兄弟、朋友等角色的期望。"为善"是至关重要的，意指有良好的动机，表明关心别人；也意指维持相互关系，如信任、忠诚、尊重、感恩等	需要按自己和别人的标准为善，关心别人，相信"金科玉律"，愿意维护保持善行的规则和权威	与他人相联系的个人观点，意识到共享的情感、协议和期望高于其个人的利益。联系"具体的金科玉律"观点，设身处地地考虑问题，但仍不能考虑普遍化的制度观点
	阶段4：社会制度良心	履行个人所承诺的义务，严格守法，除非它们是与其他规定的社会责任相冲突的极端情况。对的也是指对社会、团体或机构有所贡献	致力于使机构作为一个整体，避免破坏制度，或者迫使良心符合规定的责任	把社会观点和人与人之间的协议、动机区分开来。采纳制度观点，并据以指定角色和规则。依据制度来考虑个人之间的关系

137

第六章　科尔伯格

水平	阶段	内容		社会观点
		所谓的对	做得对的理由	
水平Ⅲ：后习俗水平	阶段5：社会契约或功利和个人权利	意识到人人都持有不同的价值和观点，而大多数价值和规则都相对于所属的团体。但这些相对的规则通常只有是公平的才应该遵守，因为它们是社会契约。有些非相对的价值和权利诸如生命和财产都应该在任何社会中都必须遵守，而不管大众的意见如何	有义务遵守法律，因为个人缔结的这种社会契约的目的乃在用法律来发展所有人的福利和保护所有人的权利。签订的承诺自由地进入家庭、友谊、信任和工作义务之中。关心法律和义务是基于整体的功利，即"为了绝大多数人的最大利益"	超越的社会观点。这是一种理性的个体意识价值和权利超过社会依附和契约的观点。通过正规的协商、契约、客观的公平的机制和正当的过程来整合各种观点。考虑到道德和法律观点，承认它们有时冲突，发现整合它们的困难
	阶段6：普遍的伦理原则	遵守自己选择的伦理法则。特定的法律和社会协议之所以通常是有效的，因为它们是建立在这种法则之上。当法律违背这些原则时，人们会按照原则行事，因为这些法则是普遍的公正原则；人权平等和尊重个人作为人类的尊严	作为一个理性的个体相信普遍的道德原则的有效性，并且立志为之献身	基于治理社会的道德依据的观点。这种观点使任何理性的个体都懂得道德的本质和人作为目的的这个事实

道德判断	社会观点
Ⅰ.前习俗	具体个人的观点
Ⅱ.习俗	社会成员的观点
Ⅲ.后习俗或原则	超社会的观点

按照社会观点为道德水平提供的各种观念与关系的整体情况，我们来说明一下社会观点的含义。例如，习俗水平不同于前习俗水平在于前者运用了下列推理：(1)关心社会赞许；(2)关心对人、团体和权威的忠诚；(3)关心他人和社会的福利。我们需要追问的是：决定推理的这些特征的基础是什么，是什么力量将之结合于一处的？是其社会观点，即关系或团体的参与者的观点，从根本上决定和统合习俗水平的这些特征。习俗水平的个体会使自己的需要服从于团体或共同关系的观点和需要。在此以17岁的乔对下列问题的回答为例，来说明习俗的社会观点。

　　问：为什么不应该从商店里偷东西？

　　答：这是法律，它是用来保护每个人、保护财产的一条准则，而不仅仅用来保护一家商店。我们的社会需要这种准则。如果没有这些法律，那么人们便会去偷盗而不必为生活去工作，整个社会便会陷入困境。

　　乔关心的是遵守法律，其关心的理由是整个社会的利益。显然他是以一名社会成员的身份说话的。"我们决意保护我们社会中的每个成员，这是我们的准则之一。"这种对社会利益的关心源自他采纳了"我们社会成员"这一观念，它超越了作为具体个人的乔。

　　让我们对习俗水平的社会成员观点与前习俗水平的具体个人观点做个比较，后者的观点是考虑自己利益和他人利益时个人的看法。7年前，10岁的乔在回答同一问题时所表明的便是这种具体个人的认识。

　　问：为什么不应该从商店里偷东西？

　　答：从商店里偷东西是不好的，这违反了法律。别人会看见你，并去叫来警察。

　　可见，"违法"一词在两种道德水平上的含义是很不相同的。在水平Ⅱ上，法律是大家制定并为大家服务的，正如17岁时的乔所表述的。而在水平Ⅰ上，法律是一种由警察强制实行的东西，因此遵守法律的理由是为了不受惩罚。这种理由源自第一种道德水平的观点——个体考虑自身利益及其他孤立个体的利益时的观点——的局限。

　　现在让我们再来看看后习俗水平的观点。此时，个体所取得的又是个人的而非"我们社会成员"的观点，恰与前习俗观点类似。但在后习俗水平上所持的个人观点却是普遍性的，是任何理智的有道德的个人所具有的观点。后习俗水平者知道社会成员的观点，但会依据个人的道德观点对它质疑和重新解释，因此，他会用所有道德个体公认合理的方式来重新界定社会义务。个体对基本道德或道德原则所持的看法是超越的，这对他接受社会观点或社会法律和价值观来说是必不可少的。社会法律和价值观应该是每一位明智者(不管他属于什么社会，也不管他在社会中的位置如何)都会去遵守的东西。那么后习俗的观点是超越社会的观点，是那种已具有道德信仰、认为良好或公正的社会必须以这种信仰为基础的人的观点。这种观点的作用有：(1)用来评判某一特定社会或一系列的社会实践活动；(2)使个体自己理智地献身于社会。

我们追踪研究的被试乔便是一例，在他 24 岁时的访谈：

问：为什么不应该从商店里偷东西？

答：因为这是对他人权利的侵犯，在此则是侵犯他人财产权。

问：法律是这样写的吗？

答：在一般情况下，法律是以道义上的权利为基础的，因此，这不是一个孤立的问题，而是一个需要考虑的事情。

问：你认为"道德"或"道义上的权利"意味着什么？

答：承认他人的各种权利，其中首先是生命的权利，然后是干其愿意干的事情，但不能妨碍他人的权利。

偷盗的错误在于它侵犯了个人的道德权利，而后者比法律和社会更为重要。财产权源自更为一般的人权(如，以不妨碍他人自由为前提的自由权利)。法律和社会的各种要求都来自普遍性的道德权利，而非相反。

应当注意的是，凭借权利、道德权利和良心这些概念未必能把习俗道德和后习俗道德区分开来。合乎道德地做事或按照良心而非按照法律活动，这些未必是理智的道德个体具有后习俗观点的标志。道德和良心可以用来指与民事法律或团体之准则相冲突的团体准则和价值观。对于一个为"良心"而进监狱的上帝信仰者来说，像其所属宗教派别或团体解释的那样，良心指的是上帝的法律，而不是去适应普遍性的道德原则或准则。在后习俗水平上，在未加入任何团体、未接受其道德观的理智的道德者那里，这些观念或术语的使用显然是有其特定依据的。例如，"信任"便是习俗水平和后习俗水平上共有的基本准则。在习俗水平上的个体希望所属团体的其他人值得信任。乔 17 岁时表述了这种情况：

问：为什么无论如何要遵守诺言？

答：友谊基于信任。如果不能彼此信任，那么便没有了基础。一个人应该尽可能地守信，人们会因此记住他。一个人如果可信，他就会受到尊重。

在习俗水平上，乔看到有的人守信，而有的人不守信。他认为，个体应该成为可信者，这不仅仅因为他需要获得尊重、维持与他人的关系，而且还因为他作为一个社会成员，总希望他人信任他。

而在后习俗水平上，个体的发展更进一步。他没有自动地设想自己处于一个需要友谊和他人尊重的社会里。相反，他会考虑"为什么任何社会及社会关系都以信任为先决条件?""如果个体要加入这个社会，为什么他必须是可信的?"这些问题。24 岁时，乔对为什么要信守诺言的解释便是后习俗水平的：

我认为人与人之间的关系总是以信任、相信他人为基础的。如果不信任他人，你就会无法与任何人交往，人人如此。你一天中所做的每一件事情都与他人相关，如果不能合理地处理这种关系，你就会有麻烦。

至此，我们已经依据个体判断事物是对或错的理由，对后习俗道德观点做了解释。我们需要在运用这种观点作实际决策或界定什么是正确事物中来阐述它。后习俗水平者懂得在道德冲突情境中每个人应采取的道德观点。他不会从社会角色的立场出发来界定各种期望和义务，而会认为角色承担者应去适应"道德观"。后习俗道德观也承认各种不变的法律-社会义务，但在道德观与法律观相冲突时，他就会优先考虑道德义务。

24 岁时，乔在回答海因兹是否该偷药救妻这一两难问题时所持的决策性观点，便反映了这种后习俗道德观念：

挽救妻子是丈夫的职责。相对于其他任何可资判断海因兹行为的标准而言，其妻危在旦夕这一事实是至高无上的。生命比财产更重要。

问：假如患者并非其妻子而是朋友呢？

答：我认为，这在道德上并无多大区别：依然是一个人的生命危在旦夕。

问：假如她是一个陌生人呢？

答：从道德立场上看也是一样的。

问：道德立场指的是什么？

答：我认为任何个体都有生命的权利。只要还有一线希望，他就应该获救。

问：这位丈夫该不该被判受罚？

答：道德观与法律观通常是一致的，但此时两者冲突了。对他的判决应当看重考虑道德立场，不过也要轻微地处罚海因兹以维护法律。

六个阶段的社会观点

这一部分我们将分析三种水平中各道德阶段的社会观点的不同，并力图说明每一水平中第一阶段的社会观点怎样发展到第二阶段的社会观点。

我们首先看发展过程中最早的两个阶段，以便用同样的方式说明构成习俗水平的阶段 3 和阶段 4。在前一部分中，我们引述过阶段 1、阶段

2那种"孤立个体"的观点，并将之与乔17岁时那种合格社会成员观点(即阶段4的观点)作了对比。乔关于人际交往中信任之重要性的阐述，清楚地反映了接受社会系统论的人的观点。处在阶段3的个体，其社会观点中的社会观意识较少，或者说个体对全社会的利益所知不多。作为阶段3的例子，让我们来看看安迪对这样的两难问题的回答，即如果弟弟告知你，他没有听爸爸的话，你是否将此事告诉父亲呢？

应当为弟弟着想，但更重要的是做一个好儿子。爸爸为我们费尽了心。即便弟弟因此不信任我，我也该告诉爸爸，比起来我更要对得起爸爸。弟弟会理解的，爸爸为他操了这么多心。

安迪的观点不是以社会系统为依据的。这里包含了两种关系：一是与其弟弟的关系，二是与其爸爸的关系。首先考虑的是作为权威和帮助者的爸爸，安迪希望弟弟持同样的观点。这里没有涉及一般意义上的家庭组织。他说做好儿子更重要，并不是因为从社会整体或家庭系统来看这是个更重要的角色。阶段3这种团体成员的观点是一般有教养者所共有的，但它不是社会整体或机构整体的观点。这种观点是从两个或更多个体之间相互关系的角度——关心、信任、尊重等关系——而不是从机构整体观来看待各种事物的。总之，阶段4的社会成员的观点是一种"系统"观点，阶段3的观点是一种关系之一方或团体之一员的认识。

我们再来看看前习俗水平。阶段1的观点仅仅是具体个人的观点，阶段2时已意识到许多人有各自的观点。在阶段2，个体实现自己利益时会预测他人的反应，包括否定的和肯定的反应，其他人也预测他的行为。除非商量好，否则每一个人都会率先提出自己的观点。如果有契约，我们每个人都愿为他人出些力。

面对是否将弟弟的不端行为(秘密得知的)告诉爸爸这一问题，另一位被试10岁时与13岁时回答的变化说明了从阶段1到阶段2的这种变化。10岁时，被试作了阶段1的回答：

一方面，告诉爸爸是对的，不然爸爸会揍他；另一方面，这样做又是错误的，因为告诉爸爸的话，弟弟也会打他。

13岁时，他已发展到了阶段2：

哥哥不应告诉爸爸，否则会给弟弟带来麻烦。如果弟弟要他保密一段时间，他现在最好不要去告密。

在第二次回答中，个体已关心到兄弟的利益了，因为兄弟的利益也会通过预期的交往影响到自己的利益。在这里，哥哥的态度以及这种态度与他自身利益的关系是十分明显的。

再看后习俗水平。典型的阶段5取向，区分道德观点和法律观点，但是，却难以界定不受契约-法律权利支配的道德观点。在回答海因兹应否偷药救妻这一两难问题时，已达到阶段 5 的乔说：

> 道德观点与法律观点通常是一致的。但此时两者冲突了。审判时应更多地考虑道德立场。

在乔看来，道德观点比法律观点更为重要。乔认为，法律与道德都来源于个人的权利和社会准则，两者几乎同等重要。在阶段 6，个体会根据普遍的公正伦理原则来解释责任。对于海因兹两难问题，若个体处于阶段 6，其反应是：

> 这从法律上讲是不对的，但在道德上看却又是对的。法律制度只有在反映理智者公认的道德法则时，才是正确的。人们必须考虑个人公正这一社会契约的基础。社会赖以产生的基础，在于人人公正——同等对待各种情况下的个人要求这一人皆有之的权利，而不在于那些编入法律的东西。个人公正意指"把每一个人视为目的而不是当作一种工具"。

[思想评价]

一、生平事迹与道德认知发展理论形成的背景

1927 年 10 月 25 日，科尔伯格出生在美国纽约。他的父亲是一位富商，才华横溢，坚持原则性和独立性，且善于表达；母亲是一位知识女性，聪慧刚毅，富于创造性。科尔伯格充分继承了父母的优秀品质，他日后的成功也许得益于此。

少年时期，科尔伯格进入马萨诸塞州安道威的菲利普私立高级中学读书，该校专门招收富裕家庭出身的聪明孩子。1945 年中学毕业后，科尔伯格没有直接进入大学学习，而是遵从父亲建议加入一艘商船，周游世界各国。时值第二次世界大战结束前夕，他目睹了德国纳粹分子在欧洲大肆屠杀犹太人的暴行。1947 年，科尔伯格离开船队，自愿到一艘叫"帕多卡"的轮船上做副机械师，这艘船隶属于犹太抵抗力量哈干汗，专门负责把欧洲的犹太难民偷运到巴勒斯坦，中途要穿过英国的海上封锁线。一次，这艘船在开往巴勒斯坦途中被英国截获。船上的水手和难民都被关在塞浦路斯的一个集中营里，几个星期后他才被释放并送回祖国；而难民乘客滞留的时间更长。这一早期经历对科尔伯格触动很大，30 多年后他回忆说："人类历史上的大屠杀事件最能证明人类需要道德教育以及指导道德教育的哲学。我自己对道德和道德教育的兴趣，部分原因是对大屠杀的反应。"

1948 年，科尔伯格带着道德困惑，进入芝加哥大学学习心理学。由

于科尔伯格的刻苦与努力，他仅用 1 年时间就获得了文学学士学位，并留在母校继续攻读硕士学位。在大学求学期间，科尔伯格立志成为一名临床心理学家。因此，他完成研究生课程学习后，于 1953—1954 年在一所心理医院做实习医生。其间，他经历了一件令其不安的事。一次，一位妄想症患者抱怨医生要迫害她，主治医生无意间听到后，便对这名患者进行电击治疗。科尔伯格对此提出抗议，他认为这样对患者是不公平的，毕竟患者还没有康复，她说的话情有可原。但主治医生驳回了他的抗议，继续对患者实施痛苦的电击治疗。科尔伯格感到非常失望，因此他毅然决定放弃把临床心理学作为终身职业的打算，离开心理医院，重回母校学习社会心理学，并于 1958 年获得哲学博士学位。科尔伯格的博士论文《10 到 16 岁时期思维与选择方式的发展》大获好评，初步奠定了其在道德认知发展学派一代宗师的地位。自此，科尔伯格结束了求学生涯，开启了他的研究历程。

博士毕业后，科尔伯格先后在罗素·赛格儿童医院做住院医生(1958—1959)，在耶鲁大学做助理教授(1959—1961)，在加利福尼亚州高级行为科学研究院从事研究工作(1961—1962)。1962 年，科尔伯格回到芝加哥大学担任助理教授；1965 年，他升任心理学副教授。1964—1968 年，科尔伯格主持了芝加哥大学的"儿童心理学训练计划"，这一计划使许多人对发展心理学领域产生兴趣。1968 年，科尔伯格被哈佛大学聘任为教育研究生院人类发展学系的教育学和社会心理学终身教授。在哈佛大学的 20 年间，科尔伯格的学术事业达到巅峰。1969—1974 年，科尔伯格连续获得美国国家心理健康研究所的研究基金资助。1972 年，科尔伯格在中美洲的英属殖民地伯利兹做跨文化研究时，不幸患上了一种肠道寄生虫疾病。这种疾病严重损害了他的健康，他经常头晕目眩、恶心呕吐，有时几天卧床不起。尽管他极力想恢复先前的状态，但总是遭受着疼痛、无助和抑郁的痛苦。在生命的最后 10 多年，科尔伯格以顽强的毅力与病魔作斗争，继续保持着旺盛的创造力。

1974 年，科尔伯格得到肯尼迪基金会资助，在哈佛大学建立了"道德发展与道德教育研究中心"❶，他进一步领导和组织他的同事、助手和学生从事大规模的道德发展与教育研究工作。他的学生希金斯回忆说："这里成了知识分子的聚会中心，每个星期五下午，全国和当地的学者汇聚在这儿，喝着雪利酒和葡萄酒，与演讲者交流，聆听最新研究成果的报告，在休息间隙对中心的承诺、工作义务、人际问题和未来计划等进

---

❶ 该研究中心于 1989 年科尔伯格去世两年后解散。

行开诚布公的团体讨论。在这里，秘书、学生和职员都是平等的成员。科尔伯格把该中心的好客延续到他在剑桥和马萨诸塞州科德角半岛的家中，他的终生好友亚各布·格维尔茨将其喻为美国版的 19 世纪巴黎文艺沙龙。"❶1979 年起，科尔伯格从忍受疾病折磨的痛苦情绪中恢复过来，开始总结其庞大的道德认知发展理论体系。其具体工作就是在希金斯和鲍威尔等人的协助下，着手编辑三大卷的《道德发展文集》，分别为《道德发展哲学》(1981)、《道德发展心理学》(1984)、《教育与道德发展》(1986)。《道德发展文集》是科尔伯格从其 200 多篇学术论文、研究报告和专题演讲中精选出来的，它们集中反映了其道德认知发展理论的最主要方面，代表他最辉煌的学术成就。

1987 年年初，疾病复发，科尔伯格不得不入院治疗。1 月 17 日，院方发现科尔伯格失踪，经警方长期搜索，于 4 月 6 日在波士顿劳岗机场附近的沼泽地发现他的尸体。据警方调查与判断，科尔伯格是溺水身亡，但确切的死亡时间无法确定。由于科尔伯格失踪前并未留下只言片语，因此他的死因至今仍是一个谜。有人推测，可能是因为科尔伯格认为自己已经完成终身的学术事业，加上病痛不断消磨其生存的意志，故而他选择以自杀的方式结束生命，终年 59 岁。

科尔伯格身后留下两个儿子❷、一个姐姐和母亲。但是，对于全世界的道德哲学界、道德心理学界与道德教育学界而言，他留下了大量宝贵的遗产。因此，在科尔伯格逝世后，一些组织和报刊纷纷举行纪念活动或发表纪念文章来悼念他。哈佛大学、芝加哥大学等著名学府都举行了纪念仪式，美国的道德教育学会、伦理学会和儿童发展研究协会等学术组织也举办了纪念活动。《纽约时报》《哈佛教育评论》《美国心理学家》等先后报道科尔伯格去世的消息或刊登悼念文章。美国的《咨询与价值杂志》(1988 年 4 月号)和英国的《道德教育杂志》(1987 年第 2 期)分别以专栏或专集的形式，发表纪念科尔伯格的文章。"科尔伯格对道德发展研究和学校道德教育实践所作的贡献是无与伦比的，他数十年在这一领域所取得的成就超过了与他同时代的所有人。"科尔伯格的理论贡献和实践影响是举世瞩目的，直到今天，我们仍深切缅怀这位尊敬的心理学家和教育家。

---

❶ 希金斯：《〈道德发展心理学：道德阶段的本质与确证〉中文版序》，5 页，上海，华东师范大学出版社，2004。
❷ 科尔伯格的其中一个儿子在 4 岁时为其道德发展阶段理论提供过典型而有学术价值的例证。

科尔伯格理论的形成有其专属的时代背景。我们知道，任何科学理论的产生和形成，都离不开当时的社会历史条件和社会实践需要。科尔伯格道德认知发展理论产生于20世纪50年代，形成于20世纪六七十年代。因此，从一定意义上说，科尔伯格道德认知发展理论的产生、形成和发展与特定的美国社会、政治和文化环境密切相关。正如伯蒂所说："六七十年代的政治、社会和理智的环境促成了科尔伯格理论的出现"。

第二次世界大战结束后，美国呈现良好的经济增长态势，生产扩大，国民富足，社会稳定，人们沉浸在战后的美好时光中，没有人关注道德教育。另外，"二战"的胜利使人们更加相信科学技术和经济发展的重要性。人们普遍认为积极发展经济、增强军事实力是头等大事。随着美苏争霸进入"冷战"期，美国政府更加重视经济和军事的发展，道德教育愈加让位、服从于科学和技能训练。20世纪50年代末，苏联成功发射了世界上第一颗人造卫星，"美国朝野为之震动，纷纷指责美国学校教育水平落后，指责学校教育是美国整个防御战略中最薄弱的环节"❶。因此，美国迅速颁布了《国防教育法》，明确要求加强"新三艺"，即加强自然科学、数学和现代外语的教学，美国教育界由此开展一场声势浩大的教育改革运动。以皮亚杰的认知发展理论为指南，教育界强调发展学生智力、培养学生能力。这进一步加剧美国社会对道德问题的漠视，标志着"美好时光"掩盖下的"道德荒芜"时代的到来。

20世纪六七十年代，美国社会状况发生巨大变化。隐藏在"二战"后表面繁荣下的严重的社会矛盾、价值冲突和道德危机开始爆发。整个社会动荡不安，群众运动此起彼伏，诸如公民权运动、女权运动、黑人运动、反战运动、反文化运动等，都一致谴责美国政府的强权和特权政策，坚决要求民主和公正；邪教组织、同性恋、性解放、堕胎、吸毒、酗酒、离婚、犯罪等社会问题，也向传统的道德观念和价值标准提出严峻挑战，对美国人原有的"大熔炉"思想发起强烈攻击。青少年面对复杂的社会形势和多元化的价值取向，显得无所适从，但美国的传统教育并无法解决人们的困惑，无法满足社会的需要。特别是60年代末越南战争的失利，使得美国的尊严和颜面受到打击，学生、工人以及社会各界的反战情绪日益高涨，美国"二战"后初期的"民族自豪感"和乐观情绪被一扫而光。这一时期，许多有志之士开始对战争、人性及其内在的道德基础进行深刻反思，他们呼唤一场道德教育的改革，呼唤高尚的道德重归美国。科尔伯格道德认知发展理论就在这样的时代背景下适时而生。

---

❶ 张维平：《美国教育法研究》，36页，北京，中国法制出版社，2005。

科尔伯格道德认知发展理论的形成是理论与实践不断结合的过程。严格来说，科尔伯格对道德发展问题的研究始于其 1955 年攻读博士学位。早在 1958 年，科尔伯格在博士论文中就构建了道德认知发展理论的雏形。时隔 5 年，科尔伯格才正式发表其第一篇探讨儿童道德认知发展的论文；9 年后，科尔伯格才首次运用其道德认知发展理论说明学校中的道德教育实践问题（Kohlberg，1966c）。自此，科尔伯格道德认知发展理论才逐渐受到重视，并逐渐成为美国最有影响的道德教育理论，甚至出现了"科尔伯格潮流"❶。

二、道德认知发展理论的主要内容

科尔伯格在儿童道德认知发展与道德教育领域辛勤工作 30 余年，取得了丰硕的研究成果，在世界范围内产生巨大影响，并获得高度评价和赞誉。以色列查赞教授曾指出："科尔伯格是现代道德教育复兴运动中最著名的人物。科尔伯格的研究工作引领着高等学校、学术和通俗刊物、讨论会和研究班中的道德讨论。他为哲学家和中学校长、心理学家和监狱看守、社会学家和学校教师所熟悉。在今天道德讨论的学术会议上或资料汇编中，科尔伯格的名字无处不在"。

科尔伯格作为现代道德认知发展理论的开创者，被誉为"现代道德认知发展理论之父"。其道德认知发展理论是一个庞大的理论体系，具有多学科性、发展性、开放性、整合性等特征。正如科尔伯格自己所说："我的理论体系或研究纲领具有多学科的性质，运用实证的心理学和人类学的资料证明哲学观点，并且运用哲学假设界定和解释心理学、人类学和教育的资料"。科尔伯格的学生博伊德曾指出："道德认知发展理论一直是以科尔伯格为代表的，这不是任何意义上的狭隘理论，它包括哲学、心理学、实证和教育的内容。"科尔伯格道德认知发展理论的主要内容集中体现在三卷本的《道德发展文集》中，分别为第一卷《道德发展哲学：道德阶段与公正观念》(1981)、第二卷《道德发展心理学：道德阶段的本质与确证》(1984)和第三卷《教育与道德发展：道德阶段与实践》(1986)。❷

科尔伯格在研究道德发展问题时，遵循"心理学理论—教育实践—哲学反思"的逻辑顺序。具体来讲，先从心理学角度探讨道德发展问题；再从教育实践角度探讨其道德心理学理论与方法的实践应用与意义问题，即道德教育问题；最后回过头来探讨道德发展和道德教育的哲学问题，

---

❶ 美国的弗勒克尔教授把科尔伯格对道德教育的影响称为"科尔伯格潮流"。

❷ ［美］L. 科尔伯格：《道德发展心理学：道德阶段的本质与确证》，21-23 页。

以探索与解决在道德发展心理学与道德教育实践中出现而又未能予以解决的哲学伦理学问题，从而为道德发展心理学与道德教育学提供一个坚实的道德哲学基础。❶ 但是，我们发现科尔伯格在对其道德认知发展理论体系进行总结归纳时，则遵循"哲学思考—心理学理论—教育实践"的逻辑顺序。这是因为，在科尔伯格道德认知发展理论体系中，道德发展哲学既是道德发展心理学和道德教育实践的前提和出发点，又是其终点。就道德哲学和道德心理学的关系而言，道德哲学探讨道德发展应该是什么的问题，道德心理学研究道德发展是什么的问题。科尔伯格指出："在进行道德发展的心理学实证研究之前，必须澄清道德及其发展的哲学含义。但我也认为，道德哲学需要道德心理学家的实证研究加以验证。"因此，这里亦遵循"哲学思考—心理学理论—教育实践"的逻辑顺序对科尔伯格道德认知发展理论的主要内容进行阐述。

第一，科尔伯格的道德教育哲学观。科尔伯格认为，西方教育理论可以归为三大流派，即浪漫主义、文化传递论及进步主义。浪漫主义流派源自卢梭，当代以霍尔、格塞尔等心理学家为代表，倡导个人天性的自由发展，主张人性本善，故而只要有良好的外界条件，儿童先天的和内在的自我就能自由发展，并生成良好的品行。浪漫主义的道德教育策略是培养"美德袋"(the bag of virtues)，即一套描述理想的、健康的或充分发挥作用的人格特征。品格教育就采用这一方法，认为可以用一套方法来激发出儿童自信、自主、好奇、自制、诚实、勇敢等能力和美德。文化传递论源自洛克，当代以桑代克、斯金纳等心理学家为代表，强调社会需要的外在灌输，认为人的道德观念来自社会文化，教育就是按特定的社会要求塑造学生，教育环境影响教育效果。因此，在教育过程中要加强对教育环境的控制。进步主义流派源自杜威，认为道德教育是儿童与其所处社会环境交互作用的结果，其目的是促进儿童的道德发展。该流派主张自由、民主和发展，它所推崇的普遍性伦理原则乃是以平等和互惠为核心的理性的公正原则。进步主义者认为道德教育的目的是发展，发展是一种沿着有序的阶段从低级转向高级的过程，他们主张用教学来促进儿童与社会的自然交往，推动儿童的道德判断向较高阶段发展。

在科尔伯格看来，浪漫主义和文化传递论在伦理学上都犯了三种错误：一是价值相对论错误，二是"自然主义的谬论"(the naturalistic falla-cy)，三是精英主义错误。价值相对论主张不存在普遍适用的道德规范，

---

❶ ［美］L. 科尔伯格：《道德教育的哲学》，魏贤超等译，342 页，杭州，浙江教育出版社，2003。

道德观念、善恶标准是相对的、可变的。浪漫主义强调个人潜能的自由发展、个人行动的自由选择，这种个人价值相对论必将助长学校教育消亡论，导致对学校道德教育的否定。文化传递论强调顺应社会需要，是一种典型的文化或社会价值相对论，其后果是将儿童塑造成毫无个性的统一模型。"凡是企图从'是'（或事实）的陈述直接地衍生出'应该'（或价值）的陈述的做法，都犯了一项逻辑的谬误，即自然主义的谬误"。浪漫主义把儿童的心理和身体的自由与健康的发展等同于儿童内在的"善"的自由展开与内在"恶"的完好控制，这是犯了自然主义的谬误。

文化传递论也犯了自然主义的谬误。例如，斯金纳主张："善的事物就是正强化物。物理学和生理学未参照其价值而研究事物，但是事物的强化效果乃是行为科学的领域，到了它对自己施于操作的强化，那就成了价值科学。"斯金纳是把一个事实词（正强化）等同或延伸为一个价值词（善），也就是混淆了"是"与"应该"的区分。此外，这两种理论也都犯了精英主义错误，分别表现为，浪漫主义否认对儿童进行引导，拒绝把各种理性和伦理的价值强施在儿童身上；文化传递论则把心理学家想象为文化设计者，并按照他们的意图来塑造儿童。

与之相反，科尔伯格对杜威的进步主义观点推崇备至，他甚至自称是"新进步主义者"。科尔伯格认为进步主义理论能够"经得起逻辑上的批判，也与当前研究发现的事实相符合"。他曾明确指出："我关于学校与道德教育的关系的哲学思考主要是对杜威《教育中的道德原理》观点的重新肯定。""我曾经以杜威的理论框架来讨论我的观点。在论及柏拉图的观点时，我并没有放弃我基本的杜威的观点。"沙利文❶也指出："如果说科尔伯格的心理学思想是皮亚杰式的，那么他的（道德）教育思想则是杜威式的。"

第二，科尔伯格的道德发展阶段论。道德发展阶段论是科尔伯格道德认知发展理论体系中的核心部分。科尔伯格在准备博士论文时，选择芝加哥地区 10～16 岁的 72 名男性儿童为研究对象❷，并以道德两难故事（hypothetical dilemmas）为切入口，对他们进行追踪研究。基于研究结果，科尔伯格于 1958 年写成题为《10 到 16 岁时期思维与选择方式的发

---

❶ 沙利文（Sullivan，1892—1949），美国精神病医生和精神分析理论家、新精神分析学派代表人物之一。

❷ 72 名儿童分为 10 岁、13 岁和 16 岁 3 个年龄组，后来实际追踪研究的被试为 53 名。科尔伯格每隔 3～4 年对他们进行一次道德判断谈话（moral judgment interview），共进行 6 次谈话，研究实际持续 20 多年（1955—1977），从而可以描绘道德跨时间的发展过程。

展》的博士论文。科尔伯格的博士论文大获好评，鲍威尔认为："科尔伯格的博士论文，使他成为与皮亚杰和乔姆斯基齐平的'结构主义'领导人。"在博士论文中，科尔伯格构建了其道德认知发展理论的雏形，包括三个方面的内容。(1)科尔伯格对"道德"一词加以界定，使之适合各种道德哲学传统并便于实证的经验分析。他认为：①道德行动是由一种价值决定的或以之为前提的；②道德判断以价值判断为前提；③道德判断与自视为善或恶的判断相联系；④道德判断所确证或依据的理由不局限于一定情境中的特定行动的结果；⑤道德判断倾向于较高程度的普遍性、一致性和包容性；⑥道德判断倾向于考虑行动者的目的。(2)科尔伯格提出了他最初的道德研究方法——理想类型评定法，具体包括：句子评分法和故事评定法。(3)科尔伯格提出了道德推理类型说(moral reasoning typology)。他根据对被试道德判断谈话的归类和评定，把儿童的道德判断分为"三水平六类型"。后来，科尔伯格发现，他提出的六种道德判断类型具有不变顺序的发展特征，就把类型说改为阶段说。❶ 正如他自己所说："我称我的类型为阶段，是因为这些类型看起来代表了一种不变的发展序列。'真正的'阶段总是在一定的时间内以同样的顺序出现的。"因此，科尔伯格博士论文中的"三水平六类型"说也就是最早的"三水平六阶段"模型。其具体内容为：

水平 A. 前道德

类型1——惩罚和服从定向

类型2——朴素的工具性享乐主义

水平 B. 服从习俗角色的道德

类型3——维持良好关系、受他人赞扬的好孩子的道德

类型4——维护权威的道德

水平 C. 自我认可的道德原则的道德

类型5——契约的、个人权利的和民主地接受法律的道德

类型6——个人良心原则的道德

科尔伯格在不断改进其道德研究方法的基础上，对"三水平六阶段"模型进行了多次修正。正如莱斯特所说："科尔伯格提出的不只是一种阶段描述和评分系统，而是一簇阶段描述和评分系统。"20世纪80年代初，科尔伯格对其理论进行了全面的总结与修正，提出了最新的、最全面的也是他生前最后一次修正的"三水平六阶段"道德发展模型，具体内容如本章"名著选读"中的表1所示。道德两难故事是科尔伯格实施道德发展

---

❶ ［美］L. 科尔伯格：《道德发展心理学：道德阶段的本质与确证》，9-10页。

研究的切入口，在此，笔者以"海因茨偷药救妻"两难故事为例，对"三水平六阶段"道德发展模型予以进一步的解释和说明。我们发现，处在不同道德阶段的人对"海因茨偷药救妻"两难故事的道德推理是不相同的，具体分析如表 6-2 所示。

"海因茨偷药救妻"两难故事

欧洲有个妇女患了一种罕见的癌症，生命垂危。医生认为只有一种药能救她，就是本镇的一个药剂师最近发明的镭。药剂师制造这种药要花很多钱，而他索价 2000 美元，是成本的 10 倍。病妇的丈夫海因茨到处借钱，试过各种合法手段，但是一共才借到药费的一半。海因茨不得已，只好告诉药师说，他的妻子快要死了，请求药师便宜一点卖给他，或允许他赊欠。但药剂师说："不行！我发明这种药就是为了赚钱。"于是，海因茨铤而走险，撬开药店的门，为妻子偷来了药。

请问：

1. 海因茨应该偷药吗？

2. 他偷药是对还是错？为什么？

3. 海因茨有义务或责任偷药吗？为什么？

4.（如果赞成偷药，则回答此条提问）如果海因茨不爱他的妻子，他还应该为她偷药吗？

（如果赞成不偷药，则回答此条提问）这对他爱不爱他的妻子有区别吗？为什么？

5. 假如这个生命垂危的病妇不是他的妻子而是个陌生人。海因茨应该为这个陌生人偷药吗？为什么？

6.（如果你赞同为陌生人偷药）假定快要死的是海因茨宠爱的一只动物，他应该为救这只宠物偷药吗？为什么？

7. 人们做他们能够挽救别人生命的事情是重要的吗？为什么？

8. 海因茨偷药违反了法律，偷药在道德上是错误的吗？为什么？（核心问题）

9. 一般地说，人们应该尽力做遵守法律的事情吗？为什么？

10. 思考一下这个故事，你认为海因茨做什么才是最负责任的事情？为什么？

表 6-2　不同道德阶段对"海因茨两难"的道德推理

水平	阶段	道德推理的特点	关于"海因茨偷药救妻"的简单道德推理❶	
			赞成偷药	反对偷药
水平Ⅰ：前习俗水平	阶段1：他律阶段	以服从与惩罚为定向	他事先请求过，又不是偷大东西，不会受重罚	偷东西会被警察抓起来，受到惩罚
	阶段2：个人主义、工具性的目的和交易	以工具性的相对主义为定向	如果他爱妻子，她死了，他就再也得不到她了	如果他不喜欢妻子的话，没必要冒险偷药，自寻烦恼
水平Ⅱ：习俗水平	阶段3：相互性的人际期望、人际关系与人际协调	以人与人之间的和谐一致或好孩子为定向	救妻是一名好丈夫应该做的，不管他是否爱她	偷东西是小偷的行径，那会令自己及家人、朋友蒙羞
	阶段4：社会制度良心	以法律和秩序为定向（维护权威的道德）	偷东西是违法的，但丈夫有责任设法救妻子的性命	法律禁止偷窃，尽管他有义务救他的妻子
水平Ⅲ：后习俗水平	阶段5：社会契约或功利和个人权利	以法定的社会契约为定向	法律禁止偷窃，但人命重于药商的财产权。如有什么不对，需要改的是现行的法律	尽管他应该尽力救妻子，但他没有偷药去救命的义务，这不是夫妻关系契约的组成部分
	阶段6：普遍的伦理原则	以普遍的伦理原则为定向	性命重于一切，其价值是唯一可能的无条件的道德义务的源泉。为救人偷药是正义之举	他竭力救妻无可厚非，但他不能以侵犯他人的权利为代价，别人可能也急需这种药

　　科尔伯格准备博士论文时，原始样本均为男性，且大部分为工人阶级或中产阶级。为了增加理论的适用性，科尔伯格与其他研究者后来又

---

❶　王啸，许枝：《以公正的方式培养公民——科尔伯格德育思想简论》，载《中小学教育》，2014（3）。

研究了其他群体，包括女性样本和跨文化群体。❶ 科尔伯格在英国、加拿大、墨西哥、土耳其、以色列、马来西亚、中国台湾等地区进行了长期的跨文化研究，研究结果有力地证实了科尔伯格最初的研究发现，为科尔伯格的道德发展阶段理论提供了高度可靠的研究基础，如图 6-1 所示。受文化、社会、经济等因素的影响，不同文化群体之间有一些整体的差异，如来自土耳其乡村的被试比美国、中国台湾地区的被试在阶段 1 的反应比例更高。但总体来讲，不同文化群体的道德判断发展趋势基本是一样的，如图 6-2 所示❷：在 10 岁之前以前习俗水平为主，到 16 岁时习俗水平占优势地位，也就是说低阶段的比例随年龄增长而下降，而高阶段的比例随年龄增长而上升。这说明道德阶段具有不变的发展顺序，而且这种发展顺序在不同文化中具有高度普遍性。

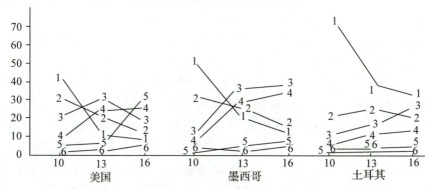

图 6-1　总道德陈述的百分数

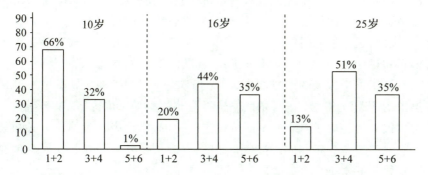

图 6-2　常用的道德判断的百分数

❶ 科尔伯格和他的同事曾对芝加哥男性被试进行长达 22 年的追踪研究，并对土耳其和以色列的男性和女性被试进行 10 多年的追踪研究，这些研究结果为科尔伯格"三水平六阶段"道德发展模型的前五个阶段提供了丰富的经验支持。

❷ 范琪：《世界著名心理学家：科尔伯格》，57-58 页，北京，北京师范大学出版社，2014。

第三，科尔伯格的道德教育实践。科尔伯格认为："道德教育乃是一种唤起，而不是一种教导，是疑问、指点迷津，而不是给予答案。道德教育是引导人们向上发展，而不是把原来心里没有的东西注入心中。"❶科尔伯格坚信道德教育的目的在于促进儿童道德判断的发展，而传统的"美德袋"(the bag of virtues)教育"假定存在着一种不需要实证的道德真理，不懂得教育乃是由内而外的生长和发展，忽视了儿童自我教育的作用"❷。因此，科尔伯格提出了独具特色的道德教育实践。

1971 年，科尔伯格在康涅狄格州尼恩底克监狱首次把道德认知发展理论应用于道德教育实践，创造了"道德两难问题讨论法"，这是科尔伯格在道德教育实践方面取得的第一个成果。随后，科尔伯格将道德两难讨论促进道德发展的思路带进学校课程。20 世纪 70 年代初，不少欧美国家在各级学校的社会、历史、法律、心理学、文化学等课程的教学实践中引进道德两难讨论法。该方法在具体运用中主要包括四个环节：(1)面对一个道德两难问题；(2)陈述对一个假设的见解；(3)检验推理；(4)反思个人的见解。其基本方法是通过教师引导学生讨论道德两难问题，引起学生的道德认知冲突，激发学生进行积极的道德思考和推理，从而促进学生道德判断水平的提高以及道德观念体系的建构。由于这种方法类似于苏格拉底的对话式教学，因此科尔伯格又称其为"新苏格拉底法"(a Neo-Socratic model)。由于这种方法主要应用在课堂中，因此也被称为"课堂道德讨论模式"。科尔伯格认为，在课堂中运用道德两难问题讨论法需要具备三个条件：(1)课程条件，在适应实际的两难故事中给学生充当更多角色的机会；(2)班级构成条件，将不同阶段的学生组合在一起，以便引起他们之间的冲突和互动；(3)教师行为条件，教师要有充分的知识和讨论法技能，会激化矛盾，布疑启发，循循善诱。❸ 科尔伯格一共设计了九个假设的两难故事，"海因茨偷药救妻"两难故事是人们最为熟悉的两难故事之一。科尔伯格选择两难故事的标准为：(1)必须包含两种且仅有两种尖锐对立的不同价值选择；(2)所代表的道德冲突必须是每种文化中的青少年和成人都会关注的；(3)所引发的问题必须对个体在较高道德发展水平上有意义。

---

❶ [美]唐纳德·里德：《追随科尔伯格——自由和民主团体的实践》，姚丽等译，190-191 页，哈尔滨，黑龙江人民出版社，2003。

❷ 袁锐锷：《西方著名德育思想家的德育模式探析》，载《学术研究》(教育学)，2000(5)。

❸ 赵祥麟：《外国教育家评传》，717 页，上海，上海出版社，2002。

随着对"道德两难问题讨论法"的进一步研究，科尔伯格发现，尽管这种方法对促进儿童道德判断的发展是有效的，但从整体上看，仍存在相当大的局限性。如：道德讨论的程序十分复杂，不容易实施；道德两难故事过于抽象，与现实生活有差距等。实际上，早在1969年，科尔伯格应邀对以色列集体农庄学校进行考察时，他就发现集体农庄学校的道德教育是涂尔干式的，强调团体的或集体的精神对道德发展的决定作用。科尔伯格指出："以色列集体农庄的教育实践似乎比我们的理论所引申出的任何事情都要好，它不只是对我们实践的修正，也是对我正在就这一问题的思考方式的修正。"可见，科尔伯格当时已经意识到，不能完全根据他的道德认知发展理论引申出理想的道德教育模式，而应该"把道德讨论的原则与集体教育的某些心理学原则结合起来"。特别需要根据这种集体教育的原则形成一种"团体实践模式"（a model of group practice），以影响学生的道德判断和道德行为，并使教育者与青少年学生形成一种新型的关系。❶

科尔伯格意识到，道德教育需要考虑与处理"隐性课程"（hidden curriculum）与"道德气氛"（moral atmosphere）问题。所谓"隐性课程"，是指除了学校中的学习课程对学生的一切非正规影响。科尔伯格认为，儿童和青少年在很大程度上是从这些隐性课程中获得基本的道德价值观念的，"隐性课程是一种真正的道德教育课程，是一种比其他任何正规课程都更有影响的课程"。为了充分利用隐性课程的道德教育作用，学校需要具有民主管理的结构和气氛，使民主成为学校的一种生活方式。关于"道德氛围"，科尔伯格认为，个体的道德行为与其所处的社会或群体情境存在密切关系。他以梅莱大屠杀为例，指出有些美国士兵滥杀无辜的妇女与儿童，他们之所以这样做既不是因为他们的道德判断不成熟，以为这种行动在道德上是正当的，也不是因为他们中个别人是"病态"的，而是因为他们参与了一种以群体规范为基础的群体行动。每个拔出刺刀的士兵所做的道德选择都根植于军队或它的决策制定过程这一更大的制度情境中。在科尔伯格看来，梅莱大屠杀与其说是个体当时的道德发展阶段的作用结果，还不如说是在那个时候、那个地点占上风的群体"道德氛围"的作用结果。❷ 积极的氛围促进积极的行动，邪恶的氛围则容易变成万恶的摇篮。而科尔伯格提出的第二种道德教育实践模式——"公正团体法"，

❶ 郭本禹：《道德认知发展与道德教育——科尔伯格的理论与实践》，202页，福州，福建教育出版社，2005。

❷ ［美］L. 科尔伯格：《道德发展心理学：道德阶段的本质与确证》，247页。

就是在师生民主参与的团体氛围下，发展学生的集体或共同的价值意识，实现学生的自我管理和自我教育，进而提升和鼓励学生的道德判断水平和道德行为，促进学生的道德发展。公正团体法根据道德教育实践的需要来确定道德教育的目的和方法，要求学校建立积极的道德环境，影响学生关于集体、公正、秩序等方面的观念，还要求学校向学生提供各种角色承担的机会，激发学生对民主和集体的理解。它不再单纯强调个体道德判断推理水平的发展，而是更加强调在作为一个团体的学校氛围里，公正和民主的道德氛围对个体潜移默化的影响。"公正团体"教育方法类似柏拉图在《理想国》中主张的公正教育，因此，"公正团体法"又被称为"新柏拉图法"。

三、对道德认知发展理论的评价

如前所述，科尔伯格构建了包括道德发展的哲学、道德发展的心理学以及道德教育实践策略在内的庞大的道德认知发展理论体系。这一理论体系向世人提供了一种重视理性思维的道德教育模式，展示了一种从基础理论到开发应用的研究模式。科尔伯格道德认知发展理论对美国乃至世界其他国家或地区的道德教育理论与实践均产生了深刻影响，概括起来，科尔伯格道德认知发展理论的贡献主要体现在以下五个方面。

第一，将实证研究引入道德哲学，推动道德哲学研究的科学化。纵观人类思想史，传统的道德哲学都倾向于从哲学思辨角度考察人类的道德伦理问题。道德哲学领域的"应该"和现实生活中的"是"分别对应着规范科学和实证科学，二者分别存在于康德所言的彼岸世界和此岸世界，彼此之间横亘着一条难以跨越的鸿沟。科尔伯格认为，道德发展是道德哲学和道德心理学共同研究的问题。前者研究道德上的"应该"，属于价值问题；后者研究道德上的"是"，属于事实问题。道德上的"应该"要以人们在道德判断和推理的实证研究中所揭示出来的道德上的"是"为依据。科尔伯格通过遵循"心理学理论—教育实践—哲学反思"的逻辑顺序，在实证科学(道德心理学)和规范科学(道德哲学)之间成功架起一座桥梁，将道德现象中某些可证实的内容，交由心理学进行实证研究，与此同时，道德哲学又可以从中吸取新的启示，用于进行新的哲学思考。❶ 这样，科尔伯格道德哲学中道德现象不再只是哲学思辨的对象，而是被注入了新的科学实证要素。

第二，把发展作为道德教育的目的，强调道德认知。科尔伯格作为

---

❶ 李伯黍：《品德心理研究》，12页，上海，华东化工学院出版社，1992。

现代道德认知发展理论的开创者，强调认知是其理论的出发点，并指出："教育的目的就是生长或发展——理智的和道德的发展。"科尔伯格把认知看作一个经由社会经验与主体交互作用而形成的发展的、可经验的、可分析的心理历程，道德认知则是个体对社会行为准则和道德规范的认识。这就使其道德教育观建立在一个比较科学的基础上，反映出现代道德教育观念和方法的巨大进步，体现了道德教育本身的合道德性。科尔伯格认为，道德从来都不是僵化的道德规范或纪律，道德认知发展是道德发展的重要组成部分；个体具有主体能动性，"发展中的儿童是一位道德哲学家，能构建关于诸如公平的普遍范畴或问题的意义"，他们在某个道德认知阶段的道德行为不是按照社会习俗或道德规范机械产生的，而是建立在个体对自身所处的道德认知水平、周边环境、社会期望及法律法规等多重因素进行综合判断的基础上的；环境因素特别是教育因素对人的道德认知与道德发展具有重要影响，学校道德教育应以尊重和培养学生的道德认知能力为出发点和归宿，不断充实学生与社会环境的自然交互作用，促进儿童道德和逻辑水平的发展。科尔伯格关于道德认知与道德发展的观点，同马克思主义认识论所揭示的人类认识发展变化的规律不谋而合，不仅有助于提高我们的道德教育理论水平，而且能够指导我们的道德教育实践。

第三，把道德阶段作为道德教育的基础，确证了道德教育的关键时期。科尔伯格指出："道德心理学研究道德发展是什么的问题，道德哲学探讨道德发展应该是什么的问题。在我们为道德教育找到一个合适的基础之前，必须把心理学上的'是'和哲学上的'应该'这两类研究结合起来。"❶这个基础就是道德阶段。科尔伯格提出的"三水平六阶段"道德发展模型清楚地表明了每个年龄阶段的人所处的道德发展水平和阶段，确证了道德教育的关键时期：阶段1(5～7岁)、阶段2(8～10岁)、阶段3(10～14岁)、阶段4(14～17岁)、阶段5(17～20岁)、阶段6(成人)。科尔伯格认为，青春前期(10～13岁)对于促进道德发展是有利的或关键的时期。在此时，最经常发生的是儿童道德水平从前习俗水平(阶段1和阶段2)向习俗水平(阶段3和阶段4)的转变。而青春晚期(15～19岁，高中阶段)是巩固习俗道德，并逐步向后习俗水平(阶段5和阶段6)转变的关键时期。研究结果表明，到高中期结束时仍不能运用某些(至少是20%的)有原则阶段的思维方式的人是不大可能在成人期发展出有原则的

❶ ［美］L. 科尔伯格：《道德教育的哲学》，1页。

思维方式的。❶ 科尔伯格通过大量实证研究、跨文化研究分析得出的"三水平六阶段"道德发展模型具有普遍适用的价值和意义，在不同国家、地区、肤色、种族、文化下生活的个体都遵循这一道德发展的阶段模型。

第四，把公正作为道德教育的组织原则，坚持"公正首要原则"。科尔伯格的道德哲学是围绕"公正首要原则"展开的。首先，个体道德是通过个体与其社会环境的不断交互作用而发展的；其次，道德具有价值导向性和内容规定性，这里集中体现为公正性原则；最后，道德发展实际上是道德判断形式的发展，而道德判断形式与公正形式相对应，并且遵循由低到高的顺序呈阶段性发展。道德判断是道德认知发展理论的核心概念，个体的道德行为建立在道德判断的基础之上，那么，支配个人道德判断的要素是什么呢？科尔伯格认为，个体的道德判断是由人们意识中的公正感而非某些规则决定的。何谓"公正"？科尔伯格认为，"公正——首先是关心全人类的价值和平等以及人类中的互惠——是一个根本的和普遍的原则"❷。公正既不是品格特质，也不是具体的行为规则，它是一种道德原则，是社会和个人的第一美德。正如苏格拉底所言："美德不是多个而是一个，它的名字叫公正。"因此，为了实现发展的教育目的，科尔伯格主张"用公正作为道德教育的组织原则"❸，认为公正可以满足任何道德教育计划必须符合的所有标准。

第五，创造了"道德两难问题讨论法"和民主的"公正团体法"两种著名的道德教育实践模式。"道德两难问题讨论法"强调道德是可教的，但反对"美德袋"式教育，反对把学生看成被动的道德认知的客体，强调培养学生的能力，尊重学生的主体性和自由意志。科尔伯格认为："在道德教育中，并没有'美德袋'的概念，其原因包括：首先，没有这样的东西；其次，如果有，它们也不能被传授，或者至少我不知道是谁传授它们。"❹"道德两难问题讨论法"的效果是明显的，它促进了儿童道德判断的发展，进而改善了儿童的道德行为。许多研究结果都表明，学生在试验后测得的分数与原来的得分有显著差异。这说明道德讨论使学生的道德判断发生了有意义的进步。科尔伯格在研究道德教育实践的基础上，进一步提出了"公正团体法"，强调学校环境尤其是师生互动对学生道德品质的影响。从1974年开始，科尔伯格及其同事开始在学校中实施公正

---

❶ ［美］L. 科尔伯格：《道德教育的哲学》，70 页。

❷ 同上，4 页。

❸ 同上。

❹ ［美］唐纳德·里德：《追随科尔伯格——自由和民主团体的实践》，20 页。

团体道德教育，这反映出科尔伯格在平衡"公正"与"团体"的关系、保护学生个人权利和引入集体力量促进其道德发展方面所做的努力。公正团体法有助于促进学生道德判断和道德行为的发展，培养学生的集体感和责任感。学校实验结果表明，学生的道德判断平均每年提高 1/4 阶段，"民主学校的学生将会做出更多的责任判断，并且，比传统学校所作的责任判断处于更高的发展阶段"。可见，这两种道德教育方法对我们反思传统的道德教育模式，建构新型的、以发展为目标的道德教育模式具有重要的参考价值和意义。

任何理论都不可能尽善尽美，科尔伯格道德认知发展理论亦是如此。科尔伯格道德认知发展理论是从《从是到应该》一文开始在学术界引起强烈反响的，也正是从这篇文章开始，科尔伯格道德认知发展理由引起了众多的争议与批评。不少批评者对科尔伯格道德认知发展理论的责难便集中在道德心理学与道德哲学的关系这一根本问题上。实际上，道德心理学和道德哲学的关系可以概括为"是—应该"悖论。在柯尔伯格的道德认知发展阶段理论中，阶段 1～5 所涉及的都是道德经验上的"是"，而良心或原则取向的阶段 6 所涉及的却是道德经验上的"应该"。那么，道德经验上的"是"是怎样成为道德经验上的"应该"的呢？这就是柯尔伯格必须阐述清楚的"是—应该"悖论。但是，由于缺乏实证材料，科尔伯格对阶段 6 的合理性建构是含糊不清的。有批评者指出，科尔伯格的阶段 6 取向是一种假想的概念，并不具有文化的普遍性。有人甚至指出，只有取消了主要在阶段 6 结构中有争议的哲学假设，才能使科尔伯格摆脱这些局限的束缚，才能使他的阶级理论成为纯粹的心理学的和实证的。这些哲学假设一旦取消，这个困扰人的"是—应该"逻辑矛盾问题就不复存在了。但是，如果这样，科尔伯格理论构架的脊柱也就断裂了，他的以公正为核心的伦理学假设就削弱了，他的理论的独特性力量也就随之取消了。因此，从根本上说，科尔伯格并没有彻底解决"是—应该"悖论。❶

此外，科尔伯格道德认知发展理论的局限性还包括：整个理论设想都是受资产阶级道德教育观支配并为其服务的，所宣扬的基本上都是资本主义的、超阶级的道德价值观；过高地估计了理性的作用，过于强调道德认知的地位，而忽视了情感、意志、信念等其他因素在个体道德发展的重要作用；性别角色的分化导致男孩与女孩具有不同的道德取向，但是，科尔伯格的理论是从男性被试对具有男性特征的两难问题判断中总结出来的，有学者就此质疑科尔伯格的理论和研究方法忽视了道德发

---

❶　郭本禹：《道德认知发展与道德教育——科尔伯格的理论与实践》，226 页。

展中的性别差异，带有一定的"性别偏见"；"道德两难问题讨论法"把道德教育从灌输"已经概括好的结论"中拯救出来，但是这些过于抽象的、虚构的、绝对化的和被严重限制了的两难故事，不利于培养学生在真实生活中解决道德冲突问题的能力，会在一定程度上阻碍道德认知实践的发展；公正社团学校是一种不完善的乌托邦，"公正团体法"在实际操作中，存在着程序过于复杂、测量方法主观因素过大、道德氛围难以营造等问题。

面对诸多的异议和责难，科尔伯格并不排斥，而是勇于正视问题，仔细倾听意见，认真给出解释，不断修正理论。例如，有学者认为"道德两难问题讨论法"以假设的两难道德故事为基础，过于注重道德判断的形式，无法解决真实情境下的道德冲突，科尔伯格在意识到这种"心理学的谬误"后，提出了"公正团体法"，这在一定程度上解决了"道德两难问题讨论法"存在的问题。但是，对于一些责难，科尔伯格却始终无动于衷。例如，有学者批评科尔伯格只关注认知成分而忽略了其他成分。对此，科尔伯格指出，道德研究存在许多出发点（例如，人们可以从强调进化的生物—社会观点出发，调查与移情、利他主义、内疚和羞耻感等类似的特定情感，或者人们可以关注婴儿亲社会行为的获得等），并且每个人必须从某个出发点开始研究，做出假设并强调某个（些）因素比其他因素更重要。无论一个研究出发点是否具有局限性，关键问题在于"在哪儿开始了，它通向哪儿？已经阐明了哪种重要的现象？"这正显示出科尔伯格严谨、谦虚、可贵的学术品质。

虽然科尔伯格道德认知发展理论存在一些局限，但这丝毫不影响它的价值与地位。正如《哈佛教育评论》在《纪念劳伦斯·科尔伯格：1927—1987》专文中写道的，"科尔伯格30多年来关于道德发展的哲学、心理学和教育的论著在世界范围内享有崇高的声誉。尽管他的著作有时会引起一些争议，但他的思想帮助人们确立道德发展作为心理学的一个重要研究领域，并促使该领域中的其他学术思想的发展。他的工作使他赢得了广泛的公认和尊重"。因此，时至今日，我们深入研究、分析科尔伯格的道德认知发展理论仍具有较强的现实意义和理论价值。

四、我们的认识与理解

国无德不兴，人无德不立。道德品质是个人成长、成才的基础，"十年树木，百年树人"，道德教育在人才培养中具有不容置疑的重要性。2018年5月2日，习近平总书记在北京大学师生座谈会上指出："人才培养一定是育人和育才相统一的过程，而育人是本。人无德不立，育人的根本在于立德。"在这样的时代背景下,我们研究、学习科尔伯格的道德认知发展理论是非常必要的,正如英国心理学家辛格尔指出:"科尔伯格的影响是巨大的,无论在哪里讨论道德发展,若不详细考虑他的工作,都将会是不全面的。"他山之石,可以攻玉。我们研究科尔伯格的道德认知发展理论,不是要追随它,也不是要回避它,而是要汲取其精髓,推动我国道德教育事业的改革与发展。

第一,坚持发展的教育理念,关注学生的个体道德认知。道德教育是一门艺术,亦是一门科学,有其独特的规律性。因此,教育者必须了解道德教育的规律,特别是学生个体的道德发展规律。科尔伯格认为,道德教育主要是认知的,道德教育的目的是发展。有学者指出:"德性的培养需要经历一个外部影响不断内化和内在观念逐渐外显的复杂过程,因此,它要有主体的参与和介入才有可能实现。"[1]因此,在道德教育实践中,教师不能依靠权威的影响将自己的道德准则强制灌输给学生,而要尊重学生的主体能动性,激发他们作为主体的积极道德思维,引导他们形成自己的道德判断和道德观念。

第二,科学设置德育课程,实现各阶段道德教育的衔接。通过科尔伯格的"三水平六阶段"道德发展模型,我们知道人们对某一事物形成道德判断并不是一蹴而就的,而要经历一个过程。道德发展是分阶段的,每个阶段儿童的表现不一样,这些阶段从低级到高级,顺序不可逆转,并且后一个阶段不能超越前一个阶段。"三水平六阶段"道德发展模型清楚地表明了每个年龄阶段学生所处的道德发展水平和阶段,确证了道德教育的关键时期,我们可以根据这一模型,科学设置各学段的德育课程。一般来讲,各级各类学校的德育课程应该是递进的、有层次的,合乎教育对象的认知结构的,应该既能够实现各阶段有针对性的德育目标,又能够成为下一学习阶段的德育起点。

第三,促进道德教育对象和道德教育形式的公正。科尔伯格所讲的公正,是一种结构、一种原则、一种具有"可普遍性"的选择机制与道德判断结构。它是社会关系中固有的法则,或者说是一种控制它们之间的法则,是一个动态的过程,即平等、互惠、公道等价值要素在个体道义选择判断与责任判断中的公正操作或运算模式。在道德教育实践中,要坚持公正原则。其中有特别重要的两点:一是教育对象的公正,强调任何人在任何时期都有接受道德教育的权利与义务,即道德教育全民化和

---

[1] 朱小蔓、其东:《面对挑战:学校道德教育的调整与革新》,载《教育研究》,2005(3)。

终身化；二是教育形式的公正，强调道德教育过程中教育者和受教育者在角色承担上的可逆性特征，这种可逆性是科尔伯格对公正最为本质的定义。总之，我们必须用公正的原则来组织道德教学，必须承认所有的儿童（甚至所有的人）都具有同等的、普遍的、基本的价值，最终促进儿童朝着更加成熟的道德判断和道德推理发展，以达到对公正原则更加明确的、清晰的理解。

第四，改进道德教育方法，提高道德教育效果。我国传统道德教育最主要的教育手段和模式是被动灌输，最重要的特征是强制性、单向性。科尔伯格曾明确反对"被动灌输式"道德教育，他认为，灌输不是一种教授道德的方式，因为真正的道德包括对那些可能处于冲突中的价值做出审慎的决定；灌输也不是一种道德的教育方式，因为合乎道德的教学意味着尊重儿童正发展着的推理能力和对他们所学内容的评价能力。科尔伯格的非常重视"经验"和"情境"在主体道德发展和道德教育过程中的重要作用，他先后提出了两种实施道德教育的方法——"道德两难问题讨论法"和"公正团体法"。这对于我们改进学校道德教育的方法具有重要借鉴意义。我们可以通过创设各种虚拟和现实的教育情境，如通过道德两难故事的运用和活动课程的开设，使教育对象主动地参与到道德教育的过程中，进而增强学校道德教育的有效性、生动性。

第五，关注隐性课程与道德氛围对儿童道德发展的影响。科尔伯格意识到，道德教育需要考虑与解决"隐性课程"与"道德气氛"问题。在道德教育实践中，科尔伯格发现儿童的道德观念在很大程度上是在隐性课程和道德氛围中潜移默化而来的。隐性课程对儿童的道德发展所起的作用，与家庭、学校、社会为儿童所提供角色承担机会的多少，以及家庭、学校、社会这些机构中公正结构水平的高低密切相关。儿童所处机构中的公正结构水平越高，这些机构内部成员实行奖惩和分配义务与权利的共同原则越公正，那么，这个机构的道德氛围就越好，这种隐性课程就越能对儿童的道德发展产生良好的影响。因此，在当前的学校道德教育中，要充分发挥隐性课堂的作用，学校应努力提高教育者的品德和公正意识，大力加强校园文化建设，鼓励学生参与更多的社会实践活动。

[印象小记]

　　艾弗拉姆·诺姆·乔姆斯基（Avram Noam Chomsky，1928— ）是美国当代具有巨大影响力的语言学家和语言哲学家。1955 年获得宾夕法尼亚大学博士学位，并于同年秋开始，一直在麻省理工学院任教。1957 年他的著作《句法结构》的出版标志着转换生成语法的诞生。乔姆斯基强调语言是探索人类心灵的手段，主张把语言学看作认知心理学的一部分。他的心理语言学理论不仅获得了语言学界很高的评价，而且在认知心理学、哲学、逻辑学等方面也引起了人们的普遍重视。1972 年当选为美国国家科学院院士，1984 年获美国心理学会颁发的杰出科学贡献奖。2002 年在美国心理学期刊《普通心理学评论》公布的 20 世纪最著名的 100 位心理学家中排名第 38 位。在美国《科学》杂志评选出的包括爱因斯坦在内的 20 世纪全世界最伟大的 10 位科学家中，他是目前唯一的健在者。

---

❶　本章作者：戴丽，俞国良。

[名著选读]

语言学对心智研究的贡献❶

在讨论过去的时候，我提到两大传统各自以不同的方式充实了语言研究。上一讲中我谈到今天刚刚在地平线上出现的一些研究课题，某种由哲学语法与结构主义语言学相结合的产物正在形成。我用作讨论参照点的两大研究传统、思索传统分别与研究心智问题的两条典型路子联系在一起。我们可以毫不歪曲事实地说它们两者都是作为当时心理学的一个特殊的分支发展起来的，而且都对心理学作出了独特的贡献。

结构主义语言学是积极反对心理主义的，因此上面的说法看来似乎有点似是而非。可是当代心理学本身有许多也是积极反对心理主义的，尤其是不多几年以前还垄断着对语言使用和语言获得研究的那些心理学分支更是如此，注意到这一事实，似是而非之感也就淡薄起来了。我们毕竟是生活在"行为科学"的时代，而不是生活在"心智科学"的时代。我不想赋予新名词以太多意思，但是我认为现在思想界在对人和对社会的看法方面很容易而且很自觉地接受"行为科学"这一框框，是有一定道理的。没有一个神志清醒的人会怀疑这种研究中许多证据来自行为，如果把"行为"理解得相当宽，甚至可以说全部证据来自行为。可是从"行为科学"这一名称不难体会到重点已经有所转移，从行为证据要证明的深层内在原理和抽象心智结构转向证据本身。好比把自然科学框定为"认读仪表的科学"。要是文化风气愿意接受这一框框并开展活动，那么我们对自然科学还能有什么指望呢？

行为科学十分注重材料以及对材料的组织安排，甚至自以为是控制行为的一种技术。语言学与语言哲学中反心理主义观点是针对上述重点转移而发的。我在第一讲中提到，我认为现代结构主义语言学的一大间接贡献是成功地阐明了一些反心理主义的假设，用彻底的操作主义和行为主义方法处理语言现象。这种方法听其自然走向极端；反过来为最终证明不宜用这类方法研究心智问题奠定基础。

---

❶ ［美］乔姆斯基：《乔姆斯基语言哲学文选》，徐烈炯译，86-102 页，北京，商务印书馆，1992。本文题目译作《语言学对心智研究的贡献》，也作《语言与心理》，原文题目为 *Language and mind*，由乔姆斯基本人根据他于 1967 年 1 月在加州伯克利分校的三次演讲加工而成。

从更广泛的意义看，我认为研究语言的长远价值在于这种研究能够把心理学中某些中心问题提得比较尖锐，比较明确，并能够为其提供一大批有关证据。而且，目前唯有对语言的研究才既能够提供丰富的材料又有可能尖锐地提出一些基本问题。

企图预见未来的研究当然是说傻话，因此本讲的题目不应按字面去解释。但是，研究语言的主要贡献在于它能使人理解心智活动的性质以及由心智活动构成和影响的结构，这样的看法是公正的。因此，我并不想预计对当前一些重点问题的研究可能朝哪个方向发展，❶ 而想集中谈谈把研究语言结构当作人类心理学一个篇章会产生哪些问题。

当然可以相信对语言的兴趣将来仍然会和过去一样继续成为研究人类属性的中心。任何从事研究人类属性与人类能力的人必然会致力于研究以下事实：一切正常的人都能获得语言，而其他方面都很聪明的猿猴却连获得最最初步的语言知识都办不到，笛卡尔哲学正确地强调指出这一事实。❷ 现代大量对动物交际的研究对这一经典论述提出异议，几乎普遍认为理所当然存在解释人类语言怎么由动物交际手段"进化"来的问题。然而我认为仔细研究一下当前对动物交际的研究之后会发现这种想法只有很少根据。这些研究反而更加清楚地表明人类语言在很大程度上是个独特的现象，在动物世界中找不到真正类似的东西。假如确实如此，提出解释人类语言是怎样从智能低级阶段出现的原始交际系统进化来的，就很没有意义了。这个问题很重要，我想再谈仔细点。

165

---

❶ 可以列举不少这类问题，例如语音特征的固有内容怎么决定音系规则的作用，普遍性的形式条件在限制选择语法和对语法作经验解释中的作用，句法结构与语义结构的关系，普遍语义学的性质，包括生成语法的语言运用模式等。

❷ 现代有人企图训练猿类似语言的行为，结果证明办不到，虽然训练失败可能是操作性条件技术问题所致，因此并不代表动物的实际能力。例如，参见费尔斯特的报告"黑猩猩的算术行为"（C. B. Ferster, "Arithmetic Behavior in Chimpanzees"），载《科学的美国人》（*Scientific Americans*, May, 1964, pp. 98－106）。费尔斯特试图教黑猩猩用七个两进制数字（001，……，111）来数包括一件物体到七件物体的各组东西。他在汇报中指出：即使做这件很起码的工作也得做成百上千次试验才能达到百分之九十五正确率。当然即使达到这一阶段猿还没有学会两进制算术原理。例如他们不会正确使用四位两进数字来数。假如不是用两进制原理把数字与物体件数相联系，而是把两进位制数字与物件组任意联系来做实验，可以想像猩猩还是一样不行。费尔斯特忽略这一关键因而得出一个错误结论：他教会了初步象征行为。他把语言定义为"制约行为的象征性行为的集合"，而且奇怪地认为语言所以有效用是因为话语"制约说话者—听话者几乎相同的行为"，因此造成更大混淆。

语言是从比较原始的系统进化而来的，这一假设是卡尔·玻珀（Karl Popper）在他最近出版的亚瑟·康普顿（Arthur Compton）演讲《云与钟》（*Clouds and Clocks*）中以很有趣的方式提出来的。他试图说明意志自由问题和笛卡尔的二元论可以通过分析这种"进化"来解释。我现在不考虑他从这种分析中得出的哲学结论，只考虑其基本假设：语言是从人们在其他生物体中发现的比较简单的系统进化发展而成的。玻珀争辩说语言进化经过几个阶段，具体说来有个"低级阶段"，用喉头动作表达情绪状态，还有个"高级阶段"，用清晰的声音来表达思想，用玻珀的话来说，是用来描述、争辩。他对语言进化各阶段的论述说明其中有某种连续性，但事实上他并没有提出低级阶段与高级阶段的关系，说不出由一个阶段转到另一个阶段的机制。总之，他提不出论点来证明这些阶段都属于同一进化过程。事实上很难看出各阶段之间有丝毫联系（仅有的联系是在比喻意义上它们都算"语言"）。没有理由认为其中的"脱节"可以弥合。假设高级阶段是从低级阶段进化发展来的并不比假设走路是从呼吸进化发展来的更站得住脚。各阶段似乎没有真正类同，似乎各有完全不同的过程和原理。

对人类语言与动物交际系统的关系的更明确的讨论见于比较生态学家索普（W. H. Thorpe）最近的论述。❶ 他指出除人以外的哺乳类动物看来缺乏人类那种模仿声音的能力，因此认为是鸟类（有许多鸟模仿能力高超）"而不是哺乳动物才属于本应能发展真正的语言之列"。索普并不暗示人类语言在严格意义上是从更简单的系统"进化"来的，但是他争辩说，人类语言的各种特有之处在动物交际系统中也能找到，虽然"我们目前还无法肯定在某一种动物身上都能找到"。人类语言与动物语言的共同特点是"有目的""用句法""表命题"。语言都有目的性，"人说话几乎总是有一定的企图，想要影响别人，改变别人的行为、思想或者对环境的总的态度"。人类语言都"用句法"，说的话都是有内部组织，有结构，有联系的。语言"表命题"，传递信息。因此在这个意义上人类语言与动物交际系统都有目的、用句法、表命题。

这一切说得大概都对，可是无所建树，因为如果我们抽象到人类语言与动物交际系统同属一类的水平，那么一切其他行为也都可以包括在这一类中了。以行走为例，就最广义的"目的性"而论，行走显然也有目的。行走也要用到上述意义上的"句法"，卡尔·拉什利早就在他论行为连续次序

---

❶ W. H. Thorpe, "Animal Vocalization and Communication," in *Brain Mechanisms Underlying Speech and Language*, ed. F. L. Darley, New York, Grune and Stratton, 1967, pp. 2-10 and the discussions on pp. 19 and 84-85.

的重要著作中指出这点，我在第一讲中提到过。❶ 而且行走当然也可传递信息，例如可以用走得快慢缓急来显示对达到某一目标的兴趣大小。

顺便提一下，索普举的一些例子中的动物交际正是用这种方式"表命题"的。他举欧洲红胸知更鸟的啼声为例，知更鸟用啼声高低交替变化的频率来表示它保卫自己领域的意愿，变化越快表示意愿越强。这个例子很有意思，可是我觉得它很清楚地表明企图把人类语言与动物交际系统联系在一起是没有希望的。已知的任意一种动物交际系统（不算科学幻想小说中的海豚）都使用以下两大基本原理之一。其一是用一些固定的、数目有限的信号，每一个信号与某一类行为或情绪状态联系在一起，日本科学家前几年进行的大量灵长类动物研究说明了这类情况。其二是使用一些固定的、数目有限的语言向度，每一个向度都与某一个非语言向度相联系，在语言向度上每取一点都决定并代表着有联系的非语言向度上的一个点。索普的鸟鸣例子就体现了这一原理。声音高低交替的频率是一个语言向度，与一个非语言向度——保卫领域的意愿相联系。鸟通过选择声音高低交替向度上一个相关点来表示它保卫领域的意愿，这里的"选择"当然是较随便的用法。语言向度是抽象的，但是这条原理是清楚的。这第二类交际系统可能用的信号幅度大到无穷，与人类语言一样。可是其机制和原理与人类语言中用来表达无限多的思想、意愿、感情等等的机制和原理却完全不同。用可能使用的信号多少来说明动物交际系统的"缺点"是不对的。恰恰相反，动物用的系统原则上允许在语言向度上连续不断变化（如果这种场合可以说"连续不断"的话），人类语言反而是离散性的。因此，问题并不在于多少，而在于组织原理完全不同。用人类语言任意说一句话的时候，譬如说"跨国公司崛起给人们的自由造成了新的危险"，既不是在语言向度上选择一个点代表与之相关的非语言向度上的一个点，也不是从有限的行为总表（包括先天的行为和学会的行为）中选择一个信号。

此外，说人类使用语言的特点是为了传递信息，无论从实际效果来看还是从动机来看，都是错误的。人类语言既可以用来传递信息，也可以用来使人上当，可以用来澄清自己的思想，或者卖弄聪明，甚至只不过说着玩玩而已。我说话可以没想要改变你的行为或思想，也可以抱着改变你行为、思想的目的说同样一句话，两者同样都是使用语言。如果我们希望了解人类语言及以它为基础的心理能力，我们必须首先问什么

---

❶ K. S. Lashley, "The Problem of Serial Order in Behavior," in *Cerebral Mechanisms in Behavior*, ed. L. A. Jeffress, New York, Wiley, 1951, pp. 112-136.

是语言，而不是问语言是怎么使用的，或者为什么目的使用的。我们问什么是人类语言时，就会发现它与动物交际系统并没有特别相像之处。把动物交际和人的交际抽象到相同的程度，对于行为或思想就无法作出有意义的评述了。迄今为止所研究过的一些动物交际的例子与人的手势系统的确有许多共同之处，有理由探究能否把两者直接联系起来。但是人类语言看来是以完全不同的原理为基础的。我认为这一点很重要，把人类语言当作自然现象、生物现象研究的人常常忽视这点。由于上述原因，研究人类语言从简单系统进化来是没有价值的，也许像研究原子从基本粒子雾"进化"来一样荒唐。

就我们所知，掌握人类语言涉及一种特殊的心智组织，而不单是涉及较高的智能。有人认为人类语言在动物世界别处也有，不过更复杂一些而已，这种观点并无实质根据。它给生物学家提了个问题，因为假如这一观点是正确的，那就是成了"质变"的一个过硬例子：组织复杂到一定阶段会出现不同质的现象。尽管用的术语完全不同，可是正是因为认识这一事实才促使那些主要兴趣在研究心智性质的人从事传统的语言研究。我认为，在今天探索人类智能的基本特征最好的、最有前途的办法就是仔细地调查人类所独有的语言的结构。可以合情合理地设想：如果能建立起一些符合经验事实的生成语法，找出制约语法结构和组织的普遍原理，就能对人类心理学作出重要贡献，至于哪些方面有贡献，以下就要详细谈到。

在这几讲中我提到了关于语言结构的几点传统看法以及当代在深化和发挥这些看法方面所作的努力。很清楚，我们应该把语言能力，即语言知识，看作行为背后的抽象系统，该系统由一些规则组成，规则相互作用确定可能存在的无数句子的形式与含义。这种系统，即生成语法，发挥了洪堡特"语言形式"的思想。在洪堡特逝世后才出版的著作《论人类语言结构之不同》（*Uber die Vershiedenheit des Menschlichen Sprachbaues*）中对语言形式作了晦涩的，但是有启发性的论述，洪堡特把它定义为"心智活动内部过程的经久不变的系统，由它把用声音发出来的、有组织结构的信号提高为思想的表达"。这种语法对洪堡特所理解的语言下了定义。语言是"用递归手段生成的系统，生成的法则是固定不变的，而生成的范围以及使用的具体办法则是完全不确定的"。

每一种语言中都有其独特的元素，选定了元素也就确定了一种特殊的人类语言。此外还有些普遍性的元素，即任何人类语言的形式与组织都要服从的条件，它们构成"普遍语法"研究的内容。普遍语法有许多原理，上一讲中讨论了其中一些，例如区分深层结构与表层结构的原理，限制两者之间转换范围的原理。附带指出，由于存在一定的普遍语法原理，出现了数理语言学这一新的领域，它对符合普遍语法规定的条件的各种生成系统作抽象的研究。这类探讨具体阐明任何可能的人类语言应有的形式特点。这一领域才刚刚开始研究，最近十年中才认识到研究的可能性，现在已经初露头角，说明这可能成为未来重要的研究方向。因此在对社会科学与心理科学的数理研究中，数理语言学现在享有特殊有利的地位，不仅要发展数据的理论，而且要研究确定人类心智活动性质的一些极其抽象的原理与结构。与我们有关的心智活动是涉及人类知识某一特殊方面——语言知识——的组织结构的活动。

生成语法理论，不论是普遍语法还是个别语法，都指出了心理学理论中我认为是值得一提的概念上的漏洞。被看作"行为科学"的心理学，研究的是行为与行为获得，或行为控制。它没有一个相当于生成语法所说的"能力"的概念。它的关于学习的理论把学的内容局限于狭窄的、显然不够全面的概念，限于刺激与反应关系的系统，即联想的体系，一切可能行为的总和，习惯的层次结构，在一定刺激条件下作出一定反应的习性组成的系统。❶ 把行为心理学用于教育与治疗方面，也相应地局限于这种"学会的内容"。而这样是无法把生成语法的特点反映出来的。除了行为和学习的概念之外，还需要另一个有关学会的内容的概念，即能力的概念，这是超越行为主义心理学理论的。行为主义心理学与许多现代语言学、现代语言哲学一样，自觉地接受了不准研究复杂和抽象系统

---

❶ 这种局限性在以下这类论述中有所揭示，例如威斯特在"当代对行为主义的批评与学习"（W. M. Wiest，"Recent Criticisms of Behaviorism and Learning"，载《心理学通报》[*Psychological Bulletin*，Vol. 67，NO. 3，1967，pp. 214-225]文中说："要为儿童学会语法规则作经验证明应该要他拿出言语表现来，'说出语法规则来'。许多语法教师都可以证明除非受过专门训练，一般是做不到的。一个人甚至没学过语法规则也可以说得符合语法。"威斯特没有认识到儿童学会语法规则这一说法还有另一层意思，这正反映了我们在讨论的概念上的漏洞。因为他并没有先考虑学什么，没有先澄清这一概念，就问怎么学，所以他只能把"语法"看作"理解言语和发出言语的行为规则"。这一提法完全是空洞的，因为理解言语与发出言语并不与任何"行为规则"相关（更不能说行为规则就在其中）。有些人愿意研究"具体表现出来的言语行为的获得与保持"（出处同上），那无可非议。但这种研究与语言研究有何关系还有待于证明。至今我还未看到有人能证实这一看法。

的这种方法论上的限制。❶ 研究语言对总的心理学将来能做的一个重大贡献可能就在于把人们注意力引到这一概念上的漏洞，并说明怎样通过详细阐明人类智能一个方面的内在能力系统来弥补这一漏洞。

显而易见，心理学任何一方面最终都是以观察行为作为基础的。但是对学习的研究是否要直接调查控制行为的因素或调查建立"行为总和"的条件，绝非显而易见。首先要确定这种行为总和有意义的特点，即其组织原理。只有先完成了这项准备工作，得到了已充分证实的有关内在能力的理论（在语言方面就是提出了观察到的语言使用现象背后的生成语法），才能对学习进行有价值的研究。这种研究要着眼于生物体所能得到的材料与它所获得的能力之间的关系。唯有当成功地抽象出能力（在语言方面就是提出了第二讲中所说的"能充分描述"的语法）的时候，对学习的研究才有希望取得有意义的效果。如果在某一个领域中行为总和的组织很简单、很单纯，那就无妨略去理论建设的中间阶段，因为那本是想用来精确反映所获得的能力的。但是不能认为一定可以省略这一环节，在语言研究方面则显然不是这种情况。更全面、更充分地反映出"学会的内容"，即反映出作为被研究的生物体的"终极状态"的内在能力，才有可能完成以下这项任务：建立一套有关学习的理论，其范围要比现代行为心理学现有的范围广得多。接受方法论上的限制，排斥用这种方法研究学习问题，当然是没有道理的。

还有没有其他方面的人类智能也有希望发展出类似生成语法的有效理论呢？这虽然是个十分重要的问题，但是现在还谈不出什么。例如可以从类似的角度考虑人是怎么获得三维空间概念的，怎么不自觉地获得"人类行动理论"的。从事这类研究应先设法描述实际行动背后的自发理论，然后再转而研究这种理论是怎么在一定的时间条件与事实材料条件下发展起来的，也就是研究能接触到的事实材料，"取巧办法"和限制、制约所得系统形式的内在程式三者怎么结合起来确定结果得到的信念系统。现在还只能给出一个研究方案的大纲而已。

曾有人试图研究类似语言的其他结构，譬如对亲属系和亲属分类的研究。不过至少到现在为止这些领域中甚至连与语言大致上可以相比拟的东西也没有被发现过。据我所知，对这一问题谁都不及利维-斯特劳斯

---

❶ 参阅作者论文"Some empirical assumptions in modern philosophy of language,"in *Essays in Honor of Ernest Nagel*, ed. S. Morgenbesser, P. Suppes, and M. White, New York, St. Martin's, 1969, 文中从这一观点出发讨论奎因与维特根斯坦的研究工作。

考虑得周详。例如在最近出版的一部论原始心智范畴的书❶中，他严肃认真地，并经过深思熟虑，试图攻克这一问题。然而研究了他提供的材料只能看出一个事实：野蛮人企图用头脑中某些结构套于物质世界，人类只要从事心智活动，就必然对世界做分类；除此而外我再也得不出什么结论了。特别是利维-斯特劳斯对图腾制所作的人所皆知的论述，似乎也超不出上述结论范围。

利维-斯特劳斯相当有意识地仿效结构主义语言学，尤其是仿特鲁别茨柯伊（Trobetzkoy）和雅可布逊的著作，进行调查。他一再正确地强调不能把类似音位分析的程序用来分析社会和文化的子系统，而要致力于"亲属系统、政治思想、神话、仪式、艺术等等之中能发现的"结构，❷他想要探究这些结构本身的形式特点。然而用这种方式效法结构主义语言学的时候需要在某些方面有所保留。一方面，音系结构作为形式研究对象，没有多大意思。从形式角度看，用八个到十个特征给四十多个元素交叉分类意义不大。特鲁别茨柯伊、雅可布逊等人的结构主义音系学的价值并不在于音位系统的形式特点，而在于只用少数几个能够绝对地、不依靠语言独立地定义的特征就可以提供组成一切音系的基础。结构主义音系学的成就可能表明了各种各样语言中的音系规则都作用于能用特征很简单地描述各类元素；表明语音的历史演变都以统一的方式影响由元素组成的各个类别；表明了特征的组合在语言使用与语言获得中起基本作用。这是一个极为重要的发现，为现代语言学中很大一部分研究奠定了基础。除开这些具体的、普遍性的特征，以及特征起作用的规则系统，很少还有别的价值。

另一方面，当代对音系学的研究越来越证明了音系的丰富性不在于音位的结构形式，而在于音位形式借以构成、变化和精细加工的复杂规则系统。❸演化过程中各个阶段出现的结构形式都是派生现象。音系规则系统基本上用普遍特征，❹可是依我看规则系统的特点才真正体现了语言组织的具体特性。例如，看来有由里及外逐级原理（上一讲中谈过）以及其他更抽象的一般性条件，制约着规则的使用。有许多令人饶有兴

---

❶ C. Levi-Strauss, *The Savage Mind*, Chicago, University of Chicago Press, 1967.

❷ C. Levi-Strauss, *Structural Anthropology*, New York, Basic Books, 1963, p. 85.

❸ 参阅上一讲及上一讲所提到的文献。

❹ 对普遍特征的研究本身也在不断出现巨大改变。欲知当前的论述可参阅乔姆斯基与哈勒著《英语语音型式》第7章。

趣的、尚未解决的问题，涉及特征之间复杂的、普遍的关系如何决定规则的选择。利维-斯特劳斯偶尔提及对语言结构作数学研究的思想。只有当我们认识规则系统有无限生成能力时，这种想法才有意义。演化各个阶段中出现的各种形式的抽象结构，无法作什么评论。如果这种看法是正确的，那么不能指望结构主义音系学本身能为研究别的文化系统和社会系统提供有用的模式。

总的说来，我觉得把语言结构中的概念扩大用于其他认知系统目前来看前途不太光明，虽然感到悲观当然也还为时过早。

再回过来谈研究语言能力的一般意义，特别是在谈普遍语法结论之前，最好先按目前对语言之间可能存在的差异和所有的知识弄清楚这些结论具有什么地位。我在第一讲中引用了威廉·德怀特·惠特尼（William Dwight Whitney）关于他所谓"人类语言无穷差别"的评论，他认为无止境的差异否定了哲学语法有心理学基础的说法。

哲学语法典型观点是：虽然各种语言表层的表现大相径庭，其深层结构差别不大。根据这一观点，虽然各种语言可以用屈折或词序等不同形式表达语法关系，它们背后都有一种语法和语法范畴的体系，而且人类思想和心智的某些方面在各种语言之间基本上是没有区别的。而且，了解一下这些语法学家的著作就知道：他们都假设生成深层结构的内在递归原理在某些方面受到限制，例如要受到以下条件的限制，即要构成新结构只能在已经构成的旧结构中某几个固定位置上插入新的"命题内容"——相当于简单句的结构。❶ 同样，通过改变语序、省略及其他形式变换构成表层结构的语法转换也必须符合某些固定的一般性条件，例如上一讲中提到的那些条件。简言之，哲学语法理论以及当前对这些理论的发展都假设：尽管各种语言表层的表现有相当大的差异，一旦发现其深层的结构，揭示其基本机制与原理，它们之间差别甚小。

我们发觉甚至在德国浪漫主义时代还坚持这一假设，这很有意思，那个时期人们当然非常注重各种文化的不同，注重人类智力发展的多样性。现在纪念威廉·冯·洪堡特最主要是由于他提出语言多样性，以及各种语言结构与各种"世界观"相联系的思想，可是他也坚决主张在任何人类语言背后都可以找到一个普遍的体系，体现了人类独特的智慧。正是由于这个原因他才可能坚持唯理主义观点，认为语言并不真是学会的，当然更不是教会的，而是在适当环境条件下，基本上是按预先确定的方

---

❶ 指在简单句基础上构成复杂句，把简单句中某一个成分扩展成一个从句，就成了所谓"新结构"。——译者

向"从内部"发展起来的。他争辩说人们并不能真的教第一语言，而只能
"提供线索让它自己发展"，发展过程是成熟过程而不是学习过程。洪堡
特思想中充满这一柏拉图式的成分。洪堡特提出这一基本上属于柏拉图
主义的"学习"理论是很自然的，其自然程度不亚于卢梭按严格的笛卡尔
式机械解释局限性假设，在人类平等概念基础上批判压迫人民的社会制
度。总的说来，把浪漫主义时期的心理学和语言学都看作大部分是从唯
理主义概念发展来的是恰当的。❶

惠特尼提出来反对洪堡特和哲学语法的问题，总的说来，在语言学
对整个人类心理学具有什么意义方面有巨大价值。显然，只有假定唯理
主义观点基本上是正确的，语言学才具有真正深远的意义。这种情况下，
语言结构才能真正成为"心智的镜子"，无论从个别方面看还是从普遍方
面看都是如此。许多人相信现代人类学通过事实研究证明了语言与语言
实际上可以表现出漫无止境的差异，从而否定了唯理主义普遍语法的假
设。现代一直有人在重弹惠特尼关于语言多样性的老调。例如马丁·朱
斯(Martin Joos)说现代人类语言学的基本结论是"语言与语言之间的差别
无论在深度还是在广度方面都是无止境的"，❷ 他也不过是人云亦云
而已。

我认为"人类语言学研究彻底否定了普遍语法假设"这种想法在两个
重要方面是错误的。第一，曲解了古典的唯理主义语法观，唯理语法认
为只有在较深的层次，各种语言才相似，在较深的层次中表达语法关系，
进行创造性地运用语言的活动。第二，曲解了人类语言学的发现，事实
上这方面研究几乎一直完全局限于研究语言结构中相当表层的一些方面。

我这样说并不是在批评人类语言学，这门学科有它自身迫切要解决
的问题，特别是至少要搜集正在迅速消亡的原始社会语言的一些资料。
然而，在考虑它对普遍语法理论的作用时，必须记住它的成就有这一根
本局限性。人类学研究(与一般结构语言学研究一样)并不打算揭示语言
生成机制的内在核心，即确定较深层的结构的机制以及用来不断创造新

173

---

❶ 对这些问题的有关论述可参阅我的《笛卡尔语言学》(*Cartesian Linguistics*，New
York：Harper & Row，1966)。

❷ 朱斯编《语言学选读》(*Readings in Linguistics*)，第四版(Chicago：University of
Chicago Press，1966)，228 页。这是作为"鲍阿斯传统"提出来的。朱斯说："美
国语言学家决定：描写一种土著语言时，不要预先带上框框，以为语言一定是
怎样的，这下就有了决定性方向……"(第 1 页)。这话当然不能从字面理解，他
们的分析程序本身就反映出对语官可能有哪些差别作了假设。不过朱斯的提法
很有道理。

句型的系统手段的机制。因此这些研究显然并不真正影响各种语言内在生成机制差别不大这一传统假设。实际上现在所掌握的证据表明：如果普遍语法有严重的缺陷（从现代观点看确实有严重缺陷），缺陷在于没有认识到语言结构的抽象性质，没有给一切语言的形式都加上严格的、限制性很强的条件。当前语言学研究的一大特色是注重必须详尽调查了个别语言才有可能发现的那种普遍性语言特点，与这些普遍性有关的语言特点用过去采用的范围很窄的（由于一些必要的原因常常是在人类语言学范围内的）框框是根本无法研究的。

我想如果我们思考心理学中的传统问题，即如何解释人类知识的问题，就不可避免地会深深感到知识与经验差距很大。在语言方面差距在于反映本族人语言知识的生成语法与他们借以建立语法的贫乏而且有缺陷的材料之间。在原则上有关学习的理论应当处理这一问题，可是事实上却回避了这个问题，原因就在于前面提到的概念上的漏洞。除非在学习的概念与行为的概念之外再发展能力的概念，并且经过在某一领域中的应用，否则这一问题连说都说不明白。实际情况是至今还只有在研究人类语言方面广泛探讨过、应用过这一概念。只有在语言领域中至少已经朝着解释能力的方向迈出了头几步，已经为几种语言建立了一部分生成语法。随着语言研究的进展，我们有信心能指望这些语言的语法在广度和深度方面都有所发展；如果发现最初提出的语法基本上是错的，也不必奇怪。

既然已经为某些语言初步提出了生成语法，我们就可以第一次有效地提出知识来源的问题。换句话说，我们可以问以下问题：人脑中必须先有哪些初始结构，才能根据感觉材料构拟这么一部语法？这类有关固有结构的假设应符合一定的经验条件，其中有些条件已相当清楚。语言似乎是人类特有的能力，基本上与智力无关。而且我们可以相当正确地估计需要多少材料才能胜利完成这一任务。我们知道，尽管说同一种语言的人不仅智力高低悬殊，而且获得语言的环境迥然不同，但实际上各人构拟出来的语法差别微小。我们每人都生活在一定的文化环境中，当然意识到由于各人天赋不同获得语言的环境不同，使用语言的能力、词汇知识等也有很大不同。人们自然而然地不大注意相似之处，不大注意共同的知识，因为大家觉得这都是理所当然的。如果我们能做到保持必要的心理距离，如果我们确实把说同一语言的不同的人所掌握的生成语法一部部比较一下，就会发现我们以为理所当然的相似之处十分突出，而其中相异之处很少，而且界限不清。更有甚者，各种方言表面上看来相去甚远，初次接触大家互相听不大懂，但是方言中语法规则和变换过程等核心大都是共同的，深层的结构差别也不大。这些深层的结构经过漫长的历史时期似乎还是保持稳定不变。不仅如此，我们还发现了一系列富有实质内容的原理，即使在大家知道完全没有语源关系的那些语言中它们也没有不同。

语言领域中的中心问题都是一些虽然难以得到满意的解决，然而在原则上是很单纯的经验问题。我们必须假设有一个内容充实的固有结构（innate structure），足以解释经验与知识之间的差距，❶ 能用来解释为什么时间有限，能接触的材料有限，却能够构拟出符合经验事实的生成语法。另一方面，所假设的固有结构包含的内容又不宜过多，不宜限制性过大，以免把有些已知的语言排除掉。❷ 换句话说，假设的固有心智结构复杂程度和复杂性都有一个上限，有一个下限。实际情况很不清楚，因此，心智结构究竟有哪些性质才使得语言获得成为可能，这方面能允许有很不同的意见。但是我认为这毫无疑问是个经验问题，沿着我前面概要介绍过的方向努力是有可能解决的。

我个人对形势的估计是：未来真正的问题是要研究出一个内容够丰富的有关固有结构的假设，而不是发现一个简单的、基本的假设，不能只求"合理"就够了。据我看，并不存在"合理不合理"的问题，并不能预先认识什么样的固有结构被允许存在，不能靠先验认识指引寻找"足够基本的假设"。在缺乏论据、缺乏证明的情况下坚持认为心智的固有结构比其他生物系统简单，这只是武断之说，正如坚持认为心智组织必定符合某些未经调查研究就已经确定的原则——不论发现什么经验事实也不能变更的原则——也是武断之说一样。我觉得对心智问题的研究受到了处理这些问题时通常采用的一种先验论的阻碍。尤其是多年来统治着对知识获得问题研究的经验主义假设，我感到几乎没有经过证实就被采用了，对心智是怎么活动的可以设想出许许多多可能性，这只是其中之一，不该占据优先地位。

[思想评价]

我们今天常常会说起一个概念：原生家庭。无数的事实证明，原生家庭对一个人的性格、行为甚至一生都会产生极大的影响，无论他是芸

---

❶　作者认为（知识）—（经验）＝固有结构，由于知识与经验差距大，固有结构内容必然丰富、具体。——译者

❷　固有结构内容不可定得过于丰富、具体，否则会发现世界上有些语言并不具有这些内容。——译者

芸众生中的一员还是让人仰望的伟大人物。时至今日，即便已经退休，作为麻省理工学院的名誉院聘语言学教授，乔姆斯基依然积极地投身于教学与科研工作中。"经年以来，他构建了百科全书式的知识体系亦未停止其求索。他著述丰硕，成就斐然却还自认为比不上在工厂流水线旁工作的一名普通工人。"❶显然，科研工作者的秉性已经楔入乔姆斯基灵魂深处。而这种能力来源之一可以说是基因遗传环境。乔姆斯基最喜欢说的一句话是：这种能力已经"根植于骨子里了"。无疑，这是乔姆斯基对其家庭环境的肯定和对其父母的褒扬。❷

一、生平事迹与心理语言学理论形成的背景

1913 年，乔姆斯基的父母移民美国，艰辛的努力和工作使他们终于在美国立住了脚，为自己的家庭和孩子们创造了较为优越的环境。诺姆·乔姆斯基于 1928 年 12 月 7 日出生于美国宾夕法尼亚州的费城。他的母亲埃尔希是一名教师和社会活动家，他的父亲威廉是一位较有名气的希伯来语学者，精通希伯来语语法。在如此的家庭环境氛围中，乔姆斯基必然会耳濡目染，他在进行广泛阅读的同时，也涉猎了一些关于希伯来语言研究的艰深的学术著作。然而，乔姆斯基并没有像人们所想象的那样理所当然地投入语言学的研究之中。青少年时期的乔姆斯基对政治和社会抱有极大的关心，这也是他日后即便成为一名享誉世界的语言学家，也丝毫没有减少对政治活动的兴趣的渊源。

乔姆斯基能够真正开始对语言学产生兴趣，固然不可否认受到其父亲的影响，但这不是直接的原因。"二战"临近尾声时，乔姆斯基进入宾夕法尼亚大学学习。正是在这里，乔姆斯基遇到了真正促使其对语言学产生兴趣的宾夕法尼亚大学语言学教授泽里格·哈里斯（Z. S. Harris）。乔姆斯基对哈里斯的语言学产生了极大的兴趣，彼时，他完全接受了哈里斯步骤分析论的语言学观点。然而，1948 年乔姆斯基在撰写学位论文时，对哈里斯建议他的研究方法产生了质疑。也就是从那时起，乔姆斯基开始尝试寻找语言研究的新方法。1949 年，乔姆斯基大学毕业，之后进入宾夕法尼亚大学研究生院学习。在此期间，乔姆斯基对哲学产生兴趣，为日后成为语言学家和哲学家的双料人物奠定了基础。❸ 1951 年完

---

❶ ［德］沃尔夫冈·B. 斯波里奇：《乔姆斯基》，何宏华译，6 页，北京，北京大学出版社，2010。

❷ 同上。

❸ 同上书，35 页。

成了硕士论文《现代希伯来语语素音位学》(*Morphophonemics of Modern Hebrew*. New York：Garland，1979)。之后，乔姆斯基申请到哈佛大学的初级研究奖学金，在研究期间乔姆斯基逐渐积累了大量的手稿和研究心得。1955 年，乔姆斯基向宾夕法尼亚大学申请博士学位并提交题为《转换分析》的博士论文，并于当年获得博士学位。值得一提的是，《转换分析》是当时乔姆斯基正在撰写的《语言学理论的逻辑结构》一书的一章。在这部书里已经有了"表层结构""深层结构"等概念的雏形。该书最终于1975 年得以出版。

乔姆斯基真正投身于语言学研究始于 20 世纪 50 年代。当时，语言学研究领域盛行结构主义语言学，而在心理学研究方面则是行为主义占主导地位。

结构主义发源于 19 世纪，瑞士语言学家费尔迪南·德·索绪尔(Ferdinand de Saussure)将其运用到了语言学研究中，开创了结构主义语言学。相较此前的比较语言学，索绪尔的结构语言学有了很大的进步，将具体的语言行为(言语)和人们所掌握的深层的语言体系(语言)区分开来，把语言看作一个符号系统。他反对孤立地看待语言要素，主张系统地研究语言现象，注重分析和描写语言的结构系统。他强调共时的研究，认为语言学的研究对象应该是语言而不是言语。索绪尔去世后，他的学生巴利和薛施蔼整理了其讲稿，并于 1916 年出版《普通语言学教程》一书。索绪尔的语言学思想对之后的语言学发展产生了深远的影响，他被誉为"现代语言学的奠基人"。20 世纪 40 年代以后，在欧美占统治地位的结构主义逐渐发展为美国描写语言学派，走上了注重语言内向研究的道路，其代表人物是布龙菲尔德(L. Bloomfield)。因为受到了行为主义心理学的影响，描写语言学派试图通过"刺激—反应"论来解释语言的产生和理解过程。对此，乔姆斯基认为结构主义语言学只是对语言的表层形式进行切分和描写，无法解释形式相同但意义大不相同等诸如此类的语言现象。

行为主义心理学是 20 世纪 50 年代占统治地位的心理学派。这一学派强调科学研究的客观性。其典型代表是华生等人主张的"刺激—反应"行为主义心理学。它试图通过一系列的"刺激—反应链"来建立人类心理的解释理论。这种心理学摈弃心灵主义和内省主义，主张以客观行为作为心理学的研究对象，否定通过建立内部心理过程的抽象模型来解释心理现象这一方法的价值，甚至否定内部心理现象的存在。❶ 行为主义心

[美]诺姆·乔姆斯基：《语言与心理》，牟小华、侯月英译，8 页，北京，华夏出版社，1989。

理学使心理学研究走向客观，从主观唯心主义向客观唯物主义迈进了一步。但是，这一理论也存在其固有的局限性，比如：忽视了人与动物的本质区别；行为主义者力图将介于自然科学和社会科学之间的心理学还原为自然科学，如生理学和物理学等。乔姆斯基认为，用行为主义解释不了不管智力如何人都可以完成比较复杂的工作等现象，比如掌握语言的运用、儿童语言习得等。

正是结构主义语言学和行为主义心理学分别在其各自的领域存在局限性，这才为乔姆斯基转换生成语法的诞生提供了土壤。当"乔姆斯基革命"真正发生时，当时的语言学界和心理学界才受到了极大的震撼。

1955 年秋，乔姆斯基在莫里斯·哈里（Morris Halle）和罗曼·雅克布逊（Roman Jakobson）的推荐下任职于麻省理工学院电子研究所，讲授语言与哲学课程。这使得他有时间获得大量学术积累，为将来的丰硕成果打下了坚实基础。1957 年，乔姆斯基出版著作《句法结构》。此著作一经出版就引起轰动，成为语言学领域中的标志性论著。1959 年乔姆斯基在《语言》杂志上发表了《评 B. F. 斯金纳的言语行为一书》一文，针对斯金纳的"语言是一种习得的行为"这一观点进行了评论，引起了广泛的关注。1960 年，米勒、加兰特（Galanter）和普利布拉姆（Pribram）在他们的著作《行为的方案及结构》（*Plans and the Structures of Behavior*，1960）中，第一次把乔姆斯基的著作及其理论介绍到了心理学领域。此时，乔姆斯基的语言学思想开始在美国语言学界、心理学界和哲学界引起重视。1961 年，年仅 33 岁的乔姆斯基被聘为麻省理工学院终身教授。1965 年出版《句法理论的若干问题》一书，该书内容被称为转换生成语法的"标准理论"。书中就深层结构和语法转换规则进行了探讨。20 世纪 70 年代，乔姆斯基对语言学的贡献主要集中在对标准理论的修订上，最终形成了扩充的标准理论模式（EST），过后又出现了修正的扩充标准理论（REST）。❶

在此过程中，乔姆斯基发表了一系列的语言哲学著作。例如，增补后再版的《语言与心理》（1972）和《有关语言的若干思考》（1975）等。1976 年被任命为麻省理工学院院聘教授。

进入 20 世纪 80 年代，乔姆斯基继续对自己的理论进行深度的扩充、修正甚至创新，例如，管辖与约束理论。"到了 80 年代末，乔姆斯基成为一种全球现象……在学术界，他的思想所引起的影响，远远超出了语言学与哲学界：从计算机科学到神经科学，从人类学到教育学、数学和

---

❶ ［德］沃尔夫冈·B. 斯波里奇：《乔姆斯基》，55 页。

文艺批评领域。"❶此外，他被世界各国的高等学府，如英国的伦敦大学(1967)、印度的德里大学(1972)，授予各种荣誉学位，截至 2005 年，他一共积攒了三十多个荣誉学位以及各种奖项。显然，他投入科学研究工作中的与日俱增的热情和精力也有了丰硕的回报。到 1982 年，他已经发表、出版了 150 多篇(部)论文与专著。❷

此处必须提及乔姆斯基的夫人——语言学家卡罗尔及其家庭。1949 年，年仅 21 岁的乔姆斯基和儿时的朋友卡罗尔·沙兹相恋并结婚。卡罗尔通过自身的努力成为一个语言学家，主要研究罗曼诸语言和发声语音学。在哈佛大学，卡罗尔作为研究生在上述领域做了几年的研究工作，1953 年退学，1967 年为了缓解家庭的经济危机，又回到哈佛研究生院，主攻儿童语言习得，获得了语言学博士学位。1969 年在儿童语言习得问题上，卡罗尔发表了自己的专著并在哈佛教育学院获得永久教职，一直工作到 1996 年退休。她和乔姆斯基的三个孩子也早已长大成人，各自经营自己的生活。

最后补充一点：乔姆斯基从青少年时期起就对政治感兴趣，他关心政治和社会，对美国的内外政策持批判态度，撰写政治著作并积极参加政治活动。乔姆斯基在美国"当代全球最具影响力"100 名知识分子评选中排名第一。著有多部相关论著。

二、心理语言学理论的主要内容

(一)有关《语言与心理》

作为举世闻名的语言学家，乔姆斯基的代表作自然出现在语言学领域。出版于 1957 年的《句法结构》第一次提出转换生成语法理论，被视作"乔姆斯基革命"的开始。而 1964 年出版的《句法理论的若干问题》是继《句法结构》之后的又一代表性著作，是对原有理论的补充和修正，该著作内容被称为转换生成语法的"标准理论"。而提到乔姆斯基心理学方面的著作，就不得不提《语言与心理》(*Language and Mind*)这本书。

《语言与心理》这本书是乔姆斯基本人根据他于 1967 年 1 月在加州伯克利分校的三次演讲(Beckman 讲座)加工而成的，于 1968 年出版，并于 1972 年增补后再版。看书名就能明确这是一本融合语言学和心理学视角的著作。书中集中论述了语言学对心理研究的贡献。该书不同于乔姆斯基的技术性太强的语言学专著，而是用相对通俗的语言阐述了就语言与

---

❶ ［德］沃尔夫冈·B. 斯波里奇：《乔姆斯基》，68 页。

❷ 同上书，21-23 页。

　　该书分为三章，按照时间脉络进行梳理，分别阐述了语言学对心理研究的贡献的过去、现在和未来。

　　具体来讲，在第一章中，乔姆斯基对过去关于语言实质的研究和思考对于人类心理研究的贡献做出了评价，对 17、18 世纪以来的语言哲学以及相关的观点进行了梳理和评述。他认为，"在心理和行为研究的广泛背景下，更加详细地考察语言学理论在近代发展的特定理论，是会有启发的"❶。乔姆斯基首先从西班牙学者朱安·瓦尔特(Juan Huarte)谈起，瓦尔特将人的智力分为三个层次，第一层次是"被动的智能"，在这一层次中"人的心智中没有任何东西不是通过感觉取得的"。第二层次是人的正常智力，它超越了经验主义的界限，能够产生新思想并找到表达新思想的适当而新颖的方式。第三层次是真正的创造性，以一种超出正常智力的方式运用创造性想象。❷ 这一框架对讨论后来的"心理学理论"是有益的。乔姆斯基还指出，笛卡尔早就提出语言是人所特有的，人之所以不同于其他动物是因为"其他动物缺少一种东西，即那种在人类语言的常规运用中显示出来的、作为思维的自由工具的生成能力"❸。乔姆斯基把这种能力称为"语言运用的创造性"。正是这种"创造性"使语言获得了无限的运用，人们在常规语言运用的过程中所说出的句子大部分是全新的。然而在解释这种"创造性"方面，由于时代所限，笛卡尔并没有给出具有说服力的证明。"唯理主义的语言哲学与 17 世纪其他种种独立发展起来的思想融合在一起，形成了第一个真正有意义的语言结构的一般理论，即后来称之为"哲学"语法或"普遍"语法的观点。"❹尽管现在的人们对其知之甚少，但是其中的有关"深层结构和表层结构"的思想为乔姆斯基的转换生成语法理论的提出带来了启示。

　　在这本书的第二章，乔姆斯基重点对与心理研究有关的当代语言学的发展状况进行了考察。在这一章，乔姆斯基阐述了自己一直以来坚持的观点。他认为，历来对于语言和心理的研究，往往都基于结构主义方法和行为主义方法，导致对其解释过于肤浅。例如，人们想当然地认为语言是一种"习惯结构"或联想的连接网络，"语言知识是通过重复和训练缓慢发展起来的"，而忽视了"来自心理组织的更深层的原理"。对人类的

---

❶　[美]诺姆·乔姆斯基：《语言与心理》，9 页。

❷　同上书，10 页。

❸　同上书，11 页。

❹　同上书，15 页。

语言来说，词汇与语法是有限的，而根据有限规则的组合产生的句子却是无限的。乔姆斯基指出，语言能力是人类特有的禀赋，是具有创造性的。对这种语言能力的探究可以理解为对"普遍语法"的探究。在这一章，乔姆斯基重点提及了他的语言思想的几个核心概念，"转换生成语法""深层结构和表层结构"以及"普遍语法"等。

第三章是关于"语言和心理研究在未来可能沿什么方向发展的一种高度推测性的讨论"。乔姆斯基认为语言研究的最大意义在于能够帮助人们理解心理过程的特性和内容。人们对语言机制的理解会对人类心理学的研究产生真正的意义。语言研究为人类的心理过程的研究提供了一个非常有利的视角，而在知觉和学习过程中，心灵在决定所习得知识的特性方面起着积极的作用。依照乔姆斯基的观点，语言研究就应该在普遍的心理学研究中占有中心地位。❶

(二)有关"转换生成语法"

"转换生成语法"是乔姆斯基语言思想的核心。这一概念是在 1957 年乔姆斯基的专著《句法结构》中提出的。转换生成语法，顾名思义，即通过"转换""生成"来获得语义的无限延伸。转换生成语法强调的是人的语言能力，这与结构主义语言学只关注语音、语法等语言结构本身有着很大的区别。这一理论从 20 世纪 50 年代诞生以来一直到 20 世纪 90 年代，经历了五个阶段。分别是第一语言模式时期，标准理论时期，扩充式标准理论时期，管辖与约束理论阶段，最简方案阶段。在此过程中，乔姆斯基也对其进行了不断的反思与修正。这一理论的提出与当时盛行的结构主义语言学形成了鲜明的对立，引起了语言学界的广泛关注和探讨。人们将其称为"乔姆斯基革命"。

乔姆斯基认为语言是句子的无限集合，他把语法看成一个能生成无限句子的有限规则系统。所谓的"转换"就是用规则指示出不同类型句子之间的内部结构关系的一种方法。❷ 例如，如果以"John loves Mary"为核心句，那么就可以根据语法规则进行转换进而得到其他句子，"Mary is loved by John""John doesn't love Mary"等。❸ 转换生成的理论促使人们开始关注有关联的若干句子之间的关系，相较于结构主义语言学只关注单个句子的语法结构有了更宏观的视角。

---

❶ [美]诺姆·乔姆斯基：《语言与心理》，113 页。

❷ 周显铭、罗英豪：《浅谈乔姆斯基的转换——生成语法》，载《湘潭大学社会科学学报》，1981(2)。

❸ 叶闯：《乔姆斯基语言学思想评价》，载《哲学研究》，1987(10)。

而要明确"转换生成"的过程，就需要理解"深层结构"和"表层结构"的含义和关系。所谓的"表层结构"指的是"句子中语素的有规则的配列，句子组成成分的层次构造"。而"深层结构"是指"人们说话之前脑子里存在的一种概念结构"❶。通俗来讲，说出来的话属于表层结构，而其含义属于深层结构。"深层结构"和"表层结构"强调对语言形式与意义的同时关注。二者通过一定的规则进行转换。简言之，如下图❷所示。

$$深层结构 \xrightarrow{\text{转换}} 表层结构$$

$$\downarrow \qquad\qquad\qquad \downarrow$$

$$意义 \qquad\qquad\qquad 交际形式$$

上图表明了深层结构和表层结构的关系，深层结构所要表达的意义以用于交际的具体的句子的形式出现。因此，深层结构就是一种抽象的意义存在，而相对地，表层结构就可以理解为具体的存在。以"A wise man is honest"这句话为例，对其表面的句子结构进行分析可以很简单地得出其主语是"A wise man"，其谓语是"is honest"。但是当用深层结构进行分析时，可以抽出主语"man"和谓语"be wise"的底层命题。也就是说，从深层结构的角度来说，这个句子中包含两个命题，二者相互关联，共同表达出了这个句子："A wise man is honest"。在对句子进行深层结构分析时，乔姆斯基善于用公式或者树形图式将句子结构表示出来，以下是公式或树形图式中常用的字母所表示的内容。

Sentence——NP＋VP

NP——T＋N

VP——Verb＋NP

T——the

N——man, ball...

Verb——hit, take...

因此，上面的句子"A wise man is honest"可以用如下的树形图❸来表示。

---

❶ 周显铭，罗英豪：《浅谈乔姆斯基的转换——生成语法》，载《湘潭大学社会科学学报》，1981(2)。

❷ 胡敏：《转换理论在英语教学中的应用——纪念乔姆斯基〈句法结构〉发表三十周年》，载《外语教学》，1987(6)。

❸ ［美］诺姆·乔姆斯基：《语言与心理》，32页。

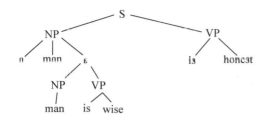

相较于结构主义语言学，转换生成语法的科学性还体现在可以解释结构主义语言学无法解释的语法现象。例如对歧义句的分析就是其中之一。"The shooting of the hunters"之所以出现歧义，是因为有两个不同的深层结构，而它们又共有一个表层结构。❶ 此外，深层结构也让我们能够理解一个主动语态的肯定陈述句相对应的被动句、否定句、疑问句以及这些句子之间的关系等。

基于以上体系可以看出，转换生成语法不再局限于对单个句子结构的分析和关注，转而关注句子的内在意义。形式不同的若干个句子不是彼此毫无关联的个体，有可能是由同一个深层结构转换生成而来的。因此，深层结构才是语言表达的生成机制，这种机制不是具体的某个句子，而是一种抽象的存在。转换生成语法理论所要强调的是人的一种语言能力，人不仅仅是语言的使用者，更是语言的生成者。也就是说，语言使用者具有创造能力，能够说出以前从没说出过或者听到过的句子。而人在进行语言表达时肯定会受到心理因素的支配和影响，这一理论强调心理对语言的影响。

纵观乔姆斯基的语言学理论，我们可以看出转换生成语法不仅仅是一种具有普遍性的语言学理论，而且更是紧扣人类心智研究的心理学理论。正如我国学者蔡曙山（2006）所评价的那样："乔姆斯基语言理论的意义在于，由此我们知道我们所谈论的是人类存在和人类心智的特征，而不是谈论一个语言系统，更不是谈论一个形式系统。"❷转换生成语法也有助于理解心理过程。乔姆斯基在语言研究的过程中逐渐增加对心理的关注，他把语言学当作认知心理学的一个分支，并且强调生成语法对于探究人类心理的结构和素质的重要性。❸

---

❶ 周显铭、罗英豪：《浅谈乔姆斯基的转换——生成语法》，载《湘潭大学社会科学学报》，1981(2)。

❷ 蔡曙山：《没有乔姆斯基，世界将会怎样》，载《社会科学论坛》，2006(6)。

❸ ［英］约翰·莱昂斯：《乔姆斯基评传》，陆锦林、李谷城译，71页，上海，华东师范大学出版社，1981。

转换生成语法的理论前提是要承认"人类生来就具有共同的语言能力"。乔姆斯基将"语言运用"和"语言能力"严格区分开来。"语言运用"是人们对所掌握的语言的应用，而"语言能力"则是人类具有的、可以生成语言的一种能力。正是基于这一与生俱来的"语言能力"，人类才拥有"普遍语法"。人们根据"普遍语法"的规则拥有了大量的语言直觉知识，从而能够说出无限的句子，判断出什么样的句子合乎语法，什么样的句子不合语法。

最早提出"普遍语法"这一概念的是德国的哲学家艾斯泰德（Alsted），他大约在 1630 年第一次运用这个术语，作为与"个别语法"相对立的概念。❶ 这一思想最早可以追溯到古希腊柏拉图、亚里士多德等哲学家的思想。基于这一思想的启发，乔姆斯基认为，人类的语言知识包括两个部分，一部分是通过生物进化和先天遗传获得的大脑中已经存在的，这部分是具有人类共性的，具有普遍性，称为"普遍语法"。另一部分是与之相对的，人在出生后在一定的语言环境中后天习得的，具有个别性，因此称为"个别语法"。尽管每种语言都有各自的特殊语法，但这都是表层形式的不同。在深层形式上，各种语言必定是相同的，因而存在着"普遍语法"。语言学家的最宏伟的任务就是构拟出人类语言的"普遍语法"。❷ "普遍语法"实际上指的是一种语言获得机制，可以看作关于人所具有的可以学会任何一种具体语言能力的模式，其本身并不是任何具体的语言。❸

乔姆斯基提出"普遍语法"理论，主要基于对儿童语言习得过程的考察。例如，拥有不同母语的儿童习得母语的过程经历了相似的阶段；儿童在较短的时间内就能够习得极为复杂的语言规则并能运用自如。倘若人类并非先天就具备这一语言规则系统，而仅仅依靠后天的学习就能达到这种水平，这是让人难以置信的。因此，在乔姆斯基看来，只有承认人类语言能力的先天存在才具有说服力。当然，外部环境和经验也是不可缺少的，但是乔姆斯基认为其仅仅起"诱发"的作用。

20 世纪 80 年代初，乔姆斯基开始关注人类大脑的职能分工，他强调人类语言的生物学基础，提出了"内在化语言"（Internalized Language）

---

❶ 代天善：《语言天赋论：乔姆斯基语言思想探索》，32 页，北京，中国社会科学院出版社，2011。

❷ ［美］诺姆·乔姆斯基：《语言与心理》，4 页。

❸ ［美］诺姆·乔姆斯基：《乔姆斯基语言理论介绍》，赵辛而等译，22 页，哈尔滨，黑龙江大学外语教学编辑部，1982。

和"外在化语言"（Externalized Language）。"内在化语言"是对"语言能力"概念的继承和发展。内在化语言是一种心灵结构，是实实在在的心理客体，它是由人脑的独特结构决定的。它是个人的，内在地呈现在每个成年人的头脑中。外在化语言是指具有听觉和视觉等方面的物理属性的语言，是外在地呈现于物质世界上的，但它不存在于人脑中，不是人脑的器官，也不具备心理现实性，因而是外在化的。❶ "内在化语言"和"外在化语言"已然是语言学与心理学结合互动产生的概念，从中更加明确地体现了乔姆斯基的认知心理学观点。

进入 20 世纪 90 年代，转换生成语法迎来了它的"最简方案"的阶段。可以说，自转换生成语法理论诞生以来的四十多年间，乔姆斯基在不断地修正和补充其理论，这也恰恰体现了乔姆斯基对科学孜孜不倦的探索与追求精神。有人认为，乔姆斯基的理论解决了语言学领域的柏拉图问题，即"环境给我们提供的信息如此之少，而我们是如何获得如此丰富的知识的呢？"❷

不论是最开始的语言理论还是之后与心理学结合之后的理论扩展，乔姆斯基始终在唯理主义哲学观的指导下探求着人类语言的本质。前文已经提到，乔姆斯基认为语言学家的使命是构建人类语言的"普遍语法"，而他自己本人正是对这一科学的假设报以极大热情和探索精神的实践者之一。他以开阔的思路和宏观的视角直抵人类语言获得机制的深层，并将其延伸到心理机制领域。于是，语言学和心理学成为产生互动的两个学科，二者在互动的过程中彼此推动，出现了语言心理学、心理语言学、社会心理语言学等分支，从而推动了整个人类的自我认知和发展。

三、心理语言学理论的评价

乔姆斯基对语言学和心理学或心理语言学理论的重要贡献在于，有效地促成了语言学和心理学的有机结合，并颇具独创性地提出了语言天赋论与心智主义论。

1. 促成了语言学和心理学的结合

在乔姆斯基的转换生成语法理论提出以前，语言学与心理学是在各自的领域独立发展的学科。二者之间尽管会有借鉴，但是从来没有结合得如此紧密。转换生成语法理论的诞生，使二者实现了有机结合，成为产生互动的两个领域。作为语言学家，乔姆斯基早期的著作是在语言学

❶ 石林平：《乔姆斯基心理语言学理论概述》，载《社科纵横》，2006(1)。

❷ ［德］沃尔夫冈·B. 斯波里奇：《乔姆斯基》，73 页。

的传统范围中书写的，但是其中已经蕴含着心理学的思想。因此，乔姆斯基的理论一经诞生就给心理学界带来了冲击和思考。探究语言的本质属于语言学范畴，而人类在实际生活中对语言的表达和反应又和心理不无关系。乔姆斯基以深厚的语言学基础为支撑，极具说服力地证明语言与哲学、心理学问题息息相关。他为认知心理学的发展提供了一条重要的途径，有助于探究人类语言的本质。

1957 年《句法结构》出版伊始，其中的生成语法的思想就已经引起了心理学家们的关注。之后的 1958 年，乔姆斯基和心理学家乔治·米勒合作写了一篇题为《有限状态语言》的论文。1960 年，米勒等心理学家又把乔姆斯基的著作及其理论介绍到了心理学领域。❶ 1963 年，米勒和乔姆斯基又为《数理心理学手册》撰写了两章，其中一章是《语言使用者的有限模式》，较为详细地叙述了生成语法在语言运用中的心理机制含义。❷ 在那之后，乔姆斯基开始在《句法理论要略》《笛卡尔语言学》和《语言和心理》中把语言学作为认知心理学的一个分支，强调生成语法对于探究人类心理的结构和素质的重要性。

乔姆斯基的语言学理论对认知心理学的影响是极为显著的。要评价乔姆斯基的心理学贡献必然不能忽视其在语言学领域的重大成就。通过对乔姆斯基的语言学理论的解读我们可以认为，身为语言学家的乔姆斯基的语言学观点——无论是"转换生成语法"还是"深层结构""表层结构"，抑或是"普遍语法"，都是建立在"人类不同于其他动物，先天就具有语言能力"的假设之上的。

乔姆斯基作为一个语言学家活跃在心理学领域是有理由的。他从语言学的视角去探究人类语言体系的本质，又从这一本质出发，寻求人类心灵的呼声。这是他的独特和顶尖之处。

2. 提出了语言天赋论与心智主义论

长期以来，行为主义心理学一直占据西方心理学的主要位置。按照斯金纳、布龙菲尔德等行为主义者主张的"白板说"，语言能力并不是人类生来就具有的，人的心智生来是一张"白板"，通过后天的经验进行"刺激—反应"来获得语言能力。而乔姆斯基对此提出了相反的看法，即"语言天赋论"，认为人的语言能力是先天就有的。这是对行为主义心理学主

---

❶ ［美］J. 格林：《乔姆斯基》，方立、张景智译，10 页，北京，中国社会科学出版社，1990。

❷ ［英］约翰·莱昂斯：《乔姆斯基评传》，陆锦林、李谷城译，75 页，上海，华东师范大学出版社，1981。

张的有力挑战。

　　乔姆斯基拥有这样的思想，并非突发奇想，毫无根据。乔姆斯基坚持"唯理论"的哲学观点，"认为人类的语言是人类理性的体现，也是人独有的特性。研究语言可以解释人类心理的奥秘，语言学理论可以为心理学研究提供观点和参考"❶。他试图通过对语言生成的研究来探究人的语言机制。他指出"理性、抽象思维是知识的源泉和真理的标准。在获得知识方面，起决定作用的不是外界刺激和周围环境，而是人的内在心灵机制"❷。这一思想反映在语言观上，就形成了与以斯金纳为代表的行为主义者的观点对立的"语言天赋论"。这也是他在 1959 年针对斯金纳的"语言是一种习得的行为"这一观点撰文评论的原因。有学者认为，正是"唯理论"的哲学思想成为乔姆斯基"语言天赋论"萌芽的土壤。例如，乔姆斯基就引证了莱布尼茨《人类理解新论》中的表述来阐述自己的观点："我们先天的观念和真理是作为倾向、禀赋、习惯或天然的潜能而不是作为行为出现的。尽管这些潜能通常伴随某些不易察觉的行为。"❸而"天赋观念"这一提法最早于 17 世纪由笛卡尔提出。以下的表述足以表明他的"天赋思想"："视觉……呈现的只不过是图像，听觉提供的只不过是声音。除了这些声音或图像外，由这些声音或图像所传达的所有观念全都来自我们的思想器官，而不是别的什么来源。因此，先天的思想器官是我们与生俱来的。"❹这一观点后来也渗透到语言学中，笛卡尔认为语言也是天赋能力的产物，人类的语言中存在着一种对各种语言都适用的"普遍语法"。很显然，乔姆斯基受到了笛卡尔思想的影响。他指出"把如此复杂的人类成就归于几个月（至多几年）的经验，而不归于几百万年的进化或神经组织原则，这是毫无道理的"❺。这一理论无疑也契合了达尔文的"进化论"。在达尔文看来，人类的语言是一种"奇妙的发明"，它是遗传天赋的一部分，尽管只有在特定的成熟时期和适当的外部环境条件下才显现出来。❻

　　所谓的"语言天赋"，即人生来就具有的一套语言生成机制（language acquisition device，LAD），它实际上就是一种通过进化、遗传获得的与生俱来的语言能力，或者说它就是"普遍语法"，是人类大脑中的一个特

---

❶　季月：《乔姆斯基的语言习得理论研究》，博士学位论文，南京师范大学，2005。

❷　[美]J. 格林：《乔姆斯基》，2 页。

❸　代天善：《语言天赋论：乔姆斯基语言思想探索》，20 页。

❹　同上书，21 页。

❺　[美]J. 格林：《乔姆斯基》，3 页。

❻　代天善：《语言天赋论：乔姆斯基语言思想探索》，27 页。

殊系统。这种能力就像是一种官能内化在人的大脑内。人出生之后，慢慢接触到了具体语言，这种后天获得的经验和经历就会启动大脑中已经存在的语言机制，使之发育成长，经过几年的生长，最终达到一种趋于稳定的成熟状态。这就可以解释为什么儿童能在出生后的短短几年时间之内可以迅速掌握母语这一现象。这一理论强调语言获得的先天、遗传的因素，与行为主义心理学强调语言学习过程中的环境、经验等后天作用是相对立的。乔姆斯基认为，"语言天赋"论反对行为主义的观点的一个很重要的方面就是语言的创造性。实际生活中，儿童从周围听到的成人的语言表达是有限的，这其中还不排除充满语法错误或表达不完整的情况，然而儿童却能够在这样不充分、不完全的语言背景下，在若干年的时间内掌握较为完善的语言表达体系，说出和听懂他们以前未曾听过或者说过的无限多的话语，甚至建立起该语言的语法规则。换言之，儿童接受的语言表达是有限的，而生成并能够表达的句子却是无限的。关于这一点，强调"刺激—反应"联结的行为主义者的"后天学习理论"是无法解释的，因为这种创造性并非仅仅通过反复练习、依靠经验就能获得的。

乔姆斯基的立场与行为主义主要有如下区别。第一，语言习得过程是在儿童内部进行的，不依赖于外部环境的强化。第二，"语言习得机制"只负责习得语言，与儿童其他方面的发展基本无关。第三，环境因素只是激发"语言习得机制"的先决条件，在学习过程中并不重要。第四，儿童学到的不是一套复杂的习惯，而是一套内化了的规则，使他们能够自如地运用语言。正是这套规则构成本族语者的语言能力。❶ 由此可以看出，乔姆斯基并不强调后天环境能否给儿童的语言习得带来影响，他始终认为人内在的语言生成机制才是促使语言习得的原动力。

此后，乔姆斯基还提出了更为惊人的观点，认为与具有独立结构和功能的心脏以及其他器官一样，语言也是一种"心智器官"。这体现了乔姆斯基的"心智主义"认识论思想。其主要内容有两个方面。第一，语言是人类所独具的一种种属特性，人在刚出生时，大脑便呈现出一种特定的物质状态，这种特定的物质状态和结构是人类遗传基因预先规定好了的。它在后天的经验（语言环境）的作用下，发育成长而进入一种稳定的物质状态，从而使个体具备了说话的能力，获得了某种具体语言的语言知识。第二，与语言相关的人脑的某种特定的遗传属性决定了人有学会

❶ 张卫东：《LAD 与"白板说"——乔姆斯基与行为主义者语言观对比刍议》，载《现代语文》，2012(9)。

任何一种人类语言的可能。这种可能在后天语言经验的作用下，变成了使用某一具体语言的现实能力。因而，语言便是后天经验作用于人脑遗传属性的结果，是先天属性与后天经验相互作用的结果。❶ 有关这一观点，现代医学和遗传学的研究成果也为乔姆斯基的观点提供了支持。如对失语症和脑损伤病人的研究表明，大脑中有着特定的语言控制区域。遗传学家也发现，许多语言障碍，如诵读困难、口吃、感受性失语、语音麻痹等，经常以家族的形式出现。这些研究成果都表明，语言能力具有一定的先天性和遗传性。❷

乔姆斯基的这一理论受到了人们的广泛关注，推动了认知心理学、心理语言学等诸多领域的发展。乔姆斯基以语法研究为依托来探讨人类心智问题给予了认知心理学很多启示，关于人类语言获得方面的研究也成为认知心理学领域的重要内容。

当然，这并不是说乔姆斯基的理论完全获得了人们的认同，对乔姆斯基的观点也有很多人持反对意见，甚至批判。例如：皮亚杰和普特南就对乔姆斯基的理论进行了批判。皮亚杰指出，他与乔姆斯基在"语言是心智、理性的产物""人类语言有一个共同的核心"等观点上具有共同点，他们的分歧在于"普遍语法"究竟是先天的还是后天建构而来的。❸ 而普特南则对乔姆斯基的"语法"概念提出了质疑。普特南认为，语法是语言的属性，儿童在学习语义规则的同时不知不觉地掌握了语法规则，语法规则不是人类大脑的属性。❹

诚然，乔姆斯基的部分观点的确会让人质疑。比如，他认为，人类的语言能力是先天就存在的，后天的经验或经历只是一个"诱发原因"，这是否过于夸大了先天遗传因素？再如，人的语言能力在很大程度上并不受智力的影响，语言发展和智力发展是相互独立的。但是在人类社会，我们也确实发现智力出现问题的人的语言能力也可能出现不正常的情况。"普遍语法"理论虽然具有较强的说服力，但毕竟是一个假说，能够涵盖人类所有语言的"普遍语法"是否真的存在也是需要继续探究和论证的问题。

但是，任何的理论都具有其不完善的地方，我们也没有必要要求乔

---

❶ 桂诗春、宁春岩：《语言学方法论》，北京，外语教学与研究出版社，1997(4)。

❷ 张伟琛、金峻歧：《乔姆斯基的语言先天性思想》，载《自然辩证法通讯》，2001(3)。

❸ 王巍、寇世琪：《追寻人类语言的来源》，载《自然辩证法通讯》，1998(2)。

❹ 张伟琛、金峻歧：《乔姆斯基的语言先天性思想》，载《自然辩证法通讯》，2001(3)。

姆斯基理论无懈可击。我们必须承认，乔姆斯基理论的一系列观点对于引导人们对自身语言本质和心灵认知进行探究，以及对认知心理学的发展是功不可没的。

四、我们的认识与理解

乔姆斯基对语言学和心理学的贡献是毋庸置疑的。在语言学的研究过程中，他并没有将语言的研究局限在句子结构中，而是用更开阔的思路和更宏观的视角，在给同时代的语言学和语言哲学带来巨大影响的同时也找到了一条从语言到心智和认知的发展道路。乔姆斯基的转换生成语法理论的提出、发展和完善，为心理学研究带来了新的研究思路。这一新思路引申到心理学的各个方面，比如发展心理学、实验心理学、行为心理学、认知心理学等。乔姆斯基的研究在提倡交叉学科研究的今天，也是很好的研究范例，为交叉研究提供了新的范式。

乔姆斯基在心理学领域的贡献有目共睹。他从"人类如何习得语言"这一命题出发，进而探求语言生成的本质，最终走向对人类心灵的叩问。这或许正是作为语言学家的乔姆斯基不同于其他心理学家的独一无二的视角。正因如此，他的理论一经诞生就能引起心理学界的广泛关注，最终成为推动认知心理学发展的重要动力。皮亚杰曾对乔姆斯基对心理学的贡献做过这样的评价："有名的语言学家乔姆斯基明确地批判了斯金纳对学习的解释，并证明不可能存在像行为主义和联想主义者的模型那样的语言学习，他以此对心理学做出了一大贡献。"❶

乔姆斯基的理论贡献主要体现在促进了心理语言学的大发展。桂诗春（1991）指出，目前学术界公认乔姆斯基在三个方面对心理语言学产生了深远的影响。❷ 首先，他对行为主义的批评以及他对语言研究的目标定位促进了认知科学的发展。他对语言的独特的观察视角一下子触及人类的认知层面，将语言与认知心理联结起来，也搭建起了通过语言通往心理认知的桥梁。其次，他提出的语言习得机制理论为发展心理语言学提供了理论框架。心理语言学是研究语言产生和获得的科学。乔姆斯基的语言习得机制理论对儿童的语言习得原理用内化的视角进行了充分的演绎，是心理语言学得以不断发展的理论支持。第三，他的转换生成语法指引着 20 世纪五六十年代的实验心理语言学的研究方向。转换生成语

---

❶ 柳强、陈永涌、霍涌泉：《试论乔姆斯基对认知心理学的重要贡献》，载《心理科学》，2013，36(6)。

❷ 殷丹：《乔姆斯基对心理语言学的贡献》，载《南昌教育学院学报》，2010(1)。

法诞生之后，心理学家们为了验证转换规则的心理现实性设计了转换实验、语义功能实验、信息处理模式实验等。这无疑在实证中推动了心理语言学的发展。❶

乔姆斯基的贡献不仅体现在心理语言学方面，在整个认知科学方面，他的理论都具有重要的基础地位和指导作用。从心智哲学、认知心理学、认知神经科学、人工智能等认知科学的分支的形成与发展中，我们都可以看到乔姆斯基理论的影响。❷

我国学者蔡曙山在《如果没有乔姆斯基，这个世界会怎样?》一文中给予乔姆斯基高度评价："乔姆斯基堪称当今的笛卡尔和达尔文，如果没有乔姆斯基，半个世纪以来的人类文明会是另外一个样子，世界也会是另外一个样子。"❸我们当然好奇，如果没有乔姆斯基的语言哲学，我们将会在怎样的节点开始思考语言与心灵之间的内在关联，又会以怎样的方式去接近和解读这种关联带给我们的有关认知的命题。

当然，乔姆斯基的理论也未必尽善尽美，然而正是这种不完美才是引导科学家不断探索的动力。也许正如艾耶尔所认为的那样，"乔姆斯基观点的威力不在于他所肯定的东西，而在于他否定了什么东西"❹。这样的科学家是整个人类的财富，他们怀有强烈的责任感和使命感，勇于坚持自我，敢于质疑和挑战权威。正因如此，人类才一步一步走到今天，并注定走向更远的未来。

---

❶ ［美］J. 格林：《乔姆斯基》，184-186 页。

❷ 蔡曙山：《没有乔姆斯基，世界将会怎样》，载《社会科学论坛》，2006(6)。

❸ 同上。

❹ 王巍、寇世琪：《追寻人类语言的来源》，载《自然辩证法通讯》，1998(2)。

第八章　奥斯古德 ❶

［印象小记］

　　奥斯古德（Charles Egerton Osgood，1916—1991），美国心理学家。早年致力于学习理论及其实验研究，提出了具有重要影响的学习迁移模型。后来致力于心理语言学、情感的意义与感情归因、心理社会动力学等方面的研究，有独特的见解和较深的造诣。创立了语义分化法，被广泛应用于人格、临床以及职业选择中。此外，奥斯古德还是心理语言学的先驱，对心理语言学成为一个独立学科分支有着卓著的贡献。1954 年他和西贝奥克（Thomas A. Sebeok）合编了《心理语言学：理论和研究问题概述》，学界一般认为这是心理语言学的开端。

---

❶　本章作者：李琛，董妍。

人类学习的相似性悖论：一种解决方法[1]

行为是一个连续而流畅的过程，而在实验室观察到的活动只是其中的一部分。研究者分析的行为的任何一部分，都是其巨大行为母体的不可分割的组成部分，只能从其相互作用中加以解释。迁移和倒摄实验是衡量这种相互作用的明确尝试，而相似性这一变量——即先后呈现的材料中存在的同质性成分——是其中最重要的，也是最令人捉摸不清的因素。

大多数心理学教科书中关于相似性和干扰之间关系的经典表述是"相似性越大，干扰也会越大"。这一规律的提出最早可追溯至麦吉奥赫(McGeoch)等人的研究[2][3][4]，后来的一些研究表面上似乎也证实了这一点。然而，这个结论如果成立，从逻辑上就会带来一些不可能的情况。练习中先后呈现的刺激和反应材料的高度相似性是习得任何简单习惯和S-R联结所必不可少的。不同试验间的刺激和反应情况虽然不可能完全相同，但却是极度相似的——这样，（普通学习的）促进作用才得以实现。这样，普通学习从理论上看会受到最大程度的干扰，而在实践中却会得到最大程度的促进。本文关注的就是这样一个基本悖论，并为其求解。

相似性对迁移和倒摄作用的实证规律

人类学习中的迁移和倒摄作用是实验心理学中最受广泛关注的领域之一，但研究方面目前还缺少可以将现有数据和结论整合起来的明确归纳。一部分的困难在于，研究者们采用的程序、材料和设计不尽相同，这也是心理学作为一个年轻学科常常面临的问题。但还有一部分原因在于，在很大比例的实验中，理论上的相关关系显然是无法说明的：被试

[1] Osgood, Charles E, "The similarity paradox in human learning: A resolution," Psychological review, 1949, 56(3), pp. 132-143.

[2] Johnson L M, "Similarity of meaning as a factor in retroactive inhibition," Journal of General Psychology, 1933, 9(2), pp. 377-389.

[3] McGeoch J A, McDonald W T, "Meaningful relation and retroactive inhibition," The American Journal of Psychology, 1931, 43(4), pp. 579-588.

[4] McGeoch J A, McGeoch G O, "Studies in retroactive inhibition: X. The influence of similarity of meaning between lists of paired associates," Journal of Experimental Psychology, 1937, 21(3), p. 320.

只是学习了列表 A，然后学习列表 B，抑或是先学习迷津Ⅰ，再学习迷津Ⅱ；积极或消极的效应都有可能产生，取决于实验中难以分析的条件或情境。

本文的目的在于阐明相似性在人类学习中的作用，为实现这一目的，只有符合特定要求的实验才被采用：其中相似点的位置是可指定的，如刺激与刺激、反应与反应或两者兼有。尽管这种分析方法只利用了原始研究的一部分数据，在一些学者看来略有不妥，但其确实能对这一研究问题进行清楚细致而又连贯一致的探究。

当研究"迁移"时，我们关注的是特定先验活动对给定测验学习活动的影响；而当研究"倒摄"时，我们关注的是特定的插入活动对先前学习活动中所学内容的保持的影响。在这两种情况下，实验者都是任意地"拿起"一个连续过程中的某一部分进行分析，并且可以预期，存在一个在两种情况下都适用的规律。在当前的情境下，我们可以看出，相似性的作用函数能够同样适用于迁移和倒摄的数据，这便大大简化了理论工作。图 8-1 给出了三种基本学习范式的符号表示。在范式 A 中，刺激材料在连续试验中各有不同，而对应的反应在机能上是相同的；在范式 B 中，反应是可变的，而刺激在机能上是相同的；在范式 C 中，刺激和反应是同时变化的。

可以看出，在探究相似性的影响时，迁移作用是通过插入活动进行测查的，而倒摄作用是通过随后的一个序列进行测查的。在这里，我们用"机能性相同"这一表述是为了明确，在上述过程中，无论是刺激和刺激之间，还是反应与反应之间，都是无法做到真正相同的。有如幻影一般，只能无限接近，但永远无法真正达到相同。在连续的试验或任务中，当情况客观不变时（即屏幕上出现相同的无意义音节刺激时，或迷津实验的重复试验中来到相同的分支点时），刺激是机能性相同的；而如果在一个给定的分析水平上得分都是相同的（即，只要被试说出目标音节，或是大鼠做出转向行为，无论是如何做到的、内部原因如何，都计为"正确"），反应是机能性相同的。因此，机能性相同就是相似性最大的边界情况。

迁移

范式 A:	$S_1 \to R_1$	$S_2 \to R_1$	$S_1 \to R_1$
范式 B:	$S_1 \to R_1$	$S_1 \to R_2$	$S_1 \to R_1$
范式 C:	$S_1 \to R_1$	$S_2 \to R_2$	$S_1 \to R_1$

倒摄

图 8-1　迁移和倒摄的范式

注：在系列练习材料中，不同范式对应的可变处不同：范式 A 刺激可变，范式 B 反应可变，范式 C 刺激和反应都可变。

1. 首先，我们来看范式 A。在这种条件下，刺激相似性是可变的，而反应是机能性相同的。这种范式的迁移部分可以被认为无异于一种对刺激泛化的象征性表述。例如，在霍夫兰(Hovland)的经典研究中，首先建立了某一特定频率音调与皮肤电反应的条件作用(S_1-R_1)，然后呈现测验音调，并测量对其做出相同反应的程度(S_2-R_1)。❶ 霍夫兰发现，练习刺激和测验刺激之间的相似性越大，泛化(或正迁移)的程度就越大。其他采用相同范式的研究，无论采用行为材料还是言语材料、有意义材料还是无意义材料，抑或是一些其他性质的材料，也得出了同样的结果。麦金尼(McKinney)要求被试在看到四个几何图形中的每一个时，都要用相应的字母做出反应，然后测量其对于这四个几何图形的变式做出相同反应的迁移效应。❷ 而尤姆(Yum)通过改变视觉呈现无意义音节刺激的相似性，同样发现了正迁移的结果，其程度随刺激相似性的增加而增大。❸

虽然这一范式对于倒摄效应的探究并不十分广泛，但已有的研究证据也揭示了一致的促进作用。在汉密尔顿(Hamilton)的研究中，被试对一系列对偶材料进行了学习，其中刺激为几何图形的形式，而反应为无意义音节。❹ 在初始系列和插入系列中，反应是“完全相同”的，但刺激的相似性从“完全相同”到完全中性共有四个等级(依泛化程度独立索引)。

❶ Hovland C I, “The generalization of conditioned responses: I. The sensory generalization of conditioned responses with varying frequencies of tone,” The Journal of General Psychology, 1937, 17(1), pp. 125-148.

❷ McKinney F, “Quantitative and qualitative essential elements of transfer,” Journal of Experimental Psychology, 1933, 16(6), p. 854.

❸ Yum K S, “An experimental test of the law of assimilation,” Journal of Experimental Psychology, 1931, 14(1), p. 68.

❹ Hamilton R J, “Retroactive facilitation as a function of degree of generalization between tasks,” Journal of Experimental Psychology, 1943, 32(5), p. 363.

随着刺激材料间相似性的降低，倒摄促进的幅度呈现规律性下降，中性刺激的效应近乎为零。在这种范式下得到的实证规律是，当刺激可变、反应保持机能性相同时，会出现正迁移和倒摄促进，二者的程度随着刺激材料间相似性的增加而增大。

2. 刺激不变、反应可变的情况，即范式 B，是联想抑制和再现抑制研究的标准范式。正如预期的那样，大量研究证明了在这种条件下会产生干扰现象。❶❷❸ 然而，也有大量证据表明在同样的条件下会出现正迁移。不过，后一种证据可能要打折扣，主要有两个原因。（a）在许多研究中，所谓的迁移反应是在实验情境之前习得的。例如，托尔曼的信号学习研究中，动物被训练经过某一路径或以某种形式（如奔跑）穿越路线到达目标；而如果起初的行为受阻，会很容易地转而以另一种手段（如游泳）实现。同样地，在威肯斯（Wickens）的研究中，被试首先习得了在听到一个音调之后，通过手指的伸肌运动（抬手指）来避免被电击，此时被试掌心向下；而当被试掌心向上时，就会立刻发生"迁移"，通过手指的曲肌运动（弯手指）来避免电击。❹ 在这种情况下，实验情境中新学习的是特定线索的含义或符号表征。许多外显的行为都在此前与这一中介过程建立了联结——实验中被试躲避痛苦的行为会有很多种表现，假如处在两个电极的中间的是被试的鼻子，哪怕没有经过训练，被试也会抬起头来！（b）在其他研究中，在符合这种范式的条件下测量的所谓"正迁移"，其实是"练习效应"造成的。即，被试逐渐掌握了学习无意义音节的方法，或是学会了如何学习迷津，而这种一般技能或习惯就正好抵消了设计中的内在干扰。例如，西波拉（Siipola）在代码替代任务中似乎发现了少量的正迁移，❺ 但这一结果是在多次干扰学习之后得到的，实际发生的负迁移则被整体上的"练习效应"掩盖了。

❶ Bruce R W, "Conditions of transfer of training," Journal of Experimental Psychology, 1933, 16(3), p. 343.

❷ Gibson E J, "Retroactive inhibition as a function of degree of generalization between tasks," Journal of Experimental Psychology, 1941, 28(2), p. 93.

❸ Underwood B J, "The effect of successive interpolations on retroactive and proactive inhibition," Psychological Monographs, 1945, 59(3), p. 273.

❹ Wickens D D, "The transference of conditioned excitation and conditioned inhibition from one muscle group to the antagonistic muscle group," Journal of Experimental Psychology, 1938, 22(2), p. 101.

❺ Siipola E M, "The relation of transfer to similarity in habit-structure," Journal of Experimental Psychology, 1941, 28(3), p. 233.

布格尔斯基(Bugelski)在研究中要求被试首先学习一列共 10 对无意义音节(如 toc-nem),然后学习另外三列无意义音节对❶。实验组被试对应的刺激相同、反应不同(如 toc-rul),控制组被试对应的刺激和反应都不同(如 cos-rul)。尽管在这两种情况下的学习都发现了较小的正迁移,但事实上,实验组被试在重新学习第一个列表时的表现明显下降,而控制组则表现出持续的促进作用,从而揭示了刺激相同范式的内在干扰特征。安德伍德(Underwood)近期的一本专著中给出了在这种范式条件下负迁移和倒摄抑制的清晰证据。❷ 在测量迁移效应时,被试先学习了 0、2、4 或 6 列有意义音节对,然后再对目标列进行学习;在测量倒摄效应时,被试先学习同样的目标列,再学习 0、2、4 或 6 列其他有意义音节对。两种情况下均在 25 分钟的延迟后对目标列进行回忆测验。研究同时发现了负迁移和倒摄抑制,二者的程度均随着刺激相同但反应不同的先前列或插入列的增多而增大。

但在这种范式中,不同的反应之间的相似程度又如何呢?可能正是因为难以确定反应的相似性,有关的研究相对较少。在奥斯古德(Osgood)在近期的一项实验中,将一个字母对和一个有意义的形容词配对(如 c. m. -elated),让被试学习一系列这样的对偶材料之后,再插入学习一系列相似的对偶材料❸。插入学习的材料有三种不同的相似程度(如 c. m. -high、c. m. -left 或 c. m. -low),每名被试学习的每种相似程度的材料数量相同。所有被试最后都重新学习了最初一系列材料。从结果上看,虽然所有条件下都出现了干扰,但对于相似的有意义的关系来说,干扰明显较小。布鲁斯(Bruce)❹在无意义音节配对联想的拓展研究中,在一个控制条件下也证实了这一发现。因而,我们可以总结出在这一范式下得到的实证规律:当刺激保持机能性相同,而反应可变时,会出现负迁移和倒摄抑制,二者的程度随着反应间相似性的增加而减小。

3. 在范式 C 中,刺激和反应在先后刺激材料中同时变化,被试一般

❶ Bugelski B R, "Interference with recall of original responses after learning new responses to old stimuli," Journal of Experimental Psychology, 1942, 30 (5), p. 368.

❷ Underwood B J, "The effect of successive interpolations on retroactive and proactive inhibition," Psychological Monographs, 1945, 59(3), p. 273.

❸ Osgood C E, "Meaningful similarity and interference in learning," Journal of Experimental Psychology, 1946, 36(4), p. 277.

❹ Bruce R W, "Conditions of transfer of training," Journal of Experimental Psychology, 1933, 16(3), p. 343.

按照标准的记忆范式和固定的顺序对材料进行学习。在连续列表中处于相同序列位置的项目之间存在相似性，每个项目同时作为对前一项目的反应和对下一项目的刺激。无论给出什么样的插入列表，刺激和反应的相似性必然同时在相同的程度上变化。

麦吉奥赫（McGeoch）和麦克唐纳（McDonald）❶以及约翰逊（John-son）❷采用了这种方法对有意义材料的学习进行了探究，发现了倒摄抑制效应，其程度随着相似性的增加而增大。梅尔顿（Melton）和冯·拉克姆（Von Lackum）在无意义音节材料的学习中也发现了一致的结果❸。麦吉奥赫和麦克唐纳❹以及约翰逊❺在该范式下发现，这一结果在迁移上同样存在。

吉布森（Gibson）的一项重要实验也符合这一范式❻。她的材料和程序与上述汉密尔顿❼的相同（实际上，吉布森才是最早采用相应材料和程序的人）。与汉密尔顿的研究一样，视觉刺激形式在独立测量的泛化程度上变化；不同的是，这一实验的反应也是变化的。结果发现了负迁移和倒摄抑制效应，其幅度随刺激相似性的降低而减小，而中性刺激的对应效应近似为零。值得注意的是，在这两项研究中，当刺激为中性时，无论反应相同或不同，迁移和倒摄效应都几乎为零。可见，这一范式的实证规律是，当刺激和反应同时变化时，会出现负迁移和倒摄抑制，二者的程度随着刺激相似性的增加而增大。

此外，还有相当多的实证研究没有在这里引用，假若笔者的文献调

---

❶ McGeoch J A，McDonald W T，"Meaningful relation and retroactive inhibition," The American Journal of Psychology，1931，43(4)，pp. 579-588.

❷ Johnson L M，"Similarity of meaning as a factor in retroactive inhibition," The Journal of General Psychology，1933，9(2)，pp. 377-389.

❸ Melton A W，VonLackum W J，"Retroactive and proactive inhibition in retention，p. Evidence for a two－factor theory of retroactive inhibition," The American Journal of Psychology，1941，54(2)，pp. 157-173.

❹ McGeoch J A，McGeoch G O，"Studies in retroactive inhibition：X. The influence of similarity of meaning between lists of paired associates," Journal of Experimental Psychology，1937，21(3)，p. 320.

❺ Johnson L M，"Similarity of meaning as a factor in retroactive inhibition," The Journal of General Psychology，1933，9(2)，pp. 377-389.

❻ Gibson E J，"Retroactive inhibition as a function of degree of generalization between tasks," Journal of Experimental Psychology，1941，28(2)，p. 93.

❼ Hamilton R J，"Retroactive facilitation as a function of degree of generalization between tasks," Journal of Experimental Psychology，1943，32(5)，p. 363.

研工作不存在疏漏的话，也都不存在上述的实证规律的例外了。很少有研究采用相同的材料、程序和被试系统地探索多种关系，因此，上述关系有在量化上的困难。有一个例外是布鲁斯的研究❶。这一研究要求所有被试学习一系列无意义音节对（如 req-kiv），并测量了几种不同变化程度下的迁移。与控制组相比，研究在刺激不同且反应恒定（如 zaf-kiv 与 reb-kiv）的情况下，发现正迁移，且当刺激间更相似时，迁移量更大。在刺激恒定且反应不同（如 req-vor）的情况下，则发现负迁移。但在刺激恒定且反应高度相似（如 req-kib）的情况下，被试的学习效果略优于控制组（二者均为中性）。虽然这一结果似乎与该范式的实证规律相矛盾，但它符合本文后一部分提出的假设：如果普通学习在理论上可行，那么高水平的反应相似性必然起到促进作用。

数据整合的尝试

这一问题的历史可以追溯到一系列对迁移和倒摄进行整合的尝试。早在 1919 年，怀利（Wylie）就对刺激和反应活动进行了区分，指出当新刺激与"旧"反应建立联结时，迁移效应表现为正向；当"旧"刺激与新反应建立联结时，迁移效应表现为负向。❷"旧"在这里仅仅意味着这一反应或刺激已经与另一个刺激或反应建立了联结。这一规律在粗略区分的限定下当然是有效的。但一方面，它既没有考虑刺激的相似性，也没有考虑反应的相似性；另一方面，它也并未真正触及前述的基本悖论。因为连续的反应从来不会是完全相同，即使在普通的学习中，我们也总会把刺激和"新"反应联系在一起，所以必然会产生负迁移。

罗宾逊（Robinson）是最早清楚地认识到这一悖论的人之一。1927年，他提出了一种解决方法，现在被称为斯卡格斯-罗宾逊（Skaggs-Robinson）假说。如图 8-2 所示，这一假设表明，当连续练习的材料相同时（A 点），促进最大；具有一定程度的相似性时（B 点），促进最小，因此干扰最大；而当相似性进一步降低，向中性（C 点）靠拢时，促进再次增大，但不会达到原始水平。需要注意的是，虽然假设指定了点 A 为相似性最大点（相同），点 C 为相似性最小点（中性），但对于点 B 实际上根本没有明确指定其对应的相似性程度，只是说明了它对应曲线中的最低

❶ Bruce R W, "Conditions of transfer of training," Journal of Experimental Psychology, 1933, 16(3), p. 343.

❷ Wylie HH, "An experimental study of transfer of response in the white rat," Behavior Monograph, 1919(3), p. 16.

点。结合几个实验❶❷❸❹❺，可以对这个界定不甚明确的假设，特别是其中的 A-B 部分，进行粗略的验证。

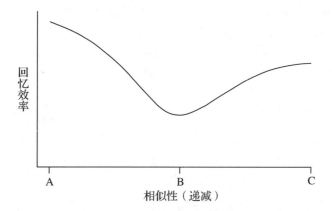

图 8-2　斯卡格斯-罗宾逊(Skaggs-Robinson)假说

麦吉奥赫等人的一系列研究与这一假设和支持它的实验证据直接冲突❻❼❽。他们采用有意义词语作为学习材料，一致发现，随着原始材料和插入材料评价的相似性增加，干扰效应也会增加。在可及的相似性最高的情况，即在两个序列表上出现了相近的同义词时，发现的干扰效应

❶ Cheng N Y，"Retroactive effect and degree of similarity，" Journal of Experimental Psychology，1929，12(5)，p. 444.

❷ Dreis T A，"Two Studies in Retroaction：I. Influence of Partial Identity II. Susceptibility to Retroaction at Various Grade Levels，" The Journal of General Psychology，1933，8(1)，pp. 157-172.

❸ Harden L M，"A quantitative study of the similarity factor in retroactive inhibition，" The Journal of General Psychology，1929，2(4)，pp. 42-432.

❹ Kennelly T W，"The role of similarity in retroactive inhibition，" Archives of Psychology (Columbia University)，1941，37，p. 260.

❺ Robinson E S，"The 'similarity' factor in retroaction，" The American Journal of Psychology，1927，39(1/4)，pp. 297-312.

❻ Johnson L M，"Similarity of meaning as a factor in retroactive inhibition，" The Journal of General Psychology，1933，9(2)，pp. 377-389.

❼ McGeoch J A，McDonald W T，"Meaningful relation and retroactive inhibition，" The American Journal of Psychology，1931，43(4)，pp. 579-588.

❽ McGeoch J A，McGeoch G O，"Studies in retroactive inhibition：X. The influence of similarity of meaning between lists of paired associates，" Journal of Experimental Psychology，1937，21(3)，p. 320.

是最大的。当相似性接近于相同时，本研究也没有得到促进效应的证据。在《人类学习心理学》中，麦吉奥赫提出了他的数据与斯卡格斯-罗宾逊假设之间的两种可能的对应关系❶。一种将相似性区分为"意义相似性"和"元素相同性"两个不同的维度，每个维度都具有不同的干扰功能。提出这一区分是由于支持该假设的一些实验采用了数字和字母组合，这些组合的相似性是由相同元素的数量来标志的。但不巧的是，在其他实证研究中，拥有很多相同元素的材料并不比有意义词更易于识别。例如，德雷斯（Dreis）使用代码替换，沃森（Watson）使用卡片排序❷。此外，这种解决方式意味着要对意义相似性进行分析，并将其与元素的相同性分离开来，但目前尚未实现。另一种解决这一矛盾的方法，是认为麦吉奥赫的结果仅对应于罗宾逊曲线的 B-C 区间的一部分，即其材料相似性最大仅达到 B 点。然而，考虑到这一理论函数形状的多向性，且 B 点没有准确的相似性界定，因此任何数据都可以拟合到其中某一区间中，且材料的相似性可以处在 A 和 C 之间的任意位置。换言之，第二种观点既不能被证实，也不能被证伪。

笔者近期的研究结果似乎为考验麦吉奥赫的两种解决方式提供了最清晰的实验证据。❸ 同样是在传统的倒摄范式中使用有意义材料，我们发现干扰随着反应之间意义相似性的增加而减少。尽管所用材料的性质不同，但这一结果不仅符合了"元素相同性"而非"意义相似性"作为干扰的功能维度的说法，并且也落在了理论曲线的 A-B 区间内。

除了麦吉奥赫研究中明显的负面证据外，斯卡格斯-罗宾逊假说在几个方面上还不够充分。可以肯定的是，它确实允许了普通学习的发生。但一方面，它指出了相似性对促进效果的双向作用，却并未指明在何种程度会发生作用方向的转变；另一方面，没有对练习材料中的相似点（无论是刺激与刺激、反应与反应还是二者兼有）进行说明，并且目前我们已经发现，迁移抑或是倒摄的方向和程度都可以依据这种规律凭经验预测。吉布森的研究是整合这些数据的近期尝试之一。❹ 她遵循了怀利的方法

❶ McGeoch J A, Irion A L, *The psychology of human learning*, New York, Longmans, Green and Co. , 1952.

❷ Watson B, "The similarity factor in transfer and inhibition," Journal of Educational Psychology, 1938, 29(2), p. 145.

❸ Osgood C E, "Meaningful similarity and interference in learning," Journal of Experimental Psychology, 1946, 36(4), p. 277.

❹ Gibson E J, "A systematic application of the concepts of generalization and differentiation to verbal learning," Psychological Review, 1940, 47, p. 196.

对刺激变化和反应变化做了区分，并将源自巴甫洛夫条件作用的刺激泛化原理加以提炼，纳入考虑。吉布森的两个理论定律是(1)如果反应相同，则会产生促进效果，其程度随刺激泛化程度(相似性)增加而增大；(2)如果反应不同，则会产生干扰效果，其程度随刺激泛化程度(相似性)增加而增大。该假设符合该领域的大部分数据，有助于进一步将人类学习现象与动物实验观察到的现象相结合。但这一假设仍然不够完备，(a)它没有考虑反应相似性的程度，而这也是重要的有关变量之一。(b)当反应不同时，我们会得到一个函数(增加干扰)，而当反应"相同"时，另一个函数(减少干扰)；因此，随着反应差异程度的降低，我们可以预测沿该线的某处存在一次函数陡然转换。(c)基本的悖论仍然存在：反应永远不可能完全相同，而必然存在某种程度的差异，然而普通学习却是可以发生的。

迁移与倒摄曲面

这里，我们充分采纳了吉布森的分析，并利用近期可得到的数据进行整合，提出了一种更为优化的公式化表述。这一表述几乎完全是从上面的实证规律中构造出来的，可以用图 8-3 来证明。图 8-3 提供了一个合理的框架，在这个框架内数据可以被完全整合。图中纵坐标表示迁移或倒摄的方向和程度，横轴表示反应的相似性程度。括号内的数字是指分配数据时要遵循的步骤序列。

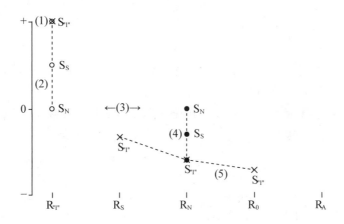

图 8-3　迁移和倒摄的一种整合框架

首先我们考虑对一个联结的普通学习。在这种情况下，初始活动和插入活动采用的材料是相同的。这样，机能性相同的刺激和反应依次重复，达到的促进效应是最大的，我们将此处标记为第一个点，如图 8-3

所示（数字 1）。而当反应相同且刺激不同时，出现正迁移（刺激泛化）和倒摄促进的现象，这里用一系列空心圆表示（数字 2）。随着刺激相似性从"完全相同"逐渐降低，促进作用也越来越小；当刺激变为中性时，就会出现零级的效应。代表性的就是霍夫兰和汉密尔顿报告的数据。❶❷如前所述，汉密尔顿和吉布森采用了相同的材料和程序，区别在于前者的反应相同，后者的反应不同。❸这就为我们提供了一个非常有价值的对比（见数字 3）：当刺激成分为中性时，两个实验都得到了约为零量级的效应，这使得我们可以将汉密尔顿和吉布森的数据在零效应基线上建立联系。换言之，当刺激成分完全不相关时，反应成分之间关系的变化不起作用。吉布森的实验以及一些其他的实证研究，也提供了刺激相似性变化时不同反应和中性反应条件下的数据。这种情况下，可以发现负迁移和倒摄抑制的现象，这里用一系列实心圆表示（见数字 4）。此外，还有待纳入的条件是"刺激恒定，而反应相似性不同"的情况。许多研究充分证明了刺激"相同"而反应变化的情况下会产生负迁移和倒摄抑制。❹❺以布鲁斯和奥斯古德的实验为代表的反应相似性程度可系统性变化的实验表明，相似反应的干扰小于中性反应的干扰。❻由于后一项研究包含了刺激机能性相同而反应是中性的这一条件，可以与吉布森数据的最后一点相对应，因此可以将这两组研究联系在一起。这组数据在图中由一系列"×"表示（数字 5）。

　　不过，依据实证数据建立的这一模型很大程度上限制了可能的理论函数的整合。例如，直观来看，"×"这一系列如果包含普通学习的点，是明显呈现出一条曲线走势的，这条曲线表示了刺激"相同"时的函数。

---

❶ Hovland C I, "The generalization of conditioned responses：I. The sensory generalization of conditioned responses with varying frequencies of tone," The Journal of General Psychology, 1937, 17(1), pp. 125-148.

❷ Hamilton R J, "Retroactive facilitation as a function of degree of generalization between tasks," Journal of Experimental Psychology, 1943, 32(5), p. 363.

❸ Gibson E J, "Retroactive inhibition as a function of degree of generalization between tasks," Journal of Experimental Psychology, 1941, 28(2), p. 93.

❹ Bruce R W, "Conditions of transfer of training," Journal of Experimental Psychology, 1933, 16(3), p. 343.

❺ Underwood B J, "The effect of successive interpolations on retroactive and proactive inhibition," Psychological Monographs, 1945, 59(3), p. 273.

❻ Osgood C E, "Meaningful similarity and interference in learning," Journal of Experimental Psychology, 1946, 36(4), p. 277.

图 8-4 构建了一系列这样的刺激关系曲线，以期拟合这些实证数据点，并符合常识的需要。中性刺激对应的函数是一条零效应直线，反映了当前后的刺激情况完全不相关时，反应的变化不会造成促进或干扰。以这条零效应线为基准，增加刺激之间的相似性，产生的促进效应抑或干扰效应都会逐渐增大，而效应的实际方向取决于反应的关系。最大的促进效应和最大的干扰效应只有在刺激机能性相同的情况下才可能发生。中间程度的迁移和倒摄效应介于这些边界值之间，并取决于刺激的相似程度。最后，在反应完全相反时，对应的干扰急剧增加，这也是一条公认的假设。不过，笔者近期的研究还报告了一种特殊形式的倒摄抑制，这种抑制与对前后意义相反的反应的学习有关。❶ 这里假设，当前后反应完全相反时，这种抑制效果是最大的。

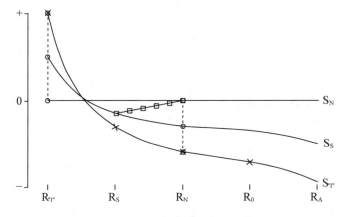

图 8-4   迁移和倒摄整合框架的曲线形式

但是麦吉奥赫等人的经典发现是否符合这一假设呢？从真正意义上说，这些发现是对这一模型的关键考验，因为它们既得到了充分证实，又与其他结果明显冲突。要记得，他们采用的方法中，刺激和反应的相似性是在同一时间和同一程度上变化的，具体而言两者都在中性到高度相似(但并不相同)之间变化。正如图 8-4 中空心方块一列所示，在这些条件下当前假设必然预测干扰逐渐增加，这也正符合这些研究得到的结果。

尽管图 8-4 提供了一种方法证明实证数据和理论函数的一致性，但它并没有对整个假设提供清晰的描述。而要做到这一点，就需要采用三

❶ Osgood C E, "An investigation into the causes of retroactive interference," Journal of Experimental Psychology, 1948, 38(2), p. 132.

维形式，将刺激相似性、反应相似性和效应程度三个变量同时建立联系。图 5 给出了一种三维表示形式，可以称之为迁移与倒摄曲面。竖轴（高）表示迁移或倒摄的方向和程度，二者作为相似性的函数是相同的；纵轴（宽）表示刺激的相似性，从机能性相同到中性不等；横轴（长）表示反应的相似性，从机能性相同到中性，再到完全相反。中间的水平面表示效应为零。可见，刺激中性条件下，不管反应如何变化，曲面都与该平面相接；曲面的其余部分在反应"相同"和反应相似之间的某一点处与该平面相交。最后，显然，我们得到了一个平滑而又连续的迁移和倒摄函数，当曲面高于中间平面时表现为促进效应，低于中间平面时表现为干扰效应。在这一模型的函数中没有突然反转，在相同和相似之间也没有陡然变化。相同在这一模型中只是相似性的最大极限情况。

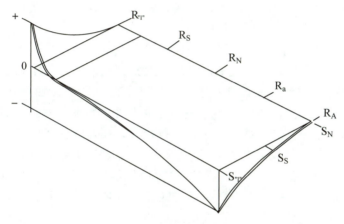

图 8-5　迁移与倒摄曲面

这一假设模型的优势

　　综上所述，我们可以总结出这一假设与之前的假设相比所具有的一些优势。（1）该领域现有的所有实证数据都与这一假设模型一致，并且能够在迁移与倒摄曲面的每一部分上提供代表性证据。必须要说明的是，这一表述仅限于那些明确表明相似性所在的数据，同时也限于笔者对文献调研的充分性。前一个限制并不严重。如果结果可以被证明是合法的，因而是可预测的，那么当相似关系可以明确时，在未明确情况下得到的相互矛盾和混淆的结果就可能归因于所采用的范式中难以分析的变异了。这便是形式学科问题中确定的不确定性。这种情况说明了为什么在实际情况下很难为高效的人类学习提出建议。例如，当学生同时学习法语和西班牙语时，有什么相似之处？

（2）就相似性这一变量而言，该假设将迁移和倒摄现象整合在了同一个框架之内。在常见教科书的安排中，迁移一般放在学习一章，而倒摄一般放在遗忘一章，好像两个过程在某种程度上是不同的似的。我们认为，本文的分析是对人类学习问题进行整合的重要一步。本文也提出了整合方向的另一步：我们通常依据有意义和无意义、意义相似和元素相同等标准对材料进行区分。应当指出的是，上述三个实证规律中的每一个都得到了有意义材料和无意义材料数据的支持，且材料都涉及不同程度的意义相似性和元素相同性。当然，一个潜在问题是如何定义相似性。相似性可以用泛化来定义，❶ 但这在本质上是一种循环定义，这是因为泛化现象只不过是对机能性相同的反应的正迁移情况。而对相似性做精确的行为定义则需要我们掌握比目前更多的神经系统知识。在实践中，相似性程度是由实验者指定，或是经由某一样本评定的，但可能这也足以满足我们目前的粗略目的。

（3）虽然这一假设是直接根据现有的实证证据构建的，但它确实远远超出了现有实证研究的范围，对尚未观察到的现象进行了预测。一方面，对于迁移与倒摄曲面的一部分，即随着反应的相似性增加（高相似性）促进作用也会随之增加，仍有待标准化程序的检验。罗宾逊的课题组也在使用记忆跨度技术对这一问题进行探究。还需要注意的是，理论上的曲面要求，无论刺激相似程度如何，在反应相似性处于某一固定标准（介于相同和高相似之间的某处）之上时，函数必然表现为促进效应。换言之，正如刺激成分为中性时反应变化的程度无关紧要一样，必然存在（根据该假设）某一个固定程度的反应相似性，使得任何程度的刺激变化都将产生零效应。这是一个全新而又必要的理论预测，它提出了一个有趣的实验问题。不难想象，这种在反应中按特定变化程度从促进到干扰的常见转变，可能是神经系统某一基本特征的反映；但这些都是建立在当前假设能够被更多实证证据支持的前提之上的。

（4）最后，这一假设解决了本文一开始提出的基本悖论，由此普通学习的事实也在理论上得到了可行的解释。迁移与倒摄曲面给出了一个曲线系统，在该系统中，普通学习的情况，即连续练习材料中刺激和反应均机能性相同的情况，与其他关系之间是连续的。相同在这里仅仅是相似性的最大极限情况，不需要函数的突然变化来解释学习发生的事实。

---

❶ Gibson E J, "A systematic application of the concepts of generalization and differentiation to verbal learning," Psychological Review，1940，47，p. 196.

一、生平事迹和心理语言学形成的背景

奥斯古德在 1916 年 11 月 20 日出生于美国马萨诸塞州的萨默维尔。他的父亲是波士顿一家百货公司的业务经理。6 岁时经历了父母离异，随后主要跟随父亲生活。在他 10 岁时，他的姑妈送了他一本《罗杰特同义词词典》(*Roget's Thesaurus*)——在后来回顾这件事时，他认为这是他一生中颇具决定性的事件。他着迷于书中词语的丰富含义，并形容这本书为他带来了"审美上的愉悦"❶。在高中阶段，他曾经多次为校报供稿，还利用课余时间自己创办了一本高中杂志。怀着成为一名报社作家的梦想，他考入了著名的达特茅斯学院，开始了自己本科阶段的学习生活。

不过，在他大二那年，他的人生之旅发生了一点小小的转变。这一学年，在卡沃斯基(Theodore Karwoski)的心理学课程上，他惊奇地发现这一学科与自己多年的兴趣完美契合，便从此义无反顾地踏上了学习心理学的道路。奥斯古德有着强大的吸收新知识的能力和高涨的研究热情。在达特茅斯大学，他与卡沃斯基和其他教师或研究人员(Henry Odbert，Chauncey Allen，Irving Bender，Ross Stagner)合作发表的期刊文章有五篇之多。这些文章涉及多个主题，其中包括意义、国际关系和测量学的研究。奥斯古德在自传中总结道，他整个研究生涯的很多研究主题都能在他本科期间的学习生活中找到缩影。❷

1939 年，奥斯古德从达特茅斯学院毕业，获得文学学士学位，不久便与爱妻辛西娅(Cynthia Luella Thornton)结婚。在达特茅斯多待了一年后，他来到了耶鲁大学心理学系，攻读研究生学位。在耶鲁，他是西尔斯(Robert Sears)的研究助理，与迈尔斯(Walter Miles)和格塞尔(Arnold Gesell)有过合作，与蔡尔德(Irvin Child)和莫里斯(Charles Morris)也多有交流。不过，他的学术思想发展的主要推动力还是来自赫尔(Clark Hull)。

奥斯古德深受赫尔的学习理论和赫尔的行为主义科学哲学的影响，他的研究生涯始终遵从这一基本框架。不过，尽管奥斯古德十分赞同赫尔的思想主张，但他对于赫尔管理实验室的方式却颇有微词。他在自传

❶ Osgood C E，"Charles E. Osgood.，" in *A history of psychology in autobiography*，ed. Lindzey G，San Francisco，W. H. Freeman，1980，pp. 335-393.

❷ 同上。

中写道："我很庆幸自己从没当过赫尔的研究助理——不然我可能就会改行当医生去了，肯定不会像现在这样，成为一个经常和小白鼠打交道的研究者。"❶在后来的一次采访中，他进一步提到，赫尔在指导他的实验室方面非常专横，以至于他的许多学生都放弃了对学习的研究，转而进入其他领域。❷

当时正处于战争年代，教职人员短缺，奥斯古德因而最终负责起了所有心理学导论课程的教授工作。1945年，他获得耶鲁大学的心理学和人类学博士学位。毕业后的两年里，他还先后在堪萨斯州萨利纳的烟雾山陆军空军基地和新伦敦潜艇基地从事相关工作。

奥斯古德早期的研究生涯发展十分迅速。他的博士论文《学习中干扰的意义相似性》(*Meaningful Similarity of Interference in Learning*)分别以三篇期刊文章的形式出版，其中两篇发表于《实验心理学杂志》(*Journal of Experimental Psychology*)，一篇发表于《心理学评论》(*Psychological Review*)(即本章名著选读的部分)。博士毕业后，他很快拿到了康涅狄格大学助理教授的职位。

在耶鲁大学教授心理学导论课程期间，以及在康涅狄格大学教授研究生实验心理学课程期间，奥斯古德近乎将实验心理学领域内的所有重要理论和文献读了个遍。然后，他以一名年轻助理教授的身份，开始了《实验心理学的方法和理论》一书❸的撰写。这本书成为当时最后一本由单个作者编写的，面向研究生水平、涵盖整个实验心理学领域的著作。更有研究者评价，奥斯古德是最后一个了解实验心理学全貌的心理学家。❹该书不仅对当时的实验文献做了总结，而且尝试利用文献证据来回答心理学理论上的诸多重要问题。此外，奥斯古德还将高级心理过程(尤其是语言)的研究作为实验心理学的一个组成部分，从而拓宽了传统实验心理学的范畴。这一著作使得奥斯古德在相当早的年纪就有了心理学家的名号。

❶ Osgood C E, "Exploration in Semantic Space: A Personal Diary," *The psychologists*, ed. Krawiec T S, New York, Oxford University Press, 1974, pp. 345-401.

❷ Hall E, "A conversation with Charles Osgood about international tension, the semantic differential, and the many faces of Eve," Psychology Today. 1973, pp. 54-72.

❸ Osgood C E, *Method and theory in experimental psychology*, New York, Oxford University Press, 1953.

❹ Brewer W F, "Charles Egerton Osgood: 1916−1991," American Journal of Psychology, 1994, 107(4), pp. 583-597.

1949年，他来到伊利诺伊大学香槟分校(University of Illinois at Urbana Champaign)担任副教授，并在新成立的传播学研究所(Institute of Communications Research)做研究。在伊利诺伊的头儿年里，他完成了《实验心理学的方法和理论》的撰写，继续研究刺激反应(S-R)的意义中介解释，并开始了对语义分化法的开发。这段时间是奥斯古德的学术高产期。他回忆道，在伊利诺伊的几年里，他完成了近70项大大小小的研究。在他的第一次学术休假期间，他带着这些研究的成果来到了亚利桑那大学。在这里，他完成了那本大名鼎鼎的介绍语义分化法的著作——《意义的测量》❶的初稿。很快，全世界范围的研究人员都开始使用这一新工具来对意义进行测量。

1958年秋天，奥斯古德来到加利福尼亚州斯坦福大学的行为科学高等研究中心。他本来打算研究心理语言学，但在与弗兰克(Jerome Frank)的一席话后，他意识到在核战争威胁的大背景下，自己需要为减少核威胁做出一些努力。到20世纪60年代初，奥斯古德将职业时间的一半都花在和平研究上。他估计了一下，每年他都要就这个话题讲授多达20次。❷

伊利诺伊大学传播学研究所在奥斯古德的研究生涯中扮演了十分重要的角色。该研究所由施拉姆(Wilbur Schramm)创建，旨在吸收来自不同学科的研究人员对传播学问题开展研究。奥斯古德在研究所担任研究教授，这为他积极开展研究活动提供了宝贵的时间。施拉姆离开伊利诺伊大学后，奥斯古德接手担任研究所的所长(1957—1965)。在这期间，奥斯古德利用研究所的跨学科特点，促进了心理语言学作为一门学科的发展。

自20世纪60年代早期，奥斯古德开始致力于语义分化法在跨文化研究中的应用，并在跨文化项目中协助或培养了一批杰出的合作者。他还反对当时深受语言学家乔姆斯基影响的主流心理语言学，建立了自己的心理语言学理论。20世纪70年代，奥斯古德开始继续发展他的心理语言学方法，并合作进行了许多实验以支持其新理论。

毋庸置疑，奥斯古德已经成为心理学界的一个重要人物。1960年，他获得了美国心理协会颁发的杰出科学贡献奖。1963年，他当选为美国

❶ Osgood C E，Suci G J，Tannenbaum P H，*The measurement of meaning*，Urbana，University of Illinois Press，1957.

❷ Osgood C E，"The tale of an eager then lonely then contented dinosaur," Studies in the Linguistic Sciences，1992，22，pp. 42-58.

心理学会（APA）主席。1972 年，他当选为美国国家科学院院士。

遗憾的是，奥斯古德的学术生涯过早地画上了句号。1982 年年初，他被诊断罹患急性科尔萨科夫氏综合征，这导致他出现严重的顺行性失忆。随后数年里，尽管病情有了一定程度的好转，但他仍然只能在家里做一些简单的工作，直到病魔迫使他完全退休。

二、对学习迁移模型的评价

学习的迁移现象一直是心理学家，尤其是行为主义心理学家关注的重要内容。学习迁移是指一种学习对另一种学习的影响。这种影响既可以是顺向的，即先前的学习对后来学习的影响，也可以是逆向的，即后来的学习对先前学习的迁移。在一些模型中，逆向的迁移也被称为倒摄，而迁移（狭义）专指顺向影响。迁移和倒摄既可以起到促进作用，也可以起到干扰作用。

1949 年，奥斯古德提出了能预测学习迁移（learning transfer）效果的"迁移与倒摄曲面"（transfer and retroaction surface，或简称迁移曲面），该理论也常常被称为学习迁移的三维模型。这也是奥斯古德学术生涯早期提出的极具分量的理论之一。

迁移与倒摄曲面是在总结大量对偶学习迁移的基础上提出的。对偶学习涉及一系列成对的材料（一般由词汇或无意义音节组成），这些成对材料的第一项叫作刺激（S），第二项叫作反应（R），学习者需要做的就是掌握将刺激与反应之间的一一对应关系，建立刺激—反应（S-R）联结。

奥斯古德发现，当两套学习材料的刺激和反应相似性发生一系列变化时，迁移（或倒摄）的性质和程度也会发生相应的变化。在前后两次学习任务中的反应材料保持相同的情况下，当刺激材料相似性不断增加时，会产生正迁移作用，其强度从 0 到 $+\infty$；在反应材料相似性低、无关（中性）或相反的情况下，随着刺激材料相似性的增加会产生负迁移，其强度从 0 到 $-\infty$。当刺激材料完全无关（中性）时，无论反应的相似性如何，迁移效应均为零；而在刺激材料相似或相同的情况下，随着反应相似性的升高，产生从负到正的迁移作用，其强度从 $-\infty$ 到 $+\infty$。达列特（K. M. Dallet）选了四种相似程度不同的刺激材料和三种相似程度不同的反应材料对学习的迁移效应做了验证，结果支持了奥斯古德的迁移理论模型。[1]

---

[1] Dallett K M，"The transfer surface re—examined，"Journal of verbal learning and verbal behavior，1962，1(2)，pp. 91-94.

奥斯古德的迁移与倒摄曲面不仅能够描述和解释对偶学习的迁移，而且还适用于解释类似的技能学习迁移。例如，先学习骑自行车，然后学习开摩托车，这两种学习属于刺激相似性高、反应相似性也高的学习，因而会出现正迁移。但生活中也有人发现，在学会骑自行车后，骑三轮车变得困难了起来，运用这一模型我们发现，这两种学习虽然刺激相似性高，但反应相似性没有那么高(骑三轮车缺少了倾斜身体以调整方向的部分)，因而出现了负迁移或倒摄抑制的情况。

当然，奥斯古德的学习迁移模型也存在着一定的局限性和不适应性。例如，根据迁移与倒摄曲面，相反的反应比相似性低的反应会产生更大的负迁移，但目前尚无可靠的证据证实这一点。❶ 不过，由于行为主义学派的式微，在这一模型提出后并没有太多研究对它进行验证和探索，而奥斯古德本人似乎也放弃了对这一主题的进一步探究，不免让人有些遗憾。

不过，在这一模型的提出过程中，奥斯古德也对相似性的元素维度和意义维度做了初步的分析。这使得该模型中的 S-R 联结不再是机械主义的简单联结，而是存在一定"意义中介"的复杂联结。而这也动摇了传统行为主义在学习领域的地位，与格式塔学派和后来的认知主义、建构主义主张有了更大的相似性。

三、其他贡献和评价

奥斯古德研究涉猎广泛，前面提到的学习迁移模型(迁移与倒摄曲面)只是他众多学术贡献的其中一隅。回顾奥斯古德的研究生涯，我们可以总结出几点他的主要的学术思想和研究贡献。

(一)行为主义到认知主义的过渡者

奥斯古德认为，简单的刺激—反应理论(以下简称 S-R 理论)，如斯金纳的理论(不允许在刺激和反应之间存在任何中介理论实体)，在解释多数人类行为时十分无力。❷ 此外，他还认为，即使赫尔等 S-R 理论者提出的中介理论也不足以解释多样的行为数据。特别是，奥斯古德认为，一个综合的行为理论必须要能够解释各种知觉组织现象(正如格式塔心理学家所研究的那样)，为了解决这一问题，奥斯古德在他的理论中增加了

---

❶ Dennis H, "An approximate transfer surface," Journal of Motor Behavior, 1976, 8(1), pp. 1-9.

❷ Osgood C E, "A question of sufficiency: Review of B. F. Skinner's Verbal behavior," Contemporary Psychology, 1958, 3, pp. 209-212.

一个 S-S 层次；此外，一个完善的理论还需要考虑行为反应的组织问题（正如拉什利所指出的那样），为此，奥斯古德又在他的理论中增加了一个 R-R 层次。❶ 除了这些修正之外，奥斯古德还增加了中介反应的复杂性和抽象性，比赫尔的中介行为理论更进一步。他在自传中提道："奥斯古德的新行为主义最独特、最批判性的一点可能在于，明确了赫尔的行为主义理论中所隐含的东西——代表性中介过程的成分性质。"❷

为了避免"单级 S-R 模型"（即激进行为主义）的问题，奥斯古德认为有必要假定不可观测的"意义反应"，而他的这一理论立场本质上正是行为主义在提出时所批判的。在他后来的理论化中，他的"新行为主义"理论模型又逐渐包含了诸如语义编码、运算器、缓冲区等实体概念。大多数学者认为，奥斯古德的这种理论化方向与认知心理学中的其他研究存在很大程度的相似性，很难加以区分。不过，在奥斯古德自己看来，这可能并不是个问题。在一次访谈中，他就提到过大家的这一困扰："我的许多同事认为我根本不是一个行为主义者，而是一个披着 S-R 外衣的认知主义者。"❸接着他解释道："我确实是一个行为主义者，因为我假设，我们在意义系统中使用的基本语义特征最终源自我们对事物的实际行为。"

另外一个重要方面是研究的内容和主题。奥斯古德认为，心理学应该将更多精力放在研究一些人的高级功能，例如语言和思维上，应当更多地去研究一些复杂的课题。这一点在奥斯古德的研究生涯早期就有所体现，而这可能也是他在整个心理学领域主要的实质性贡献之一。在 20 世纪 50 年代早期，他成功论证了诸如语言、认知和意义等主题是任何人类行为理论都必须解决的问题，而这也为后来心理学界 60 年代早期的认知革命埋下了种子。

(二)心理语言学的先驱

心理语言学方面的问题在奥斯古德的研究中占据了极大的分量。然而在踏入这一领域之前，作为一个年轻的实验心理学家，奥斯古德对语言学这一学科可谓一无所知。他在自传中半开玩笑地讲到，在参加 1951

❶ Brewer W F，"Charles Egerton Osgood：1916—1991," American Journal of Psychology，1994，107(4)，pp. 583-597.

❷ Osgood C E，"Charles E. Osgood. ," in *A history of psychology in autobiography*，ed. Lindzey G，San Francisco，W. H. Freeman，1980，pp. 335-393.

❸ Hall E，"A conversation with Charles Osgood about international tension, the semantic differential, and the many faces of Eve," Psychology Today. 1973，pp. 54-72.

年康奈尔大学心理学和语言学会议之前，他曾认为语言学家"是居住在图书馆较偏远地区的奇怪的、有胡须的、像鸟一样的生物，他们喋喋不休地讲着许多异国语言，并给它们编字典"。然而，在康奈尔大学的会议上，奥斯古德马上就被描写语言学的严谨的实证研究结果吸引了。正如他后来所讲的："那年夏天让我眼界大开：语言学家不但不说多国语言，不编词典，还是十分严谨、客观和稳健的；亲眼见到恐龙可能也不过如此！"❶ 因此，奥斯古德便立即投入了大量精力学习这门学科。会后一年，奥斯古德就担任了新成立的社会科学研究理事会语言学和心理学委员会的主席。1953 年，他曾协助策划了在印第安纳大学（Indiana University）举行的一场研究研讨会，他还共同编辑了研讨会的报告书，即后来被认为是心理语言学学科开端的《心理语言学：理论和研究问题概述》❷。而这场研讨会在各种意义上都可以看作心理语言学的发源地。20 世纪 50 年代，他在很多学术会议和研讨会上扮演了重要角色，涉及的研究主题包括比较心理语言学、双语、内容分析、联想过程、意义、语言普遍性和失语症等多个方面。这些会议在心理语言学的早期发展中发挥了重要作用，培养了一大批第一代心理语言学家。60 年代，随着乔姆斯基语言学的兴起，奥斯古德在该领域的地位开始下降。然而，他仍然是这一学科发展的强大推动力，例如他就职 APA 主席的演讲《论句子理解和产生》❸。由此，我们可以很清晰地看到，奥斯古德在将心理语言学确立为心理学的一个合法分支学科方面发挥了至关重要的作用。这也是他的主要贡献之一。

在心理语言学理论方面，奥斯古德也有着自己的建树。在乔姆斯基推翻了斯金纳的语言方法后，行为主义在语言研究领域一蹶不振。很少有心理语言学家关注行为主义者和行为主义的方法——奥斯古德对此颇有微词。他的看法不无道理，而这也可能解释了为什么奥斯古德的心理语言学设想在这一领域的研究中影响相对有限。不过，奥斯古德对语义学的强调，及其提出的语言表达的限制条件等有关理论，尽管可能并没有直接影响，但无疑与心理语言学领域后来的许多理论化方向一致。此

❶ Osgood C E，"The tale of an eager then lonely then contented dinosaur，" Studies in the Linguistic Sciences，1992，22，pp. 42-58.

❷ Osgood C E，Sebeok T A，*Psycholinguistics：a survey of theory and research problems*，Indianapolis，Indiana University Press，1954.

❸ Osgood C E，"On understanding and creating sentences，" American psychologist，1963，18(12)，pp. 735-751.

外，奥斯古德关于语言产生中的词汇排列顺序的影响因素的研究❶，也对后来乃至当前的心理语言学研究产生了不小的影响❷。不过，遗憾的是，他本人并没有将自己的心理语言学理论形成一部完整著作。在晚年期间，奥斯古德曾计划将他的心理语言学理论和思想整理总结成为一本书，然而，突然的疾病使他不得不放弃了这一计划。

(三)意义理论和语义分化法

从前面所列的生平中，我们可以很清楚地看到，奥斯古德在学术生涯早期时就立志想要提出一个关于意义的一般理论。换言之，他希望能提出一个理论来解释这样一个现象，例如，"big"和"large"具有相似的含义，但二者都没有与"platypus"(鸭嘴兽)相同的含义。❸ 这是他从学生时代就萌生的一个兴趣点，他在余生中也从未放弃过这个目标。1980年他说，如果他要给自己的自传拟一个题目的话，他希望可以叫《执着于意义》(*Focus on Meaning*)。❹

对于意义问题，奥斯古德遵循的理论方法是在赫尔的基本框架之下，提出一个意义的中介解释。早在1952年，他就提出"词语之所以能够代表事物，是因为它们某种程度上复制了对这些事物的实际行为，而这就是其中的中介过程"❺。然后，奥斯古德又提出了语义分化法，将其作为意义的一种"客观"度量。

语义分化法是一种结合联想与评估程序来研究事物意义的测量技术。该技术源自对联觉的研究，所谓联觉是指当我们某种感官受到刺激时同时产生了另一通道感觉的现象(例如，看到红色会觉得温暖，看到蓝色会觉得忧郁等)。语义分化法的实施程序是让被试对给定的概念或事物，根据一系列两极式量表做出评价。量表的两端为一对意义相反的形容

---

❶ Osgood C E，"Where do sentences come from?" in *Semantics：An interdisciplinary reader in philosophy，linguistics and psychology*，ed. Steinberg D D，Jakobovits L A，Cambridge，Cambridge University Press，1971，pp. 497-529.

❷ Levelt W J. *Speaking：From intention to articulation*，Cambridge，MA，MIT press，1989.

❸ Osgood C E，"Exploration in Semantic Space：A Personal Diary," in *The psychologists*，ed. Krawiec T S，New York，Oxford University Press，1974，pp. 345-401.

❹ Osgood C E，"Charles E. Osgood. ," in *A history of psychology in autobiography*，ed. Lindzey G，San Francisco，W. H. Freeman，1980，pp. 335-393.

❺ Osgood C E，"The nature and measurement of meaning," Psychological bulletin，1952，49(3)，pp. 197-237.

词(如，好—坏，甜—酸等)，中间分为若干等级(一般为 7 级、9 级或 11 级)，被评价的概念或事物放在每组量表的正上方，被试根据自己的感觉在每一量表的适当等级上做标记。然后，研究者利用因素分析方法，确定被试反应背后的基本维度。❶

　　然而，奥斯古德的意义研究受到了多方面的批评。杰瑞·福多(Jerry Fodor)在伊利诺伊大学访问一年之后，发表了一篇文章，强烈抨击了意义的中介解释，也让多数心理学家意识到这并不是解决这一问题的有效方法。❷ 基本上，那些反对赫尔框架的认知心理学家都认为，词汇表征是某种对相应物体的行为的简略复写这一假设是站不住脚的。奥斯古德测量意义的方法也引起了相当大的争议。语言学家魏茵莱希(U. Weinreich)在对《意义的测量》(The Measurement of Meaning)一书的评论中写道，语义分化法测量到的实际上并不是普通的词汇意义，而是对词语的情感反应。❸

　　尽管语义分化法有上述的一些诟病，但作为一种测量情感意义的技术，它无疑是非常成功的。奥斯古德的早期研究表明，语义分化法评分任务中的大部分差异可以用三个基本维度来解释：评价、效力和行动性。❹ 评价(evaluation)泛指对某种事物的价值予以评定(如好—坏、高雅—低俗等)，效力(potency)指将来有机会学习或接受训练时可能达到的程度(如强—弱、坚硬—柔软等)，行动性(activity)指个体对于各种活动的参与性(如主动—被动、活泼—呆板等)。奥斯古德发现，一旦某一事物被置于这三个维度上，即使有再多的评定，也无法增加对这一事物的信息。后来的研究也表明，这种技术几乎可以应用于诸如政治选举和硬件测试等任何类型的结构之中。在其提出后的几十年里，语义分化法已经被广泛应用于人格、临床、职业选择等诸多领域的数千项研究之中，这显然是奥斯古德最主要的学术遗产之一。

　　在后来的研究工作中，奥斯古德也逐渐将批评的声音纳入实践中。实际上，他开始采用卡兹-福多(Katz-Fodor)语义特征法对词汇的意义进行分析，并接受了语义分化法测量情感意义的观点。在后来的自传中，他也指出，"尽管很多使用语义分化法的研究者认为它是一种一般意义的

❶ Osgood C E, Snider J G, Semantic differential technique: a sourcebook, Chicago, IL, Aldine, 1969.

❷ Fodor J A, "Could meaning be an rm?" 1965, 4(2), pp. 73-81.

❸ Weinreich U, "Travels through semantic space," 1958, 14(2—3), pp. 346-366.

❹ Osgood C E, Suci G J, Tannenbaum P H, The measurement of meaning, Urbana, University of Illinois Press, 1957.

测量方法，但实际上它并不是，而更多是一种反映情感意义的隐喻测量"❶。事实上，他在早期的自传作品中就提到过，他对心理学的主要贡献是"证明了一个简单的事实，即概念间所共有的情感意义是象征或隐喻的一般要素"❷。

不过，奥斯古德从来不认为自己的学术立场随着时间的推移发生过改变。用他自己的话讲："虽然我的理论具有很多其他主义理论的性质，例如抽象性和成分特征等，但它仍然源于赫尔式的行为主义。"❸

(四)和平研究

有关和平方面的研究在奥斯古德的学术生涯中也占了不小的比重，而这与当时的时代背景有必然联系。20 世纪 50 年代末，世界笼罩在核战争的威胁之下。在这样的环境下，奥斯古德认为，对这一问题的私下关心是远远不够的。他尖锐地指出："有多少知识分子愿意扬起他们埋在沙子里的英俊高贵的头颅，去亲眼见证核屠杀的场面？假如人类都不复存在了，我们再去研究老鼠钻迷宫又有什么意义呢？"❹

和平研究的首要难题就是要解决冲突问题。有时，冲突双方的剑拔弩张，使得沟通都无从谈起，解决问题更是难上加难。双方往往采取威胁、胁迫和报复的行为，而这又使得冲突愈演愈烈。对此，奥斯古德提出了他的策略，即"逐步(graduate)、互惠(reciprocal)、主动(initiative)地减少紧张(tension reduction)"❺。他戏称之为"GRIT"，以表明所需的决心。GRIT 策略意在通过引发互惠的冲突的逐步降级来扭转冲突的"螺旋上升"。在理论构建中，还引入了一些社会心理学的概念，如互惠规范，动机归因等。

GRIT 策略要求一方在表明希望和解的愿望后，做出一些小的行为，

---

❶ Osgood C E, "Charles E. Osgood.," in *A history of psychology in autobiography*, ed. Lindzey G, San Francisco, W. H. Freeman, 1980, pp. 335-393.

❷ Osgood C E, "Exploration in Semantic Space: A Personal Diary," in *The psychologists*, ed. Krawiec T S, New York, Oxford University Press, 1974, pp. 345-401.

❸ Hall E, "A conversation with Charles Osgood about international tension, the semantic differential, and the many faces of Eve," Psychology Today. 1973, pp. 54-72.

❹ Osgood C E, "The psychologist in international affairs," American Psychologist, 1964, 19(2), pp. 111-118.

❺ Charles O. *An Alternative to War or Surrender*, Urbana, University of Illinois Press, 1962.

意在降低冲突。发起和解的一方在迈出和解的每一小步之前，都要声明其希望缓解紧张局势的主张，并希望对方也作出相应的回应。这种声明可以建立一种有助于对方正确理解其意图的基本条件，而不会被视为示弱或假意试探。此外，这种声明也给对手造成了舆论上的压力，使他们必须遵循互惠的规范。随后，发起者必须如声明中所说的，做出一些可见的和解行为，以建立彼此的信任，并在一定程度上给对方施压。和解行为的内容没有固定限制，但不能使发起者在任何领域做出过大的牺牲，而且要让对方能自由选择回报的方式。如果对方出于自愿做出了回报行为，那么这种自身的和解行为就会对其态度起到缓和的作用。GRIT 策略在后来的诸多游戏模拟情境下的合作和冲突研究中得到了支持。例如，林德斯科尔德(Lindskold)的研究认为，GRIT 策略提供了一种姿态，从而以种种形式建立双方的信任，并产生合作反应。❶ 多伊奇(Deutsch)后来对 GRIT 策略做出了精确的概括，即"坚定、公平、友善"❷。坚定，就是反对胁迫、剥削和肮脏的手段；公平，就是坚持自己的道德准则，无论对方如何挑衅，也决不做不道德的行为；友善，则是指人们愿意发起和回报合作行为。

　　从奥斯古德的观点来看，最重要的是，这一研究能否对现实世界的政治产生影响。1966 年、1973 年，奥斯古德先后在美国参议院外交关系委员会和众议院外交事务委员会欧洲小组委员会上出席汇报了这一策略，以期为国际关系的缓和提供帮助。然而，奥斯古德表示，政策制定者往往对他的建议持敌意态度。❸ 例如，共和党议员就曾描述 GRIT 策略为"按揭投降"。不过，在奥斯古德的努力下，这一策略最终被肯尼迪政府采纳，并在古巴导弹危机的解决中发挥了重要作用。❹❺

---

❶　Lindskold S, "Trust Development, the GRIT Proposal, and the Effects of Conciliatory Acts on Conflict and Cooperation," Psychological Bulletin, 1978, 85(4), pp. 772-793.

❷　Deutsch M, "The prevention of World War III: A psychological perspective," Political Psychology, 1983, 4(1), pp. 3-31.

❸　Osgood C E: Charles E. Osgood. , Lindzey G, editor, A history of psychology in autobiography, San Francisco: W. H. Freeman, 1980, pp. 335-393.

❹　Brewer W F, "Charles Egerton Osgood: 1916—1991," American Journal of Psychology, 1994, 107(4), pp. 583-597.

❺　Brewer W F, "Charles Osgood: The psychology of language," in No boundaries: University of Illinois vignettes, ed. WILLI A, editor, Urbana, University of Illinois Press, 2004, pp. 210-225.

(五)跨文化研究

跨文化问题也一直是奥斯古德的研究兴趣之一。在达特茅斯学院读本科期间，他辅修了人类学，对这一问题产生了浓厚的兴趣。在行为科学高等研究中心工作时，他便萌生了一个念头：用语义分化法进行的一系列研究的结果在多大程度上是由英语文化或美国文化的特征导致的？抑或是出于人类思维的一般特征呢？为了回答这个问题，他牵头成立了一个截至当时规模最大、组成最复杂的跨文化研究项目组。在这个项目组中，语义分化法在近30种语言和文化下得到了开发，并用于对620个概念的研究。这一项目以相当丰富的数据证明，评价、效力和行动性三个基本维度具有相当强的普遍性。❶

在跨文化研究的项目组中，奥斯古德提携了诸多国内外杰出的学者，例如迪亚兹格雷罗(Rogelio Diaz-Guerrero)、希梅尔斯特兰德(Ulf Himmelstrand)、霍根拉德(Robert Hogenraad)、佩克杰克(Vid Pecjak)和田中靖政(Yasumasa Tanaka)等，他们很多后来都在这一领域有所建树。

四、我们的认识与理解

其实，要弄清如何界定奥斯古德所属的学科流派，是比较困难的。我们很难将他简单划归在行为主义或认知主义等某一学科阵营之下。从研究内容上看，他所研究的意义、语言和思维等内容都不是传统行为主义的研究对象，诸如语义编码、运算器、缓冲区等实体概念又与后来认知学派的信息加工观点十分接近。但从研究方法和理论视角上看，他的研究又带有浓浓的行为主义气息。而奥斯古德自己也始终将自己描述为一个行为主义者，尽管很多人并不这么认为。由此可以说，他是一众行为主义学者中最像认知主义学者的。

这一困难在一定程度上也与学科发展的大背景有关。在他的学术生涯中，心理学家对行为主义/认知主义问题的信念发生了巨大的转变。而他的思想正是这一时期的典型产物。在学科发展和流派更迭的洪流里，奥斯古德既不是一个完全的守旧者，又不是一个完全的变革者。这意味着在生涯早期，行为主义大行其道之时，他被视为行为主义的反叛者；而在后来的几年里，随着认知主义的兴盛，他又被视为一个顽固的人。这种尴尬的处境给他的学术经历带来了一些困扰。例如，早年的奥斯古

---

❶ Osgood C E，May W H，Miron M S. *Cross-cultural universals of affective meaning*，Urbana，University of Illinois Press，1975.

德在《实验心理学杂志》上投稿他关于语义分化法的论文时，曾遭遇编辑的拒稿，原因是"意义这一研究主题不适合这本杂志"。❶ 而同为（新）行为主义者的肯尼斯·斯彭斯（Kenneth Spence），也认为奥斯古德所有的方法和理论"充满了离经叛道的异端思想"，一度不允许自己所在大学的研究生阅读。然而，当奥斯古德参加 1966 年的"言语行为和一般行为理论"会议时，以贝弗（Thomas Bever）、福多（Jerry Fodor）、加勒特（Merrill Garrett）和麦克尼尔（David McNeil）为首的学者又对行为主义和联结主义进行了猛烈抨击，这让他觉得自己"像是一只恐龙"。❷

不过，在这样的逆境之下，奥斯古德仍然能够坚持自己的研究思想，可能要归功于他的一些个人特质。

作为一名学者，奥斯古德最突出的特点之一就是他对学术的诚笃。对于一些研究问题，他自己有着很鲜明的观点，但也十分尊重持相反立场的人，尊重客观事实。在《意义的测量》一书出版时，很多学者针对这本书提出了非常强烈的，甚至是毁灭性的批评。然而，在几年之后的《语义分化法手册》中，他将四篇最为尖锐的评论一并编辑在内。此外，他也鼓励他的一些学生到麻省理工学院学习，而麻省理工学院正是乔姆斯基一派的堡垒。他从不反对，甚至希望听到不同的声音。他把福多这位有鲜明反行为主义倾向的学者请到了伊利诺伊担任访问教授，还邀请他一起来听他的心理语言学课。此外，他还极力主张伊利诺伊聘用语言学家里斯（Robert Lees），而他正是当时乔姆斯基最坚定的拥趸。在其成功入职后，他还建议他的学生去听里斯的课程——尽管这也使得他的几位学生倒戈投向乔姆斯基一派。由此可见，在学术上，奥斯古德是一个十分正直的人。

奥斯古德的另一个显著的特点是，在学术上有一以贯之的热情和执着。这一点从他职业生涯的早期阶段就可以看出。此外，在学术立场上，奥斯古德也始终坚定，充满信心，无论经历多少尖刻的批评。这种顽强的性格对他的学术生涯产生了很大的影响。这也解释了为什么他在许多其他行为主义者放弃主张时，仍然高举着行为主义的大旗；也解释了为什么他在其他多数心理语言学家都在研究句法时，仍然坚持关注意义的

❶ Osgood C E, "Exploration in Semantic Space: A Personal Diary," in *The psychologists*, ed. Krawiec T S, New York, Oxford University Press, 1974, pp. 345-401.

❷ Osgood C E, "A dinosaur caper: Psycholinguistics past, present, and future," Annals of the New York Academy of Sciences, 1975(263), pp. 16-26.

问题。

　　奥斯古德有非常广泛的研究兴趣。其实，除了那些比较知名的主要研究外，他还做过一系列有关联觉、多重人格、口吃、失语症、语言普遍性、面部表情、双眼竞争、期刊引文分析、人际意向、亲属关系、肤色和隐喻等方面的研究。对于新的主张和思想，奥斯古德的态度十分开放。即便在晚年时，当他已经跻身世界杰出心理学家之列，对于研究生和年轻教师的一些想法和主张他也从不怠慢。在整个学术生涯中，在所涉及的有关领域内，几乎没有他没读过的文献。这种饱满的学术热情和一丝不苟的精神也十分值得赞赏。

　　宏观上讲，奥斯古德的学术思想主要体现在他与行为主义的"纠葛"上。一方面，他坚持了行为主义的基本思路和研究方法，但避免了过于激进的取向；另一方面，他又将传统行为主义所未曾涉猎的内容纳入学科体系中，并创造性地引入了一些具有认知主义色彩的结构和元素（例如有意无意的计算机隐喻），拓宽了心理学的研究领域和实证研究的适用范畴。在心理学历史上各个学派的众多心理学家中，奥斯古德扮演了一个过渡性角色，他承袭了以赫尔为代表的新行为主义基本思想和框架，同时又博采众长，探索了一些新的研究领域和研究模式，为新一代的心理学研究者开辟了道路。

　　不过，在时代背景的限制下，他的一些理论和思想难免存在一些刻板和局限性。首要一点可能在于，学科哲学和方法论方面并不纯粹，没能像斯金纳那样提出一套相对完备的行为主义哲学。因而尽管他本人一再重申自己的行为主义立场，但其仍然摆脱不了学派立场的质疑；方法论方面的局限也使得他在解决一些问题时有些许掣肘。另外，尽管广泛的研究兴趣、敏锐的问题嗅觉和强大的吸收能力使得他能够对诸多研究课题都有所涉猎，但奥斯古德似乎有些固执地希望把所有心理学研究的新发现都纳入他的行为主义框架中，过分追求理论框架的大而全，这就使得这一框架显得有些松散，不够稳固。此外，一些具有认知主义特色的研究主题和要素在行为主义框架下也有些"水土不服"。

　　纵使如此，奥斯古德的很多研究贡献在今天看来也是很有价值的。在 2002 年《普通心理学评论》杂志刊登的"20 世纪最著名的 100 位心理学家"中，奥斯古德位列第 40 位，可见其影响之深远。借用他自己的一个比喻，"这只恐龙"还将继续陪伴着我们、陪伴着心理学稳步向前。

[印象小记]

　　托尔曼（Edward C Tolman，1886—1959），美国心理学家，新行为主义代表人物之一。他提出的认知学习理论促进了认知心理学及信息加工理论的产生和发展，被认为是认知心理学的起源之一。他曾当选为美国心理学会及其三个分会的主席、国际心理学会议的联合主席等。1937年他当选为美国国家科学院院士，同年当选为美国心理学会主席。他一生获得多项科学荣誉，包括勒温纪念奖以及美国心理学会颁发的杰出科学贡献奖。2002年，托尔曼被美国的《普通心理学评论》杂志评为"20世纪最著名的100位心理学家"之一，排名第45位。

---

❶　本章作者：俞国良，琚运婷。

[名著选读]

动物和人的目的性行为 ❶

第一部分　行为主义——原因和种类

导致人们主张行为主义的动机十分简单。实际上，一切能够在人类和更低等的动物身上观察到的都是行为。如果生物存在其他私下的心理，我们也永远没有办法知道。在设想中，直接地和第一手地内窥并观察个体自己的心理过程本该是轻松、显而易见的。然而，事实证明在实验室的控制条件下，这一方法大多属于空想。这些"内省"的口述内容是在实验室中获得的，它们一次次被证明是特定实验室人为制造的产物。

本文提出的行为主义主张最好把心理过程看作行为的动力面或决定因素。它们是函数变量，在以环境刺激和初始的生理状态或刺激为一方、以最终的外显行为为另一方的因果方程中起中介作用。

此外，要指出的是，尽管行为主义因其激进、现代化和简单而具有情绪上的吸引力，但是实际上我们将发现它晦涩难懂而又如我们所愿地具有科学性。

第一章　行为：一种克分子现象 ❷

1. 心灵主义对行为主义

心灵主义者认为，"心理"从根本上说是"内在事件"的流动。心灵主义者说，人类应该"内窥"和观察这些"内在事件"。尽管次于人类的生物不能"内窥"这些"内在事件"，从而无法报告这类内窥的结果，但是心灵主义者仍然假定低于人类的有机体也具有"内在事件"。按照心灵主义者的想法，动物心理学家的任务是从外部行为推论出这些"内在事件"；因此，动物心理学被心灵主义者还原为用类推法进行的一系列论述。

现在，我们来比较一下行为主义的命题。对于行为主义者来说，"心

❶　[美]爱德华·托尔曼：《动物和人的目的性行为》，李维译，1-17 页，北京，北京大学出版社，2010。

❷　本章的许多观点已出现与下列文章中：E. C. Tolman, "A New Formula for Behaviorism", Psychol. Rev. , 1922, 29, pp. 44-53; E. C. Tolman, "Behaviorism and Purpose", J. Phil. , 1925, 22, pp. 36-41; E. C. Tolman "A Behavioristic Theory of Ideas", Psychol Rev. , 1926, 5, pp. 352-369.

理过程"是按照它们所引起的各种行为来辨认和界定的。在行为主义者看来，"心理过程"不过是推断行为的决定因素，它最终可由行为推断出来。行为和这些推断的决定因素客观上是被限定的实体类型。行为主义者声称在这些实体的限定类型周围不存在任何私下的或"内在的"东西。有机体，无论是人类还是人类以下的有机体，都是沉浸在环境中的生物实体。它们必须按照它们的生理需要顺应这些环境。因此，它们的"心理过程"从功能上说是决定这种顺应的限定性因素。对于行为主义者来说，一切事物都是公开而坦诚的。在行为主义者看来，动物心理学家为人类心理学而工作。❶

2. 各种行为主义

在本书中，我所采取的主要是行为主义的立场，但是是一种相当特殊的行为主义，因为行为主义有很多种。华生（Watson）这位行为主义的泰斗挂出了他自己的行为主义招牌。但是，其他一些人，尤其是霍尔特（Holt）、佩里（Perry）、辛格（Singer）、德·拉古纳（de Laguna）、亨特（Hunter）、魏斯（Weiss）、拉什利（Lashley）和弗洛斯特（Frost）都已经提出了其他一些不同的行为主义。❷ 我无法对所有这些种类的行为主义进行完整的分析和比较。我们在这里只提出某些特征，作为介绍我们自

223

---

❶ 很显然，我们已经把"心灵主义者"和"行为主义者"的观点过于简单化了。人们无疑应该避免把这种进展看成"运动"（movements）之间过分简单的抗争［参阅 E. C. Boring "Psychology for Eclectics"，*Psychologies of* 1930，Worcester，Mass，Clark Univ. Press，1930. pp. 115-127］。但是，这个诱惑太大了。

❷ W. 麦独孤（"Men or Robots"，*Psychologies of* 1925，Worcester，Mass，Clark，Univ. Press，1926，p. 277）宣称，他是第一个把心理学定义为行为研究的人。他说："早在 1905 年，我就开始试图修正这一事态［也即一种观念（Idea）心理学的不适当之处］，我提议把心理学界定为积极的行为科学（positive science of conduct），我使用'积极的'这个词，是为了把它与伦理学（ethics）区别开来，因为伦理学乃是行为规范的科学。"还请参阅他的另一部著作［*Psychology, the Study of Behavior* (New York，Henry Holt and Company)，1912，p. 19］："因此，我们可以把心理学定义为生命体（living things）的积极的行为科学。"但是，把心理学的这种界定上升到一种"主义"，究竟是表明了一种荣誉还是招来了许多怀疑，这肯定要归之于华生了［"Psychology as a Behaviorist Views It"，*Psychol. Rev.* 1913，20，pp. 158-177；"Image and Affection in Behavior"，*J. Philos. Psychol. Sci. Mtth*，1913，10，pp. 421-428］。有关各种行为主义的最佳分析和文献目录保存到 1923 年，请参阅 A. A. 罗伯克（A. A. Roback），*Behaviorism and Psychology*，Cambridge，Mass，Sci-Art，1923，pp. 231-242.

己的行为主义的一种方法。

3. 华生：分子定义

看来，华生在许多场合是按照简单的刺激—反应的联结来描述行为的。而且，他还以相对来说直接的物理学和生理学术语对这些刺激和反应进行了构想。因此，他在对他的学说进行最初的完整论述时这样写道：

我们在心理学中使用"刺激"（stimulus）这一术语正如生理学中对它的使用一样。只有在心理学中我们才不得不扩展了该术语的用法。在心理实验室里，当我们处理相对简单的因素，例如不同长度的以太波的效果、声波的效果等，并试图将它们对人类顺应的效应独立出来时，我们就谈到了刺激。作为刺激的例子，我们可以把这些东西称作不同波长的光线；在振幅、长度、相位和组合方面均有差异的声波；粒径极小，但散布开来会刺激鼻膜的气体粒子；含有微粒并能激发味蕾活动的溶液；影响皮肤和黏膜的固态实物；引发温度反应的辐射刺激；割、戳，以及一般使组织受损的有害刺激。最后，肌肉的运动和腺体的活动本身通过作用于运动肌的传入神经末梢而充当了一种刺激……

我们用类似的方法在心理学中使用了"反应"（response）这个生理学术语，但是我们同样要稍稍扩大它的用途。轻扣膝关节的腱或者抚摸足底所引起的运动是生理学和医学都有所研究的"简单"反应。在心理学中，我们的研究有时也涉及这些类型的简单反应。但是更多的时候，我们的研究涉及一些同时发生的复杂反应。❶

然而，必须注意，华生虽然按照严格的物理的和生理的"肌肉抽搐"（muscle-twitches）来对行为下定义，但的确也有滑入到一种不同的，而且有点自相矛盾的概念中去的倾向。例如，在上面摘引的文章末尾，他继续说道：

在最后一种情况中（也就是说，当我们在心理学中研究若干个同时发生的复杂反应时），我们有时使用一个十分流行的术语——"行动"或顺应，意思是整组反应以一定的方式（本能或习惯）整合起来成为一个人所做出的事情，比如"进食""盖房子""游泳""写信""谈话"等。

现在，这些"整合的反应"也许具有与那些构成这些反应的生理要素不同的性质。确实，华生本人似乎提示了这样一种可能性，他在《情绪》

❶ J B Watson "Psychology as a Behaviorist Views It," Philadelphia, J. B. Lippin-cott Company, 1919, p. 10（同样参考 1929 年版）.

一章的脚注中写道：

一名研究行为的学者尽管不了解交感神经系统、腺体和平滑肌，或者甚至不了解整个中枢神经系统，但是他仍然能够写出关于情绪的全面而又正确的研究报告，包括情绪的类型、情绪与习惯的相互关系、情绪的作用等等，这是完全可能的。❶

然而，前后陈述似乎有所矛盾。因为，如果真像华生在前面摘录的陈述中坚持主张的那样，行为的研究除了涉及"由物理学家下定义的那些刺激"和"由生理学家描述的那种肌肉收缩和腺体分泌"之外不涉及任何东西，那么"一名研究行为的学者在完全不懂交感神经系统、腺体，甚至不懂整个中枢神经系统的情况下，却能写出关于情绪的全面而又正确的研究报告"，这肯定是不可能的事。

此外，华生在新近出版的著作❷中陈述道：

看来，有些心理学家具有这样的观念，即行为主义者只对记录细微的肌肉反应感兴趣。没有任何东西会比这种论点距离真理更远了。让我们再次强调，行为主义者主要对整个人的行为感兴趣。行为主义者从早到晚观察一个人实施他的常规任务。如果这个任务是砌砖头，行为主义者就会测量在不同条件下这个人砌砖的数目，他能连续工作多长时间而不觉疲劳，他学会这一行当花了多长时间，我们是否可以提高他的工作效率，或者使他在较短时间里完成同样数量的工作。换言之，行为主义者感兴趣的反应是对"这个人正在干什么，以及他为何正在干那件事？"这类问题作出常识性回答。可以肯定地说，有了上述这个总的声明，就不会再有人把行为主义者的声明歪曲到这样的程度，以至于声称行为主义者不过是一名肌肉生理学家了。❸

这些陈述强调了整体反应，以区别于构成这些反应的生理要素。总之，我们的结论是，华生实际上摇摆于两种不同的行为概念之间，尽管他本人并不清楚两者之间有多大的区别。一方面，他用行为所依据的严格的、基本的物理学和生理学细目，也即根据感受器过程、传导器过程和效应器过程本身来给行为下定义。我们把这种定义称之为行为的分

225

---

❶ J B Watson "Psychology as a Behaviorist Views It," Philadelphia, J. B. Lippincott Company, 1919, p. 11.

❷ J B Watson, *Behaviorism*, New York, W. W. Norton and Company, 1930.

❸ 同上书, p. 15。

子(molecular)定义。另一方面,他开始认识到(尽管模糊地认识到),行为不仅仅是它的生理部分的总和,而且也不同于这个总和。这样的行为是一种"突创"现象,它具有自身的描述性和规定性特征。❶ 我们把这后一种定义称作行为的克分子(molar)定义。❷

4. 克分子定义

本文要加以辩护的正是这第二个行为概念,或者说克分子行为概念。我们坚决主张(如果不是由华生坚决主张的话)的是"行为—活动",尽管毫无疑问它与物理学和生理学的基本分子事实完全处于一一对应的状态,可是作为"克分子"整体,行为—活动具有它们自己的某些突创性。而且,正是这些行为—活动的克分子特性,引起了作为心理学家的我们的很大兴趣。此外,在我们现有的知识准备下,也即在找出行为及其生理相关物之间的许多经验主义的相互关联之前,若是根据仅有的物理学和生理学基本的分子事实,我们是无法推知这些行为—活动的整体特性的。因此,正如一杯水的特性,我们在验证之前无法从个别水分子的特性中想象出来一样,"行为—活动"的特性也无法从构成它的物理学和生理学的基本特性中直接推断出来。行为本身不能(至少目前不能)仅从肌肉抽搐的次数和构成行为的活动推论出来。行为必须作为第一手的研究对象,这也是出于行为自身的性质。

---

❶ 对于目前在哲学家中间颇为流行的各种不同的"突创性"概念所作的十分清楚的总结,请参阅 W. 麦独孤的 Modern Materialism and Emergent Evolution(New York,D. Van Nostrand Company,1929)。然而,应当强调的是,这里所谓的行为具有"突创"的特征,我们只在描述的意义上使用这一术语。在此,我们并不把自己与任何哲学的解释联在一起,也即并不把这些突创现象解释为最终的哲学状况。"突创"的行为现象与肌肉、腺体和感觉器官的生理现象是相关的。但是,从描述上说,这些"突创"的行为现象与后者是有区别的。不论它们是否最终在某种形而上学(metaphysical)的意义上被完全还原为后者,在此我们不想多说什么。

❷ 克分子行为主义和分子行为主义的区别起源于 C. D. 布劳德(C. D. Broad)的 *The Mind and Its Place in Nature*(New York,Harcourt,Brace and Company,第 2 版,1929,p.616),并由 D. C. Williams 在"A Metaphysical Interpretation of Behaviorism"(Harvard ph. D. thesis,1928)一文中向我们提供暗示。布劳德的基本意图是在下述两种行为主义之间作出区别:一种是只求助于某种总的可观察的活动的行为主义,另一种是求助于大脑分子和神经系统的假设过程的行为主义。

一个作为"行为"的活动完全具备自身的鲜明特性。这些特性可以被识别和描述，而无须考虑构成这些特性的肌肉的、腺体的或神经的过程。这些为克分子行为所特有的新特性，可以假设与生理运动密切相关，或者，如果你愿意的话，可以假设他们取决于生理运动。但是，就描述而言，它们本质上不同于生理运动。

一只老鼠在迷津中奔跑；一只猫从迷箱中逃出；一个男人驾车回家用餐；一个孩子躲开陌生人；一个女人洗东西或打电话与人聊天；一个学生做智力测验的试卷；一个心理学家背诵一份无意义音节表；我的朋友和我彼此讲出各自的思想和感情——这些都是行为（就克分子行为而言）。必须指出，在谈论以上任何一种行为时，我们从未提及它涉及哪些确切的肌肉、腺体、感觉神经和运动神经。说来也难为情，关于这些生理过程，我们知之甚少。但是，这些反应多少各有一些可以辨认的特性。

5. 克分子定义的其他一些支持者

现在，必须进一步指出，行为的这种克分子概念——这一概念认为行为呈现其本身所具有的鉴别性和规定性的特性，它们不同于构成它们的物理学和生理学的特性——除了我们自己以外，也得到了其他一些理论家的支持。对此，我们应当特别向霍尔特、德·拉古纳、魏斯和康托（Kantor）表示感谢。

霍尔特：

那些过分强调唯物主义观点的生物学家，如此害怕遇到某个怪物，即"心灵"，于是他们匆匆地将每种行为都分析成行为的组成部分的反射，而不敢将行为首先当做整体来加以观察。❶

整合的有机体所表现出来的现象不再只是神经的兴奋或肌肉的抽搐，也不是单纯由刺激引起的反射。这些都存在，并对我们谈论的现象十分重要，但是，现在它们只是一些组成部分，因为它们已经被整合在一个整体之中。而这些反射弧以及反射弧所涉及的一切，已经整合成为一个有系统的、相互依存的状态，从而产生了一些不限于反射动作的东西。

---

❶ E B Holt, *The Freudian Wish*, New York, Henry, Holt and Company, 1915, p. 78.

生物科学早就承认了这种新的、进一步的现象，并称它为"行为"。❶

德·拉古纳：

一个由距离感受器开始，并由接触刺激(例如向某物伸手、啄食和吞咽)所强化的整个反应形成了一个机能单位。这种行动是一个整体，而且作为一个整体受到刺激或抑制……在行为更加复杂的场合，我们仍能发现一种类似的关系。❷

作为整体的一组感觉细胞的机能作用由于是一种"机能作用"，而不仅仅是一种"化学释放"，因此在任何意义上都不是组成这一整体的各个细胞的机能作用的产物。❸

魏斯：

当然，研究体内的神经状况是行为主义者计划的一个组成部分，但是，即便我们不能弄清楚某一神经兴奋在整个神经系统中的扩散情况，也并不妨碍我们研究教育、工业或社会生活领域中有效的刺激和反应，正如物理学家即便不能确定当电流通过一节电池时，其中的电解质起了什么变化，仍然可以进行电学的研究工作一样。❹

康托：

心理学家越来越多地试图按照完整的有机体来表述事实，而不是按照特定的部位(例如，大脑等)或孤立的机能(例如，神经的机能)来表述事实。❺

简单来说，心理上的有机体(与生理上的有机体相区别)可被看作是

---

❶ 引自上文，p.155。本章和随后几章一样，是在霍尔特的最新著作 *Animal Drive and the Learning Process* (New York, Henry, Holt and Company, 1931) 出版以前写成的。

❷ G A de Laguna, Speech, *Its Function and Development*, New Haven, Yale Univ. Press，1927，p.169.

❸ G A de Laguna, "Sensation and Perception," J. Philos. Sci. Meth，1916，13，pp.617-630.

❹ A P Weiss, "The Relation between Physiological and Behavior Psychology," J. Philos. Psychol. Sci. Meth，1919，16，pp.626-634，p.634. 也可参见 *A Theoretical Basis of Human Behavior*, Columbus, Ohio, R. G. Adams Company，1925，No.6。

❺ J R Kantor, "The Evolution of Psychological Textbooks Since 1912," Psychol. Bull，1922，19，pp.429-442.

反应的总和加上这些反应的多种综合。❶

6. 作为克分子的行为的描述性特性

假定行为本身具有自己的描述性特性，那么我们接下来就要追问，这些可以辨认的特性的详尽内容是什么。

在对这一问题的回应中，第一条答案可从下述事实中发现：就我们所理解的行为而言，似乎总是具有"趋向"或"离开"一个特定目标物或目标情境的特征。❷ 这就是说，对任何单一的行为—活动的完全鉴别，要求首先涉及某一特定的目标物或某些目标，这些目标物正是行为试图趋向的，或者离开的，或者既离开又趋向的。因此，例如，老鼠"走迷津"的行为的第一个或许也是最重要的识别特征就是"趋向"食物的这一事实。同样，在桑代克(Thorndike)的小猫开启迷笼的行为中，首先一个识别特征就是猫要"离开"迷笼的囚禁这一事实，或者，如果你愿意的话，可以说是为了"趋向"笼外的自由这一事实。又如，心理学家在实验室里背诵无意义音节的行为，其首要的描述性特征是为了得到(让我们这么说吧)"另一所大学的续聘"。再如，我朋友和我的聊天所具有的首要识别特征是彼此所作的一系列趋向于产生这种聊天行为的准备。

关于行为—活动的第二个描述性特征，我们还注意到这样一个进一步的事实，即这样一种"趋向"或"离开"的行为，不仅以目标物的特性和趋向它或离开它的坚持性为特征，而且还以下述事实为特征，即行为—活动总是涉及一种特定的模式，也即与类似的中介手段—对象进行交流、往来、相约束、相沟通，作为趋向或离开的一种方式。❸

例如，老鼠的奔跑是"趋向"食物，这种行为表现为一种特定模式的奔跑，以及在某些小径中奔跑而不在另一些小径中奔跑。与此类似的是，桑代克的小猫的行为不仅表现为逃离迷笼，而且也表现为对迷笼咬、嚼、抓等特定行为模式。或者，某个男人的行为不仅仅是离开办公室并趋向

---

❶ J R Kantor，*Principles of Psychology*，New York，Alfred A. Knopf，1924，l，p. 3.

❷ 为了方便起见，我们将始终用"目标"(goal)和"目的"(end)这些术语既表示"离开"的情境，也同样表示"趋向"的情境，既表示"离开目标"，也同样表示"趋向目标"。

❸ "交流""往来""相约束""相沟通"等术语的运用是试图描述行为—活动和环境之间一种特定类型的相互交往。但是，为了方便起见，后面我们将主要使用"交流"(commerce-with)这个单一的术语。

有妻子和食物的家里，也有通过诸如此类以"手段—对象"——汽车、道路等等——开启的特定模式所产生的行为。最后一个例子，心理学家背诵无意义音节不仅仅是为了得到另一所大学的续聘，还表现为一定模式的手段—活动，或者表现为与手段—对象进行交流的特定模式，即大声朗读并背诵无意义音节，或先在原稿上记录这些无意义音节的结果和其他一些废话，再用打字机打出原稿等。

关于行为—活动的第三个描述性特征，我们发现，通过与各种手段—对象进行交流而实现"趋向"特定目标物或"离开"特定目标物，行为—活动的特征表现为对容易的(较短的)手段—活动具有有选择的更大准备性，而不采取较长的手段—活动。例如，如果向一只老鼠呈现两条通向特定目标物的可供选择的手段—对象的空间路径，一条路径较长，另一条较短，那么老鼠将在一定范围内选择较短的路径，并以同样的方式选择时间上和引力上较短的手段—对象路径。因此，举例来说，在老鼠身上表现出来的这些情况，无疑会以同样的方式，或者更确切的方式，在高等动物甚至人类身上表现出来。这等于是说，这种对于手段—对象和手段—路径的选择是与目标物的手段—结果的"方向"和"距离"相关的。当向动物呈现出选择的情形时，它迟早会选择那些使自己最终达到目标物或情境，或最终想要回避的目标物或情境的路径，也即通过更短的路径交流使自己到达目的地的路径。

总结而言，任何行为—活动自身的完整的描述性鉴别都需要描述性说明，这关乎(1)目标物，趋向或离开；(2)在这种趋向或离开中所涉及的与手段—对象的特定交流模式；以及(3)与路径和手段—对象的选择性识别的相关外显事实，包括为了达到或离开而采用的与手段—对象进行简短(容易的)交流。

7. 目的的和认知的决定因素

但是，任何一个"固执而讲究实际的"读者现在肯定要准备进行争论了。因为很清楚，用目标物和用手段—对象进行交流的模式，来选择较短的路径以达到或离开目的地，并借此方式来鉴别行为，意味着存在某种像目的和认知一样危险的东西。这肯定会冒犯今日那些讲究实际的有教养的心理学家。

然而，看来舍此别无他路。行为本身作为克分子，确实是有目的和认知的。这些目的和认知具有其直接可描述的经和纬，无疑是严格依赖于其所依据的一套物理学和化学的功能的，但是，开始时，作为现实可资鉴别的东西，体现为具有目的和认知的行为。这些目的和认知就像我们后面见到的那样清楚而明白，如果该行为是一只老鼠所做，那么就同人类的行为类似。❶

然而，最后必须强调的是，行为中这种直接的、固有的目的和认知在定义上完全是客观的。❷ 它们由我们在观察行为时得到的特征和关系来进行解释。我们这些观察者注视着老鼠、猫或人类的行为，并注意行为的特征，通过各种与手段—对象进行交流的特殊模式来达到各种目标。也正是我们这些无偏见的中立的观察者，才能注意到这些完全客观的特征是行为所固有的，而且碰巧选择了"目的"和"认知"作为这些特征的属名。

8. 行为目的的客观定义

让我们更加详细地考察一下我们称之为目的和认知的一些直接的动力特征。我们先考察目的。为了说明问题，我们以桑代克的猫为例。猫要闯出迷笼，目的是趋向笼外的世界，这便是我们称之为猫的行为的客观特征。我们现在对猫的行为的决定因素所给的名称，已在上次分析中用某些学习的事实予以了明确的界定。桑代克对具体行为的描述如下：

当猫被放进迷笼里时，表现出明显的不舒服迹象，以及逃出迷笼的冲动迹象。它设法挤进任何缝隙处；它对铁丝栅栏又抓又咬；它突然从

---

❶ 麦独孤在名为"Men or Roberts"[*Psychologies of* 1925（Worcester，Mass，Clark Univ. Press，1926）]的演讲中，将所有行为主义者分为"严格的行为主义者"(strict behaviorists)、"近似的行为主义者"(near behaviorists)和"目的的行为主义者"(purposive behaviorists)。他把本文作者和 R. B. 佩里教授归入最后一类。因此，我们要将"目的性行为"(Purposive Behavior)这个标题归功于 W. 麦独孤教授，而对佩里教授，我们应该感谢他创立了行为的直接目的性和直接认知性(the immediate purposiveness and the immediate cognitiveness of behavior)的概念。最后，必须指出的是，目的性和认知性看来是一起发展的，因此，假如我们把行为想象成有目的的话，我们也同时把行为想象成认知的了。这种对目的和认知的补充特征同样也得到 W. 麦独孤的强调[Modern Materialism and Emergant Evolution（New York，D. Van Nostrand Company Inc），1929，第三章]；也得到了 R. B. 佩里的强调，他指出"没有认知便没有目的"["The Cognitive Interest and Its Refinements"，J. Philos，1921，18，pp. 365-375]，以及"目的行为的一切形式有赖于对该问题的信仰"（"The Independent Variability of Purpose and Belief"，J. Philos. 1921，18，pp. 169-180）。还请参阅 R. B. 佩里的 "The Appeal to Reason"，Philos，Rev. 1921，30，pp. 131-169。

❷ 我们在纯粹的意义上使用"固有的"(immanent)这个术语，仅指行为。

空隙处伸出爪子，并抓住够得着的每样东西；一旦把某样东西弄得松动时，它便会继续下去；它会抓笼中的任何东西……它挣扎时的精力是不同寻常的。它抓呀，咬呀，连续不停地想钻出去长达 8 分钟或 10 分钟之久……所有其他不成功的冲动逐渐消失，而导致成功行为的特定冲动便会由于产生的愉悦而得到巩固，直到经过多次尝试以后，一旦猫被关进笼子，便会立即以一种十分明确的方式去抓按钮或绳结。❶

在该描述中，我们注意到两个重要特征：（1）表现这一行为的有机体具有通过试错（trial and error）而坚持下去的准备性这个事实；（2）表现这一行为的有机体倾向于在连续的场景中越来越快地选择能使它容易地和迅速地逃出去的行动——也就是"可驯性"（docility）❷的事实。我们现在要声明，正是这两种相关的特征为我们称之为"猫逃向外面自由天地"的这一目的的直接特性下了定义。总之，我们在这里坚持主张的学说是，不论在何处，只要一种反应表现出与某种目的相关的可驯性——只要一种反应易于：（1）投入试错的系列；（2）逐步地或突然地选择与达到该目的有关的更加有效的试错反应——这样一种反应便表明和解释了某种东西，为了方便起见，我们称之为一种目的。不论在何处，只要出现了这样一组事实（除了一些最简单和最严格的趋向性和反射之外，哪里会不出现这组事实呢？），我们就把为了方便而称之为"目的"的东西客观地表达出来，并予以界定。

我们要将首先明确承认并宣告这一事实，即行为的可驯性是某种可被恰当称为行为的目的性的客观定义，归功于佩里。他在 1918 年发表的文章中写道：

如果小猫只看到处于垂直位置上的笼门按钮就会激发起一种努力，如果这种努力一直持续到小猫想出办法把按钮旋到横向位置，如果这种随机的努力被一种实施成功动作的稳定倾向所替代，那么我们便可以说，这只小猫正在"尝试着旋转笼门按钮……"（也即目的在于旋转笼门按钮）。"为了使一个有机体可能被说成是为了某种结果[出于某种目的]而以特定的方式行事，证明自身具有某种结果的行为应该有必要从该行为事实中衍生出一种发生的倾向；其他证明不具有该结果的行为，应该有必要从

❶ E L Thorndike, *Animal Intelligence*, New York, The Macmillan Company, 1911, p. 35.

❷ 韦伯斯特（Webster）把"可驯性"解释为：（1）可以调教的、可以驯养的；（2）愿意接受教育或训练，可驯服的，易管教的，我们始终在"可调教性"（teachableness）的意义上使用这个术语。

该事实中衍生出一种被排除的倾向。有必要说，合适的动作和不合适的动作都会尝试性地发生，然后根据产生的结果而表现出一种稳定的或有倾向的特征。"❶

最后，应当指出，麦独孤(McDougall)也创立了类似的学说。因为他与佩里(以及我们自己)一样，发现行为有其自身鲜明的特征，他把这些鲜明的特征归纳为以下六个：

(1)"运动的某种自发性"；(2)"不论开头引起活动的影响是否继续，活动仍坚持下去"；(3)"持续活动的方向的变化"；(4)"动物的运动一旦在其情境中产生特殊类型的变化，运动就会停止"；(5)"准备接受某一动作所造成的新情境"；(6)"当动物在相似的环境中重复某种行为时，行为效果就会在某种程度上得到改进。"❷

他说，上述六条中的头五条指的就是目的。因此，W.麦独孤的学说看来至少表面上与我们的学说十分相似。

然而，应当指出，麦独孤并未特别强调第六个特征，"在某种程度上得到改进"，也就是行为的"可驯性"，正如我们所见到的那样，按照佩里

❶ R. B. 佩里的"Docility and Purposiveness"(Psychol. Rev.，1918，25，pp. 1-20，p. 13)强调行为的可驯性，以此作为对行为目的性的界定(也包括对行为认知性的界定)，并由R. B. 佩里在其他地方加以扩展，包括："Purposive Systematic Unity," Monist, 1917, 27 , pp. 352-375; "Purposeas Tendency and Adaptation," Philos. Rew.，1917，26. pp. 477-495; "A Behavioristic View of Purpose," J. Philo.，1921，18. pp. 85-105; "The Independent Variability of Purpose and Belief," J. Philos, 1921, 18, pp. 169-180; "The Cognitive Interest and Its Refinements," J. Philos.，1921，18，pp. 365-375; "The Appeal to Reason," Philos. Rew.，1921，30，pp. 131-169；以及 General Theory of Value，New York，Longmans, Green and Company，1926，p. 288.

❷ W McDougall, Outline of Psychology，New York，Charles Scribner's Sons，1923，第二章，pp. 44-46；还可参见他的"Purposive or Mechanical Psychology," Psychol. Rev.，1923，30，pp. 237-288。

的学说，这第六个特征是其他五个特征的意义所在。❶

一个深层的差异也必须得到强调。对佩里教授和我们来说，目的是一个纯粹客观规定的变量，它由试错的事实以及最后的可驯性事实来解释；可是，对于麦独孤教授来说，目的似乎是由内省的主观的某种"东西"来解释的，它不同于，而且超出于它在行为中出现的方式；它是藏在这些客观现象背后的某种"心理的""精神的"东西，只有通过内省才能最后认识。我们的观点与麦独孤的观点有着根本的分歧，而且意味着与此观点相对立。❷

9. 行为认知的客观定义

现在，我们来考察认知的事实。行为的可驯性特点也在客观上界定了某种直接的、固有的特征，对于这些特征来说，认知或认知过程这个普通的名词是合适的。更具体地说，我们的论点认为，偏爱路径的特定模式，以及鉴别任何一种特定的行为—活动的交流模式，就下列三点而言是表现出可驯性的，而且同时可以在认知上说是主张：(1)目标物的性质；(2)该目标物相对于实际的手段—对象和可能的手段—对象的初始

---

❶ 在这种联系中，可以附带说明的是，我们以往倾向于与 W. 麦独孤站在一起[E. C. Tolman "Instinct and Purpose"，*Psychol. Rew.*，1920. 27，pp. 217-233；"Behaviorism and Purpose"，*J. Philos.*，1925，22，pp. 36-41.]，也就是说，我们倾向于主张，目的本质上仅仅属于试错，仅仅属于"持续一直到"(persistence-until)，而不考虑这些是否倾向于产生最后的学习(resultant learning)。然而，现在，这在我们看来是个错误，我们开始接受 R. B. 佩里教授的声明，即需要把"可驯性"作为对目的的真正定义。这是因为，在试错的类别中，在"持续一直到"的类别中，包含着最后的可驯性的进一步类别。试错，以及"持续一直到"才具有它们所有的那种意义。仅仅反应的可变性(并不牵涉"尝试"中的最后选择)不会成为一个人的"试错"的概念。同样，单单"保持"看来也不会是真正的"持续一直到"。只有当这些变化和这些持续在它们中间意味着更为有效的尝试(也即可驯性)这一最后选择的特征时，它们才具有它们的通常意义，并可以说界定了目的。应当指出的是，E. A. 辛格看来也持有与这里提出的行为概念十分相似的概念，即把目的看做行为的最基本的特征之一。这里摘引他的一段话："我的躯体行为史反映了贯穿于它的各种活动的目的性，这种目的性十分类似于我的邻居，我的狗，以及在我周围飞舞的那只儿子的行为特征。"参阅 E. A. Singer "Mind as Behavior"，*Studies in Empirical Idealism*，(Columbus，Ohio，R. G. Adams Company，1924) p. 59. 也可参阅 E. A. Singer "On the Conscious Mind"，*J. Philos*，1929，26，pp. 561-575。

❷ 这是 W. 麦独孤在 *Psychologies of* 1930 中发表"The Hormic Psychology"一章之前写成的(Clark Univ Press，1930)，在该章的结尾部分，W. 麦独孤教授否认了他的目的学说与泛灵论(animism)之间存在任何一种必要的联系。

"位置"；(3)能够支持各种交流的专门呈现的手段—对象的性质。因此，如果这些环境实体中的任何一个实体不得证为何如此，那么特定的行为—活动将会被分解并表现出分崩离析的状态。随之而来的是行为的改变。因此，任何一种特定的行为—活动能否继续进行，取决于环境的性质是否果真如同所证明的那种样子，这一事实规定了该行为的认知方面。

这些认知方面的事实很容易用迷津中的老鼠的行为加以说明。一旦老鼠熟悉了特定的迷津，它的行为便是一种非常特定的穿越迷津的跑动。但是，这种在连续的情况下穿越迷津的持续行为可以在实验中很容易被证明是依照环境事实"确实如此"。它依照目标箱中确有某种特定的食物而发生，它还依照实践证明这条或那条路径是通向食物的最佳和最短的路径而发生。最后，穿越迷津的动作是按照这些路径确实是具有其本身现有的形状而发生的。因为，一旦这些环境事实出现了意外的变化，也就是说，不再证明是这样的状态，那么这种特定行为，也即特定的穿越迷津的行为，将会瓦解，将会分崩离析。于是，老鼠继续照它现在的样子跑迷津便构成了一组直接相倚性的客观表现。该行为的继续进行也说明环境具有使这种行为不致瓦解的性质。正是为了这种相倚性，"认知"这个普通名词似乎才是合适的。

10. 作为整体的有机体

上述的理论认为，行为是可驯的，由于是可驯的，所以是有目的的和认知的。上述这种理论还意味着，行为始终是整个有机体的事情，而不是个别的感觉部分和运动部分自身在某个局部单独进行的。对于这些可驯性，正如我们已经说明的那样，意指转移、选择和替代，也即广泛分布在有机体各部分的运动反应和感觉活动中的转移、选择和替代。那种坚持的准备性涉及从一个感觉部分和运动部分向另一个感觉部分和运动部分的广泛转移。作为与环境进行交流的一种行为，只能在整个有机体中发生。行为是不会在彼此隔绝并各自为政的特定感觉部分和运动部分中发生的。

事实上，行为是整个有机体的一种顺应，而不是个别感觉部分和运动部分的一种反应，这个事实很容易用比老鼠还要低等的动物来说明。例如，小龙虾在简单的 T 字形迷津中的行为使吉尔豪森(Gilhousen)得出以下的结论：

尚无明确的证据能使任何一种学习理论承认，即使在这些较低级的动物中，学习主要是对特定刺激作出特定反应的强化或抑制。正如在动物走迷津的分析中已经表明的那样，学习是以对迷津情境作出连续不断的不同反应为特征的。完好的龙虾以优越的方式表现了这一点。它不以某种一成不变的反应动作对相同的特定线索作出反应，而是就可以观察到的情况而言，在各次不同的尝试中，以恰当的变化方式对不同的线索作出反应。❶

在这方面，必须指出的是，有些行为主义者倾向于把行为是整个有机体的这一事实看作诸如克分子那样的行为的基本特征，例如，我们把行为可驯性的提出归功于佩里教授，他往往倾向于强调这一事实，即行为是整个有机体的，这是行为的一个鲜明特征。他写道：

心理学（也即行为主义）研究有机体行为的总体事实，尤其是研究有机体作为一个单元而行动的那些外部的和内部的顺应，而生理学则研究更为基本的组成部分的过程，诸如新陈代谢或神经冲动。但是，当心理学把有机体分开研究时，它便趋于生理学，而当生理学把有机体整合为一个整体时，它便趋近于心理学了。❷

他进一步写道：

这种人类行为的概念的中心特征是有机体的一般状态，称为决定倾向。作为整体的有机体一度全神贯注于某个任务，该任务耗费了有机体的力量并动用其机制。❸

他还说：

按照有机体统一的程度，以及有机体以整体来起作用的程度，有机体的行为不能说成是个别与外部事件相关的简单反应。❹

魏斯和德·拉古纳也强调了同样的观点。❺

然而，最后需要指出的是，从这里所提的观点来看，行为属于整个有机体这一事实看来是派生的，而不是原始的。这仅仅是从一个更基本的事实得出的推论，即行为本身作为克分子是可驯的，而成功的可驯性需要一个有机体所有各部分之间的互相联结。

---

❶ H C Gilhousen，*The Use of Vision and of the Antennae in the Learning of Crayfish*，Univ，Calif，Publ. Physiol，1929，pp. 73-89.

❷ R B Perry，"A Behavioristic View of Purpose," J. Philos，1921，18，pp. 85-105，p. 85.

❸ 同上书，p. 97。

❹ 同上书，p. 102。

❺ A P Weiss，*A Theoretical Basis of Human Behavior*，Columbus，Ohio，R. G. Adams Company，1925，p. 346. G. A. de Laguna Speech，*Its Function and Development*，New Haven，Yale Univ. Press，1927，尤其是第六章。

236

11. 行为决定因素的初始原因和三种变量

我们一直在设法表明，在任何一种行为中，固有地存在着某些直接的"内含的"目的和认知。这些都是机能上限定的变量，它们是决定行为的因果方程的最后一步。它们可以通过适当的实验手段加以发现和定义。它们是客观存在的，而且正是我们这些外部的观察者，发现了——或者如果你愿意的话，也可以说是推断或发明了——它们是行为中固有的，起着决定行为的作用。它们是行为的最后原因和最直接原因。因此，我们称它们为"固有的决定因素"。

但是，现在必须简要地指出，这些固有的决定因素反过来又由环境刺激和初始的生理状态所产生。我们把这些环境刺激和有机体的状态称为行为的最终原因或"首要原因"。固有的决定因素在初始原因和最后的行为之间的因果方程中起中介作用。

然而，现在还必须进一步澄清的是，除了起中介作用的固有决定因素之外，实际上还有其他两种行为决定因素介于刺激（以及初始的生理状态）和行为之间。它们被称为"能力"和"行为顺应"。能力和行为顺应将在本书的后面各部分进行详细讨论。目前只需要注意关于它们的一些事实，并提出一些基本的特征描述。

首先，谈一下能力。目前这个讲究智力测验并强调个体的和遗传的差异的年代，相当清楚地表明，最终激起的固有的决定因素的性质，在任何特定的场合，不仅有赖于初始原因的特征——刺激和生理状态——在具体场合中产生的性质，而且还有赖于个别有机体或有机体种属的能力。刺激和初始状态通过能力而运作，以产生固有的目的性和认知性的决定因素，并由此产生最后的行为。

其次，谈一下行为顺应。我们还必须指出，在某种特定类型的情境中会出现这样的情况，固有的目的和认知能否最终起作用，似乎有赖于它们的性质能否激发生物体内某种最初被称为行为顺应的东西。行为顺应是我们行为主义者的替代物，用以替代心灵主义者所谓的"自觉觉知"和观念等名词，或者是对心灵主义所谓的"自觉觉知"和观念的界定（参见第十三章和第十四章）。它们是唯一的机体事件，可能在某些场合中作为实际行为的一种替代物发生在有机体身上。而且它们的功能是在有机体原先激起的固有决定因素中进行某些修正或改进，这样，有机体相应于这些新变化的固有的决定因素的最终行为就可能不同于原先未经修正时会出现的行为了。

总结一下，行为的初始原因是环境刺激和初始的生理状态。这些原因作用于行为的决定因素，或通过它们来起作用。行为的决定因素可进一步细分为三种类别：（1）直接"内含的"具有客观定义的目的和认知，也即"固有的决定因素"；（2）特定个体或种属的目的性和认知"能力"，这些能力作为特定刺激和初始状态的结果而在特定和固有的决定因素之间起中介作用；（3）"行为顺应"在某些特殊环境中是由固有的决定因素产生的，用以代替实际的外显的行为，并反作用于这些固有的决定因素，对它们进行修正或"纠正"，从而最终产生一些原本不会产生的新的不同的外显行为。

12. 综述

行为本身是一种克分子现象，它与构成其基本生理学的分子现象形成对比。因此，作为一种克分子现象，行为的直接可描述性特征是通过选择某些手段—对象—路径并放弃其他手段—对象—路径的方式到达目标物或离开目标物的，还通过表现出与这些选择的手段—对象进行交流的特定模式来到达目标物或离开目标物。但是，使用"到达"或"离开"，"路径的选择"，以及"交流的模式"等名词，都意指并界定了行为的直接而固有的目的和认知。可是，行为的这两个方面不过是从客观上和功能上被界定的实体。它们蕴涵于行为的可驯性这一事实之中。它们在最后的分析中没有用内省来界定，在最初的例子中也没有用内省来界定。它们既可在猫和老鼠的行为—活动中容易地看出，也可在人类的更精细的言语反应中更容易地看出。这类目的和认知，这类可驯性，显然都是作为整体的有机体的功能。❶ 最后一点，本章也已经指出，除了行为的固有的决定因素之外，还有其他两类行为的决定因素，它们是能力和行为顺应。这两个因素也在以刺激和初始的生理状态为一方、以行为为另一方的方程中起中介作用。

［思想评价］

一、生平事迹与行为主义学习理论形成的背景

"随着爱德华·托尔曼于 1959 年 11 月 19 日在加州伯克利去世，著名

---

❶ 应当指出 K. 考夫卡（K Koffka）（*The Growth of the Mind*，New York，Harcourt，Brace and Company，1928）和 G. H. 米德（G. H. Mead）（"A Behavioristic Account of the Significant Symbol," J. Philos. ，1922，19，pp. 157-163）都提出"行为"（conduct）这个术语可用在许多同样的事物上，看来，我们在这里称作行为本身的东西，实际上便是作为一种克分子现象的行为。

的美国心理学体系建立者的时代落幕了。"美国《科学》杂志如是说。❶ 托尔曼于 1886 年 4 月 14 日出生于美国马萨诸塞州的牛顿市，家庭富足，家人关系亲密。其父亲是麻省理工学院的第一批毕业生，后来成为一名成功的商业主管；母亲是贵格会教徒，对托尔曼平等和自由和平思想产生了深刻影响；哥哥理查德·托尔曼比他年长五岁，麻省理工学院毕业，后来成为著名的理论化学家和物理学家。

托尔曼自幼擅长数学及理工类课程。他在麻省新牛顿公立学校完成小学和中学课程后，出于家庭压力，考入了父亲的母校麻省理工学院学习工程技术，但是他对学习工程技术并不感兴趣。在大学四年级时，他接触到詹姆斯的《心理学原理》一书，被詹姆斯的心理学所吸引。1911 年取得麻省理工学院物理化学学士学位后，他参加了哈佛大学的两个暑期班，一个是哲学家佩里的哲学课程，另一个是耶基斯心理学导论课程。之后，进入哈佛哲学与心理学系继续研究生课程学习，以追求自己在人类行为科学与心理学方面的兴趣，并师从格式塔心理学家闵斯特伯格，攻读博士学位。1912 年夏天，托尔曼赴德国吉森大学学习德语，在格式塔心理学家考夫卡的指导下，了解格式塔心理学。1915 年托尔曼在哈佛大学获博士学位，博士论文的课题是《愉快和不愉快气味中的无意义音节记忆实验研究》。1923 年秋天，他又回到吉森大学学习格式塔心理学。

获得博士学位后，托尔曼曾在西北大学短暂教学。1918 年，他进入加州大学伯克利分校，并在那里度过了余生。正是在那里，他开始了持续 40 年的实验和理论研究工作。可以说他的开拓性工作始于他西进之时。他所热爱的西部特色——它的广阔、它的自由和令人兴奋的精神，也成为他构建的研究体系的特色。他建构的体系规模宏大，内含的概念令人兴奋，且随着时代的进步而不断变化、生长，无论是对心理学这门科学，还是对与他共同从事研究工作的心理学家来说，都有着深刻的影响。

在哈佛求学期间，托尔曼见证了学术界对两种心理学思想的最初反应：科勒(Wolfgang Köhler)、考夫卡(Kurt Koffk)、韦特海默(Max Wertheimer)之于格式塔心理学，以及华生之于行为主义心理学。托尔曼后来的行为主义理论根植于这两股思潮。他从格式塔心理学中借鉴了"完型"(pattern)这一概念：在托尔曼的理论中，感知、动机和认知被看作刺激模式被识别和理解的过程，同时也是反应模式被计划和执行的过程。

---

❶ Crutchfield R S，Krech D，& Tryon R C，"Edward Chace Tolman：A life of scientific and social purpose," Science，1960(131)，pp. 714-716.

他从行为主义学家那里借鉴了这样一种概念，即心理过程必须根据行为可以被客观记录的性质来客观定义。他认为无论是在我们对老鼠、猫、猴子等的心理过程的研究中，还是对人类自己的心理过程的研究中，这种客观性都是必要的，因为我们心理过程中私下的或者主观的状态对于我们的外在行为没有影响。

托尔曼的《动物和人的目的性行为》❶以及《心理学论文集》❷对他的实验和理论研究工作进行了全面而清晰的审视。作为里程碑式的著作，《动物和人的目的性行为》一书呈现了托尔曼的目的性行为主义理论和他在伯克利实验室所做的关于老鼠学习的研究，也展现了他对建立一种综合心理学体系的首次尝试。它在眼界上、实验数据的丰富程度上和绝对的创新性上是史无前例的。该书第一次以一个单独的体系提出托尔曼对克分子行为和它的目的性、对学习的认知本质和对所有行为的多重决定因素的观点。它用了一个体制来涵盖所有决定动物行为的变量。这些变量的概念也得到最具试探性和敏感性的拓展，以将人类行为的独特面包括进来。作为严谨的实验家和理论家，只要心理实验室中在做着新的实验，他就不会对任何理论性研究做出定论。因此，他持续修订和拓展在《动物和人的目的性行为》中建立的体系结构。

在 1932 年之后，他虽然和他的学生又发表了关于动物学习的一系列论文，但是只写了一本新书，即《战争的驱力》❸。由于家庭宗教信仰的影响，他终生痛恨战争，而他对科学方法所持有的坚定信念指引他通过心理学手段来理性地研究人类行为的所有主要问题，以期产生恰当的影响。作为科学家，他试图为人们理解人类类似战争的行为做些贡献。《战争的驱力》一书就是其为信仰而努力的成果。该书调查了关于动物行为的研究，以寻找一种对于驱使人们发动战争的动机的解释，和一种对在和平社会需要强化的社会控制的描述。该书也显示出弗洛伊德（Sigmund Freud）对托尔曼动机理论的强烈影响。在书中，他写道："作为一个美国人，一个大学教授和一个在和平主义传统中长大的人，我对战争持有强烈的偏见。对我来说，它是愚蠢的、干扰性的、没必要的且难以想象地恐怖。我在这一理念下写作此文。总之，我被驱使着讨论战争心理学和

---

❶ Tolman E C, *Purposive behavior in animals and men*, New York, Century, 1932.

❷ Tolman E C, *Collected papers in psychology*. University of California Press, 1951.

❸ Tolman E C, *Drives toward war*. New York, Appleton, 1942.

废除战争的可能性，因为我强烈想要摆脱它。"

托尔曼在学术上的成就使其获得无数荣誉，但这些荣誉无法恰当表达他在他的学生、同事以及各地的心理学家心中所占据的受人喜爱的地位。他是个少见的老师，绅士而仁慈，能够激发他的学生永恒的科学热情。然而他的思想对学生持久铭刻的影响并没有使他们成为他的门徒（这本是托尔曼作为教师所反对的），而是帮助他们变成独立的思想家。托尔曼慷慨地帮助并虔诚地支持着他的学生和同事。多年来，他在伯克利心理学系事务工作中散发出的才智、温暖以及智慧使该系成为世界上最先进的心理学系之一。由于他的著作和许多研究都是在加利福尼亚大学伯克利分校的实验室里完成的，因此，多年来，这个实验室一直是认知心理学的中心，该名誉与托尔曼的名字不可分割。

托尔曼，一位令人尊敬的科学家；托尔曼，一位受人爱戴的教师；托尔曼作为公民也是如此。正如他在伯克利的同事所说，"没有人比他更不可分割"。他坚信科学家有责任参与到人类社会事务中，因此他积极为自由主义而献身，服务于公民权利和个人正义，并在美国公民自由联合会的国家董事会任职多年。托尔曼在面临人生选择时的实际行动印证了他对自己信念的坚持。其学术生涯最广为人知的一件事是他对1950—1952年发生在加州大学的忠诚宣誓事件的有效领导。托尔曼从始至终坚定捍卫学术自由，受到整个大学的尊敬，而伯克利所取得的部分胜利惠及了各地的学术自由事业。1959年，加州大学的董事会授予托尔曼荣誉法学博士学位。同年11月19日，托尔曼于伯克利去世。在托尔曼去世后，华盛顿邮报发布社论说道："托尔曼博士所领导的战斗挑战并帮助制止了一种迫使教师服从愚蠢的承诺的危险趋势。"为纪念他的贡献，1963年3月13日，加州大学将新建的教育与心理学系大楼命名为"托尔曼堂"。

二、行为主义学习理论的主要内容

对托尔曼来说，行为是由目的和期望所引导的有意活动构成的。他用实验证明，即便是老鼠也有着复杂的内部认知活动，其学习理论流派被称为目的行为主义。要理解托尔曼在其目的行为主义思想上的系统性贡献，有必要首先了解当他进入心理学时该领域的状态。20世纪上半叶，由内省这一传统心理学研究方法所导致的"唯心主义"正在遭受来自几个不同方向的攻击。新的思潮在争鸣中成长起来，其中最显著的是以华生为代表的行为主义。

行为主义学家们尝试将心理学研究发展为一门客观的科学。这深深地吸引着托尔曼。他一头扎进对老鼠学习行为的研究中，但是很快他便开始拒绝接受行为主义狭隘的刺激和反应概念。他也反对华生的这一主张，即刺激—反应的联结通过单纯的频率调节就能形成。他还反对桑代克的猜想，即刺激—反应的联结可以通过随机耦合的行为"奖赏"（桑代克的"效果律"）来解释。

托尔曼看到，这些概念无视不能直接观察的内部心理活动，如知识、思考、计划、推理、意图和目的等现象，忽略了行为的基本核心——行为的目的。他所定义的目的的标准是行为对目标的坚持性和对于目标达成的可驯性。他反对将单一的、初级的"肌肉抽搐"（行为主义最原始的分析单元）作为合适的分析单元，对于行为采用了"格式塔"的观点，将刺激理解为环境的客体而非简单的感官印象；将反应理解为有机体和环境之间适应性的重置。相应地，他提出以一个更大的和更具功能性的行为单元来分析，即用克分子或整体的术语来看待行为。

托尔曼以目标导向（有意义的）行为来解释克分子行为，他所代表的行为主义被称为目的行为主义。分子指行为所依据的严格的、基本的物理学和生理学细目，人们根据感受器过程、传导器过程和效应器过程本身来给行为下定义。克分子则指行为不仅仅是它的生理部分的总和，而且不同于这个总和。在该单元中，行为基本的目的性本质得以保存。这实际上是一种"突创"现象，具有自身的描述性和规定性特征。老鼠走迷津，猫逃离迷箱和人打电话都是克分子行为。所有的克分子行为都有一个目的，而这个目的是目标导向的。

同时，他力求用科学上合理而哲学上经得起推敲的方法来完成自己的研究。事实上，他所做的是扩大了研究的视野，重新定义分析的单位，并改变行为主义的实验技巧。这一点清晰体现在他对认知的处理上。总体上，托尔曼坚持一种在学习时思考并适应的生物模式。他赋予老鼠不少于人的"期望""猜想"。但是他坚持要对这些（无论是用于老鼠还是人）进行客观定义以及客观测量。

为此，托尔曼设计了老鼠走迷宫的实验来验证自己的理论假设。刺激—反应学习理论的观点认为，在老鼠学习走迷宫的过程中，其速度越来越快，错误越来越少，这一学习过程是由一连串刺激和老鼠最后到达放有食物奖赏的迷宫尽头的一连串正确反应组成的。托尔曼对此进行了两大修改：首先，如果不对与刺激和反应同时发生的内部心理过程进行考察，就不可能充分理解学习的本质及其复杂性；其次，尽管内部认知过程无法直接观察，但我们可以通过分析可观察的行为而客观、科学地将其推断出来。这一理论更新主要通过两组实验呈现了出来。

其一是空间定向实验，实验设计如图9-1、图9-2所示。老鼠先接受

图 9-1 中简单的迷宫训练，然后再进入图 9-2 中入口和出口（食物奖励位置）与图 9-1 一致但路径经过改造的迷宫。实验结果如图 9-3 所示。根据刺激—反应理论，老鼠为了得到食物奖赏只有通过在迷宫里四处奔跑并经历过所有的刺激—反应联结后，才能知道食物的具体位置，并最可能选择接近先前迷宫中的路线（10～12）。然而空间定向实验结果表明，老鼠更多地选择了出口距先前食物出现的位置最近的路线 6。由此证明，

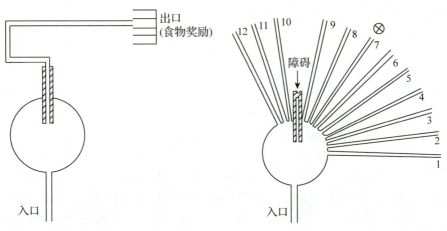

图 9-1　空间定向实验：简单的迷宫　　图 9-2　空间定向实验：光芒四射状的迷宫

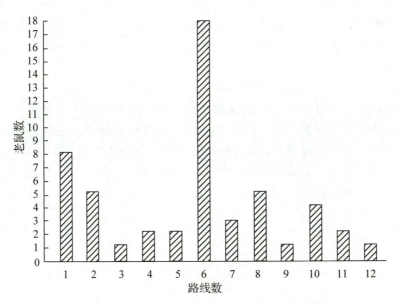

图 9-3　选择图 9-2 中各条路线的老鼠数量

老鼠实际上掌握的不是一种从 A 点到 B 点再到 C 点……再到 Z 点的序列地图，而是食物出现的空间位置与老鼠出发的位置之间的相对关系，是一幅更广泛，更综合化或更概念化的地图，它使老鼠在大脑中形成了一种"认知地图"（cognitive map）。

认知地图的形成表明生物通过对环境的探索获得了对环境的整体认识，在头脑中产生了一张类似现场地图的东西。它指导了生物的行为。这是一种"符号—格式塔"的学习模式。老鼠在迷津中的所有选择点上都建立起一个完整的符号—格式塔模式。动物和人类的行为都受到目的的引导。学习者在达到目的的过程中，会遇到各种环境条件，只有认知这些条件，才能在环境线索和学习者期望之间建立一种符号—格式塔，以便达到目的。动物和人类学习的本质，即形成认知地图，而不是一系列由运动习惯构成的单一序列地图。一旦形成认知地图，就可以从任何方向到达目的地，任何反应和路线都不会有影响。

托尔曼把焦点集中在内涵单一的序列地图与更广泛综合的认知地图之间的差异上。托尔曼发现，当老鼠有过分强烈的动机或受到过多挫折时，它们倾向于形成内涵单一的序列地图而非综合认知地图。当他把这一发现应用于人类时，托尔曼构建了如下理论：社会环境所形成的综合地图对人类而言是有益的，而内涵单一的序列地图则可能会使人陷入消极状态之中，如心理疾病或偏见和歧视等。"过分强烈的动机或极度压抑状态使人类一而再、再而三地误入盲目仇视外来者的歧途。""当我们的孩子或我们自己面对人类世界这一上天赐予的大迷宫时，我们必须使我们的孩子和我们自己处于能激发适度动机而没有多余的挫败感的最理想的状态中。"

还有一个实验是潜伏学习（latent learning）实验。老鼠分为三组。C 组（控制组）：标准程序，让老鼠练习走迷宫，在迷宫的出口放着作为奖励的食物，每天如此。N 组（无奖励组）：老鼠每天被放入迷宫的时间与 C 组相同，但不出现食物，而且在迷宫中的任何行为都不会受到奖励。D 组（延迟奖励组）：老鼠在前十天与 N 组受到同样待遇，但自第 11 天起，研究者会在迷宫的出口处放置食物，而且以后每天如此。结果如图 9-4 所示。

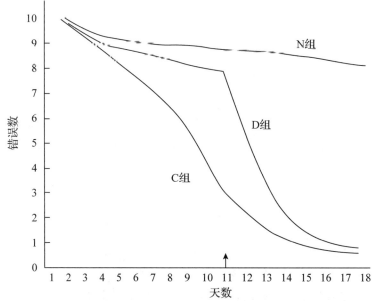

C组：控制组
N组：无奖励组
D组：延迟奖励组

图 9-4　在潜伏学习实验中老鼠学习走迷宫的错误数

　　由图 9-4 可知，在获得食物后，延迟奖励组的老鼠的错误率显著下降。这表明老鼠在未获得奖励时所学到的东西比它们表现出来的要多得多，在未获得奖励前，老鼠们已经构建了一幅关于迷津的"认知地图"，即知道了"什么会导向什么"，而不仅仅是习得一种固定的刺激—反应"联结"，一旦学会走迷宫的动机被激发（获取食物奖励），它们就能立即利用这幅"认知地图"。这一实验证实了潜伏学习的存在。潜伏学习又称隐匿学习，其过程是观察不到的，但能在一定条件下通过成绩显示出来。它是动物或人在学习中的一种进步的过程，不要求有动机或强化。学习不同于"表现"，生物会学习环境，但是只有当强化物出现的时候，才会依据它来表现出自己对于环境的学习情况。

　　除了上述实验，托尔曼还有其他一些关于学习的结论。（1）奖励期待（reinforcement expectation）。学习者总是预期特定奖励的呈现，如果该奖励不存在或改变，行为便受到破坏。（2）迁移（transfer）。有机体具有一种泛化的普遍倾向，即为了达到某一所需的目标—对象，便准备同各种符号进行不同交流，这一现象被称为"符号—格式塔—准备状态"，而迁移便是符号—格式塔—准备状态从一种情境到另一种情境的传递。

(3)替代性试错(vicarious trial & Error)：动物(和人)在做出行为上的试误反应之前所做的心理上的试错。老鼠能够对刺激进行选择和对比，进行更多试错，从而走对路；任务越困难，尝试越多。

三、对行为主义学习理论的评价

托尔曼的一系列理论文章反映了他思想中永无止境的创新和成长。他的目的行为主义思想体系开明地合并且改造了最具多样性的心理学资源，尤其是格式塔心理学。托尔曼在形成自己独特的行为观时，博采众多心理学流派的长处，包括行为主义、功能主义、格式塔心理学、精神分析等。麦独孤、华生、桑代克、勒温(Lewin)、科勒、布伦斯瑞克(Brunswik)、弗洛伊德——这些人的思想和数据(并非总是以它们能够识别的形式)都能在托尔曼的体系建构中找到自己的身影。总之，托尔曼被行为的复杂性所感染，因此不抗拒接受任何可靠的数据——无论这些数据来自诊所，田野调查，还是实验室的实验。托尔曼自称，他"总的立场是行为主义的立场，但是一种特殊的行为主义"(Tolman, 1932)，其理论总体倾向是行为主义兼格式塔论。

托尔曼的伟大成就在于，他能够完成这些，却没有对之前的心理学的"主观主义"有任何意义上的回归。他所寻求的是对目的即那些直接可观测的行为的因变量的客观测量。在不了解布里奇曼(Bridgman)对当代科学写作中操作性定义的介绍的情况下，托尔曼独立展示了这种处理复杂的心理学现象的客观定义的价值。他的卓越贡献之一来自他对中介变量(intervening variables)这一概念的引入。为了分析刺激与反应之间的复杂关系，他意识到推理刺激与反应之间的"内在"调节过程的必要性。他的目的是以客观精确的方式来处理这种中介变量。他通过这样的方式来实现这一目的：首先，分别确定自变量(independent variables，刺激条件)和中介变量(需要、认知等)各自的功能关系；其次，确定中介变量和因变量(dependent variables，行为)之间的关系。这样，他力求把复杂的心理分析分解为可操控的实验步骤。

托尔曼的目的行为主义思想影响了认知革命。将格式塔的理念应用于行为主义研究中，与当今的认知心理学观念相符。认知心理学已经成为当今行为科学中最具活力和最具影响力的研究领域之一，这也是托尔曼的思想观点最引人注目的成果。当今，认知心理学的应用已相当广泛，人们已普遍接受了如下的观点：在决定一种行为反应的过程中，与刺激本身相比，个体凭借感觉、注意、思维、期望、记忆以及分析对刺激进行智力加工的方式同样重要。这一点体现在诸多概念中，如内隐认知(人们认为，在认知过程中，个体具有的某些过去经验和知识，能潜在地对个体的行为和判断产生影响）、图式理论（人脑中的知识单元或进行认知活动时的认知结构）、儿童信息加工模式、归因理论等。它们都可以在托尔曼的研究中找到理论源头。

托尔曼的认知地图理论也为环境心理学奠定了基础。作为社会心理学的一个应用研究分支，环境心理学关注环境与人的心理与行为之间的关系。基于托尔曼在其实验和理论中所提出的与环境和认知研究相关的基本概念，环境心理学家不仅在了解人们对环境的理解方面，还在如何规划环境以使其与我们的认知地图加工过程达到最理想的匹配方面取得了颇具影响力的研究成果。例如，精神病欧斯蒙（Humphry Osmond）曾研究精神病患者的病房设计需求，以提升患者的治疗效果。❶ 林奇（Kevin Lynch）则在其《城市意象》❷一书中进一步提出城市意象理论，认为人们通过对城市的环境形体的观察来认识并形成对城市的意向。城市形体的各种标志是供人们识别城市的符号，人们通过对这些符号的观察而形成感觉，从而逐步认识城市本质。城市的物质形态包括五种元素：道路、边界、区域、节点和标志物。相应地，这些元素符号也会对人们的心理产生影响。

与此同时，对于托尔曼的研究，也存在一些争议，例如有学者认为其理论不容易检测，自变量、因变量和中介变量太多，且没有确凿的证据证明动物拥有认知地图，老鼠在走迷宫时所表现出的走捷径行为可能存在更简单的解释，等等。这些疑问有待于科学研究的进一步解答。

四、我们的认识与理解

就内容而言，托尔曼的目的性行为理论对于当今学习行为研究的积极启示主要在于发挥目的和认知过程对行为的调节作用。在思想意识层面，学习目的对于提升教育者学习表现有直接影响。托尔曼的潜伏学习实验表明，学习效果不同于行为表现，处于潜伏学习中的老鼠在被食物刺激，激发了认识迷津的目的后，错误率才迅速下降。这一目的对行为产生影响的机制在托尔曼的论文《本能和目的》❸中有清晰阐述。实验心

---

❶ Osmond H，"Function as the basis of psychiatric ward design，" Psychiatric Services，1957，8(4)，pp. 23-27.

❷ Lynch K，*The image of the city* (Vol. 11)，MIT press，1960.

❸ Tolman E C，"Instinct and purpose，" Psychological Review，1920，27，pp. 217-233.

理学的记忆研究也表明，带着目的学习，学习者注意力更加集中，记忆保存效果也更好。这启示我们，在教育活动中，可以用投其所好的方式，或者用唤醒其内心渴望的方式，作用于学习者，从而因材施教。

在由目的落实到行为的过程中，"认知地图"、归因等认知因素，或许是学习者提升学习效率、获得理想学习效果的关键。它们通常隐藏在学习者的试错和顿悟学习中。托尔曼认为，人和老鼠一样，通常不得不在各种不同的动机中辨别自己真实的需求。老鼠只是在特定的模式能够帮助他们获得食物的时候学习刻板的运动模式（motor patterns），试错也只是为了达到这一目的。❶ 美国麻省理工的两位教授同样进行了老鼠迷津实验，他们在老鼠处在迷宫中及脱离迷宫后，分别对它们进行了脑扫描，结果表明，当老鼠走迷宫时，真正的学习阶段开始于内省的时间，即当老鼠在走过迷宫之后，尝试分辨什么应该舍弃什么应该保留的时候才是重要的。接连不断反复进入迷宫的老鼠，比进行一次迷宫后，稍事休息的老鼠，学到的少得多。❷ 这也印证了"学而不思则罔，思而不学则殆"等有关反思学习的中国教育古训的科学性。

因此，在实际行为层面，我们有必要研究并培养与目的和认知相一致的、有利于受教育者成长成才的习惯。行为习惯对学生学业发展具有预测作用，根据积极心理学家塞利格曼的研究，自律比智力更能正向预测青少年学业成就。❸ 习惯作为一种行为模式，既由人自己塑造，也塑造着人本身。能够自主把握行为习惯，以调节应对不同的学习需求，达成学习目标，实现更好的"可驯性"，或许是人与动物在学习行为上最大的差异。

就目的而言，将学习理论研究应用到人类教育实践中的终极目标，一方面在于提高学习效率，另一方面则在于降低学习成本，尤其是时间成本，因为任何学习者的时间都是不可逆的。从这一角度来说，托尔曼的学习理论研究对于我们深入推进教育心理学研究主要有两点启示。

首先，在研究思路上，跨越不同学科边界、实现多领域合作是当今研究的发展趋势。或许更有利于体现教育心理学研究对提升教育活动效果的意义的研究视角是以整体论的观点来看待教育及其对象，重视人的

---

❶ Tolman E C，"There is more than one kind of learning，" Psychological Review，1949，27，pp. 217-233.

❷ Foster D J，& Wilson M A，"Reverse replay of behavioural sequences in hippo-ocampal place cells during the awake state，" Nature，2006，440(7084)，p. 680.

❸ Duckworth A L，& Seligman M E P，"Self－discipline outdoes IQ in predicting academic performance of adolescents，" Psychol Sci，2005，16(12)，pp. 939-944.

认知过程和知识的建构，并在实际研究中，用行为主义的研究方法来将各种影响因素及其因果关系客观呈现出来并予以测量。从行为研究到认知研究的转变，虽然存在方法论上的争论，但是归根结底，体现了心理学对人在不同层面的认识的进步。在这种心理学研究的深入推进中，在各种理论思想的碰撞融合中，我们对人的认识变得立体、生动、深入。

其次，在研究方法上，托尔曼对研究的客观性的追求，包括对自变量、因变量和中介变量这三种变量的倡导与应用，以及对操作定义的强调为教育心理学研究奠定了科学的方法论基础。它们增强了学习理论研究的科学性与实操性，使得庞杂抽象的因果关系研究变得具体，促使教育研究者更加关注复杂的学习现象中可操作的最具实效的因素，从而为提升教育实践活动的效率与效果提供更精准的指导。

第十章　詹森❶

［印象小记］

　　阿瑟·詹森（Arthur Robert Jensen，1923－2012），美国教育心理学家，师从艾森克，受艾森克人格研究中定量的和实验的方法的影响很大。他主要研究了个体学习的差异，尤其是文化、发展和遗传对智力和学习的影响。詹森以其在心理测量学和差异心理学方面的工作而闻名，后者的主要任务是描述并解释个体在行为上存在的差异。在先天与后天的辩论中，詹森是遗传论立场的主要支持者，该立场认为遗传在行为特征（如智力和人格）中起着重要作用，在詹森的学术著作中也能够看到他对于遗传作用的认可与重视。詹森发表论文 400 余篇，同时还担任了《智力与人格和个体差异》（*Intelligence and Personality and Individual Differences*）的编委。2002 年，詹森被《普通心理学评论》杂志评为"20 世纪最著名的 100 位心理学家"之一，位列第 47 名。

---

❶　本章作者：王琦。

我们可以把智商和学业成就提高到什么程度?❶

智力的遗传

从时下流行的心理学及教育学类教材中，我们无法获得相关的观点。出于历史的、政治的、以及理想主义原因，遗传因素被贬低、掩盖或诋毁。下面引用的话能够证明我的说法。这些是近些年教育界对于遗传和环境的典型看法。这些看法可以总结为：（1）认为智力是无限可塑的；（2）回避现实，一般地否认个体差异中的生物因素的作用；（3）在智力研究中，认为遗传妨碍了我们对于环境作用的发现及理解（情境、过程、限制）。

但是越来越多的证据表明此类对于遗传错误的观点和看法已经开始走向衰落，对于智力发展的生物-社会观点逐渐获得了更多的认可……大多数的遗传学家和人类进化学专业的学生已经充分认识到了文化对于"人性"（human nature）的塑造作用，但他们也并未忽略人类行为多样性的生物基础。遗传学家狄奥多西·杜布赞斯基（Theodosius Dobzhansky，1968，p.554）以最宽广的角度阐述了这个观点："文化演进（culture evolution）的趋势不是使人们最后都从事一模一样的职业，而是使整个职业结构变得越来越分化。对于这种趋势最好的适应是什么？显然一定不是遗传一致性（genetic uniformity）。"

来自选择性繁殖（selective breeding）的证据

多种哺乳类动物的选择性繁殖研究表明，若干行为特征能够通过遗传选择（genetic selection）进行操纵（Fuller & Thompson，1962；Scott & Fuller，1965）。例如在很多研究机构中，为了研究老鼠的迷宫学习能力对它们进行选择性繁殖。这种能力无论是叫作老鼠的"智力"，或是"学习能力"，或是其他的术语都是差别不大的，但我们由此了解通过选择性繁殖，能够培养迷宫学习速度更快的老鼠。诚然，这种能力的个体差异可能是由于多种因素导致的，如感觉敏感度、驱动水平、情绪稳定水平、

---

❶ Jensen Arthur(阿瑟·詹森)，"How much can we boost IQ and scholastic achievement,"(《我们可以把智商和学业成就提高到什么程度?》) Harvard educational review(《哈佛教育评论》)，1969，39(1)，pp.28-59.

先天转向偏好(strength of innate turning preferences)、脑化学物质、脑容量、神经联结结构、突触传递速度。重点在于高效率地穿过迷宫，且不犯错误(例如走到死胡同)这种能力，是可以通过选择父母一代的老鼠(快速/缓慢)而显著影响子代的。图 10-1 是一个遗传选择实验的结果。

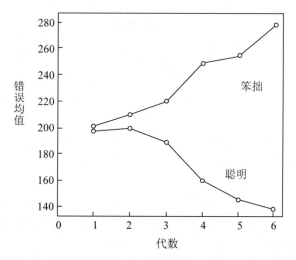

图 10-1　不同亲代与后代老鼠迷宫学习的平均错误分数

　　结果很典型：仅仅经过了六代的繁殖，笨拙老鼠的后代比聪明老鼠的后代在迷宫任务上的错误多了一倍多(Thompson，1954)。当然，与人类智力相比，大部分老鼠实验中这些对于选择性繁殖敏感的行为表现是相当简单的，而且实验室的选择也十分严苛，因此这类实验对于人类研究的贡献不应被过分夸大。但是遗传学家笃信人类行为特征同样服从遗传选择。三位来自美国科学院的知名的遗传学家(James F. Crow，James V. Neel & Curt Stern)近来在准备一篇"立场声明"："动物实验表明几乎所有的特征都能够通过选择繁殖而改变……致力于提高人类智力的遗传选择项目在某种程度上也能够成功。对于其他的行为特征也有可能成功。虽然提高的程度不好预测，但无疑这是进步"(美国科学院，1967，p. 898)。

遗传影响人类能力的直接证据

　　遗传影响人类心理能力的一个瞩目的证据是一种叫作特纳氏综合征(Turner's syndrome)的染色体异常疾病。正常人类有 46 条染色体，而特纳氏综合征的病人只有 45 条。在显微镜下观察，决定性别的性染色质(sex-chromatin)在其中一条染色体上缺失了。正常人类中，男性为

XY 女性为 XX。特纳氏综合征个体被标记为 XO。这类病人具有女性的外形但往往是不孕的，而且身材矮小，平均身高仅五英尺。这些人在智力测验中的言语部分的表现与一般人无异，但是他们的空间能力和知觉组织能力得分异常地低（Money，1964）。在空间感知能力上的严重缺陷导致此类人群出现"空间盲"（space-form blindness）。他们无论在其他的心理能力测验上的表现如何，在空间能力方面的得分总是很低的。他们在学习几何和数学时也存在相当大的困难。这种在显微镜下可以观察到的遗传畸变对于认知加工有特定的影响。这种特殊的智力缺陷与特定环境条件的剥夺毫无关系。

多基因遗传（polygenic inheritance）

既然智力水平依赖于脑结构与脑生化特性，与那些遗传决定的生理特征一样，智力水平中的一部分也应该是遗传的结果。那些遗传学家已知的遗传决定生理特征（如身材、头指数、指纹）的一般理论也适用于智力。这些生理特征是通过多种基因共同遗传的，这些基因的效果都很小，很类似，而且是可以累加的。这基因就好似是抛硬币时的硬币，一些基因能够增加某些特征出现的机会（掷出正面），而另一些则没有效果（掷出反面）。配子发育（性细胞形成）以及受精卵中的基因组合就好像是在大量掷硬币，每一个"正面"都为特征出现增加可能性，不同的可能性形成了一个钟形的正态分布。我们还不知道智力涉及的基因数量。实际上，人类染色体上的基因数量还未知。至少有 10 到 20 对基因使得人类的智力呈正态分布，但实际涉及的基因数量远多于此（Gottesman，1963，pp. 290-291）。

遗传力的概念（heritability）

遗传学中，研究人类智力差异属于数量（quantitative）遗传学或种群（population）遗传学的分支。该分支的奠基人包括一系列英美遗传学和统计学家（英国的 Galton，Pearson，Fisher，Haldane 和 Mather；美国的 J. L. Lush 和 Sewall Wright）。西里尔·伯特（Sir Cyril Burt）在应用该方法研究人类智力中做出了突出的贡献，以至于他的著作是该专业学生的必读材料（Burt，1955，1958，1959，1961，1966；Burt & Howard，1956，1957）。

此类研究中一个主要的目的，是指出人群中智力的总变异来自若干遗传的和环境的因素的比例各是多少，在这里有必要详细介绍一下。

我们用智商代表智力，测量个体的智力差异时，总体方差用显性（phenotype）V_p 来表示。理论来说，这种显形的差异可以分解为不同方面的差异，而相应的总变异就来自于不同的变异来源。如下面的方程 2 所示，这些不同方面(变异来源)可以通过一定的运算合成总变异。

方程 2：

$$V_p = \underbrace{\frac{(V_G + V_{AM}) + V_D + V_i}{V_H}}_{\text{遗传}} + \underbrace{\frac{V_E + 2Cov_{HE} + V_I}{V_E}}_{\text{环境}} + \underbrace{V_e}_{\text{误差}}$$

下面简单说一下这些来源都代表什么。

显形/表现形变异（phenotypic，V_p）。它是测量人群智力时获得的总变异。

遗传变异（Genic Variance，V_G），由基因引起的(可加的)变异，来自可以累加的遗传效果。罗纳德·费希尔（Ronald Fisher）爵士称这个因素为"重要的基因型"（essential genotypes），因为它是保证亲代与子代相似性的遗传要素之一。如果总变异都来自遗传变异，那么理论上一对亲代的后代的均值与该亲代的均值[又叫作双亲中值（midparent value）]相等。对于农学家和畜牧业者来说这是很重要的，它是"有其父必有其子"这一简单道理的遗传要素。一个特征中，遗传变异所占比例越大，那么想要明显地改变该特征，进行选择性繁殖所需代际越少。

同型交配（Assortative mating，V_{AM}）。该变异来源一般与 V_G 同时出现，因为实际上它直接影响的是 V_G。我在这为了更好地解释把它们区分开来，当然这两者的作用也是可以分别估计的。如果在人群中，涉及某个特定特征时，交配是完全随机的，即父母双方的相关为 0（即随机交配），V_{AM} 的作用也会为 0，该特征在群体中的变异也会减小。

同型交配能够增加兄弟姐妹之间的相似性，也会增加不同的家族的差异(用方差分析的术语来说，同型交配能够降低家族内变异，增加家族间变异)。

对于某些人类特征来说，同型交配基本不会产生影响，例如人类的指纹脊（fingerprint ridges），男人和女人不会因为彼此有相似的指纹脊而相互吸引或交配。而同型交配在身高上的影响系数大小为 0.3。同型交配对于智力的作用大小远超出对其他人类特征的作用大小。基于我对于欧洲与北美相关研究的考察，配偶双方的智力相关系数接近 +0.6，说明配偶之间的智力相似性高于兄弟姐妹之间（相关系数约为 0.5）。

正如艾克兰（Eckland，1967）指出的那样，伴侣智力的较高相关不是因为男人和女人对于对方智力水平的纯粹选择，这其中也包括教育背景和职业阶层这些外在的、肉眼可见的因素的辅助作用。在前文明（preliterature)或前工业化(preindustrial)社会，同型交配对于智力的影响远低于在现代工业社会的影响。使得智力因素变得可见的教育筛选机制和社会经济地位满意度是不存在的，相比于智力来说其他的因素受到同型交配的影响更大。即使在我们所处的当下社会，同型交配对于智力的影响在不同的群体中也存在差异，这与群体内的教育和职业选择机会有关。在一个大型的与现代社会相隔离的群体，同型交配对于智力的影响就会很小，因为群体中不存在提高这种影响的社会与教育因素，此时自然状态下的遗传规律会对智力产生重要影响。其中一种结果就是群体之间的智力竞争会减少。相应社会体系的可能的遗传结果或许会大力支持社会应对全部成员提供完全平等的教育、职业以及经济机会。

原因很简单：同型交配会增加群体中的遗传变异。同型交配可能不会影响群体的智力均值，但是它会改变曲线中最高和最低的两尾端的分布比例。当同型交配系数为 0.60 时，智力的标准差为 15；当同型交配的系数降低至 0，智力的标准差将会降低至 12.9。在智力分布的极端水平上(极低/极高)，这种方差变化是最显著的。假设智力水平呈正态分布，标准差为 15，那么在 1000000 人中，智力水平高于 130 的人约为 22750 人。如果不存在同型交配，这个数字将下降至 9900 人，仅是原来数字的 48.5%。同样的情况，智力水平高于 145 的人为 1350 人，排除同型交配之后人数降低为 241 人，仅是之前数字的 17.9%。如果排除同型交配，智商水平高于 160 的人数将降为原来的 1/20。❶ 同型交配之间的差异对于个体的智力资源有着深远的影响，特别是在复杂问题解决、发明、科学与技术创新等所需的资源水平。

同型交配对于智力水平很低的群体又有什么样的影响呢？理论上同型交配也会增加智力水平极端低下群体的比例。对于智力极端低下群体，同型交配确实能够在一定程度上增加该群体的比例，但是不会像智力超高群体增加的那么多。因为我们必须要考虑同型交配起作用是需要一段很长很长的时间的。一些研究表明，在一些同型交配程度很高的群体中，如果个体的智力水平低于 75，那么他/她找到伴侣并结婚的可能性就很小了，对于整个群体来说这类人的后代就会远远少于那些智力水平较高的人(Bajema，1963，1966；Higgins，Read & Read，1962)。因为同型交配能够增加变异，实际上它确实能够促使更高比例的人群进入智力水

255

---

❶ 我感谢加利福尼亚大学的遗传学家杰克·莱斯特·金博士做出这些计算，这些计算是基于 IQ 的遗传率为.80 的假设，这个值是对智力遗传性的所有主要研究的平均值。

第十章 詹森

平低于 75 的群体，这些人不能再繁衍下一代，从而形成了对于高智力群体有利的基因选择。因此，从长远来看，同型交配能够对群体的智力水平产生优生学领域的影响。

显性离差（dominance deviation，V_D）。在某一特征上，观察到亲代的均值与他们的子代的均值出现了系统差异，显性离差就很明显了。一些染色体位点（loci）上的基因是隐性的（r），它们一般不会起作用，除非与同一位点上的另一个隐性基因配对出现。如果与显性基因（D）配对了，r 的作用被覆盖，表现出的是显性基因的特征。因此，要表示不同基因对于表现型的贡献增量，如果 r＝0，D＝1，那么 r＋r＝0，D＋D＝2，D＋r＝2。由于决定特定特征的基因型中，隐性基因只占据一定比例，所以亲代的表现型并不一定会在其子代身上出现，反之亦然，子代的一些特征也不一定能够在亲代身上观察到。这使得亲代中值（midparent）与子代中值（midchild）之间不存在完美相关。显性离差代表了群体中亲代与子代的平均差异，它的大小范围取决于群体中决定着某个特征表现型的显性基因和隐性基因的比例。

异位显性（上位性）（epistasis，V_i）。V_i 代表来自异位显性的变异，异位显性指在两个或以上不同位点上的基因的相互作用，相互作用意味着多个基因之间的作用并非直接相加，他们共同作用的结果比机械相加多一些或者少一些。类似于显性基因，异位显性也会导致亲代和子代之间的差异。

环境变异（environmental variance，V_E）。"环境的"意味着所有的、不由遗传因素或测量误差（如，测验不可信）所导致的变异来源。当涉及智力时，环境因素常常被认为仅包括社会和文化对个体的影响。诚然这些是相当重要的，但它们并不代表全部的环境因素，环境因素同时还包括生物影响（biological influence），如产前环境以及幼年时期的营养条件。在大多数智力遗传的研究中，环境变异意味着所有受遗传影响之外的全部变异，即 $[(V_G＋V_{AM})＋V_D＋V_i]$ 以及测量误差（V_e）。

遗传与环境的协方差（corvariance of heredity and environment）。它可以表示为 $2r_{HE}\sqrt{V_H \times V_E}$。$r_{HE}$ 表示环境与遗传之间的相关系数，V_H 表示所有遗传因素造成的变异，V_E 表示全部环境因素造成的变异。如果遗传和环境因素之间存在正相关，那么方程 2 中协方差造成的变异增长部分是可以根据理论计算出来的。

在当下社会协方差是存在的。智力的遗传天赋优于均值的孩子，往往也会有一对智力遗传天赋优于均值的父母，这些父母能够提供良好的、促进孩子智力发展的优势环境。即使是生活在相同家庭中，家长和老师也会给予其中能力出众的孩子更多的关注和机会。杰出能力基因的表现会带来促进能力发展的社会环境，就像是有些父母意识到自己的孩子对音乐有超越常人的反应，他们就会给孩子听更多的音乐、提供音乐课程、鼓励他们练习等。一个聪明的孩子能够创造一个更能促进其智力发展的环境，作为回馈，社会为这些在某些方面有着杰出表现的个体提供进一步的发展机会。因此，特定特征的协方差项会被社会奖励/惩罚、鼓励/劝阻的行为倾向影响。对于文化赞许的特征，比如（高）智力，遗传与环境因素是正相关的；对于文化不赞许的特征，遗传与环境因素是负相关的。这意味着当一些行为倾向不符合文化价值观，社会环境会去阻止这些行为。此时遗传与环境的作用相反，导致种群中这种特征的减少。外显攻击倾向就是一个基因型倾向与环境的相反压力呈负相关的例子。另一个例子是当孩子在某些社会生存必要的特征上，遗传特征表现出不足，例如不能读，这就使得父母额外付出精力来训练孩子使得他们达到平均标准。

在估计遗传与环境协方差的贡献时，存在着一些诸如"协方差到底是属于遗传因素还是环境因素"无法解答的问题。在一定程度上，个体的基因表现出的倾向使他造就了自己的发展环境，给予了其发展机会，协方差（或者一部分协方差）能够看作特征的遗传因素中的一部分。但如果在一种个体无法自由利用环境的人为控制下估计特征的遗传情况，那么协方差应当被包含在环境的一方。由于对智力的遗传估计大多数都反映了现存的情况，因此在这里经常将协方差归为遗传因素。

遗传与环境的交互作用（interaction of heredity and environment）。交互作用（V_I）与协方差是不一样的。在很多遗传性与智力的文献中，交互作用的意义都很混乱。例如，有文献中称对于遗传和环境的相对重要性无法评价，因为智力是两者影响的"交互"结果，所以无法估计两者独立的效果。这当然是错误的。遗传与环境交互作用造成的变异无论是从理论上还是从实证上来看，都是可与其他变异来源区分开的，而且交互对于总变异的贡献是可被估计的。有一些自称为"交互主义者"的人深信自己已经解决了遗传和环境对于智力差异的相对贡献问题，但是他们显然没有意识到绝大多数证据表明交互作用 V_I 在智力的变异中的贡献是最小的。

交互作用实际上指的是对于相同的环境因素，不同的基因表现型的反应不尽相同。例如，基因不同的个体出生时具有相同的体重和活动水平，在热量摄入完全相同的情况下，体重增加的速度不同。基因不同造成体质不同，导致他们以不同的方式代谢完全相同的食物。行为领域中基因型与环境交互作用的一个例子如图 10-2 所示。

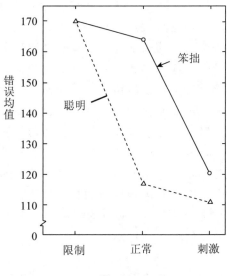

图 10-2

图 10-2 表明了在"限制""正常"和"刺激"环境中饲养的"聪明"和"迟钝"品系的大鼠在迷宫学习中错误分数的基因型×环境交互作用。(Cooper & Zubek，1958)

在迷宫学习中，因为不同饲养条件下对于老鼠的感官刺激不同，所以选择性繁殖同为"聪明"或"迟钝"组的老鼠走迷宫时表现并不同。对于"聪明"组，处于"限制"和"正常"环境下的老鼠走迷宫的表现差异很大。对于"迟钝"组，明显的差异表现在"正常"和"刺激"两种环境间。在"正常"环境中，两组老鼠的差别很大，在"限制"环境中没有差别，在"刺激"环境中仅有轻微差别。这就是遗传与环境交互作用的含义。由洛文杰（Loevinger，1943）和亨特（Hunt，1961，p. 329）较早提出的对于表现型变异/方差分解模型（例如方程 2）的批评，基于了以下错误理解：所有来自遗传和环境的影响是严格相加的，而不存在不可加的或交互作用的项目。模型中的 V_I 的存在明确表明了遗传与环境交互作用的存在，而且 V_I 对于总变异的贡献也可以独立于遗传和环境单纯相加来估计。估计任何人群中的特定特征表现中 V_I 的贡献大小都需要实证研究，而不是哲学辩论。如果实证研究结果 V_I 的贡献率很小，这并非模型分析的问题，而是智力本身的问题。如果交互作用的变异是显著的，模型就会揭示它的作用，这是事实。

威斯曼（Wiseman，1964，p. 55；1966，p. 66）回顾了几项研究，这

些研究包含了我们所考虑的人类智力中遗传与环境交互作用的信息。研究发现智力水平高于均值一个标准差的儿童，与环境因素的相关大于智力水平低于均值一个标准差的儿童群体。也就是说，分别测定这两组智力的遗传力，那么低智力组的遗传力更大。同理，生活在一个家庭中的兄弟姐妹如果被分入上述高低智力组，高智力组学业成绩与环境的相关一定高于低智力组的两者相关。智力与环境在决定教育成就中确实存在着交互作用。

误差项（Error variance）。由于测量误差带来的误差项（V_E）虽然是多余的，但却无法避免，因为不存在绝对可靠的测量工具。误差带来的变异在测验分数变异中所占比例为 $1-r_{tt}$（r_{tt} 指测验信度）。对于大多数智力测验来说，误差变异占总变异的 $5\%\sim10\%$。

遗传力的定义（Definition of Heritability）

遗传力（H）是遗传学中的专门术语，特指由于基因型变异引起的表现性变异的比例。心理学将遗传力定义为：

方程 3：

$$H=\frac{(V_G+V_{AM})+V_D+V_1}{V_P-V_e}$$

这个公式理论上是遗传力的定义，在心理学研究中，使用该公式计算遗传力时，也可以在分子中加入前文所述方程 2 中的协方差项进行估计。

关于遗传力的常见误解

现如今关于遗传力的某些误解已经变得普遍和根深蒂固，在介绍实证研究的结果之前，有必要反驳一下这些误解，免得实证研究的结果造成更大混淆，或是激发起对于本不属于遗传力概念的说法的教条化地接受或拒绝。

遗传 VS. 环境。遗传与环境因素两者被看作对立的，这并不合适。他们的关系不能够用绝对"是"或绝对"不是"来描述。任何可观察的特征，生理的或是行为的，都是一种表现型，它的存在同时取决于遗传和环境条件。需要思考的问题不在于这种特征是由遗传还是环境造成的，而是该特征在种群中的变异有多少是由基因型变异（即 H，遗传力）造成的，以及有多少是由非遗传因素或环境变异造成的（即 $1-H$）。对于身高和智力这些可以测量的特征，H 大小在 0 到 1 之间。

个体 VS. 群体。遗传力是一个群体中的统计量，用以描述与某特征群体变异相关的遗传因素（或某组遗传因素）。对于个人的测量结果或特征，它没有任何意义。理论上一次测量结果是没有方差的。无法将某个人的智力分为遗传结果和环境结果两个部分，就好似这个人遗传了现有智力的 80%，剩下的 20% 又从环境中获得。这当然是很荒谬的。遗传力的平方根（$\sqrt{H}$）表明了群体中基因型和表现型之间的相关，这就允许我们对于个体的外显的智力水平与内在的智力的"基因型值"之间的差异的均值进行推断。（在欧洲和北美高加索人种中，表现型与基因型之间的平均相关度约为 0.90，这可以根据本文后面给出的数据确定[表 2]。这个值的平方就是遗传力——由于遗传变异而引起表现型变异的比例）。其原理与从测试理论中获得的分数估计"真实"得分相同。关于个人的估计只能在概率基础上进行，而不能够完全确定。只有当遗传力是统一的时候（即 $H=1$），获得的智力分数和基因型值之间才会有完美的相关性，此时我们可以保证一个人的测量智力完美地代表了他智力的基因型。这并不是说表现型的发展可以脱离环境，因为没有遗传或环境，就不会有有机体，也不会有表现型。我们在讨论个体差异时，常讲的个体智力是他的遗传与环境交互作用的产物，这种说法是相当愚蠢的，它仅仅陈述了个人存在的事实。

恒常性（constancy）

从我们对于遗传力的讨论来看，很显然它并不像或是光速那样的常数。遗传力是根据基于实证的统计量，同任何统计量一样，它的值会受到样本特征的影响。对于相同的特征，研究那些环境变异较小的群体得出的遗传力，将会高于那些环境变异较大的群体的遗传力。同理，当一个群体在遗传因素上相对同质，但在与特征发展有关的环境因素上同质水平较低时，所讨论的特征的遗传力将较低。简单来说，H 的值是群体中联合了遗传和环境变异的函数。同时，与其他统计量一样，H 是通过对总体样本的估计获得的，因此会受到抽样误差的影响——样本越小，误差范围越大。文献中报告的 H 值不能代表任意环境条件下或是所有群体或是同一群体不同时间的情况。对于 H 的估计依赖于特定的群体样本、时间点、测量方法以及测量工具的选择。

测量结果 VS. 现实情况。对于智力的争论之一，是既然我们不能测得真正的智力，那我们也就不可能确定它的遗传力。我们是否能够测得智力是另一个问题，在前面已经讨论过了，需要强调的是这个问题对于遗传力的获得没有影响。我们不去估计那些测量背后所隐藏的某些特征的遗传力，而是去估计表现型的遗传力，这些能够通过测量获得。无论我们测得的是什么，遗传力总能告诉我们其变异有多少是由遗传因素造成的。如果测得的结果与遗传无关，那么遗传力就会表现为与 0 的差异不显著。事实上，基于智商结果得到的遗传力在统计意义上与 0 存在显著差异，证实了遗传因素确实对于个体智力差异存在影响。从某种程度上来说，如果一个智力测试不是"无文化差异"或"文化公平"（culture-fair)的，它的结果就会呈现出较低的遗传力水平（it will result in a lower heritability measurement）。说智力测验并没测量真正的智力，而只是发展智力(developed)，这与说天平没有测量一个人真正的体重，而仅测量了他通过进食获得的体重一样毫无意义。一个"不涉及环境"的智力测验与一个"无营养"的体重测量是类似的。

了解一切 VS. 什么都不知道。另一个容易让人疑惑的观点是，除非我们能够了解智力的全部遗传因素，否则我们就对此一无所知。支持者认为，如果试图说明智力的遗传性，就必须能够详细阐述从基因（或DNA分子）到智力测验分数这条因果链中的每一个环节。确定某个特征的遗传力并不依靠我们对其物理、生化或生理机制的了解，也不依靠受环境影响而改变的精确的机制。这些知识固然重要，但我们不需要它们来建立起特征遗传力的基础。比如说在我们还不了解染色体和基因的相关知识之前，选择性育种已经被实践了几个世纪，且卓有成效。遗传力的估计依赖于数量遗传学，这门学科已经证明了自己的价值是独立于生物化学和生理遗传学的进展的。

获得 VS. 继承。像智力这种社会定义的属性怎么能被说成是遗传的呢？或者是像词汇那样是从社会环境中获得的呢？严格来说，只有基因是遗传的。但是与学习相关的脑机制与生物体其他的结构和功能一样，都是受遗传条件影响的，因此有机体能够从环境中学习到的，以及从环境中学习的速度都受到生物基础的制约。即使机会均等，个体在学习的数量、速度以及种类上也存在显著差异。想一下一个音乐天才和一个音乐能力在平均水平的孩子上音乐课时所表现出的差异吧。如果一个关于词汇量的测试显示出很高的遗传性，那仅说明了在该群体中每个人都有着相同的机会来学习测试中的所有单词，他们得分的差异主要是学习能力差异导致的。如果该群体中对单词的学习机会分配非常不均等，那么这个测试会显示出较低的遗传性。

不变性(Immutability)

高遗传力不一定意味着该特征不会发生变化。在环境发生巨大变化的情况下，遗传力的值会发生一些变化，或者可以保持不变而群体的均值发生变化。曾经结核病具有很高的遗传力，原因是结核杆菌在人群中普遍传播，因此个体是否感染结核病的决定因素不是接触病菌的可能性，而是个体的遗传体质。现在结核杆菌已经很少了，如果同样暴露在病菌环境，接触病菌的程度比个体易感性更能决定个体是否感染。如果没有暴露在病菌环境中，个体无论易感与否都不会感染病菌。

遗传力也能够表明关于特征的控制点信息。高遗传力的特征通常由生物体内部的生化机制控制。低遗传力的特征通常受到外界因素的控制。任何心理治疗、辅导或心理干预都不能使得因苯丙酮尿症（PKU）而智力低下的儿童表现正常，这是一种会导致脑损伤的隐性遗传代谢缺陷。但是如果在饮食方面能够避免含有苯丙氨酸的蛋白质的摄入，遗传了致病基因的孩子就能够正常成长，最近这些关于遗传和代谢基础的知识帮助了很多儿童免于智力低下。

亲子相似度

俗话说的"龙生龙，凤生凤"总是被当作遗传的例子。另一方面，如果某个特征缺乏亲子相似性，其就会被认为遗传力不高。但是遗传学原理也能够解释"龙未必生龙"的情况。实际上，只有在高度近亲繁殖（或纯合）的品种中，如某些高度选择育种的犬种和实验室小鼠，才能够出现亲子间的高度相似性。由于性细胞的形成中出现了亲代基因的随机分离，这也就意味着子代只能随机接受一半的父母基因。亲代与子代仅有50％的相同基因，再加上显性和异位显性的影响，亲代和子代以及兄弟姐妹之间都会存在相当大的遗传差异，因为兄弟姐妹之间也只有50％的基因是相同的。亲代一方与子代仅有50％的基因相同，因此亲-子代的相关系数在0.50到0.60之间（取决于特征的同型交配程度），这个相关系数适用于身高、头围、指纹脊、智力以及其他高遗传力的特征。（在这些特征上，兄弟姐妹之间的相关也在0.50到0.60之间；如果是遗传力较低的特征，兄弟姐妹之间的相似性会高得多。）双亲的均值（即双亲中值）与单个子代的相关遗传性是单个亲代相关性的平方根。双亲的均值与理论上能够产生的所有后代的均值的相关与 H_N 大小相同，这就是狭义上的遗传力❶。值得注意的是，亲子相关的实证结果与其他方法进行估计得出的 H 值十分接近，如对双胞胎、兄弟姐妹以及共同抚养的非亲属儿童的比较。

智力遗传力的实证研究

比起仅仅对于 H 进行估计，更好的是对方程2中每个因素的方差贡

---

❶ 狭义的遗传力是指在不考虑显性和上位性的情况下，对基因变异比例的估计。这与方程3形成对比，方程 H 的定义包括对这两个因素的估计。狭义的遗传力被定义为 H_N，概念上定义为：$H = \dfrac{(V_G + V_{AM})}{V_P - V_e}$。

献量的估计。但是为了获得可靠的估计结果，需要大量的、不同血统的人群样本，例如同卵双胞胎、异卵双胞胎、兄弟姐妹、同父异母兄弟姐妹、父母子女、堂兄弟姐妹等。从这些亲属关系中计算出方差分量以及遗传力大小的遗传学方法超出了本文的技术范围，并且为了搞清楚数量遗传学的方法，读者还需要参考其他资料(Cattell，i960；Falconer，i960；Huntley，1966；Kempthorne，1957；Loehlin，in press)。

最令人满意的对各个方差分量的估计工作是西里尔·伯特爵士做的(1955，1958)，他基于大量的来自伦敦学校的包含有血缘关系的群体数据进行了这项估计工作，并使用了英文版的斯坦福-比奈智力测验。伯特的研究结果能够代表与伦敦群体相似的群体，说明了这类人群的智力在遗传变异和环境变异上不同的方差分量。

[思想评价]

一、生平事迹与智力遗传决定论形成的背景

阿瑟·詹森(Arthur Robert Jensen，1923－2012)，美国教育心理学家，被评为 20 世纪最著名的 100 位心理学家之一，研究领域主要包括个体学习的差异，尤其是文化、发展和遗传对智力和学习的影响。詹森最初求学于加利福尼亚大学伯克利分校，1945 年获心理学学士学位，随后进入圣地亚哥州立大学，1952 年获心理学硕士学位，1956 年获哥伦比亚大学师范学院心理学哲学博士学位。毕业后，詹森在马里兰大学精神病学研究所从事临床实习医生实习，后在伦敦大学精神病学研究所，师从 H. J. 艾森克。在这个时期，詹森学习了艾森克人格研究中定量的和实验的方法，这对于他后面的主要研究领域也产生了深远的影响。1958 年受聘于加利福尼亚大学伯克利分校，被任命为教育心理学教授和人类学习研究所研究心理学家，退休后为该校名誉教授。

詹森以其在心理测量学和差异心理学方面的工作而闻名，后者的主要任务是描述并解释个体在行为上存在的差异。在先天与后天的辩论中，詹森是遗传论立场的主要支持者，该立场认为遗传在行为特征(如智力和人格)中起着重要作用，在詹森的学术著作中也能够看到他对于遗传作用的认可与重视。詹森发表论文 400 余篇，同时还担任了《智力与人格和个体差异》(*Intelligence and Personality and Individual Differences*)的编委。

詹森在最初研究中主要关注个体的学习能力差异。他对小学生进行了广泛的测试后，根据测试的结果，区分出两种不同类型的学习能力。I

级，也叫作联想学习，主要包括记忆所输入至脑中的材料，以及机械背诵简单的事实与技能的学习能力。Ⅱ级，也叫作概念学习，大致等同于操作和转换输入材料的能力，也就是解决问题的能力。詹森认为，主流所接受的智力的一般因素（即智力的 G 因素）的概念，与他提出的 Ⅱ级概念学习类似。

当时主流的智力理论来自斯皮尔曼 1904 年所提出的智力结构"二因素说"，即智力包括一般因素（G 因素）和特殊因素（S 因素）。斯皮尔曼认为，在这两种智力因素中，G 因素是普遍存在于人的所有智力活动之中的，每一项智力活动，如掌握知识、制订计划、完成作业等，都依赖于G 因素。他还认为，智力水平的高低与 G 因素的数量存在很大关系，如果想要测量一个人的智力水平，就要设法测量其 G 因素的数量。而 S 因素以不同形式、不同程度地参与到不同的智力活动中，只与少数智力活动有关，反映为个人在某些方面的能力与其他人存在差异。

基于詹森的研究，他认为个体的一般认知能力从本质上来说是一种遗传特性，主要由遗传因素而不是环境条件决定。他还认为，虽然联想学习或记忆能力在种族间的表现分布是较为均匀的，但概念学习或综合能力在白人群体中出现的频率显著高于非白人群体。

詹森最具争议性的著作发表于 1969 年 2 月的《哈佛教育评论》，题目是《我们能够提高多少智商和学业成就？》。在这篇一百多页的文章中，詹森表明了他的主要观点：群体中的智力水平的变异有 80% 是由遗传决定的，而剩下的 20% 是由环境决定的。这就意味着智力从很大程度上来说，是很难通过改善个体所处的成长环境、所受的教育等外在条件来提高的。既然非裔美国人群体在智商测试和学校学习的表现中比白人差，那么这只能说明这是因为该群体在基因上天生就处于劣势，而不是因为父母教养、正规学校教育或其他环境因素的差异，旨在提高非裔美国人智力水平的教育项目"开端"计划不值得投资，非裔美国人群体与白人群体之间的智力差异可能永远无法被减小。这个结论与当时社会上流行的对于智力的认识以及与对缩小不同种族智力差异的期望都是相悖的。遗传和环境对智力的相对影响自 20 世纪 20 年代开始就一直是争论的焦点，当时的人们普遍认为家庭和学校等环境因素起着决定性的作用。

由于涉及了当时敏感的种族问题，这篇文章的观点给詹森带来了很大的麻烦。在论文发表后，人们认为詹森是一个种族主义者，并出现了大规模的抗议活动，要求学校解雇詹森。詹森与他的家人也面临着人身安全上的威胁，他们不得不暂时离家避难。詹森在这段时期内由于无处不在的干扰和破坏，无法正常工作以及出席学术活动。《哈佛教育评论》

也与詹森划清界限，不再再版印刷他的文章，而且表明他们没有要求詹森撰写关于种族差异的问题。

对于詹森的评价，一方面针对他对于智力遗传性问题的观点，很多学者认为詹森为了证明自己的结论，所引用的资料并不适合或太过草率，因为有许多智力测验都不尽理想。还有学者认为詹森对于"遗传力"的解读也存在一定的问题。古生物学家和进化生物学家斯蒂芬·杰·古尔德在他的《人的错误》（1981）一书中写道，詹森误用了"遗传力"这个概念，这个概念应当被定义为一个群体内遗传导致的性状变化的量度。另外，古尔德还认为詹森对于 G 因素的考虑也存在不妥之处。同样地还有人批评他没有充分地把社会环境因素纳入考量。

另一方面，虽然詹森的主张与当时社会主流观点相悖，但是也有人认为詹森的研究中确实存在很多实质性内容，尽管有诸多不足，作为一位科学研究人员，詹森仅仅是将自己的主张以科学的形式表达出来，并加以论证和阐述，只是对于科学研究的结果进行了真实的诚实的表述，并不存在种族偏见或歧视。耶鲁大学的桑德拉·斯卡尔（Sandra Scarr）认为詹森拥有"不妥协的个人诚信"，并确立了"诚实心理科学"的标准。她认为一些批评詹森的人属于"政治上的说谎者，他们歪曲了科学事实，以误导和屈尊的努力来保护一个关于人类平等的不可能的神话"。詹森逝世后，奥塔哥大学的詹姆斯·弗林面对《纽约时报》的采访时说，詹森并没有种族偏见，他的研究会被用来论证种族至上是未被预料到的。DNA 的共同发现者弗朗西斯·克里克（Francis Crick）认为"詹森的论点有很多实质内容"，并且"美国白人和黑人的平均智商之间一半以上的差异可能是由于遗传原因，而且不会被任何环境中可预见的变化所消除"。

二、阿瑟·詹森教育心理学思想的主要内容

詹森于 1969 年发表在《哈佛教育评论》上的《我们能够提高多少智商和学业成就？》，宛如一石激起千层浪，引起了学术界乃至当时社会对他极大的争议。在《我们能够提高多少智商和学业成就？》一百多页的内容中，詹森主要从心理学和遗传学的角度论证了智力的主要来源是遗传因素而非环境因素的观点，根据已有的研究证据，他的结论是遗传因素极大程度上决定了智力水平的高低，而环境因素的作用则很微弱。詹森认为社会从最开始对于智力和智力测验的认识就存在着误区，当时的教育项目一味地强调不同人群的智力测验的结果存在差异是由于环境差异或是测验本身的文化差异，这一点詹森并不赞同。因此，詹森在文章的一开始并未急于论述自己的观点，而是追溯智力的本质到底为何物，回顾

了智力测验的历史以及相关的研究之后，詹森首先指出了，这些为了开发高水平智力而设计的智力测试的结果表明，智商水平指向着一个共同的因素，这与斯皮尔曼提出的普通智力因素（G 因素）很相似。在定义了智力的概念并联系了其他的心理能力之后，詹森使用了方差分析模型来解释智力变异的来源，将来源分为遗传和环境两大部分并进一步探讨其中的小部分。紧接着，詹森引入了"遗传力"的概念，用以解释智力差异在多大程度上可以由遗传因素来解释，并认为环境因素并不如遗传因素重要。

在詹森的文章中，对于智力概念的辨析和定义是他论证的基础问题。他并未直接给出智力的定义，而是回溯了智力的测量历史。对于经典工具如比奈-西蒙测验，詹森认为这个测验的产生基于 1900 年巴黎学校的教育环境，这个样本局限性是很大的，现存的智力测验实际上都是顺应着现成的教育制度而产生的。如果把这些测验的结果称为智力，当教育的内容和教学技巧发生变化，那么我们称之为智力测试的工具很可能也会呈现出完全不同的特征，智力本质的概念也相应地会有所不同。詹森认为现存智力的操作定义和测量虽然起源于学校教学，也能够预测学生的学业成就，但并未真正地测量智力。詹森赞同的是斯皮尔曼对于智力一般因素的理论，认为在各种智力测验之上会有一个更高级的心理能力与各种能力都存在相关，因此智力应该被看作一种普遍因素，而不是任何单一测试反映出来的成绩。实际上没有具体的语言能够概括智力测验中共有的一般因素，但是如果必须要给予智力一个定义的话，詹森认为智力可以被认为是一种抽象推理和解决问题的能力。詹森还怀疑智力的分布是否真的呈正态分布，他分析了智力测量数据的类型后认为智力水平应当被看作接近于正态分布，存在系统性的偏离，而非严格意义上的正态分布，因而其中分布的区间概率也不完全符合正态分布的概率规律，而微小的概率变化乘巨大的人口基数则反映出巨大的人口数量变化，这会影响我们对于不同智力水平正常或异常的分类结果。

在辨析了智力的定义后，詹森引用了变异/方差的概念，并利用变异的可分解特性尝试解释智力变异的各种来源。使用这种方法来进行智力变异的来源说明能够将不同的变异来源一一列出，也可以分别对不同变异来源的影响大小进行分析，不得不说是高明之举。在介绍变异来源之前，詹森抨击了当时社会对于智力可塑性的"乐观"态度，以及对于遗传因素的极大忽视。他认为社会盛行的观念以及很多研究者的迎合存在很大问题：(1)智力的可塑性被夸大了，认为智力是无限可塑的；(2)较少地讨论个体差异中生物因素的作用；(3)贬低遗传的作用，把遗传看作理解环境作用的阻碍，更不用提仔细考虑遗传的作用。为了说明遗传真正的作用，詹森使用了选择性繁殖和特纳氏综合征的例子，提醒读者有确凿的证据表明，遗传对智力有影响。对于穿越迷宫能力不同的老鼠进行选择性繁殖，能够很快地观察到聪明老鼠的后代变得更加聪明，而笨拙老鼠的后代表现更加差劲。同样，基因缺陷导致的特纳氏综合征，往往伴随着某些方面的智力缺陷。如果想要科学、客观地对影响智力的因素进行研究，那么对于遗传因素应当进行妥善和全面的探讨，而非选择性地避开或拒绝谈论它。

詹森在文中使用了若干变异来源来解释群体中出现的智力差异，这些变异来源包括：

（1）遗传变异（Genic Variance，V_G）；

（2）同型交配（Assortative mating，V_{AM}）；

（3）显性离差（dominance deviation，V_D）；

（4）异位显性/上位性（epistasis，V_i）；

（5）环境变异（environmental variance，V_E）；

（6）遗传与环境的协方差（corvariance of heredity and environment，Cov_{HE}）；

（7）遗传与环境的交互作用（interaction of heredity and environment，V_I）；

（8）误差项（Error variance，V_e）。

詹森认为将这些不同来源相加，结果即表示群体中的智力变异，使用了如下公式：

$$V_p = \frac{(V_G + V_{AM}) + V_D + V_i}{V_H} + \frac{V_E + 2Cov_{HE} + V_I}{V_E} + V_e$$

$$\underbrace{\phantom{(V_G + V_{AM}) + V_D + V_i}}_{\text{遗传}} \quad \underbrace{\phantom{V_E + 2Cov_{HE} + V_I}}_{\text{环境}} \quad \text{误差}$$

在阐述智力变异的来源时，詹森将遗传因素、环境因素以及遗传和环境之间的相互影响都尽可能考虑在内，并未刻意忽略任何一个方面。例如在解释同型交配时，詹森提到人类社会同型交配对于智力水平的影响是与社会的发展水平存在关系的，在某些社会相似的受教育程度和职业阶层会成为人们选择伴侣的参考标准，这样一来促使了智力在相同水平的个体结合繁育后代，也会导致智力较低人群繁衍后代的机会减小。除了详细阐述了遗传因素，詹森也阐释了环境因素的范围，社会文化因素并不是环境因素的全部，产前环境和营养这些存在生物影响的因素也应当被考虑在环境范畴之内。

詹森并没有试图割裂遗传和环境的共同作用，在他的主张中存在两个遗传与环境作用的交叉项：遗传与环境的协方差和交互作用。在遗传和环境的协方差中，他使用了环境机会对基因表现的促进/抑制作用来进行说明；在遗传和环境的交互作用中，则使用了相同环境条件下，不同基因型表现不同的例子。无论是判断属于遗传或是环境因素，还是确定具体的变异大小，詹森认为都应当从实证角度出发进行确定，而非通过单纯的理论思辨获得。

这篇文章的中心是对于智力的遗传性探讨。根据前人研究不同遗传相似性群体的结果以及相关的元分析研究，通过比较有无血缘关系、血缘关系远近、遗传物质是否相同、在相同/不同环境中抚养等，詹森对遗传性展开了探讨。他比较了不同环境下成长的同卵双生子和相同环境下成长的无血缘关系的个体两种极端情况说明所获得的智商变异来源。詹森认为同卵双生子之间的相关性应该全部来自其相同的基因基础（约为0.75），而剩下的则为环境变异；而与这种情况相反，在相同环境下成长的无任何血缘关系的个体相关性则来自相同的成长环境（约为0.24），剩下的智商变异则为遗传所致（约为0.76）。詹森认为这两种情况的变异程度有着极大的一致性。此外通过比较同卵双生子在相同与不同成长环境下的表现的差异，詹森获得了家庭间环境差异的变异大小（约为0.12）。综上詹森计算出智力的平均遗传力约为0.80，家庭间环境差异变异约为0.12，家庭内部变异约为0.08。通过对其他文献的梳理，詹森发现他得到的变异数据与三篇使用不同智力测量工具的研究基本一致。反过来詹森又考虑查了对环境变异的研究。根据一篇被他高度认可的研究论文中的结果，环境因素能够解释智力变异中的18%，由环境影响带来的变异的一个标准差约为6点智商水平得分——兄弟姐妹平均智商差异的一半。即使是一般智力因素之外的特殊智力，詹森也考察了它们的遗传性研究。虽然相关研究有限，詹森还是从中总结出这些特殊智力的遗传性约为0.5到0.75不等，其中的非认知技能方面，如运动技能方面的遗传性研究结果甚至高于智力。

仅仅考虑智力本身的遗传性是不够的，正如詹森所说，在日常生活中，人们所说的并非是具体的智商得分，而是个人的学业成绩和职业等级，于是在文章中詹森还考虑了学业成就的遗传性。学业成绩的遗传性小于智力的遗传性，詹森承认在影响学业成绩的因素中，家庭环境是一个很重要的变量，即使毫无血缘关系，在同一环境中一起长大的孩子的学校表现存在很高相关，父母也会通过施加影响来缩小家庭中孩子们的学业成绩差异。决定学校表现及学业成绩的不仅仅是智力，很多其他的特征、习惯、态度和价值观都会存在影响。因此詹森得出结论，如果想要改善学生的学业成绩，促进学业成就，通过改善环境产生的作用可能远远超过改变智力本身，类似的一些教育促进项目都应该尝试从学习动机、价值观等其他环境条件入手，而非一味地追求提高孩子的智商。

在对智力的遗传性进行了一番讨论后，詹森也对环境因素进行了论证。在一些例子中，如将极度贫困环境中的儿童转移至一般的环境中确实能够观察到他们的智力提高了 20 到 30 点，但在另一些例子中，将生活在一般平均环境中的儿童转移到更丰富的环境中时却没有观察到他们的智力变化。因此詹森认为并没有一致的研究结果能说明通过操纵环境变量使得儿童的智力得到永久变化。环境对智力的作用是有限的，在一定阈值之下对环境条件进行剥夺能够抑制智力发展，但在平均及以上水平的环境条件下，环境变化对智力的影响微乎其微。这与环境对个体身高的影响是一致的：条件极端糟糕的环境中，受营养缺乏等限制，身高可能会低于正常水平，但是营养充足的条件对个体的身高影响不大。虽然我们可以使用上述环境因素来解释一定程度的智力发展差异，但社会文化因素明显并不属于这一类环境因素：在社会和文化中处于弱势的儿童通常并不是在早期经历了严重剥夺的群体，有研究表明他们在两岁之前的感知运动测验结果与一般儿童没有差异。即使将文化弱势儿童群体置于更好的环境中，只有在最开始才能够观察到智力的显著增益，增益会慢慢消失，这些孩子的智力越来越接近于他们的父母，这也说明遗传的作用。

那么当时普遍重视的人为环境因素到底是否会对智力产生影响呢？如果是，那么又是如何影响智力的呢？詹森认为环境因素可以解释少部分的智力变异，上文中的变异来源确实包括环境因素。但是这里所谓的环境因素与当时流行的教育和文化环境不同，詹森认为除了社会环境，某些物理和生物环境可能对智力变异的贡献也有着重要的作用。詹森举了双胞胎的例子，他观察到双胞胎的智力水平总是低于独生子女，这可能是由于在怀孕时期子宫内的空间和营养的不足，即产前的环境因素影响，这种影响也是独立于社会文化因素的。此外，改变怀孕时的子宫环境，也观察到了对婴儿出生后的发育的影响，不同的社会经济地位以及文化会影响生育环境和条件，在贫困地区这种不利条件更加普遍，最终致使人们观察到社会文化环境不同的孩子之间智力存在差异的结果。但是即使出现了差异，这种环境因素到底能够解释多少智商变异并不确定，有些出生时受到伤害的儿童在五岁后的智力状态也呈现出正常水平。

在该文中争议最大、造成最多不满的部分是詹森对于不同种族智力差异的论述。詹森一开始先强调了在讨论智力差异的时候不考虑个体，仅以群体为单位进行论述，智力上的种族差异是将社会中某些可识别的群体或亚文化作为群体来进行群体间的相互比较，可见詹森很清楚自己的论述范畴，也并不想引起任何种族上的政治争议。关于当时的文化弱势群体，对环境因素抑制其发展的讨论太多了，而且有些并不正确，而遗传因素则被抛在脑后，无人理睬。从遗传学上来看，不同种族的形成最早是由于地理上的世代隔离，而形成不同基因频率分布的群体，即不同种族具有遗传物质上的差异。如果某些行为或能力能够测量，并且在一定程度上由遗传决定，那么我们就应该进一步讨论遗传到底决定或者影响了哪些方面，以及利用这些讨论结果到底能够做些什么。作为美国国内最大的少数群体，综合众多研究的结果，黑人群体的智力在白人群体之下 15 个智商点。当社会经济水平得到控制时，平均差异减少到大约 11 个智商点，这与同一个家庭中兄弟姐妹的平均差异大致相同，即无社会文化差异环境的情况。虽然社会心理学家并不喜欢这个假设，但是还没有人根据一项经过适当控制的研究提出任何证据，证明黑人和白人儿童的代表性样本能够通过对环境和教育的统计控制在智力上达到平衡。通过将相同社会经济地位的黑人群体和白人群体匹配起来，结果发现在每一个相同等级上，黑人的平均智力得分还是低于白人。另外，较高的社会经济地位的黑人群体的智力的"回归平均"（从父母到子女）比白人群体要大得多。

詹森反对将智力差异纯粹地解释为环境差异，他也在文中对这一观点进行了驳斥。例如"父亲缺席"在黑人比白人家庭中比例更大，在文献中经常提到"父亲缺席"是黑人在智商测验和学术成就上表现不佳的原因之一。然而在实际研究中并未发现父亲在与不在会导致学生认知能力或学业成绩上的差异。还有证据通过对于环境因素的全面调查，表明在美国境内，在环境上处于最不利地位的是美国印第安人，而他们的能力与成就测验分数均值比美国黑人还要高。对于新生儿的研究结果表明，黑人婴儿的测验得分甚至在一定时期内超过了白人婴儿。以及对于成年男性的考试表明，在较高的社会经济地位上，黑人男性的失败率远远高于白人男性的失败率。詹森认为这么多证据足以撼动当时人们对于环境因素能够提高智力水平的笃定信念。

最后，詹森提到了提高智力的深远意义。他认为，随着社会工业化程度加深，需要更多的人来填补大量需要一定智力水平的职位或工作，人民的智慧能否满足我们日益复杂的工业社会日益增长的需求是眼前面临的问题。对于群体来说，智力水平在 85 以下的人很难找到工作，失业率会提高，反过来社会需要更多有资格从事某些工作的人，某些职位会空缺。但是詹森也不赞成一味根据智力水平来决定某人能否胜任某项工作。既然除了智力的一般因素（G因素）之外，还有其他特殊因素能够衡量一个人的能力，那么就要明确工作需要的到底是一般智力还是其他的特殊能力，以免将合适的人选拒之门外。

三、对阿瑟·詹森的教育心理学思想的评价

诚如前述，詹森在其对智力的本质、变异来源理解的基础之上，阐释了遗传因素作为重要的变异来源的思想。但他的观点自面世以来，就受到了许多学者的批评。现在看来，那篇文章中，既有可取之处，也有一些偏颇的观点。

首先，关于智力的确切含义，詹森认为应该谨慎考虑现有智力测验或是能力评价的结果含义。从一方面来说，学校的成绩表现、社会上的工作等级是否真的表明了人们的智力差异还是一个问题，由于在评价个人成就的时候，很多时候都会将智力测验结果、学业成就以及以后的从业情况混合起来，这些指标或评价未必代表了人们真正的智力水平。从另一方面来说，即使是如比奈-西蒙这类经典的智力测验，在最初制订和修订过程中，很大程度上都是以当时学校评价学生的指标作为基础的，那么量表的效度也应慎重考虑。詹森从测验工具出发，批评了很多教育项目。例如他对于一个叫作"天才计划"（Project TALENT）的项目就表示不乐观，这个项目旨在调查全美44万名高中生的智力水平，但是詹森认为这个项目中的测验根本不能够体现学生的智力水平。无论是针对一般智力因素还是特殊智力因素，这个项目都没有选择合适的测验，也就无法考察学生真正的智力水平。由于詹森是智力G因素的支持者，因此他选择从该理论入手去考虑智力更深层、更本质的含义，而非顺应当时为大多数人所接受的观点。显然，对智力概念的考虑和剖析，有助于进一步对智力水平差异的解读，这是一种科学的态度。詹森亲自观察了孩子们，确认了学生的印象，然后为孩子们设计了直接的任务——低智商的弱势儿童比低智商的中产阶级儿童做得更好。❶

其次，对于智力的遗传性问题，詹森通过比较相同/不同基因型、相同/不同成长环境的相关结果，说明智力受到的遗传的作用是很大的，并且给出了推测数据。但是对于双生子研究的分析表明，詹森可能错误地或片面地对于遗传因素进行了分析，他低估了双生子以及其他比较情况

---

❶ Jensen A R, "Jensen's theory of intelligence: A reply.," J Educ Psychol, 1969, 60(6p1), pp. 579-584.

中环境的复杂程度，并且高估了遗传的作用。❶ 比如对于双胞胎分别抚养的情况，在选择抚养环境时本身就带有一定的选择性，在大多数的研究中并没有十分详细地介绍这类问题，但也有研究记录了母亲抚养同卵双胞胎中的一个，而姑妈抚养另一个的情况，这会人为地提高对于遗传性的估计，降低环境估计。詹森在引用研究时也存在问题，他提到分别抚养的异卵双胞胎之间的数据，但实际上那仅仅是他的推测，并不存在合理的实证证据来支持这种说法，此外文中提到的其他一些研究的可信程度也难以估计。

第三，关于环境因素在智力发展中的作用，詹森认为环境的作用并不如遗传因素大，即使存在作用，那么也主要来自产前环境对胎儿发育的影响，而在个体出生后，如果不是生活在资源极度匮乏的环境中，其智力发展就主要由遗传因素决定，因此，詹森认为当时进行的一些教育项目是不会有结果的，即使有，结果要么就是微不足道的，或是暂时的。在这里，詹森将智力水平发展简化为在很大程度上依靠个体生物发展水平和基因表达情况而产生的能力。他认为，当环境无法改变内在的生理基础时，环境的作用就是不存在的，从而否定了环境能够促进智力发展的思想。但是在詹森的文章中，他对于环境因素的阐述过于简单，也过于单一，仅凭获得的某些环境因素对于智力水平作用的结论，来否定整个环境系统的作用，这是十分武断的。

四、我们的认识与理解

如何能够正确把握詹森的观点与贡献呢？首先这是一个认识问题，即如何认识詹森对于"智力水平主要由遗传决定"之一观点。詹森的智力遗传决定论，乍看起来别具一格，也与当时流行观点格格不入，但细加分析和思考，还是有其合理之处的。从研究目标和研究的社会效果来看，詹森的主要研究目标是探索智力的本质以及个体智力差异的发生源头，虽然他和同时代的其他心理学家在研究内容和理论观点上截然不同，但他们研究的最终目的和社会效果却殊途同归，即试图解决当时社会中的教育问题、人才选拔、社会发展过程中所面临的现实问题。对詹森来说，他的研究是为了解决在工业化进程中，如何能够使得低水平智力群体的智力提升，使其能够获得工作资格，以及如何能够满足更高水平的职位的人力需求。从理论观点和思想体系来看，詹森强调应该按照斯皮尔曼

---

❶ Sowell T，"Arthur Jensen and His Critics：The Great IQ Controversy，" Change，1973，5(4)，pp. 33-37.

的智力理论，将智力看作两个部分，并试图找到影响一般智力因素差异的根本原因，这两个观点实际上是在试图进行心理学理论与遗传生物学基础的统一，这是在承认遗传素质在心理发展中的作用，这种考虑与现在的遗传心理学科的任务如出一辙。由此可知，詹森的理论观点和思想体系有其进步性和独特性。从心理学发展历史来看，受达尔文进化论思想以及科学技术进步的影响，心理学家除了从哲学的角度出发来对问题进行思辨，还会从生物学方面考察行为的内在基础，这是一个思考方向的改变，而麦独孤也顺应了这种改变。他在智力理论中获得了智力可能由遗传决定的证据，将其作为建立学说的依据。所以说，虽然詹森的观点与当时的流行不符，也在无意间引起众怒，但其实际上是心理学发展与进化的必经之路，理解这一点，对于正确把握詹森的观点很重要。

其次这是一个态度问题，即如何对待詹森的贡献与问题。我们应当将他的主张实事求是、客观地进行分析与利用。从前面对詹森的心理学思想的评述中，我们可以看到，詹森的思想中不乏"合理的内核"。例如，对智力的概念进行反思，对现存智力测验的文化公平性质疑，强调产前环境的影响，以及试图利用遗传学中的知识解决心理学中的问题等，有其借鉴价值。当然，我们既不能全盘接受，也不能照搬照抄，正确的途径应该是选择和学习。如何提高整个民族、群体的智力水平是一个庞大的问题，也是一个全世界都在努力解决的问题。单纯认为智力发展靠遗传当然过于绝对，但是夸大环境的作用也不可取。詹森在当时的主张，无疑给进行中的各种教育促进项目泼了一盆冷水，但这盆冷水也让更多的教育学家、研究者有机会去思考，通过改变环境就可以提高群体的智力水平到底是切实可行的，还是仅仅是人们的美好愿望。一方面，利用詹森的主张，之前未被注意或是被忽略的因素，例如产前的营养环境、优生优育的观念等得以重新进入研究者的视野中。另一方面，詹森抨击环境改变智力水平的观点缺乏足够的证据，这也促使更多研究者去进行实证研究，环境的作用也正在被更多的实证研究所验证。

第十一章　韦克斯勒 ❶

［印象小记］

　　韦克斯勒（David Wechsler，1896－1981），美国心理学家，韦氏智力量表的编制者。韦克斯勒在"一战"期间从事心理测验工作，用陆军团体测验，斯坦福—比奈智力量表来甄选新兵，积累了丰富的经验。经过早年的研究与施测，他认为斯坦福—比奈智力测验存在不足之处，如该量表只适用于儿童，无法适用于成人。1934 年，他开始编制成人智力量表，并创造性地运用统计方法计算离差智商以取代比奈依据心理年龄计算智商的方法。1925 年，他从哥伦比亚大学获得博士学位，1932—1967 年，任纽约贝尔韦精神病院的主任。2002 年，韦克斯勒被美国的《普通心理学评论》杂志评为"20 世纪最著名的 100 位心理学家"之一，位列第 51 名。

---

❶　本章作者：李文文，俞国良。

智力的分类❶

当心理学家谈到智力分类时，他们使用的是某种意义上的专业术语。与其他大多数科学的分类一样，精神分类的目的并非是为了"检测自然法则"。例如，它不像化学家将元素排列成周期表，甚至也不像动物学家将动物细分成脊椎动物和无脊椎动物，然后再依次各就其位。心理学家在智力分类方面的努力更多的像是外行人试图区分彩虹的颜色。这一类比不仅仅是表面上的。一般智力就像彩虹光谱一样，是一个不间断的连续体。一个智力水平融合到下一个，正如通过折射棱镜看到的颜色。呈现特定图案（或色相，返回到颜色比喻）的行为水平被称为缺陷，稍高一点为临界水平，还有愚钝等，我们看另一端，他们被认为非常优秀，早熟或接近天才。正如橙黄变成黄色，深紫色变成靛蓝，勉强合格变成愚钝，高于平均水平变成非常优秀。在这两种情况下，为其分配各自名称是一种惯例或习惯。

最早对智力的分类是非常粗糙的。在很大程度上，他们实际上是尝试以医学法律术语来定义各种行为模式的。这些术语，如无能（imbecile）和低能（moron），是由这一领域的早期作家创造的，仍然是我们当今使用术语的一部分。为智力行为下定义的尝试对现代心理学的贡献，不如通过引入定量方法精确已有的概念。智力缺陷者现在不仅被定义为"由于先天性抑制或心理发展不完善，不能以普通谨慎行事方式来管理自己或他人的事务"的人，而且还是那些在标准化考试中未能达到特定水平的智商或心理年龄（M. A.）的人。简言之，心理学家试图通过定量测量的方法对智力进行分类。这是一个很大的进步。这一进步的实现就像物理学家用波长而不是色调来命名颜色一样。

虽然使用定量的方法对智力进行分类的理论优势是显而易见的，但这种分类方法的实际增益并不总是那么明显。原因在于，任何使用定量方法分类的优点不仅取决于所使用数据的可靠性，而且取决于对它们解释的有效性。心理分类所依据的定量数据通常包括从一个或另一个智力测验得出的聪明度测量，并将其定义为智商（IQ's）。但是，正确和可靠的智商计算仅仅将它作为分类基础的先决条件。不论智商通过何种方式

❶ Wechsler David，*The Measurement and Appraisal of Adult Intelligence*（fourth ed.），Baltimore（MD），Williams & Wilkins，1958，pp. 38-48.

计算得出，我们仍然必须决定给智商附加上的意义。在实践中，该程序包括将 IQ 水平与之前界定的临床组进行匹配。因此，在推孟的分类中，智商低于 70 分的个体被鉴定为智力缺陷，80 至 90 分之间为愚钝，90 至 110 分之间为平常，等等。库尔曼则认为，相应类别的智商界限为：智力缺陷低于 75，临界水平 75 至 84，愚钝 85 至 94，平常 95 至 104。其他作者还使用了其他定义。

除非有明确的依据，否则这种简单的匹配会带来一些问题。比如，一个例子就是为什么不同的作者对同一临床组有不同的智商分界点或分类级别。当然，他们都使用了测试，并且运用了标准化程序的功能。更重要的一个指责是，缺少为什么采用指定的 IQ 间隔而不是其他，来限制特定的临床类型的原因，比如，为什么在推孟的分类中临界水平智商的定义间隔是 70 到 80，而不是 73 到 82 或 69 到 75。过去，之所以这样做，似乎是因为采用的分类间隔尽可能地将由界定清晰的类名称在功能上指定的绝大多数个体包括在内，也许还因为所选的数字容易记住。这些理由并不能令人十分满意。但是，对早期程序最严厉的反对意见是，智商与已定义的临床组相匹配，而不是用于根据获得的智商重新定义这些临床组。如果智商将有助于智力的基本定义，他们的利用必须有客观的理由。智商的精确数值不是重要的，重要的是它是否可代表智力可定义的衡量标准。出现的实际数字从某种意义上说，是所用符号系统的偶然结果，正如已显示的那样，数字是可以被操纵以适应实际需要的。然而，这种特权的自由行使会导致混乱，因为如果没有作者关于标准化技术的详细知识，人们就不能解释任何范围的智商。一些关于符号系统和对结果阐释的协议显然是有必要的。这种协议最好通过国际心理学家和精神病学家会议制定的公约来达成。不幸的是，测试的作者远未准备好接受这样的协议。因此，人们被置在这样一个位置，要么不得不采用已经流行的分类方案，要么由于增加其他分类而冒更复杂的风险。在这种情况下，放任自流政策似乎占上风。新的测试量表，无论如何设计，不管得出的新数据是否合理，似乎都与已经设定的 IQ 分类一致，因此，推孟的原始分类不仅用于修订版的斯坦福—比奈量表，而且还用于其他测试中的智商，这些测试，充其量只能粗略地应用，而且往往会导致严重的误用。为使原始 IQ 分类表对修订后的量表有效，1937 版斯坦福—比奈的 IQ 分布与 1916 年版的 IQ 分布甚至没有充分重叠。实际上，已经发现了有几个表格是必须要保留的，但是这些表格一般都被忽略了，原来的分类方案在被沿用时一直没怎么注意显示出的差异。

为了消除从不同测试得出的不加分析的智商造成的不可避免的混乱，

似乎有理由尝试用明确的统计标准重新定义智力的基本类别。所提出的分类是，每个智力水平都对应一个分类间隔，每一个分类间隔包含落在平均值一定距离范围内的 IQ，这些距离表示为标准差的倍数(实际上即 P. E. 's)。因此，智力缺陷者是指智商低于平均值 3 个或更多 P. E. 的人，就百分比排名而言，大约是总人口中最低的 2.2%。同样地，处在智力缺陷边界线的人的智商值落在平均值 2 到 3 个 P. E. 区间内，从百分位数排名来看，处在最低的第三到最低的第十之间。其他类别也是如此。限制分数的选择只有部分是任意的。以智力缺陷为例，根据不同的评估模式，可以对该国智力缺陷的可能发生率进行各种估计。这些估计结果虽然相差很大，但它们的平均数相差不大，不到总人口的 2.5%。因此，将智力缺陷群体定义为那些智商从平均值下降到 3 个或更多 P. E. 值的个体似乎是合理的。正如已经指出的，这一区间，相当于正常曲线总面积的 2.2%。对于中间类别，如临界状态和迟钝，以及中等，中上，优秀和非常优秀，则是通过可能加上几倍的标准差来决定。

分类方案是对称的，它包含了许多低于平均值和高于平均值的类别。在 IQ 低于平均值的类别中，很容易继续使用现在普遍使用的术语。在高于平均值的类别中，有一些可以使用现成的术语，特别是描述落在高于平均值 1±2 个标准差的那组。正如低于平均值的对应的是迟钝，构成这一类别的个体形成了一组高于平均值的研究对象，因此其本身的逻辑术语对应的是高于正常(hight-normal)。该术语相当笨拙，但比想到的大多数要好。作为第二种选择，有一个较长但描述性较高的术语是中上到优秀。应该指出的是，这个短语在推孟的分类中没有相同的表达方式。

表 11-1、表 11-2 和表 11-3 给出了我们最终得出的分类以及各类别所占的百分比。规定的百分比和界限虽然被科学的统计所证明，但当然不是不可更改。由于某种原因，如果未来的经验表明目前的界限不是最好的，他们可以根据经验进行修改。事实上，如果任何人有理由不同意设定的百分比，他可以仍然使用我们的基本数据，以其他的来替代。表 11-4 给出了 W-BI 和 WAIS 量表对应的百分比。

表 11-1　智力分类的统计基础(理论上)

分类	P. E. 值	百分比
缺陷	−3 P. E. 及以下	2.15
临界水平	−2 P. E. 至 −3 P. E.	6.72
低于平常	−1 P. E. 至 −2 P. E.	16.13
平常	−1 P. E. 至 +1 P. E.	50.00

续表

分类	P. E. 值	百分比
高于平常	+1 P. E. 至 +2 P. E.	16.13
超常	+2 P. E. 至 +3 P. E.	6.72
高超常	+3 P. E. 及 以上	2.15

表 11-2　W-BI 智力分类——年龄为 10～60 岁的人的智商 (实际上)

分类	智商	百分比
缺陷	65 及以下	2.2
临界水平	66～79	6.7
低于平常	80～90	16.1
平常	91～110	50.00
高于平常	111～119	16.1
超常	120～127	6.7
高超常	128 及以上	2.2

表 11-3　WAIS 智力分类——年龄为 16～75 岁的人的智商 (实际上)

分类	智商	百分比
缺陷	69 及以下	2.2
临界水平	70～79	6.7
低于平常	80～89	16.1
平常	90～109	50.00
高于平常	110～119	16.1
超常	120～129	6.7
高超常	130 及以上	2.2

表 11-4　W-BI[*] 和 WAIS[†] 量表等值百分等级

百分等级	IQ'S	
	W-BI[*]	WAIS[†]
99	130	135
97	125	128
95	123	125

续表

百分等级	IQ'S	
	W−BI*	WAIS†
90	118	119
80	112	113
75	110	110
70	108	108
60	105	104
50	101	100
40	98	96
30	94	92
25	91	90
20	89	87
10	81	81
5	73	75
3	68	72
1	59	65

注：* 10～60 岁，† 16～60 岁。

　　如上所述，上面提供的分类本质上是基于统计学上的智力概念。它们明显不同于其他类型的分类，因为它们明显放弃了对智力下绝对定义的任何尝试。现在的智商仅仅告诉一个人比同龄人有多好或多坏，或者高于或低于平均水平多少。❶ 平均值代表了什么，我们却无法得知。在某一分量表上，它是一个用数字表示的分数；在心理量表中，则等同于心理年龄（M. A.）。大多数人可以很容易地看出分数没有绝对意义，因为除此之外，它的数值明显地取决于组成该测验项目的数量。就心理年龄分数而言，即使是心理学家也常常觉得我们正在处理一些绝对量，而在精神病医生中更为常见。有一种相当普遍的观点，即在根据心理年龄定义智力时，我们是按照一些基本的单位数量定义的。正如我们所见，这是错误的。心理年龄只是一个测验分数，之所以与其他算术结果不同，

❶ 此外，如果有人希望与自己的性别，社会经济地位等相比较，由于将在后文提到的原因，我们的表格中只考虑了年龄因素。

只是因为它碰巧是年月标记法。心理年龄标记法有许多优点，但这些优点中并没有把绝对数转化为相对量的魔法。简言之，心理年龄，与其他测试分数相比，不再是衡量智力的绝对指标。

这里，我们又回到了心理年龄究竟是什么的问题上，因为许多作家，也有比多尔（Doll）（141）更权威的人，提出并竭力主张智力应该根据心理年龄划分而不是智商来分类。他们赞成这种观点的论据可以说有两种。反对使用智商进行智力分类的主要观点是，智商是变动的，正如我们所看到的，这种批评在某种程度上是合理的。但是，正如我们进一步指出的，这不是智商的错误，而是计算智商具体方法的错误。❶支持心理年龄而不是智商作为智商分类基础的第二个重要论点是，心理年龄以固定的水平进行分类，因而可以清晰得知智力的量。虽然没有用太多的话来说明，但我们还可以推断出，心理年龄可以被看作一种绝对的测量。我们已经证明，情况并非如此。但是，在任何情况下，将智力年龄作为进行智力分类的竞争对手是错误的。这样做无异于几乎完全放弃了心理学家长期以来一直效力的智力的统计概念。

人们应该重视智力统计概念在心理分类科学中的重要性。它由高尔顿在定义天才时首次引入心理学中。根据高尔顿的说法，一个天才（由于他杰出的工作）是达到百万分之一位置的人"。当然，天才的稀有性或独特性并不是将他与普通人区分开来的唯一特征。❷天才也取决于一个人做什么以及他所从事工作的专业度；所做的事情受那些能够判断其优点的人尊重。从这一观点来看，高尔顿认为，天才是那些"在他死亡时，该国所有有智慧的人都会哀悼他的，值得公葬的，在未来成为历史人物的人"。但是凭借他自己的直觉天赋，高尔顿意识到，除了测试相对位置，不可能定义不同程度的能力，无论这些能力如何，无论如何测量。对高尔顿来说，天才就是那个百万分之一的人所拥有的能力，就像"4000 人里才出一个杰出的人"。在有关遗传的天才的研究中，他对其他智力水平如愚钝、平常或优秀不感兴趣。如果他感兴趣的话，很明显高尔顿将用同样的方法界定他们。从某种意义上说，我们继续着高尔顿定义其他群体智力的任务，就像天才一样，平常、愚钝和智力缺陷是那些在某一特定的智力量表中一个人在这样或那样总数中的位置。我们的统计概念虽与高尔顿采用的有所不同，但可以很容易地转化成他的。因此，我们普通人一般在平均值的−1 到＋1P. E. 区间内，相当于每两个人就有一个

---

❶ 这一局限在很大程度上被本书所述的计算智商的方法所消除。

❷ 有关天才的其他概念，请参阅作者的《人类能量的范围》。

这样的人。一个优秀的人是指高于平均值＋2到＋3P.E.区间的人，相当于每十五个人就有一个这样的人。其他的分类依此类推。我们的智力量表并不旨在测量天才，我们设定的最高等级是拥有高超常智力的人，是指高于平均值＋3或＋3以上P.E.的人，相当于每五十个人中有一个这样的人。个人有可能通过我们的智力量表获得的分数，达到一个较高的排名，但我们不愿意根据单一的智力测验分数便称其为天才。

　　智力的统计概念及其逻辑内涵对于一些人来说是非常难以接受的，因为有时它显然会导致即使不荒谬但也是不切实际的后果。这种结论并不是从概念本身中得出来的，而可能是未完全理解概念导致的。某些心理学家对特殊群体需要特殊常模的问题的反应也许最好地说明了这一点。显然，对智力进行统计定义意味着，对于任何特定样本所获得的常模仅适用于抽样所代表的群体。它不限制常模可适用的后续组的规模；可能与被测样本的代表性一样大；但它确实限制了出于分类目的的个体划分类型。因此，关于英国人的测试常模不能用于斐济岛民的分类。这对每个人来说都是显而易见的❶。这对每个人来说都是显而易见的。然而，涉及的原则在适用于较不相同的群体时变得不那么明显，例如，将最初用在白人群体中的标准化测试常模同样用来测试黑人；当可区分群体的差异诸如国籍，经济状况和社会地位等（假设），情况同样不明显。尽管如此，这些限制依然存在。例如，如果社会地位是影响分数的一个重要因素，那么在任何特定社会群体上获得的常模都不能用于与此因素有显著差异的任何其他群体。如果它们被使用，平常、缺陷和优秀的术语也没有了其统计意义。

　　如果不了解智力统计概念的基本含义，就不可避免地会导致混淆。你不能一方面同意根据相对位置来定义智力，然后忽视这种分类所依据的规则。当你这样做时，不协调和荒谬的后果在所难免。因此，L.S.霍林沃斯（256）拒绝为单独的社会阶层制定单独的常模的观点，他写道："如果按照其逻辑结论实施，这就意味着，通过测量为智力缺陷者开设的

---

❶　有人可能会认为，这种局限只适用于斐济的斐济岛民，并不适用于伦敦的斐济岛民。在这里，他必须将自己的智力与普通英国人相匹配，从而可以通过我们在任何其他伦敦人使用的相同测试对其进行合法测试。如果这里的智力指的是英国人设想的智力，那么这种反驳就是有效的。斐济岛民可能会不同意这个定义。作为科学家，我们至少应该允许他提供他自己的机会。一个英国人在斐济岛民的测试中进行测试也可能做得不太好。这个问题显然比这个案例的简化陈述更复杂。但是，如果不进行讨论，我们就不能扩大讨论，这一讨论又会使我们远远超出本书的范围。

特殊学校的收容者，我们可能会得到一个适用于这类人的标准，在此基础上，他们可能被归类为'正常'。"这一说法似乎是一个决定性的论点，但实际上只表明了作者已经找到了智力统计内涵的不完善之处。她进一步推断，根据从一个为智力缺陷者开设的机构获得的标准，普通缺陷的人将作为一个"正常"的个体进行评估，这一推断是相当正确的。事实上，甚至可以想象，当根据从斐济岛民获得的准则进行分类时，这一机构的许多人很可能不得不被归类为具有优越的智力❶。但霍林沃思博士没有看到的是，从某个为智力缺陷者开设的机构获得的标准只适用于该团体，仅此而已。解决霍林沃思博士疑惑的答案是她所描述的机构的研究对象不是独立而是选定的人群。她的研究对象处在我们较大的人口的尾端，为了分类目的，这些人口已经分离开来。不能因为他们处在一个为智力缺陷者开设的机构中便称这些人是智力缺陷者；而是因为他们是智力缺陷者，所以他们才在为智力缺陷者开设的机构中。

将智商作为心智分类基础的巨大优势在于，它使我们不会忽略所有智力测量必然是相对的这种事实。尽管如此，为了某些实际目的，有时需要使用测试结果，似乎它们确实表示绝对数量一样。当我们使用能力测验来衡量心智效率时，便是这种情况。在测试能力方面，我们可能会设置一个最低通过标记，然后将这个最小值作为计算效率的指标。这同样适用于智力测验。例如，我们可以说，为了成为一名好的老师或一名好的机械师，被试必须有一个最低限度的智力测试分数。如果现在智商（IQ）被用作衡量被试智力的指标，那么很明显，用于计算智商的分母在能力测试的情况下承担着最低分数的作用；而且，如果这个分母是常数，它则带有绝对变量的所有属性。智商的这种应用是被允许的，但是当以这种方式使用时，重要的是要认识到智商已经转化为 E. Q（效率商数）。

我们已经提到了智商和效率商数之间的区别。智商衡量一个人相较于他自己年龄组的个人能力。为了进行比较，假设整个年龄组在统计学上是同质的。在效率商数的情况下，我们不关注个人的年龄或任何其他影响智商的因素，而只关心他的能力如何与固定的标准相比。我们的观点与我们购买机器的观点类似。我们的主要兴趣是确定机器是否能够经济高效地执行所要求的任务。如果机器符合我们的要求，那么机械所使用的材料种类或制造模式在大多数情况下，就变得没有多大意义。如果我们愿意的话，我们可以用同样的方式来对待智力水平，但唯有我们将

❶ 特别是如果它是一个"专业化"的高级缺陷。

智能从智力测量和心理效能测量中区分开来，才是公平的。❶

　　尽管智商是智力的最佳测量标准，但它既不是唯一的，也不是一个完整的测量标准。智力，就像个性一样，是一个过于复杂的实体，不能用单一数字来定义。除了单一的智力能力外，这有其他因素的作用。我们知道一定是如此，因为具有相同智商的个体在智力行为的实际或潜在能力上可能会有很大差异。这些因素——动力、平衡、坚持——并不总是可测量的，甚至是不容易辨别的，但在具体情况下必须加以考虑。在对被试的实际分类中，人们往往需要不仅仅获得准确智商。有时候，不仅有必要考虑受试者在考试期间明显而可测量的反应，还要考虑他在考试前的行为记录。

　　我们最后的评分表明，在对一个人的智力进行明确分类时，我们还评估了该受试者过去的历史，也就是他的社交，情感以及成年人的职业和经济适应❷。个人生活本身就是对一个人智力的很好的考验。当一个人的生活史（假定它是准确的）与"心理测量学"不一致时，在尝试单独进行测试之前暂停是件好事。通常我们会发现前者是个人智力更可靠的标准。缺乏经验的测试官很可能忽视这一事实，正如精神病医生往往过分强调它一样。那些从事我们称之为心理测量的人——进行团体测试的教师，限制进行测量智商的学校心理学家，以及仅仅从事智商写作的大学教授——同样也会忽视这一事实。不幸的是，直到最近，医学界才倾向于限制心理学家从事这样的心理测量。❸ 比较开明的精神病学家甚至经常会在进行瓦塞尔曼测试时常常查阅参考智力测验；当智商没有达到预期时，他们有权无视它。除了心理测验和瓦塞尔曼试验之间顶多是一个肤浅的类比这一事实外，我们的经验表明，没有经过特殊训练的普通精神病医生在智力诊断领域的专业水平正如他在没有接受过训练的任何其他领域是一样的。一个称职的心理学家的角色并不是实验室技术员的角色。他的技术本身并不是目的，而是一种诊断手段。比获得准确智商的

---

❶　为了满足那些希望使用智力测验作为心理效率测量的需要，我们已经计算了 W-B I 和 WAIS 上我们称为满分比分的效率商数。这些在附录 2 中给出并解释。

❷　Doll 的社会成熟度量表是一种系统性的尝试。见 Doll：社会成熟的遗传规模（142）。

❸　现在通常不再是这种情况。大多数精神病学家现在认识到心理测试是一种诊断工具。

能力更重要的是他正确解读智商的能力。❶

在对智力水平进行分类时，也应该将不可测因素考虑在内，但是在定义智力缺陷群体方面对这些因素的评估尤为重要。称一个人有智力缺陷是一种严重的诊断。最温和的结果是诬蔑此人并被贴上标签；最糟糕的是，这可能决定他是否被送进收容机构度过大半生，而不是被允许在社区中完成对他的救助。就儿童而言，智力缺陷不仅涉及可教育性的一般问题，还涉及培训和治疗的具体问题。如果是成年人，也可能涉及法律责任问题。因此，智力缺陷是一个医学和法律以及心理和社会概念。这一事实使分类问题变得复杂起来。每一种必然的科学都有自己的观点，这就引出了一个问题：任何一种单一的智力缺陷分类系统是否都可以包括它们。我们将在下一章关注这个问题。

[思想评价]

一、生平事迹与智力理论形成的背景

韦克斯勒关于智力的理论以及在智力量表方面的创新，与其所处的社会历史背景、学科发展密不可分。此外，作为一名罗马尼亚犹太人，韦克斯勒年幼时期随父母移民美国的经历，加上在"一战"期间参军入伍的战时服务经历，对其智力理论与心理学思想产生了重要影响。

1861 年美国爆发了南北战争，最终以北方的胜利，南方的战败告终。其结果之一便是使南方摆脱了奴隶制，黑人奴隶得到解放，为美国资本主义的快速发展扫清了障碍。至 19 世纪末 20 世纪初，伴随着工业化和城市化，美国从一个农业大国蜕变成一个发达的工业国家。工业化的发展推动美国的城市化进程，为了寻找更好的工作岗位和发展机会，大量农业人员涌进城市。1890 年每三个人中有一个人生活在城市，到

---

❶ 在我们看来，对心理测量结果的解读是或者应该是实施心理测量的心理学家的工作。正如我们所看到的，即使是熟悉的智商也是一个相当复杂的量。将解读的责任推给普通的医生，教师，法官和社会工作者是不合理的，他们应该是接受汇报者。遗憾的是，在很多情况下，向学校，社会机构和法院传送数据的通常做法往往剥夺了心理学家的这一职能。最终的结果是医生，老师，法官和社会工作者经常自己去解读。部分是由于这样一个事实，行政人员及时获得了针对许多不同受试者的他们自己的专业信念。然而，部分原因也在于，心理学家他们自己在呈现结果的方式上屡屡失败。包含两到三种不同智商的心理学报告伴随着大量的技术分析并不是外行人想要或可以消化的东西。他想知道的是智商在一般或特定的适应能力方面意味着什么。

1910 年几乎每两个人中就有一个。❶ 经济的繁荣、社会的发展和多元吸引着数百万移民涌入美国。韦克斯勒及其家人便在这数百万的移民队伍中。美国看似广阔的发展前景、自由的环境是吸引韦克斯勒一家移民的重要因素。不过，韦克斯勒一家选择移民美国跟他们在罗马尼亚所处的环境密不可分。当时的罗马尼亚，反犹太主义盛行，犹太人在罗马尼亚举步维艰，这成为他们移民美国的主要推动力。

1896 年，韦克斯勒出生于罗马尼亚莱斯佩济的一个犹太家庭，是七个孩子中最小的一个。❷ 其时，罗马尼亚正处于严重的经济萧条时期，这导致了罗马尼亚反犹太法的颁布以及对犹太人的迫害。犹太人没有资格获得罗马尼亚公民身份，因此被排除在许多只向公民开放的职业外。即使犹太儿童也不能免受歧视，非公民的他们被禁止上公立学校，除非他们的父母支付昂贵的学费。种种恶劣的情况导致罗马尼亚的犹太人大量外迁，离开他们出生的土地，移民至更宽容的国家。在 1900 年到 1902 年，韦克斯勒随父母和兄弟姐妹前往美国，在纽约避难。韦克斯勒不到 11 岁时，他的父母亲相继过世，之后由他的哥哥抚养长大，他哥哥后来成为著名的神经外科医生。韦克斯勒先就读于纽约市立大学，并于 1916 年获得学士学位，后进入哥伦比亚大学继续深造。

在 20 世纪初的美国，心理学逐渐从研究意识的科学转变为一个更实际的科学，它反映了务实的美国社会的态度和志向。美国心理学家从对结构主义的研究——对心智结构或心智的研究，到对功能主义的研究——对心智功能或者心智的作用的研究，将更多的注意力集中在新功能主义心理学研究上。新功能主义学派把心理学带出实验室，直接进入现实世界，直接关系到应用心理学的诞生（它本身将产生临床心理学）。为了研究心智的功能，心理学家专注于对记忆、感知、感觉、想象和判断的研究。此外，为了研究这些心理活动，心理学家开始着手开发和使用客观的评估方法。

1904 年，法国心理学家比奈研制出世界上第一个智力量表，1908 年，比奈-西蒙量表由亨利·戈达德（Henry Goddard）带到美国，并由他组织安排将其翻译成英文。作为新泽西州认知障碍儿童中心 Vineland 培训学校的研究总监，戈达德领导推动智力测验的普及，迅速推进比奈-西

❶ ［美］马克·C. 卡恩斯、约翰·A. 加勒迪：《美国通史》，435 页，济南，山东画报出版社，2008。

❷ Edwards A J, "Wechsler, David （1896—1981），" In *Encyclopedia of intelligence* （Vol. 1），ed. R J Sternberg, New York, Macmillan, 1994, p. 1183.

蒙测验在美国机构中的广泛使用。1915 年，罗伯特·耶克斯（Robert M. Yerkes）等人开发了比奈-西蒙量表美国修订版。测试项目放弃按照年龄水平进行分组的做法，而是按照难度顺序进行分项测试，考生能够获得每项正确答案的分数。这一做法后来被韦克斯勒用于他的测试。作为"一战"期间美国军队心理学部门的主任，耶克斯对韦克斯勒之后成为心理测试开发者产生了间接的影响。

1914 年，第一次世界大战爆发。战争伊始，与主要参战国家隔海相望，处在大西洋另一端的美国，采取"中立"的态度，为交战双方提供巨额贷款，并输送大量的工业制品和军需物质。一方面，作为曾是英属殖民地的美国情感上可能更偏向于支持以英国为首的协约国，另一方面，英美之间的中立贸易招致德国人的不满，在德国人看来，这种中立贸易无疑为英国提供了源源不断的军事力量支持，增加了德国战胜英国的难度。因此，1915 年 2 月，德国发动无限制潜艇战，封锁英国诸岛，在不予警告的情况下攻击所有通行的船只，严重影响了美国的利益。随着一连串事件的升级以及面对国内外舆论的压力，时任美国总统的威尔逊一改以往中立的立场，于 1917 年 4 月对德宣战，正式加入第一次世界大战。1917 年 6 月 5 日，韦克斯勒将获得硕士学位并于哥伦比亚大学毕业的前一天，美国政府要求所有年龄在 21～31 岁的男子参军入伍。韦克斯勒在那年一月份刚到 21 岁，按照要求也需要参军入伍。美国心理学家沃瑟曼（Wasserman）根据韦克斯勒参军入伍时的注册信息，指出韦克斯勒有试图逃避参军的嫌疑。根据注册信息，韦克斯勒在注册卡上，将自己视为"良心的反对者"，罗马尼亚公民，在美国的外国人，"近视眼"和"身体不适"（原文）。在职业一栏，他写的是"哲学院的学生"❶。韦克斯勒声称自己是一个因良心拒绝服兵役者，声称自己因外国人（非公民）身份而免服兵役，并指出会使他失去服兵役资格的身体缺陷。如果据此推断韦克斯勒在注册时采用了多种方法规避参军入伍，这种说法有失公允，论据存在不足之嫌。但是，可以确定的是，韦克斯勒的战时服务对其后来的职业生涯产生了直接并且深远的影响。

1917 年，美国宣布参战伊始，哈佛大学召开了实验心理学家协会会议。当时的美国心理协会主席罗伯特·耶克斯对与会者发表了讲话。演讲的主题是美国心理学家如何团结起来为战争做出贡献。当时，美国军队急需对应征入伍的新兵进行评估，以便了解他们能够执行哪些任务，

---

❶ Dawn P, Flanagan, Erin M McDonough, *Contemporary Intellectual Assessment：Theories，Tests，and Issues*，New York, The Guilford Press, 2018, p. 30.

而实施个体测量对于军队来说变得不切实际。耶克斯组建一个专家小组，开发出两组团体测验：陆军 α 式量表和陆军 β 式量表。大部分测试是根据当时已有的测验并在对其评估、修改、调整的基础上编制出来的。该专家小组使用诸如测试速度、得分速度、最小写作量等标准进行评估，需要指出的是，测试并没有将新兵入伍前的受教育程度考虑在内。因此，最初的团体测验本身存在一些不足之处。

韦克斯勒于 1918 年参军入伍，在纽约长岛营地等待入职期间，初步接受了关于陆军阿尔法量表的实施和评分方面的培训。1918 年 5 月，他在佐治亚州格林利夫堡参加基础培训，8 月被分配到得克萨斯州的洛根堡营地(Fort Logan)，成为洛根堡心理学部门的一员。他的主要职责是实施个人心理测试，属于"一战"期间对新兵进行大规模心理测验的一部分。韦克斯勒关于心理评估的主要观点正是在这一时期形成的。战后，美国实施远征军大学计划，该计划允许退伍军人进入大学继续深造。尽管目前尚不清楚韦克斯勒是否参加了该计划，但是战后，韦克斯勒先是移居法国，后到英国，与新兴的人类智力科学著名学者，以研究统计分析闻名的查尔斯·斯皮尔曼和卡尔·皮尔逊等一起工作。其后，韦克斯勒在法国索邦获得了两年的奖学金，并研究"情绪的心理生理学"❶。1922 年他返回美国，在其硕士导师伍德沃思的指导下于 1925 年在哥伦比亚大学完成博士学业。

韦克斯勒于哥伦比亚大学毕业后，一直找不到稳定的工作，这与当时的社会环境有关。就韦克斯勒而言，一些就业渠道可能不会向其开放，甚至连韦克斯勒的导师罗伯特·伍德沃斯也无法幸免其所处时代的偏见。1929 年，伍德沃思向一位名叫丹尼尔·哈里斯(Daniel Harris)的犹太学生表明，由于哈里斯的宗教信仰，他不能招收其为他的助理，相反，伍德沃思建议哈里斯在学术界之外寻找就业机会。据此，我们可以推测，学术界并非总是向犹太人开放。事实上，韦克斯勒确实从事了不同的工作(包括私人执业 5 年)，终于在心理学公司找到一个无薪雇员职位。在那里，他做了一项由纽约世界报纸资助的研究，用一个合唱女孩的样本来测量女人的智力。他还开发了一项测试，测试了匹兹堡黄包车公司出租车司机的智商和警觉性，测试采用了韦克斯勒自己开发的机械仪器。韦克斯勒发明了一种叫作光电图(photogalvanograph)的机器，该机器测

287

---

❶ Boak Corwin, "From the Binet－Simon to the Wechsler－Bellevue：Tracing the History of Intelligence Testing," Journal of Clinical and Experimental Neuropsychology，2002，24(3)，pp. 383-405.

量"每次受到情绪影响时，人或动物皮肤的电导率产生的变化"❶。

1932 年，韦克斯勒被纽约贝勒维医院聘用，同年，韦克斯勒写了一篇简短的论文，认为与斯坦福—比奈量表相比，陆军阿尔法量表具有明显优势。韦克斯勒自 1932 年开始一直在纽约贝勒维医院工作研究最终成为医院的首席心理学家直到 1967 年退休。退休之后，他写作，演讲，旅行，发展新测验思想。"在这些课题中，最使他感兴趣的是人的智能、记忆储存问题和团体智力。"❷值得一提的是，韦克斯勒一生获奖无数，他非常重视 1979 年被授予耶路撒冷希伯来大学荣誉博士和"荣誉事业"的奖状，这与他本人是犹太人不无关系。

二、智力理论与智力量表的主要内容

上文提到韦克斯勒于 1932 年写了一篇小论文，这是他第一次对当时量表的优势和劣势进行分析。他认为与依赖复杂和非标准化程序解释的斯坦福—比奈量表相比，陆军阿尔法测验具有一定的优势，即在对个体的测验中通过分析被试的表现来判断被试有无特殊能力或缺陷。但是，他在服役期间测试新兵的经验使他确信现有的智力测验也存在着不足之处。他发现一些新兵未能通过军队团体测验，而且在斯坦福-比奈测验中获得的分数也比较低，但是这些新兵在入伍前是普通平民，在社会上能够充分地发挥作用。韦克斯勒指出，他曾经评估了一名未通过陆军阿尔法和陆军贝塔测试的 28 岁俄克拉何马白人士兵，他对这名士兵分别进行了比奈-西蒙测试和耶克斯-布里奇斯（Bridges）分测试，结果显示该男子的心理年龄是 8 岁，但是，被试在参军入伍前，是一名熟练的石油钻工，和他人相处良好，能够养家糊口，入伍时，每周挣 60 到 75 美元不等，作为一名士兵在军队中也能很好地发挥作用。除了这位俄克拉何马人之外，韦克斯勒也遇到了类似的被试，这些被试被系统的心理测验诊断为智力缺陷者，而根据社会标准即适应社会和经济环境的要求方面判断，结果却不是如此。因此，他将这一情况的出现归因于量表的误诊。他继而分析这些误诊的原因在于斯坦福—比奈量表过于强调对通过正规教育获得的言语技能的测量。韦克斯勒曾写道，他与贝勒维医院精神病病房

---

❶ Mark Benisz, Ron Dumont, & John O Willis, "From Psychometric Testing to Clinical Assessment: Personalities, Ideas, and Events That Shaped David Wechsler's Views of Intelligence and Its Assessment", in *Handbook of Intelligence: Evolution Theory, Historic Perspective, Current Concepts* (eBook), Springer New York Heidelberg Dordrecht London, 2015, p. 169.

❷ 王振宇：《教育心理人物简介：大卫·韦克斯勒》，载《心理科学》，1981(6)。

以及精神卫生诊所不同人的直接接触和工作经验使他越来越确信需要设计更适合成年人的智力量表来取代比奈量表。

1939 年，韦克斯勒—贝勒维量表出版，与当时的量表相比，具有以下几个新特征：韦克斯勒从其他测验中借用了标准分数这一概念，他称之为离差智商；量表放弃了斯坦福—比奈测量采用的年龄标度法，而是采用了在耶克斯—布里奇斯量表中使用的分测验分量表方法；此外，韦克斯勒—贝勒维量表纠正了在斯坦福—比奈量表和类似测试中出现的对言语测试的过分强调和依赖，对言语和非言语（操作）测验进行加权。

韦克斯勒—贝勒维量表以及后来的韦氏量表以什么为理论支撑以及韦克斯勒关于智力的观点是什么？其实，早在 1935 年，韦克斯勒出版了一本《人类能量的范围》，这也是他的一部代表作。在这本书中，韦克斯勒主张，能力在一定年龄达到高峰，然后开始下降。他认为，心理学家高估了个体之间的差异，人类实际上有惊人的相似。韦克斯勒在 1958 年出版的《成人智力的测量与鉴定》第四版前言中指出，"如果读者认真阅读的话就会发现，他关于智力的本质的观点前后并没有大的变化"❶。韦克斯勒把智力定义为，智力是关于个人有目的的行动、理性思考、有效地适应环境的一种聚集的或全面的才能。之所以说全面，是因为人类行为是以整体为特征的；之所以说聚集，是因为人类行为是由诸要素或诸能力构成的。这些要素或能力虽非完全独立，但彼此之间有质的区别。这一定义成为制定韦氏量表的指导原则。韦克斯勒打破单一智商分数的观念，除测验总分之外，又区分出数个分测验，用以区别个体的不同能力。韦克斯勒关于一般智力因素重要性的观点并没有随着时间的推移而改变。

和其他心理学家一样，韦克斯勒也受到他之前的研究者和主流学派的影响，这些学派塑造和影响了他那个时代的文化。首先不得不提到的是任教于哥伦比亚大学的美国第一位心理学教授詹姆斯·麦克凯恩·卡特尔（James McKeen Cattell），卡特尔早年留学德国，是冯特的学生，继承了冯特和高尔顿的学说，其博士论文是以高尔顿关于反应时的个体差异的工作为基础的，他在哥伦比亚大学编制了 50 个测验，创造了"心理测验"一词。卡特尔也培养了诸如桑代克、弗朗兹、伍德沃斯等著名的心理学家。卡特尔对研究人类能力很感兴趣，并将他在德国的早期实验室培训与他对统计分析的兴趣相结合，收集了大量数据并进行统计调查。1890 年，卡特尔开创性地创造了术语"心理测试"，在 19 世纪末，卡特

❶ Wechsler David, *The Measurement and Appraisal of Adult Intelligence* (fourth ed.), Baltimore (MD), Williams & Wilkins. Vii, 1958.

尔公布了他与利文斯顿·法兰德的研究结果，他们评估了 100 名在哥伦比亚大学就读的学生，其中包括感觉运动效应，反应时间和压力阈值等项目。他们还收集了每个学生的文化和社会经济背景以及身体健康相关方面的数据。卡特尔及其工作使曾一度被认为是一个小的研究领域，甚或是在某些情况下被认为是一种伪科学的心理学，成为一种合法的科学。卡特尔在测试开发和标准化方面的早期工作对在哥伦比亚大学学习的韦克斯勒及其以后的职业生涯产生了相当大的影响。

"一战"期间，由于卡特尔主张和平，被人误解不忠于政府，在 1917 年遭哥伦比亚大学解聘，虽然后来上诉获胜，但未能复职。1921 年组建心理学公司，为工业、职业团体和公众提供应用心理学服务，对心理学在工业和教育等领域的应用产生了广泛的影响，也促进了美国心理学的机能主义运动。需要指出的是，韦克斯勒博士毕业后曾在心理学公司工作过，也是心理学公司发布了韦克斯勒的智力量表。

另一位对韦克斯勒产生重要影响的人是罗伯特·伍德沃斯（Robert Sessions Woodworth），卡特尔的学生，也在哥伦比亚大学任教。和卡特尔一样，伍德沃思研究心理测验（mental tests），并于 1911 年与威尔斯（Frederic Lyman Wells）一起开发了测试的替代版本。在 1916 年到 1917 年，伍德沃思发表了一系列的演讲，后来以《动态心理学》的名称发表。伍德沃思解释说，他的动态心理学系统关注人类行为的因果关系。他想了解人类是如何学习的，是什么引导人类去思考和行动的。1917 年夏天，伍德沃思担任纽约布鲁克林海军基地的首席心理检查官，他的部门负责对一千多名男子进行团体和个人测试，并将其作为一项试验的一部分，最终将促成对第一次世界大战期间入伍新兵的大范围测试。伍德沃思是韦克斯勒在哥伦比亚大学的导师，韦克斯勒在伍德沃思的指导下完成了其硕士学位和博士学位。

"一战"后，韦克斯勒移居英国，师从查尔斯·斯皮尔曼和卡尔·皮尔逊，无疑也受到了他们关于智力理论的影响。斯皮尔曼利用统计学方法发现智力测验得出的智力或多或少都具有相关性，在 1904 年提出智力二因素论，认为智力是由一般因素（g）和大量特殊因素（s）构成的。斯皮尔曼认为，所有的测验无论有多大差别，都受到 g 因素的影响。因此，一般智力测验所能测量的多为一般因素的能力。韦克斯勒称斯皮尔曼发现智力的一般因素是"心理学的重大发现之一"。他的学生考夫曼写道，韦克斯勒在 1975 年访问他时告诉考夫曼的学生，"没有什么比用一般智力因素理解智力更重要。全面能力是我的智商测试的基础"。

与斯皮尔曼一般因素相反，刘易斯·瑟斯顿在 1938 年提出群因素论，认为智力包含七种平等的基本心理能力，包括词语理解、词语流畅、算数能力、空间关系、联想记忆、知觉速度和归纳推理。瑟斯顿运用多因素分析方法制定了以"基本心理能力"（PMAs）为中心的智力模型，该模型影响了智力的分层模型，对韦克斯勒定义智力产生了一定的影响。

此外，当时在社会上流行的智力量表，对韦克斯勒智力量表的开发提供了一定的思路。1904 年，在法兰西共和国公共教育部长的建议下，比奈编制出世界上第一个智力量表，于 1905 年制定并出版，并于 1908 年修订了一系列按照难度排列的单独为儿童测试的项目。该测试得出一个被称为"智力年龄"（MA）的分数，与孩子的实际年龄（CA）进行比较。如果得出的智力年龄与儿童的年龄相仿，则认为孩子是智力中等。如果 MA 高于 CA，则认为该孩子智力较高。如果 MA 低于儿童的 CA，则认为该孩子智力较低或"愚笨"。比奈-西蒙测验于 1908 年由亨利·戈达德（Henry Goddard）带回美国，美国心理学家试图对其改进。1916 年，斯坦福大学教授教育心理学先驱刘易斯·特曼发表了比奈-西蒙量表的斯坦福修订版，现在被普遍称为斯坦福-比奈测试。他采纳了德国汉堡大学威廉·斯腾（William Stern）的建议，即智力年龄除以实际年龄表示智力商数或智商。特曼认为一个好的智力测验能准确地评估抽象思维，因此他强调使用语言和以语言为基础的算术推理和抽象思维测验。几十年来，斯坦福-比奈是一个非常受欢迎的测试。

韦克斯勒认为，测量智力的目的不是测试人的记忆力、判断力或推理能力，而是希望从被试整体表现中衡量他的一般智力。所有实际的智力测量必须认识到，比如被试对任务的兴趣，面对困难的坚韧性，热情以及对成功的欲望（可能更熟悉的描述是气质或人格因素）等非智力因素的作用。对智力量表的要求是，它应当涵盖足够的智力组成部分，帮助我们将它作为衡量个人全面能力的相当可靠的指标。一般认为，一个人的智商应该在一生中保持不变，或者至少在量表涵盖的整个年龄范围内保持不变。心理学家把这个属性称为智商的恒常性。但是，韦克斯勒量表表明智力增长不是线性的，在整个发展过程中，智力增长并不是等量的。在年龄早期或智力发育迅速的其他时期，智商往往会高于整体的平均水平；在年龄较高的时候，当智力增长较慢时，将会低于平均水平。这些曲线都表明，在某一点之后，智力测验的分数随着年龄的增长而下降。它们开始下降的点和它们的速率因测试不同而有所区别。

韦克斯勒指出早期的分类是非常粗糙的，当下的分类存在一定的不足，具体表现在：早期从医学或法律术语定义的智力缺陷者，包括低能者（imbecile）和痴愚者（moron），当下不仅包括被定义为"由于先天性抑制或心理发展不完善，不能以普通谨慎行事方式来管理自己或他的事务"的人，还指那些在标准化考试中未能达到特定水平的智商或智力年龄（M. A.）的人。在推孟的分类中，智商低于 70 分的个体被鉴定为智力缺陷，80 至 90 分为愚钝，90 至 110 分为平常，等等。库尔曼则认为，相应类别的智商区间为：智力缺陷低于 75，临界水平 75 至 84，愚钝 85 至 94，平常 95 至 104。其他作者还使用了其他不同的定义。问题在于推孟的分类中临界水平智商的定义间隔是 70 到 80，为什么不是 73 到 82 或 69 到 75？此外，这还造成了为使原始 IQ 分类表对修订后的量表有效，1937 版斯坦福—比奈量表的 IQ 分布与 1916 年版的 IQ 分布甚至没有充分重叠。

韦克斯勒用明确的统计标准重新定义智力的基本类别。他提出的分类是，每个智力水平都对应一个分类间隔，每一个分类间隔包含落在平均值一定距离范围内的 IQ，这些距离表示为标准差的倍数。可以看出，韦克斯勒进行的分类本质上是基于统计学上的智力概念的。它们明显不同于其他类型的分类，因为它们显然放弃了对智力下绝对定义的任何尝试。对智力进行统计定义意味着，对于任何特定样本所获得的常模仅适用于抽样所代表的群体。它不限制常模可适用的后续组的规模大小；有可能与被测样本的代表性一样大；但它确实限制了分类适用的个体类型。因此，英国人的测试常模不能用于斐济岛民的分类。最初用在白人群体中的标准化测试常模也不能用来测试黑人；群体差异诸如国籍，经济状况和社会地位等，也应同样考虑在内。

韦克斯勒创造性地将统计学方法应用于智力的分类，跟当时测量学和统计学的发展也是分不开的。这里我们要提到高尔顿，他曾在剑桥大学主攻数学，最爱说的一句话就是"只要有可能，就计算"，他开创了采用定量研究方法研究个别差异心理学。高尔顿深受其表弟达尔文《物种起源》的影响，并将达尔文的理论应用于人类的研究，提出"优生学"的学说。在 1869 年出版的《遗传的天才》中他明确提出人的能力是由遗传决定的，每个人的遗传是有差异的，而这种差异又是可以测量的。斯皮尔曼不仅提出了著名的一般因素智力理论，为了验证自己的思想，还创造了一种叫作因素分析的统计方法。卡尔·皮尔逊，高尔顿的学生，更是为进一步推进高尔顿的工作，创立了积分相关法，成为测量学的重要工具。在英国期间，韦克斯勒与斯皮尔曼和皮尔逊一起工作，深受两人的影响。统计学和测量学的发展为韦克斯勒智力量表的运用提供了有利条件。

尽管韦克斯勒通过统计学的方法，开创使用离差智商进行分类，但是，韦克斯勒对诊断智力缺陷始终保持一种十分审慎的态度。他警告道，称一个人有智力缺陷是一种严重的诊断。温和的结果是诬蔑此人并给他贴上标签；最糟糕的是，这可能决定他是否被送进收容机构度过大半生，而不是被允许在社区中获得救助。智力缺陷是一个非常严重的问题，涉及方方面面。就儿童而言，智力缺陷不仅涉及可教育性的一般问题，还涉及培训和治疗的具体问题。如果是成年人，也可能涉及法律责任问题。因此，智力缺陷是一个医学和法律以及心理和社会概念。

基于韦克斯勒关于智力的观点以及统计学方法在智力量表中的运用，韦克斯勒量表具有便于测量各种智力因素、测验的年龄覆盖范围大、测量的智力范围广、应用范围大等优点。心理学家考夫曼（A. S. Kaufman）称赞稍微修订后的 WAIS 量表近 100 年后仍然是美国甚至全球最流行的智力临床测试。❶

三、对智力理论与智力量表的评价

韦克斯勒在智力理论与智力量表的形成与发展过程中功不可没，是公认的智力心理学的继承者和发展者。❷ 现从以下五方面对其智力理论及智力量表进行评价。

第一，韦克斯勒—贝勒维智力量表是韦克斯勒博采众家心理学思想的结晶。正如前文论述，韦克斯勒吸收了诸多心理学家的思想。斯皮尔曼的一般智力因素理论，瑟斯顿提出的基本心理能力理论以及推孟的抽象思维能力观点都对韦克斯勒产生了一定的影响。从韦克斯勒关于智力的观点中，我们便可以发现一些影响痕迹，如韦克斯勒主张智力是一种聚集的或全面的才能，这很容易和斯皮尔曼的一般智力因素联系起来。韦克斯勒关于智力由诸要素或诸能力构成，这些要素或能力虽非完全独立，但彼此之间有质的区别的观点与瑟斯顿基本心理能力的主张有着相通之处。此外，韦克斯勒—贝勒维量表以心理学家认可的常见测试为基础。这些测试被组织成言语和操作（非言语）量表，可以单独进行施测和解释，因此具有斯坦福—比奈量表和其他智力测量所不具备的优势和长处。

1943 年，心理学家洛奇（Lorge）在《咨询心理学》杂志上发表的评论

---

❶ Alan S Kaufman & James C Kaufman, "Emotional Intelligence as an Aspect of General Intelligence: What Would David Wechsler Say?" Emotion, 2001, 1(3), pp. 258-264.

❷ 竺培梁：《韦克斯勒智力心理思想三部曲》，载《外国中小学教育》，2007(11)。

指出，韦克斯勒的主要贡献是"将知名测试组织成一个综合的量表"❶。这种进步足以使得韦克斯勒—贝勒维量表成为主流的成人智力测量量表。

第二，统计学方法的运用促进了韦克斯勒—贝勒维量表的科学化。韦克斯勒认为，成人智力的定义条件不能与定义少年智力时通常使用的那些条件相同，此外，成人智力年龄的概念具有误导性。他指出，将一位 60 岁男性的 M. A. 除以 15 来计算 IQ，与将一个 12 岁男孩的 M. A. 除以 15 计算出的 IQ 都是不准确的。对一个人是否聪明进行有效的评估，就必须把他自己的智力与他同龄人相比较。因此，韦克斯勒制作智力量表时将受试者的年龄考虑在内，也首次在针对成人的智能测试中提出了离差智商。这也是他设计新智力量表的统计学上的原因，当时已有的智力测量将智力年龄和比率智商应用于成年人，造成无法克服的统计假象，因此只适合儿童和青少年。他设计的第一个韦克斯勒-贝勒维量表正是对成人智力量表的需求的回应。他把旧智力测验的商分数（IQ 中的 Q）去掉了。取而代之的是，他给平均智力分配了一个任意值 100，并为每个标准分增加或减去另外 15 个分，以表示受试者的智力高于或低于受试者所在群体的平均值。

韦克斯勒主张通过计算每个年龄阶段的平均值和标准差将分测试分数总和转换为标准分数来计算 IQ，用离差分数替换比率智商。这种从关注心理年龄—实际年龄比例得分变为在每个年龄水平具有相同分布的标准得分的方法，基本上可以说，改变了智商的内涵。韦克斯勒用明确的统计标准重新定义智力的基本类别，提出离差智商的概念。离差智商是个体相比于同龄人，得出的高于或低于平均水平的数字。离差分数的使用消除了统计学上的假象，并为解释分测验概况和言语-操作差异提供了统计基础。大规模的标准化样本，从童年到成年，都是以原则和精确的方式选定的。通过将这些技术创新融入一个量表，推动了韦克斯勒-贝勒维量表的科学化，韦克斯勒在个人智能测试技术方面取得了重大进展。离差智商的采用，圆满解决了比率智商所有的固有矛盾，是智力测验发展中的一个新的里程碑。❷

第三，韦克斯勒是最有影响力的重视非智力因素作用的倡导者之一。韦克斯勒认为言语和操作测量在智力测量中具有同样的价值，努力使成

---

❶ Lorge I, "The measurement of adult intelligence," Journal of Consulting Psychology, 1943, 7, pp. 167-168.

❷ 竺培梁：《试论韦克斯勒儿童智力量表（WISC-R）》，载《教育理论与实践》，1987(6)。

人智力测验不再依赖于词语项目。他还提出了非智力因素在各种智力水平上的作用。他强调知识能力以外的因素都涉及智力行为，韦克斯勒反对 1937 年比奈量表提供的单一分数。尽管他的测试没有直接测量非智力因素，但其基础理论仔细考虑了这些因素。在一般智力中的非智力因素中，韦克斯勒认为，当下认知评估的技术以及条块分割结构忽略了重要的非认知因素，如情绪、气质和冲动。

将言语和操作测量组合在一起的另一个原因是，操作测试可能对性格和气质因素更敏感，例如受试者对任务的兴趣、坚持和对成功的热情和欲望。韦克斯勒认为，通过测试来衡量这种不能被定义为纯粹认知或智力的能力后，测试结果与日常运作的关系将得到加强。他设计的量表建立在一个假设上，即一个人的智力通过他做事的能力，以及他谈论事情的方式表现出来。他认为智力不是一种原因，而是一种效果。此外，作为一名临床医生，他强调人格在智力发展中的作用，并鼓励个别或整体分数的解释。以上表明，韦克斯勒希望操作子测试不仅为智力测量服务，而且为测量人格特质服务。

韦克斯勒在儿童智力量表(修订版)手册(1974)中写道，就测验是交流的某些特殊形式而言，它们可以被看作各种不同的语言。这些语言对不同的被试可能有易有难，但不能认为一种语言必然比另一种语言有效。因此，一种智力量表要做到有效和公平，必须尽可能多地利用各种语言(测验)。他强调在所有的智力水平中都有非智力因素的作用，非智力因素是智力行为中不可缺少的成分，但是，它们不能替代其他的基本的能力。韦克斯勒把智力看成一个整体的潜能，他创制的智力测验不是测量单一的独特的品质的测验，而是测量多种能力的综合测验。

第四，韦氏量表满足了社会发展的需要，产生了广泛深刻的影响。韦克斯勒最初创建这些测试主要是为了更多地了解贝勒维医院的病人，他发现当时的比奈智商测试并不令人满意。韦克斯勒—贝勒维量表满足了 20 世纪 40 年代临床心理学快速增长的需求，特别是在成人精神病学领域的需要，因此该量表的影响进一步扩大。1946 年的一项心理测试实践调查发现，韦克斯勒-贝勒维量表是最广泛使用的心理测量手段之一，仅次于 1937 年斯坦福-比奈修订版。随着对量表研究的迅速扩大，韦克斯勒—贝勒维量表很快就成为临床心理学研究的一个重要组成部分。第二次世界大战期间，美国需要新的个人智力测试来筛选和分配新兵，另一种形式的贝勒维智力量表问世，被称为韦克斯勒智力能力量表。战后，这一量表作为韦克斯勒-贝勒维量表第二版得以公布。该测试在 1955 年修订后更名为韦氏成人智力量表(WAIS)，最新版本是第四版(WAIS-Ⅳ，

2008）。韦克斯勒将他的测试视为一种临床工具，并认为仔细的行为观察所提供的信息要远远多于对各种数值分数的严格解释。

一项针对美国心理学家（Camara，Nathan & Puente，2000）的调查表明韦氏智力量表继续主导个人智力测试。尽管韦克斯勒已去世多年，但是从最初的韦克斯勒—贝勒维量表中得出的新版本和修订版仍然将他列为唯一作者，新的相关测试将他列为高级作者。韦克斯勒在心理测量和智能测试领域的贡献远远超出了他首次设计的评估工具。韦氏量表不仅是最广泛使用和最广泛研究的认知能力指标之一，而且被翻译成十几种语言，现在已经成为许多不同的社会和文化团体的标准。尽管现在有越来越多不同的可靠和有效的认知评估工具，神经心理学领域也已经取得显著进展，但韦氏量表仍然保持着其知名度。

第五，韦氏量表修订所依据的理论随着时代的发展而不断更新。韦氏量表第一版到第三版，一直采用了划分为言语能力和非言语能力两大分量表的方法。韦氏第四版跟前三版的最大区别在于其提供了言语理解（Verbal Comprehension）、知觉推理（Perceptual Reasoning）、工作记忆（Working Memory）和加工速度（Processing Speed）四大分量表，使得测量与智力相关领域的分区更为细化。❶ 韦氏儿童智力量表（WISC-Ⅳ）除强调言语理解、知觉推理等重要认知过程外，增加了对工作记忆和加工速度的关注，反映了将理论和实践的结合从而对儿童认知进行评估的思想，也体现了心理测量技术与认知理论的联结。韦氏儿童版第五版用视觉空间（Visual Spatial）、流体推理（Fluid Reasoning）取代了知觉推理分量表，从而提供了言语理解、视觉空间、流体推理、工作记忆和加工速度五大分量表作为主要指数量表。❷ 测验包含 14 个分测验，其中 10 个核心测验和 4 个补充测验，10 个核心测验通过合成分数组成 4 个指数，即言语理解指数、知觉推理指数、工作记忆指数和加工速度指数，在此基础上得出总智商。因此，第五版韦氏儿童版量表五大分量表与当代 Cattell-Horn-Carroll（CHC）智力能力理论完美契合。

四、我们的认识与理解

（一）科学使用智力测验，谨防测验的滥用、误用

智力测验在韦克斯勒时代是个难题，至今仍存在一定的争议（考夫

---

❶ 丁怡、肖非：《关于美国〈韦氏儿童智力量表—第五版〉的性能简介》，载《中国特殊教育》，2016，193(7)。

❷ 同上。

曼，2009）。争议的存在可以归咎于韦克斯勒同时代的一些人，如推孟、亨利·戈达德、耶克斯等，他们主张使用智力测验来支持他们关于种族、优生学和移民的观点。在 1916 年出版的斯坦福—比奈手册的第一章，推孟明确地提出了斯坦福—比奈测试的目标。他希望通过对那些"虚弱"的人进行常规测试，建议政府采取某些行为来限制这些"虚弱"的人的繁殖能力。他认为，犯罪、罪恶、工业低效与人的心理能力有限之间是有联系的，而且这种联系是明确的。对推孟来说，智力测验的主要用途是识别"智力缺陷"。无独有偶，戈达德同样主张使用心理测试来确定未来移民到美国的弱势群体。1912 年，戈达德访问埃利斯岛，对他认为有智力障碍的移民进行了比奈测试。该地移民不会说英语，在翻译的帮助下进行了测试。测试结果证实了戈达德的怀疑：受试者精神不健全。1923年，普林斯顿大学布里格姆（Carl Brigham）助理教授发表了一份关于美国人智力的研究，研究总结了"一战"期间收集到的士兵测试的各种数据。该书前言部分由耶克斯撰写，他警告道，美国不能"忽视种族恶化的威胁，也不能忽视移民与国家进步和福利之间的明显关系"。数据显示，非北欧国家的被鉴定为"智力低下"移民的准入导致了美国智力的下降。布里格姆认为，解决方案是严格限制移民到美国。美国国会于 1924 年通过了大幅削减移民的法案，该法案是美国建国以来第一个严格限制合法移民人数的法案。移民法案的颁布直接导致原本每年 35 万的移民美国的人数锐减了一半。

开发智力测验的心理学家，往往也是优生运动的倡导者，他们持有的价值挂念和态度是种族主义和精英主义。这些心理学家将他们所持有的社会与道德偏见植入他们的理论与测验之中，进而精心构建了一个理想化的、社会流动受到极大束缚的精英社会体系。早期的智力测验，正反映了这样的社会阶级秩序。❶ 目前没有证据表明韦克斯勒对移民的智力问题与耶克斯、布里格姆和推孟的看法一致。毕竟，他当时是一名从事陆军心理学工作的初级人员，尚未成为著名的心理学家。事实上，作为一个犹太人、东欧移民，韦克斯勒本人曾因宗教信仰而受到迫害，很可能不同意他同时代人的观点。韦克斯勒开发测试的初衷的一部分正是为了纠正早期测试中存在的一些缺陷，比如过于强调言语测试。此外，韦克斯勒是智力测试实用性和实施智力测试必要性的坚定捍卫者，在给《纽约时报》的一封信中，他指出智商测试是可靠的和有效的，而且比心

---

❶ ［美］卡雷尔：《在公司制自由主义国家中探寻秩序与控制》，转引自［美］迈克尔·卡茨：《阶级、科层制与学校：美国教育变革之幻影》，114 页。

电图更具"诊断性"。韦克斯勒也承认智力测验的结果，以及其他的测试结果，对弱势群体来说是不公平的。之所以处在弱势地位，并不是因为智商低，罪魁祸首是贫困的住房、支离破碎的家庭、缺乏基本的机会等等。因此，我们要谨防智力测验的滥用、无用，学会科学使用测验。

(二)释比测试更重要，对于测试结果的解释要全盘考虑各种因素

"20世纪初，美国是一个混乱的国家。经济全球化的结果是数百万的移民涌入了美国。新的全民教育法使学校挤满了学生。这时，需要有一些形式的测量来识别、记录和区分移民的成人和儿童"❶ 面对涌入美国的大量移民以及涌入公立学校的学生，如何鉴别他们的能力和智力并根据他们的不同表现和行为，分配不同的岗位和工作以及安排教育？经过在"一战"中大规模被运用于测试士兵，测量逐渐被公众接受，人们开始认为测量是一种客观、公平的方法来区分哪些人能够从教育和军队训练中受益。教师和教育管理者需要的是一种简便的、有理有据的方法，以此将孩子们分门别类地安排到多元教育系统中的各个层次之中。在第一次世界大战期间开发出的，也被教师们毫无悬念地、不加批判地拥护的IQ测验就是这样一种方法。于是，测验被广泛应用于学校和工厂等机构。科学使得教师们可以标识出弱势学生群体；而这些群体往往反映出了族群或种族的特征。测验实现了美国教育中隔离制度的合法化。❷ 既然测验已得到如此大规模的应用，那么我们应该如何科学地解释测量结果？

韦克斯勒指出，智力，就像个性一样，是一个过于复杂的实体，不能用单一的数字来定义。尽管智商是智力的最佳测量标准，但它既不是唯一的，也不是一个完整的测量标准。因为，除了单一的智力能力外，还有其他因素的作用。我们通过观察便可以很容易得知，具有相同智商的个体在实际或潜在能力上可能会有很大差异。有些因素，如动力、平衡、坚持等，它们并不总是可测量的，甚至不容易辨别，但在具体情况下我们必须将这些因素考虑在内。此外，我们不仅有必要考虑受试者在考试期间明显而可测量的反应，还要考虑他在考试前的行为记录。全面综合考虑各种因素，以此来判断和衡量一个人的智力水平。

(三)智力测量在教育中只是一种评判标准，绝不是唯一的标准

卢梭在其名著《爱弥儿》中宣称大自然塑造了我，然后把模子打碎了。

---

❶ [美]理查德·格里格、菲利普·津巴多：《心理学与生活》(第16版)，北京，人民邮电出版社，2003。

❷ [美]迈克尔·卡茨：《阶级、科层制与学校：美国教育变革之幻影》，107页。

这句话可以从多角度进行理解和阐释，不过至少明确表达了每个儿童都是独一无二的，拥有独特的天赋、能力甚至不足。加德纳提出的多元智能理论也认为至少存在逻辑数学智能、言语智能、音乐智能、空间智能、肢体动觉智能、社交智能、自知智能和自然观察智能八种多元智能。尽管学术界存在对加德纳的多元智能理论中八种智能并非相互独立，彼此之间存在相关的质疑，但是个体拥有不同的智能和天赋已成为共识。因此，我们在采用智力量表进行测验时，不得不提出这样一个问题，即采用的标准化量表能否测得受试者的真实能力？标准化量表能否反映出个体的独特性？经过测量得出测验结果，然后针对不同的结果贴上标签是不是一种明智的行为？在分析和对待不同个体时是否会对智力测量结果产生绝对依赖，从而不自觉地运用心理学家罗森塔尔提出的"皮格马利翁效应"？此外，在智力测验快速发展的同时，也出现了对智力测验及测试结果的质疑。早在 20 世纪 20 年代，一位知名的专栏作家兼时事评论员沃尔特·李普曼(Walter Lippmann)便批评了智力测验测量先天智力的假设，他强调早期环境和经验差异的重要性。在李普曼看来，用智商或心理年龄给儿童贴标签是卑鄙的。❶ 一旦贴上标签，这无疑会对儿童造成不可挽回的影响。

　　古人有云：尽信书，不如无书。智力测量也是相同的道理。它可以作为我们衡量一个人的评判标准，但绝不是唯一的标准。正如韦克斯勒所说，个人生活本身就是对一个人智力的很好的考验。当一个人的生活与心理测量不一致时，最好先暂停尝试进行个体测试，因为我们会发现通常前者(即生活)是一个人智力更可靠的判断依据。

---

❶　[美]斯蒂芬·默多克：《智商测试：一段闪光的历史，一个失色的点子》，上海，上海三联书店，2009。

第十二章　斯滕伯格 [1]

[印象小记]

　　R.J. 斯滕伯格（Robert J. Sternberg，1949— ），美国著名心理学家，1972 年获耶鲁大学心理学学士学位，1975 年获斯坦福大学博士学位。现为耶鲁大学心理系教授，美国科学与艺术学院的荣誉会员，还是美国心理学会（APA）2003 年度的主席。2002 年，斯滕伯格被美国的《普通心理学评论》杂志评为"20 世纪最著名的 100 位心理学家"之一，位列第 60 名。迄今为止，斯滕伯格最大的贡献之一是提出了人类智力的三元理论，以一种全新的视角突破了以往人们对智力这一复杂心理现象的狭隘和过于简单化的理解，为智力领域注入了新的生机与活力。作为一名笔耕不辍的研究者，斯滕伯格在智力三元理论的基础上又提出成功智力理论，并不断将智力研究向前推进，促使人们对智力测验传统方法反思，推动了美国大学入学考试政策的改革。此外，斯滕伯格还致力于人类的创造性、思维方式、学习方式以及爱情等领域的研究，提出了大量富有

---

[1]　本章作者：金东贤，李森。

创造性的理论与概念，在心理学领域做出了卓越的贡献。

[名著选读]

智力的概念及其在终身学习和成功中的作用❶

本文将智力定义为对适应、选择和塑造任何环境方面都至关重要的心理能力。根据这一定义，尽管在不同环境中，被解释为智力的行为并不相同，但这一行为背后的心理过程却是一致的。当然，在不同环境中，个体运用这些心理过程的能力会存在差异。我们使用这些能力来与外部世界建立联系，并建构各种知识和信念的内部一致性。本文也探讨了智力的定义与理解当前理论，进行智力领域的测验，和理解智力在终身学习中作用的相关性。

我们假设一些心理学家编写了一本书，并在书中提出这样一个观点：绿色人种之所以比紫色人种受到了更好的教育，在经济上更为成功，且更具社会适应性，在很大程度上是由于绿色人种比紫色人种更聪明。尽管在现实世界中的比较群体并非是典型的绿色或紫色人种，但这种比较却是实际存在的。在对两组群体的智力得出结论之前，我们可能想要弄清楚智力到底是什么意思。

1 对智力概念的定义

有关智力的定义有很多（如，"智力及其测量：讨论会，" 1921；Neisser，1979；Sternberg & Detterman，1986）。1921 年对智力领域学者们的调查发现，他们所提出的智力定义中最普遍的元素是：（a）更高水平的能力（如抽象推理、心理表征、问题解决和决策制定），（b）学习能力和（c）有效适应环境要求的能力。在 1986 年的调查中，有关智力定义中最普遍的元素则是（a）更高水平的能力，并且这些能力在（b）文化或者（c）执行过程中起重要作用。

多年来，在这诸多的智力定义中[包括智力测验的开山鼻祖——比奈和西蒙智力测验（1905，1916）以及韦克斯勒智力测验（1939，1958）]有一个重要主题，那就是适应这一存在争议的主题，适应在进化的环境中也有重要意义（Barkow，Cosmides, & Toobey，1992；Buss，1995；Jerison，1982；Wright，1994）。然而，人类并不仅仅是适应环境：他们也会塑造环境，并且偶尔会选择一个新的环境。

---

❶ Sternberg R J，"The concept of intelligence and its role in lifelong learning and success," American psychologist，1997，52(10)，pp. 1030-1037.

在这里，我对智力做出如下定义：智力包含了对适应、塑造和选择任何环境都至关重要的心理能力。根据这一定义，智力不再仅仅是对环境的被动反应，它还包括了对环境的主动塑造。它为个体提供了一个对富有挑战的情境进行灵活应对的机会。由于环境情境随时间而不断发生变化，充分地适应、塑造和选择环境就包含了一个终身学习的过程，这一过程始于婴儿期并贯穿整个生命周期。

为了塑造环境，或者最终决定去选择一个新的环境，个体一般要首先学会去适应他或她所生存的环境。只有这样，个体才能够决定环境中的哪些特征是可以接受的，而哪些是自己要拒绝的。这样来看，智力就是终身学习的关键要素。

在人生的各个阶段，智力都至少具有两个广泛的功能：一是建立与外界的联系，二是建立内部一致性。当个体对某一现象的信念是真实的，即当他们理解了这一现象时，个体就实现了与外界的联系。举例来说，假如我们能够理解，碰触一个很烫的物体很有可能会灼伤自己的话，在一定程度上我们就获得了与外界的联系。当个体对某一现象的知识和信念能够很好地、一致地联结起来，使它们彼此不冲突时，就获得了内部的一致性。比如，如果我们理解火是热的，危险的，是用于做饭的等，我们的信念就具有较高的内部一致性。它们彼此契合而不矛盾。

当个体能意识到人们对现象的大部分理解是辩证性发展的时候，内部一致性就可以以一种更为复杂的形式实现（Hegel，1807，1931；Labou-vie-Vief，1982；Pascual-Leone，1984，1987；Sternberg，1995b）。那些不相容的，甚至是彼此矛盾的观点——命题和反命题——通过在一个更高的抽象水平上的合成或从一个不同的视角来看待时，它们可以被证明是相兼容的。

根据这一观点，个体就像测量智力一样来测验这个世界。个体的信念有一定的效度（外部联系）和信度（内部一致性）。一个更聪明，更具适应性的人，能够更好地实现与外界的联系以及知识基础和信念结构上的内部一致性。人们可能会有一些很不明智的想法，这些想法会使他们在实现与外界联系和内部一致性方面犯错。比如，由于相信赌徒谬误，个体就没有实现与外界的联系；明知有危险还去触碰一个热火炉，个体就没有获得内部一致性。

2 定义智力

2.1 环境情境

让我们从定义的末尾来开始，我将智力定义为与任一环境情境都相关的东西。这一情境包括了心理、生理和文化等各个方面，这些方面也能相互影响。例如，文化产品（从处方眼镜到计算机）促进了人们对环境的适应。然而，相同的产品（如计算机），可能使环境对一些个体更友好，也可能使环境对那些不能或不愿意去适应这一产品的人更具敌意。

尽管人们通常会想到的是对环境情境的适应方面，但塑造和选择环境也同样很重要。那些聪明的个体，在已经理解了环境情境后，就可能去拒绝它的某些方面并尝试改变环境，或者去寻找另外的环境。许多具有创造性和实践性智力的人——这些人对他人和自身都带来持久的影响——都是那些不仅为自己，还为他人而改变环境的人（Sternberg，1985a，1990，1996b；Sternberg & Lubart，1995，1996）。莫扎特，爱因斯坦，丘吉尔和毕加索是能映入我们脑海的那些名字中的其中几个，但是还有许多人，虽然他们给自己的家人和朋友留下了深远的影响，但却并没有对历史产生任何作用。

在定义智力时，研究者需要仔细区分智力，智力行为，以及测得的智力这三个概念（也可见 Hebb，1949）。在这三个概念上的混淆可能会导致对智力本质的困惑。

在不同环境情境中，智力行为的组成是不同的，甚至具有根本性的差异。比如，Cole，Gay，Glick 和 Sharp（1971）指出，同样一种分类行为，在西方人眼中被看作聪明的（也就是，按照类别范畴进行分类），在克佩列人的部落中则被认为是愚蠢的，这些人重视的是另外一种分类行为——按照功能范畴进行分类。Heath（1983）以及 Okagaki 和 Sternberg（1991）发现，美国不同种族群体对智力行为的构成具有不同的观点。另外，我（1985b）发现，甚至不同的专业群体对这些团体中某些成员的智力行为也持有不同的概念。

与智力有关的每一个例子都说明了不同群体之间，智力行为的构成是存在差异的。但是，产生这些不同行为至关重要的心理过程，实际上则是相同的。我认为，智力具有一个共同的核心心理过程，它在不同情境中使用不同方法在行为上表现出来（Sternberg，1985a，1988，1996b）。

举例来说，在任何环境情境中，学习能力都是至关重要的，但是，所学到的知识，包括陈述性知识和程序性知识，在不同环境情境中可能会存在根本性的差异。因此，美国人和克佩列人都需要学习对事物的分类，但所学到的规则，以及根据这些规则在不同情境中所进行的分类（智力行为的构成）可能是不同的。当人们通过他们的生活，从一个新手变成各个领域的专家时（Chi，Glaser，& Farr，1988），那些曾经被认为是可以接受的规则就可能会发生转变。

对智力和智力行为的区分是十分重要的，部分是由于在有关智力的情境普遍性和特殊性方面的文献中存在很多困惑。在多大程度上那些在某种文化或亚文化情境中被认为是聪明的行为在另一文化情境中也会被认为如此（Sternberg，1985a）？这些困惑可能大部分来源于对智力思维和智力行为的混淆。由于相同的心理过程在不同环境情境、任务和特定状况中所产生的行为是大相径庭的。因此，在不同环境情境中，相同的是心理过程而非表现出的行为。

在任何文化或环境情境中都十分关键的核心心理过程（Sternberg，1985a）是(a)认识到问题的存在，(b)对问题本质进行定义，(c)构建问题解决的策略，(d)对有关问题信息的心理表征，(e)为问题解决分配心理资源，(f)对问题解决方案的监测，(g)对问题解决方案的评估。尽管在不同环境情境中，心理过程是相同的，但人们根据情境来应用这些心理过程的能力、动机或决策却并不相同。因此，人们可能并不会在所有情况下都同样地表现出智力行为。以下是出现这些差异的原因。

首先，关于运用心理过程的能力问题。心理过程影响心理表征，并且如 Anderson（1983）所指出的，我们很难从受心理过程影响的心理表征中再分离出心理过程。因此，有些人可能在言语领域做出很好的推论，但在定量领域却很难做到。仅仅测量抽象推理加工能力可能并不恰当，因为人们的推理加工能力在言语和定量，或其他领域的表征可能并不相同（Sternberg & Gardner，1983）。另一些人可能在定量领域做出很好的推论，但在形象领域却很难做到。这些差异性的结果是一些智力功能的领域特异性。

第二，关于动机的问题。个体在不同领域中运用其心理过程的动机可能并不相同。一些人可能有能力在言语和数学工作中都做得很出色，但却认为某一个或这两方面的活动都索然无趣。或者是，由于在某一领域缺乏自我效能（Bandura，1977），个体可能会被他人或自己说服，认为自身缺乏这样的能力，因此也不会去展现更不会去开发这方面的能力。例如，有一些潜在的最伟大的诗人，甚至可能还并未试图去写下哪怕是一行的诗句。因此，个体不会表现出自己在这一领域真实的智力水平。

第三，关于将心理过程应用于行为的决策问题。个体可能会运用心理过程来得出自己所处情境中重视什么的结论，然后根据道德或其他原因，来决定不按照他们所获得的结论行事。例如，纳粹德国时期，社会上看重的是不道德行为，然而，尽管知道这样的行为是为社会所重视的，但并非人人都会这样做。

所有这些例子都表明了关于智力评估的一个基本事实：心理过程总是通过某种行为得以评价。我们从行为中得出有关这些过程的结论，但这些结论并不总是合理的。例如，在智力测验中的较差表现可能反映了较差的信息加工过程，但也可能反映了测验焦虑、动机不足、注意不良或其他的诸多变量。

2.2 有目的地适应、塑造或选择环境的重要性

我们很难想象，人们在各个领域的劳动中所表现出来的核心心理过程(如察觉问题的存在，或者分配心理资源)在任何一种环境情境中是不重要的。虽然克佩列人和西方人在分类问题的定义上存在差异，但无论是哪一方的成员，都必须去定义这一问题。在任何领域、任何水平上，在某个时候，我们需要所有这些心理过程以及这些心理过程发生作用所依赖的心理表征。

甚至连婴儿都能在某种程度上认识到问题的存在，如饥饿，并且会参与一些目标定向的活动以获得和分配他们所需要的资源。久而久之，他们(通过各种经验)学习到了何种行为能够帮助他们更好地获得想要的资源并达成其他目标。据推测，心理能力的发展是基因和环境中所获得的经验交互作用的结果。

诸如此类的心理过程，以及受其影响的心理表征，可能都是为了使个体在典型的学校情境中，表现出显示其聪明才智的行为，或是表现出一些显示其愚钝的行为。例如，青少年或其他同辈群体成员，可能认为在学校中，在学业上表现得愚钝会更好，并因此而投入与其他同学相同的心理资源来使自己看起来是学业愚钝的(在察觉问题存在、定义问题、确定应对策略等方面)，而其他同学则通过这些心理资源使自己看起来是聪明的(这是 McDermott 在 1974 年提出的一个概念，指的是获得性失败)。或者是在一个国家领导者决定消除知识分子的专制型社会中(这样的情况有很多)，如乌干达的伊迪·阿明或柬埔寨的波尔布特，聪明人可能或已经费尽心思来隐藏自己的智慧以生存下来。实际上，想要成功地隐藏一个人的智力水平是需要大量智力参与的。我们再次强调，是心理表征和心理过程，而非行为，提供了重要的智力诊断线索。

同样的逻辑也适用于智力和测得的智力两个概念的区别上。同辈群体成员可能决定对测验表现出一种冷漠的姿态，因此，他们在智力测验中表现得很愚钝，以此来确认他们这一群体的团结性。或者他们可能会错误识别在这些测验中所重视的各种行为(Steele & Aronson，1995)，以使他们不再将测验分数与自己的身份或自尊相联系。又或者是他们仅仅是患有测验焦虑。无论是哪种情况，个体在社会重视的智力测验上的表现都受到了影响。

在某种程度上，如果在学校、工作和测验中起作用的心理表征和过

程是相同的，那么这个测验在统计上似乎就是有效的，但这仅仅是因为预测指标和评价标准具有相同的抑制行为的心理过程，如否认。换句话说，同样的过程可能同时导致了较差的智力测验分数和学业成绩，从而使测验看起来是有效的。而实际上，如果他或她选择或被鼓励好好表现的话，他们在两方面可能都会做得更好。底线是，一个人可以表现得很聪明，因为预测指标和评价标准具有相同的特征，二者都反映了一种文化的价值观。更一般地说，我们创造了一个"封闭的系统"，在这个系统中，相对狭隘的能力范围会导致学业预测指标和（这些指标所预测的）评价标准的成功或失败。

因为美国社会高度重视智力测验中所测得的智力，以及它所包括的记忆和分析能力，所以测验中所表现的较高的智力水平对于在社会上取得各种成功都是十分重要的。例如，在美国大学入学考试或学术能力评估测试中较高的成绩通常对大学录取来说是至关重要的，并且，此后在其他测验中的得分对于进入那些充满竞争性的法学院、医学院和商学院等也都是极其重要的。如此频繁地使用这些测验给我们带来这样的困惑：对于适应来说，哪些方面才是必要的——作为智力——哪些方面其实并没有那么重要。例如，即使没有获得较高的测验分数，许多人也能在生活甚至学校复杂的研究生课程中实现自己的目标（Sternberg & Williams，1997）。然而，当今社会已经形成了一套社会体系，在这套社会体系中，由于测验在选拔和人才安置中的广泛使用，那些低分者是很难获得成功的。

许多低测验得分者，包括一些具有高水平的创造性和实践性智力的人（Sternberg，1996a），仅仅因为他们无法获取通往各种成功（至少是社会所重视的那部分成功）的途径，就失去了证明自己能否获得成功的机会。一些学者，如 Herrnstein 和 Murray（1994）一直在混淆对美国社会环境适应来说至关重要的因素，一是社会所创造的疑似必要的（即高测验中的智力）因素，二是真正必要的（高智力）因素。从本质上，他们相信自己发现了一种自然规律，而实际上这是一种社会发明。

这两种要素的区别是显而易见的。假设招生负责人决定，以身高而非高的测验分数作为大学生和研究生录取的标准（见 Sternberg，1995a，1996b）。在这一决策的帮助下，这一标准可以得到非常可靠的测量，它难以通过个体预习书籍和课程来改变，而且相对来说身高是难以伪造的。但是很少有人会把身高等同于智力；实际上，我们大多数人都认识一些人，我们会认为他们个子高，但不聪明；而有些人在我们看来很矮，但却很聪明。实际上，将身高作为各种选拔决策的基础，听起来应该并不十分奇怪，因为数据表明，我们已经在这样使用了。大多数获胜的总统候选人往往都比他们的对手要高一些。

如果是处于这样的新体系下，那么在短期内，通往教育、社会和经济的机会将逐渐地严重依赖于身高。而最终，律师、医生、大学教授以及其他一些高声望的工作者，都会是那些身材高大的人，而那些几乎处于教育、社会和经济底层的人将会非常矮小。大概，我们并不想将身高和机会间的这种联系看作必要的，或代表着一种新的"高智商"。我们也不应该认为许多现在和过去社会中所使用的种姓制度——这些制度将社会上层的成员推到社会的顶端，而将社会底层阶层推到最底端——代表了任何等级的基于种姓的智力。

因此，我的建议是，将能力定义为"智力"的标准应存在于（a）对适应、塑造或选择（b）任何环境（而非某一特定环境）来说都（c）十分必要的（d）心理能力中。例如，定义问题，制定解决问题的策略，以及分配资源，这些能力（可能并不是相互独立的）对于适应任何情境都是必需的。确实，对于个体而言，假如当捕食者（人类或非人类）对其发起攻击，或他们将自己暴露于易受伤害的情境中，而仍然没有意识到问题的存在的话，就不会长久的存活下来。这些标准似乎是有用的，甚至可能是谨慎的，因为它们直接来自智力的定义，包括了适应、塑造和选择环境所必需的能力。

当然，个体也可以将智力定义为仅与情境适应相关或有用，而非必需的心理能力。但是，将必要性和普遍性准则相结合是十分重要的，这样既避免了扩散性，又避免了特异性。例如，一种文化可能认定这个或那个民族必须被消灭掉，或者按照现在委婉的说法，即"种族净化"。或许，这一群体内的所有成员都被认为是无能的。甚至可以安排测验来证明他们的无能。人们可能并不希望少数族裔成员成为智力定义中的一部分，而这仅仅是因为某一特定的文化认定某些成员，而非其他成员符合他们的适应性标准。

2.3 心理能力

为什么个体要将自己的智力限制在心理能力的范围呢？这是因为，如果不这样限定的话，诸如看、听、闻、尝等这些能力，也都可能是智力的范畴。而为什么这些能力不能算作智力呢？原因在于这些身体（而非心理）能力并没有在必要性测验中体现出来：也许它们对于环境适应性会起作用，但它们并非是必需的，至少不是人人都必需的。例如，虽然有些人丧失了嗅觉，甚至是视觉，但他们依然能适应各种环境和角色。对于适应来说，可能更为必要的是形成心理表征的能力，这类似于人们要想看到事物，就必须从起作用的感官中获得信息一样。然而，视觉能力并非智力的关键，而行为计划和心理表征能力的缺失则会导致个体在任何情境中都只会有较差的环境适应力。

3 智力的其他概念

我们对智力的定义在哪些方面为一些心理学家正在提出的智力概念(有些概念似乎超出了"心理"的范畴)留出一些空间呢？以"情绪智力"这一构念为例(Goleman，1995；Salovey & Mayer，1990)。我们先验地认为，有充足的理由将理解和管理情绪的能力也看作一种智力。而研究者们需要去做的是，确定这些能力在智力测验中能够被测量出来。尽管这些能力似乎是普遍存在的，但是，我们必须再次强调，个体的行为表现在不同环境情境中多少都会有些不同。虽然还需要进一步的研究进行证实，但目前的数据结果表明，这些能力与传统的心理测量学所测得的智力是分离的(Mayer & Geher，1996)。还有待证明的是，这些能力对于适应环境来说是不是必要的，这表明，对于任何其他类型的智力而言，都需要大量的构想效度，而这还有待充分建构。

事实上，过去被认为与智力有关的各种能力，包括音乐和肢体动觉智力在内 (Gardner，1983)，并没有被纳入此处所讲的智力测验中。需要特别指出的是，尽管这些能力可能在某一特定的文化背景下是必要的，但它们并非在适应、选择或塑造环境中所普遍需要的(当然，还有其他确定智力构成的标准，如加德纳在 1983 年所提出的标准)。因此，这些能力虽然符合加德纳(1983)所提出的智力标准，但并不符合我们在此提出的标准。与此相反，诸如计划或评估之类的技能在任何环境中都是必要的，并且，从进化的角度来看，它们为生存提供了一种适应性的功能，而像音乐能力则没有这样的功能。

实践性智力(Sternberg，1985a；Sternberg & Wagner，1986，1993；Sternberg，Wagner，& Okagaki，1993)已经被研究了较长一段时间，研究的结果似乎表明，将其作为一种智力是具有良好结构效度。实践性智力与常规性测验所测得的(分析性)智力是相对独立的，它比现有的其他类型的测验更好地预测了学校和工作中的各种表现(Sternberg，Wagner，Williams & Horvath，1995)。在学校中，我们的研究表明，实践性智力有助于对成绩的预测，并且，对于那些具有高实践性智力的学生来讲，当以一种使他们能够利用这一智力的方式去教学时，比传统那种不允许他们使用这一资本的教学方式有更好的教学效果(Sternberg & Clinkenbeard，1995；Sternberg，Ferrari，Clinkenbeard & Grigorenko，1996)。

在我们迄今为止的工作中(Lubart & Sternberg，1995；Sternberg & Lubart，1992，1995，1996)，我们一直未能像分离出实践性智力一样，将创造性智力与分析性智力分离。此外，目前有关创造性智力的普遍必要性可能并不是特别清晰。因此，创造性智力可能仅仅是一种"备选性智力"，而非一种已经明确表明其存在的智力。

还有另外一种智力，是社会性智力(如 Cantor & Kihlstrom，1987；Ford & Tisak，1983；Keating，1978；Sternberg & Smith，1985)。人们对这一概念有多种方式的定义。例如，Cantor 和 Kihlstrom(1987)强调个体拥有的用于社会交往、互动的知识、信念和技能。Sternberg 和 Smith(1985)则强调某些沟通技能，尤其是非言语的沟通技能。或许，除了那些彻底的隐士之外，人们都生活在一个社会性的世界中，在这个世界里，缺乏社会性智力的技能将严重限制个体成功适应环境的能力。学会适应环境是一生成功的关键。但是，所有的学生都有平等的机会学习适应吗？

最后，当然还有一种通过各种常规测试来衡量的更为学业定向的智力。大量研究均表明学业性智力对学术工作的重要性，并且，在某种程度上，它对生活的成功也具有重要影响(见 Carroll，1993；Herrnstein & Murray，1994；Hunt，1995；Schmidt & Hunter，1993)。或许对这种分析性智力的测量是很充分的，但对于许多已经适应了这种测验要求的人来说却并不完美。虽然在对信息进行记忆，批判和价值判断时需要这些分析性智力，然而，人们需要认识到，几乎任何工作的成功都需要创造性和实践性的技能(和非认知的属性一样)，而传统的智力测验是无法测得这些技能的(Sternberg，1996b)。

4　与学校和终身学习有关的智力概念

从古至今，学习能力都在智力的定义中占据了中心位置；确实，我们很难找到一个不将学习能力(它是多方面的)包括在内的智力定义或理论。但是学习能力为人们在智力研究中遇到的前景和陷阱问题提供了一个很好的案例。

出人意料的是，关于学习和智力之间关系的早期研究却得出了微弱甚至是负相关的结果(see review by Estes，1982)。从表面来看，这种情况似乎相当荒谬——学习能力怎么可能与智力无关呢？如果是因为我们没有发现二者的相关性，那么至少可以暂时认为，对学习的测试，对智力的测试或者说两种测试都是有问题的。

之后的研究表明，至少和智力测验，并且极有可能和现实的学业测验一样，对学习的测量肯定是有问题的。特别是，在早期测验中所使用的各种简单的基于实验室的学习（例如对数字的系列回忆，在诸如韦克斯勒等智力测验中仍然存在），并非学业和各种成就的最佳指标（Campione & Brown，1990；Neisser，1982）。如果（因为）个体要扩展他们关心的在学校或工作环境中进行学习所需要的各种能力（Gardner，1983，1993；Steinberg，1994，1996b），他们就可能发现自己需要扩展智力测验的方式以预测这种学习。

研究人员普遍认为，随着年龄的增长，智力测验中的流体智力通常会下降，而晶体智力则可能继续增加，或者说至少不会下降（见 Horn，1986，1994；Salthouse，1996）。在这一程度上，研究者接受了本文中所提出的智力概念，即只有根据个体在不同人生阶段所面临的与文化中的任务相关的能力，才能看到智力的变化。正是由于这个原因，Baltes 和他的同事（如 Baltes，Dittmann-Kohli，& Dixon，1984）所提出的对补偿进行选择性优化的机制可能对理解智力是非常重要的。根据 Bakes 等人的观点，随着年龄增长，他们学会了充分利用自己未受损的能力，同时也学会了弥补自己所失去的能力。一般来说，在生命周期的不同阶段，学习和活动所需要的能力是不同的。

我和我的同事们在研究中发现，一个更广泛的关于人类智力中学习和思考能力的概念，可以在学校环境中产生建设性的影响（Sternberg，1997；Sternberg & Clinkenbeard，1995；Sternberg et al.，1996）。根据这一概念，学生们可以更灵活地运用他们的心理能力去适应和塑造他们的环境。这样的话，人类智力的三元理论（Sternberg，1985a）就被付诸实践，并有可能使所有学生获益。

我们根据斯滕伯格三元智力测验（Sternberg，1993）的结果，选取了199名高中生。这一测验通过三种类型的多项选择（言语、定量和比喻）以及三篇小短文（分别测量分析、创造和实践性智力）来测量分析性、创造性和实践性智力。例如，分析性智力是通过个体在语境中学习单词的意义，或者通过描写学校中保安的优缺点比较的小短文这样的言语测验来衡量的；创造性智力是由个体进行新颖的数字操作这样的定量测验来衡量的；实践性智力则是通过个体根据地图和图表来规划路线这样的形象测验来测量的。

在本测验中，当使用观察分数进行结果分析时，分析性、创造性和实践性的得分呈中等程度的相关，但是在对方法偏差进行控制后（多项选择 VS. 小短文），三者之间则只有微弱的相关性。在我们的研究中，这一测验并没有显示出一般性因素的存在，大概是因为相比于一般测验，本测验的测量范围相对更广。分析性智力分数与传统的心理测量能力得分具有最高的相关性，其次是创造性智力，最后是实践性智力，它与传统测验只有微弱的相关。学生们被分为以下几类(a)高分析性的，(b)高创造性的，(c)高实践性的，(d)三方面能力都很高的，(e)三方面能力都很低的。

然后，将学生们安排到大学心理学导论课程中去，课程主要强调的是(a)基于记忆的学习和思考，(b)分析性学习和思考，(c)创造性学习和思考，(d)实践性学习和思考。例如，以记忆为导向的课程主要测试个体关于抑郁的心理动力学原理和认知理论；以分析性为导向的课程则要求他们对这些理论进行比较；创造力导向的课程要求学生们能形成自己的理论；最后，实践性导向的课程要求其运用现有的理论来帮助抑郁的朋友。

然后，所有的学生都被评估为(a)具有良好记忆力的，(b)具有良好分析能力的，(c)具有良好创造能力的，(d)具有良好实践能力的。例如，要求学生去记住实验的主要细节(记忆)，分析这个实验的优点与不足(分析)，设计出自己的实验(创造)，或者将实验结果应用到实际生活中去(实践)。对以上四种成就的评估方式包括家庭作业，考试(包括多项选择和小短文)，以及独立的设计。

因此，这是一个5(能力分组：被试间设计)×4(教学方法：被试间设计)×4(对教学效果的评估：被试内设计)的交互设计。其中，关键的操作是将学生随机分配到不同的指导组，这样就获得了与他们的能力匹配(例如，一个高创造力的学生被分配到强调创造性学习和思考的教学组中)或不匹配的分组结果(例如，一个高创造性的学生被分配到强调记忆性学习和思考的教学组中)。

值得注意的是，尽管不同教学条件强调的是思考和学习，或者是其他的方面，但这些都不是"纯粹的"。文章(Sternberg，1995b)本身就包含了对培养记忆、分析、创造和实践性学习与思考的指导。另外，所有的学生在早上都上相同的课程。而实验操作在下午进行，学生们被分配到只强调其中一种学习和思考方式的教学组中。在理想的课堂上，在帮助学生利用自己优势的同时，还能补足其弱点是非常重要的。所有的学生都需要获得各种教学和评估方式的平衡。

我们发现，那些教学方式与自己能力相匹配的学生比那些不匹配的学生表现得明显更好。另外，多元回归分析显示，除了分析能力外，将创造能力和实践能力考虑进去能显著提高对课程表现的预测力。一个有趣而意外的结果是，相比于那些被认为具有较高常规的分析性智力的学生，具有高创造性或实践性智力的学生更具有种族和社会经济多样性。

因此，狭义的能力测验可能会导致由此确定的人才库中缺少某些群体。

综上所述，当学生能够以一种扬长避短的方式来进行学习时，会比在标准的教学方式中有更好的表现。以上所提出的多样化的教学和评估方式意味着，学生们需要去适应与他们的能力所不相符的教学，但也可以通过塑造他们的学习环境，以最大限度利用他们能力上的优势。而且，当学生们能够利用多种方式对所学知识进行编码时，他们在学习上可能会表现得更好。在近期对三年级和八年级学生的研究中（Sternberg, Torff, & Grigorenko, 1997），我们发现，那些按照智力三元理论进行社会或科学课程学习的学生，比按传统方法或批判性思维进行学习的学生表现更好，不仅仅是在基于行为表现的测验上，而且在多项选择和基于事实的测验中也都得到了这样的结果。从教育的角度来看，当人们开始从更广泛的角度来考虑智力人才时，他们才能更好地辨别人才。

智力三元理论提供了提高学生适应、塑造或选择环境能力（在这一环境中，他们能够获得职业发展或做出其他贡献）的方法，当然，三元理论也并非唯一可以使用的理论。其他理论可能也可以提供这样的灵活性（如Carroll, 1993; Gardner, 1983）。

这些结果对于终身成就有着广泛的影响，因为我们在现有的、狭义的能力概念基础上创造了一个封闭的系统，在这个系统中，只有小部分有才能的学生——那些具有高记忆力和分析能力的学生——会在系统的各方面都能受益。他们在能力测验中做得更好，在课程中学得更好（课程中的教学方式与他们相适应），然后，在这些仅仅衡量了少数几种学习类型的成绩测试中表现得更好。因此，表面上形成了能够对有效的成就测验产生预测作用的高效度的能力测验，但事实上，这种高效度是评价标准和预测指标具有相同的标准偏差造成的。在这样的系统中，那些具有创造性和实践性能力的学生在本质上是"被冻结的"，因为他们根本没有表现其能力，以帮助自己在学校中有较好的表现的机会。实际上，他们变成了"绿色"或"紫色"的人，他们似乎"智力不足"，而原因可能是传统评估智力的标准有所不足。

其结果是，职业道路可能被限制在具有聪明才智的个体身上，而这些个体本可能会做出更大贡献。那些崭露头角的具有杰出创造性或实践性智力的心理学家——例如，他们可能会成为杰出的理论家，实验研究者，或临床医生——却可能永远都没有机会做出这些贡献，这是因为他们并没有获得优异的能力测验分数或成绩，使其可以获得在所选领域通往成功的快速通道，或者任何通道（Sternberg, 1994）。他们可能被迫转向一个不那么具有挑战性和回报的领域，或者在他们所选领域内进行一个不那么具有挑战性和回报的项目，因为他们被剥夺了获得自己所追求的成功的最佳途径。

当然，同样的准则也适用于心理学之外的职业。在任何领域中，在狭窄的能力测验或强调能力的入门课程中（这些能力基本上与未来在领域内的优秀无关）表现不佳，会导致人们偏离，并最终脱离职业成功的轨道。

5 结论

在这里，我的观点是，我们的社会需要对智力是什么这一问题有一个广泛而有原则的理解，并且以一种有原则的方式来决定能力必须达到什么标准才能被视为智力的一部分。以上这些步骤不仅为人们提供了理解智力内涵的基础，而且也使人们了解到智力在为终身学习和成功做准备中所起的作用。在此，我提出对智力的定义，它是这样一套理解智力的标准：对适应、塑造和选择任何环境来说都至关重要的心理能力。这一定义使我们对智力在终身学习中的作用有一个更广泛的认识。

[思想评价]

罗伯特·斯滕伯格（Robert J. Sternberg）是世界著名心理学家，他创造性地提出了智力三元理论与成功智力理论，在智力领域产生了巨大的影响。1985 年《超越 IQ：人类智力的三元理论》（*Beyond IQ：A Triarchic Theory of Human Intelligence*）和 1996 年《成功智力》（*Successful Intelligence*）两书的出版，引发了美国教育界对学生入学考试以及成绩评估的巨大反思，奠定了斯滕伯格在智力研究领域的重要地位。

一、生平事迹与智力理论形成的背景

斯滕伯格是美国著名心理学家，于 1949 年 12 月 8 日出生于美国新泽西州一个小城镇，父母都未曾接受过大学教育，家境贫寒。在小学时期，由于患有严重的测验焦虑，斯滕伯格在一次智商测验中取得了非常糟糕的成绩。因此，低年级的老师对他不抱有任何希望。直到四年级时，斯滕伯格遇到了刚毕业不久，还未受测验方面桎梏的阿列克莎夫人，才结束了自己的厄运。阿列克莎夫人并不以智商得分为参照来判定学生的好坏，她充分信任斯滕伯格，认为他是一个很有能力的人。而斯滕伯格也确实达到了阿列克莎夫人的期望，成为一名优等生。早期智力测验和学习中的种种糟糕经历，使斯滕伯格在很早就对传统智力测验产生了批判和怀疑，他明白，在传统智力测验上的得分，并不能宣判自己今后的成功或失败。这也促使他对开发出真正能预测个体成功的智力测验充满兴趣。

到七年级时，斯滕伯格决定从事智力方面的研究，并编制了自己的测验——斯滕伯格心理能力测验。除此之外，他还将在图书馆中发现的斯坦福—比奈智商测验拿到班级中，给同学们进行智力测验。这给他自己带来不少麻烦，学校老师们勒令他不准再将测验的书籍带到学校里。

中学毕业后，斯滕伯格考入耶鲁大学心理学系，并打算将智力作为研究兴趣，以发现自己为何在智力测验中会表现得如此愚笨。然而，在大学一年级时，他在心理学导论课程中仅仅获得了"C"的成绩。其心理老师甚至直言"在心理学上已经有一个著名的斯滕伯格❶，看来不会再出现另一个同姓的大家了"。由此种种，斯滕伯格转而学习数学，不幸，或者说幸运的是，斯滕伯格在数学概论课程的成绩比心理学导论的分数还要低，这使其又转回到对心理学的学习中去，并最终以优异的成绩从耶鲁大学毕业。本科毕业后，斯滕伯格来到斯坦福大学继续攻读心理学博士学位，师从戈登·鲍尔（Gordon Bower）。1975年斯滕伯格博士毕业，并任教于耶鲁大学。在2000年，他在耶鲁大学了建立PACE（Psychology of Abilities，Competencies，and Expertise）中心，主要进行多元文化的智力研究，并明确提出有关智力的可塑性、情境性、实践性等观点。

斯滕伯格的智力理论受到当时大的学术背景的影响：首先，20世纪六七十年代，越来越多的研究者对皮亚杰的抽象智力任务产生怀疑，他们强调智力与现实生活的联系；其次，80年代以来，心理学领域中掀起一股文化心理学的研究浪潮，越来越多的心理学家开始意识到文化在人的心理和行为中所起到的重要作用；最后，80年代以后，越来越多的智力研究者采取了多元论的立场。确实，在斯滕伯格的智力理论中——强调智力对现实世界的预测、社会文化情境对智力的影响以及采取多维的视角对智力进行分析——我们不难发现以上这些因素的作用。当然，作为美国一名当代心理学家，斯滕伯格的智力思想也受到美国社会发展状况的影响。近几十年来，美国科学技术发展迅猛，社会对精确度的崇尚史无前例，人们习惯于或者说依赖于通过各种指标或者指数对事物或事件进行预测，并以此来决定自己的行为。这反映在教育领域，就是人才选拔中对测验的依赖，甚至可以说是"上瘾"。斯滕伯格发现，那些招生负责人往往将预测指标看得比行为本身更为重要。一名学生，一旦在测验中获得了较差的分数，那么即使他在现实中表现得再好，也几乎注定要与成功失之交臂。但这些重量级的智力测验——传统智力测验，在斯

---

❶　此处的斯滕伯格指的是Saul Sternberg，是反应时研究中"加因素法"的提出者。

滕伯格看来，测量的却是一种"呆滞智力"（inert intelligence），它不能促使个体以目标为导向而采取相应的行动。实际上，无论是 20 世纪 50 年代以前，以心理测量学为主的智力研究，还是 60 年代以后认知心理学取向的智力研究，都存在着这样或那样的问题，具体来说，主要包括以下几方面：首先，传统的智力测量对智力的解释过于简单，智力内涵狭窄，只能部分预测学校中的成绩和分数，而无法预测个体在以后职业或者现实生活中的成功；其次，它只关注内部世界，而忽视了智力的实践性以及社会文化因素对智力的制约作用；另外，传统智力测验所测量的知识，很大程度上受到社会经济地位、父母受教育程度等因素的影响，在测验焦虑、文化公平性等方面存在严重弊端，并且，也没有考虑到动机等内在因素对智力的影响；最后，传统的智力测验只重视那些记忆力和分析能力好的学生，而具有高创造力或实践力的学生则是被忽略的群体。

在对传统智力测验进行批判的基础上，斯滕伯格对智力的研究注重将理论与实践相结合。他以全新的视角看待智力，努力增强智力的现实解释力。斯滕伯格有关智力的研究经过了以下几个阶段：最初，他以信息加工理论为导向对智力进行了研究，在《智力、信息加工和类比推理：关于人的能力的成分分析》一书中，提出了智力的成分理论，即之后智力三元理论中的成分亚理论。斯滕伯格认为，成分是分析智力行为的基本单元。他将智力成分分为元成分（meta-component）、操作成分（perform-ance-components）和知识获得成分（knowledge-acquisition components）三部分。其中，元成分决定将做什么、控制正在操作的任务以及评价已完成的任务；操作成分负责完成元成分指示其执行的任务；知识获得成分负责学习如何以最佳的方式完成任务。逐渐地，斯滕伯格认识到，人的智力是复杂的，单一的智力理论无法对智力这一复杂的心理现象做出全面的解释。1985 年，斯滕伯格出版了极具影响力的《超越 IQ：人类智力的三元理论》一书，并创造性地提出了"智力三元理论"，包括智力情境亚理论（contextual sub-theory of intelligence）、智力经验亚理论（experien-tial sub-theory of intelligence）和智力成分亚理论（componential sub-theo-ry of intelligence），其中，情境亚理论将智力与个体所处的外部世界联系起来，强调适应、选择和塑造环境对个体的重要作用；经验亚理论将智力与个体的内、外部世界相联系，提出智力应包括处理新任务和新情境要求的能力和信息加工过程自动化的能力；智力成分亚理论将智力与个体的内部世界联系起来，明确了构成智力行为的心理机制。智力三元理论的提出，弥补了长久以来智力测验编制上过于依赖经验而缺乏理论依据的不足，使人们更全面地认识智力的本质，也推动智力研究者们不断开发出超越传统的智力测验。1996 年，斯滕伯格在智力三元理论的基础上又提出了"成功智力"的概念，并认为成功就是个体能够在现实生活中实现自己的目标，突破了以往将智力局限于学校表现中的不足。斯滕伯格认为，成功智力由三部分构成，分别是分析性智力(analytical intelligence)、创造性智力(creative intelligence)和实践性智力(practical intelligence)。分析性智力用于解决现实生活中所遇到的各种熟悉的问题；创造性智力用于处理和应对新异任务或情境；而实践性思维则用于个体对环境的适应、塑造或选择。

从根本上来说，斯滕伯格是一位认知心理学家，他接受过专业的认知心理学训练，受到信息加工理论以及皮亚杰认知发展理论的重要影响。例如，他在 1977 年出版的《智力、信息加工和类比推理：关于人的能力的成分分析》一书，就是以信息加工的立场对智力进行分析和阐述的；在智力三元理论中，他所强调的智力在三个世界的平衡，以及成功智力中分析性、创造性和实践性智力的平衡，则都受到皮亚杰平衡思想的启示。

斯滕伯格是一个多产的心理学家，除了智力三元理论与成功智力理论外，他还致力于创造力、智慧、思维方式以及人类爱情的研究，并提出了大量富有创造性的概念，如创造力投资理论，智慧、智力、创造力综合模型(WICS)，爱情三元理论等。到目前为止，他已经发表论文1000 多篇，出版著作 40 余部。其代表性著作有：《智力、信息加工和类比推理：关于人的能力的成分分析》(1977)、《超越 IQ：人类智力的三元理论》(1985)、《心理隐喻：智力力的本质概念》(1990)、《人类智力百科全书》(1994)、《成功智力》(1996)、《认知心理学》(1996)、《思维风格》(1997)、《智力模型》(2003)、《智慧、智力与创造力综合》(2003)等。这些著作对人类智力进行了深入的探讨与分析，对智力研究很有借鉴价值。

二、智力三元理论与成功智力理论的主要内容

(一)智力三元理论

斯滕伯格在智力研究领域独具建树，他超越了以往有关智力狭隘的和简单化的理解，对智力进行了更为深入化和拓展性的研究。其中，最为重要的就是他于 1985 年所提出的智力三元理论(如图 12-1)。智力三元理论试图从主体的内部世界、现实的外部世界以及联系主体内、外部世界的经验世界这三个维度来分析和描述智力。因此可以说，智力三元理论是有关个体及其与内部世界、外部世界和经验之间关系的理论，其中，经验是个体内外部世界的调节者。

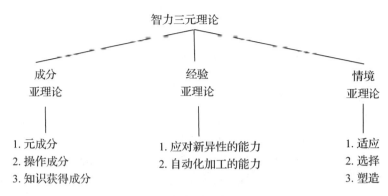

图 12-1　人类智力的三元理论

　　首先，是智力情境亚理论。情境亚理论强调个体所处的社会文化环境对智力行为的影响，它探讨的是特定社会文化环境所认可的智力行为，这一亚理论潜在地决定了智力行为的内涵，揭示了智力与外部世界的关系。由于不同的社会文化对智力行为有不同的标准，因此，在不同文化环境中，个体的智力并没有可比性。一种行为，在某种文化下是"聪明的"，到了另一种文化下，就可能不那么聪明。斯滕伯格将智力看作指向有目的地适应、选择和塑造与个体生活相关的现实世界环境的心理活动。智力包括个体对环境的适应，个体以此来达到与环境的和谐，如新婚夫妻都会努力适应婚姻生活。个体如果无法有效适应当前的环境，就可能尝试从当前环境中抽离，并积极地选择一个新的环境，以达到与新环境的和谐。例如夫妻中的某一方因无法忍受另一方以及目前的婚姻生活，而选择离婚，寻求新的人生伴侣，并组建新的家庭。而当个体既不能适应环境现状，又不想脱离当前环境而选择另外的环境时，个体就会对环境进行改变和塑造，以使环境适应自己。如夫妻之间通过努力磨合，营造自己喜欢的家庭氛围。一般来说，个体总是首先去努力适应环境，通过对自己行为与心理的改变，来满足环境的要求。而个体一旦发现自己无论如何，也无法融入这一环境中时，就可能脱离当前环境，而选择一个新的，符合自己价值观和生活方式的环境。当然，个体也可以去积极地塑造当前环境，以使环境满足自己的要求。相对于适应环境来说，塑造环境更为积极、主动。当然，对环境的适应、选择和塑造之间并没有固定的顺序，尤其对于选择和塑造来说更是如此。个体也可能在塑造环境失败后，转而去选择新的环境。由于不同个体或群体，以及个体的不同阶段对环境的适应、选择和塑造都具有不同的要求，因此，在不同情境中，智力是具有独特性的，这为智力蒙上了一层不确定性。在三个亚理论中，对情境亚理论的解释最少，但它是最需要深入研究的一个亚理论。

其次，是智力经验亚理论。经验亚理论说明的是个体对任务或情境的经验水平与他的智力行为之间的关系，它将智力与个体的内、外部世界相联系，对"什么样的行为是智慧的"这一问题做出回答。这一亚理论指出，测量智力的任务在一定程度上是以下一种或两种能力的函数：处理新任务和新情境要求的能力和信息加工过程自动化的能力。首先是处理新任务和新情境时所要求的能力，其中，任务的新异性是指，测量智力的任务是不确定的。这种新异性有两种，分别存在于理解任务和根据理解的任务所进行的操作上。理解任务中的新异性是指个体在面对一个新的任务时的理解过程中的新异性，而一旦个体理解了这一任务，接下来的操作过程就很容易；根据对任务的理解进行操作时的新异性是指对任务的理解本身不存在困难，但对问题的具体处理方式不熟悉，在问题解决的过程中存在新异性。新环境是指，在新的情境中对智力加以测量。斯滕伯格认为，一个人的智力无法在一个熟悉的环境中得到最好的展现，个体需要对环境中富于新异性和挑战的要求进行适应。与任务新异性类似，环境新异性既可能存在于对情境的理解中，也可能存在于根据理解的情境所进行的操作中。斯滕伯格指出，当个体应对新异的问题或处于一个新异的环境中时，最能显现出他的智力水平。他同时强调，这种新异性是相对的，不能完全超出个体过去的经验，完全新异的任务或情境并非测量智力的最好指标。因此，在测量智力时，只考察被试某一方面的新异性能力，比同时测量被试两方面的新异性效果好。当然，这种新异性也必须因人而异，不同情境、不同任务对不同人而言的新异性水平可能是完全不同的。另外是信息加工自动化的能力：只有操作中许多运算都达到自动化水平后，个体才有可能留出更多的心理资源去执行更为复杂的任务。在经验的后期，可以通过对操作自动化水平的测量，来预测个体智力水平的高低。应对新异性和自动化信息加工的能力可以沿着这一经验的连续坐标发生。当个体首次遇到某个任务或情境时，应对新异性的能力就发生作用。但随着对任务或能力熟悉性的增加，新异性就减少，而自动化能力就开始起作用。根据智力经验亚理论，只有当个体应对一个相对新异的任务或情境，或者对某一任务或情境的操作处于自动化的水平时，对智力的测量才是最有效的。在经验的早期，测量的是个体处理新异性的能力；而在后期，测量的则是个体加工过程自动化的能力。

最后，是智力成分亚理论。成分亚理论是智力三元理论中最早形成和最完善，也是阐述最清楚的部分。它将智力与个体的内部世界联系起来，明确刻画了智力活动的潜在心理机制，考察了智力行为是如何产生的问题。斯滕伯格认为，成分是分析智力行为的基本单元，并将成分定义为对物体或符号的内部表征进行操作的基本信息加工过程。具体来说，完成智力行为的机制，包括以下三种成分：元成分、操作成分和知识获得成分。其中元成分是用于计划、监控和评价的高级执行过程。由它决定将做什么，在执行过程中进行监控，并在完成后加以评估。斯滕伯格等人已经确定的七种元成分是，确定要解决的问题，较低级成分的选择，选择信息的一种或多种表征或组织，选择结合较低级成分的策略，分配注意资源，解题监控，对外部反馈的敏感性。成分亚理论的特色就是注重对元成分的分析，斯滕伯格认为元成分构成了智力的主要基础，现存IQ测验之所以能够测量智力，并可以在一定程度上预测个体今后实际生活中的表现，主要原因就是它们内在地测量了智力的元成分功能。操作成分则用于执行元成分构建的计划，以完成个体对任务的实际操作。它包括对刺激的编码、刺激的组合或比较以及反应。最后，知识获得成分是用于学习新信息的过程。它通过选择性编码、选择性组合和选择性比较，使个体学会如何以最佳方式完成任务。三种智力成分相互联系，共同在智力活动中发挥作用。其中，元成分起到一种策略构造的作用，它负责对操作成分和知识获得成分的激活与支配，而后两种成分可以为元成分提供直接的信息反馈。因此，元成分与操作成分和知识获得成分之间有直接的联系，而其他两种成分之间的联系则需要通过元成分才能实现。当主体对问题具有充分的理解时，问题解决的策略就涉及元成分和操作成分的参与。元成分对操作成分进行控制和安排，操作成分则负责完成对问题的实际解决；但当主体没有完全理解问题时，知识获得成分就要发挥作用。知识获得成分获得了问题解决的新信息，然后与元成分交流，元成分将这些新信息与之前的理解相结合，在操作成分中产生问题解决的策略。成分亚理论阐明了智力的稳定性，只有在成分不变的基础上，智力才具有可比性，智力测验才能有效实施。

智力三元理论中的三个亚理论并非是孤立存在的，它们之间彼此关联，共同作用于个体的智力行为，具有诸多交汇之处。情境亚理论将智力与个体的外部环境相联系，成分亚理论将智力与个体的内部环境相联系，而经验亚理论则将个体的内、外部环境联系起来。经验亚理论中在解决问题和完成任务上的新异的和自动化的行为，必然要在一定情境中发生，即个体需要运用新异性和自动化两方面的经验来实现情境亚理论中适应、选择和塑造环境的要求；经验亚理论和成分亚理论也存在联系，成分亚理论中某些信息加工成分帮助个体有效实现新异性和自动化加工的功能；情境亚理论和成分亚理论之间的联系在于，成分亚理论中所确定的各个"小成分"，构成了情境亚理论中适应、选择和塑造环境的"大成分"。我们可以用一句话来概括三个亚理论的联系：通过内部心理机制（成分亚理论）去应对外部世界中有利于主体适应、选择和塑造环境的任务（情境亚理论），而这些任务又必须处于经验连续体的某一位置上（经验亚理论）。

斯滕伯格提出，根据智力三元理论模型，我们可以根据以下三点来判断个体的行为有无智慧：首先，个体的行为是否用于适应、选择或塑造环境；其次，个体的行为是否反映了对新任务或新情境的反应，或者自动化的功能；最后，个体的行为是不是智力成分亚理论中元成分、操作成分或知识获得成分作用的产物。以此为基础，斯滕伯格最终将智力定义为元分成、操作成分和知识获得成分的函数，即在包含对新异刺激的反应或信息加工自动化的经验连续体区域中产生适合情境行为的心理能力。

(二)成功智力理论

在《超越 IQ：人类智力的三元理论》的序言中，斯滕伯格提道，"本书旨在为今后可能出现的智力的形式理论作元理论陈述，同时也是这类理论的开端"，点明了智力三元理论所具有的元理论性质。1996 年，斯滕伯格在这一元理论的基础上进行了拓展和完善，构建了成功智力理论。

那么，什么是成功智力呢？在《成功智力》一书中，斯滕伯格将成功智力定义为：一组经整合而成的能力，它能够帮助我们在现实生活中取得成功，这组整合的能力包括分析性智力、创造性智力和实践性智力。成功智力具有以下四个关键要素：(1)智力是个体依据自己的标准，在所处的社会文化情境中取得成功的能力；(2)具有成功智力的人能够认识自身的优点与不足，并最大限度地扬长补短；(3)成功智力适用于适应、塑造和选择环境的过程；(4)成功是通过分析性、创造性和实践性智力的平衡发展达到的。首先是分析性智力，它是传统智力测验中所注重的智力方面，指的是个体通过有意识地规定心理活动的方向，从而找到有效的问题解决策略。具体来说，个体使用分析性智力通过对问题的确认、对问题的定义、问题解决策略的形成、信息表征、资源分配以及监控与评估来实现问题的解决。斯滕伯格认为，虽然分析性智力在问题解决中起到至关重要的作用，但它在现实生活中起到的作用相对较小。其次，创造性智力可以通过评估个体如何处理相对新颖的问题来测量。在此基础上，斯滕伯格发展出创造力的投资理论，他将具有创造性智力的人比作投资人，他们先低价买进，形成一种不易被他人接纳的思想，然后高价卖出，即想方设法让他人对这一思想信服，从而增加投资的价值。最后，实践性智力指的是人们将其所学在实际中加以实践与应用时所运用的智力，它从日常经验中获得并用于解决现实问题。实践性智力是与学业智力相对的一种智力形式，二者的发展过程不尽相同。实践性智力随年龄增长而增长，而学业智力则随年龄增加而下降。分析性、创造性和实践性智力是相互联系的。我们使用分析性智力来解决问题并判断思维成果的质量；使用创造性智力以形成好的问题与想法；实践性智力则帮助我们以一种有效的方式将思维与分析结果付诸实践。具有较高成功智力的人，并不仅仅在某一方面的智力上得分很高，而是在三方面的能力达到协调、平衡的状态，并知道在什么情况下通过什么方式来有效使用成功智力的三个方面。

斯滕伯格总结了具有成功智力的人所具有的 20 个特征，分别是(1)具有成功智力的人能自我激励，强调动机在个体获得成功方面的作用；(2)具有成功智力的人能够控制自己的冲动，他们根据经验而非冲动行事；(3)具有成功智力的人知道什么时候应该坚持，他们做事时坚忍不拔而不轻易放弃；(4)具有成功智力的人知道怎样充分发挥自身的能力，会选择最适宜的目标来完成；(5)具有成功智力的人能够将思想转化为行动；(6)具有成功智力的人以成果为导向，他们关心过程，但更注重成果；(7)具有成功智力的人坚持到底并完成任务；(8)具有成功智力的人都是带头人；(9)具有成功智力的人甘冒失败的风险；(10)具有成功智力的人不会拖延；(11)具有成功智力的人接受他人合理的批评；(12)具有成功智力的人不会自暴自弃，自怨自艾；(13)具有成功智力的人具有独立性；(14)具有成功智力的人积极寻求解决困难的办法；(15)具有成功智力的人能专注实现自己的目标而不易分心；(16)具有成功智力的人对自己有合理的要求，不会太高也不会太低；(17)具有成功智力的人能够延迟满足，以实现长期目标，获得更大的收益；(18)具有成功智力的人既能看到树木，又能看到森林，不拘泥于细节而能看到更宏观的东西；(19)具有成功智力的人具有适当的自信心以及达成目标需要的信念；(20)具有成功智力的人能实现分析性、创造性和实践性智力的平衡。这些特征反映在成功智力者的个人品质和具体的行为表现中。它并非一成不变，而是可以加以培养和发展的，几乎很难通过传统的智力测验进行测量。

成功智力理论可以说是在智力三元理论的基础上，实现了对传统 IQ 理论的又一次超越。如图 12-2 所示，成功智力理论是智力三元理论的形式化和具体化，构成成功智力的三个方面——分析性、创造性和实践性智力，分别是智力成分亚理论、智力经验亚理论和智力情境亚理论的延伸。将智力成分亚理论中具有文化普遍性的元成分、操作成分和知识获得成分应用于不同的任务或情境，就会产生不同类型的成功智力：当智力成分用于解决较为熟悉的任务或情境时，就需要分析性智力发挥作用；当智力成分用于应对较新异的任务或情境时，需要的则是个体的创造性智力；当智力成分用于对环境进行适应、选择和塑造时，个体运用的就是实践性智力。智力三元理论通过对智力的内部世界、外部世界以及联

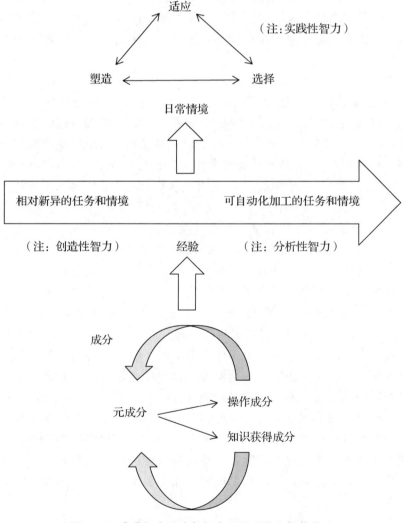

图 12-2 成功智力理论与智力三元理论之间的关系

系内外部世界的经验世界的描述，弥补了传统智力理论单一视角的缺陷，拓展了智力的范围，而成功智力理论在此基础上，使智力测验摆脱学业智力的桎梏，以成功为导向，对现实世界进行解释与预测。

三、对智力三元理论与成功智力理论的评价

如前所述，斯滕伯格以智力成分理论为开端，对人类智力的研究不断推进，先后提出具有重大影响力的智力三元理论和成功智力理论等，促进了人们对智力和智力测验理解的不断深入，对教育评估和大学入学考试的改革有重要影响，为智力领域做出了重要的贡献。

首先，斯滕伯格以全新的视角来诠释人类智力的本质，打破了以往人们有关智力的常规认知。例如，传统智力研究将智力局限于狭窄的学业智力的范畴，通过单一智力理论对智力行为进行解释与预测。而智力三元理论为我们提供了一个较为全面的智力构成图，它从主体的内部世界、现实的外部世界以及联系内、外部世界的经验世界三个维度来分析和描述智力，突破了以往局限在实验室的"纯智力"的研究，增加了智力的社会文化属性，并强调智力与经验的关系，更清晰地反映出智力复杂性和多维性的特点。成功智力则将智力从狭窄的学业智力范畴拓展到现实生活中，增加了智力对现实生活的解释力，弥补了传统智力测验在解释日常生活智力上的局限性。除此之外，斯滕伯格提出，成功智力具有可塑性和灵活性，可以通过个体的不懈努力而得以发展和提高，从而构建了一种多元化、平等的智力观。再如，在传统的智力测验中，经常充斥着"快即是好"的评价标准。而在斯滕伯格看来，这种将心理功能的速度作为智力的主要层面之一的观点是错误的。他认为，速度选择比速度本身更为重要——个体应该根据对任务或情境的判断，来决定是否要快速做出行动。因此，斯滕伯格在对智力的概念研究中，将"不做仓促决策"作为智力行为的重要特征。他认为，除了资源本身，资源分配才是一般智力的重点，智力测验不应测量执行任务的整体时间或执行速度，而应测量智力个别成分的执行时间或执行速度。

其次，在理论建构上，正如英国伦敦大学的克莱克斯腾（Claxton）教授对《超越IQ：人类智力的三元理论》一书的评论，三元理论结构的构建既是自上而下，又是自下而上的，三个亚理论之间相互关联。层次水平越低的理论涉及的范围较狭窄，但与数据有紧密联系；层次水平越高的理论涉及的范围越宽阔，但和数据的联系不太紧密。通过用自上而下和自下而上的方法同时构建理论结构具有明显的优势，它扩展了三元理论的研究范围，而且加强了它与数据的联系。并且，它能在不同水平上实

现对理论的修正，如果上位结构倒塌了，范围相对狭窄的下位结构仍有价值，反之亦然。

另外，斯滕伯格有关智力研究的理论观点有助于我们重新审视一些智力现象，比如对特殊智力的理解。斯滕伯格认为，天才在对新任务或新情境的操作上具有不同寻常的能力，因此，应主要依据经验亚理论中对新异性的处理能力对天才进行甄别；而迟滞主要是成分亚系统功能不完善导致的，因此，对智力发育迟滞者的测量，应主要根据智力成分亚理论。斯滕伯格提出，智力发育迟滞者在智力测验中较差的表现可能是以下原因造成的：(1)元成分之间以及元成分和其他成分之间无法互相激活；(2)元成分无法从其他元成分和其他种类的成分中获得反馈；(3)由无法获得成分，无法利用成分，成分执行速度缓慢以及成分执行结果的不准确等所导致的一种或多种成分功能损伤；(4)成分亚系统自动化受损；(5)控制成分亚系统和自动化成分亚系统之间的协调受损，因此对加工的控制无法轻易在这两种亚系统之间传递；(6)知识基础不充分；(7)成分运作的动机不充分或不恰当；(8)成分功能的结构限制。

最后，斯滕伯格的智力理论为我们编制出较理想的智力测验予以重要启示。智力三元理论和成功智力理论提供了智力测验编制的理论基础，打破了根据经验来编制测验，而不清楚智力测验测量的到底是什么的窘境。例如，根据智力三元理论中的成分亚理论，斯滕伯格提出，知识获得上的个体差异要先于实际知识上的个体差异而产生，这一观点回答了个体的知识差异是如何形成的问题。通过实验室研究，他提出，我们不必依赖个体过去成就便可以直接测量智力的一个重要方面——知识获得。斯滕伯格根据成功智力而编制的三元能力测验(STAT)，就旨在考察个体的学习潜力，而非已经学会的知识或技能。总体而言，斯滕伯格所提出的智力理论和智力测验为我们指明了智力测验的新方向，包括以智力理论为编制测验的基础、增加智力测验的真实性和公平性、增加智力测验的情境性和现实解释力、采用多样化的测验方式等。

当然，任何理论都不可能是完美无缺的，斯滕伯格的智力理论固然将智力研究向前推进了一大步，但其理论本身也存在一些不足或有待完善的地方。其一，是理论建构中的问题。斯滕伯格有关智力的理论观点大多来自他的个人经验或观察，在理论建构上缺乏严谨的论证，这致使其理论体系中存在一些较为粗糙的方面。如，智力三元理论中的情境亚理论，并未清晰地揭示智力的具体内涵，其情境观是模糊的，也无法从经验上来证明是有效的。虽然斯滕伯格解释道，和元理论一样，定义的成立与否在于是否有用，而不在于它们能否被经验证实。但情境亚理论本身的非证伪性、模糊性和不完整性，不可避免地限制了我们对智力与情境的具体关系的了解。除此之外，斯滕伯格概括的具有成功智力者的20个特征，也存在这样的问题，研究结论在很大程度上缺乏严谨性和科学性。其二，是理论内容上的问题。斯滕伯格虽然将我们从过去狭隘的智力观中解放出来，但在某种程度上，他的智力理论有些过于"宏大叙事"，他对智力的解释过于追求整体性和宏观性，而忽略了智力的内部心理机制问题，丧失了对智力微观层面的思考，有偏离主流智力研究的危险。其三，是方法论上的问题。正如1988年豪（Howe）在《用相关证据作为鉴别个体能力差异之手段的危害：对斯滕伯格的反驳以及对迈尔斯的回应》一文中所批评的那样，斯滕伯格的实证研究大多采用的是相关数据，难以去推断变量间的因果关系，存在方法论上的缺陷。如果斯滕伯格想更深入地研究智力对任务表现的影响力，就必须超越相关研究，而采用更高级的方法，提供更有力的证据。

四、我们的认识与理解

回眸其30多年的智力研究轨迹，不得不说，斯滕伯格确实是一个硕果累累的研究者。从最初涉足智力研究领域，提出成分分析理论开始，到1985年提出其最具影响力的三元智力，再到1996年提出成功智力理论，以及后来提出创造力投资理论、智慧平衡理论等，他将人们对智力的认识不断向前推进。准确理解把握斯滕伯格的智力理论，除了了解斯滕伯格智力理论形成的历史背景及成果、贡献与不足之外，还必须正确认识以下两方面的问题。

一方面，我们要认识到斯滕伯格智力理论的辩证性。虽然说斯滕伯格是传统智力测验的批判者，但是我们也必须清楚地看到，他并非全盘否定了传统的智力测验，或者是对传统IQ测验采取一概排斥的态度。他所要超越的只是传统IQ测验，而不是测验本身。这在智力三元理论和成功智力理论中都有所反映：首先，由于智力三元理论存在的诸多不完善之处（尤其是智力经验亚理论和智力情境亚理论在经验的证实和证伪这两方面存在的问题），斯滕伯格并不认为根据他的智力三元理论所编制的新测验可以完全替代传统的智力测验，而是认为只能将其作为当今智力测验的有效补充。他承认，传统的智力测验仍有其存在的价值和必要，至少就其与成分亚理论的密切关系而言，就绝非一无是处。实际上，当前的智力测验中，关于成分亚理论中的操作成分（通过流体能力测验）和知识获得成分（通过晶体能力测验）已经得到了较好的测量，而对元成分的测量可能是智力测验中应该着重补充的地方。另外，斯滕伯格将传统智力测验中所测量的"呆滞的智力"也看作成功智力的一个有机组成部分。在斯滕伯格对成功智力的描述中，第一个组成部分就是分析性智力，也就是传统智力测验所注重的方面。在这一点上，与传统测验唯一不同的就是，斯滕伯格对分析性智力的设定更为宽泛，而并非将其局限于学校环境中。

另一方面，我们要正确认识斯滕伯格有关智力的稳定性与相对性的观点。在智力三元理论中，智力既具有相对性，同时又具有稳定性。从外部向内部看，即在智力情境亚理论中，智力结构是不稳定的、相对的。斯滕伯格指出，虽然智力的许多方面实际上是超越了文化界限的，具有一种普遍意义，但是诸如认知技能等能力对智力行为的重要性却因各个文化的不同而存在很大的差异，这也导致了对智力的跨文化比较存在很大困难。但是，从内向外看，即在成分亚理论中，情况又会发生变化——智力是稳定不变的，具有固定性。也正是智力成分的这种稳定性，才使智力具有了可比性。基于此，斯滕伯格在后来有关情境相对性的论述中解释道，他并非认为环境中的一切都是相对的，不管人们以后的社会和文化性质如何，环境的适应、选择和塑造总是和智力有关，因此，变化的事物不是这些能力的重心，重点在于这些能力的组成结构。综上所述，与情境相关的智力方面是相对的，不随情境发生变化的智力方面——信息加工成分则是稳定的。因此，在评估和理解不同的个体或群体在不同社会文化环境中的智力行为时，既要分析智力成分方面的内容，又要看到智力情境的特殊性，将智力的特殊性和一般性结合起来，才能对智力进行更恰如其分的探讨。

最后，我们以 2001 年斯滕伯格竞选美国心理学会主席时的精彩发言结束本章对斯滕伯格的介绍。在回答"你为 APA 制定的三个优先原则是什么?"时，斯滕伯格做出以下回答：一是联结科学与实践，努力沟通心理学家与实践者这两大阵营，建立科学与实践的整合模型，以促进其共同利益；二是提高心理学对公众的助益，加强心理学的应用，以实现减少暴力、增进和平与健康、促进自由而负责的媒体等目标；三是重视心理学在教育实践中的价值，心理学家有责任在这一代学生中形成终身学习的观念，同时为下一代人创建一种主动性的教育。

[印象小记]

　　肯尼斯·斯彭斯(Kenneth Spence，1907—1967)，美国新行为主义心理学家，新赫尔主义者，因对条件作用以及学习的理论和实验研究有许多贡献而著名。1955 年当选为国家科学院院士，1956 年获美国心理学会颁发的杰出科学贡献奖。1964 年任得克萨斯大学奥斯汀分校心理学教授。斯彭斯是赫尔最亲密的合作者和继承者。赫尔生前曾引用过他的一些思想和假说，斯彭斯的学说兼顾了强化学说和接近学说，两人相互影响，所发展的理论体系往往被称为"赫尔—斯彭斯学说"。2002 年，斯彭斯被美国《普通心理学评论》杂志评为"20 世纪最著名的 100 位心理学家"之一，位列第 62 名。

---

❶　本章作者：王鸿飞，董妍。

行为理论与条件作用

第二章　选择性学习与条件作用❶

学习现象

在第一章中，我们讨论了心理现象的复杂性和相互关联性，心理学家在试图对简单观察系统进行分离时所面临的困难，以及即使在发展的早期阶段也需要进行理论概括化的必要性。心理学家在尝试开发简单情境并构建与之相关的理论方面，最为持久的领域之一就是学习行为。接下来的章节将关注心理学家们在研究学习行为过程中的一些经验和理论层面的努力。

学习是每个人或多或少熟悉的现象。事实上，因为我们每个人都是学习者，所以我们每个人都是无数自然情境实验下的一个被试，我们也经常有机会观察他人的学习现象。虽然日常的学习经历让我们明白这样一个事实，即在相同情境下的连续经历会让我们的行为发生深刻的变化，但是这些情境下得到的信息并不具有系统性。无论是自然还是社会情境都没有提供最简化的条件，更不用说二者之间必要的规律性，而这种规律性恰恰又是科学的学习规律所必需的。探究学习规律不仅需要测量相关变量，还需要在系统层面控制生物体的行为和相关环境变量。

事实上，学习是一个非常普遍的过程，几乎会影响到我们生活的每个方面，这使得许多不同风格的心理学家都对学习行为非常感兴趣。因此，许多学科和方法都对学习领域的研究有贡献。例如，临床心理学家对神经症和精神病症状的产生非常感兴趣；而儿童和社会心理学家则将更多的注意力集中在了学习的社会需求、习俗和态度方面；教育和应用心理学家则试图发现各种最有效的环境因素来提高学习效率。

在大多数情况下，心理学家们的关注点是发现他们感兴趣的行为背后的历史因素。例如，执业临床医生需要识别患者特定人格或行为的产生条件。理论-实验心理学家的关注点则完全不同，他们主要关心的是形成一般规律和理论，这些规律和理论将广泛应用于特定的学习行为。因

❶ Spence Kenneth，"Behavior theory and conditioning，"Yale University Press，1956，pp. 25-53. 本章译者为王鸿飞。

此，学习心理学家与临床医生不同的是，学习心理学家对于了解社会环境中所有不同的和特定的事物并不是很感兴趣，他们的兴趣在于形成描述反应变化和强化属性之间关系的规律。此外，学习心理学家试图生成生理学或数学理论，用于逻辑推导和解释整体层面的意义。

对简单试错学习（选择性学习）的分析

与其他科学研究一样，为了实现研究目的，学习心理学家们必须设置比日常学习更具控制性的观察条件。为此学习心理学家们设计了各种实验情景，实现了对各种环境变量组合的隔离与操纵。实验心理学家已经采用了多种不同类型的实验室学习情境，包括死记硬背学习、迷津学习、辨别学习、复杂问题解决和多项选择学习等类型。然而近三年来，有三种较为简单的学习实验受到青睐，分别是选择性学习、工具性条件反射和经典条件反射。

本章将分析这三种学习实验的主要特点，特别是它们的刺激条件和观察到的反应性质。这些实验设计的主要目的是将简单现象从复杂的行为变化中分离出来，从而发现行为的基本规律。

我们将从简单试错学习（也被称为选择性学习）开始。这种类型的学习情境是英国比较心理学家劳埃德·摩根（1896）最早开始使用的。在哥伦比亚大学，桑代克第一次在实验室里进行了应用。在桑代克的实验中，被试（猫、狗或猴子）通常被放在一个盒子里，它们需要学习如何通过拉环形绳、转动按钮或提起闩锁的方式从盒子里逃脱。尽管被试的行为会被仔细记录，学习进程的主要指标仍然是每次完成实验过程所需的时间。

我们讨论的不是问题框类型的选择性学习，而是采用图 13-1 所示的单选择点迷津。被试（通常是大鼠）必须从起始盒子（SB）出发，通过路径 S_C 到达终点盒子 C（里面放有食物），而不是通过路径 S_A 或 S_B 到达空盒子 A 或 B。

这种选择性实验设计主要有四个组成部分：（1）有动机的生物体；（2）提供多种反应选择可能性的情境；（3）生物的行为库（即面对不同环境可能出现不同的行为反应）；（4）刺激性的事件作为数次反应后的结果。我将依次简要讨论这些部分。

有动机的生物体 在进行正式实验之前，研究者会安排一个动机测试，用来证明生物体被试具有最基本的食欲和厌恶，并且这种动机允许通过操纵环境而产生。例如，不给大鼠食物会让大鼠有饥饿感；对大鼠施加电击会让大鼠产生对电击的厌恶。

环境（选择）情境 选择性学习的第二个组成部分是环境或选择情境，

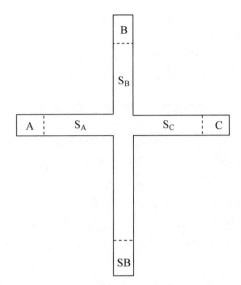

图 13-1 单选择点迷津

注：其中 S_B（start box）为起始盒子；S_C 为通向终点盒子 C 的路径；S_A 和 S_B 为通
向空盒子 A、B 的路径。

通常提供许多可以区分的选择，作为被试以各种方式进行反应的潜在刺激。在图 13-1 所示的装置中，不仅包括三条路径（S_A、S_B、S_C），还包括诸如设备顶部的电线、从起始盒子出发的门、不同盒子的各个角落，等等。需要注意的是，环境不能提供任何包含类似于食物或惩罚之类的强化事件，也不能在反应发生前与任何强化事件有明显的联系。这与格式塔心理学家们的观点完全不同，格式塔心理学家们认为，激励或强化应该存在于情境中，并且与情境的某个特定部分存在联系。因此，两种学派的实验情境设计是非常不同的，这也代表了对不同心理过程的关注。

反应 动机状态和环境的结合促使受试做出反应，直到强化从情境中移除。我们会对生物体在新情境中各种反应的相对强度和可能性进行分析。反应的初始强度取决于先天和后天因素。生物体的经验越少，最初的反应往往由未经学习的反应倾向组成；而在更有经验的生物体中，反应的初始强度在很大程度上取决于生物体在过去类似情况下学会的反应。也就是说，当第一次处于某种情境时，生物体做出反应的可能性取决于过去的经验。

图 13-2 描绘了选择性学习中刺激—反应的层次。S_A、S_B 和 S_C 分别代表来自三条不同路径的刺激，R_A、R_B、R_C 分别代表朝这三条路径前进的反应。S_X 和 S_Y 代表其他可能引起反应 R_X 和 R_Y 的路径。S 和 R 的

箭头上方的数字表示可能引起反应的不同初始强度，体现了反应的不同层级。在选择性学习中，实验者希望被试学习的反应通常等级较低，因此被试一开始更有可能做出错误反应。学习过程将会逐渐消除这些错误反应，并在每次实验后增加正确反应发生的概率。

尽管之后在工具性条件反射的介绍中将详细讨论"反应"的概念，但是现在简要介绍"反应"对于理解选择性学习是非常有帮助的。从图 13-2 可以看出，所有可选的反应都被指定为一个符号，如 R_A、R_B、R_C，然而实际上每个反应都是由一系列复杂的行为和技能组成的。在开始实验前，成熟的被试应该已经具备知觉和行动的能力，例如在迷津情境下，大鼠已经具备了接受视觉刺激和行动的能力。

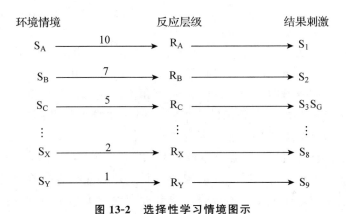

环境情境   反应层级   结果刺激

图 13-2 选择性学习情境图示

注：其中 S_A、S_B 和 S_C 等代表不同的环境情境，R_A、R_B、R_C 等代表被试做出的不同反应层次；环境情境与反应层级之间箭头上的数字表示该环境可能引起相应反应的初始强度；R_C 是正确的反应，S_G 是唯一的奖励刺激。

与迷津情境不同，问题框类型的选择性学习涉及新颖的装置或设备，需要被试学习全新的、复杂的感觉—运动技能。因此被试在这些"旧设备"的表现实际上是选择性学习和已有技能综合的结果。由于我们的关注点是反应层级的改变，而非新技能的获得，因此我们忽略了新颖的装置或设备，仅仅采用这些旧设备即可。

刺激事件作为反应结果 这是选择性学习的最后一个部分，即每个反应产生后的刺激事件。在迷津情境中，被试可以做出 R_A、R_B、R_C 三种反应，做出反应之后会获得该反应相对应的一个新情境或新的刺激事件。虽然三种反应到达的终点盒子（A、B、C）的物理特点或多或少相同，但三个终点盒子中只有一个包含我们称为强化物或目标事件的物体。因此，只有 R_C 被指定为正确或成功的反应，并且会导致强化物的出现；而

其他反应诸如 R_X 和 R_Y，则不会导致强化物的出现。

我们在很多场合使用了强化、强化物和强化事件之类的概念，现在是时候澄清这些概念的用途了。讨论这些概念的过程可能非常混乱，因为这些概念具有两种不同的含义，一种是实证层面的，另一种是理论层面的。目前我们的讨论仅涉及在观察的基础上的实证，而不涉及任何理论层面。在简单选择性学习情境中，心理学家们已经观察到，反应更可能在特定的环境事件的伴随下发生。这种可以增加反应发生率的环境事件，我们就称之为强化物或强化事件。所有未能使反应发生率产生明显变化的，我们称之为非强化物。这个关于强化物和非强化物的表述我们可以称之为实证效应定律，它总结了两种不同环境事件的条件下，反应发生概率和强度的差异。需要指出的是，这种实证效应定律并不意味着如何影响反应发生概率的理论。据我所知，所有心理学家，无论是支持还是反对学习强化理论的，都会赞同这个实证效应定律。

然而，对于该定律的理论解释，特别是关于强化物作用的性质，心理学家们存在强烈的分歧。赫尔(1943)和桑代克(1935)等强化理论们家将该定律作为他们强化理论的出发点，即强化物增加了刺激反应倾向，非强化物则没有增加甚至削弱了刺激反应倾向。接近理论学家们则否认任何反应趋势的增加是由强化事件引起的。格思里等接近理论学家认为，强化物的作用是保护关联强度的增加，并且这种关联仅仅在刺激反应出现之后才建立。托尔曼(1934)等其他接近理论学家们则对强化物的功能做出了不同的解释。

选择性学习的过程　为了完成对简单选择性学习的分析，我们以不正确、非强化反应(例如 R_A、R_B、R_Y)发生频率的逐渐下降，以及正确、强化反应(R_C)的增加为这种学习的过程的标志。根据研究程序是矫正方法或非矫正方法，研究者们选取不同的学习进度指标。在矫正方法中，被试允许在情境中持续做出各种行为，直到做出正确的、达到目标的反应，通常测量以下两种指标：(1)每次实验中做出正确反应并获得强化所需的时间；(2)每次实验中错误反应的数量。通常情况下只把 R_A 和 R_B 的出现记为错误反应，R_X 和 R_Y 则不记为错误反应。然而后者的发生确实需要一定时间，并且会影响对所需时间的测量。在非矫正方法中，被试仅仅允许在三种可选的反应中(R_A、R_B、R_C)选择一个，学习进度则用在一系列实验试次中正确反应的百分比来表示。当被试可以迅速做出正确反应时，我们认为学习已经成功。通常采用连续三个试次没有出现错误作为学习成功的固定标准。

尽管选择性学习实验非常有价值，它不仅促进了实证效应定律的形

332

成，而且提供了关于特定事件如何构成强化物的信息、不同强化物的相对有效性，等等，但是选择性学习实验的复杂性不利于制定任何将学习表现与学习行为联系起来的系统性规律。例如，关于在选择性学习情境中动机水平对学习表现的作用，不同研究的结果是高度冲突的。尽管有一些研究表明，高水平的学习表现由较强的驱力而非较弱的驱力导致，其他研究却发现驱力的强弱对于学习表现没有显著影响。同样的，就选择性学习情境的奖励间隔、大小和是否延迟而言，不同研究所发现的结果也是高度矛盾的。

选择性学习的复杂性与简单学习情境的必要性

当由反应方式、时间、错误构成的学习曲线不仅代表在连续实验试次中正确反应的增长强度，而且代表着竞争性、不正确反应的同步削弱时，学习情境的复杂性变得更明显。另外，在矫正方法中，每次实验结束发生正确反应的情况表明，在其发生的那一刻是最强的反应。然而在学习的早期阶段，一个或多个不正确的反应通常发生在下一个试次的开始阶段。虽然偶然因素可能部分解释了这一点，但是这些不正确反应的普遍存在表明了它们在间隔试次中从强化失败的弱化效应中自发恢复。

在选择性学习实验中使用的反应方式因此被视作至少有三个不同的并发过程的操作功能：(1)正确的刺激－反应趋势的强度增加；(2)不正确的刺激－反应趋势的连续弱化；(3)后者在不同实验试次之间的自发恢复。显然，我们所需要的是一种可以对这些过程进行彼此独立研究的实验情境。

尽管各种各样的选择性学习情境(尤其是 T 形迷津)在研究中被投入使用，但是，大约从 1930 年开始，越来越多的研究者使用两种更简单的学习情境。一是由苏联生理学家别赫捷列夫(1909，1913)和巴甫洛夫(1906，1927)设计的经典条件反射实验。二是由斯金纳(1935)等人设计的工具性条件反射实验。许多不同的因素导致了研究者们对这些简单条件作用实验的兴趣激增，其中比较突出的是克拉克·赫尔于 1928 年前往耶鲁大学之后发表的一系列理论和实验成果(1929，1930a，1930b，1931，1932，1934a，1934b，1937)。在这些文章中，赫尔对华生(1916)提出的条件反射表达了截然不同的看法。华生认为条件反射是组成更复杂行为的基本单位。相比之下，赫尔则将条件情境视作一种实验技术，因为其简单并易于控制，有利于发现各种学习过程中习惯形成和习惯破坏的基本过程规律。此外，赫尔认为这些规律也可以作为一套理论假设，从中可以对更复杂的学习现象进行推论。赫尔的文章导致美国出现了大量关于条件作用的研究，这些研究结果也为他后来著作中提出的理论(1943，1951，1952)提供了实证基础。

与更复杂的选择性学习情境相比，这些经典条件反射和工具性条件反射的方法允许将刺激—反应的习得从其他反应中或多或少的分离出来。同样的，它们使研究和确定非强化反应的削弱和消退变得具有可能性。这些技术还提供了研究消失反应的自动恢复过程和习得消失反应倾向的途径。然而，显而易见的是，这些实验方法尤其是工具性条件反射，并不总能让这些不同现象完全分离。

研究这两种简单类型的学习与选择性学习的关系具有非常重要的意义，因此，它们的关系非常值得我们去仔细研究。在动机—奖励条件下，经典条件反射和工具性条件反射实验可以被区分为：经典防御反射和经典奖励反射，以及工具性逃避反射和工具性奖励反射。我们将从两种工具性条件反射开始，讨论它们与选择性学习的关系。

工具性条件反射

正如我们所看到的，选择性学习涉及由环境的各个方面引起的不同层级的反应。其中一个反应得到强化，而其他反应没有得到强化。在工具性条件反射和经典条件反射中，实验者的目的是在研究刺激—反应的获得或消退时，使单个反应或反应链伴随着强化而出现。在工具性条件反射中，需要学习的反应被视作环境的一方面或一部分。然而，工具性条件反射不像在选择性学习中那样选择一个初始水平相当低的反应，而是由研究者选择最强的反应，即最可能发生的反应，作为要强化的反应。研究者们希望以这种方式将研究限制在加强这一单一反应的范围中。许多设备被用来最大化测量学习反应的第一次发生，并最小化测量竞争反应的发生。为此目的采用的一种通用技术是使操作物或环境的一部分尽可能突出，如格式塔心理学家所说的那样——作为地面上一个脱颖而出的人物。因此在斯金纳箱类型的工具性条件反射情境中，被试必须学会按压杠杆，因为这是整个情境中唯一可以获得食物的渠道。此外，在第一次或第二次实验中，研究者经常用潮湿的糊状物涂抹杠杆。

在迷津类型的工具性条件反射中，通过仅设置单个直行通道而不是多个可替代的通道减少了竞争反应发生的可能性。在起始盒子的门一升起时，被试仅需要学会向前行进并一直跑到可以提供强化物的终点盒子中。斯金纳箱情境和我们刚刚描述的简单跑道情境是最常用的工具性条件反射情境。当在情境中应用某种形式的欲望需求(如饥饿)以及对应的强化(如食物)时，我们称之为工具性奖励反射。在工具性逃避反射中，某种引起厌恶的情境（如电击）被使用，被试从厌恶情境中脱离构成了强化。在工具性条件反射情境中对于行为的测量仅仅包括学习反应的特征，其中包括反应链开始所需的时间，反应链的一部分或整个反应链所需的时间，以及在斯金纳的自由反应情境下，在一段时间内发生反应的速率。尽管理论上没有其他反应或反应链出现，但是在实际操作中，这种理想化的单一反应是很少见的，在大多数工具性条件反射情境中只能使竞争反应的出现最小化。

工具性条件反射中刺激的概念　　除了最大限度地减少工具性学习中竞争反应的发生，心理学家们还对尽可能精确、稳定地控制生物体接受刺激感兴趣。在这一点上，如果要仔细考虑刺激一词的含义，应该从最近发表在心理学期刊上的一系列文章中（巴坎，1953；卢钦斯，1954）进行判断，因为普遍来看，这个词的使用很混乱。

显然，误解的基础是我们倾向于用"刺激"这个术语表示许多不同的东西，这在很大程度上依靠语境和高度合作的读者进行差异区分。进入混乱本身是没有意义的，相反我会尽力澄清我需要理解的东西。在第一章中提到了心理学家操作的独立变量，在那里使用"刺激"这个术语意味着心理学家安排出现的身体或环境情况中的不同方面或特征。斯金纳箱中的杠杆、不同亮度和位置的小径、迷津中不同类型的地板、通过振荡器引起的听觉刺激、三角形和圆形的辨别装置等，都是我称之为情境刺激的具体例子。根据研究的目的，所有这些事物都可以被实验者操纵。例如小径的亮度可能不同或相同，规格可大可小，听觉刺激的频率和幅度可以变化，等等。

但是，特定情境刺激的存在并不能保证它是生物体做出反应时的刺激物。在这里我们使用了第二种不同意义的刺激一词。在赫尔的行为原则中，他通过术语潜在刺激和实际刺激来区分两种刺激的概念。物理环境中不同的可操作物体或能量均为生物体提供了潜在刺激，但只有那些影响和刺激了生物体的才是反应的实际刺激。后者我们称之为有效刺激，能否成为有效刺激不仅取决于实验者的操纵，还取决于被试的接受能力和受体定向行为。因此受体不敏感的情境刺激不能成为有效刺激。同样地，如果受体未定向接受情境刺激，此时的情境刺激也不会成为有效刺激。此外，相同的情境刺激可能在不同的场合形成略微不同的有效刺激。因此在动物辨别实验中，被试接受三角形或圆形刺激可能会因为被试受体的调整而产生变化。事实上，提供可区别的有效刺激的受体定向反应是这种学习的重要部分。

然而在我们正在考虑的简单学习情境中，实验者并不对这种受体定向行为感兴趣，因为这是一个非常复杂的选择性学习过程。相反，研究者们安排了不需要被试学习新的、特定的受体定向行为的情境，因此不同实验试次之间情境刺激的变异将减少至最小。而实际上这种变异是相当大的，特别是在跑道和斯金纳箱这种被试可以自由移动的工具性学习情境中。

回到我们对刺激概念的讨论，这里应该提到该术语的进一步用法。当刺激是不可观察的事物时（通常是器官内的），其存在是基于已知的生理学定律进行推断得出的。例如通过肌肉作用激发自感器。在生理学定律的基础上，心理学家们认为类似于将头部向左转或向右转的这种不同反应会对紧接着的反应产生截然不同的自感刺激。其他关于器官内刺激的例子包括通过饥饿、口渴和性引起的那些欲望状态。不幸的是，将这些内部事件与外部环境或行为联系起来的生理学定律并没有十分完善，心理学家们在使用这些驱力或需要刺激的概念时需要更加理论化。

总之，对刺激概念的讨论表明它至少有三种类型：（1）情境刺激，即环境中完全独立于生物体，并且可以被实验者操纵的物理对象或事件；（2）有效刺激，属于情境刺激全部样本中的特定样本，它们在反应时作用于受体并激发受体，并且很大程度上取决于生物体的受体定向行为；（3）器官内刺激，其特点是通过已知的生理学定律或基于有机体内部关系的假设来推断。

在任何时刻被试的行为完全取决于第二类和第三类刺激，这些刺激并非总是在实验者的直接控制之下，但这并不意味着不能发现不同类型刺激与对应行为之间的规律。通过内部的生理学定律和外部感受器的定律，以及确保被试接受一组特定情境刺激的实验技术，可以在一定范围内保证不同实验试次之间情境刺激的特定性与连续性。经典和工具性条件反射技术尝试提供这样的控制条件。他们要么安排突出的环境情境，要么试图控制被试调节做出反应时的受体暴露。我们即将在后文中看到，在这方面经典条件反射技术比工具性条件反射技术更成功。

工具性刺激中反应的概念　　反应的概念也需要一些考虑，尽管通常对它的处理更多是不完整而非混淆的。许多研究者（格思里，1930；托尔曼，1938；默里，1938；赫尔，1943）仔细区分了反应的两种概念，一种叫作分子类反应，一种叫作摩尔类反应。根据这种区分方式，可以把分子类反应描述为运动或动作，即肌肉收缩的方式，将摩尔类反应描述为行为。后者是根据它们在环境中或生物体与环境的关系中的变化来确定的。❶ 不同次肌肉活动的模式差异被忽略，并且所有产生相同环境变化的情况被视为单个反应类别。例如按下斯金纳箱中的杠杆，沿着迷津小径向前行进，向刺激卡跳跃等，均属于摩尔类反应。

在大多数情况下学习心理学家们采用第二类反应的概念。显然，在工具性条件反射和选择性学习中所有涉及的反应都应该被归类为行为而不是肌肉动作，并且与普遍看法相反，甚至经典条件反射中使用的反应也属于这一类。因此在眨眼调节中，眼部肌肉的收缩模式被忽略，反应通过眼皮合至一定临界量来界定。同样，腿部弯曲反应的定义是将腿从地面抬起而不是每一步肌肉收缩的动作。也就是说，在测量反应变量的过程中，只要忽略了所涉及的肌肉动作的变化，并且仅根据某些环境结果或生物-环境关系来确定反应，那么这种反应就属于行为类别而非运动类别。❷

我们在对选择性学习中的替代反应进行讨论时，提到了每个反应涉及一系列行为的情况。我们现在需要自己研究这些行为。图 13-3 的上部序列显示了凯勒和舍恩菲尔德（1950）对自由反应的斯金纳箱的分析。前四个刺激代表不同序列阶段来自杠杆的刺激，序列中的连续反应是朝向杠杆的，即到达杠杆并按压。在听到食物输送装置的声音时，被试低下身子到食物杯中获得食物颗粒。在完成食物颗粒进食后重复该行为链，并测量反应的强度和速率，即每个给定时间段内这种行为链完成的数量。在非连续实验技术条件下，杠杆在被试获得食物颗粒后移除，然后在接着发生的试次中重新插入，反应是通过完成行为链的时间来测量的。

我们将由连续刺激构成、但是反应不同的行为链称之为异构行为链。与此相对的是同构行为链，即相当一部分刺激物和反应或多或少相似的行为链。我们的跑道情境提供了一个很好的同构行为链的例子。正如图 13-3 下方序列所示，初始反应是沿着小径前进，最后的部分涉及获得食物颗粒和进食。随着被试的活动，被试接受的视觉刺激会根据照明源而略微改变，尽管研究者已经使跑道的视觉环境尽可能均匀。

从前面的分析很容易看出，即使是同构的工具性反应链也不简单，并且在这种情况下测量的反应强度涉及许多不同的刺激—反应联结。即

---

❶ 这里需要注意的是，这里的行为与之后的目标达成程度没有关系，仅严格地涉及反应发生时环境的直接影响。这个概念与托尔曼的概念完全不同，托尔曼在他对行为的定义中提到了后来的目标实现。

❷ 在这方面工具性条件反射与经典条件反射不同的是，后者总是涉及相同肌肉系统在不同实验场景的激活，而前者可能涉及至少部分不同的肌肉系统。因此，杠杆可以在一次实验中被左爪按压，也可以在另一次实验中被右爪按压。

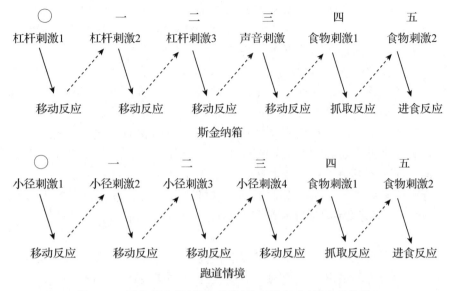

图 13-3　异构行为链（斯金纳箱）和同构行为链（跑道情境）

注：异构行为链的联结彼此明显不同，而同构行为链的联结更为相似。刺激后的小写数字表示刺激的轻微变化，相应的物理刺激基本是均匀的。虚线箭头表示物理因果关系，实线箭头表示刺激—反应倾向的形成过程。大写数字表示的是任意时间段，其本质是连续的行为变化。

使将反应链限制在相当同构的刺激—反应联结里（例如图 13-3 中跑道情境的○至三），也代表着若干个相似的刺激—反应联结强度的平均值。当考虑到额外的情况，特别是在学习的早期阶段，完全从工具性条件作用中消除竞争反应是非常困难的，在这种情况下学习曲线反映的内容远比单一的刺激—反应倾向复杂。

工具性学习情境的另一个缺点是，在实验开始时，目标刺激—反应倾向已经具有一定的强度，其产生和获得过程已经在实验开始前发生，难以对其进行研究。因此，需要相当的实验智慧来测量"从过去已有状态到产生学习反应"这个过程中的最小变化，并使目标学习反应的变化显著大于其他无关反应。在这一要求上，过去的研究者们关注太少。

经典条件反射

现在我们讨论经典条件反射，其刺激情境和反应都比工具性调节更简单、更好控制。在经典条件反射中，与新刺激相关的反应在实验者的严格控制之下，这种反应是由无条件刺激加入环境进而引起的无条件反射。在经典防御反射中，这种反射是由某种有害的刺激引起的。例如通过施加在爪子上的震动、施加在眼睛上的空气撞击引起了肢体弯曲。图

13-4 的上部位置表示了这种经典防御反射的情况。水平线的阶梯状上升代表条件刺激和无条件刺激的起始点，并且在停止后下降。由无条件刺激（如对眼睛的空气撞击）引起的无条件反射用实心箭头表示，由条件刺激（如音调或光线）建立的新联系用虚线箭头表示。通过对中性刺激（条件刺激）的连续训练，引起最初仅由无条件刺激引起的反应。

在经典防御反射中，实验者通过安排短暂间隔的有害的无条件刺激，使被试做出简单的反应行为，例如弯曲肢体和闭眼。在简单反应行为之后紧接着是强化事件，即取消有害刺激。因此，试误活动是短回路，相比工具性调节中复杂的行为链，经典防御调节中的行为非常简单。

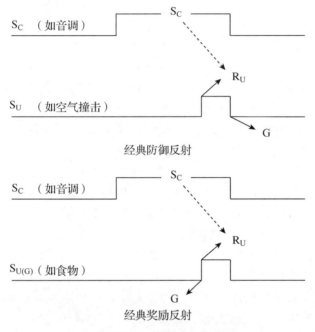

图 13-4　两种经典条件反射的图示

　　注：水平线的阶梯式上升和下降表示刺激开始和结束的时间序列。在两种类型的经典条件反射中，无条件刺激（S_U）在条件刺激（S_C）出现后不久呈现，以确保无条件刺激（S_U）和无条件反应（R_U）的紧密联结。两种类型下奖励事件（G）的性质有所不同：在经典防御反射中，奖励事件（G）与无条件刺激（S_U）的移除相关联；在经典奖励反射中，奖励事件（G）与无条件刺激（S_U）的发生相关联。

经典奖励反射，例如最著名的巴甫洛夫唾液反射，如图 13-4 的下半部分所示。在经典防御反射中，实验者要同时控制反应和刺激的发生。在经典奖励反射中，强化物（如食物）具有双重功能，既作为无条件刺激，也提供了强化事件。研究者通过训练动物被试静静站立在实验情境中，使被试的工具性反应降低到最小。在巴甫洛夫最早的实验中，他甚至通过将食物直接吹入狗的口中来消除工具性反应，并且仅测量条件刺激产生的反应，即唾液分泌量。

当对无条件反应发生的时刻进行控制时，实验者可以提供条件刺激与反应的时间关系。这不仅允许保持不同实验试次之间条件刺激和反应的时间相位，还允许其系统变化。工具性调节则不允许这样，因为条件刺激的接收以及它们与反应的时间相位不是由实验者决定，而是由被试自己的行为来控制的。在经典条件反射中，实验者还试图在恒定受体情况下呈现条件刺激，例如让人类被试在呈现条件刺激之前注视一个固定点，或对动物被试采用不随被试受体取向变化而变化的条件刺激（例如环境的照明变化或不可预知的音调变化），等等。

最后应该注意这样一个事实，即经典条件反射确实是工具性条件反射的固有部分。图 13-5 上部分非常清晰地展示了这一关系，用罗马数字 I 标记的实线箭头表示工具性学习，用罗马数字 II 标记的虚线箭头表示经典条件反应。在工具性条件反射中，实验者通常记录和测量两种反应中的一种，即工具性反应或感知—运动技能序列。但是除了学习工具性反应以外，被试还可能习惯于对具有适当时间关系的先前刺激事件做出预期的反馈。后者属于经典条件反射，并且在有食物奖励的条件下，进食活动的复杂过程可以在口中没有食物的情况下发生。类似地，在涉及某种形式的外部伤害性刺激作为奖励刺激的工具性条件反射实验中，将小径或盒子里的刺激线索变得条件化，进而会引起本来由有害刺激引起的情绪或恐惧反应。正如米勒（1951）在实验研究中所表明的，工具性条件情境中的经典恐惧反射可以为学习提供辅助刺激和强化条件。

因此显而易见的是，工具性条件反射实验中的被试不仅学会做出特定的工具性反应，而且还获得了对反应的期望，并随时准备好应对即将发生的事件。此外可以推测，经典条件反射通过内部刺激在工具性反应的强度中起到了重要作用。图 13-5 的下半部分显示了一种通过操纵经典条件反射影响工具性反应的构想。在跑道情境下，假设小径开始处的刺激线索可以对完成反应（R_g）的部分（r_g）产生经典条件作用。由这种经典条件作用引起的内部感受刺激线索（S_g）被假定为工具性运行反应的条件。对于这个问题我们将在第五章进行更详细的讨论。

对经典条件反射和工具性条件反射的分析表明，经典条件反射没有工具性条件反射那么复杂。在此基础上，似乎经典条件反射可能是一个更令人满意的用于研究刺激—反应的强化与削弱的来源。

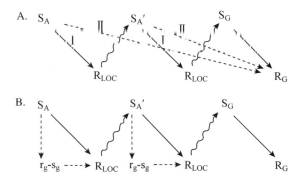

图 13-5 涉及工具性学习的经典条件反射过程图示

注：S_A 为小径的刺激线索，S_G 为内部感受线索，R_{LOC} 为移动反应，R_G 为完成反应，r_g 为完成反应的一部分。图 A 为早期训练，该图显示了完成反应 R_G（用箭头 II 标记）是工具性学习的一部分。标记为 I 的箭头代表运动反应的工具性调节。图 B 为后期训练，小径的刺激线索（S_A，S_A'）被假定为引起预期的完成反应（R_G）的一部分（r_g）。由 r_g 引起的内部感受线索 s_g 被假定为习得工具性运动反应的习惯负荷。

对简单学习情境的总结描述

在总结应用于简单学习现象的不同实验技术时，应注意以下特征。学习情境涉及重复呈现相同或类似的环境，生物体以一种或多种可辨别的行为做出反应。反过来，这些反应产生了环境的变化，或使被试进入了新的环境，进而带来新的和不同类型的刺激。学习是通过在连续的实验场景中被试发生的行为变化揭示的。心理学家记录并测量行为属性的变化，并试图确定与它们相关的其他因素或变量。尽管学习心理学家们主要关注对连续实验试次中生物体反应的测量（所谓的学习功能），但他们对所有影响这些行为的变量感兴趣。这些影响变量以及它们的规律可以划分为以下几类：1. 刺激情境中的变量，例如经典条件反射中的条件刺激的强度和持续时间，以及工具性条件反射和选择性学习中操作的数量和复杂性；2. 紧接着学习反应出现的刺激情境变量，例如强化物的大小或持续时间；3. 与情境中反应发生相关的变量，例如反应中的工作量和连续反应发生的时间间隔；4. 生物体状态相关变量，这些变量受到环境已有条件的影响，可以细分为学习变量本身（即强化或非强化试次的数量），动机变量（例如剥夺食物或水的时间），以及神经解剖学和生理学变量（包括手术导致的改变和药物管理），等等。

在接下来的章节我们将研究经典条件反射和工具性条件反射所获得的实验结果，从而形成一个理论模型，并充分考虑这两种条件下的反应变化。我们没有时间考虑所有变量，但最重要的变量将被考虑，特别是那些我们拥有最充足数据的变量。在形成理论模型之后，我们将试图举例说明如何将其扩展到更复杂的学习模型，例如动物选择性学习或人类被试的配对关联学习。在展示部分将重点强调心理学家们在试图完成这项任务时遇到的困难和问题。

[思想评价]

一、生平事迹与新行为注意理论形成的背景❶

1907 年 5 月 6 日，斯彭斯在芝加哥出生，他的父亲是一名电气工程师。斯彭斯全家在他小时候搬到了蒙特利尔，斯彭斯在那里度过了他的童年和青春期。在蒙特利尔的西山高中读书时，斯彭斯非常热爱篮球、田径和网球运动。后来在麦吉尔大学，他在一次田径比赛中不慎弄伤了自己的背部。为了治疗和康复，他前往威斯康星州的拉克罗斯和他的父母一同居住，并在拉克罗斯师范学院学习体育专业。在那里他遇到了自己的挚爱伊莎贝尔，两人随后结婚，并有了两个孩子——雪莉和威廉。

随后他回到麦吉尔大学，并将自己的专业转为心理学，于 1929 年取得学士学位，1930 年取得硕士学位。从麦吉尔大学毕业后，斯彭斯来到了耶鲁大学，担任罗伯特·耶基斯实验室的研究助理，并获得了国家研究委员会的资助。在耶基斯的指导下，他完成了一篇关于黑猩猩视觉敏锐度的论文，并于 1933 年获得博士学位。正如美国心理学家希尔加德所说，斯彭斯在耶鲁大学期间开始与克拉克·赫尔建立知识联盟，至少在某种程度上，这是希尔加德当时正在教授的实验心理学研究生课程的产物。在沃尔特·希普利的带领下，他对赫尔在大鼠迷津学习中盲目小巷难度的推论进行了实验测试。这些研究展现了斯彭斯根据理论设计实验的美好前景，这种"斯彭斯风格"的特征成为他理论-实验工作的标志（之后斯彭斯在爱荷华州立大学所带的学生们都会把自己的博士学位称为"理论-实验心理学"）。

随后斯彭斯前往佛罗里达州的奥兰治公园灵长类实验室，开展了为期四年多的黑猩猩辨别学习研究。1937 年，斯彭斯获得了弗吉尼亚大学一年制助理教授的职位；第二年他去了爱荷华州立大学，一待就是二十六年；直到 1964 年，斯彭斯才离开，前往得克萨斯大学任职。

---

❶ Abram Amsel，"Kenneth Wartinbee Spence," Biographical Memoirs，National Academy of Sciences（US），1995，66，pp. 335-351.

在约翰·麦克乔克不幸逝世后，斯彭斯于1942年担任爱荷华州立大学心理学系的系主任，并继续带领一群具有不同兴趣的同事开展科研工作。曾担任爱荷华州立大学研究生院院长的卡尔·西肖尔在心理学系设立了专门的办公室，并设置了以下心理学代表专业：历史和系统、社会心理学、心理声学、统计和测量、临床心理学、条件和学习。然而，几年之后，斯彭斯对理论—实验心理学产生了浓厚的兴趣，条件学习、动机相关的研究主导了该系，特别体现在了研究生课程中。

斯彭斯非常重视自己的教学。他的讲义是他自己精心准备的，并且每年都在更新。他为所有一年级学生开设了关于学习专题的研究生研讨会，反映了他当前的主要研究兴趣。在暑期课程中，他给学生们轮流讲学习理论和动机理论课程。虽然斯彭斯被一些外人视为教条主义者、非常坚定的赫尔—斯彭斯学说支持者，但他的学生们知道，他的课程非常详细地涵盖了赫尔和他自己以外的各种学习和动机理论。斯彭斯对自己在爱荷华州立大学提供的研究生教育非常自豪。

斯彭斯的研究工作被认为是同类研究者中做得最好的，他的研究成果被广为引用，当时他是十四本心理学顶尖期刊中被引用次数最多的心理学家。另外，斯彭斯的实验室一共培养了七十五名博士生，如今这些人许多已经为心理学研究做出了重大贡献，这也是斯彭斯不能被忽视的功劳之一。

斯彭斯的主要成就可以概括为两方面。一是关于辨别学习理论。他认为针对正刺激（S+）和负刺激（S−）建立的兴奋和抑制趋势，将泛化到相似的刺激上，其泛化的程度随相似程度的不同而下降。因而，对任何刺激反应的纯趋势，决定于泛化到那个特殊刺激上的兴奋与抑制之差。二是关于诱因动机作用说。与赫尔理论（刺激与反应联结的强度即习惯强度，并受强化条件影响）有所不同，斯彭斯主张把奖励设想为对习惯有激励作用，而不认为它直接影响习惯强度本身。这是假定习惯强度是刺激—反应接近次数的函数，奖励是通过诱因动机作用（外部诱因，即满足需要的事物）而对反应产生影响的。其学说兼顾强化原理和接近原理。1953年获沃伦奖章。他的主要论文有《行为理论和条件作用》（*Behavior Theory and Conditioning*，1956）等。

斯彭斯在麦吉尔大学读书时获得了许多荣誉，包括威尔士王子精神科学金奖和总督研究奖章。后来，他被选入实验心理学学会，并因其杰出的心理学研究获得霍华德·克罗斯比·沃伦奖章，并当选为美国国家科学院院士。他获得了美国心理学会第一年颁发的杰出科学贡献奖（据说这个APA奖项至少在一定程度上是为了纪念斯彭斯，因为他四五次被要求竞选会长，竞选失败后拒绝再次参选）。但是斯彭斯最珍惜的荣誉可能是他被邀请到耶鲁大学的希里曼讲座上发言，因为他是有史以来唯一一位获此殊荣的心理学家。

1964 年，当斯彭斯搬到得克萨斯大学时，他一定认为他正在开始职业生涯漫长而崭新的阶段。他的父母都很长寿，并且他当时只有五十多岁。三年后，1967 年 1 月 12 日，在 59 岁时斯彭斯因癌症在他的妻子身边去世，结束了作为一名理论家、实验者和老师的杰出的职业生涯。

斯彭斯教育心理学思想的产生有其特有的时代背景。斯彭斯所处的时代是行为主义盛行的时代，20 世纪 30 年代由托尔曼、赫尔和斯金纳等第二代行为主义心理学家们在华生行为主义的基础上进行不同程度的修正，形成了新行为主义流派。而托尔曼、赫尔和斯金纳等人的助手和学生又进一步促进新行为主义的发展，被称为新的新行为主义。斯彭斯正是新的新行为主义流派的代表。

行为主义是美国心理学家华生（Watson，J.B.）通过反对构造学派的观点创立的。这一学派认为，构造主义研究人的意识，而意识是看不见、摸不着的。研究意识很难使心理学成为一门科学。因而他主张心理学要抛开意识，径直去研究行为。所谓行为就是有机体用以适应环境变化的各种身体反应的组合，这些反应不外是肌肉的收缩和腺体的分泌。例如，思维不过是肌肉，特别是言语器官的变化；情绪不过是内脏和腺体的变化。华生认为，心理学研究行为的任务，就在于查明刺激与反应之间的规律性关系，由此就能根据刺激推知反应，根据反应推知刺激。只要确定了刺激和反应（即 S-R）之间的关系，就可以预测行为，并通过控制环境去塑造人的心理和行为。因此这一学派的观点也是一种典型的环境决定论的观点。

19 世纪末以华生为首的行为主义流派在历史发展的潮流中逐渐暴露出不足之处，主要表现在全盘否认意识对心理学的影响，忽视有机体内部条件的研究，贬低大脑中枢神经系统在心理活动中的重要作用，使心理学产生了"无头脑"的倾向，将人的心理活动降低到动物心理的水平，过于强调外在刺激对行为的意义，忽视了人的主观能动性，忽视了人的行为动机，使得人们对行为的理解过于简单。同时代的机能主义心理学，提出了基于行为主义 S-R 公式的 S-O-R 公式，这使得行为主义心理学受到巨大影响。对于学习过程的重视和对学习心理学的探讨也是新行为主义产生的一个原因。

在随后的时代里以托尔曼、赫尔和斯金纳等人为代表人物的一大批心理学家纷纷根据自己的见解对行为主义做出不同程度的补充。其中影响较大的是托尔曼整体行为主义、赫尔的假设—演绎系统、斯金纳的操作性条件作用论，后人根据他们的研究成果进行总结分析得出一真心理学研究方法，并将其称为新行为主义。这个学派认为心理学的研究对象是行为本身，主张以实验科学的方法分析行为原理，找出心理学相关变量之间的函数关系。该学派注重社会因素的影响，把学习心理学的研究和社会心理学研究结合在一起，对学习理论的发展做出了独树一帜的贡献。

新行为主义产生的哲学背景主要有两个。

一是 20 世纪 20 年代至 50 年代流行于西方的逻辑实证主义，又名逻辑经验主义，核心是维也纳学派。一切科学命题皆源于经验，对经验进行逻辑分析就是要把命题分解为各个概念，之后将各个具体概念归结为更基本的概念，将各个具体命题归结为更基本的命题。一个命题是否科学、有意义，取决于它能否为经验所证实。新行为主义者正是受逻辑实证主义方法论的启发，冲破了早期行为主义因有机体内部因素不能直接被观察证实而不予研究的局限，从而面对而不是完全回避意识这个不容回避的问题，并得以做出不同程度的解释。

二是 20 世纪 20 年代产生于美国的操作主义，即认为科学家的主要任务应该是探讨有关科学概念的精确定义标准，而操作正是一切概念的基础。所谓操作，是一种最原始、最基本、非分析的概念，是客观的、可以观察到的事实。也就是说，如果一个概念或命题不能用客观的、可观察的操作来验证，那它就是虚伪的、没有意义的。操作主义赋予新行为主义者的启迪的是，意识的东西、有机体内在的因素等如果可以用操作定义来表达，那么完全是可以接受的。新行为主义者在这一点上表明了站在操作主义一方的立场。

二、斯彭斯的教育心理学思想的主要内容❶

肯尼斯·斯彭斯是他所处时代最主要的学习理论家之一，是著名新行为主义学者克拉克·赫尔最亲密的合作者和继承者。尽管他和赫尔的名字仅仅在 1938 年一篇关于迷津学习中校正和非校正程序差异的文章中共同出现了一次，他们的名字通常与 20 世纪 40 年代和 50 年代最具影响力的新行为主义理论(包括条件作用，学习和动机)相关联。赫尔在《行为原理》的序言中明确承认斯彭斯对这一理论的贡献，这种贡献从他们两个人的合作中也是可以推断出的。从历史的角度来看，新行为主义理论的

❶ 车文博：《西方心理学史》，359-410 页，杭州，浙江教育出版社，2011。

数量、时间跨度和理论内容使得它可能是学习心理学史上应用最广泛和最重要的。人们可以通过回顾 1936 年至 1966 年心理学评论中发表的 13 篇论文，欣赏斯彭斯对新行为主义理论的独立贡献。

为了更深入地了解斯彭斯的思想贡献，我们需要首先从赫尔的理论思想开始讨论。

克拉克·赫尔是美国新行为主义的代表人物之一，逻辑行为主义创始人，1943 年发表《行为原理》，提出著名的假设—演绎系统、内驱力学习理论，研究领域涉及哲学、心理学、逻辑学等，是心理学史上最具争议的人物之一。1935 年他被选为美国心理学会主席，1945 年获得实验心理学家协会沃伦奖章。

赫尔创立了一套以数学为推理工具的研究方法来研究刺激与反应的联结，希望借此使心理学体系数量化，从而巩固新行为主义心理学的科学地位。赫尔创立的这套研究方法体系因其主要依赖于数学推理，因而被称作假设—演绎系统。假设—演绎系统因其原理较为科学，故成为新行为主义的主要研究方法。

赫尔的理论是 20 世纪 30 年代到 50 年代最受争议的学说。据统计，1943 年《行为原理》出版之后的十年间，在颇具影响力的《实验心理学》杂志和《比较与生理心理学》杂志上发表的所有实验研究中，有 40％涉及赫尔理论的某些方面。仅仅考察学习和动机领域时，这个数字增加到 70％。赫尔的影响还超出了这些领域，1949—1952 年，《变态与社会心理学》杂志中有 105 处提到赫尔的《行为原理》，比第二名高出 3 倍有余。此外，赫尔的理论是心理学史中最具启发性的理论之一，心理学家还从赫尔的理论中衍生出许多研究课题，激起了前所未有的大量实验研究。赫尔对强化、驱力、消退和泛化的解释已经成为后来的研究者讨论这些概念的标准参考框架。赫尔生前曾引用过斯彭斯的一些思想和假说，两人相互影响，所发展的理论体系往往被称为"赫尔—斯彭斯学说"。

赫尔逝世后，他的学生斯彭斯成为其观点的主要代言人，他扩展了赫尔的理论并对之做出了重大修正。

斯彭斯与赫尔关于诱因动机的理论持有不同的观点。赫尔认为，诱因动机是刺激—反应联结的终结者，其强度（即习惯强度）受强化条件的影响。就是说，强化物在某一特定刺激做出某一特定反应上的奖赏作用越大，那么它在那个刺激—反应上所产生的诱因动机作用也越大。而斯彭斯则不同，他主张把奖励设想为对习惯有激励作用，而不认为它直接影响习惯强度本身。这是假定习惯强度是刺激—反应接近次数的函数，奖励是通过诱因动机作用（外部诱因，即满足需要的事物）而对反应发生影响的。

另外，斯彭斯还提出了辨别学习连续理论，其含义是动物面对需要辨别的刺激物时，能同时知觉和注意它们，若对一种刺激物的反应进行食物强化，对另一种刺激物的反应不进行强化，则伴有强化的刺激物就具有使其兴奋的力量，不伴有强化的刺激物就具有使其抑制的力量。呈现的每个刺激或特征都独立地具有这些潜能。动物的反应取决于"兴奋的潜能"减去"抑制的潜能"所得的总量。辨别学习是逐渐积累对刺激物反应的兴奋和抑制能力的过程，是一种连续渐进的过程。在辨别学习初期，动物知觉到的刺激可能都会引起反应，但在学习过程中由于伴有强化刺激的兴奋能力和不伴有强化刺激的抑制能力会分别累加，最终两种刺激会分化开来。

斯彭斯在耶鲁大学的希里曼讲座中对学习和动机研究的理论贡献进行了更为正式的总结，并发表在《行为理论和条件作用》（*Behavior Theory and Conditioning*）一书中（1956）。这些材料揭示了斯彭斯在理论风格上与赫尔的本质区别，正如肯德勒指出的那样：在本质上，与赫尔相比，斯彭斯的建构更多关注用动物行为解释一个给定的实验变量的理论结果。赫尔的方法论鼓励他用更简单而整洁的方式陈述假设，斯彭斯则相反，他对实验数据的细微差别更加敏感，更加清楚地意识到心理学理论的临时性质，并且没有要强行提供类似最终解决方案的东西。他的愿望与现实保持着联系，致力于解释现有数据并预测新发现。《行为理论和条件作用》的最后一章很好地呈现了斯彭斯如何将有条件的基本原则应用于复杂学习任务的分析过程。

斯彭斯和赫尔在方法实用主义上的差异以另一种方式呈现出来。赫尔从逻辑实证主义和操作主义方法论出发，认为这种科学体系必须具备以下三个特征。一是有一套表述清晰的公式以及被给予具体明确的操作性定义的一组重要术语。二是从以上的公式出发，以尽可能严密的逻辑演绎出一系列相互联结的，包括有关领域具体现象的定理。三是以所观察到的已知事实去检验、印证以上的定理。如果两者一致，则该理论系统为真，否则是没有科学意义的。赫尔称这个科学理论体系为"假设—演绎系统"。赫尔希望将假设—演绎的方法应用于心理学中，最终使心理学成为像物理学和数学等自然科学一样客观的科学。赫尔去世后，斯彭斯并没有积极追求赫尔对于量化反应潜能的兴趣，而是像赫尔一样继续尝试用数学方程表述学习现象，这些尝试与数学心理学的发展大致保持一致。斯彭斯去世后的二十多年，具有普遍性的、真正的数学心理学似乎仍存在于遥远的未来。

尽管早期斯彭斯公开抨击用认知来解释学习行为的行为主义者，但后来他的理论却向认知方向做出了很重要的转变。在斯彭斯看来，零星期待目标反应（或部分目标反应）（fractional anticipatory goal response）机制就是对奖赏的期待，原来赫尔认为生物体的学习是学会迷津通道的路径，现在斯彭斯转而认为生物体的学习是知道奖赏位于何处。

斯彭斯的贡献主要可以分为三类：一是学习和激励理论；二是关于学习和动机的实验心理学；三是方法论和科学哲学。在科学哲学领域，斯彭斯的一个重要贡献是澄清了心理学中实验操纵的作用和理论建构的本质，并指出了心理学理论形成中存在的困难。他认为，心理学家与物理学家不同，即使在试图建立基本行为规律的层面上也面临着理论建构的必要性。因为他们研究对象的性质以及它们在封闭系统中不起作用的事实，心理学家在大多数情况下不能从简单的经验概括开始。

斯彭斯对学习理论的贡献，除了他在"赫尔—斯彭斯系统"中的合作外，还有另外两个。他的第一个贡献是作为一个系统主义者，对其他研究者的理论系统进行了评论和解释。爱德华·托尔曼在动物学习和动机方面提出了"赫尔—斯彭斯学说"的替代理论，据说在他看到斯彭斯对其替代理论的分析之前，他从未完全理解他的理论结构。第二个是斯彭斯的主要贡献，即发表了关于辨别学习理论的早期论文。这些论文包括辨别学习中刺激—反应梯度刺激的推导，以及根据学习的连续性原则得出的辨别学习的方案。

和许多与他齐名的科学家一样，斯彭斯的出版作品并没有完全反映他的研究兴趣。他的研讨会涵盖了许多未发表的论文，这些是他的学生们博士学位论文的来源。斯彭斯的兴趣之一是尝试用新行为主义对感知进行解释，然而我们实际上看到的是他早期关于黑猩猩视觉敏锐度和辨别学习的研究成果。

20世纪40年代，斯彭斯将两个重要的理论问题从奥兰治公园实验室带到了艾奥瓦州。第一个问题是辨别学习是关系性的还是具体的。这个问题讨论了格式塔心理学家（主要是科勒）在20世纪前二十年提出的关系转换理论（transposition theory），表明无论是动物还是人类，似乎都对刺激的关系方面做出反应。根据这种观点，动物学习不是对一个特定的刺激做出反应（大圆形和小圆形，暗灰色阴影和浅灰色阴影），而是对两者的关系做出反应（两者中较大或较暗的那一个）。斯彭斯著名的非定向刺激—反应转换分析对此进行了解释，并且在辨别学习的理论中得到了广泛认可。第二个问题是辨别学习是渐进过程还是突发事件。在这个问题上，伯克利的理论家们和赫尔、斯彭斯持有不同的观点，即习惯强度是通过对反应的连续强化逐渐增加的。为了证明这一点，斯彭斯设置了辨别学习的预处理阶段（pre-solution phase），在这个阶段受试者接触到两种辨别性刺激，但仅限于一些太小而无法在行为层面显现的实验。在预处理阶段之后是正性刺激和负性刺激的逆转阶段，明确的辨别学习点在这个阶段出现。这些实验表明，即使没有任何明显的学习，预处理阶段的辨别训练已经提供了兴奋和抑制的潜在刺激，这些潜在刺激的作用体现在对反应的阈值而非具体的辨别行为的影响中。在回答这两个问题时，斯彭斯强调了被他称为"受体—暴露"的理论，他的论据是，老鼠在拉什利跳台上辨别学习的速度取决于刺激的位置。因为老鼠跳到平台上选择的刺激应该是离它们跳台更近的位置，而不是一个更高的小点，这对于老鼠辨别学习的速度至关重要。这种"受体—暴露"理论也是斯彭斯从未正式发表的感知理论的一部分。

基于对感知的兴趣和对动物辨别学习的研究，斯彭斯坚持认为他的辨别学习理论是一种关于生物体的理论，不应该直接应用于人类。斯彭斯严谨而务实，他没有声称赫尔—斯彭斯学说可以通过一些小的补充，进而扩展来解释更多的技能和行为（例如儿童习得符号技能和语言）。由斯彭斯指导的学生玛格丽特在论文中将语言学习与幼儿的转换过程联系起来，解答了这个问题。

如果我们把斯彭斯的研究生涯视为大约三十年（他早期在耶鲁大学进行迷津学习的研究工作除外），它可以分成两个主要阶段。第一阶段是从20世纪30年代中期开始到1950年左右结束，其研究工作主要是关于黑猩猩和大鼠的辨别学习以及对哲学方法论的一些关注。第二阶段大约从1950年开始，斯彭斯几乎所有的研究论文都涉及人类被试，并涉及巴甫洛夫的经典眨眼条件反射。在此期间，艾奥瓦州实验室的大部分研究者都在研究大鼠的操作性条件反射，包括斯彭斯指导的硕士和博士论文，其中大部分是关于动机和强化之间的相互作用。斯彭斯的名字从未基于学生博士论文成果在期刊文章上作为共同作者出现。学生经常在斯彭斯的课程和研讨会上寻求他的建议，他会给学生建议并指导写作，但出版成果均属于学生。

斯彭斯在他后来大部分研究中使用的眨眼条件反射实验是最接近他的心理期望的工作，即梳理最基本的条件反射关联原则以及习惯和驱力在简单学习中的作用。斯彭斯非常清楚地证明，人类眨眼条件反射的数据会被认知因素"污染"，这些认知因素会导致经典条件作用下，人类被试比动物被试消退速度更快。斯彭斯和他的学生们证明，如果没有告知人类被试实验的真实目的，那么条件反射消退的速度远小于被试意识到的速度。通过掩饰真实的实验目的，可以揭示最基本的条件反射的关联规律。

斯彭斯没有能见证心理学认知革命（可以追溯到大约 1960 年）的开花结果，他对认知主义心理学的立场也不是很清楚。尽管受到巴甫洛夫和早期行为主义者的影响，斯彭斯却并不是一个彻底的行为主义者。与后来更为教条的行为主义不同，斯彭斯更像他的前辈赫尔和托尔曼（现在被称为新行为主义理论学派），被后人称为第三代行为主义者。斯彭斯没有采取后来斯金纳更极端的实证主义立场，他的大部分工作主要目的是在眨眼条件反射实验中分离习惯和驱力的影响。他的一些工作也涉及焦虑水平的概念，在研究中他发现焦虑一方面具有一般的驱动力作用，会促进简单眨眼反射，另一方面焦虑也具有破坏性，使较为复杂的学习过程（如迷津学习）受到干扰。为此他也提出了一个简洁的理论来解释这个看似悖论的命题。

三、对斯彭斯的教育心理学思想的评价

斯彭斯在第二代行为主义心理学家赫尔的新行为主义基础上，进一步开展了行为主义的相关研究。以斯彭斯等人为代表的第三代行为主义心理学家们，发现了传统行为主义的弊端，不愿重蹈其覆辙，又不愿抛弃行为主义心理学的传统（只研究行为，不研究意识，将意识与行为完全对立），举起认知心理学的旗帜。第三代行为主义心理学家的理论流派被后人称为新的新行为主义，其实质是在行为主义和认知心理学之间走了一条折中的道路。

斯彭斯是赫尔的合作者与继承者。两人相互影响、共同发展的理论体系被后人称为"赫尔—斯彭斯学说"。讨论斯彭斯的教育心理学思想贡献首先要从对赫尔的讨论开始。

赫尔同其他行为主义心理学家一样，从逻辑实证主义出发，强调心理学应该把行为本身作为研究对象，无视意识等心理过程。赫尔依据数学模式建立行为体系，并采用假设—演绎系统作为核心方法，提出了习惯强度的中心概念，其学习理论被称为驱力减弱理论。赫尔还提出了反应潜能的概念，反应潜能是由内驱力和习惯强度两个因素的交互作用决定的。除了反应潜能，赫尔又提出了抑制和消退规律，这些因素共同影响反应的发生。赫尔作为新行为主义的代表人物（其他代表人物还包括斯金纳、托尔曼等人），把学习规律量化，用数学公式建立了一套精密而严格的学习理论系统。1945 年希尔加德在实验心理学家协会授予赫尔沃伦奖章以肯定赫尔的贡献："因为他精心地发展了一种系统的行为理论。这

种理论激发了许多研究，而且被以一种精确的和量化的形式加以发展，以便可以进行能够被经验检验的预测。因此，这种理论在其自身中包含着最终证实其自身和最终可能反证其自身的种子。这是迄今为止心理学史上的真正独一无二的成就。"

斯彭斯作为赫尔的学生，在许多方面沿用了赫尔的理论与方法。在研究对象层面，斯彭斯同赫尔（也包括其他行为主义心理学家）一样，坚持把行为作为研究对象，摒弃内省心理学，继续推进心理学向客观唯物主义的科学发展。另外，以行为作为研究对象可以使不同的心理学家依据共同的研究对象相互交流经验、彼此验证各自的实验结果，使心理学研究成果的可证实性得到明显提高。在研究方法层面，斯彭斯沿用了赫尔的实证主义方法和数学模式，像赫尔一样继续尝试用数学方程表述学习现象，这也同步促进了数学心理学的发展。在斯彭斯去世后，数学心理学的发展基本停留在了斯彭斯的研究水平。在选用被试层面，斯彭斯同样选择了动物作为被试，这也促进了动物心理学的发展。在构建理论层面，斯彭斯和新行为主义者们一样，强调对"中介变量"的研究，即通过行为的先行条件和后继的结果来推断在刺激和反应之间一系列不能被直接观察到的变量，以使行为的解释更加合理。

然而，斯彭斯也对赫尔的理论和方法进行了修正和发展。心理学界之所以对赫尔的理论褒贬不一，某种程度上是因为赫尔过于雄心勃勃，试图建构一种具有异常复杂性和数学精确性的理论，但这种理论却建立在一种非常狭窄的经验基础之上；斯彭斯意识到赫尔的局限性，他对不同实验情境下实验数据的差别非常敏感，他更加清楚地意识到心理学理论在一定程度上是依赖于具体情境的，因而并没有像赫尔一样试图构建一个类似最终解决方案的理论。

斯彭斯要求他的学生们系统地做研究，学习从有效的理论中推导出可检验的假设，操作性地界定术语，搜集与假设有关的资料，以及根据经验结论修正理论。这些理论不再具有赫尔理论那样的正式性或精确性，但思维方式是相同的。斯彭斯的系统性与严谨性也体现在他对其他学者理论的解读，托尔曼曾表示在看到斯彭斯对自己理论的解读后，自己的理解也更为深刻了。

斯彭斯对于赫尔理论体系另一个主要的修正和发展是关于诱因动机理论的。赫尔认为，诱因动机是刺激—反应联结的终结者，其强度（即习惯强度）受强化条件的影响；斯彭斯则认为奖励对习惯起激励作用，而不是直接影响习惯强度本身。斯彭斯的学说兼顾了强化学说和接近学说，本质上融入了部分认知层面的因素。另外，关于迷津学习，赫尔认为生物体的学习是学会正确的路径，而斯彭斯则认为生物体的学习是知道奖赏位于何处，这种部分目标反应机制就是对奖赏的期待。可见，斯彭斯的行为理论已初步意识到了认知的需要。

斯彭斯还提出了辨别学习连续理论，其含义是动物可以对刺激物做出区别知觉，若用食物对某一刺激物带来的反应进行强化，对另一种刺激物的反应不进行强化，则经过强化的刺激物具有使动物兴奋的力量，未经过强化的刺激物就具有使动物抑制的力量。动物的反应取决于兴奋力量的潜能减去抑制力量的潜能。斯彭斯发现，在辨别学习初期，动物知觉到的刺激可能都会引起反应，但在学习过程中，经过强化刺激的兴奋力量和未经过强化刺激的抑制能力的分别累加，两种刺激最终会分化。该理论与美国心理家拉什利的"辨别非连续理论"相对，拉什利认为在辨别学习时，动物每次只关注一个单一的刺激或维度，如颜色、形状、位置等。动物对一个刺激做出反应时，已知道了（也许是错误的）这个特定刺激的某些方面，但没有立刻学会对这组刺激的个别成分作有区别的反应。关于辨别连续理论和辨别非连续理论，后续的研究较为有限，未能做出更多的证实。

斯彭斯的研究兴趣和研究成果未能在他已经发表的论文中全部体现出来。例如，斯彭斯对辨别学习的两个问题进行了讨论。一是辨别学习是关系性的还是具体的。这个问题与格式塔心理学有着非常紧密的关系，斯彭斯基于科勒提出的关系转换理论，提出无论是动物还是人类都对刺激的相对关系而非绝对大小做出反应。斯彭斯著名的非定向刺激—反应转换分析对此进行了解释，并且在辨别学习的理论中得到了广泛认可。第二个问题是辨别学习是渐进过程还是突发事件。斯彭斯认为，习惯强度是通过对反应的连续强化逐渐增加的，为了证明这一点，斯彭斯设置了辨别学习的预处理阶段。在讨论这两个问题时，斯彭斯还基于大鼠辨别学习的实验，提出了"受体—暴露"的理论。可惜的是，"受体—暴露"理论未能正式发表，我们仅能从斯彭斯学生的研究中粗略了解。

与其他大部分行为主义者不同，斯彭斯没有陷入生物主义（即无视了人和动物的本质区别，使心理学走上生物学化的道路），大约从1950年开始，斯彭斯几乎所有的研究都涉及人类被试。例如在眨眼条件反射实验中，斯彭斯非常清楚地证明，人类眨眼条件反射的数据会被认知因素污染，这些认知因素会导致经典条件作用下，人类被试的消退速度比动物被试更快。斯彭斯和他的学生们进而又证明，如果没有告知人类被试真实的实验目的，那么条件反射消退的速度就会减慢。通过掩饰真实的实验目的，可以揭示最基本的条件反射的关联规律。这些研究表明斯彭斯已经发现了人类被试具有独特的认知功能，并且这些认知功能会产生与动物被试不同的实验结果。

从现代的视角看，斯彭斯的理论与方法也存在一些缺陷。首先，斯彭斯过于追求用数学公式表达学习现象，一定程度上陷入了还原主义，即忽视了社会与自然的本质区别，忽视了人类的社会性。学习不只是简单的建立刺激—反应联结的过程，社会变量对学习也有着非常重要的作用，例如社会文化、关系、榜样、学习环境等客观条件。人的行为是内部过程和外部影响交互作用的结果，而不是一个完全的内部过程。当然，这也是许多行为主义心理学家都未能注意到的。其次，斯彭斯等第三代行为主义者也忽视了发展性变量的影响。例如，随着个体的成熟与发展，元认知能力会提高，进而具体认知能力也会有所提高；同时，认知发展阶段对学习也存在制约作用，儿童只有到一定年龄才会发展出与学习材料相适应的认知能力，在教育教学中应依据儿童不同发展阶段的认知特点进行教学。另外，尽管斯彭斯在研究中纳入了认知元素，但他只是一般化地对认知机制进行分析，对人的动机、学习目标、学习策略、内心冲突、建构方式等方面重视不够。

总体来说，斯彭斯作为第三代行为主义心理学家，在研究方向和研究方法上更接近他的前辈托尔曼和赫尔，摒弃了传统行为主义的一些弊端，继承并发扬了赫尔的数学心理学模式与假设—演绎系统，同时融入了一部分认知层面的元素，提出了有关诱因动机、辨别学习的一系列理论。赫尔与斯彭斯既是师徒，也是亲密的朋友，赫尔去世后，许多未完成的研究成果与理论梳理均由斯彭斯代为完成。从某种意义上来说，斯彭斯既是赫尔主义的发扬者，也是其修正者。相比赫尔的过于雄心勃勃，斯彭斯的研究要更为严谨。可惜的是，斯彭斯的许多研究成果未能在正式的文章中问世，关于斯彭斯的许多理论我们是通过他培养的学生们了解的。令人痛惜的是，斯彭斯作为一名大师，享年仅有 59 岁，他未能完成的研究给后人留下了许多遗憾。

四、我们的认识与理解

我们通常将斯彭斯视为行为主义的重要代表人物之一。因此，我们首先从行为主义者的视角，讨论我们对斯彭斯的认识与理解。尽管行为主义的许多观点在当今时代已经具有很大的局限性，但是从历史的视角看，行为主义确实对现代心理学做出过极其重大的贡献。行为主义使心理学更彻底地摆脱了思辨的哲学范畴，成为一门以实验为基础的客观的学科，并且在推动心理学成为成熟的科学过程中起到了非常重要的作用。行为主义面向实际生活，强调预测和控制人的行为，在推广心理学的应用方面更是创造了前无古人的贡献。另外，行为主义还促进了动物心理学、学习心理学、教育心理学、数学心理学、行为矫正等一系列分支学科和领域的发展。斯彭斯作为行为主义的代表人物，所做的贡献是基于行为主义的大背景的。

我们也不能简单地将斯彭斯划分为行为主义者，实际上，斯彭斯被后人称为第三代行为主义心理学家，也被称为新的新行为主义者、新赫尔主义者。斯彭斯在前两代行为主义者的基础上做出了继承和修正。其中非常重要的一点是，他在理论与实际研究中融入了认知层面的元素，这与同时代的著名学者班杜拉具有异曲同工之妙。这也与心理学的时代发展，即认知心理学在 20 世纪五六十年代发展出来、70 年代后成为西方心理学主要流派，是相适应的。另外，斯彭斯对于研究的内外部效度有着非常严格的标准。在研究内部，斯彭斯力求实验范式的规范与精确；在研究外部，斯彭斯认为实验结论具有一定的适用范围，不同的被试类型、不同的实验范式都可能会产生不同的结论。总的说来，拒绝教条主义、机械主义，在研究中融入与时俱进的元素，并追求科学的严谨性，这些都是斯彭斯给后世研究者留下的重要启示。

行为主义的最终衰落，是由于对心理学发展的矫枉过正。到了行为主义发展的后期，其生物学化倾向越发严重，过于强调环境的决定作用，将心理学的研究局限在了刺激—反应联结的讨论中，缩小了心理学的研究范围。尽管斯彭斯在传统行为主义的基础上有所改善与创新，但是其本质仍是高举行为主义的大旗。在众多行为主义者中，只有突破了刺激—反应框架的研究者才能跟上时代发展的步伐，例如社会学习论和社会认知论者。由此可见，心理学的发展是具有时代性的，即使像行为主义如此庞大而长久的学派也未能长盛不衰。要想在心理学领域取得研究突破，必须紧跟时代的步伐，把握学科发展的方向，正视当前心理学中的主要问题，不断更新和调整自己的研究角度与研究方法。

除了作为一名著名的研究者，斯彭斯本人也是一名非常优秀的教师。他非常重视自己的教学过程，他的讲义由他本人精心准备，并且每年都在更新。他在为学生授课的过程中，不止讲授他和赫尔的理论，还非常详细地涵盖了其他各种学习和动机理论。斯彭斯对自己的学生要求非常严格，他要求自己的学生严谨规范地做实验、处理数据。斯彭斯的实验室一共培养了七十五名博士生，他们中的许多人后来也成为非常著名的学者，从他的博士生们的著作中，我们得以了解到斯彭斯那些未能正式发表的成果。斯彭斯这种育人精神非常值得我们赞赏与学习。

第十四章　霍尔 ^❶

[印象小记]

　　斯坦利·霍尔（Granville Stanley Hall，1844－1924），美国心理学家，教育心理学的先驱，为美国心理学的发展提供了动力和方向。霍尔受达尔文进化论的影响，他认为儿童心理的发展反映着人类发展的历史。霍尔发现了问卷法对心理学研究的价值。1883年，霍尔在约翰霍普金斯大学成立了美国第一个心理学实验室。1887年，霍尔创办了美国的第一本心理学杂志《美国心理学杂志》。霍尔是美国心理学协会成立之初的领军人物，并于1892年担任该协会的第一任主席。霍尔关注青少年的发展，首次提出了"青春期"的概念，将这一时期称作"暴风与压力"（storm and stress）期。1904年，霍尔出版《青春期：心理学及其与生理学、人类学、社会学、性、犯罪、宗教和教育的关系》一书，引起了巨大的反响，被誉为"青少年心理学之父"。霍尔退休后，于1920年出版了一本关于老年期的书，奠定了当今发展心理学以生命全程发展（life-span-develop-

---

❶　本章作者：方圆，董妍。

ment)为研究取向的基础。2002 年，霍尔被美国的《普通心理学评论》杂志选入"20 世纪最著名的 100 位心理学家"，与推孟(L. M. Terman)并列第 72 名。

[名著选读]

前青春期 ❶

导言：本章主要介绍 8～12 岁这一年龄段儿童的特点。人类的生命阶段大致可以分为：再现原始人类的发展—接近自然的生活—操练、习惯、记忆、工作和重新思考。青春期叠加在这一生命阶段之上，但与之又有明显的不同。

8 岁到 12 岁的这几年构成了人类生命中一个非常独特的时期。儿童出牙的急性阶段正在过去；大脑的发育已经接近成年人的大小和重量，身体状况几乎处于最佳状态；活动量比以往任何时期都更大，变化种类也更多；而且还具有特殊的耐力、活力和抗疲劳能力。孩子在家庭以外有了自己的生活圈子，他们的兴趣爱好开始摆脱成年人的影响；洞察力非常敏锐，对饥饿、危险、事故以及诱惑有很强的警觉。但是，推理能力、真正的道德、宗教认知、同情心、爱心以及审美能力却发展甚微。

简言之，一切都表明，对我们的远祖来说，这段时期可能代表着个体发展过程中一段漫长而相对稳定的成熟期。远古时代的少年们在这个年龄阶段也许非常矮小，但是已经慢慢不再依靠父母的帮助，开始独立自主的生活。在种族进化史上，青春期前发展起来的素质远比后来发展的生理和心理遗传特征要古老得多，而且可以与建立在我们原始本性基础上的更新、更高的故事相比较。到目前为止，遗传是更加稳定和安全的。个性的元素很少，但是它们的发展都是有计划性的，并且组织得井井有条。从我们无限遥远的祖先那里继承下来的这些特征具有超强的动力，而且它们通常与以后要添加的那些特征有明显的区别。因此，从一种新的意义上说，男孩是男人的父亲，因为他的品质在更明显的人类属性发展之前就已经无限地古老下去了，并且被压实封存，很早以前就已经不复存在。事实上，有几个微弱的迹象表明，在儿童六岁左右时，有一个年龄节点，好像在健康状况不稳定的时候，我们可以发现一些迹象，表明这可能是过去远古时代的青春期年龄。我还给出了一些理由，使我

---

❶ Hall G Stanley, *Youth*：*Its Education*，*Regimen*，*and Hygiene*，New York，D. Appleton and company，1917，chapter 1，pp. 1-9.

得出这样的结论：尽管性成熟和生殖能力占主导地位，但性成熟和生殖能力的作用主要围绕一条年龄线上下波动，和通常与之密切相关的许多品质无关。这就是为什么目前在与人类属于同一类别的其他物种中，很多都先于人类个体出现了与性相关的行为。

按照卢梭的理论，前青春期的岁月都应该在大自然中度过，完全由源自遗传的原始冲动来主宰，让原始的野性一直延续到十二岁。如果能提供一个合适的环境，生物心理学就会找到许多令人信服的理由来证实这一观点。孩子在野性中狂欢，如果他们置身于乡野环境中，过着部落的生活，掠夺，捕猎，捕鱼，战斗，流浪，游荡，玩乐，能够在无所事事中尽情满足自己玩乐的天性，他们一定会比那些组织和指导最好的现代学校教育出来的孩子更具有真正的人文主义和自由主义。但是，根据亚里士多德的"净化说"，灵魂的基本器官，现在却被抑制、变态或者延迟着，以威胁的形式出现后，将在他们的正当时候发展，这样在其变得更加成熟的未来，就不会表现出一些恶意的破坏。

这些与生俱来的、或多或少是野蛮的本能可以并且应该被允许有一定的范围。对于一些原始体验和活动，人们的祖先在必要的压力下变得熟练，虽然个人对这些原始体验和活动的强烈渴望不应该被忽视，但这些渴望至少可以而且应该以一种替代的方式，通过文学、历史和传统中的故事来满足，这些故事呈现了世界上童年英雄们粗陋和原始的美德。这样，在生动视觉想象的帮助下，孩子们可以继承过去祖先们的遗产，充分地活出生活的每一个阶段，并在自己身上认识到他的各种倾向。在人类历史中，只有那些更具普遍意义、更丰富多彩的生活方式才能够被一代一代地传承下去，然而正是它们，就像来自遥远祖先的喃喃自语一样，将我们从无处不在的危险中拯救出来。因此，我们不仅可以避免遭受损失的危险，而且利用更高级的遗传结果来进一步完成精神的成长，这是地球上最珍贵和最有潜力的东西。因此，在我们城市化的温室生活中，我们必须教导孩子认识自然（尽管这句话本身并不恰当）。在这样做的时候，我们可以鼓励他们去参观土地、森林、山丘、海岸、水、鲜花、动物、真正的童年家园。这些本该属于他们的生活却被现代的环境剥夺了，他们也被环境改变了。我们在这样做的时候，要注意不要操之过急，以免物极必反。读书是令孩子们厌恶的，因为人的灵魂和身体都渴望有一个更积极、更客观的生活，并且需要直接了解人与自然。家庭和环境是非正式教育，但却构成了最主要、最基础的教育模式和教育内容。

但是现在，由于我们高度复杂的文明社会有多方面的知识和技能，似乎有必要再一次远离大自然。我很不情愿地承认，在他们8岁之前（不能更早了），我们应该把人类的幼苗移植到照明、通风和温度均不佳的校舍中。我们必须把大自然拒之门外，打开书本。孩子必须坐在不卫生的长椅上，锻炼舌头和握着钢笔的手部细小肌肉，却让几乎占其一半体重的其他所有身体肌肉日益萎缩。即使这样的训练对他们来说为时过早，但是孩子们必须服从特殊的纪律，以成为具有更高素质的青年。因为他们不仅是自然的产物，而且是一个高度发展的人类继承者。对许多（如果不是大多数）外界施加给他们的影响，孩子们最初很少有内在的反应。洞察力、理解力、趣味性、感情性，在很大程度上只是刚刚起步；而真正与成人世界相关的品质，绝大多数还处于萌芽期。对孩子来说，最明智的要求似乎或多或少是陌生的、武断的、异类的、人为的、虚假的。这一切都有许多消极的因素，通常是积极的抵抗和逃避。但是，他们感官敏锐，反应迅速而有力；记忆是快速、准确和持久的；关于空间、时间和物理原因的想法，以及许多道德和社会的合法和不合法的想法，正在迅速地发展着。以后再也不会有这种对训练和纪律的敏感性，对习惯的可塑性，或对新情况准备好的适应。这是一个外部和机械训练的时代。阅读、写作、绘画、手工训练、音乐技术、外语和发音、数字和几何元素的操作以及多种技能现在都有黄金时期，如果不加以改进，这些都不可能在日后获得，而会受到不利和损失的严重阻碍。这些必需品可能对身体、感官、心灵以及道德和健康都是有影响的。教学艺术包括在训练的过程中，如何巧妙地使用那些"糖衣小药丸"。而在对孩子们进行反复操练、知识灌输及严格管理时，所使用的就不完全是真正意义上的教学方法了。方法应该是机械的、重复的、权威的、教条式的。这一时期的孩子，自动化处理能力已经到了巅峰时期，他们所能做的和承担的比我们的教育学所知道或梦想的还要多。在这里，我们可以向中世纪的校长们学习，甚至从古人那里学到一些东西。在最短的时间内承受最大的压力；持续不断的坚持和鼓励；训练时，很少考虑他们的兴趣，也不和他们讲道理；让他们不需要老师在场监督就能够完成自己的任务。这些都是正规学校的教育方针，而对于孩子们而言，这些都是空洞的毫无意义的教学元素。这些因素应该与上一段描述的本能的、唤起人的和更真实的教育因素有很大的区别，后者是丰富的、没有时间限制的，方法和精神上完全自由。也许还有环境和教师的变化，都是相对无形的，而且可能在一年中的某些季节，几乎就像工作与娱乐的差别一样，又或者，就像男性的阳刚与女性的阴柔区别得那样。前者如同严厉的教官，发号施令，后者如同温柔的女性，循循善诱，以情动人，能够巧妙地发现孩子们的天性、兴趣、爱好并加以利用。

青春期是一次新生，因为更高和更完整的人类特征现已出现。这一时期出现的身体和灵魂的品质要新得多。这个孩子来自遥远的过去，又回到遥远的过去；青少年是新返祖主义者，在他们身上，后来从种族中的收获慢慢变得更有优势。发展不是渐进的，而更多是跳跃式的，这让人想起了一些古老的风暴和压力时期，当旧的锚绳被打破并达到更高的水平时，身高、体重和力量的年增长率增加了一倍，甚至更多。以前不存在的重要功能出现了，部分和器官的生长失去了以前的比例，有些是永久性的，有些是季节性的。其中一些在老年时仍在增长，而另一些则很快被阻止和萎缩。旧的方法不再适用，旧的和谐被打破了。在所有的身体测量和心理测试中，个体差异和平均误差的范围都在增加。有些人在幼稚的阶段逗留了很长时间，进展得很晚或很慢，而另一些人则以突然爆发的冲动向早熟迈进。骨骼和肌肉引导着所有其他的组织，它们就像互相竞争一样，并且经常以松弛或紧张作为一条或另一条线索。大自然将自己手中的资源物尽其用，武装青春期的孩子们，让他们的活动速度加快，肩膀变得更加结实有力。肱二头肌、背部、腿部、下颚、头骨、胸部、臀部的发育，这一系列变化使男孩具有攻击性，女孩也具备了基本的女性轮廓，为将来生儿育女做好了准备。

社会理想的形成❶

导言：本章主要介绍从幼稚的朋友变成成年人的朋友；最喜欢老师的影响；孩子们希望或计划做什么；孩子们的财产和金钱意识以及社会判断；独生子女的问题；社会组织、学生生活以及由成年人控制的青年协会。

关于在家庭中成长起来的儿童，我们对他们的许多正常心理发展已经有所了解。对此的兴趣使得我们会在一个不断扩大的环境中去了解孩子们。适应环境并学会服从，这几乎是幼童唯一的责任了。我们的存在将一条基本规则强加给他们，让他们必须奉行，那就是保持我们的善意和避免我们的不快。他们尊重我们对他们的微笑，甚至会尊重我们注意到的一切，他们就像植物向着太阳的方向生长一样（追随着我们的期望而成长）。他们早期的谎言常常是他们认为可以取悦我们的话。归根结底，最焦躁不安的孩子钦佩和爱那些能够强制他们安静下来的大人，只要大人选择了正确的手段和方式，并将优越感延伸到他们的内心深处。但是

---

❶ Hall, G. Stanley. *Youth*：*Its Education*，*Regimen*，*and Hygiene*，New York，D. Appleton and company，1917，chapter 9.

总有一天，父母会对孩子突然表现出的不尊重感到震惊。这时，父母已经不再是最高的权威。对道德习以为常的时期正在停止，实现自由、根据个人经验采取行动、保持个人良知的激情正在有序形成。偶尔他们会独立采取行动，而不是按照最高的理想动机，这会使他们发展出单纯履行义务的冲动和喜悦，从而他们就会给世界带来一些新的原动力，并且，在那些最高尚和最卓越的人生指引下或由内在的而不是外在的约束所引导下，习惯将成为他们实际的生活准则。用最丰富的思想来解释道德本能，使年轻人不再生活在道德的隔阂中，这才是自我认识的真正目标。这是真正的意志教育，它为克服困难甚至冲突的障碍而建立起爱的能力铺平了道路。这种感觉冲动往往是他们不屈不挠的秘密。❶ 然而，"一个人在一生中任何时候都不会得到更年长、更聪明的人如此真诚的回应，就好像他是一个平等的，甚至是一个上级的人。而试图像对待低人一等的人那样对待青春期的孩子，对良好的管教是致命的。"❷父母仍然认为他们的子女只是孩子，当他们应该放松的时候，还紧紧抓住缰绳不放。这样，许多年轻人觉得他们有最好的家，但如果他们必须一直待在里面，他们会发疯的。如果早期父母给予的训练是良好的，现在命令式的指导可以安全退场了，取而代之的是用理想来引导青少年，这些理想都具有英雄主义的色彩。对于青少年来说，最不可原谅的是迟钝，愚蠢，学校或者老师缺乏生气、兴趣与热情。其中，最不可忍受的是过于严厉。最重要的是，在这个阶段，学校里的课程可怕得像藏着遗骨的洞穴。家长们现在要做的是，带孩子参加各种家庭委员会，让孩子们看到，他们感兴趣的，父母也一样感兴趣。如果做不到这一点，会有怎样的影响？我们有一些很有趣的案例，表明在这个时期很多青少年都开始怀疑父亲、母亲或两者都不是他们的亲生父母。他们不仅有兴趣迅速地扩大与同伴的联系，而且有一种新的欲望来推动和达到成熟。一个明显的特点是，他们会寻找比自己年长的朋友和同伴，或者退而求其次，去寻找那些年轻的朋友和同伴。这与前几年的情况形成了鲜明的对比，前几年他们都在寻找与自己年龄相仿的人。这种现象背后可能的原因之一是，人类无情的取笑本能在这一刻达到了顶峰，这可能影响了青少年和同龄人的交往。但可以肯定的是，这个时期他们感兴趣的交往对象的年龄会上下波动。其中一个原因是对新信息的渴求，这不仅涉及与生殖本能有关的信

---

❶ Tarde，*L'Opposition Universelle*，Alcan，Paris，1897，p. 461.

❷ Lancaster，Ellsworth Gage，"The Adolescent at Home and in School," Proceed-ings of the National Educational Association，1899，p. 1039.

息，而且还涉及各种各样的其他问题，因此，他们往往会有一种默默求知的态度。兰卡斯特❶曾经就这个主题提出了一些问题，从这些问题的答案中我们了解到，有的青少年寻找年长的伙伴，因为可以从他们那里学到更多的东西，有的希望找到更好或更踏实的朋友。他们渴望得到同情，并发现这大部分来自年长者，也许是已婚的人士。比起自己与父母之间的谈话，有些人更感兴趣的是父母与其他成年人的谈话，尤其是有机会听到与他们无关的话题，他们会觉得特别有趣。他们常常认为，成年人没有意识到自己对建立新友谊的需要，他们表现出来的同情几乎是残忍的。

斯特波尔顿❷曾对进入青春期的男孩做过有趣的记录，对此他强调在与这些孩子相处时，同情、欣赏和尊重是非常重要的。他们需要平等的对话，也只有通过平等的交往方式，他们才能养成勤劳的习惯，甚至危险的爱情才能得到控制。他说，"在今天的教学中，最重要的问题莫过于，如何公正、成功地对待这一时期的男孩。这个年龄是辍学的高峰期"。他认为能够从高中毕业的男性比例很小，这可能是因为"他们的成绩普遍都不好，或者在这个关键时期高中教师在学校里不能正确地对待这些男孩"。大多数教师"知道这些男孩所有的缺点，却没有发现他们的优点"。那些严格执行纪律、采取机械化管理方式的老师，他们的学校可能是令人羡慕的，然而他们没有意识到学生对自由的新需要，也不知道如何使学生在心理和身体上放松。在这个年龄，这些老师不仅应该是一个能洞察内心的人，而且应该是只需要用一个眼神就能使男孩感到自己是他的朋友的人。"在我们的学校里，最薄弱的工作就是与进入青春期的男孩打交道。在这个年龄，当一个男孩不了解自己的时候，有一位能理解他、对他有信心、每天引领他到直到他可以自立的好老师，是他们最大的福分。"

斯莫尔❸发现教师是学生模仿的焦点，他们对学生的身心都有很大的影响。老师的每一个口音、手势、无意识的动作，喜欢和不喜欢什么都能够被学生们有意或无意地捕捉到。老师对每一个知识表现出的兴趣也都能够渗透到班级中。一个爱撒谎的学生，如果给予他们信任，就会

---

❶ Lancaster, Ellsworth Gage, "The psychology and pedagogy of adolescence," The Pedagogical Seminary, 1897, 5(1), p. 87.

❷ "Study of Boys Entering the Adolescent Period of Life," North Western Monthly, November, 1897(8), pp. 248-250, and a series thereafter.

❸ "The Suggestibility of Children," Pedagogical Seminary, December, 1896(4), p. 211.

变得诚实；被当作淑女和绅士对待的学生，会真的表现得像个淑女或绅士；如果受欢迎的老师告诉他们是有能力做好事情的人，学生就会有强烈的冲动去做好这些事情；一些年龄较大的学生，如果他们的优秀品质得到了认可，并且老师犯错时能够坦率地道歉，这些学生几乎会成为老师的同伴。

关于青少年时期独立性的问题，在以二年级到八年级的 2411 名学生为调查对象的研究中，我们发现了一个有趣而且很可信的关于青春期独立性在增长的例子，也调查了孩子们眼中最好的老师应该具备哪些品质。❶ 所有的二年级和三年级学生以及 95％的四年级学生均指出了"在学习上有明确的帮助"这一特点。但是这一比例在六年级、七年级和八年级中迅速下降到 39％。与此同时，"有耐心"这一特点的比例从 2％上升到 22％。

桑福德·贝尔❷调查了 543 名男生和 488 名女生：在过去你接触的所有老师中，谁做得最好，哪里做得最好；你最喜欢谁，最不喜欢谁，为什么。研究结果令人非常震惊：女孩和男孩们分别认为自己 14 岁和 16 岁时的老师做得最好；在 12 岁时，曲线开始累积升高，直到 15 岁或者 16 岁时才开始快速下降，这代表了男生和女生此时产生了对老师最强烈和最难以消除的厌恶时期。在老师身上，学生们最欣赏的特点是给予目标、激发理想、激发做事情的雄心壮志、指明生活方向、鼓励战胜困境，总的来说，就是鼓励自信和给予方向。其次是老师的同理心、对自己的兴趣、善良、自信、对学生的赞扬与理解。最后是在课程中的特殊帮助，及时和亲切的建议，成熟和稳重的性格，纯洁、不虚伪、独立、个人魅力、运动能力、活力等突出品质。奇怪的是，男生和女生得到的最大帮助都来自同性别的老师，这一特点在男生中尤为突出。然而，五分之四的男生和近一半的女生从男性教师那里获得了大部分的帮助。男教师，尤其是年轻的男教师，似乎对男生和女生都很有帮助。

教师身上最令学生讨厌的品质是恶意、讽刺、不公正的惩罚、怀疑、严厉、不苟言笑、漠不关心、威胁、不守信用、过度责骂、严厉批评以及偏好体罚。不给学生好脸色的老师更容易激起学生们的抵触情绪。大

---

❶ H E Kratz, "Characteristics of the Best Teacher as Recognized by Children," Pedagogical Seminary, June, 1896(3), pp. 413-418. See also W F Book, "The High School Teacher from the Pupil's Point of View," Pedagogical Seminary, September, 1905(12), pp. 239-288.

❷ "A Study of the Teacher's Influence," Pedagogical Seminary, December, 1900(7), pp. 492-525.

多数男生都不喜欢男教师，而女生讨厌的教师男女各占一半。学校里发生的残酷和侮辱的事件是痛苦的。往往根深蒂固的怨恨起源于很小的原因，但是带给大多数孩子的厌恶之情却是永久的和难以消除的。在许多情况下，在十岁以前产生的厌恶情绪会一直持续到成年；令人遗憾的是，有些孩子因为受到虐待或不公正的对待而辍学一学期、一年，甚至永远离开了校园。

有一项研究调查了将近2000名儿童，要求他们回答一个问题：当老师和家长的意见发生冲突的情况下，他们会怎么做。结果发现，对于幼儿来说，尊重父母的权威是首选。但是，从11岁开始，这一答案出现明显的下降。在女生14岁和男生15岁之后下降得最快，而开始倾向于回答教师权威的人数也相应增加。研究者对他们选择的原因进行了分析，发现对于幼儿来说，父母的权威是与生俱来的，通常应该是更恰当的选择，但对于青春期的男女生来说，更抽象的权威则明显占主导地位。"直到孩子们16岁时，他们当中差不多75％的人会因为这个原因而选择尊重老师。这种选择表明，孩子们表现出他们有能力在没有暴力的情况下将权威观念扩展到他们的正义感上。"

巴恩斯❶调查了受访者在听过或读过事迹中，最希望自己成为谁。研究收集了1400份问卷，结果显示，女生的理想人物更多的是她们的熟人，而这个圈子中的人更多的是在她们自己的家庭中。但是，当进入青春期后，她们越来越倾向于走出自己的个人圈子，更多地选择历史和公共人物，其中以那些慈善界的英雄人物居多。男孩则很少选择女性作为自己的理想人物，但在美国，8岁的女孩中有一半选择了男性角色，18岁的女孩中有三分之二选择了男性角色。在女孩子中，重要的理想女性范围出奇的小。巴恩斯担心，如果从选择亲属人物到选择遥远的人物或世界英雄作为理想目标的速度过快，可能会"导致人格的解体，让人不安于现状"。"另一方面，如果这种扩展过于缓慢，又会产生发展的停滞，这种停滞会使人变得愚蠢、残暴和酗酒——这些都是迟滞和过于自我满足心理的恶果"。"任何人如果不觉得自己是在守法的力量面前，就不能考虑身边的理想人物被世界性的理想人物所取代的规律性"。这就强调了这样一个事实，即教师或家长并不在一个反复无常的世界中工作。

瑟伯博士❷整理了纽约数千名儿童写的关于他们长大后想做什么的

---

❶ "Children's Ideals," Pedagogical Seminary, April, 1900(7), pp. 3-12.

❷ "Transactions of the Illinois Society for Child Study," vol. 2, No. 2, 1896, pp. 41-46.

作文。这些认真回答的结果表明，贫穷的儿童愿意从事繁重的劳动和在青少年时期更加认真地工作，并且对"为什么"这个问题的回答是更加值得关注的。所有人都期望放弃童年那种随心所欲的快乐，并感到需要增加自己的耐心。在十个人中，有两个或两个以上愿望的人数增加了。这一数字在 11 岁时迅速下降，在 12 岁时又迅速上升，后来保持缓慢下降的趋势。在 9 岁以下的女孩中，选择教师的人数最多，到 11 岁时迅速下降，第二年略有增加，此后一直下降。10 岁之前，想要成为一名裁缝和帽匠的人数一直增加，到 11 岁时开始下降，13 岁时迅速上升到最高值，甚至超过了想当教师的人数，此后又开始持续下降。办事员和速记员的职业从 11 岁半明显上升。选择父亲职业的男孩人数在 9 岁时达到最高值，在 12 岁时达到最低值，直到 14 岁时才略有增加。商人的理想在 8 岁时达到顶峰，13 岁时第二次上升。想要"挣钱"的理由在 12 岁时达到最大值，大约 50％ 的孩子是这样想的，但很快就下降了。"因为我喜欢它"的理由在 10 岁达到顶峰，此后稳步下降。在影响职业选择的动机中，为了父母或者对自己有利在 12 岁半达到顶峰，然后开始下降。"因为适合"在整个过程中均有所增加，但在 12 岁以后迅速增长。"希望对世界有用"从 9 岁开始慢慢上升，在 13 岁之后急剧上升。因此，"在 11 岁时，所有的想法和观点都在向一个最大的方向发展。12 岁时，我们发现，孩子们有'为了父母幸福'的利他愿望，以及'想挣钱'的理由；13 岁时，女孩们渴望成为裁缝、办事员和速记员。14 岁时，男孩们对在银行或办公室的工作渴望达到了顶峰；12 岁时第一次出现了生活不确定的意识，渴望成为人物，以及造福世界的希望"。

"你想在想象中的新城市里做什么？"1234 份调查问卷回答了这个问题。❶ 在提供的 114 种不同的职业中，除了 13 岁和 14 岁的女孩子外，几乎所有的女生都想成为教师，其次是女裁缝和女帽匠。在男孩中，除了 14 岁和 16 岁选择"因为喜欢"外，挣钱的动机都处于领先地位。选择父母职业的人数最多的是 13 岁，但从那时起，这一比例逐渐下降，个人独立选择变得突出。14 岁的女孩选择父母职业的比例最高。把慈善、助人作为选择动机的男孩和女孩人数在 13 岁时达到了最高点。

---

❶ "Children's Ambitions. By H. M. Willard," Barnes's Studies in Education，vol. 2，pp. 243-258.（Privately printed by Earl Barnes，4401 Sansom Street，Philadelphia.）

　　杰基❶获得了密尔沃基 3000 名德国儿童写给真实或想象中朋友的信，询问他们长大后想做什么及其原因是什么。他把从 200 个男孩和 200 个女孩那里得到的回答以表格的形式列举了出来，年龄跨度从 8 岁到 14 岁。他发现，从 8 岁到 13 岁，家庭对个人的影响稳步下降；在青春期早期，由于喜欢而选择职业的个人动机有所增加。而男孩从 12 岁开始，女孩从 13 岁开始，考虑将来寻找一份简单职业的比例迅速增加。

　　克莱恩（L. W. Cline）❷采用普查的方法调查了 2594 名儿童，询问他们希望自己成为什么样的人，想做什么事情。结果发现，在列出自己的理想和心仪的职业时，女孩比男孩更保守，但更愿意对自己的选择做出解释。在这方面，农村儿童比城市儿童更偏男性化。农村男孩表现得更加粗犷、独立，更能照顾自己，这表明农村儿童的家庭生活在塑造理想和性格方面比城市儿童更有效。工业化的职业是幼儿的首选职业，对专业和技术的追求随着年龄的增长而增加。对年轻人的权利和正义的判断更容易从情感中而不是智力中产生。乡下的孩子似乎比城市里的孩子更无私，虽然女孩比男孩更有同情心，但他们也更容易受到歧视。这些调查结果都清楚地表明，在一些家庭和学校中，道德化是过度的，产生了一种多愁善感的道德类型，而且产生了一种急于表达自己关于道德伦理的观点，而不是相信理性建议。孩子们很容易给自己贴上一个理想标签，而对其他人则不是。男孩比女孩更真实，乡村儿童比城市儿童更忠于本真。

　　弗里德里克❸调查了德国学龄儿童，询问他们选择什么样的人物作为他们的榜样。结果显示，不同年龄、性别、宗教信仰的儿童之间存在差异。首先是对历史人物的青睐，这个结果似乎表明，对六七年级的儿童来说，本质上学习历史是道德或情绪与性格上的一种训练（Gesinnung-sunterricht）。对此，他建议在这方面进行改革。弗里德里克似乎认为，在这个时代，历史的主要目的应该是进行伦理道德教育。其次，是来自《圣经》的影响，尽管这些影响大多数来自教义和记忆工作。在这一点上，对这个年龄的孩子来说，把当前现实生活中的人物作为自己榜样的机会不大（约 4.2%），因为儿童似乎更能看到他们身边人物的缺点，而不是

---

❶ Transactions of the Illinois Society for Child Study，October，1898(3)，pp. 131-144.

❷ A Study in Juvenile Ethics. Pedagogical Seminary，June，1903(10)，pp. 239-266.

❸ DieIdeale der Kinder. Zeitschrift für pädagogische Psychologie, Pathologie und Hygiene，Jahrgang 3，Heft 1，pp. 38-64.

优点。因此，宗教应该主要培养情感而不是理解能力。这次调查还建议教育实践者应更多地注意儿童的阅读内容，包括他们所处环境中的好例子，并建议教学应充分地考虑性别差异。

弗里德里克对年龄研究的主要成果，是发现了德国学校七年级及更高年级的孩子比六年级的孩子更注重把以勇敢和勇气为特征的人物作为他们的榜样，而后者更多地选择了体现虔诚和神圣的人物。他将人物特征划分为 35 个等级，为国为民排在首位，其次是虔诚，然后是坚定的信念、勇敢、谦虚和贞洁，最后是怜悯、同情、勤劳、善良和耐心，等等。

泰勒、杨、汉密尔顿和钱伯斯等人收集了一些有趣的数据。询问儿童和年轻人他们希望成为什么样的人、做什么或与谁相似，等等。在青春期，只有一小部分人感到自己是足够优秀或快乐的，对自己很满意，大多数人对自己多少有些不满。从 6 岁到 11 岁或 12 岁，在熟人中找到理想人物的人数迅速减少，而把历史人物作为自己理想人物，在十几岁时或更早达到最高峰。从 11 岁或 12 岁到十五六岁时，对当代人物的景仰开始稳步增长。在理想人物选择范围扩大化这个问题上，伦敦的孩子比美国孩子更落后，而女孩在各个年龄段都比男孩选择更多的熟人作为榜样。在选择范围扩大的过程中，研究者也将大部分原因归于对历史的研究。例如，乔治·华盛顿，在所有理想人物中遥遥领先，英国许多同等级别的英雄与华盛顿相比，很快就会黯然失色，因为人们看到了不完美之处，而那些正在创造历史的人却隐约可见。这是从束缚到自由的当下正常年龄的正常表现，而这种自由是对教育效果的衡量。选择《圣经》中的人物作为自己理想人物的青少年只占很小的比例，并且大多数是女孩。选择小说和神话人物的比例更多。选择耶稣基督的情况中，被选中的是他神圣的一面。教师似乎是许多孩子们心中的理想人物，特别是当许多女孩打算教书的时候。但是，选择教师作为理想人物是比较少见的。在一个理想的系统中，教师是从家庭理想扩大出来的第一步。军事英雄和发明家在青春期男孩的选择中起主导作用。

学龄期的女生，随着年龄的增加会逐渐喜欢国外理想的人物，梦想着成为有头衔男人的妻子，因为贵族为妇女提供了特别的机会，而接近时尚之源的生活是非常具有吸引力的，至少这些是 16 岁之前女生的梦想。这些研究中最可悲的事实是，在美国，近一半的青春期女孩选择了男性作为自己的榜样，或者说宁愿自己是男生，这一比例几乎是英国的三倍。女孩心中的理想人物数量也是男孩的 6 到 15 倍。在这个重要的事实中，我们认识了现代妇女是如何从所有旧的系泊中解脱出来的，以及她们是怎样在没有目的地和锚泊的情况下漂流的。尽管一个女孩在所有初中和高中都能够找到同性的伙伴，但是她们的理想仍旧变得男性化。教科书对女性知之甚少。如果建议她们使用女人专用的《圣经》、历史、学科等，性别意识的担心又会使她们沦为旧的奴隶。虽然男孩很少，而且只有在很小的时候才选择女性作为理想，但女孩对另一性别生活的偏爱有时高达60%～70%。人们喜欢的生活和种族利益所要求的生活之间的差距往往是绝对的。最可悲也是最违背自然的事实是，这种状况在女性应该树立理想人物的时候增长得最快，似乎直到女性的性格受到解体的威胁。虽然统计数字还不足以使这个问题得到可靠的结论，但有迹象表明，女性不但会慢慢将理想人物的选择范围指向相反的性别，而且她还会从自己的熟人圈子中慢慢地回归到自己完全不了解的领域。

选择理想榜样的原因是多方面的，而且尚无定论。在青春期时，公民美德当然会上升；物质和名利方面的考虑似乎并不多，在一些数据中也得到了类似的结果。对地位、名望、荣誉和伟大地位的普遍追求都在迅速提高，但道德素质在青春期之前和接近青春期时提高最快，以后还会继续提高。通过这些选择，无论男女，但大部分是女孩，都表现出越来越多的对道德和社会品质的青睐。女孩在艺术和智力方面的素质也从10～11岁开始稳步上升，但没有这么快，也没有达到男孩的军事能力和成就这样的高度。在这些研究中最引人注目的是，儿童对历史人物的时间意识迅速增加，特别是在8～14岁这段时间里。与现代依然活着的人物相比，他们对那些过世很久的人物几乎不再提及。这些选择大多都直接反映了他们在口味和性格方面存在的差异。

[思想评价]

一、生平事迹与教育心理学理论形成的背景

斯坦利·霍尔于1844年出生在马萨诸塞州的阿什菲尔德。1879年9月，他与第一任妻子科妮莉亚·费舍尔结婚。1899年7月，他与第二任妻子弗洛伦斯·E.史密斯结婚。霍尔一共有两个孩子，其中一个出生于1881年，长大之后成为一名内科医生。另一个孩子出生于1882年，不幸夭折。

霍尔的父亲格兰维尔·巴斯康·霍尔在马萨诸塞州的立法机构任职。他的母亲阿比盖尔·比尔斯毕业于奥尔巴尼女子神学院，后来成为一名教师。在霍尔还是个孩子的时候，他花了很多时间去读书，并充分利用了他能够从父母和当地学校获得的教育资源优势。他和大多数男孩一样，对动物和身体技能感兴趣。同时，写作、演讲和音乐都是他特别的兴趣

爱好。那时，他开始教其他学生，其中大多数学生的年龄都比他大。他在威利斯顿神学院待了一年之后，又在威廉斯学院度过了四年时光。在那里，他大量地阅读文学和哲学书籍，并产生了进一步学习的强烈愿望。1867 年毕业时，他被选为班级诗人。第二年，他成为联合神学院的一名学生，随后又在德国波恩和柏林学习了三年。1871 年回到纽约后，他重新进入联合神学院，并获得了神学院学士学位。他在纽约的一个私人家庭当了一年半的家教。

1872 年秋，他以英国文学教授的身份进入安提阿学院，后来教授现代语言和哲学。冯特的《生理心理学原理》出版于 1874 年，霍尔可能是美国最早阅读和欣赏这本书的人之一。因此，在 1875 年的春天，他决定再去一次德国，和冯特一起在莱比锡实验室学习实验心理学这一新科学。但是，他被说服在安提阿再多留一年，环境使他推迟两年多去欧洲做研究。随后，他在哈佛大学教英语，并完成了工作，他在 1878 年 6 月被授予哲学博士学位。他的论文是《对空间的肌肉感知》。

从 1878 年 7 月到 1880 年 9 月，霍尔到柏林和莱比锡学习。1880 年 9 月到 1882 年的秋天，他住在波士顿附近，学习，写作和讲课。第二年，他在约翰斯霍普金斯大学做了一场简短的讲座，并被安排了一个固定的工作岗位，负责组织一个实验室和教授心理学。他于 1882 年秋开始做这项工作。1884 年，他被任命为心理学和教育学教授。杜威、卡特尔、卡斯特罗、桑福德和伯纳姆都是他的学生。1888 年 6 月，他辞去了这一职务，后来成为克拉克大学的校长。

在当校长的第一年里，霍尔的一部分时间是在国外与高等教育专家的会议中度过的。从 1889 年 4 月起，他在伍斯特大学忙于大学组织工作。克拉克大学满怀希望地于 1889 年 10 月开学。霍尔挑选了一群才华横溢的人担任教职员工，但并没有从创始人那里得到经济上的支持。因此，1892 年有许多人辞职。1890 年到 1900 年这期间，整个社会充斥着焦虑与悲痛。第三年后，霍尔不仅开始管理该学校，而且教授和指导研究，直到他在 1920 年辞职，那时他已经 74 岁了。

他写道，"在最初的三年里，我的全部时间都集中在与克拉克先生讨论工作和发展行政管理上。但是，现在克拉克先生、赫吉拉先生撤到芝加哥，随后的和平与和谐，使我可以自由地作为教授从事我自己的工作，我热情地做了这件事，尽管我把实验室的实验工作委托给了我的同事——桑福德博士，他建设得非常成功，我的主要活动是在心理学其他领域。我对行政工作产生了厌恶之情，意识到现在校长几乎没有什么事可做，而且我只能做教授才能挣到我的薪水"。

霍尔每年夏天的大部分时间都在大学或其他暑期学校讲课。他估计，在他生命接近尾声的时候，他总共做了 2500 多次这样的课外讲座，大约一年 80 次。他孜孜不倦地教导学生。他每天花 3 到 4 小时与学生单独开会。他的每周例会从晚上七点持续到十一点。

霍尔把自己的一生奉献给了那些他自认为能以非凡的精力和专心致志地推进心理学和教育改革的活动中。他阅读大量的书籍。威廉·詹姆斯这样评价他："我从来没有在一小群人或公众面前听过霍尔的演讲，但我对他能从各种偏僻的地方提取有趣的事件感到惊讶。他从报告和蓝皮书中挖掘数据。我想知道他怎么会有时间读这么多书，但那就是霍尔。"正如他出版的书籍或文章所显示的那样，他写的东西比任何其他心理学家都多得多。1889 年，他在美国创办了第一本心理学杂志，他承担了这份杂志的财务和编辑工作。四年后，他为《教育神学院》杂志做了同样的工作，这是一份鼓励教育领域学术和科研工作的季刊。1904 年他创办了《宗教心理学杂志》，1917 年创办了《应用心理学杂志》。他领导了美国心理学协会的成立，他在该协会的会议上活跃了许多年。他对心理学和心理学家总是忠心耿耿。他从来不炫耀或放纵自己的生活，这样一种良好的生活方式成为他后续静下心做心理学研究的基础。

霍尔关于心理学的理论主要受到了达尔文进化论、冯特科学心理学的影响。19 世纪末 20 世纪初，正是达尔文进化主义盛行的时期。在文艺复兴与思想启蒙运动之后，现代科学的理性思维逐渐建立起来。达尔文的时代已经走出愚昧，开始提倡科学。达尔文进化论主要包括四个子学说。

1. 进化论：物种是可变的，现有的物种是从别的物种变来的，一个物种可以变成新的物种。这一点，如今早已被生物地理学、比较解剖学、比较胚胎学、古生物学和分子生物学等学科的观察、实验证实，甚至在实验室、野外都可以直接观察到新物种的产生。

2. 共同祖先学说：所有的生物都来自共同的祖先。分子生物学发现了所有的生物都使用同一套遗传密码，生物化学揭示了所有生物在分子水平上有高度的一致性，最终证实了达尔文这一远见卓识。因此，这一学说也是一个被普遍接受的科学事实。

3. 自然选择学说：自然选择是进化的主要机制。自然选择的存在，是已被无数观察和实验证实的，这一学说也是一个科学事实。

4. 渐变论：生物进化的步调是渐变式的，它是一个在自然选择作用下，累积微小优势变异而逐渐改进的过程，而不是跃变式的。这是达尔文进化论中较有争议的部分。

霍尔深受进化论"在生物学上已经发现人类的胚胎发展史就是动物进化过程的复演"这种进化思想的影响，把达尔文关于"进化"的生物学观点引入心理学中，并将其扩展为心理学的复演说。该学说认为，个体的发展只不过是人类种族进化的复演过程。具体而言，胚胎期（个体在出生以前）复演了动物进化的过程，如胚胎发育过程中出现的鳃裂（鱼类）等。婴幼儿期（4 岁以前）复演了动物到人的进化阶段。儿童期（4～8 岁）复演了人类从蒙昧走向文明的农耕时代。人类的远古时代是一个非常长久的、迟滞的阶段。6 岁前后呈现出了远古时代的微光，表现出了远古时代初期那种不稳定的特征。9～11 岁的儿童知觉力非常敏锐，但是在诸如道德、同情、爱等理性的方面，则是十分幼稚的，这正表现出远古时代人类的特征。青少年期（12～25 岁）则是复演了人类的浪漫主义时代。这一时期是新生活的开始，有更高级的人性发展出来，其发展趋势是突飞猛进的，这都说明了人类祖先在某个进化阶段有一个风云变化的时代，因此青春期是比较新进的祖先特征的反应。霍尔强调个体的生物因素通过遗传决定性地控制和引导着个体的发展与成长，而环境的作用非常小。在个体成熟以后，其行为将不可避免地随着遗传物质记载的方式而改变，而且这种发展与成长的模式在不同的文化背景以及各种环境中都是基本一致的。

同时，19 世纪末期，科学心理学创立，德国的一位哲学家、生理学家冯特既是科学心理学的创始人，也是构造主义心理学的创始者。这一新兴的学科引来了很多年轻人前来学习心理学，这其中就包括霍尔，他成为冯特门下的第一个美国学生。

冯特在莱比锡大学建立了世界上第一个心理学实验室，开始对心理现象进行系统的实验研究，这宣告了科学心理学的诞生。心理学界之所以把开始系统的实验研究作为科学心理学诞生的标志，是因为科学特征中所强调的客观性、验证性、系统性三大标准，只有实验法才可能做到。冯特本人被誉为实验心理学之父。他的著作《生理心理学原理》被心理学和心理学两界推崇为不朽之作。受当时以实验为基础的化学和物理学影响，冯特及其弟子主张研究意识的结构，并由此诞生了科学心理学诞生后的第一个学派——构造主义学派。

此外，霍尔受到的另一个重要的影响是 18 世纪德国作家和音乐家的狂飙运动，它全面推进了言论自由。霍尔把青春期比作"狂飙运动"；他认为这是一个情绪躁动和叛逆的时期，行为既可以安静内敛，也可以鲁莽冲动。

二、霍尔的教育心理学思想的主要内容

从学生时代到去世，霍尔对哲学、心理学、教育学和宗教学的每一个方面都感兴趣，而这些方面并不涉及详细的实验、对结果进行复杂的量化处理，也不涉及严谨和巧妙的分析。但是他的研究重点有一定的顺序：1880—1890年致力于一般心理学和教育问题；1890—1905年致力于人类生活的具体细节，特别是儿童和青少年的生活；1905年以后致力于更广泛的问题，包括人类的情感、道德和宗教生活。我们主要来探讨一下霍尔的教育心理学思想。

霍尔是身心发展因素论的代表人物，他的思想深受进化论和遗传决定论的影响。霍尔的著作《青春期：心理学及其与生理学、人类学、社会学、性、犯罪、宗教和教育的关系》，以进化论的观点解释了少年儿童身体的生长发育、青春期心理发展与身体变化之间的关系，是系统研究青少年心理的第一本专著，也被看作霍尔关于青少年发展学说的最完整说明，这是一部百科全书式的巨著，为青少年的成长与发展以及教育提供了重要的参考。

该书主要从以下几个方面来介绍青春期的发展：身高和体重的增长；青春期的身体器官发育；运动能量和功能的发展；身体和心理疾病；青少年的错误、不道德和犯罪；性发展及其危险；原始性；文学传记和历史中的青春期；感官和声音的变化；进化和正常青春期特有的感觉和本能；青少年的爱；青少年对自然的感情和新的科学教育；原始的公共启蒙教育，经典、理想和习俗，教堂的坚信礼；改变信仰的青少年心理学；社会本能和制度；智力发展和教育；青春期女孩和她们的教育；民族心理学和教育学、青少年种族和他们受到的待遇。

霍尔重视青少年的教育，他关注工业教育、文化与学业教育、女子教育、体育教育、手工艺教育、道德训练等。

(一)道德教育

霍尔认为，应该将青少年的道德教育与成年人区分开来，不应该用成年人的道德标准去要求青少年。霍尔把道德看成一种超级卫生学，旨在"使我们的肉体和灵魂，使我们的环境，物质的、社会的、工业的等等，始终处于最佳状态"。同时，霍尔认为，道德就是健康。在他看来，所谓健康，是指一种完美或神圣的状态。因此，霍尔又把道德解释成人类演化进程中的最佳状态和人类最健康的状态。这种最佳和最健康状态

受到破坏，道德就出现了问题。❶

关于道德训练，霍尔提出了两点建议。❷

1. 意志力训练

霍尔认为，对儿童最好的道德教育就是意志力的训练。因为如果要将那些最高尚、最卓越的人生观、道德观和价值观内化成自己心里毫不勉强、毫无抗拒的坚定信念，并且心甘情愿地将它们当作自己的习惯性生活指南，成年人尚且很难做到，更何况是儿童。

体育运动是意志力训练的初级形式。因此，在儿童教育的过程中，应该重视培养他们对于体育运动的兴趣，加强他们的体育运动锻炼，有助于儿童在强烈的渴望和反复的训练中发展出强壮的肌肉和坚毅的品质。强壮的肌肉是表达意志力的器官，拥有强大的肌肉，才能拥有健康的意志力、忍耐力和自控力。

年幼儿童的意志、目标，甚至情绪，都是反复无常、被动起伏、互相矛盾的，成年人强行给儿童设定的道德准则和要求，代表了成年人对儿童的期望，这种期望使得儿童在做任何活动时都朝着大人所期望的方向发展。他们在这个过程中所表现出来的讨好、害怕和服从，都是潜意识里形成的一种不确定的崇拜，他们视这种崇拜为权威，而对此产生敬畏感。霍尔认为，"敬畏感可以衡量一个儿童身上能够培养出的意志力强弱程度，是所有道德动机中最强烈、最健康、最全面、最综合的一种"❸。因此，把握和利用儿童对于成年人的敬畏感，则能培养儿童基本的意志习惯，引导他们明白基本的行为准则，促使他们果敢、刚毅地执行各种合理明智的命令，强化他们的道德意识和行为。

儿童很容易被宠坏和变得懒惰，他们的意志力进而被弱化和扭曲，为了帮助他们重建和加强意志力，霍尔认为惩罚也是一种意志力训练的手段。惩罚既要起到威慑作用，又要起到感化作用，如何恰当而有智慧地惩罚儿童，是一门艺术。为了达到最佳的惩罚效果，必须做出一系列正确的抉择，即选择合适的时间、地点、情绪以及犯错对象，弄明白他们所犯错误的类型以及表现。在给予儿童应得的惩罚后，向他们指出惩罚的好处，然后再有技巧地向他们表达亲热和关爱，以此来安抚他们，让他们理解惩罚的目的是为了纠正他们的错误，而不是对他们造成伤害。

❶ 王文芳：《霍尔儿童研究教育思想》，载《合肥师范学院学报》，1999(3)。

❷ 周俊：《霍尔的儿童教育思想研究》，博士学位论文，湖南师范大学，2017。

❸ ［美］斯坦利·霍尔：《青春期：青少年的教育、养成和健康》，凌春秀译，5 页，北京，人民邮电出版社，2015。

在对儿童进行了各种"服从"式的训练之后，再让儿童进行"自我指导"就显得相对容易了。文字和语言对意志力的磨砺作用微不足道，知识并不能把理想中的意志力变为现实。意志力的修炼是向内的精耕细作，而不是向外的开疆辟土。无论是在行动上还是思想上，如果能教会儿童熟悉处事规则，并让他们彻底明白这些规则的作用和违反规则将产生的后果，他们便会随时随地自我约束，反思己过，自我指导，改过自新。严格的管教和约束铸就了他们沉静的气质和端庄的姿态，让他们更富有内省力、自控力，懂得如何控制自己的情绪，知道如何表达情愿和不情愿。

"意志力就像我们为了孩子特别托管的信托基金，他现在可能并不想要，但是到他成熟一些的时候，他就不会再拒绝。"我们必须强迫他们去做的事情，就是将来他们会强迫自己去做的事情；他们现在已经形成的习惯，与成年后的他们需要养成的、生活要求他们养成的习惯遵循的是同样的原则。将儿童的行为机械化，越早越好，越充分越好。在儿童的观念里，习以为常的东西就是对的，能够在头脑里被简单化的东西，就是亲切熟悉的。通过一次又一次的重复，公平和正确的观念就会被深深地烙进我们的神经细胞和道德品质里。

2. 道德心建设

在儿童的校园生活的最初几年内，道德教育最重要的切入点，就是有关道德心的建设。何为道德心建设，霍尔解释为"一个机智而且老练的教师，会利用来自历史和文学作品中的大量实例，与学生讨论例如公平竞争、讲究卫生、遵守秩序、自尊自爱、诚实善良、勇敢正直、乐于助人等话题，使儿童在讨论中理解并领悟这些道德品质的精神，然后模仿，实施，从而把优秀的道德品质内化为自己思想精神的一部分"。从实例中学习道德品质，并在实际行动中付诸实践，把理解到的道德品质通过实际行动内化成自己的道德精神，这便是霍尔所说的道德心建设。霍尔认为，儿童意识中的道德心，是在遗传因素的帮助下，在儿童自己都意识不到的情况下从周围环境中获得的。除了儿童从父母那里遗传来的道德品质，儿童身处的道德环境能够引导或者改变他们的道德精神。那些本来健康正确的道德见解和感想很脆弱，容易被误导和忽略，复杂、矛盾的环境还可能会让儿童滋生不良行为。因此，除了对儿童进行必要的、机械的、严格的、长期的意志力训练之外，还应发挥儿童自身的主观能动性，让他们自觉在学习过程中运用知识和智慧，建立起强大的道德心。

首先，应该注意培养儿童对知识的兴趣、对体育活动的热爱、对社会的正确看法以及他们对美的品味。从他们所学习的每一项课程中，提炼有关道德的品质，暗示或引导他们形成正确的道德意识，以此来指导他们的思想和行为。其次，应该引导他们在家庭生活、社会生活中建立高层次的亲情、友情，并让他们养成有规律的良好习惯。用深厚的感情和良好的习惯，来抵御儿童情绪上的不稳定性和冲动，预防危险、不合理的行为，帮助他们建立对生活的热爱和对他人的同情心。再次，教师应该充分利用儿童的主观能动性，对他们的道德意识加以强调和利用。教育儿童树立起自己的理想和远大目标，教会他们如何以开放的心态吸收各种观点，提醒他们肩负的责任和义务，帮助他们真正建立起哲学、博爱、真实和善良的道德心。

(二)学校教学的改革❶

霍尔认为，教学改革是与道德和道德教育密切相关的。霍尔晚年目睹了第一次世界大战给美国社会带来的影响。受战争的影响，学校的生活也发生了变化。学期缩短了、男孩子放假去农场干活以生产粮食、儿童们要参加许多社会性工作(例如，小红十字会工作，为法国孤儿募捐，与比利时及其他同盟国儿童通信，参加军事训练，等等)、中小学校里的爱国主义教学明显地加强了。在中学、大学里，如化学、物理学、经济学、心理学等应用学科，明显受到了重视。大约有50万原本上大学的青年参了军。每所学院和大学都成立了学生军训营。霍尔认为，在这样的社会背景下，学校教学也需作相应的改革，以促进学生道德的发展，培养儿童适应生活的能力。为此，他提出了以下几点改革建议。

1. 幼儿园和小学低年级应当以活动为中心

霍尔认为，这一时期教育要以活动为中心乃是儿童的心理和生理发展的需要所决定的。他强调，儿童兴趣对教育之重要犹如圣灵对于古代教会之重要。他认为，在个体的成长中，儿童的身体和灵魂是最宝贵的也是最可塑的事物。教育价值的一个标准就是看成长的一代人能否走向成熟。霍尔强调，这是真正的人道主义，是衡量义务教育阶段初等教育价值的尺度。

2. 学校应当充分注意应用性课程的德育作用

由于第一次世界大战的经验，应用性课程受到了学校的重视。以致一些人产生了应用技术第一，纯科学其次的观念。按照这些人的想法，学校课程应更多地重视应用性技术，以使大多数人掌握这些技术。至于有关创造发明、科学研究的课程则属于少数天才人物学习和研究的内容。但一些持有传统保守主义思想的人则主张学校课程应当回到传统的学习

❶ 王文芳：《霍尔儿童研究教育思想》，载《合肥师范学院学报》，1999(3)。

内容上去，否则就有可能丧失教育的文化作用。霍尔认为，重视应用课程是社会的需求，学校教育必须传授一些应用技术以使受教育者在工业社会中找到一个既能体现个人价值又能满足行业需求的最佳位置。那么，这种做法是否会影响人性的发展和品德的培养呢？霍尔认为那是不会的。因为应用性课程也具有德育的作用。他强调，"人类已经掌握了无以计数的自然力量，但要求将这些自然力量用于人类造福事业而非破坏事业的呼声从未如此强烈"，霍尔认为，这种呼声是人类渴望用正确的道德观利用自然力量的需求。霍尔的意思很清楚，他认为，学校在传授应用技术时应注意教导学生用正确的价值观去利用这些技术，从而使应用技术课具有德育作用。

3. 学校教育应注意培养忠诚、献身精神、英雄主义、荣誉感、团队精神以及亲密的同伴友谊等品质

霍尔提出，这些品质是战争中必需的，也是战争给学校教育的启示。在和平环境中，这些品质也具有极为重要的作用，是人性道德中最重要的因素。霍尔主张，这些品质的培养可以通过学科教学来实现。他还就如何通过古典学科（拉丁文学）、现代语言、科学、历史、心理学、经济学、社会学以及宗教等学科来培养上述精神提出了一些建议。比如谈到古典学科的学习时，霍尔提出"古典学科应当人文化"，所谓"人文化"，霍尔强调，学习拉丁文应重在掌握了解它的内容，包括意义、精神以及一些注释材料，而不要只注意学习枯燥的冗词。只有这样，学生才能把握古典文学的精神。霍尔认为，古典学科的学习可以在培养学生民主思想的同时又不影响学生的服从与纪律精神的培养。

三、对霍尔的教育心理学思想的评价

霍尔是"青少年心理学之父"，他的教育心理学思想影响深远。霍尔在理解青少年发展方面做了大量的工作，其中一些至今仍然适用。霍尔观察到，在青少年时期，男性的感觉寻求和攻击倾向增加。青少年时期的犯罪率也有所增加。现如今的青少年犯罪率也出现了这种增加的趋势。美国司法部公布了 1990 年至 2010 年若干犯罪的犯罪统计数据。统计数字显示，10 至 18 岁的人，特别是男性，贩卖毒品、谋杀、盗窃、殴打、入室行窃等罪行有所增加。霍尔指出，就攻击行为而言，有两种类型：关系攻击和身体攻击。关系攻击涉及闲话、谣言的传播和对他人的排斥。关系攻击在女性中发生的频率更高，而身体攻击在男性中发生的频率更高。

霍尔留下的著作很大程度上来自他在美国心理学领域的拓展。他做

了很多工作，把心理学作为一种合法的研究和科学形式带到美国。他在美国创办了第一本专门研究心理学的杂志，名为《美国心理学杂志》。霍尔在美国心理学领域和心理学领域所做的一切工作，使所有其他心理学家都能步他的后尘，成为美国的心理学家。如果没有霍尔的努力，心理学可能需要更多的时间才能成为美国的一个领域。

霍尔扩展了心理学的年龄范围，将以往仅仅局限于学龄前儿童、婴儿期儿童的心理研究扩展到了青年期（25岁之前），并且在退休之后，将重点放到了老年人心理的研究上。霍尔对心理学的研究贯穿人的一生，他是"毕生发展观"的先驱。霍尔认为，应该区分不同年龄阶段的心理特征，相应的教学任务与心理指导也应该更具有针对性。

霍尔首先提出了"青春期"这一概念，并进行了大量的理论与实证研究，提出了青少年心理发展较为系统的理论，并且具有前瞻性，很多理论至今仍然适用。青春期的少年处于一个特殊的时期，研究这一时期的青少年具有非常大的价值。按照霍尔的观点，这是一个"疾风怒涛"的时期，是一个充满了内部和外部冲突的时期，而青少年们正是在经历了各种的冲突之后，才最终复演成为人类文明中充满个性的一员。也就是说，按照复演说的观点，青少年期正是与人类种族发展过程中的动荡、转型的时期相对应，是一个新阶段的开始，这时更高级、更完善的人的特征开始产生，个体开始获得"个性""人类化"和"文明化"。霍尔认为青春期是新生活的开始，并将这一观点与一项科学主张相结合，认为如果管理得当，这种新生活可以为种族的进化做出贡献。霍尔这一观点在学术界引起了广泛的关注，促使学术界和社会大众开始重视并研究青少年问题。如果不加以重视，那么，成年之后的个体会出现严重的心理和行为问题。霍尔在他的两本著作中展示了一系列关于青春期的知识，他的许多观察都得到了很好的支持。一个世纪后，他的观点仍旧是青少年心理学领域核心知识的一部分，包括青少年抑郁情绪的产生，青少年犯罪率的上升和犯罪的具体模式，青少年强烈的感觉寻求及其与风险行为的关系，对媒体影响的敏感性，对同龄人的偏向和女孩的关系性攻击，以及青春期的生理发育基础。虽然人们普遍认为青少年心理学始于1904年霍尔《青春期》一书的出版，但很明显，当时已经积累了大量关于青少年的知识。霍尔的成就是把这些知识汇聚到了一个地方，并增加了许多他自己的有见地的思想。

霍尔在他的研究中广泛地使用了问卷法（这是他在德国学习到的研究方法），促进了儿童心理学研究的科学化，使得研究结果更加严谨、可靠。到1915年，霍尔和他的学生们已经发展和使用了190多种问卷，涵盖了各类课题。从某种意义上来讲，霍尔也是心理学问卷法的奠基者。霍尔使用问卷法主要包括两种方式，一种是让被试直接作答，另一种是通过教师和父母收集儿童相关的信息，并积累了大量儿童研究的材料。霍尔在进行问卷研究期间，严格控制了施测流程，例如主试的选择与培训，指导语的统一，并且经常征求主试、被试的意见和建议。因此，在这样的方式下，研究中能够及时调整施测流程，为问卷题目的修订也提供了可能性。此外，霍尔在进行问卷数据的处理时采用了统计方法。虽然方法较现在而言是比较简单的，但是通过一定的定量分析，有助于获得相对可靠的结论。因此，霍尔在问卷法的研究上，从方法到逻辑的分析，均是一种开拓与创新。此后，霍尔将问卷法调查的年龄范围进一步扩大到成年人群体，让他们回忆早期的童年经验。在一段时期内，霍尔与他的学生们对全国的教师和父母推广各类题目的问卷，收集了大量的数据。这一思路与我们现今提倡的大数据思维不谋而合。到目前为止，问卷法仍旧是心理学研究中重要的研究方法，在儿童心理研究中起着重要的辅助作用，对心理学的发展产生了巨大的影响。

然而，问卷法也存在着一定的缺陷。霍尔早期对儿童的研究大量使用问卷法，但是由于儿童的年龄较小，儿童很有可能不能充分理解题目的意思，从而误答甚至乱答。而且，儿童集中注意力的时间非常有限，常常漫不经心地作答，甚至有些孩子会去猜测哪些答案能够使父母和老师更满意。此外，父母和教师未必会严格按照要求真实作答。以上这些因素往往会影响到研究结果的准确性、客观性、科学性。

霍尔的研究给美国教育的实践和改革带来了巨大的影响。霍尔对儿童心理学的研究推动了整个社会对儿童群体的关注，激发了更多的研究者参与其中的热情。霍尔利用儿童、父母和教师群体进行研究，同时父母与教师从研究结果中获得具有实践意义的指导。这对于青少年的成长来说是一件大有裨益的事情。霍尔的一系列研究成果反映了儿童研究运动的成就，同时也推动了儿童心理学和教育学的发展，进而影响教育实践与改革，加速了近代美国幼儿教育体制的美国化历程。❶

霍尔倡导并支持这样一种学说，即只有当思想在个体中的发展和它在动物王国中的历史被理解时，它才能像身体一样被充分理解。此外，他的开创性工作是调查人类对其他任何事物开展实际行为的具体细节，如狗、猫、娃娃、沙堆、雷声、闪电、树木、云。他在心理学的教学中占有很大的分量，以遗传分析和研究所有人的生活。霍尔关于"心理复演

❶　周俊：《霍尔的儿童教育思想研究》，博士学位论文，湖南师范大学，2017。

说"的贡献是难以界定的，因为他坚持一种极端的理论形式，即个体心灵的机能就是其祖先的心理历史重演，后天的心理特征是遗传而来的。他将心理因素过度地归结于遗传特性。人类作为社会关系的总和，既是生物实体，更是社会实体，霍尔把个体发展史和种系发展史完全等同起来，从而引向了遗传决定论显然是错误的。但是，霍尔在通过研究人类特定的反应来更多地了解人类的整体反应这一方面取得了丰硕的成果。霍尔本人似乎也认为，他后来对行为和情感心理学的贡献，比他中期对遗传心理学和儿童研究的贡献更为重要。

霍尔建议将对男生的控制与对未来生活、角色的严格教育结合在一起。霍尔对青少年教育的方法强调了以下六个方面。

1. 为不同未来的学生提供不同的课程，即有效的课程。

2. 通过对身体的密切监督，强调锻炼和团队运动，使成年男子的发展成为可能。

3. 通过强调忠诚、爱国主义和服务来实现对男孩的情感表达教育。

4. 重视理论或文化时代（即研究被认为是种族发展的关键阶段）为依据的课程。一个文化时代的课程侧重于"伟大的场景"：神圣的和世俗的神话与历史故事，以及其他大力改革和民族化的故事。伟人的故事在整个故事中都会被用来吸引男孩加入故事，并以他们天生的兴趣为基础。

5. 实施一种学校计划，将男孩保留为男孩，并且在很小的时候就劝阻其早熟或承担成人的性角色。

6. 观察并关注青少年。

毫无疑问，霍尔对当代心理学的贡献是巨大的。但是由于时代和理论的局限性，他的观点仍然存在着过于绝对化和不完善的地方。霍尔过于强调遗传在人的发展中的决定作用，认为人的发展以及个性品质在早期细胞的基因中就决定了，发展只是这些内在因素的自然展开，环境与教育只有引发的作用。但是，结合现代心理学的观点以及大量的实证研究结果我们发现，个体的发展不只受到遗传因素的影响，社会环境等因素起到了更大的作用，遗传的解释力甚至是非常微弱的。在先天遗传素质没有办法改变的情况下，我们应该更加关注儿童成长的环境，例如父母教养方式，学校教育，童年期消极经历等的影响。父母、老师、学校、社会应该为儿童的成长创立良好的环境，促进其健康成长。此外，虽然霍尔提供了大量关于儿童教育的建议，强调了每个教育阶段某些课程的重要意义，但是却没有给出切实可行的教育策略，泛泛而谈，看似很有道理，但是真正执行起来却有很大的困难。

虽然，如今的心理学家们不再全盘接受他的观点，我们更应该以辩证的角度去看待这些观点，但是作为青少年心理学之父，霍尔的确为心理学研究开启了一个新的领域。

四、我们的认识与理解

霍尔兴趣广泛，在心理学、教育学、宗教学等领域均有所建树。对教育心理学而言，霍尔的思想融合了进化论、机能主义、精神分析等流派的观点。因此，我们不能简单地把霍尔归于哪一具体的流派。霍尔是一位非常伟大的心理学家，他在心理学的领域中进行了大量的开创性工作。当代心理学的众多研究都是在霍尔提出的理论基础上发展而来的。毫无疑问，霍尔大力推动了心理学科学的进展。

霍尔对心理学非常热爱。为了追求科学的真理，他不远万里到德国去游学，跟各路名家学习，进行思想的碰撞。这大大地拓展了霍尔的研究视野，因此，他才能够在众多的心理学分支中都有自己独到的见解。霍尔不仅致力于对科学领域的贡献，他在思想传播与培养心理学人才上也有着巨大的贡献。当时克拉克大学受到的资金支持并不足以支撑整个大学的运作，但是霍尔仍旧坚持，亲手培养出来了 81 个心理学博士。霍尔热爱讲课，每年的大部分时间都在外出教学。虽然非常辛苦，但是他的思想观点得以广泛传播。霍尔还自己出资创办心理学的专业期刊。由此可以看出，霍尔不仅致力于心理学研究的本身，而且在心理学的推广方面做出了巨大的贡献。

霍尔的心理学理论和观点，在当时的时代背景与技术条件下，无疑是具有里程碑式的意义。结合现代心理学的观点，还有一些可以借鉴并推进的地方。

首先，在研究内容上。霍尔首次提出了"青春期"的概念，并且有着大量的前瞻性论断。我们应该在深入了解霍尔思想观念的基础之上，结合具体情境，进一步开展在不同时代背景、不同国家、不同种族、不同社会环境、不同家庭教养方式下的研究。例如，霍尔指出青春期的男生由于感觉寻求，攻击倾向增加。当今网络发展迅速，我们可以结合网络攻击与现实攻击来对青春期的少年进行研究。

其次，在研究方法上。虽然霍尔采用的问卷法已经为科学的心理学研究打下了良好的基础，但是问卷法仍然存在着许多的缺陷。例如，自我报告的方式会带来共同方法偏差和社会赞许性效应，对于青少年心理的发展而言，纵向的研究更具有价值，横断面的数据无法推断因果关系。此外，现代心理学研究技术发展迅速，事件相关电位技术（ERP）、功能磁共振成像技术（fMRI）等研究手段的兴起，为我们进一步深入研究提供了可能。对于青少年心理学的研究而言，我们可以结合霍尔的观点收集纵向的脑科学数据，为这一领域提供更加丰硕的研究成果。

最后，霍尔将进化理论与心理学结合起来，视角独特。近些年来，进化心理学逐渐兴起，在心理学领域产生了巨大的影响，对心理现象的理解和探索产生了重要的推动作用。我们应该结合霍尔进化心理学的观点，采用客观严谨的研究手段，将研究更加具体化，进一步推动进化心理学领域的发展。

第十五章　维果茨基 ❶

[印象小记]

　　维果茨基（Lev Semenovich Vygotsky，1896—1934），苏联心理学家，社会文化历史学派，即维列鲁学派的奠基人。他是心理学界不可多得的天才，主要研究儿童发展与教育心理，着重探讨思维和语言、儿童学习与发展的关系问题。他也是改造古典心理学的巨匠，其《高级心理机能的发展》是该学派的代表性论著。他认为低级心理机能是种系进化的结果，而高级心理机能则是人类历史发展的结果，受社会文化制约。他所创立的文化历史理论不仅对苏联，而且对西方心理学产生了广泛的影响。美国学者托尔明赞誉其为"心理学中的莫扎特"，美国教育家布鲁纳评价道："在过去四分之一世纪中从事认识过程及其发展研究的每一位心理学家都应该承认维果茨基著作对自己的影响。"2002 年，维果茨基被美国的《普通心理学评论》杂志评为"20 世纪最著名的 100 位心理学家"之一，位列 83 名。

---

❶　作者：汪天逸，俞国良。

与儿童年龄发展相关的社会行为❶

关于适应的概念

众所周知，现代生物学认为适应这一概念体现了地球上有机生命发展的基本原则。教育学中也提出，儿童适应其生活的环境是教育的最终目标。

但需要指出两种情况。第一，适应环境可以有截然不同的特点。那些善于钻营的人以及投机者和骗子对环境最为微小的刺激就都考虑得十分周全，他们善于以最恰当的反应来应对，及时满足人生的一切需求并由此得到最大的自我满足。这种满足表现为正面的情感效果，以及他们每次都成为左右局势的主人。

人们会问，从教育角度看，这种人是否代表了受教育个体的理想？还是相反，这种人无法融入任何社会圈子，对抗社会，总是同环境发生冲突，从而表现出他是一个不能适应社会的革命者。我们是否可以把这类人称为教育得不好或受了错误教育的人？第二种情况是儿童因本身年龄的增长，不同阶段适应环境的程度也会不同。

因此，考虑适应环境的问题也要依据儿童的行为。现在我们就来看这两种情况的问题。关于第一个问题我们可以说，需要从社会角度来研究适应。我们永远不能把现存的环境看成固定不变的，不能从这样的角度出发。社会环境包括许多的不同的方面和要素。这些要素总是互相斗争，处于最为尖锐的矛盾之中，而整个环境则不能被理解为一种静态的、原始的和稳定的要素系统，它是一个辩证的发展的动态过程。从社会的角度看，革命者比追逐名利的人更能适应环境发展的趋势，因为他适应的是社会的动态发展，而不是社会的静止状态。

人对环境的态度总是带有主动的性质，而不是简单的依存关系。所以适应环境就意味着同环境的个别要素进行最激烈的对抗，以及建立某种与环境的积极关系。因而在同一个社会环境里，可以有完全不同的个体社会定势，问题在于从什么方向来培养这种主动性。

第二个问题可以用以下方式解决。实际上，儿童在适应社会环境时

❶ ［俄］列夫·谢苗诺维奇·维果茨基：《教育心理学》第 1 版第十一章，许高渝译，221-235 页，合肥，安徽教育出版社，2016。

要经历许多阶段，其社会行为举止的功能会随年龄不同发生很大变化，因此儿童的社会行为应当被看作依据机体生物发展而多次转变的一种行为。

儿童和环境

查理金德大致是这样来揭示弗洛伊德学说的客观性和唯物主义意义的。

弗洛伊德确定了两项人类活动所依照的原则，即快乐原则和现实原则。人类的心理起源于埋藏在人体深处的欲望和心愿，这种欲望和心愿与环境互相影响。整个内心世界都是由希望获得快乐和厌恶受苦所支配的。快感欲组织了个性的定势，并填充在注意、记忆和思想中。人的整个心理世界是各种愿望的总和以及为争取实现这些愿望的体验。然而希望获得快乐的愿望会同需要适应现实环境的要求发生冲突，这样，快乐原则就同现实原则产生了矛盾。机体会拒绝许多愿望，这种未被实现的愿望就被挤入无意识领域，在那里以隐蔽的方式继续存在，并闯入心理生活，使其沿着本身的道路前进，服从于无意识中受排挤的愿望的影响。未与现实原则妥协的快乐原则会创造一些替代方式对现实原则加以报复，或者在现实世界之外再补充一个特殊的世界——未被意识到的、受排挤的、无意识的欲望。这样在人的身上就好像创造出了两个互不调和的现实：外部现实（被意识到的、包括对周围环境适应的各种要素的现实）和心理现实（与外部环境相对立的现实，它被环境赶入了无意识的底层，但由于未被满足而渴望向上突破）。全部心理生活都贯穿着这两种现实的殊死争斗，斗争会在所谓的监督检查机构那里表现出来，这种监督检查机构会歪曲那些在睡梦和漫不经心的自觉状态中受到削弱时所突现的受压抑欲望。

这种与环境相冲突和不协调的最高形式，会通过患病表现出来。患病就是封闭在某个与情感体验相关的表象组合中的一些受排挤和未被满足的愿望占优势时所采取的病态立场和特殊的行为方式。

甚至我们的思维也经常会受这些遭到排挤的愿望或多种愿望组合的指挥，至于其他一些剩余的心理力量，那更是肯定会服从这条规律。人原来只把所创造的一部分财富用来对付周围的环境，剩下的部分均留给内部使用，这种使用与向环境提出的要求是相反的。那一部分的注意和记忆，那些思维过程的材料，那些一般的和专门能力的品质，那部分人在现实适应的动作中所暴露出来的忍耐力和灵活性经常只是人类创造能力极为微小的一部分，其大部分均存留了下来，隐藏起来不让我们发现，用于封闭的内部过程，滋养着多余的、非现实的、非创造力的兴奋。不仅那些所谓在衰败的患病个性是这样，就是那些在疯狂的现代社会环境下，由于正常这一概念的极端相对性而称之为完全正常的人也是这样。个性天生的结构和童年早期里所积累起来的习惯，在其后来的发展时期会同周围现实的责任不可避免地发生冲突。这时内部的瓦解、分裂导致个性的剧烈分化大大增加，而个性给予环境的只是那些硬挤压出来的东西，剩下的大部分都处于潜在的紧张状态之中。

弗洛伊德认为，大部分这种受压制的愿望都起源于性。他认为性本能的发展从最早的童年就已经开始。当然他所说的不是儿童已有某种粗俗的，已形成的性感觉，而是说存在着来自黏膜和个别器官活动处于萌芽状态的部分要素，个别的感觉，它们是未来的性感觉，即所谓性欲的初始状态。

因此儿童最原始的本能体验同童年时最早的一些习惯，即所谓幼稚的行为举止一样，主要是在快乐原则的影响下发展的。对适应环境的关注则落在成年人身上。正是成年人使儿童建立与环境的最初相互关系变得更为容易。这也为儿童早期的幼稚行为打上了特殊的印记。幼稚的行为首先由无条件的天生的反应构成，尤其是由最接近儿童的初级条件反射构成。

这也就是在天生的储备、儿童早期的体验同儿童后期的习得之间会具有悲剧性矛盾的原因。由于儿童早期的体验(它是在生物习惯的基础上发展的)和环境(包括环境全部的客观要求)之间存在巨大的不适应性，因此就产生了人的生物性混乱，从幼稚到成人行为的转变总是一场悲剧。弗洛伊德将其称为快乐原则与现实原则的斗争。

正如查里金德所指出的，这些结论和巴甫洛夫实验室的实验结果完全吻合。巴甫洛夫在实验室中用实验的形式重复了开始新生命时儿童体验的定义。狗在吃肉粉的时候会做出抓取和分泌唾液的反射。但如果只在发出某种信号——蓝色灯光或声音之后才给狗喂肉粉，而没有信号就不给它喂食的话，那么在开始时狗会在任何场合都扑向肉粉，都会分泌唾液等，但经过反复的实验，狗会中止其基本的反射：没有得到许可，没有条件信号，从生物角度看它就不要吃(不流唾液和其他液体)，没有食欲，不想进食。

现代环境和教育

现代的社会环境，即资本主义社会的环境，因其影响系统的混乱而造成了儿童的早期体验同后来的适应形式之间的根本性矛盾。因此，机体应当接受某些使自己的愿望减缓并封闭起来的形式。这些愿望只有在梦里才能展开，找到出路，而且也不是完整的，而是以一种遮掩的方式，因为有监督检查机构在妨碍它。这样，环境和个性之间就产生了很强的反作用。查理金德曾描述过这种情景：所有未实现的欲望得到的是不正确的导向，它们都转到了性本能上，而性本能是要靠其他人才得以维持的。

现代社会刺激的混杂使遗传下来的储备、童年早期的体验和后来更为成熟的心理积累之间产生了很大的不适应性。因此而产生了人的大部分生物心理力量的堵塞，这些力量被歪曲运用，而社会环境只利用了这一能量中极小的一部分。人类心理生理学中储存了大量的备用品，等待相应的社会刺激。它们具有非常大的可塑性。把这些备用品从地下状态解放出来，把能量释放出来就是进行下面的过程。人身上一欲望、愿望、追求的形式储藏着大量的能量，部分能量由于现实原则没有得到满足被排挤到无意识中。现在这些剩余能量有三条出路。一是它加入与行为自觉形式的斗争之中，战胜这些形式并向现实原则报复，这样就会患病，或者患精神神经症。二是斗争的结果也可能是平局，或者说得正确一些，是斗争根本没有结束，人继续保持行为的正常形式，生活在他和环境之间以及内心中的经常而长期的冲突之中。三是能量虽然被赶入了潜意识状态，被现实所排挤，但它又会再一次为了现实而重新释放出来，朝着对社会有益的、创造性的方向发展。在这种情况下，环境得到了完全的胜利，因为环境不仅排挤了对抗它的力量，而且掌握了这股以被改造了的形式重新出现的力量。

这个过程或者也可以叫作升华。它最大限度实现了我们所有的愿望，只是朝着对社会有益的方向。因此，这是教育所遵循的一条道路。升华和反射、解除抑制的一般形式有许多相似之处，甚至包括那些被排挤到潜意识领域的反射。为了弄明白升华这一行为的机制，我们采用查理金德用日常生活所遇见的情况为例所给的解释。

有一个小官吏受到上司粗暴的侮辱，类似的刺激总是引起他习惯性的抑制，而不是攻击性反射，在这种情况下，攻击性反射通常不会获得应有的供给，因为官僚环境在沙皇制度下当然不会为形成外露的攻击性反射提供良好的土壤。这种被抑制的激奋将会从两个方向向外表现出来。(1)这个小官吏回到家里，坐下来吃饭，一星半点的小事，比如桌子上摆得稍许有点杂乱就会使他大发雷霆。怒气一落到所抑制的激奋场就突然会出现激烈的情绪爆发，出现大量的攻击性反射：将盘子扔向妻子和小孩，拳头朝桌子上乱打，对着整个房间咆哮(按弗洛伊德的说法，这是被抑制激奋的爆发）。（2）也可能出现另一种情况：抑制仍然存在，上司继续可能的侮辱支撑着这种机制，为抑制提供能量补偿，但除此之外，也会出现新的刺激，参加全市革命性质的游行，散发地下传单，号召他人与"上司"进行斗争，发布如何进行这种斗争，即进行长期不懈有组织的斗争方法的指示。攻击性反射释放出来，但不是以暴风雨的方式，而是以有组织的形式长期开展，变成一种持久的地下革命斗争。攻击性反射得到了组织和升华，低级的反射通过其周围的激奋的积累（增长），通过长期的抑制和缓慢的释放变成了更高层次的反射，变成一个创造性的过程。

从上面的例子中我们可以清楚地看到，最理想的教育只有在正确指向的社会环境的基础上才能实现。因而教育的最根本的问题只有在全面解决了社会问题之后方能解决。但由此我们还可以得出另一个结论，就是人这块材料在正确组织的社会环境下具有无限可塑性。人身上的一切在相应的社会影响下都是可以进行教育和再教育的。这时个性本身不应该被理解为终极的形式，而是一种机体和环境互相作用的经常流动的动态形式。

应当记住，如果人的机体中所有的一切都要受教育的话，那么在我们这个时代的现实条件下，这种教育将会遇到一系列的阻碍。下面我们就来看一下儿童社会行为的现实形式。

社会行为的现实形式

在现实生活中，人们的生活是通过在劳动的过程中让大自然适应于人们的需求来维持的。人的生产的特点是集体性，这种生产总是需要组织社会的力量作为其产生的先决条件。在一般的生命中，存在着同一类组织之间密切的依存关系，但是人类社会性的形式与动物性的形式并不相同。动物的社会性产生于进食、保护、进攻繁衍这些本能的基础上，这一切都不要求同机体共同合作。而人类的这些本能导致经济活动的形成和产生。经济活动是整个历史发展的基础，马克思就曾对此说过：

人们在自己生活的社会生产中，发生一定的、必然的、不以他们意志为转移的关系，即同他们的物质生产力的一定发展阶段相适应的生产关系。这些生产关系的总和构成社会的经济结构，即有法律的和政治的上层建筑竖立其上并有一定的社会意识形式与之相适应的现实基础……随着经济基础的变更，全部庞大的上层建筑也或慢或快地发生变革。在考察这些变革时，必须时刻把下面两者区别开来：一种是生产的经济条件方面所发生的物质的、可以用自然科学的精确性指明的变革，一种是人们借以意识到这个冲突并力求把它克服的那些法律的、政治的、宗教的、艺术的或哲学的，简言之，意识形态的形式。

因此，从历史唯物主义的角度看，

一切社会变迁和政治变革的终极原因，不应当在人们的头脑中，在人们对永恒的真理和正义的日益增进的认识中去寻找，而应当在生产方式和交换方式的变更中去寻找；不应当在有关的时代的哲学中去寻找，而应当在有关的时代的经济学中去寻找。

人类的生产过程中具有最为广泛的社会性，在现阶段它遍及整个世界。因而人们社会行为的组织形式是最为复杂的，儿童接触到这种复杂形式要早于他同自然界的接触。

因此，人的教育完全取决于他所生长的和发展于其中的社会环境，但是，环境对人的影响并不总是直接的，有时是间接的，通过思想来影响。我们把在历史发展过程中确立起来并以法律规范、道德准则、艺术情趣等方面加以巩固的一切社会刺激物称为思想意识。规范贯穿于其产生的社会阶段结构并为生产的阶级组织服务。规范制约着人的全部行为，在这个意义上，我们完全可以说到人的阶级行为。

我们知道，人的一切条件反射都由外来的环境影响来确定。由于社会环境在结构上看是阶级结构，很自然，所有新的联系都无不打上环境的阶级烙印。这就是为什么有些研究者不仅敢于讲阶级心理学，而且还讲阶级生理学。最勇敢的思想家敢于提出机体的"社会全浸性"，认为最为隐蔽的功能归根结底也是社会本质的表达者。我进行呼吸，进行机体最为重要的排泄总是同影响我们的那些刺激相一致。我们在分析现代人的心理时，可以从中找到许多他人的意见，他人的话语和他人的思想，我们肯定无法判断什么地方是他本人个性的终点，什么地方是他社会个性的开始。因此，在现代社会，每个人不管他想不想，一定都是某个阶级的代言人。

由于我们知道每个个体的经验要受到他在环境中所扮演的角色的制约，而阶级属性恰恰可以决定这种角色，很明显，阶级属性决定人的心理和举止行为。布隆斯基说："因此，人在社会中表现的行为没有任何固定不变或普遍确定的规律。在阶级社会中'人'的概念总是一种空洞抽象的概念。人的社会行为取决于他的阶级行为，每个人一定是某个阶级的人。"在这个方面我们应当合乎深刻的历史主义精神并应永远把人的行为同当时的阶级状况联系起来。这应当成为任何社会的心理学家需采用的基本心理方法。我们还会记得社会的阶级结构就是人在有组织的社会劳动中所持的立场。因此，阶级属性就一下子既决定了个性在环境中的文化定势，也决定了它的自然定势，布隆斯基说："所以，任何人都是某一社会阶级的某种（中间的、最为常见的、最小的、最大的等）变异。由此可见，个体的行为是相应阶级的派生行为。"

问题是人类劳动（即为生存而进行的斗争）需要具有社会斗争的形式，因此，它让整批整批的人处于相同条件之下，并要求他们形成相同的行为形式。这种相同的行为形式也就构成了该社会所普遍存在着的宗教信仰、仪式和规范。因此，不管我们想还是不想，自觉还是不自觉，教育总是沿着阶级这条路线的方向进行的。

对心理学家来说，这就意味着形成儿童行为的刺激物系统是由阶级刺激物组成的。

当教育学面临着什么是教育的理想——是国际型和全人类型还是本国型这个老生常谈的问题时，应当明确这一点。应当注意到一切理想的阶级本质，应当记住，民族主义、爱国主义的理想和其他理想都只不过是教育阶级方向的某种遮盖形式而已。这也就是为什么对我们的教育而言，这一切都不是解决问题的正确方法。相反，由于目前的教育正在朝走上历史舞台的国际工人阶级的方向前进，因此国际发展和阶级团结的理想应当超过民族教育和全人类教育的理想。

然而，这并不是说现代教育不应注意发展的本国形式。问题在于发展的本国形式毫无疑问是一个伟大的历史事实。不言而喻，这些形式必定会作为心理条件进入我们的学校事业。儿童所掌握的一切东西都会潜移默化地成为儿童的行为、语言、风俗、习惯的特殊形式。

重要的是要避免那些教育学普遍造成的基本错误。第一，过分崇拜民族性，强化行为中的民族成分，培养学生的民族主义来代替民族性。这些通常会同对其他民族否定的态度联系在一起，与狭隘的爱国主义即对本民族的外部特征的狂热联系在一起。人类行为的民族色彩同所有的文化创造一样是伟大的人类财富，但是只有当这种财富不成为禁锢人的枷锁，不像蜗牛壳一样，当它与外界影响完全隔离开来的时候才是一种伟大的财富。

不同文化的冲突经常会造成语言和艺术中混杂虚假的形式，但同时也会带来从文化创造新形式发展的意义上来说的一些美好结果。忠实于本国的人民就是忠实于自己的个性，这也是行为的唯一正常的真实的发展途径。

民族主义的另一个危险是在这个问题上的过多的自觉性。文化的民族形式似乎是自发形成的，它不知不觉地会成为我们行为的一部分。在这个意义上来说，民族性无论是从教育学看还是从心理学看与阶级性都

389

第十五章　维果茨基

是不矛盾的，但两者都具有非常重要的心理功能。

儿童发展中的摇摆现象

研究儿童发展是心理学的重要原则。儿童不是一种现成的事物，而是一个发展的机体，因而其行为形成不仅受到环境系统作用的特别影响，而且还取决于儿童机体本身发展中的一些周期式时期，这些周期式时期反过来又决定了人对环境的态度。儿童的发展不是平衡的，而是逐步的，通过微小变化的积累，跳跃式和波浪式地变化，因此在儿童发展的高潮时期之后会出现停滞和抑制时期。

这种节律式摇摆的交替变化是儿童行为的基本规律，甚至可以有昼夜内的摇摆和一年中的摇摆。比如莫伊曼就认为，儿童心理在秋、冬两季表现的强度最大。心理力量从 10 月到次年之外还可以看到昼夜间摇摆的情况，根据这一点教育学提出，儿童上课应这样进行分配，就是使他们在能量增长的时候上最难的课。人们还特别指出在夜晚，在能量降低得最多的时候上课是有害的，午饭之后上课也一样，因为这时由于消化功能的增强，大量血液离开脑部进入了胃部。

在儿童的发展中，这种周期性原则可以被称为儿童发展的辩证原则，因为儿童发展不是按照缓慢的、逐步的变化方式进行的，而是在某些关键点上通过跳跃式的方式进行的，量变突然地转化成质变。我们对儿童发展的质的阶段加以区分，这就好像水在均衡的冷却时突然在冰点变成冰，在均衡的加热过程中过了沸点就变成水蒸气一样。换句话说，儿童发展过程如同自然界中的一切发展过程一样，是通过矛盾的发展和从量变到质变的转化辩证完成的。

从一个阶段向另一个阶段的过渡问题早就由亚里士多德进行过一般性的讨论，这种过渡与大家多少同意的区分相一致。现在我们把儿童发展区分成四个主要的年龄段，其中每个年龄段均有特殊的生物学意义，因而也就形成了对环境的特殊态度。

第一时期是童年时期，儿童的主动性几乎等于零。他的生物机能主要由饮食来决定。儿童吃饭、睡觉、生长、呼吸，他的行为全部由这些最为重要的机能来决定。因此在它的行为形式中那些有助于实现上述机能的形式发展最充分。这一时期几乎所有的儿童反应都针对最为简单的熟悉环境。在这一时期儿童已经能发现一些与游戏相关的反应。他们已经开始玩耍，在环境中定向，并操作最为重要的感知器官和运动器官。正是在这时候儿童完成了生活中最为伟大的事件——学会确定活动的方向，第一次协调眼睛和手的活动，伸手拿放在他面前的物品。这一时期成人把儿童与环境分离，成人代替他实现对环境适应的最重要的机能。但是儿童也受到他的亲人、周围的摆设以及周围一切对他起作用的环境的影响。

因此，母亲对儿童来说是第一位的。根据一位心理学家正确的表述，正是母亲成了儿童的第一个社会环境。这一时期乳牙的出现是一个重要的飞跃，儿童通过吃其他食物而改变了对环境的态度。总的来说，童年早期充满着各种事件。儿童学习行走、说话、运动和对环境进行最初的定向，这一时期持续六七年，构成了童年的早期。

在这个不间断发展的时期，儿童彻底掌握了全部动作，他对环境的态度取决于环境通过成人进入他内心的程度。某些心理学家称整个这一时期为游戏时期。

就在这时出现了某种危机，出现了生长停滞的现象，就好像是出现了沸点和冰点一样，在此之后是一个新的时期，即童年后期。这是一个完全不同的时期，从 7 岁到 13 或 14 岁。这一时期儿童直接面对环境，儿童养成了成人所必需的全部习惯，他的行为形式变得复杂起来，开始了与环境的新的关系。这就好像是一个新的波浪，第一个波浪把儿童抛到了更深的世界海洋之中，儿童与世界的关系变得更加紧密了。这一时期以性成熟为终点，所有的心理学家都同意把性成熟作为终点，所有的心理学家都同意把性成熟时期称为儿童生活中的悲剧期。这时到处都可觉察到断层：声音、面孔、躯体都发生了变化。按鲁宾斯坦的说法，所有的成员都处于相互关系之中，好像站在十字路口一样，脱离儿童的整体阶段，又来不及确立成熟身体的牢固整合与和谐。

这一时期的特点是同环境发生最大的冲突，既有外部撼动，又有内心的震惊，经常是后来患病以及机体崩溃的出发点，而且这些情况还将会遗留终生。之所以发生这一切，是因为突然表现出的身体里的强有力的汹涌本能注定是无所作为的，这样就产生了儿童和环境之间以及儿童本身内部的冲突。

这一时期的另一特点是兴奋度和窘迫感急剧增强，儿童似乎经常意识不到自己不能适应环境。因此这一时期是完全意义上的危机年龄期。

这一时期在教育上也具有决定性，因为这正是确立升华的主要形式的时期。升华就是通过教育的作用使能量得到排解的。

在此之后是少年时期，从 13 岁到 18 岁。这一时期的特点是最终确立了同环境的关系。这一点从以下事实就可看出：大脑的最后三分之一的重量是在性成熟时期增加的。新生婴儿时大脑长成了第一个三分之一部分，14 岁之前的整个童年期大脑又增加了三分之一重量，这是第二个三分之一，随后到 18 岁前一直是少年期，是最终适应环境的时期。

上述区分应该被看作一种相对的概念，并没有精确的界限，同时还伴有每个年龄段所特有的一系列过渡的心理特征。

下面以学龄前儿童生活中的童年抗拒期作为例子来加以说明。抗拒期最明显的表现是喜欢争论，好否定，好采取逆反行为。有些心理学家把这一时期确定在 3～5 岁，但有理由认为，抗拒期发生在稍后的年龄段中，经常会在七八岁的儿童身上发生，会以更细微的形式表现出来。

这一行为的心理意义是儿童随着对环境的主动性的增加而产生的转变。对于所有的事情，小孩会说："让我自己来。"小孩总是"想加以否定"，你只要走到这样的小孩身边对他反复说"是"，就会听到他坚决地回答"不"。过一会儿，他会对你所说的"不"，坚决地加以回答"是"。如果这个小孩穿着白衣服，你走过去对他说："你今天穿了白连衣裙。"你就会听到他回答："不，是黑连衣裙。"鲁宾斯坦说，在这一时期，小孩既会对请求做否定的回答，也会对命令做否定的回应，甚至对名字的普通称呼也要进行否定："不是沃洛佳。""不是妈妈。"……有一次，有位母亲跟我说，她为这样一件事感到难过（这件事只是"争辩"中以最为尖锐的形式出现的一种）：她 4 岁的男孩不管在合适与否的场合都一概做出否定回答，但同时又经常不拒绝人家要他做事。有一次，在这个男孩临睡觉前他母亲要他一起念一段平常的祷告，他同意了，但用的完全是出乎意料的形式："不是我们，不在天上，不是父亲……"

这样的情况大概会经常出现，只是不那么极端。我有一次看到一个正处于抗拒期的小女孩把黑板上的词倒着（即从右至左）抄下来，全班同学都跟着他学。女老师尽管同学生关系十分和谐，但无论怎样都无法解决这个问题。奇怪的是这件事后来竟风平浪静地平息了。这位女老师按我的意见在黑板上也从右到左地写起词来，小孩们当天就恢复正常的书写。

抗拒症只是童年期的一个主要特点，即普遍不适应的局部现象。儿童在出生时以及在此之后的整个童年期里都是与环境极不适应，与环境的关系极不平衡的机体，因而他经常需要在成人的帮助下取得人为的平衡。这也就是这个最有情感的生物要么笑，要么哭，很少有中立态度的原因。因为我们感受到环境的压抑或者战胜环境时，情绪是我们行为中的一个不平衡点。

因此，我们无法从儿童成长和教育的过程中抹去悲观主义的印记，儿童进入生活曾经是，而且今后还总是一个病态突变、组织撕裂并重新生长的过程。彪勒的这句话是完全正确的："一切认真希望更深刻地理解我们儿童的发展和他向大人转变时所上演的最为壮观的剧目的人都应当有所准备，没有准备都将一事无成。"

［思想评价］

维果茨基创立的社会文化历史理论，奠定了社会文化历史学派的理论基础，是用辩证唯物主义解释人的心理的典范。在维果茨基看来，当时的"世界心理学的整个路线都在发生危机"，他指出"心理学要有自己的方法论"，1927 年维果茨基撰写《心理学危机的历史内涵》，第一次用马克思主义观点全面地说明了心理学危机的现象及其根源。他认为传统理论的共同点在于实质上都把意识问题，即人的高级心理机能问题排斥在心理学研究的大门之外。维果茨基紧紧地抓住了意识这个基本问题，以对人的意识的历史观为指导，对高级心理机能进行具体的研究，创立了著名的社会文化历史理论。

一、生平事迹与社会文化历史理论形成的背景

维果茨基在 1896 年出生于苏联莫斯科的职员家庭，1913－1917 年就读于莫斯科大学法律系，同时，在沙尼亚夫斯基大学攻读历史哲学，由于高度的求知欲，广泛的科学兴趣与特殊才能和严格的教养，他不仅钻研哲学、政治经济学、美学，钻研马克思、恩格斯和列宁的原著，还在大学期间便开始研究艺术心理学问题。1925 年他撰写了 20 多万字的《艺术心理学》专著，作为他的学位论文，由于各种原因这本书直到 1965 年才正式出版，受到心理学界和艺术界的高度重视，现已译成多国文字，我国于 1985 年出版了它的中译本。1917—1923 年，维果茨基回到他曾长期居住过的戈麦里市（位于白俄罗斯），任多所学校的教师，讲授文学、美学、逻辑学及心理学等课程，积累大量的资料并撰写了 40 万字的《教育心理学》专著。此外他还深入研究了巴甫洛夫、别赫捷列夫的著作，探讨了高级神经活动生理学与心理学的关系。1924 年，在列宁格勒市（今指圣彼得堡）召开的全俄第二届精神神经病学代表大会上，维果茨基作了题为《反射学的研究方法与心理学的研究方法》的长篇报告，对反射学提出批评。当时新任苏联心理学研究所所长的科尔尼洛夫十分赞赏维果茨基，会后便邀请他到研究所工作。从此维果茨基成了专职研究人员，先是在心理机构工作，后在他自己设立的残障机构中工作。同时，他主持属于 Narcompros（人民教育委员会）的生理残障及心智障碍儿童教育系，也在 Krupskaya 共产教育学院，莫斯科第二大学（其后的 the Moscow State Pedagogical Institute），以及位于列宁格勒的 Hertzen 教学机构中

授课。1925—1934 年，维果茨基聚集了一大群在心理学、残障及心理异常等领域比较擅长的年轻科学家一起工作。对于医学的兴趣促使维果茨基也接受医学的训练，1934 年，他罹患肺病去世，终年仅 38 岁。

维果茨基生活的 20 世纪初至 20 世纪 30 年代，世界上的心理学就某种意义上来说正处于危机的阶段。随着 1879 年冯特在德国创建了世界上第一个心理实验室，实验心理学建立，心理学从哲学中脱离成为一门独立的科学，随后，欧美出现了艾宾浩斯、魏特海默、铁钦纳、杜威等著名的心理学家，并形成了联想主义心理学、格式塔心理学、构造主义心理学以及机能主义心理学等各自的心理学流派。但两种相互对立的思想斗争激烈，一种是主张用客观方法研究心理的生理机制的自然科学的思想，另一种是用内省方法的经验心理学。心理学的研究对象、研究理论及方法处于混乱状态，当时的主要任务是确定心理学的研究对象，统一不一致的概念、规律等。

在俄国，自 1861 年废除农奴制后，资本主义经济得到迅速发展。到19 世纪 80 年代，俄国完成了工业革命，但由于农奴制残余依然大量存在，带有军事封建的性质。反映在心理学思想领域内的表现就是虽然也有唯物主义因素，但当时官方意识形态的唯灵论和思辨学派的唯心主义占统治的地位。例如格罗特和切尔班诺夫等，他们竭力宣扬唯心主义的心理学。尽管如此，俄国的革命民主主义者们以及俄国的自然科学家们的唯物主义思想在心理学中已产生了巨大的影响。例如，在俄国唯物主义心理学的准备过程中起巨大作用的 18 世纪俄国哲学家和自然科学的奠基人罗蒙诺索夫，他认为物质是整个世界的基础，心灵是物体的反映，外部世界是人认识的源泉。还有 19 世纪俄国的革命民主主义者赫尔岑、别林斯基、车尔尼雪夫斯基、杜勃罗留波夫以及皮萨列夫等人都发表了许多著作，对俄国进步心理学思想的发展有很大的影响。20 世纪初，由于俄国资本主义经济的迅速发展，俄国的科学与教育不断前进。这一时期在彼得堡、莫斯科、喀山、哈尔科夫以及其他一些城市都建立了心理学的实验室，并于 1906 年、1909 年、1910 年、1913 年和 1916 年陆续召开了相当规模的心理学代表大会，逐步形成了一支较大的心理学队伍，出版了诸如《哲学与心理学问题》《心理学、犯罪人类学与催眠术通报》《精神病学、神经学与实验心理学评论》等刊物，围绕着心理学重要的方法论问题，俄国心理学界开展了激烈的争论，这些争论的内容都涉及诸如政治、道德、法律、教育与宗教等各种社会问题。对这些社会问题的唯物主义的自然科学观点与唯心主义的神学观点乃是当时争论的焦点。

十月革命后苏维埃政权创建的初期，在意识形态领域，列宁领导的布尔什维克党号召，用马克思主义来改造一切文化科学。在心理学界，布隆斯基、科尔尼洛夫和维果茨基正是代表人物。维果茨基旗帜鲜明地用马列主义作为苏联心理学方法论的基础，提出改造传统心理学，建立真正科学心理学的纲领。维果茨基善于博采众长，他博览群书，知识十分渊博，在他的著作中，从古典哲学、法学、文学、美学、社会学、生物学到生理学等均有涉及。作为当时苏联心理学年青斗士的维果茨基，他的每一篇论文（著作）都是针对当时心理学的现状写出的，是向传统心理学开战的檄文，是建立新型心理学的宣言书。他一方面努力学马克思列宁主义，另一方面钻研了诸如冯特、铁钦纳、桑代克、詹姆斯、魏特海默、考夫卡、考勒、弗洛伊德、屈尔佩、华生等当时在世界心理学界赫赫有名的人物的大量著作。维果茨基把这些名家所创立的众多流派，包括经验主义、结构主义、格式塔学派、精神分析理论、符兹堡学派、行为主义以及当时在苏联流行的反射学派统称为传统心理学，或旧心理学，或古典心理学。维果茨基不但没有被这些当时最时髦的"新理论"牵着鼻子走，相反，他对这些新理论很不满意。为了建立具有苏联特色的新的心理学体系，他在戈麦里市担任中学教师期间就撰文详细地分析了传统心理学的危机，他认为"现在世界心理学的整个路线都在发生危机"，1927年他在撰写的《心理学危机的历史内涵》一书中，对各心理学派都做了深刻的分析，第一次用马克思主义观点全面地说明了心理学危机的现象及其根源。但维果茨基绝对不是个历史虚无主义者，而是对传统心理学长期以来所积累的丰富材料十分重视（例如对儿童学，他批判了儿童学的自然主义的方法论，弃其糟粕，吸收其中"合理的内核"，把它改造成能为新制度服务的科学；又如德国心理学家闵斯特伯格写的《心理技术学原理》，1924年被译成俄文后立即受到维果茨基的赞赏。维果茨基认为，心理技术学的概念有着极其丰富的内涵和外延，在人类文化的一切领域均有心理技术学用武之地）。在维果茨基看来，传统心理学深刻的危机在于脱离实践，他把心理技术学看作现代心理学的基石之一，看作克服传统心理学危机的一条极重要的出路。我们在维果茨基的著作，特别是教育心理方面的论述中，都能看到他所用的实验资料绝大部分都是他自己亲自做的。他紧紧地联系苏联的教育实际，并在这一基础上提出了他的教育心理学新观点、新理论。

20世纪20年代中期维果茨基创立的社会文化历史学派又称"维列鲁学派"，核心成员还有列昂节夫和鲁利亚，是当代具有重要影响的一个心理学派。维果茨基积极投身于对传统心理学的改造，将马克思主义的观点运用到心理学中。维果茨基将意识作为心理学的研究对象，他提出"忽略意识问题，心理学就会给自己堵塞通向研究人的比较复杂行为问题的道路"，如果我们"把意识从科学心理学的范围内排除出去，就会在很大程度上保留过去主观心理学的二元论与唯灵论"。列昂节夫和鲁利亚特别支持维果茨基的观点，他们自发形成了一个团体探讨学术问题，该学派的研究进一步证实了人的高级心理机能的发生与发展是受社会社会文化历史制约的，因此被称为"社会文化历史学派"。

在 20 世纪 30 年代，维果茨基学派受到当时苏联"左"路线和个人迷信的无情打击。由于他的许多著作都引用并分析了西方学者的研究成果，吸取了其中"合理的内核"，他创立的"社会文化历史理论"由于词汇上的某些雷同，被武断地说是德国文化心理学的翻版。但苏联心理学家中的有识之士没有停止对维果茨基思想的研究，鲁利亚在卫国战争时期，以维果茨基的理论作指导，创立了神经心理学，列昂节夫在国际心联第 18 次大会上报告了他的活动理论，公开承认自己是维果茨基学说的继承人，20 世纪 50 年代后期，维果茨基的学说重放光芒后，社会文化历史学派得到大大的发展，成为苏联及今天俄罗斯最大的、最有影响的学派。

维果茨基是心理学界不可多得的天才，他的一生虽然短暂，留下的著作却达 186 种 200 多万字。代表作有：《艺术心理学》(1924，1965 年才出版)、《反射学的研究方法与心理学的研究方法》(1924)、《意识是行为心理学的问题》(1925)、《教育心理学》(1926)、《心理学危机的历史内涵》(1927)、《儿童期高级注意形式的发展》(1929)、《高级心理机能发展史》(1931)、《思维和言语》(1934)、《缺陷学原理》(1983)等 。他的大部分著作已编成《维果茨基文集》六卷本于 1982 年出版，并已译成多国文字。

二、社会文化历史理论的主要内容

苏联著名心理学家达维多夫曾将维果茨基的社会文化历史理论概括为以下五个方面。第一，人从出生起就是一个社会实体，是社会历史产物；第二，人满足各种需要的手段是在后天通过不断学习掌握的，因此，人的心理具有社会文化历史特点；第三，教育与教学是人的心理发展的形式；第四，人的心理发展是在掌握人类满足需要的手段、方式的过程中进行的，这一发展过程离不开语言交流和人际交往过程；第五，人与人的交往最初表现为外部形式，以后内化为内部心理形式。维果茨基短暂的一生中的许多时间都在研究儿童心理，他一直遵循辩证唯物主义的思想方向，他认为儿童心理学最核心的问题就是儿童心理的发展动力和儿童心理发展的条件。维果茨基在长期教学过程中积累了丰富的经验并进行了大量的实验研究，撰写了 40 万字的《教育心理学》著作，后米又撰写了《学龄期儿童的教学与智力发展问题》和《学龄前期的教学与发展》以及《儿童期高级注意形式的发展》《学生因教学而产生的智力发展的动力状态》等论著。这里仅以维果茨基社会文化历史理论中的一系列教育心理学思想为例加以诠释。

(一)发展与教学的关系

维果茨基认为，发展和教学是儿童心理发展的决定性力量。在最近发展区理论思想的基础上，维果茨基提出了"教学应走在发展前面"。维果茨基提出三种教学类型。3 岁前，儿童按照自身的大纲进行学习，即自发型的教学。也就是说，这个阶段儿童的学习主要要符合他的兴趣。学龄期儿童按照教师的大纲进行学习，即反应型教学，儿童需要按照外界的要求进行学习。而学前儿童正处于两种学习水平的过渡阶段，既要符合教师的大纲，又要符合儿童的需要。因此，教学要符合儿童的年龄特点，以儿童现有的发展和成熟的状况为基础，正如维果茨基所提出的："教学这样或那样地应与儿童的发展水平相一致，这乃是通过经验而确立的并多次验证过的无可争辩的事实。"❶

教学与发展是变动着的依赖关系：第一，教学创造了儿童的最近发展区，也就是说教学引起了一系列的内部变化，儿童通过教学掌握了各种经验并完成内化过程；第二，教学主导儿童的发展，包括发展的方向、内容、速度等；第三，教学与发展并非同步进行，教学走在发展前面。教学指向儿童的最近发展区，不仅要看到儿童已达到的程度，更要看到其正在形成的过程。

(二)最近发展区

"最近发展区"是维果茨基创立的极其重要的新概念，他认为儿童的发展具有两种水平，第一种水平是儿童现有的发展水平，第二种水平是儿童在成人的帮助下能够达到的潜在发展水平，最近发展区就是这两种水平间的距离。例如，一个 7 岁的儿童，在没有成人帮助的情况下，能够独立完成 7 岁半儿童的题目，儿童独立完成的发展水平就是儿童现有的发展水平，即第一种水平；而在成人的帮助下便能够完成 9 岁儿童的题目，这个时候达到的水平就是儿童的潜在发展水平，即第二种水平。最近发展区就是这两种水平间的距离。❷

---

❶ 张兴：《维果茨基关于教学与发展关系的研究》，载《外国教育研究》，1998(6)。

❷ ［俄］Л. С. 维果茨基：《学龄期的教学与智力发展问题》，龚浩然译，载《教育研究》，1983(6)。

儿童已达到的、真实的发展水平指的是已经成熟的机能，是现有的发展结果，而最近发展区指的是那些还没有发展成熟，正在发展的机能。他使我们看到了儿童发展的最大可能性。维果茨基指出：教学就是人为的发展，教学应该是在发展的前面引导着学生的发展，教学在儿童发展中的决定作用表现在发展的方向、内容、水平和智力活动的特点以及发展的速度上，即教学创造最近发展区，儿童的第一发展水平与第二发展水平之间的动力状态是由教学决定的。这也是教育者设计教学的根据。

（三）教学的最佳期限（关键期）

维果茨基指出儿童发展的每一年龄阶段都具有各自特殊的、不同的可能性，同时学习某些东西总有一个最佳年龄或敏感年龄。维果茨基不但提出了学习的最低期限，即必须达到某种成熟程度才使学习某种科目成为可能，还强调了"对教学来说存在着最晚的最佳期"。

维果茨基说："对一切教育和教养过程而言，最重要的恰恰是那些处在成熟阶段但还未成熟到教学时机的过程。"❶只要在这一时期施以适当的教学，便有可能组织这些过程，以一定的方式调整这些过程，以达到促进发展的目的。任何教学都存在最佳期限，过早或者过晚的教学都不利于儿童的学习与发展。教学的最佳期限又取决于儿童的最近发展区，并且在最近发展区之内。低于最近发展区或处于现有发展水平内的教学对儿童来说是枯燥的，不能促进儿童的发展，而超出最近发展区的教学对儿童而言是困难的，无效的。

（四）动态评价

根据最近发展区的理论，维果茨基认为对儿童发展的评价不能仅限于已经达到的水平，更应该关注儿童潜在的发展水平，关注儿童的学习速度和迁移能力。动态评价通常采用前测——干预——后测的模式来测查儿童最近发展区的宽度。前测主要是用传统静态的测量方式考察儿童能够独立完成的水平。在干预阶段为儿童提供相应的等级化的指导或是将复杂的任务分解。为儿童提供的指导或提示的数量表明儿童学习的速度，同时动态评价还设计不同迁移程度的情境来检验儿童的迁移能力。动态评价在采用发展性的、动态的标准来衡量儿童的发展状况的同时，具有诊断的功能，为教育者提供了更多的信息，包括儿童学习的速度、迁移能力，教师在评价中逐步探索出能够促进儿童有效学习的教育方法。

---

❶ ［俄］Л.С.维果茨基：《学龄前期的教学与发展（下）》，龚浩然译，载《心理发展与教育》，1986(4)。

(五)主体性教育思想

维果茨基的"三主体"思想是教改的全新概念，他把教学看成一种系统的交往活动，是主体与主体的互动过程，同时还要加上环境，特别是班级群体的教育作用。维果茨基指出："教育过程乃是三方面的积极过程，即学生的积极性、教师的积极性以及处于他们两者之间的环境的积极性。"

学生在教育过程中的主体性。首先，教育要考虑到儿童的基础及个人经验。维果茨基认为"任何学习都有它的前史"，"教育过程中，一切都是从学生的个人经验那里衍生出来的"，"受教育者个人的经验乃是教育工作的基础"。因此，一切教育活动都应在儿童自身经验的基础上开展。其次，调动学生学习的主动性。维果茨基指出"你想号召儿童去从事某种活动之前，你要让儿童对活动感兴趣，关心儿童对该活动所必需的全部力量，让儿童去活动，教师始终只是指导和引导他的活动"，"教育应当这样来组织，以至于不是他人在教育学生，而是学生自己在教育自己"。也就是说，学生才是教育的主体，让学生在自身经验的基础上对自己进行教育。而学生主体性的发挥要求学生能够积极主动地将教师的要求内化。

教师在教育过程中的主体地位。教师是教育过程的另一主体，根据维果茨基的观点："这就是为什么在教育过程中落在教师身上的积极作用是塑造、裁剪、搅乱与切削环境因素，用极为多样的方式把它们加以整合，从而实现教师所担负的任务。"教师的主体性主要表现在教师不仅要能了解儿童内心的发展变化，还要能创造性地整合社会环境要素，即教师需要掌握关于儿童心理发展的各种理论并将理论应用于实践。根据维果茨基最近发展区的观点，教师需要完成三项任务：(1)动态地评估儿童的各种能力及背景知识；(2)根据评估的结果，确定儿童的最近发展区，进而选择合适的教学活动；(3)适时呈现恰当的教学支架，并及时撤出。

社会环境在教学过程中的作用。维果茨基认为"环境乃是个体经验形成的决定因素。恰恰是环境的结构，创造并预先决定了形成全部个体行为所依赖的条件"。这里的环境既包括生活条件、历史背景等宏观环境，又包括儿童人际关系系统的微观环境，即儿童所处的社会、家庭、学校、班级等。人与环境相互作用，"人身上的一切在相应的社会环境下都是可以教育和再教育的"。

三、对社会文化历史理论的评价

维果茨基被誉为 20 世纪最有影响的心理学家之一，他对心理学的主要理论贡献在于以下几个方面。

第一，提出了人的心理的社会起源理论。

人的心理是怎样产生和发展起来的呢？人的心理是从动物的心理长期进化而来的。这是达尔文主义对我们心理学的一个重要分支即比较心理学的贡献。然而人的心理本身又是怎样发展起来的呢？也就是说心理过程的"人化"是怎样实现的呢？这是传统心理学一直回避而马克思主义心理学必须回答和解决的重要问题。维果茨基认为，心理发展有两种截然不同的过程：一是天然的、自然的发展过程，这是从最简单的单细胞的动物到最高级的哺乳动物的长期的生物进化过程。随着动物的不断进化，特别是神经系统的复杂化，心理便不断向前发展，这就是心理的种系发展过程。这是一条很长系列的发展链索，动物心理学到目前为止，只是知道了这一长长的发展链索是由无数的小环套所组成的这一事实，也研究了其中不少的小环套，但还有大量的小环套是我们的科学所不清楚的。因此，要彻底搞清楚心理的种系发展过程，还需要进行大量的科学研究工作，这就是对动物的智力发展史的研究。这一研究不仅具有实际的价值，还具有重大的理论意义。动物心理的发展是完全受生物进化规律所制约的自然发展过程。

维果茨基认为，除了上述的这种自然发展过程之外，还有另外一种发展过程，这就是社会文化历史发展过程，即心理的"人化"过程。自从猿进化到人的阶段之后，心理不但没有停止发展，而且进入一种新的阶段，逐步产生了各种高级的心理机能。例如产生了随意注意、逻辑记忆以及抽象思维等，这些高级心理机能是除人之外的一切动物所不具有的，这是另一种性质的发展过程。它之所以不同于自然发展过程是因为在这个阶段的心理发展基本上不受生物进化的规律所制约。维果茨基把这一发展过程称为社会文化历史发展过程。他之所以如此称呼是因为这一发展过程是受社会文化历史发展的规律制约的。众所周知，维果茨基是社会文化历史发展论的创始人，他的主要功绩在于把历史主义的原则运用于心理学之中。

第二，强调了人的高级心理机能的作用。

维果茨基将心理机能分为两种，即低级心理机能和高级心理机能。前者是人和动物共有的，如感觉、知觉、不随意注意等，是消极适应自然的心理形式。低级心理机能具有以下几个特征：这些机能是不随意的、被动的、由客体引起的；就反应水平而言，它们是感性的、形象的、具体的；就实现过程的结构而言，它们是直接的、非中介的；就这些心理机能的起源而言，它们是种系发展的产物，是自然发展的结果，因而受生物学规律的支配；它们是随生物自身结构发展尤其是神经系统的发展而发展的。

高级心理机能是人类特有的，如随意注意、抽象思维、高级情感等。高级心理机能的特征主要有：这些机能是随意的、主动的，是由主体按照预定的目的而自觉引起的；就其反应水平而言它们是概括的、抽象的，也就是说在各种机能中，思维的参与使它们发生了本质的变化；就其实现过程的结构而言它们是间接的，是以符号或词为中介的；就其起源而言它们是社会历史发展的产物，是受社会规律制约的；从个体发展来看，高级心理机能是在人际的交往活动过程中不断产生与发展起来的。

维果茨基认为高级心理机能是社会文化历史发展的结果，而低级心理机能是种系发展的产物。这本来是两条性质不同的发展路线，但在儿童的个体发展中却相互融合，交织渗透，正如维果茨基所言："儿童高级心理机能发展问题的全部特点、全部困难就在于这两条路线在个体发展中是融合在一起的，实际上形成一个统一而又复杂的过程。"也就是说在儿童个体发展的过程中，既有生物种系的发展过程，又有历史文化的发展过程。如果偏离了辩证唯物主义的指导，很容易使儿童心理学不是走上自然成熟的生物学化的道路，就是走上庸俗的社会学化的道路。

第三，提出了工具理论。

维果茨基提出的工具理论解释了高级心理机能产生和发展的具体机制。他将人的行为分为两种，一种是动物具有的自然行为，另一种是人所特有的工具行为。而工具也分为两种，一种是物质生产工具，人类借助这种工具进行物质生产，提高物质生产能力，如斧头、电机、起重机等，另一种工具是人类特有的精神生产工具，即心理工具，帮助人们提高精神生产能力，使心理机能发生质的改变。最初的精神生产工具只是简单的符号、记号，后来逐渐发展出现了文字、语言，精神工具越复杂，心理机能越高级。维果茨基把人利用精神工具的活动称为文化活动，人的心理机能也是随着这种文化活动的发展而发展的。维果茨基认为，这种发展的实质是人在活动与交往的过程中随着对符号系统的掌握，在最初的低级心理机能基础上形成了各种相应的新的心理机能。不但各种心理机能各自发生了质的变化，而且这些机能之间的相互关系也发生了质的变化。例如儿童随着年龄的增长逐步学会了运用思维来解决识记的任务，这样便产生了一种特殊的识记形式，即逻辑识记。由于这些高级心理机能之间的联系，它们便重新组合起来，产生高级的心理结构。维果茨基把这种结构称为心理系统或意识系统。维果茨基在研究儿童年龄特点时，曾谈到在这种意识系统中各种心理机能在不同年龄阶段处于不同的关系之中。例如婴幼儿期，在这一系统中知觉乃是占优势的机能，其他机能都是通过知觉而发生作用的。例如他们的识记是通过再认的形式表现出来的。思维则具有直观的动作的性质，情绪同样也是知觉引起的直接的体验。到了学龄初期，在这个意识系统中各种机能又发生了不同的变化，在它们的结构中记忆占优势的地位，到了后来，在这一机能结构中思维迅速发展取得优势，从而形成了意识的概念系统。维果茨基指出："如果对早期儿童来说思维就意味着回忆的话，那么对少年儿童来说回忆就意味着思维。"由此可见，在意识系统的发展中各种心理机能的关系是不断变化的。在一定的发展阶段某一种心理机能处于优势的地位，并在某种程度上制约着其他的心理机能，从而使心理结构不断地发生变化，不断地向前发展，由低级阶段走向高级阶段。

关于精神工具的作用机制，维果茨基提出了中介结构的理论模型。他认为，低级心理机能是非中介性的。就是说低级心理机能都是直接产生作用而不借助于任何辅助手段的。高级心理机能则不然，它们毫无例外地都是借助于各种辅助手段而产生作用的，这些辅助手段就是词或符号。词和符号不是空洞的，它们都代表着某种具体的现实的东西，都是在人们的共同活动中含有某种意义的东西。在人类文明的初期，这种符号是十分原始的，例如我们的祖先曾经运用过结绳记事的方法，他们用绳子打个结作为识记和以后再现的辅助手段。维果茨基在谈到高级记忆与低级记忆的根本区别时曾经指出："后者是某物被记住了"而前者则是"人去记住某物"。他还进一步指出："人的记忆的实质在于人借助于各种符号而主动地去识记。"其他一切高级心理机能的实质也都是如此。正如人借助工具进行劳动操作一样，人也借助符号进行心理操作。但是劳动操作的工具是外部的手段，而符号则是内部的手段。符号的作用就跟接通电路的电话员的工作一样，高级心理机能与低级心理机能不同正是在于它有了这位电话员在其间进行接线的工作。

维果茨基强调语言和符号的作用。他认为，词在各种符号之中有着最重要的地位。词是现实的概括的反映形式。维果茨基指出："交往必须以概括和词的意义的发展为前提。"也就是说，在交往发展的情况下才可能产生概括。词的意义中可能潜藏着各种不同形式的概括。概括是现实在人的意识中的特殊反映方式。在儿童的发展过程中，随着词的概括作用的不断扩展与深入，儿童的心理机能便逐步由低级阶段走向高级阶段以致最后形成最高的意识系统。维果茨基称之为"意识等级结构"。维果茨基把概括分成了三个基本的阶段：第一阶段是含混，这是幼儿早期最初级的概括形式，他们只是凭一些偶然的外部的空间接近而把一组对象联系起来，这是一种含混的概括。第二阶段便是复合，对含混而言这是较高一级的概括形式，这种概括又可以分为若干不同的小阶段，它们的共同点是以儿童的直接感觉经验为基础把对象联结起来，这样便形成各种假概念。维果茨基对于假概念的形成过程与作用进行了大量的研究并做了详细的阐述，最后概括便达到最高级的抽象综合阶段，从而产生各种真正的科学的概念并形成概念的系统。但是以上所有这些概括形式都离不开词或符号作为中介手段。然而，词的意义是在不断发展变化的，在儿童个体发展的不同阶段，词具有不同的意义结构。随着词的意义的扩大，随着概括形式的逐步发展，人的心理机能也不断地从低级阶段提高到高级阶段，从而形成各种高级的心理机能。但是离开了词或符号，概括便只能永远停在表象的阶段。由于词或符号的参与，心理过程的结构发生了根本性的变化，从而使心理沿着人所特有的新的途径向前发展。综上所述，由于有了词或符号作为中介手段，人的心理便不断地由低级机能转化为高级机能。维果茨基认为，符号尤其是词这类心理的工具，也像劳动工具那样都是社会生活的产物。它们在起初是影响他人的手段，到了后来则变成了影响自己的手段。由此可见，一切高级心理机能都是在社会文化历史发展的过程中产生的。

中介结构是高级心理机能产生与发展的极为重要的机制。这种新的结构并不是从内部产生的，而是在儿童与成人的交往活动中形成的，因此，它起源于社会生活。任何中介环节最初都具有外部刺激的形式，而且都是为了作用于其他的人，最后才逐步内化，变成心理工具并且用它们来作用于自己。例如儿童的随意动作最初都是通过外部信号产生的，成人借助这种外部信号作用于幼儿以产生相应动作反应。这时中介结构并不是由幼儿自己产生的，只有到了后来，这种外部的信号才变成幼儿自己内部的心理工具，从而获得真正的中介性质。任何随意动作都是这样产生的。因此，高级心理机能之所以不同于低级心理机能，是因为它在机能结构上多了一个中介的环节，而且这种中介环节最初也是从外部刺激转化来的。根据这一原理，维果茨基创立了一种专门研究高级心理机能发展的方法，他把这种方法称为"双重刺激法"。这种方法在于同时给受试者两类具有不同作用的外部刺激，其中一类刺激是执行受试者的活动所指向的客体的职能，而另一类刺激则是作为辅助手段，也就是说执行符号的职能，受试者借助于这类刺激的作用以组织自身的活动。维果茨基反对传统心理学的许多实验方法，他认为传统心理学的许多方法都是按照 S-R 的公式来设计的，最多也不过多一点通过实验的结果来进行一些推测性的所谓心理分析。他所提出的"双重刺激法"是从发生学的角度来研究高级心理机能的本质，因此这种方法具有它的独特性。他曾运用这种方法进行了大量的研究，起初他研究儿童概念的形成过程，随之研究高级的注意、记忆、思维、想象、情感及意志的发生发展过程，获得了十分丰富的有价值的科学成果。通过这些研究，他创立了高级心理机能的文化—历史发展理论，受到了学术界的赞赏。

第四，强调了心理发展过程中"内化"和"活动"的重要作用。

在工具理论的基础上，维果茨基提出了内化说。内化过程的实现主要借助于人类的语言，只有掌握了言语工具，才能将直接的、不随意的、低级的心理活动转化为间接的、随意的、高级的心理机能。如儿童数物体个数的过程，开始需要出声地数出物体的数量，随着儿童的发展，渐渐地将出声的数转化为在心里默数，最后可以省略中间环节，直接说出物体的数量。在这个过程中，外部的活动在语言的中介作用下得到内化，形成更高级的心理机能。

维果茨基指出，人的心理发展的两条客观规律：（1）人所特有的被中介的心理机能不是从内部自发产生的，它们只能产生于人们的协同活动和人与人的交往之中；（2）人所特有的新的心理过程结构最初必须在人的外部活动中形成，随后才可能转移至内部，成为人的内部心理过程的结构。人类的活动是在社会活动中产生的，在工具的中介下，由外部转化到内部。如教师教刚入园的儿童如何接水，最初阶段，儿童每次接水教师都要讲一遍规则，儿童便按照要求去做。时间久了，即使没有教师的提醒，儿童也会自觉地按照老师之前的要求去做。在这个过程中，教师起初的指导性的语言对儿童而言是一种外部控制，逐渐地，儿童掌握了规则，并实现了规则的内化，即便没有教师的督促和要求儿童也可以按照要求做好，儿童能够管理并控制自己的行为，由外部控制转化为内部控制。

在 20 世纪 20 年代，维果茨基将活动的概念运用于心理学，活动理论是维果茨基社会文化历史理论的重要组成部分。活动理论强调人的心理是在人的活动中发展起来的，重视人与人之间的互动对心理发展的重要作用。维果茨基用活动理论解释了活动与儿童发展的关系，他提出："奠定教育过程的基础应当是学生的个人活动"，而"教育者的全部艺术应当只归结为指导与调节这种活动"。

在重视活动作用的同时，维果茨基认识到活动和意识的统一性。意识与活动并不是毫无关联的，活动是意识的外在表现。因此可以通过对活动的客观研究，将意识物化，进而了解意识。根据马克思的活动观，意识不仅是客观现实的反映，同时对人的活动具有调节作用。

在维果茨基关于活动与意识相统一原则的基础上，他强调活动是人心理和意识发展的重要基础，是儿童发展的重要源泉，在儿童高级心理机能形成的过程中起到中介的作用。

四、我们的认识与理解

尽管维果茨基的科学成果在当前国际学术界已得到认同与很高的评价，"他的社会文化历史理论为关于人、文化与教育的科学开辟了新的前景"。但事物总是一分为二的，科学创造活动也一样。首先，维果茨基的社会文化历史理论早期也曾出现过自然主义的倾向。例如，他把低级心理机能与高级心理机能二者绝对地对立起来，认为儿童的低级心理机能具有纯遗传的自然性质，它们不是以文化的记号为中介的，因而没有中介结构。后来他对这一观点做了重大的修改。他说："最初级的机能在儿童那里，服从于完全不同于种系发展的早期阶段的规律，其特点具有同样的中介心理结构。"而关于高级心理机能在大脑中有没有它的物质本体，维果茨基在去世前也提出了著名的"大脑皮层的动力定位学说"，1934年，维果茨基准备以"心理学与心理机能的定位学说"为题在1934年夏给乌克兰第一届精神神经病学代表大会作报告，当时只写了一个提纲，可惜没来得及出席大会便因积劳成疾，患肺病逝世了。但他在提纲中提出的高级心理机能的系统动力定位的思想是伟大的发现，后来他的学生鲁利亚就是顺着这一思路，经过长期的临床和实验研究创立了"神经心理学"这门新的学科。

其次，维果茨基把历史主义的原理引进心理学时，没有分析社会形态的具体性质，脱离具体的社会形态谈历史，只能使历史抽象化。这是不符合马克思的历史唯物主义观点的。

最后，维果茨基过于肯定高级心理机能的发展不伴随人的有机体结构的生物型变化。迄今为止，科学界对这个问题尚未有结论。发展与变化是永无止境的过程，有机体（包括人类）的生物结构也是这样。因此，维果茨基把心理机能的自然的发展过程与社会文化历史的发展过程两者对立起来是没有充分的科学根据的。

尽管如此，维果茨基对心理学的科学建设的巨大功绩是不容小觑的，这是当前世界各国学术界所公认的。因此，他的许多著作已被译成英、法、德、意、日、西、中等多国文字，世界心理学界对他的学术思想的兴趣日益浓厚，正在酝酿一股"维果茨基热"。在科学迅猛发展的今天，历史上许多科学家的思想都已显得陈旧，而在学术界看来，维果茨基并不是一位历史人物，而是一位活生生的现代人。他的思想恰恰击中了当代心理学的时弊，照亮了现代心理科学前进的道路。❶ 维果茨基在心理学的基本理论与方法论方面给现代心理学提出了一系列原创的思想，他从辩证唯物主义的原则出发，研究改造古典心理学并使之向现代心理学过渡的方向与途径发展，力图从根本上摆脱古典心理学的危机，为现代心理学寻找出路。在这方面，维果茨基的贡献是极其重要的。

维果茨基的理论带给我们教育方面的启示也是巨大的。

第一，教育要符合儿童发展的年龄特征，抓住儿童发展的关键期。儿童各种机能的发展均存在关键期，过早或延迟的教育都不能使教育的效果达到最佳。因此教育应以儿童发展的成熟度为基础，建立在那些处于成熟阶段但还没有达到成熟的心理机能的基础上。

第二，为儿童提供恰当的教育内容。教育的过程中要关注儿童的潜在发展水平，而不是着眼于儿童已经达到的水平。教师提出的要求不能过高或过低，应该是儿童需要付出一定的努力才能达到的要求，儿童"跳一跳"，便能摘到"桃子"，这样才能激发儿童学习和思考的积极性。

第三，为儿童内化的学习过程提供言语中介。儿童高级心理机能的形成是一个内化的过程，在这个过程中，言语起到重要的中介作用。因此在与儿童交往的过程中，尽可能多地与儿童进行言语沟通，为儿童提供言语中介。

第四，为儿童提供有效的"教学支架"，引导儿童独自探索。儿童的成长离不开成人的正确指引和适时帮助，在儿童不能独立完成某项任务时，成人提供恰当的支架，帮助儿童迅速达到潜在水平，并且要及时撤走支架，以便儿童独立完成任务。另外，支架的提供要因人而异，不同的儿童由于个体差异以及以往教育经验的不同，所需支架的数量及特点会有所差异。因此教育者要在准确了解儿童特点的基础上，提供支架，为基础差的儿童提供的支架相对较多，反之则提供较少的支架帮助。例如，在生活中，年幼儿童常常忘记从本子的左边开始往右边书写的顺序。这种情况下，成人会反复告诉儿童要从左边开始写，可是儿童还是会有忘记的时候。这时候，成人提供了一种支架，在左边开始的地方画了一个星号"＊"，告诉儿童要从带有星号的地方开始写，儿童按照要求去做，时间久了，便可以牢记规则，遵循正确的书写顺序，成人便不再需要画星号了。星号作为一种符号工具，作为一种支架，有效地帮助儿童掌握

---

❶ 龚浩然：《维果茨基及其对现代心理学的贡献——从纪念维果茨基诞辰 100 周年国际会议说起》，载《心理发展与教育》，1997，13(4)。

规则，最终儿童能够独立完成这一任务。❶

第五，将动态测验的理念运用到教学活动中。教师应采用动态测评的方式评价儿童的最近发展区，仅仅根据某一结果便认为儿童是好的还是差的过于片面和绝对，教师要关注儿童发展的最初水平和在外在帮助下的最终水平，从发展的角度对儿童做出评价。

第六，教育过程中，重视发挥学生的主体性。课堂教学中，注意发挥学生、教师及环境的积极性。首先教师要把学生看作教育的主体，实现教学主体化，发挥学生的主动性，促进学生主动地探索，成为学习的主人，并注重学生个性的发挥。在强调学生主体性的同时也要重视教师的主体地位，在教学过程中，教师不仅是知识的传递者，更要成为教学活动的组织者、调节者及监督者，指导儿童的各种学习活动，并及时地给出反馈。

第七，重视学习过程中的合作性，在合作中促进儿童的发展。教师可以变换课堂的授课模式，将不同水平的儿童分为一组，开展合作性的课堂，组织多样化的学习活动，促进师生间及同学间的沟通与讨论。每位儿童都可以向他人学习，而且在各种合作的活动中，儿童间的交往也为儿童的发展提供源泉。

第八，为儿童提供活动和交往的机会。根据维果茨基的理论，儿童高级心理机能是在人际互动中形成的，儿童的发展离不开社会环境，离不开与他人的沟通和交往。因此，教育者要为儿童创造活动的机会，如开展外出参观等活动，促进儿童高级心理机能的形成和发展。

第九，注重环境的营造和建设。维果茨基认为"环境乃是个体经验形成的决定因素。恰恰是环境的结构，创造与预先决定了归根结底形成全部个体行为所依赖的条件"。因此社会、家庭、学校、班级对儿童的影响至关重要，建设和营造良好的环境将使教学达到事半功倍的效果。

总之，儿童的成长变化是一个循序渐进的内化过程，教育者在了解其发展规律的基础上才能更好地为儿童创设有利的情境，促进儿童更好的发展。

---

❶ 高文：《维果茨基心理发展理论对教育教学实践的影响——维果茨基思想研究之三》，载《全球教育展望》，1999(5)。

第十六章　罗森塔尔❶

［印象小记］

　　罗伯特·罗森塔尔（Robert Rosenthal，1933—　　），美国社会心理学家。他主要致力于研究日常生活和实验室中自我实现预言的作用，尤其感兴趣的是"期待"对人的影响，即一个人对一个行为的期望本身将导致该期望成为现实，包括教师的期待对学生学业成绩的影响，实验者的期待对研究结果的影响，临床医生的期待对病人的心理和身体健康的影响。同时，他也是最早对心理学实验中实验者偏见进行研究的人。他最有影响的研究结果是教师的期待会对学生学业成绩有影响，该现象被称作罗森塔尔效应，也称皮格马利翁效应。这一研究结果对整个教育领域有着重大的影响，让人们开始更多地审视教师的态度对学生的影响。罗森塔尔早期研究临床心理学，后转入社会心理学领域，但他的研究结果却被广泛地应用于教育领域。同时，他对非言语交流、研究方法以及数据分析领域也都很感兴趣。罗森塔尔在 2003 年获得美国心理学会颁发的心理

❶　本章作者：牛勇。

科学终身成就奖，2009 年当选美国人文与科学院院士，其代表作有《课堂中的皮格马利翁——教师期望与学生智力发展》《行为研究纲要·方法与数据分析》。2002 年，罗森塔尔被美国的《普通心理学》杂志选入"20 世纪最著名的 100 位心理学家"中，位列第 84 位。

[名著选读]

课堂中的皮格马利翁❶

罗伯特·罗森塔尔　列诺尔·雅各布森

1965 年，本文作者在公立小学做了一个实验，实验者告诉教师们，根据哈佛习得变化测验的结果，某些学生被认为将来在学习成绩上会"爆发式的成长"。事实上，并没有进行所谓的测验，那些被认为学业会"爆发式成长"的儿童是随机选择的。罗森塔尔和雅各布森希望通过实验研究教师的期待影响儿童学业变化的程度。

本章要回答的基本问题是，在一年或更短的时间内，那些被期待智力发展更快的儿童是否会比控制组的儿童表现出更大的智力增长。另外，还有四个重要的附加问题。如果教师的积极期望对儿童的智力发展有利，那么，哪些儿童从中受益更大：

1. 低年级儿童还是高年级的儿童？
2. 快班、中班还是慢班的儿童？
3. 男孩还是女孩？
4. 少数民族儿童还是非少数民族儿童？

主 要 的 变 量
年 龄

我们的民间文化、人类的发展理论(特别是精神分析理论)、发展和实验心理学家以及生态学家的研究结果一致认为年龄是个体被塑造、改变以及影响程度的重要因子(Scott，1962)。一般来说，个体越年轻，受社会影响越大。考芬在他的一篇经典论文的研究中指出，人们的易受影响性从婴儿到 7～9 岁是增加的，从 7～9 岁后就开始下降。最近，在一篇关于社会对儿童有明显影响证据的研究中，史蒂文森(Stevenson，

---

❶ ［美］罗森塔尔、［美］雅各布森：《课堂中的皮格马利翁：教师期望与学生智力发展》，唐晓杰、崔允漷译，77-104 页，北京，人民教育出版社，1998。

1965)报告 5 岁儿童比 12 岁的儿童易受影响性要高，这与考芬的研究结果是一致的。但是，考芬和史蒂文森论述的更多是关于教师的预言公开的社会影响，而不是难以觉察的无意识的影响。因此，搞清楚在更难觉察的无意识影响过程中，是否也是较小的儿童更容易受教师期待的影响，这还是很有趣的。

能　力

我们也关注是否快、中、慢三种班级的孩子在教师的积极期待中获益程度有所不同。然而关于能力的研究，并没有太多有帮助的文献。我们知道这三种班级的平均智商存在很大差异，但是史蒂文森(1965)提出，对社会影响的易受性可能不太依赖于孩子的智力水平。最近的关于智力增长的一个论述是桑代克(Thorndike, 1966)报告的，他认为最初的智力水平与变化后的智力水平之间只存在中等程度的相关。无论如何，在本研究中，我们并不关心个体的智力增长，我们关心的是"特殊"的儿童(被随机抽取为未来学业会有爆发式增长的学生)比"普通"的儿童在智力的变化上可能表现出更多的额外增长。简言之，我们感兴趣的是，不同班级儿童在教师积极期待中的受益程度是否存在差异，但我们几乎不知道应该期待什么。我们感兴趣的另外两个变量，性别和少数群体地位，与班级设置是相关的，这使该问题变得更加复杂。在最后一章中，我们看到，女孩过多集中于快班，而男生往往过度集中于慢班。墨西哥儿童是橡树学校的少数群体，他们常常集中于慢班，而在快班里很少。

性　别

男孩和女孩哪个更容易受到社会的影响，这取决于影响者是男性还是女性(史蒂文森，1965)。由于橡树学校的绝大多数教师是女性，我们更感兴趣的是来自女性影响者的研究发现。史蒂文森对研究发现的总结认为，男孩子应该更易受到社会影响。然而，就对这一年龄段的孩子而言，社会对其影响过程既是有意为之的，也是很容易觉察到的。而教师的期待效应可能两者都有。

少数民族群体状况

我们对少数民族群体身份变量感兴趣的理由是无须证明的。关于少数民族儿童是弱势群体的文献很多，以至于"弱势群体"几乎都指少数民族。最著名的关于弱势群体的出版物之一是《贫民窟的青年》。那么，如果期望优势真的存在，我们特别感兴趣的是少数民族群体儿童和非少数民族儿童在期待中的受益是否存在差异。在橡树学校，少数群体儿童是墨西哥人。然而，这项研究中对少数民族儿童的定义要比这个人是不是墨西哥人更为严格。"少数群体"资格的获取需要满足以下的要求：要么是孩子本人要么是他的父母都来自墨西哥，孩子必须在家里说西班牙语，必须参加过某些程序。这些程序来自另一项相关研究（Jacobson，1966），包括西班牙语版的智商测试，阅读能力测试，以及为儿童本人拍摄照片。在墨西哥少数民族儿童的样本中，每个孩子看起来像"墨西哥人"的程度都有所不同。根据"该儿童看起来像墨西哥人"的程度，一组与橡树学校或橡树学校的学生没有联系的十名教师给每张照片打分。十位老师评分的平均值作为"对一个儿童究竟看起来有多么像墨西哥人"程度的值，这些等级评定的信度是很高的。橡树学校教师和与橡树学校没有关系的教师对同一儿童评分的相关性是 0.97。

智 力 发 展
不同年级学生在期待中的受益

表 16-1 最后一行给出了橡树学校的总体结果。实验当年，未指定的控制组儿童智商提高 8 个百分点，而实验组儿童的智商提高 12 个百分点。智力增长的差异出错的概率是 $0.02（F=6.33）$。

表 16-1　一年后各个年级的实验组与控制组儿童总体 IQ 的平均增量

年级	控制组 N	增量	实验组 N	增量	期望益处 IQ 分数	单尾 $p<0.05$[a]
一	48	+12.0	7	+27.4	+15.4	0.002
二	47	+7.0	12	+16.5	+9.5	0.02
三	40	+5.2	14	+5.0	−0.0	
四	49	+2.2	12	+5.6	+3.4	
五	26	+17.5（−）	9	+17.4（+）	−0.0	
六	45	+10.7	11	+10.0	−0.7	
合计	255	+8.42	65	+12.22	+3.80	0.02

注：[a] 各班级的实验处理的均方等于 164.24。

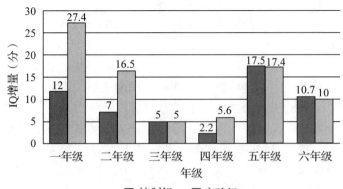

图 16-1 六个年级总体 IQ 的增量

表 16-1 和图 16-1 的其余部分分别显示了每个年级两组儿童的智商增益。我们发现，从六年级到一年级，在期待中的受益不断增加，年级和在期待中的受益量显著相关($r=-0.86$，$p=0.03$)。年级和组别之间的交互作用显著，即不同年级的学生在老师的期待中获得的受益不同($F=2.13$，$p=0.07$)(除非通过进一步的统计，否则年级和组别之间的交互作用对年级的差异是不敏感的，也就是说 0.07 的 p 值是边缘显著的)。

在一年级和二年级，教师期待的作用是引人注目的。表 16-1 显示了这一点，表 16-2 和图 16-2 也是如此。我们发现一、二年级实验组和控制组的儿童智商增长程度存在差异。在这两个年级中，大约五分之一的控制组儿童获得了二十分或更多的智商分数的增加，但是在特殊儿童中，几乎有一半的儿童智商分数都有同样多的增加。

表 16-2　一、二年级总体 IQ 至少增进 10 分、20 或 30 分的百分比

IQ 至少增进	控制组 $N=95$	实验组 $N=19$	单尾差异 p
10 分[a]	49%	79%	0.02
20 分[b]	19%	47%	0.01
30 分	5%	21%	0.04

注：[a] 包括增进 20、30 或更多分的儿童。
　　[b] 包括增进 30 或更多分的儿童。

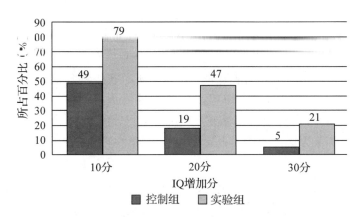

图 16-2 　一、二年级总体 IQ 增进 10 分、20 分或 30 分所占百分比

　　到目前为止，我们只讲述了教师的积极期望对儿童总的智商分数的影响，但是弗拉纳根的一般能力测验（TOGA）对于语言和推理给出了单独的分数。因为这两个领域彼此是完全不同的，所以给出各自的结果并不多余。在语言智商中，整个学校的控制组儿童仅获得不到 8 分，实验组儿童仅获得不到 10 分，这种差异很可能是偶然出现的。年级和组别的交互作用不显著（$p<0.15$），因此我们不能认为某些年级的学生在老师期待中的受益大于其他年级的学生。但是，由于我们对一、二年级的学生特别感兴趣，因此我们还是特别地关注了这两个年级学生的变化。在这两个年级里，控制组儿童的言语智商增加了 4.5，而实验组儿童增加了 10 分以上，或 14.5 分。尽管交互作用不显著，如果我们可以进行 t 检验，我们会发现 $t=2.24$，单尾 $p<0.02$。

　　三年级到六年级的控制组比实验组多增加 1.6 分，差异是不显著的。表 16-3 给出了这些结果。

表 16-3 　一年后一至二与三至六年级实验组与控制组儿童言语 IQ 的平均增量

年级	控制组		实验组		期望益处	单尾
	N	增量	N	增量	IQ 分	$p<0.05$[a]
一至二年级	95	＋4.5	19	＋14.5	＋10.0	0.02
三至六年级	174	＋9.6	49	＋8.0	－1.6	
合计	269	＋7.79	68	＋9.85	＋2.06	

注：[a] 均方等于 316.40。

　　如表 16-4 所示，积极期待的受益在推理智商方面表现得更加明显。就整个学校而言，教师的积极期待导致儿童的推理智商净增加 7 分（$F=$

6.98），六个年级的学生从教师的期待中获得的收益有显著差异。其中年龄小的儿童受益最多。虽然我们并不特别关注控制组 IQ 增加的幅度，但看起来甚至在控制组里年龄更小的儿童在推理智商上的提高也更大。表16-4 显示不仅仅是年龄小的儿童，实际上所有年级的控制组的儿童在总的智商得分上均得到提高。不过，年龄小的儿童可能存在更强的练习效应。具体的原因我们没有办法确定（在后面的章节我们将再回到这个问题），但可以认为这个实验对儿童是有帮助的，即使是在没有处理的控制组里。

表 16-4　一年后一至二年级与三至六年级实验组与控制组儿童推理 IQ 的平均增量

年级	控制组		实验组		期望益处	单尾
	N	增量	N	增量	IQ 分	$p < 0.05^a$
一至二年级	95	+27.0（－）	19	+39.6（＋）	+12.7	0.03
三至六年级	160	+9.1（－）	46	+15.9（＋）	+6.9	0.06
合计	255	+15.73	65	+22.86	+7.13	0.005

注：[a] 均方等于 666.58。

不同班级和性别在期待中的受益

　　没有统计检验表明三类班级的儿童从教师的积极期待中受益的程度有任何差异。在总的智商、言语智商和推理智商上都是这样。当整个学校在总的智商和推理智商上得到提高时，三类班级的儿童都得到同样的提高。而当整个学校在言语智商上没有得到提高时，同样每类班级的儿童也没有言语智商上的提高。对于所有智商的测量，中班即一般儿童在被期待有智力增长时受益最大，但是这一差异很可能是偶然发生的。

　　在总的智商方面，当被期待智力快速发展时，女孩从教师期待中获得的受益要比男孩更大。但要想了解真正的情况，我们必须了解男孩和女孩在智商的两个子类型中的从期待中的受益。表 16-5 显示了实验组和控制组的男孩和女孩在所有三种类型智商上的增长。在言语智商方面，男孩表现出期待优势（交互作用 $F = 2.13$，$p = 0.16$）；而在推理智商方面，是女孩表现出期待优势，而且非常显著（交互作用 $F = 9.27$，$p = 0.03$）。我们还不清楚这个模式出现的原因。在预测试中，男孩的言语智商比女生高（4.4 分），而女生的推理智商比男生高（8.5 分）。显然，不同性别的学生在他们已经拥有优势的智力领域更容易从教师预言中获益。

表 16-5　一年后实验组与控制组的男女儿童在三种 IQ 分数上的平均增量

年级	控制组		实验组		期望益处	单尾
	N	增量	N	增量	IQ 分	$p < 0.06$
总体 IQ						
男孩	127	+9.6	32	+12.5	+2.9	
女孩	128	+7.3	33	+12.0	+4.7	0.04
言语 IQ						
男孩	136	+8.4（—）	34	+13.9（+）	+5.6	0.06
女孩	133	+7.2	34	+5.8	—1.4	
推理 IQ						
男孩	127	+19.2	32	+15.3	—3.9	
女孩	128	+12.3	33	+30.2	+17.9	0.0002

早先提到过，在期待中的受益并不依赖于儿童所处的不同班级。当我们分别检验了三类班级男孩和女孩的在期待中的受益后，该结论得到了修正。只有推理智商有统计学的显著效应（三重交互作用 $F = 3.47$，$p < 0.04$）。表 16-6 显示了在三类班级男女儿童推理智商得分上实验组超出控制组的增量。我们已经知道女孩在推理智商上表现出更大的在期待中的受益，而且从表 16-6 中我们看出在中班的儿童表现得更明显，中班指的是一般的儿童。

表 16-6　一年后实验组男女儿童的推理 IQ 增量超出控制组男女儿童的量

班级	男孩	女孩
快	—2.6	+9.1
中	—12.0	+42.0[a]
慢	—0.3	+12.5
合计	—3.9	+17.9

注：[a] $p = 0.00003$，单尾。

我们还知道女孩更多地集中于快班。这些女孩更聪明，对她们已经有很多的期待。在橡树学校，慢班的女孩相对来说比较迟钝，而女孩很少被列入慢班，对橡树学校的老师而言，对慢班的学生教育才是真正的挑战。中班的女孩较少被提及，老师发现她们毫无趣味，之前对她们智力的期待既没有对快班女孩的积极，也没有对慢班女孩的糟糕。因此，也许当教师对这些孩子有更积极的期待时，她们会比其他类班级的女孩获得的收益更大。这可以解释为什么教师对女孩智力发展的积极期待会在中班有最大的效应。我们还不清楚为什么期待会对儿童的发展尤其是在推理智力上有影响。但我们的确知道，教师的积极期待对实验中女孩智力的影响主要是在推理方面。

研究表明，学生的性别是使三类班级学生期待收益复杂化的因素。性别也使得一、二年级的儿童比其他四个年级的儿童在期待中的受益量更复杂。表16-7显示了实验组儿童的智商得分的增加超过了控制组的增量。对高年级和低年级三种智商测量结果，分别按照男孩和女孩的情况给出了各自在期待中的受益。在总的智商得分上，虽然低年级的"特殊"男孩确实因期望受益而有智力上的增长，但低年级女孩的智商因期望而增加的量将近是男孩的三倍（三重交互作用 $F = 2.96$，$p = 0.09$）。在言语智商得分上，不同年级、不同性别的儿童因期望导致的智商分数变化没有差异（三重交互作用 $F < 1$），尽管如早前所了解到的，低年级儿童比高年级（三到六年级）的儿童受益更多。在推理智商上，不同年级、不同性别的儿童的在期待中的受益量存在差异。当他们被期待表现更好时，低年级实验组女孩表现得更好，高年级实验组男孩表现更好（三重交互作用 $F = 8.14$，$p < 0.005$）。这种效应大部分是由于一、二年级实验组的女孩超常表现所致，她们智商增加的量比控制组的女孩要高40多分。

表 16-7　一年后两个年级实验组男女儿童在三种 IQ 分数增量上
比控制组男女儿童高出的量

	男孩	女孩
总体 IQ		
一至二年级	+6.1	+17.1[b]
三至六年级	+2.3	−0.1
言语 IQ		
一至二年级	+10.8[a]	+9.5
三至六年级	+2.8	−5.8
推理 IQ		
一至二年级	−10.7	+40.4[c]
三至六年级	+3.6	+10.0[a]

注：[a] $p < 0.05$，单尾（或 0.10，双尾）；

[b] $p < 0.0002$，单尾；

[c] $p < 0.00002$，单尾。

总结学生性别这一因素的复杂研究结果，我们可以用最简单的方式认为，当被期待未来会有快速发展时，女孩但推理智商方面增长更多，男孩则在言语智商方面增长更多。此外，低年级学生的智商更可能有极其显著的增长。低年级儿童更容易受做出预言的老师的无意识影响，这并不令人惊讶。各方面的证据都倾向于认为，年幼的儿童对各种形式的影响都更敏感。抱有积极期待的教师的影响可能并不是那么大。当被期待智力有所提高时，为什么男孩的言语智商有更大的增加，而女孩则在推理智商上增加得更多，这不太容易解释清楚。但是我们前面提到过这种可能性，儿童往往首先会在稍微占优的智力方面从积极期待的教师那里受益更多。在橡树学校的预先测试中，男孩在言语智商比女孩高 4 分以上，女孩则在推理智商上高出男孩 8 分以上。

少数民族群体的在期待中的受益

在总的智商、言语智商、推理智商上，少数民族群体儿童比其他儿童在积极期待中的受益更多，尽管这种差异在统计上并不显著。

每个墨西哥血统的儿童的在期待中的受益量，是其智商的增加量减去班级中控制组儿童智商增量的差值。所导致的期待优势的量与儿童面部的"墨西哥特征"是相关的。表 16-8 给出了分别用总的智商、言语智商和推理智商来定义在期待中的受益量的值与墨西哥血统男女儿童的面部特征评分的相关系数。在总体智商和推理智商上，那些看起来更像墨西哥人的墨西哥血统男孩从教师的积极期待中受益更多。该结果还没有得到清楚的解释，但我们可以推测，在实验前，那些看起来更像墨西哥人的男孩的智力成绩是所有人中最低的，这些儿童的智力可能因为教师的积极期待而获得最大的增加。

表 16-8　一年后墨西哥血统的学生的面部特征与有利期望益处之间的相关

	男孩 N	r	女孩 N	r	总体 N	r
总体 IQ	7	+0.70[a]	9	−0.14	16	+0.27
言语 IQ	7	+0.54	10	−0.11	17	+0.21
推理 IQ	7	+0.75[b]	9	−0.01	16	+0.14

注：[a] $p=0.08$，双尾；
　　[b] $p=0.05$，双尾。

讨　论

我们详细描述了这项实验的结果，这些结果提供的进一步证据表明，一个人对另一个人行为的期待可以充当一种自我实现的预言。当教师期待某些儿童表现出更大的智力发展时，这些儿童果然表现出较大的智力发展。在实验开始的年份，自我实现的预言作用主要在低年级很明显；要确定为什么是这样是很困难的。人们提出了很多的解释，但这些解释彼此是排斥的。第一种解释认为，年龄更小的儿童被认为是更易塑造、较少定型、更可能改变、更易受关键期影响的（Scott，1962）。因此，可能仅仅因为年龄更小儿童比年龄更大的儿童更易改变，所以我们的实验条件对年幼的儿童更有效。（回忆一下，我们这里所说的变化是指相对于控制组的变化，表 16-1 表明，甚至五年级的儿童在智商上也能发生显著的变化，但是五年级实验组儿童的变化并不比控制组儿童的变化大。）

第二种解释是，在某一特定学校内年幼儿童的声誉还没有完全形成。因此，当告诉教师年幼儿童会有智商增加时他们会更容易被相信。对于年龄较大的儿童，教师可能通过已有的声誉去"了解"他，而可能更不容易仅仅依靠他人的论断来判断学生智商的发展前景。

第三种解释在某种意义上是前两种解释的综合。它认为，年幼儿童之所以表现出与教师期待相关的更大智商增量是因为教师相信他们是更可塑的，而不是因为他们客观上必然是可塑的。

第四种解释认为，年幼儿童更敏感且更容易受到教师传递给他们的期待影响。根据这种解释，如果教师相信儿童能够获得智力的增加，那么教师可能对所有年级的实验组的儿童以相同的方式给予反应。但也许只有年幼儿童的成绩受到期待他们的智力有更大增长的教师的语言、表情、姿态以及触摸他们的方式影响。

第五种解释认为，低年级儿童的期待效应更显著并不是与儿童的年龄相联系的差异，而是来自取样"误差"。因此，低年级儿童的家庭可能与高年级儿童的家庭存在系统性的差异。

第六种解释也认为，年龄较小的儿童之所以对教师的期待出现较大的智商增量是因为存在取样"误差"，但这次误差不在儿童的取样，而在教师的取样。低年龄儿童的教师与高年龄儿童的教师在各种不同的人口统计、智商、和人格变量上存在显著差异，以致低年龄教师可能（1）更相信"特殊"儿童的信息，或者（2）更有效地传递了对儿童成绩提高的期待。

有一些证据表明，橡树学校的低年级的教师和高年级的教师的确存在不同。两位对所有教师都很熟悉的管理者根据教师的总效能对每个教师进行了等级评定。两位管理人员的等级评定非常一致（$r = +0.88$），尽管存在一些例外，但低年级教师被两位管理人员评定为更有效的教师（效能与所教年级之间的平均相关系数 $r = -0.57$，$p < 0.02$）。

只有年龄较小的儿童一年后智力发展受益于教师的积极期待，这一研究结果有助于我们更好地理解另外两位研究者克利福德·皮特(1956)和查尔斯·佛劳尔斯(1966)(见第五章)的结果。皮特把五年级的男孩样本分成三组。第一组教师被告知的学生智商分数是真实分数加 10 分的结果，第二组教师被告知的学生智商分数是真实分数减 10 分的结果，第三组教师得到的是学生真实的智商分数。皮特发现，在学年末，教师是否被告知虚假信息对学生的学业成绩没有任何影响。

我们自己的研究结果表明，一年后五年级儿童没有出现教师期待效应，而一、二年级儿童表现出教师期待效应。然而皮特的研究与我们的研究在许多方面都不同，不能直接进行比较。例如，皮特没有复测儿童的智商本身，而只是复测了学业成绩。也许更为重要的是，皮特所选的教师在知道学生智商分数两个月前就认识了他们的学生，教师会有一段充分长的时间对学生的成绩形成现实的期待，这种期待比增减智商分数引起的期待更为有力。

佛劳尔斯模棱两可的结果与我们获得的数据也不能直接比较。佛劳尔斯选取的学生年龄更大(七年级)，并且每个儿童都有许多不同的教师，而不仅仅是一个教师。也许教师期待效应由于被分配在许多教师身上而冲淡。就佛劳尔斯的研究而论，我们必须记住，标为更聪明的班级所配备的教师与控制组的教师是不同的。因此，控制组与实验组之间的任何差异都可能是各个班级教师的素质差异导致的。

[思想评价]

一、生平事迹与期待效应形成的背景

罗森塔尔在 1933 年 3 月 2 日出生于德国吉森。吉森被称为"大学城"，有四所大专院校。也许他的父母也受到这里良好的教育氛围的影响。他六岁时随家人离开了德国来到了美国，他学习应该非常优秀，因为在 23 岁时就在加州大学洛杉矶分校获得博士学位。罗森塔尔最开始研究临床心理学，后来转为研究社会心理学。

关于罗森塔尔的生平介绍实在太少，但我们从他的研究轨迹分析，可以判断出他是一个充满好奇、富有探索精神而又严谨的科学家。在当时流传着一个故事叫作"聪明的汉斯"。汉斯是一匹马，它能用蹄击地做加减乘除运算，还能够拼、读和解决音乐和声问题以及回答私人问题。心理学家冯斯特(Pfungst，1911)仔细研究后发现，汉斯并不会做算术题，它是从提问者的无意识表现中找到答案的。人们问完一个算术题之后，总是附身去观察汉斯的前掌。当它的击地次数接近正确答案时，提问者会微微抬起头或者眼睛，期待汉斯能给出正确答案。汉斯正是捕捉到了提问者这种细微的头部运动，从而获得正确答案。

一般人看到这段逸闻可能只会好奇一下，接着就会一笑了之，但罗森塔尔读完后，却突然对现有的实验研究产生了一种质疑的想法：在实验时，主试总是带有某种倾向。那么在实验过程中他们会无意识地传递出自己的期望，这样一种期望会使被试朝着主试期望的方向做出反应，从而证实主试的期待。如果真是这样，那么实验便没有价值可言。这种对实验效度的影响也因此被称为"实验者期望效应"。

为了验证这一效应，罗森塔尔利用他的实验心理学课程的学生进行了一项研究。12 个学生主试平均分配 60 只完全供实验用的普通白鼠，期间学生们并不知道自己已经成为被试。罗森塔尔告诉一半学生，他们将要使用的是经过特殊方式喂养的聪明鼠——能够快速学会走迷津；而告诉另一半学生，他们得到的实验鼠有点迟钝。然后，学生们开始训练老鼠学习各项技能，包括走迷津。实际上，罗森塔尔分配给两组学生的都是标准的实验用鼠。然而结果显示，得到"聪明鼠"的学生报告他们的老鼠的所需的学习时间明显更短。

显然这些学生没有故意歪曲实验结果，那么唯一的解释就是，罗森塔尔实验前的话造成了两组学生对他们的老鼠有不同的期望，这些期望在实验过程中无意识地表现出来，影响了老鼠在实验中的表现，改变了它们的学习时间。事实上，实验结束后，所有的主试都对各自的白鼠以及他们自己对待白鼠的态度和行为进行了评价，那些期望白鼠有更好成绩的主试认为自己的白鼠更聪明、更亲切、更可爱。这些主试在自己与白鼠接触时感到比较轻松，表现得更亲切、更友好、更热情。

然后罗森塔尔还用斯金纳箱对小白鼠的学习进行实验，主试的人数超过小白鼠的数量，主试以两三人为一组进行试验，告诉一半主试他们的实验白鼠是优良的白鼠，告诉另一半主试他们的白鼠是劣等的，结果被告诉以优良白鼠为实验对象的组成绩更好。小白鼠学习实现结果说明实验者期望效应对实验结果的影响确实存在。他把自己的实验研究发表在 1963 年第 51 期的《美国心理学家》杂志上，题目是《心理学实验中的人际心理学：实验者的假设对实验结果的无意识影响》❶。罗森塔尔的研究

---

❶ R Rosenthal, "On the social psychology of the psychological experiment: the experimenter's hypothesis as unintended determinant of experimental results," American Scientist, Vol. 51, No. 2 (JUNE 1963), pp.268-283.

结果促进了行为研究实验设计的科学性的发展。

在动物学习实验中验证了期望效应之后，罗森塔尔进一步猜想，在实验室外，类似的期望也会产生影响。比如说，在（美国的）学校，教师对不同家庭条件、不同智力测验水平、不同肤色的学生的期望是否会影响学生的发展？为了验证这一猜想，罗森塔尔和他的学生雅各布森与橡树学校合作，进行了另一项研究。

橡树学校是一所公立小学，这所学校中少部分学生属于中产阶级家庭，大部分学生来自下层阶级家庭，其中全校有大约 1/6 的墨西哥血统的儿童，此外，学校根据学生的阅读成绩将学生分到快、慢和中三种班级中。开学前，罗森塔尔和雅各布森对橡树学校各年级的同学进行了 IQ 测验，而橡树学校的老师并不了解这一测验。罗森塔尔告诉教师，学生接受的是"哈佛应变能力测验"（Harvard Test of Inflected Acquisition），该测验的成绩可以预测学生未来在学术上的成就。测试后，罗森塔尔在每个班中随机抽取了十名学生，告诉教师这些是在哈佛测验中成绩排名前十的学生。学年结束时，罗森塔尔再次对全体学生进行了一次测验，并且统计每位学生测验成绩的变化程度。计算结果显示，那些随机抽取作为哈佛测验前十名的学生测验成绩的提高程度明显比其他学生高得多。这些学生并没有本质上的差别，唯一的解释就是教师以为这些随机抽取的学生智商比较高，因此对这些学生有了更多积极的期望。这些期望无意识地表现出来并且被学生知觉到，而使这部分学生更加努力地提高自己，结果他们的测验提高得更多。❶

那时候美国刚刚试行 IQ 测验，对这种测验还有很多的怀疑。罗森塔尔这一研究结果仿佛一颗重磅炸弹，使得当时大多数州都延缓使用 IQ 测验成绩。罗森塔尔把他在橡树学校所做的一系列实验研究写了一本书《课堂中的皮格马利翁》，这本书引起了教育界轰动，并随后带动一股对教师对学生期望研究的浪潮。

20 世纪 80 年代后期，罗森塔尔把更多的注意力放在行为研究的方法以及数据处理，发表和出版了关于实验设计、数据分析、元分析等方面文章与书籍，其中《行为研究纲要：方法与数据分析》（2008）是其代表性的著作。

罗森塔尔这种执着不已的探究精神的确令人敬佩。从他的工作履历来看，他大部分的时间是在哈佛大学度过。他从 28 岁开始在哈佛大学任

❶ ［美］罗森塔尔、［美］雅各布森：《课堂中的皮格马利翁：教师期望与学生智力发展》第 2 版，唐晓杰、崔允漷译，北京，人民教育出版社，2003。

教，58 岁时出任哈佛大学心理学院院长，1995 年 61 岁获聘埃德加·皮尔斯教授（Edgar Pierce Professor），这是哈佛大学的荣誉职位，65 岁退休，在哈佛大学干了整整 37 年。退休后他来到加利福尼亚大学继续从事研究工作，在 70 岁受聘为加利福尼亚大学全球援助系统教授。

罗森塔尔获得很多荣誉，包括 AAAS 社会心理奖（1960，与克米特·福德共享），唐纳德·坎贝尔奖（SPSP，1988），AAAS 行为科学研究奖（1993，与纳利尼·安贝蒂共享），杰出科学家奖（SESP，1996），詹姆斯·麦凯恩·卡特尔奖（APS，2001），杰出科学贡献奖（APA，2002），杰出心理学应用科学奖（APA，2002），2003 年获得美国心理学会颁发的心理科学终身成就奖，2009 年当选美国人文与科学院院士（2009）。他还是古根海姆研究员、富布莱特高级学者和行为科学高等研究中心的研究员，曾担任美国心理协会统计推理工作组的联合主席。在 2002 年出版的《普通心理学综述》杂志对 20 世纪最著名的心理学家的一次调查中，他排在 84 位。

罗森塔尔的研究主要集中在非言语沟通（Nonverbal Communications）方面。他研究了非语言交流在人际期望效应的中介作用以及非语言交流和小群体成员之间的关系，尤其关注社会心理学中"期望"的影响，包括教师期望对学生学业和身体表现的影响，实验者的期望对研究结果的影响，以及临床医生期望对患者身心健康的影响。他提出了著名的罗森塔尔效应，也称皮格马利翁效应（Pygmalion Effect），同时也对自我实现预言（Self-fulfilling Prophecies）进行研究。此外，他在研究方法以及数据分析领域也进行了大量的研究，探索了行为研究和各种定量程序中人为影响的来源、实验设计和分析、对比分析和元分析等，促进了行为科学的实验研究设计的进步，包括双盲实验，这些对社会心理学的实验研究的发展做出了很大的贡献。

罗森塔尔的时代是心理学快速发展的时代。主流心理学经历了机能主义、行为主义，正转入认知心理学的时代，此外精神分析、人本主义心理学两个非主流的学派也在当时的社会中有着广泛的影响，而社会心理学、教育心理学、临床心理学、管理心理学等分支学科也正在蓬勃发展。罗森塔尔处在这样的时代必然受到这些因素的影响，而罗森塔尔的心理学研究中也渗透着多种心理学思想。对罗森塔尔影响最大的理论学派有新行为主义、社会相互作用理论、人本主义心理学、精神分析。❶

---

❶ 张励：《多维分析罗森塔尔效应》，载《校园心理》，2010(8)。

（1）斯金纳的新行为主义

斯金纳是新行为主义的代表人物。操作条件反射是新行为主义思想中一个核心理论。其原理是先由动物做出一种操作反应，随之出现反馈的结果，之后由于动物受到结果的强化，从而受强化的操作反应的概率增加。与之相比，罗森塔尔强调人际间的期待对他人的影响。我们对他人有期待并按照这种期待对他人做出相应的行为（操作反应），然后他人感知到我们的期望而受到鼓励，并向着我们所期望的方向发展，这种现象作为一种结果反馈给我们，从而进一步强化了我们对他人的期望。这个过程循环下去，我们的期待最终在学生身上得以实现。

（2）社会相互作用理论

相互作用理论是阐述个人与其环境之间相互关系的社会心理学理论。广义上看，它主张人的行为是由个人因素和情境因素联合决定的。如勒温认为行为是个人和环境的函数，即 B＝f(P，E)。狭义地说，它主张个人和情境是彼此相互影响的。罗森塔尔效应中的人际期望作为一种情境因素先被他人感知到（赋予其意义），然后他人再根据感知的结果来选择自己的行为；对个体而言，他人的期待是一种情境因素，个体也是根据对这种因素的判断来做出积极或消极的反应。这两方面是相互联系同时进行的。

423

（3）以人为中心的人本主义理论

人本主义心理学属于心理学的第三思潮，其代表人物有马斯洛和罗杰斯。人本主义在心理治疗和教育领域有着很大的影响。其提出的"以来访者为中心"的治疗观和"以学生为中心"的教育观在治疗领域和教育领域都有着革命性的影响。人本主义的实质其实是强调治疗者或教育者的态度，并且认为治疗者和教育者的态度是决定治疗和教育效果的决定性因素。罗森塔尔所强调的期待恰好属于态度因素，这种期待会影响治疗师、教育者和管理者的非语言行为，进而影响到他人的行为表现。

（4）精神分析理论

精神分析学派在人本主义未诞生之前在治疗领域处于统治性的地位，在心理学中属于第一思潮。精神分析学派的创始人是弗洛伊德，他强调潜意识对人的巨大影响。在罗森塔尔的很多研究中都有精神分析的影子，不过更多的是强调在人际关系中人们无意识的想法和行为对他人的影响，包括他所感兴趣的非语言沟通的影响很多时候都是无意识的。

除此以外，罗森塔尔本人实际上还深受实证主义哲学影响，是一个典型的实证主义心理学家。他大部分的贡献都是来自严谨的实验研究。他的一个主要研究方向就是探索行为研究的效果，包括人为的因素对研究结果的影响以及各种定量的程序的有效性。他还致力于对研究数据的分析，包括实验设计和分析、比较分析、元分析。这些都是实证研究的主要内容。

二、罗森塔尔的教育心理学思想的主要内容

罗森塔尔的教育心理学思想来源于他对社会心理学中人际自我实现预言的研究在情景上的迁移，他的教育思想主要反映在《课堂中的皮格马利翁》一书中。

皮格马利翁是希腊神话中的塞浦路斯国王，擅长雕刻。他不喜欢塞浦路斯的凡间女子，决定永不结婚。他用神奇的技艺雕刻了一座美丽的象牙少女像。在夜以继日的工作中，皮格马利翁把全部的精力、全部的热情、全部的爱恋都赋予了这座雕像。他像对待自己的妻子那样抚爱她，装扮她，为她起名加拉泰亚，并向神乞求让她成为自己的妻子。爱神阿芙洛狄忒被他打动，赐予雕像生命，并让他们结为夫妻。"皮格马利翁故事"成为一个人只要对艺术对象有着执着的追求精神，便会发生艺术感应的代名词。

在近代，有许多著名的画家、文学家都以此神话或其寓意创作自己的作品。萧伯纳甚至以此神话的寓意创作了剧本《皮格马利翁》。罗森塔尔和雅各布森借用希腊神话中出现的主人公的名字，把社会期待对于他人的影响命名为皮格马利翁效应，亦称"罗森塔尔效应（Robert Rosenthal Effect）"或"期待效应"。放在教育情境中，就是当老师对学生抱有更大的期望时，学生的进步会有明显的提高，这就是在教学中的皮格马利翁效应。

罗森塔尔的这本学术专著包含三部分。第一部分介绍了自我实现的预言。第一章主要介绍了日常生活中的自我实现的逸事。自我预言意味着人类在他的世界上需要至少一种最低限度的稳定性、一贯性、有序性或者可预言性。然后第二、三、四章介绍了在治疗界（包括心理治疗）、行为科学研究（包括学习研究）中自我实现预言对治疗效果、实验结果的影响的研究。第二部分主要探索了教师期望对学生智力发展的影响，就是把第一部分的自我实现预言迁移到教育教学情境中。罗森塔尔介绍了他们在一所位于中等城市底层阶级社区的公立学校——橡树小学所做的追踪实验研究。他们对橡树小学的学生进行了一项智力测验，然后随机选择了20%的儿童，然后告诉他们的老师说这些儿童具有很大潜力，学业成绩可能会爆发式增长。实验者在8个月后再次对学生进行智力测试，发现那些被认为"非同寻常"的学生也就是实验组的学生智力上的增加比

控制组的学生在智力上的增加更多。作者又从这 20％非同寻常的学生中选择了 12 个有代表性的学生进行质性描述，发现父母对儿童学业进步的兴趣和儿童长相的吸引程度似乎对罗森塔尔效应有调节作用。接着作者在第八章论述了如何通过教师对儿童行为的评定来研究教师期待对学生的行为的影响是什么。学业能力更强，期望更高的儿童获得教师更积极的评价时，在行为表现上更好。然后，作者在第九章进一步对智力增长的过程进行了探索，考察了智力增长量在不同阶段的差异，发现教师的期望在大约 4 个月的时候就会使得儿童稍有获益，8 个月的时候获益比较明显，20 个月时候的获益虽然略有下降，但多于 4 个月。其中存在一个很有趣的现象，低年级的儿童在 8 个月后有显著的获益，在 20 个月后这种获益却并没有维持下来，而高年级的儿童在 8 个月后的获益并不明显，但是 20 个月后的获益却得到了维持。

作者在第三部分则主要对整个研究的结果进行了理论上的解释和猜测，并进行了总结。本书中的一个最大的特点就是用比较精妙的设计和精确的数据来证实在教育中的人际自我实现预言。书中详细地介绍了从实验设计到结果处理的整个过程。

本书在出版后，引起了人们广泛的兴趣和关注，教师期望成为相对独立的研究领域，"皮格马利翁效应"也成为教育科学和心理科学中的术语和范畴。在随后的 12 年内在 8 个领域有 345 篇实验研究论文对这一现象进行研究。

罗森塔尔的教育心理学思想中的核心概念是教师期望，即教师期望对学生学业成绩存在影响。在罗森塔尔这项研究发表以前，当时的美国正在实施大规模的贫民教育计划，因为当时普遍认为学业的成功与社会阶层存在着紧密的关系。有大量的研究表明中产阶级家庭的儿童与下层社会家庭的儿童在学业成绩和学业能力上存在差异，因此这些教育计划的主要的目的就是为了弥补贫困家庭的儿童所存在的不足之处，具体内容包括矫正性阅读、咨询与指导、文化经验、父母参与卫生福利服务，通过这些措施来克服贫困家庭儿童的学习障碍。

罗森塔尔的研究让人们意识到学校自身可能存在着一些不足。教师的态度和行为可能是导致学生学业失败的因素。对于学校教育来说，罗森塔尔效应中最核心的概念是教师的期望，但教师的期望如何传递给学生并对学生产生影响则需要更深入的分析。各种不同的学生特征和儿童生活中的情景变量都有可能使教师期待效应变得相当复杂，并且都会影响到这种效应的量和方向。罗森塔尔把期望效应的中介研究总结为 10 箭

头模型。10 箭头模型可以研究各种影响期望效应的变量之间的关系。❶

　　罗森塔尔采用元分析的方法将期待效应总结为四因素理论：

　　(1)与学生形成温和的社会—情绪关系(气氛)；

　　(2)对学生的成绩给予更多的反馈(反馈)；

　　(3)教给他们更多(和更难)的材料(输入)；

　　(4)给他们更多的机会去做出反应和提出问题(输出)。

　　罗森塔尔的四因素论关注的是如何实现积极的自我实现预言效应，如果教师能够做到这四个方面，就将最大限度地提高学生的学业成绩。

　　有人质疑罗森塔尔效应是以牺牲普通儿童的时间来提高特殊儿童的成绩，将其称作剥夺彼得机会的理论预言，但实际上研究得出教师对那些有更高期待的儿童所花的时间并不比一般儿童多。按照罗森塔尔的推测，当教师对学生有更高的智力发展期待时，他们会以更亲切、友好、热情的方式来对待他们。虽然很难在教室中对此进行长期的观察研究，但罗森塔尔曾经在对动物学习的研究中发现，那些主试认为更聪明的动物会受到主试更专心的观察，这种更专心的观察可以表现为更迅速地判断动物行为的正确性和更迅速地奖励正确或合适的行为。还有一些与人际期望无意传递有关的研究结果表明，具有有利期待的教师会通过一些行为给予学生一些暗示，这种暗示给学生传递了一种积极的信息，影响了学生。也就是说，对于期望更高的学生，教师在教学上有更明显的努力，这种努力增加并不是体现在花费更多的时间上，而是教师可能借助她所说的话，她说话的方式和时间，她的面部表情、手势以及触摸，来把期望成绩提高的信息传递给学生。教师传递这种信息可能会改变学生的自我概念、他们对自己行为的期待、学习的动机以及相关的认知风格和认知技能进而帮助他们提升自己的学习成绩。

　　除了被人们熟知的罗森塔尔效应，还可以从他的实验研究中得到一些有价值的教育规律。比如越是低年级的儿童，老师对学生有着积极正性的态度越重要，影响也越大；对学生抱有积极期待的时候，在学生更擅长的方面促进作用更大；教师的非言语行为对学生有着非常大的影响。

三、对罗森塔尔的教育心理学思想的评价

　　不管如何，罗森塔尔效应的确是存在的，也得到了大量研究的证实。罗森塔尔效应在教育领域的意义在于以下四个方面。

---

❶ *Interpersonal Expectancy Effects*：*A Forty Year Perspective*，R Rosenthal 在 1997 年美国心理学会年会上对中学老师的演说论文。

第一，罗森塔尔效应让传统的教育变得更公平，因为在那以前教育政策讨论的问题是"谁应该受教育"，教育界对那些家境贫寒、智力测验分数较低、不同民族的儿童存在着歧视。本研究的结果表明，只要教师对那些受到偏见的儿童保持积极的期待，那么他们的成绩就会自然得到提升，因此教育政策应该更多地讨论"谁能够受教育"，也就是说谁在现实中能够获得教师更多的关注。从这个角度来说，罗森塔尔效应的确是教育中的一场革命，它让更多的人接受公平的教育。

第二，通过对拥有积极期待的教师和学生彼此互动的行为进行研究，我们可以将成果大范围地应用于对教师的培训，从而提升教育的质量。前面我们已经提到，教师对他们赋予积极期望的学生在言语和非言语上都会有一些不同，比如在态度上对这些学生会更愉快、更友好以及给予更多的鼓励，在反馈时会更迅速更准确，同时说话的方式和时间，面部表情、手势、身体接触等都会有不同。研究者通过对这些内容进行研究，并将这些研究结果进行大范围的培训推广，就会极大推动教育水平的提升。

第三，罗森塔尔效应可以时刻警醒教育工作者觉察自己对待学生的态度。虽然这并不太容易，但是教师要意识到，不同于可以随便发表意见的社会上其他人士，教师的态度代表着一种预言，他们任何带有贬义的发言都可能给学生的未来带来消极的结果。

第四，罗森塔尔本质上是一个实证主义者，因此他的教育观点都是通过实证研究检验得到的，具有严谨性和科学性，这也是教育研究者值得学习的地方。

当然，罗森塔尔效应也有其局限性。托马斯·古德认为人们对非原始的资料有时做出了夸大的断定，远远超出了罗森塔尔与雅各布森得出的结论，教师的期望所涉及的过程比最初认为的要复杂得多，他还从多个角度阐释了教师期望。❶

第一，有许多研究表明，教师期望常常是一种对学生能力的准确评定，教师对学生的期望未必是不恰当的。教师期望低这一问题可能不是简单的确认学生的能力或给学生贴标签的问题，而是在如何帮助学习困难的学生方面缺乏恰当知识的问题。

第二，很多时候，是教师的信念而非教师对学生个人成绩的期望影

---

❶ ［美］托马斯·古德：《教师期望研究 20 年：研究结果与未来方向》，转引自［美］罗森塔尔、［美］雅各布森：《课堂中的皮格马利翁：教师期望与学生智力发展》（第 2 版）。

响学生成绩。这些信念包括：学生能力的可比性与不变性，学生受益于教学的潜力，适合学生的学习材料的难度水平，班级应该进行集体教学还是个别教学，以及学生应该记忆材料还是解释和运用所呈现的重要概念。这些信念会影响教师在教学中的行为，最终影响学生的成绩。

第三，布罗菲与古德提出了教师期望在课堂中传递的六项要素，这六项要素分别指：

（1）在学年初，教师对学生的行为与成就做出了许多有区别的期待；

（2）与这种有区别的期待一致，教师区别对待各种学生；

（3）这种对待方式是在告诉学生教师期望他们在课堂上如何学习以及如何完成学习任务；

（4）如果教师的对待方式前后一致，并且学生也不主动抵制或改变教师的对待方式，这种教师的对待方式就可能影响学生的自我概念、成就动机、抱负、课堂行为以及与教师的互动；

（5）这种影响结果一般会补充并且强化教师的期望，因而学生将逐渐迎合教师的期望；

（6）最后，这将会影响学生的成就和其他的学习结果。高期望的学生将达到或接近他们的学习潜力，而低期望的学生将无法充分发挥他们的学习潜力。

这六项要素也是期望传递的过程，任何一项要素或过程不具备，那么期望效应就不会得到实现。

第四，教师的期望效应也要考虑学生的影响。学生的特征也会影响期望效应能否实现，比如学习动机太弱、有强烈的逆反心理、自我意识过强的学生都不容易产生期望效应。对有的学生，教师有时候还会通过打击学生的方式表达对学生的激励——负面激励，促进学生的进步，也就是常说的激将法。也有学者把这种现象叫作反罗森塔尔效应。负面激励是教师通过心理接触，从反面打击学生的自尊心，激起其逆反心理，使之转化为某种巨大的推动力，进而诱导其朝教师所期望的目标努力。但是负面激励对于一些学习能力受限、自卑感较高的学生并不适用。

第五，不同类型的教师也会影响期望效应的产生。布罗菲和古德把教师分为稳健型、僵化型和灵活型三类。稳健型教师主要受他们对班级以及个别同学所定的目标指引来确定对学生的期望；僵化型教师则根据以前的成绩记录或对学生行为的第一印象来看待他们，最有可能对学生产生消极的期望效应；灵活型教师则介于两者之间。有很多研究表明僵化型教师更加僵化、独裁，更容易产生偏见，通过投射低期望使学生的进步降至最低。

罗森塔尔效应除了在教育领域有着极大影响力，在心理学研究、治疗、管理、经济领域都有着重要的影响。

（1）心理学研究

罗森塔尔效应最早就来源于在实验室中实验者对小白鼠的期待对结果的影响。罗森塔尔的研究结果也促使实验者设计出更加严谨的实验程序来降低这一影响。其中比较著名的就是双盲实验。在此之前，比较先进的实验程序是单盲实验。单盲实验就是被试不知道自己被分到实验组还是控制组，但根据实验者期望效应，与被试接触的实验者的期望也能够影响实验结果，因此，在双盲实验中，与被试接触的实验者与被试一样都不知道被试的分组。这种程序已经被学术界认可能够比较有效地避免实验者期望效应。

（2）治疗领域

在治疗领域，很早就有在治疗中的安慰剂效应。医生的自我实现的预言可能是安慰剂效应存在的重要原因之一。在心理治疗中，患者的改变在很多情况下受到治疗师期待的影响。在医学、临床心理学、精神病学和康复锻炼等治疗专业，要求该领域的工作者对患者抱有更积极的态度，和患者建立良好的关系，都有利于提高治疗的效果。

（3）管理和经济领域

在管理和经济领域的相关研究不多，但是仍有一些案例可以阐释自我实现预言对管理和经济的影响，比如银行储户相信银行将要倒闭，尽管实际情况是银行资金雄厚而且有偿付能力，但储户仍然会排队取款，最终导致银行的倒闭。类似的情况在股市中也会出现。同样，企业中被管理人员认为能力更高的员工（虚假信息，没有事实依据）最终的工作业绩也更好。因此，相关人员可以利用罗森塔尔效应促进管理和经济领域的发展。

四、我们的认识与理解

罗森塔尔早期是一名临床心理学家，后来转向社会心理学，他的主要研究兴趣是非言语沟通，即非语言交流在人际期望效应里的中介作用以及非语言交流和小群体成员之间的关系，尤其关注社会心理学中"期望"的影响。他把人际间的期望引入教育领域，研究教师的期望对学生学习成绩影响，发现了罗森塔尔效应，即教师对于学生的积极期望不仅会对学生的成绩产生积极的影响，也会使学生在学习兴趣、品行和师生关系方面发生积极的变化，这一效应也被称作皮格马利翁效应。因为罗森塔尔是一个坚定的实证主义者，所以他也坚持采用实证研究去证实他的猜想，研究设计和研究方法都非常巧妙，这也值得教育研究者的学习。

这一理论实际上结合那个时代多种心理学思想的发展，包括行为主义、社会相互作用理论、人本主义、精神分析等，他所总结的罗森塔尔效应在当时的美国教育领域引领了一场革命性变革，以前的学校中只重视智力的发展，教师对于那些经济条件差、有色人种存有偏见，现在的学校开始转向对教育者主观态度的关注，强调教师在教学中对所有的学生都应保持一视同仁的态度。

这一理论对于教育工作者有很大的启发，即教师在教学和教育工作中除了重视教学方法、教学策略以及教师自身的知识水平外，还要重视对待学生的主观态度，提升对教育教学工作和学生的热爱，对待成绩较差的学生也要多给予积极的鼓励和赞赏，这样才会更好地促进学生的发展。

同时我们也要意识到，罗森塔尔效应受多种因素，包括教师的教学能力、信念、类型以及学生的特点等影响，教师期望得以实现的过程很复杂，对此还需要进行更深入的研究，对于罗森塔尔效应既不能忽视，也不能过于夸大。人们对于罗森塔尔效应的热衷，某种程度上是对反人性、不公平教育制度的不满。

第十七章　杜威[1]

[印象小记]

　　约翰·杜威(John Dewey，1859—1952)是美国著名哲学家、教育家、心理学家。他不仅在哲学界、教育学界享有崇高地位，而且在心理学界也做出了重要贡献。其中，《心理学中的反射弧概念》一文的发表被认为是美国心理学中机能主义学派诞生的标志，因此他也被认为是机能主义学派的创始人。在美国广受欢迎的心理学期刊——《普通心理学评论》公布的20世纪最著名的100位心理学家中，杜威排名第93位。他认为心理学是一门核心科学，心理学的研究内容和认知过程包含了其他所有学科，将其视为关乎意识的科学。其教育思想以他的哲学、心理学思想为基础，以经验为哲学的基本概念，认为经验的重构引发人的成长，主张通过教育实现对现代民主社会的改良，最终改善人类的生活。他的影响力是全球性的，其著作被译成中文、法文、德文、日文、俄文等至少35种文字。杜威在1899年当选为美国心理学会会长，1905年当选为美国哲学会会长，1910年当选为美国国家科学院院士。

---

❶　本章作者：崔晶，俞国良。

[名著选读]

为什么必须以反省思维作为教育的目的❶

一、思维的价值

1. 它使合理的行动具有自觉的目的

我们全都承认，至少在口头上承认，思维的能力是非常重要的；思维能力被看作是把人同低等动物区别开来的机能。但是，思维如何重要，思维为什么重要，我们通常的理解是含糊不清的。因此，确切地说明反省思维的价值是有益的。首先，它使我们从单纯的冲动和单纯的一成不变的行动中解脱出来。从正面来说，思维能够指导我们的行动，使之具有预见性，并按照目的去计划行动，或者说，我们行动之前便明确了行动的目的。它能够使我们的行动具有深思熟虑和自觉的方式，以便达到未来的目的，或者说，指挥我们去行动，以便达到现在看来还是遥远的目标。我们心中想到了不同行动方式所导致的结局，就能使我们知道自己正在做些什么。思维把单纯情欲的、盲目的和冲动的行动转变为智慧的行动。就如我们所知，一只凶猛的野兽费力地从后面冲过来，它的动作是依据某些当时的外界刺激而引起的生理状态。一个能够思维的人的行动取决于对长远的考虑，或者取决于多年之后想要达到的结果。例如一位青年人为了将来的生计而去接受专业教育，即是如此。

举例来说，没有思维活动的动物，当受到淋雨的威胁时，也要钻到洞里去，这是因为它的机体受到某些直接的刺激。一个有思考能力的人觉察到未来可能下雨的某些特定的事实，就会按照对未来的预测而采取行动。播种、耕种和收获谷物，都是有意的行动。只有人类能够有这些行动，因为人类能够考量经验中的直接感知到的种种因素，知道这些因素所预示的价值。哲学家们也说过许多"自然之书""自然之语言"等名言。是的，已有事物成为未见事物的象征，自然界发出的声音可以被人们理解，就在于思维的作用。对于一个有思维能力的人来说，实物是事物以往的记录。例如，化石使我们知道地球的远古的历史，并能预示地球的未来；又如，从天体的目前的位置，可以预测很久以后才会出现的日食。莎士比亚的名句"语言在树丛中，书籍在流溪中"，正是表明了一个有思

❶ [美]杜威：《我们怎样思维》，见《我们怎样思维·经验与教育》(第 11 版)，姜文闵译，北京，人民教育出版社，2017。

维能力的人可以给客观事物增添机能。只有当我们周围的事物对我们具有意义，以特定方式使用这些事物并可表明达到的结果时，我们对这种事物才可能作出自觉的、深思熟虑的控制。

2. 它可能进行有系统的准备和发明

人们也运用思维建立和编制人造的符号，以便预先想到结果以及为达到某种结果或避免某种结果而采取的种种方式。前面提到的思维的特点表明了野蛮人和野兽的不同；这里提到的思维的特点表明了文明人和野蛮人的不同。野蛮人过去在河中乘船出过事故，他注意到了的某些特定事物就会成为此后的危险信号。但是，文明人却深思熟虑地制作这种符号；他预先设置显著的警戒船只失事的浮标，建造灯塔，使人们可以看到可能发生事故的标志。野蛮人观测天象凭靠其干练的技巧；文明人则修建气象台，从而取得人工的标记，并且能在种种迹象出现以前，事先公布天气消息，而不借助于其他的手段和方法。一个野蛮人在荒原中能辨别某种不明显的标记而熟练地找到他要走的路途；文明人却建造公路，向大家提供要走的路。野蛮人发觉火的标记得知火的存在，并且发明了取火的方法；文明人却发现了可以燃烧的瓦斯和油，发明了灯、电灯、火炉、熔炉以及中心供暖装置，等等。文明人的文化特质是深思熟虑地建立标志和记录，以免遗忘；在各种生活中的意外事件和突发事件出现之前，深思熟虑地建造一些装置，以便在意外突发事件临近时能够觉察出来，并把它们的性质记录下来，以便预防那些不利的事，至少可保护自己免遭其害，并且取得更多的担保和大量的收益。各种形式的人造装置，都是有意地变更自然的性质而加以设计，使之同自然状态相比，更好地揭示那些隐蔽的、不完善的和遥远的事物。

3. 它使事物的意义更充实

最后，思维使有形的事物和物体具有不同的状态和价值，而没有反省思维能力的人则不能做到这一点。文字对于那些不知道语言符号的人来说，只是黑白相间的古怪的胡抹乱画；而对那些知道文字是其他事物符号的人来说，这些符号堆集在一起代表着某些观念或事物。一些事物对我们来说是有意义的，它们不只是感官的刺激物，我们对此已经习以为常，因而认识不到它们之所以具有意义，是由于已见过的事物暗示了未见的事物，而这种暗示又为后来的经验所证实。如果我们在黑暗中被某种东西绊倒了脚，我们可能作出反应，想办法避免被撞伤，或者由于没有看出它是什么特殊的对象，因而被它绊倒了。我们对许多刺激物几乎都作出自动的反应，它们对我们没有什么意义，或者说，它们不是特定的对象。对象（object）比事物（thing）包含更多的意义，对象是具有一定意义的事物。

　　我们作出的这种区分是非常容易理解的。读者如果回想他认为奇异的事物和事件，把具有专门知识的人对这些事物和事件的看法两相对比，或者把关于一种事物或事件的过去的认识和以后有了理智的认识两相对比，那么，这种区分便一清二楚了。对于一个没有经验的平常人来说，水这种特殊的物体仅意味着是可以洗涤或饮用的某种东西；而对另外一个人来说，水却是两种化学元素的化合物，这两种元素本身不是液体而是气体；或者，水是不能饮用的某种东西，因为它有招致伤寒病的危险。对于一个小孩子来说，起初，事物仅是颜色、光亮和声音的组合；当事物变成可能的而现在还未成为实际经验的事物的符号时，这些事物对儿童才有意义。对于一位有学识的科学家来说，普通事物所拥有的意义是更为广阔的。一块石头不仅仅是一块石头，它是一种含有特定的矿质的石头，它来自一种特殊的地层，等等。这块石头告诉人们几百万年以前发生的某些事情，并有助于人们描绘地球的历史情景。

　　4. 控制的和充实的价值

　　上面提到的前两种价值是属于实际的，它们使控制能力有所增加。第三个提到的价值使事物的意义更加充实，而与控制能力并无关联——天空中的某种特定事件是难以躲避的，正如我们知道了日食，并知道它是如何发生的，我们知道了过去我们不曾知道的意义。当某些事件发生时，我们可能不需要有任何的思考，但是如果我们以前思考过，那么，这种思维的结果就成为使事物加深意义的基础。训练思维能力的巨大价值就在于：原先经过思维充分检验而获得的意义，有可能毫无限制地应用于生活中的种种对象和事件，因而，人类生活中，意义的不断增长也是没有限制的。今天，一个儿童可能对某些事物的意义有所了解，而这些意义对托勒密（Ptolemy）和哥白尼（Copernicus）来说，却是含而未露的，儿童之所以能了解，是因为在当时已经出现了反省的研究成果。

　　穆勒（John Stuart Mill）在下面的一段话中综述了思维能力的各种价值：

　　推论被人们视为生活中的伟大事务。每个人每日、每时、每刻都需要确定他没有直接观察到的事实；这不是出于增加他的知识贮存的一般目的，而是因为事实本身对他的兴趣或他的职业来说是重要的。行政长官、军事指挥员、航海者、医生、农学家等的事务，只是判断证据，并根据这种判断去行动。……他们做得是好是坏，也就说明他们在各自的职业中恪尽职守的好坏。这件事是要用心从事而永不终止的。（穆勒：《逻辑体系》，序言第5）

5. 训练思维的两个理由

以上提到的三种价值，累积起来，形成了真正人类的理性的生活，同受感觉和欲望支配的其他动物的生活方式相区别。这种价值远远超过由生活需要所引起的某种狭窄的范围，然而，这种价值本身却不能自动地成为现实。思维需要细心而周到的教育的指导，才能充分地实现其机能。不仅如此，思维还可能沿着错误的途径，导引出虚假的和有害的信念。思维系统的训练之所以必要，不仅在于担心思维有缺乏发展的危险，更为重要的是担心思维的错误的发展。

洛克(John Locke，1632—1704)曾比穆勒更早论述过思维对生活的重要性以及思维训练的必要性，认为思维训练能发挥思维的最好的可能性而避免其最坏的可能性。他说过如下的话：

任何人从事任何事项，都依据某种看法作为行动的理由；不论他运用哪种"官能"(faculties)，他所具有的理解力(不论好坏)都不断地引导他；所有的活动能力都受这种看法的指导。……我们注意到，寺庙里的神像对大多数人都发生着某种影响。其实，人们心目中的观念和意象才是不断控制他们的无敌的力量，人们普遍地顺从这股力量。因此，应当高度关切的仍是"理解"，要引导理智正确地研究知识，作出判断。(洛克《理解的指导》，第一节)

思维的力量使我们摆脱对于本能、欲望和惯例的奴性的屈从，然而，思维的力量也给我们带来谬见和错误的机会或可能性，它把人们提高到其他动物之上，同时，它也使人们可能碰到其他受本能支配的动物所不能遇到的失败的机会。

二、需要经常控制的倾向

1. 正确思维的自然认可和社会认可

就某种意义而言，生活的需要迫使人们坚持一种基本的持久不变的思维方法，用任何精密设计的技巧来代替这种方法，也将是毫无效用的。一个被火烧伤的儿童惧怕火焰，这种疼痛的后果比有关热力性质的博学演说更能显示出正确推论的需要。当以正确思想为基础的活动具有重要的社会性时，那么，这种社会情景也能促进正确的推论。这类正常的思维认同可能影响到生活本身，或者至少影响生活去合理地避开永久的不安适状态。敌人的踪迹，隐蔽所的标志，食物的征兆，以及主要的社会情境的象征等，人们都必须正确地理解。

但是，这种方法的训练的有效性只局限在特定的范围内，超越范围便不能奏效了。在一个方向上取得合乎逻辑的学识，并不能防止在另一个方向上导出极端的结论。一个野蛮人擅长于判断他要捕捉的动物的活动和位置，而对于动物习惯的来源和身体结构的特性，却接受并郑重其事地传说着最荒谬的奇谈怪论。只要对生命的安全和幸福没有直接的可觉察的影响，那么，对于接受错误的信念就没有自然的限制。结论之所以能被采纳，仅仅是因为提出的种种假设是生动有趣的。然而，有大量的可靠资料的积累，反倒不能提出正确的结论，因为它同现存的习俗相反。而且，人类有"先入为主"（primitive credulity）的自然倾向，除非有相反的过于有力的证据，他只相信早先出现的任何东西。纵观思想史，有时人们似乎是穷尽了一个信念的几乎所有的错误形式之后，才发现正确的概念。科学的思想史也表明，一种错误的理论一旦得到普遍的认同，人们便宁肯花费心思用另外的错误事实来支持这一错误的理论，而不愿意放弃它而沿着新的方向去探索。人们曾尽心竭力地维护托勒密的太阳系理论，就是明证。甚至在今天，被广大群众所掌握的关于自然结构的种种正确的信念，也只是因为它们是流行的，是人云亦云的，而不是因为广大群众理解了它们所依据的原理。

2. 迷信如同科学一样自然

单纯就"暗示"的功能而言，用晴雨表的水银柱预告晴雨和一种野兽的内脏或鸟的飞翔预告战争的结局，这两者之间并没有什么差别。用蚊子咬人预示疟疾，用盐缸的倾倒预示命运险恶，这两者也是一样的。只有凭靠对情境的有系统的控制，在这种情境中作出观察，并且有获知结论的习惯的严格方法，才能决定哪种信念是有缺陷的，哪种信念是正确完善的。科学之所以能代替迷信的推理习惯，并不是由于感觉敏锐程度的增加，也不是指示功能的自然结果。科学代替迷信，是由于对观察和推论的情境加以控制的结果。如果没有这些控制，梦境、星座位置、手掌的纹线都可被认可是可以有价值的标志，掷扑克牌可以作为预告吉凶的符号，而最具有决定意义的自然的事件反倒被忽视了。相信各种各样吉凶的先兆，在过去一度是普遍的真理，如今只在旮旯角落里才存在这类迷信。克服这类迷信需要在严密的科学中经过长期的训练。

3. 错误思维的一般起因：培根的"偶像说"

曾有人试图对错误信念的主要来源加以分类，并提示说这种分类对我们是有意的。例如培根在探讨近代科学的初期，曾列举过四种类别，并冠以古怪的名目——"偶像"，这些怪诞的模式把人的心智引诱入误途去。他把这些称为偶像或幻象，它们是：（1）种族偶像，（2）市场偶像，（3）洞穴偶像，（4）剧场偶像。减少其隐喻的成分，说得更明白些，就是：（1）植根于人类通性的根本的错误方法（或者至少是引诱人们产生错误的方法）；（2）来自交际和语言的错误方法；（3）由个人的特质引起的特殊的错误方法；（4）一个时期内普遍流行的错误方法。我们可以采用几种不同的分类方法，把错误信念的原因加以划分，有两种是属于内含的，另两种是属于外铄的。属于内含的，一种是人类共同的（例如有一种普遍的倾向，即认可一种偏爱的信念比认可一种与之相反的信念更容易一些），另一种是某种个人的特殊癖好和习惯。属于外铄的，一种是发源于一般的社会情境（例如有这样的倾向，即认为凡有某个词，便有某个事实，而没有这个名词，便没有这个事实），另一种是来自局部的和一时的社会趋势。

4. 洛克论错误信念的典型形式

洛克论及的错误信念的典型形式不太正规，但可能是更富有启发性的。他列举了不同类别的人的不同的错误思维方式，我们最好还是引用他那具有说服力的优雅的语句：

（1）第一种人几乎完全没有理智，他们所做的和所想的是仿照别人的样子，例如以家长、邻居、牧师或依据盲目的信仰而选择出来的其他人为榜样。他们这样做是为了免除对于他们来说思维和研究所具的痛苦与麻烦。

（2）第二种人是以感情代替理智，并决定以感情支配他们的行动和论证，除了适合他们的性情、利益或党派以外，对于任何更进一步的问题，他们既不动用自己的思考，也不侧耳倾听其他人的论证。

（3）第三种人心甘情愿地遵从理智行事，但是，缺乏巨大的健全的广泛的意识，对于问题没有一个全面充分的看法。……他们只是和一种人发生交往，只是读一种书，他们只听得进一种意见。……他们仅在小河中同熟知的交通员频繁往来，而不敢去知识的巨洋中探险。（人们的自然禀赋本来是相等的，但其包容的知识和真理却非常不同。）人们之间所有这些增益的部分，是由于运用心智时理解的范围不同，他们头脑中搜集知识的范围不同，积累的观念的范围不同。（洛克：《理解的指导》，第3）

洛克在另一部书中，用稍微不同的形式阐述了同样的思想。他说：

1. 凡与这些原则不相符合的东西，我们都不认为它是或然的，并且不认为它是可能的。我们因为太尊敬这些原则，而且它们的权威又超越一切知识，因此，且不论来自他人的证据是怎样的，哪怕只是由我们感官得到的明证，只要这些证据所证明的同既定规则相反，则我们也常会排斥这些证据。……儿童们往往从他们的父母、乳母和周围的人们那里接受各种命题。这是最常见不过的，这些命题既然迂徐地渗入在他们天真而无偏见的理解中，而且逐渐固定起来，因而（它们不论真伪）就被长期的习惯和教育钉在人心中，永不能再拔出来。因为人们在长大以后反省那些意见时，往往看到它们在自己心中是和记忆一样久远的；他们既然不曾观察到它们原来如何迁徐而入，又不知道自己如何得到它们，因此，他们便将其奉若神明，不许人们亵渎它们、触动它们、怀疑它们。他们认为它们是伟大的、无误的、决定真理的标准，认为它们是解决一切争端的判官。

2. 其次，有一等人，他们的理解力被铸入了一个恰好依照通认学说的标准制成的模型（这种人并不否认事实和证据的存在，但却不能信服这些证据，如果他们的心智不是被固定的信念紧紧束缚着，那么这些证据本来可以影响他们作出决定的）。

3. 流行的情感。各种可靠的理由如果违反了人们的意向和流行的情感，亦会遭到同样的命运。要一个贪鄙的人作推论，只要一边有钱，另一边虽有很可靠的理由，你亦会预见得到对他来说哪一边要占优势。尘俗的人心，犹如污泥的墙壁，会抵制最强烈的攻击。

4. 有权威性的意见。这是衡量或然性的最后一种错误的尺度。这种尺度比前三种尺度会使更多的人陷入愚昧和错误中。在自己的朋友、党派、邻人或国家中，各种被公认的意见往往能得到我们的认同。

5. 态度的重要性

我们引用了以往颇具影响的思想家的话语，其中涉及的事实是我们日常经验中所熟知的。任何从事观察的人随时都能注意到，无论他们本身或其他人，都有一种相信同其愿望相协调的事物的倾向。我们喜欢它是真实的，我们便认为它是真实的，同我们的希望和愿望相反的观念，是很难取得立足之地的。我们全都是匆匆忙忙地得出结论。由于我们个人的态度的影响，从不去检验我们的观念。当我们进行概括时，我们倾向于作出包揽无遗的断言，就是说，我们从一件事实或少数事实作出覆盖面更宽广的概括。人们的观察也显示出社会势力所给予的强而有力的影响，哪怕这种社会势力与人们所坚持或反对的真理或谎言实际上并无关联。有一些倾向，它们与限制人们思想和扰乱人们的思想是不相干的，这些倾向本身是好的，这个事实表明思维的训练是更为重要的。尊重双亲和权威人士，抽象说来，确实是可贵的品质。但是，诚如洛克所指出的，这种品质正是决定我们的信念离开甚至违反理智的主要势力。期望同别人保持和谐的愿望，其本身也是令人称心的品质。但是，它可能使人轻易地倒向他人的偏见，并且削弱其判断的独立性。它甚至把人引向极端的党派偏见上去，使人感到怀疑其所属的团体的信念是不忠诚。

因为这种态度很重要，所以训练思维能力不能仅凭如何进行思维的知识。拥有这种知识并不能担保有良好的思维能力，但没有可供反复进行的一系列的正确思维的练习就不能把人塑造成良好的思想家。知识和练习，二者都是有价值的。但是，只有在其个人品质中具有某种占优势的态度，亲身受到激发，他才能认识到它们的价值。从前，人们几乎普遍地相信人脑具有种种能力，像记忆和注意等，它们借助反复的练习能够发展起来，如同体操练习可以强壮筋骨一样。然而，这种一度被人崇奉的信念在广义上已经信誉扫地。同样，人们也很怀疑，依照某些逻辑公式进行的思维练习是否可以建立普遍的思维习惯，即是说能否建立起一种适用于广泛学科领域的思维习惯是很可怀疑的。众所周知，在特殊领域内具有专长的思想家，在接受其他领域的观点时，并不去做那些在他们本专业范围内，证明简单事例所必须的研究。

7. 态度与熟练方法的结合

然而，培养适于应用最好的研究和检验方法的态度，是我们能够做到的。只是具有方法的知识，那是不够的；还必须有运用方法的愿望和意志。这种愿望乃是一种个人的倾向。可是，另一方面，只是具有倾向还是不够的，也必须理解沟通种种态度、获致最佳效益的形式和方法。有关这些形式和方法后面将要讨论，这里我们将提及需要培养的旨在接受和应用的种种态度。

a. 虚心（open-mindedness）。这种态度的含义是免除偏见党派意识和诸如此类的封闭观念，免除不愿考虑新问题、不愿采纳新观念的其他习惯。但是，比之字面含义，它具有更积极的、更现实的意义。它同粗心（empty-mindedness）是极不相同的。它对新的主题、事实、观念和问题采取包容的态度，可是它的这种包容态度却又不是挂出一块标志，写明："家中无人，敬请入内。"它包含一种愿望，去倾听多方面的意见，不偏听一面之词；它留意来自各种渠道的事实；它充分注意到各种可供选择的可能性；它使我们承认甚至在我们最喜爱的观念中，也存在错误的可能性。心智怠惰是封闭头脑、排斥新观念的巨大因素之一。这是一条抵抗力最少，困难最少的小路，它是由心智的常规惯例形成的。变更旧的观念，需要做困难的工作。自满自负使得人们经常认为承认一度崇奉的信念是错误的做法是软弱的象征。我们把一种观念看作一件"宠物"，并且捍卫它，对任何不同的事物都视而不见，听而不闻。不自觉的惧怕心理也驱使我们完全采取防卫的态度，就像身穿盔甲外衣似的，不仅排斥新的概念，甚至阻碍我们作出新的观察。这些势力累积起来的影响是闭塞头脑，取消学习所必需的新的理智的接触。制服这些势力的最好办法是培养灵敏的好奇精神和自动的追求意识，这便是虚心的基本要点。

消极地允许一些事物渗透进来，此种意义上的虚心并不能抵抗封闭心智的那些势力。

　　b. 专心（whole-heartedness）。当任何人沉溺于某些事物和事件时，他便会全身心投入；他这样做，我们称之为"专心致志"。人们普遍地认识到，在实际的和道德的事务中，持有这种态度或倾向是重要的。可是，在理智的发展中，这种态度或倾向同样是重要的。兴趣的歧异是有效思维的大敌。不幸的是，这种兴趣歧异的现象在学校中是屡见不鲜的。一个学生对于教师、对他的书本和功课，表面上、形式上能给予注意，然而，他的内心深处却关心对他更有吸引力的事情。他用耳朵和眼睛表示他的注意，而他的脑子却被当时吸引他的那些事情占据着。他感到学习是出于被迫无奈，因为他要背诵、要通过考试、要升级，或者希望博得教师或家长的欢欣。可是教材本身对他并无吸引力。他的学习不是一直向前和一心一意的。这一点在某种情形下似乎是无关紧要的，但在另外的一些场合却是非常严重的。这种习惯或态度一旦形成，对于良好的思维是非常不利的。

　　当一个人被课业所吸引时，这门课业就会引导他前进。他自然而然地能提出问题，种种假设会涌上他的心头，进一步的研究和阅读也就相继出现。他再也用不着花费力气控制心思专注于课业（因为精神分散削弱用于课业本身的力量），教材就能抓住他的心思，鼓舞他的心智，给予其思维行进的动力。真诚热情的态度乃是一种理智的力量。一位教师若能激发起学生的热情，就能取得成功，任何公式化的方法，不论它们如何正确，都不能奏效。

　　c. 责任心（responsibility）。像真诚或全心一样，责任心通常被认为是一种道德的特质，而不是一种理智的源泉。可是，要充分支持获取新观点和新观念的愿望，充分支持关注课业的热情与才干，这种态度是必需的。这些素质可能任意地伸展，或者，它们至少可能使心智广泛散布开来。它们本身并不能保证思维的集中和稳定，而思维的集中和一贯正是良好思维的实质所在。所谓理智的责任心，是考虑到按预想的步骤行事所招致的后果；它意味着愿意承受这些合乎情理、随之而来的后果。理智的责任心是真诚的保证，那就是说，它保证种种信念的连贯和协调。常有这样的情形：人们不断接受一些合乎逻辑后果的信念，却拒绝承认其后果；他们承认某种信念，却不愿意让自己对随信念而来的后果承担责任。其结果是造成思想的混乱。这种"分裂"必然地反映到头脑里，使洞察力变得模糊起来，削弱了理解的稳固性；谁也不能采用两种不一致的标准而又不丧失他的某些思想的理解力。当学生们学习那些远离他们经验的课业时，便不能激发他们的主动的好奇心，并且超越了他们的理解力，于是他们开始采用另一种衡量学校课业价值和现实意义的尺度，这种尺度同衡量充满生机的实际生活的尺度绝不相同。他们在理智上变得不负责任，他们不去寻味他们所学习的东西具有什么意义，不去寻味他们所学习的课业同他们的其他信念和他们的行动有什么不同的意义。

当大量课业或支离破碎的事实充塞学生头脑，使得学生没有时间和机会去衡量所学内容的意义时，也会出现思想混乱的现象。他以为自己接受了所学的东西，自以为相信它们，实际上，他的信念同所学的东西完全不同，并且采取与校外生活和行动完全不同的衡量标准。他在理智上变得混乱起来，不仅对某些特殊事项感到糊涂，就是对这些事项值得相信的基本道理也感到迷惑不解。为了取得较好的效果，必须减少些许课业，减少些许传授的事实，要增加一些训练思维的责任感，透彻地认识这些课业和事实究竟包含着什么内容。所谓透彻，其真正含义是办理某事，使之达到完满的成功，而把某事办理得彻底或达到最终的结局，则需凭靠具有理智责任心的态度。

8. 个人态度与思维意愿的关系

上面提到的三种态度：虚心、专心或专一的兴趣、考虑到后果的责任心，它们本身都是个人的品质和特质。为了形成反省的思维习惯，并非只有以上三种态度才是重要的。但是，其他可以提出来的态度也是个性的特质，态度这个词的恰当的意义是精神上的，因此，这些个人品性的特质必须加以培养才能形成。任何人都会时时思考引起他注意的特殊事物。一部分人对其富有兴趣的特殊领域具有不断思考的习惯，例如，对其专业有关的事项就是如此。然而，彻底的思维习惯，就其范围而言，是更为广阔的。确实，没有人能够随心所欲地去思考每一件事；也没有人能够不具备有关的经验和知识去考虑任何事情。然而，却有一种意愿（readiness），对其经验范围之内的事物愿意作出认真周密的思考，这种意愿和那种单纯以风俗、传统、偏见等作为基础，避开思维的艰难去进行判断的倾向相比较，是大不相同的。上面说到的三种个人的态度是这种一般意愿的主要组成部分。

如果强迫我们作出选择，一个是个人的态度，另一个是关于逻辑推理原则的知识，后者具有某种程度的技巧，能巧妙处理问题的特殊的逻辑方法，我们将选择前者。幸好，我们不必作出这样的选择，因为个人态度和逻辑方法并不是对立的。我们需要铭记在心的是，在教育目的上，不能把一般性的抽象的逻辑原理和精神上的特质分离开来，把二者编织起来形成一个整体，才是我们所需要的。

[思想评价]

19世纪上半期,欧洲完成了工业革命,而直到19世纪八九十年代,美国拓荒时代才最终结束,美国从南北战争时期进入新的工业化和商业时期。工业革命给美国社会的结构带来了巨大的变革。与此同时,传统学校已不再适应变革时代的要求,呼唤教育改革的声音响成一片。各种改革的主张表达了不同群体的诉求,但是共同的诉求是在工业主义的影响下,社会生活发生了彻底和根本性的变化,教育也需要进行彻底的变革。在19世纪末20世纪初美国进行了教育革新运动即进步教育运动。这一运动反对美国学校在课堂教学中沿用欧洲的形式主义课程和因循守旧的教育方法,主张以全新的课程设计和教学方法来对传统学校进行变革。进步教育运动的目的在于鼓励儿童自由和自然地发展,人们一般把杜威教育哲学作为进步教育的同义词,但杜威本身对进步教育运动中出现的一些现象是持批判态度的,他试图调和进步主义者和传统主义者两者之间的矛盾。

一、生平事迹与教育哲学思想形成的背景

1859年10月20日,杜威出生在美国佛蒙特州的柏灵顿镇,佛蒙特州位于美国东北部的新英格兰地区,北与加拿大的魁北克省接壤。柏灵顿镇坐落在向普兰湖中耸起的一个丘陵上,向西能看到阿迪龙达克山脉,环境优美,风光旖旎。柏灵顿镇上的绝大部分孩子进入镇上的公立学校上学,这些孩子来自不同类型的家庭,富裕的、贫穷的或者是移民家庭,仅有少部分孩子进入私立学校就读。

这一时期,达尔文经过20多年研究而完成的《物种起源》终于出版,这部著作的问世标志着达尔文进化论的正式确立。进化论第一次将生物学建立在科学的基础上,以生物进化的思想,对生命和物种起源进行阐释,说明物种处于不断的变化中,从低级向高级、从简单向复杂进化发展。这对于以"神权"为统治基础的教会统治是一个巨大的挑战和打击,在欧洲甚至全世界都引起巨大轰动。与此同时,进化论给人文领域带来了巨大的思想冲击,产生了颠覆性的革命。在进化论中,人不再被认为是万物之灵,而与其他生物一样是大自然的产物,是生物进化过程中的偶然产物。进化论出现后,教会及封建统治的拥护者群起而攻之,称进化论学说亵渎圣灵、损害人类尊严,与此同时,以英国生物学家赫胥黎为代表的进步学者积极宣传并坚决捍卫进化论学说,力图冲破宗教对思想的禁锢,把人类从宗教的束缚中解放出来。19世纪中后期,英国的一

些学术期刊讨论以进化论为中心的新思想，表现了自然科学和传统观念的论争，也使进化论得到了更广泛的传播。佛蒙特大学的佩金斯教授不顾传统环境的阻碍讲授进化论思想，在开设的生理学课程当中，把赫胥黎编著的一本书作为教材，介绍生物统一体的观念，给青少年时期的杜威留下了深刻印象。他认为这种生物统一体观念给"从前开始的一些学术活动提供了一定的形式，并产生表现某种事物观点的形态或模式"❶。通过赫胥黎的理论，杜威认为他所期望的生活将具有赫胥黎所描述的人类有机体生活的同样特点，这进一步激发了杜威学习哲学的兴趣。

杜威是家中四个孩子中的第三个孩子，他的父亲阿奇博尔德·杜威经营着一家杂货店，他思想保守，尽管没有接受过多少学校教育，但是他热爱阅读，经常给孩子们背诵苏格兰民族诗人彭斯的诗篇。杜威的母亲卢西娜·里琦是一名公理会❷成员，对教会抱有热情的态度，对孩子们的要求比较严格，但对于孩子们能够摆脱家庭传统束缚接受大学教育却有着重要影响。杜威的父母尽管年龄相差 20 岁，性格也不相同，但是他们的婚姻幸福美满。童年的杜威和他的哥哥戴维斯及表兄约翰·帕克·里琦是亲密的玩伴，他们热爱自然，曾穿过阿迪龙达克山脉，徒步到曼斯菲尔德山去旅行，也经常在向普兰湖中划船，甚至沿着法属加拿大的一条河划船到加拿大的一个内陆湖去钓鱼旅行。他们也喜欢在家里的锯木厂和磨坊中观察生产工作，他们目睹几乎家里所有的亲戚参与家务活。但是，对于杜威兄弟来说，学校却是一个令人厌烦的地方，他们对阅读任何书籍都充满兴趣，除了课本。

15 岁时，杜威从中学毕业，进入佛蒙特大学学习。当时的佛蒙特大学规模很小，1879 年时仅有 18 名学生毕业。在大学的前两年，主要学习拉丁文、古代史、解析几何和微积分。在第三年，学生开始接触自然科学等一些高级课程。对于杜威来说，最后一年的大学教育对于他具有重要的意义，开设的哲学课程选用了赫胥黎的著作，它介绍有机体与环境之间的相互关系和共生作用以及生命的延续，引发了杜威对哲学的兴趣。大学毕业后，杜威在宾夕法尼亚的石油城中学找到了一份教师工作，讲授拉丁文、代数和科学。同时，他也在大量阅读哲学著作。1881 年，杜威回到柏灵顿，在一所中学短期任职。在此期间，佛蒙特大学的托里

443

---

❶ ［美］杜威：《我们怎样思维》，见《我们怎样思维·经验与教育》(第 11 版)，姜文闵译，北京，人民教育出版社，2017。

❷ 公理会是基督教的主要宗教派别之一，公理会的信仰比较自由化，强调个人信仰自由，尊重个人理解上的差异。

教授指导他阅读了大量的哲学名著，托里教授也经常与杜威在森林里散步，在散步中，托里更加自由地谈到他在课堂上所不曾讲过的一些见解，给杜威以更多的启发。同年，杜威写了一篇《唯物论的形而上学假设》的论文寄给了《思辨哲学杂志》的主编哈里斯，在随论文所寄的信中，杜威希望哈里斯对自己是否有能力从事哲学研究给一个评价。哈里斯热情地褒奖了杜威的哲学天赋并鼓励了他。托里教授和哈里斯的鼓励与肯定，使杜威坚定了要以哲学研究作为职业的决心。

　　1882年，在一位亲戚的资助下，杜威进入约翰斯·霍普金斯大学开始研究生学习。约翰斯·霍普金斯大学以开创美国的研究生教育而闻名，也被认为是美国高等教育发展的新纪元。在约翰斯·霍普金斯大学攻读哲学学位期间，密执安大学的莫里斯教授、斯坦利·霍尔先后担任他的老师。杜威深受莫里斯的影响，莫里斯向杜威介绍了黑格尔的绝对唯心论，并使杜威对逻辑学理论产生了兴趣。1884年，杜威以一篇名为《康德的心理学》的论文作为博士论文获得了哲学博士学位。博士毕业后，通过莫里斯的介绍，杜威在密执安大学哲学系得到了一份助教工作，教授伦理学、哲学、逻辑学和心理学。1887年，杜威出版了《心理学》。1886年7月，杜威与爱丽丝·奇普曼结婚，婚后，他们共同养育了6个儿女。爱丽丝·奇普曼很早就成了孤儿，由外祖父母养大，通过外祖父母的培养和影响，杜威夫人具有一种学术上的独立性和自力更生的精神。这对于保守的杜威来说是具有激励和振奋作用的，她的影响"使以前的一些理论问题获得了对人来说必不可少的和直接的意义"❶。

　　在19世纪80年代的美国，大学的哲学教师基本由牧师担任，多数大学的哲学教学建立在苏格兰学派著作的基础上。苏格兰哲学家坚持"直觉论"主张，"直觉论的主张，形成了反对对英国经验主义起瓦解作用的道德和宗教观念的主要学术堡垒"❷。与此同时，一些美国哲学家开始介绍德国哲学思想。科尔里奇的著作使德国哲学家的思想得到了更广泛的介绍，但是这种介绍形式受到了保守的哲学家的怀疑。曾经担任过美国教育总署署长的哈里斯主办《思辨哲学杂志》，这是美国出版的唯一具有特色的哲学杂志。哈里斯曾经接触过一批参加过1848年革命的德国流放者，他们对德国哲学思想尤其是谢林和黑格尔思想有着颇深的研究。黑格尔的哲学体系对于杜威有着特殊的吸引力，并在他的思想中留下了重要的痕迹。但在之后，他认为黑格尔体系的形式和系统性的组合是造作

❶　[美]简·杜威等：《杜威传》，21页，单中惠译，合肥，安徽教育出版社，2009。
❷　同上书，11页。

的，并逐渐离开了黑格尔主义。当杜威彻底离开了德国理念主义的时候，杜威的实用主义哲学思想开始形成。

1894 年，在詹姆斯·塔夫茨的推荐下，杜威接受了芝加哥大学的聘请，担任芝加哥大学教育学、哲学和心理学系的主任。随后几年，杜威开始对教育问题产生兴趣，并逐渐认识到，当时的教育方法特别是小学的教育方法，是与儿童正常发展的心理学原理不协调的。在芝加哥大学期间，他发现一批家长希望他们的孩子受到一种与传统学校所提供的不同的教育，在家长们的支持下，在杜威担任系主任的哲学、心理学和教育学系的倡导下，创办了一所"实验学校"，也被称为"杜威学校"。"杜威学校"存在了 8 年，杜威称其为一次"教育学的实验"，并帮助他发展了内涵广泛的教育哲学。由于在管理学校的问题上与大学存在严重分歧，杜威于 1904 年离开了芝加哥。1905 年，他来到哥伦比亚大学，担任哲学教授，同时在师范学院授课。在此之后，出版了《我们怎样思维》《民主主义与教育》等重要学术著作，使他至今仍然是重要的教育理论家。此外，杜威还出版了《哲学之改造》《自由与文化》《我的教育信条》《教育哲学》《儿童与教材》《追求确定性》《学校与社会》等。

杜威曾于 1919 年和 1920 年分别到日本和中国讲学，1924 年，应土耳其政府的邀请，评估该国的教育系统。他还于 1928 年出访苏联。此外，杜威还参与建立了美国大学教授协会和全国有色人种发展协会，他热情支持妇女活动自由的事业。1930 年，杜威离开了教职，但是作为哥伦比亚大学的驻校荣誉教授，他继续保持着学术研究的热情，在去世前的日子里，他还经常发表论文、撰写随笔和书评以及参加各种活动。1952 年 6 月 1 日，杜威因肺炎在纽约去世，享年 93 岁。

二、杜威的教育心理学理论的主要内容

杜威教育心理学理论的主要内容与思想观点体现为以下五个方面。

第一，教育本质要把重心转移到儿童身上。童年时期的杜威对于学校教育很厌烦，他喜欢读除教科书以外的其他书籍。他自身的经历，观察自己孩子的经历，以及在密执安大学工作期间与州立学校系统的联系，使杜威对于教育问题产生了浓厚的兴趣。与此同时，杜威对心理学的兴趣，也使他对于学习过程进行了研究。他认为传统的学校教育，特别是小学的教育方法，与儿童正常发展的心理过程不协调。在《我的教育信条》一文中，杜威认为一切教育都是通过个人参与人类的社会意识而进行。因此，只有通过发展个人能力、影响意识、形成习惯、锻造思想、激发情绪等方式完成教育的过程，使个人分享人类积累的智慧经验和道

德财富。

杜威非常认同卢梭在《爱弥尔》中的一些论述："我们对儿童一无所知，因此带着错误的儿童观去从事教育，结果是偏离正道，越走越远。"卢梭认为糟糕的教育在于家长和教师始终想的是成年人积累的知识应如何灌输给儿童，而不考虑儿童按照自身的能力可以学到些什么。杜威提出，教育是一种自然生长。教育不是依靠外部力量把什么东西强加给儿童，而是要让人类与生俱来的各种能力得到生长。由此杜威认为，真正的教育是通过对于儿童的能力的刺激而来的，这种刺激是儿童自己感觉到的所处于的社会情境引起的。这种刺激能使儿童产生自发性和主动性，促使他以社会集体中的一个成员去行动，并且使他按照自己所属的集体利益来要求自己。只有让儿童了解到自己的各种活动会引发别人的回应，他才能够知道这些活动用社会语言来说具有什么样的意义。因此，教育最根本的基础在于儿童活动的能力，学校课程科目相互联系的真正中心，不是科学、文学、历史、地理等具体的知识，而是儿童本身的社会活动。儿童自己的本能和能力为教育活动提供了素材，也指明了教学活动的起点。教育者的努力应是使儿童不依赖教育者而主动进行的一些活动，如果不是朝着这个方向努力，那么教育就会变成外来的压力。

杜威批判的旧式教育的典型特征是对于儿童的机械聚集，课程和方法存在高度的一致性，关注的重心在儿童之外。重心可能在教师、教科书或是其他成人所关注的其他方面，但唯独没有在儿童当下的本能和活动中。杜威提出，教育必须从心理学上探索儿童的能量、兴趣和习惯，要把儿童的谈话、提问、解释和表现出来的自然冲动看成教育自然资源的重要资本。教育的过程要对儿童的心理结构和活动进行深入的观察，如果缺乏这样的观察，教育过程就会变成偶然和专断的。导致的结果可能是如果能与儿童的活动相一致，就能起到教育的作用；如果不是，那么就会遇到阻力甚至束缚儿童的天性。教育改革的变化就在于重心的转变，要使儿童变成太阳，教育围绕儿童旋转，儿童是组织教育要素的核心。

第二，教育过程要遵循儿童的心理发展阶段。杜威认为人一生中集中接受教育的时间是在前20年到25年，从婴儿时期到青年时期。根据心理学原理，他把这段时期分为四个阶段：第一阶段是婴儿时期和幼儿早期（从出生到2岁或2.5岁）；第二阶段是幼儿后期（持续到六七岁）；第三阶段是儿童期（持续到十三四岁）；最后一阶段是青年时期（持续到25岁左右）。按照心理发展的特点，杜威重点研究了后三个阶段的特点。

第二阶段（游戏时期）。在这一阶段，儿童的反应不再是一种单纯的感官刺激，而是开始转向物体的功能。对于这个阶段的儿童来说，外部世界充满了暗示，儿童不再受感觉或个人喜好的驱使，而是把这种感觉当作行动的提示，感觉的作用成了一种行动的刺激。不断增长的行动能力自由，是游戏的边界。在这一时期，儿童能逐步从一个分割的整体的物理属性得到直接的感觉，并在想象的潜意识基础上做出相应的反应。因此，这一时期也应该遵循以下原则。一是不要把想象和游戏视为两件独立的事情，而应看成一个不可分割的整体；二是要通过适当的游戏方式为儿童提供实验的时间和机会，促进其智力发展和开发其动手能力；三是要认识到游戏中的过程和结果，正在做的事与将要完成的事之间没有意识的区别。游戏的兴趣完全存在于活动本身。游戏对于儿童，就如同工作对于成年人一样具有严肃的意义，能够吸引他的全部注意力。

第三阶段（儿童时期）。7～12岁或13岁这一阶段，是儿童身体发展比较慢的一个时期，代表生长比率的曲线，在这时期明显下降。虽然外在的生长相对缓慢，但是能量更多消耗在构建联系和调整方面，能够获得一种更加精练和复杂的能力。在这一时期，儿童的活动从简单游戏向更具有竞争性和技巧性的游戏转变，这也表明了一个明显的心理转变。在游戏中，儿童的活动是一种自发性的延续，但是在竞赛中，需要有一种特定的次序，儿童对自身来说，要有更强的控制力。发展正常的儿童差不多开始期待一种更具艰苦和挑战性的活动，能够增强能力和技巧的意识。这一阶段可以引导"把孩子从对某些特定活动和结果的兴趣，转移到一般方案、安排模式或在各式各样行为中很一致的技术性技巧上来"❶。

第四阶段（青少年时期）。青少年时期一般也被划分两个时期：青春期，13～18岁；另一时期持续到24岁，基本上是建构终生习惯和生活关系的总体框架时期。青春期是个人兴趣、思想观念、行动刺激有极大的扩大的时期，也是个人扩大个人视野、形成世界观与价值观的重要时期。"它在感情困扰和焦虑中显现自己，总是伴随着习惯进程的破裂和改变习惯力量来适应新的环境。"❷青少年时期开始了更大范围世界的认识，个人的兴趣也从个体转变为对种族、社会的思考。在此时期，生活的进步与成长也变得有趣，它不再是一种动物或植物的生长，而是个体具有吸引力的生长本身。

第三，学校课程设计要以心理学维度为基础。杜威认为：教育即生

❶ 李业富：《经验的重构——杜威教育学与心理学》，340页，上海，华东师范大学出版社，2017。

❷ 同上书，341-342页。

活，教育是生活的过程，而不是将来生活的准备；学校即社会，学校应该呈现对于儿童来说是真实而生机勃勃的生活。在这样的一种观念指引下，学校是社会生活的一种形式，在学校里，能够最有效地培养儿童分享人类所积累的知识财富和为了社会发展目的而运用自己能力的一切手段，都应该被集中起来。学校不应该与家庭生活和社会生活相隔绝，而应继续儿童在家庭里已经熟悉的活动，将这些活动呈现给儿童，并且使儿童逐渐了解它们的意义，并在其中起着自己的作用。杜威认为这是一种心理学的需要，是儿童获得继续生长的唯一方法，也是学校所教授的新观念赋予旧经验的唯一方法。

杜威认为，课程的学习问题首先是一个心理学的问题。传统学校中课程问题在于课程设计是基于成人的心理而不是儿童的心理，用成年人已经成熟和发展的兴趣来代替孩子相对不成熟的和潜在的倾向，即成人意识替代儿童意识。因此，忽视儿童的视角，将成人视角的材料直接传递给儿童时，课程就成了不被理解的牵强的内容，内在的兴趣没有吸引力，对于儿童来说就会成为令人厌烦的内容。

在学校的教学过程中，课程设计所应遵循的原则是把学科看成一种个人经验的特殊模式，而不是作为一堆已经解决的事实和科学证实的内容。举例来说，地理对于一个孩子来说不可能等同于一个地理学家所理解的地理。因此，对于孩子的教学，不是一些既成事实的结果，而是来源于一些粗糙的经验。我们要从一个孩子的角度出发，看他的现有经验中，哪些包括了可称之为地理学的知识。因此，教学的起点不是教孩子学习地理的知识，而是让他明白地理是什么样的问题。

杜威也提出了课程顺序应该遵循的原则。首先，要把注意力集中在儿童身上，以儿童的心理发展规律为基础，找出在什么时期什么经验最适合儿童，并且还要努力找出这一时期儿童经验的特色是什么，为什么他的经验以这种形式而不是那种形式为外在表现。通过观察研究，找出儿童的实际兴趣所在，并把儿童的兴趣表现作为现象进行研究，通过孩子的活动了解他的经验水平。第二，这些心理现象提供了机会、线索时，更要具有一种问题意识，以此为导向去揭示其内在的关系，它们需要被解释。它们要在逻辑性和客观性教学内容的领域来帮助我们进行解释。比如，"通过观察代数和几何的发展体系，我们知道小孩计数和度量的兴趣所在"[1]。最后，要挑选和决定教学材料，并且使其适应儿童的学习过程。教学内容要从儿童发展的角度看儿童的现实经验，将内容变成各个

---

[1]　李业富：《经验的重构——杜威教育学与心理学》，44页。

个体的现实生活经验。教学的终极性问题是"以成熟自然发展的经验为中介的个体经验的重构"❶。对于教育而言，科学不是作为固定的事实或真理，而是作为一种经验的方法和态度被教授给学生。

第四，要正确地认识兴趣的概念和作用。在儿童学习过程中，对于"兴趣"现象的研究可以运用心理学的分析。"兴趣"与"努力"在教育领域引发了对立的辩论。持"兴趣论"观点的一方认为兴趣是注意力的唯一保障。如果在呈现事实和传递知识的时候能够保证兴趣，就能保证孩子们可以在兴趣的引导下接收和掌握它们。而"努力理论"认为，勉强注意应该优先于自我注意，因为我们的生活中充满了无趣却不得不做的事情。生活本身是严肃甚至是辛苦的，不可能是单纯的享受和个人兴趣的不断被满足的过程。杜威认为这两种观点都以片面的形式表达努力和兴趣的作用。

杜威指出"努力理论"存在的荒谬之处在于，它将练习和意志训练与某些外部活动及其结果等同起来。从生理学角度来看，一些儿童在展示被要求的结果的时候，实际上正在形成分散的注意力的习惯。如果外部的压力使孩子不能将自然力量投入他要做的工作中，他不能在工作中表达自己的意思，他就会集中注意力去处理所给定的任务以满足老师或家长的要求，用余下的心智去追随能够吸引他的意向。杜威同时也指出使客体和观念有趣的"兴趣论"也存在着客体和自我的隔离，单纯地使客体有趣，只能简单地满足儿童趋乐的需求。快乐有两种类型：一种是活动的附属品，这种类型的快乐存在于合理的兴趣中，不在意识中个别存在；另一种类型的快乐来自交往，来自外部的刺激，这种刺激引起的快乐是孤立的，是作为一种快乐独自存在的，不是活动的快乐。后一种快乐导致的结果也是精力分散。

在对两种片面的理论进行分析后，杜威提出"教育中真正的兴趣是自我通过行动对某个客体或者观念认同的伴随物，因为客体或观念有维持自我表现的需要"❷。从心理学的角度，我们要正确认识兴趣心理学的作用。兴趣心理学就是要重新思考兴趣与快乐、观念和努力之间的关系。在厘清兴趣的推动特征、客观特征和情绪特征的基础上，杜威也讨论了兴趣与欲望和努力之间的关系。他认为，欲望和努力是一种间接兴趣。只有当目的有些遥不可及的时候，欲望和努力才都存在。当使能量付出纯粹出于自身目的时，就不存在努力和欲望的问题。因此，在教育过程

❶ 李业富：《经验的重构——杜威教育学与心理学》，45 页。
❷ 同上书，160 页。

中，正常的努力是理想的自我实现的倾向，即转换为动机的努力，正常的兴趣和努力与自我表现过程是同一的。

第五，要把反思性思维作为教育的目的。杜威在晚期著作中，有一本重要的著作名为《我们如何思维：重述反思性思维与教育过程的关系》，这是一种对教育目的更进一步的探讨。杜威认为，一种较好的思维方式是反思性思维，这种思维方式能够对问题进行反复、严肃和持续不断的思考。反思性思维的作用在于当我们遇到未知的事物或暂时的困难障碍时，我们需要停顿一下，在暂停和不确定的状态中，去努力寻找某个立足点，并搜集使之成立的证据，从而判断这些事实之间的关系，解决遇到的困难和障碍。反思性思维的意义在于能够获得真正的思想，因此就必须坚持和延续疑虑的状态，以便能够促进彻底的探究。在未获得充足的可以下判断的理由的时候，就不轻易接受任何信念或断然的结论。

之所以要以反思性思维作为教育的目的，是因为思维的能力是被看作人同低等动物区别开来的机能，因而对于人类具有重要的意义。它能够使合理的行动具有自觉的意义，举例来说，动物遇到被雨淋的威胁，就会根据机体的直接刺激选择找到地方去避雨，而具有思维能力的人却可以根据对雨水的预测在农业活动中播种的最佳时机采取行动；思维也可能作出有系统的准备和发明，如在海上建造灯塔，提示人们小心发生事故。这推进了野蛮向文明的进化历程；思维也能够使事物更加充实。思维赋予有形的事物和对象非常不同的地位和价值。举例来说，对于一个没有经验的人来说，水仅是一种普通的液体，能够饮用和洗涤，但是对于另一个人来说，它是两种化学元素的化合物，这两种元素本身不是液体而是气体等。正因为思维有以上三种价值，这也形成了人类理性活动与纯依赖感觉和欲望支配的动物的生活方式之间的区别。反思性思维的力量使我们摆脱对本能、欲望和管理的奴性服从，同时也带来了错误的认识的机会和可能性，因此思维需要细心而周到的教育的指导，才能充分地实现它的机能。

三、对杜威的教育心理学理论的评价

杜威是一位博学多产的学者，他的研究涉及多个学科领域，因此，他具有广阔的视野，并能从很高的层面看到学科间的关系和有机联系。特别是关于他对教育心理学理论的杰出贡献世人都有目共睹。

一是深入分析了心理学与哲学、教育学之间的关系。在杜威所处的19世纪80年代，心理学是一个具有高度复杂性和竞争性的研究领域，英国和德国有许多著名的心理学家都贡献了重要的理论成果，如英国哲

学家、社会学家赫伯特·斯宾塞的进化论，德国心理学家威廉·冯特的实验心理学等。心理学领域吸收了哲学等领域的一些新概念，在研究方法上也不断推陈出新。在这样的时代背景下，年仅25岁的杜威发表了《新心理学》一文，这是一篇心理学的宣言，也标志着杜威心理学思想的初次登台，他通过对以往心理学理论的整理，对旧式心理学进行大胆批判。杜威看到了人的一生演变发展给心理学提供了丰富的素材，也清楚地意识到人的生命对于人来说是最复杂和最困难的问题。

作为哲学家的杜威具有一种立场，他认为哲学家必须持续关注各种社会问题，哲学在本质上是一种社会批评。在芝加哥大学工作期间，他担任哲学、教育学、心理学系的系主任。他认为心理学是一门建立在经验基础上的实验学科，它不再是哲学的一个分支。杜威对于心理学和哲学的关系提出了重要的观点，他提出了心理学应该成为哲学的方法，这具有积极的意义，能够抛弃自相矛盾的学理假设。同时他对心理学同哲学的关系做了进一步阐述，认为"存在着一个绝对的自我意识。研究绝对自我意识的科学是哲学。这个绝对自我意识展现在个体的认识过程和行为过程之间。研究这个展现过程的科学，是一门现象学，那就是心理学"。任何一个哲学体系最终都要退回事物本真的事实中。作为哲学方法的心理学能够明确呈现这个必然意义。

杜威认为教育从根本上是一个社会事务，教育学也首先是一门社会科学，因此，讨论心理学和教育学之间的关系也能够说明心理学和社会实践的关系、和生命本身的关系。心理学事业的发展提高了人们对个人的心理结构和生长法则的观察能力，心理学研究在教育中是绝对必要的。一方面，一切行为在根本上都是由各种与生俱来的本能和冲动产生的，要了解这些本能和冲动诉诸什么和依赖什么，就必须了解它们是什么，在儿童发展的各个阶段又代表什么；另一方面，伦理原则之所以还要用心理学语言加以阐述，是因为儿童为我们提供了实现道德理想唯一可以使用的手段或工具。

二是使教育学研究以心理学为基础，获得更加科学的方法基础。教育学是社会科学领域的一部分，是研究教育现象、教育问题和教育规律的一门科学。英国学者培根在《论科学的价值和发展》中首次将"教育学"作为一门独立的学科提出，德国心理学家和教育学家赫尔巴特被认为是现代教育学之父。作为一门社会科学，教育研究的中心问题是要围绕人来进行的。对于一门被冠以科学的学科来说，就必然要在其研究中运用科学的研究方法。现代意义上的"科学"概念是以近代自然科学的产生发展为基础的，自然科学又以实验科学为基础。因此，近代心理学、生理学的发展，为教育理论研究的科学化奠定了辩证唯物主义哲学和自然科学基础。杜威的教育心理学思想明显地体现了这样一个特点。

杜威最初的学术重点在于哲学，他首先看到了哲学与心理学之间的关系，并在心理学研究方面取得巨大成就。随着对教育问题的关注，杜威逐步构建起自己的教育思想体系，但他的教育研究是以心理学为基础的。心理学作为一门实证科学，具有科学的实验方法来进行对理论假设的验证。杜威认为，学校的教学实践活动就是以心理学为基础的，尤为重要的是，要以儿童心理为基础。心理学理论与现存教学实践之间之所以存在着明显的差异，是因为学校系统采用的是在成人心理学上十分重要的立场和方法。在杜威的教育研究活动中，最著名的教育心理学应用实践就是创办"实验学校"（即杜威学校）。

杜威把创办实验学校的过程表述为进行了一次教育学的实验，来验证他的教育理念。杜威与霍尔在教育思想上有诸多共同之处，他们的教育理论都是将进化论应用于儿童的教育，但是他们的最大不同之处就在于：霍尔的教育哲学的产生先于他关于理想学校的计划，而杜威则与其相反，他的教育哲学是与他在实验学校的教学工作有联系的，是在为建立一所理想学校所进行的各项试验中产生的。他在实验学校的教育中，根据心理学原理将学习生活分段来组织分班教学，并根据学生的心理发展特点，来编排和使用教材。杜威的实验学校有着丰富详实的记录，以《初等学校纪事》的形式进行发表，这些纪事详细记录了儿童的活动、表现。这些具体的实验活动为杜威的教育思想的形成奠定了科学的方法基础。

三是教育学与心理学的结合贯穿教育学研究的全过程，使教育心理学更加全面、完整。与其他关注教育问题的心理学家相比，杜威引导的教育学与心理学的结合，不是在教育研究的某一个方面、某一个问题或是儿童发展的某一个阶段，而是全面而深入的，贯穿了他的整个教育学研究的全过程。比如，韦克斯勒关注的是智力评价中的量表设计与使用问题，布鲁纳关注的是认知学习理论问题，斯滕伯格更加关注智力元素问题，而杜威对教育心理学的研究关注的是全方位的教育活动，因此他的教育心理学更显完整、深入。

他首先以关注儿童心理发展作为教育研究的起点，因为他意识到传统教育失败的一个根本原因在于以成人意识代替儿童意识。教育活动的主要对象是儿童，使处于成长过程中的儿童获得经验继续人类社会的繁衍和发展。如果不以儿童作为教育研究的重心，那么所有建构在其他重心上的理论和方法将是徒劳无功甚至是误入歧途的。进一步的研究中，他通过心理学的科学实验方法关注儿童的心理发展，将心理发展过程的规律进行阶段化的划分，并细致探究每一阶段的特点，在此基础上确立每一阶段应该给予哪些经验的传递和能力的培养。如果缺乏这样的阶段理论指导，教育中就可能出现过早开发智力的"拔苗助长"或是错过最佳时机的"贻误教育"。在课程设计方面，他更是旗帜鲜明地提出要以心理学为基础，关注课程的心理学维度。以课程为载体的教育活动在学校中的重要程度不言而喻，而传统学校中的最大问题也在于此。学生认为教师教授的内容是枯燥乏味的东西，是对其自身来说毫无意义的东西。这些从成人角度来看蕴含丰富内容、传递人类智慧经验的教材与课程对于学生来说却阻碍甚至扼杀了他们对学习的兴趣和主动性。这难道不是教育中的最大败笔吗？

除了对于学校教学过程的关注，杜威也关注到学习理论中的主动性因素——兴趣与努力的关系。他通过对两种片面的理论"片面兴趣论"和"片面努力论"的分析批判，提出了真正的兴趣概念和运用原则，这对学习认知理论是重要的贡献。最后，他前瞻性地看到了教育的目的不仅在于对已有经验的传递，更在于对未知领域的探索，毕竟通过教育，人类社会繁衍发展，去向更好的未来，因此，反思性思维是教育的最终目的。正是全过程、全方位地将心理学运用到教育研究的全过程中，使得杜威的教育心理学思想是一个系统的过程，发现了教育活动、要素的有机联系。

四是教育心理学的研究成果，使得教育改革有了更多科学的指导。杜威的教育思想对美国和世界的教育影响是深远的，他被称为西方教育思想大师，也被认为影响和推动了美国的教育改革运动，这一方面是由于他对传统教育的深刻批判，另一方面是由于他对教育革新的热情支持。他也曾被误认为是进步教育运动的领导者，但是实际上，杜威在对进步教育运动表现出支持和充分肯定的同时，对于进步教育家的一些极端观点和做法也进行了明确批评。杜威所构建的实用主义教育思想，是一种建立在心理学基础上的理性的成果。

在《民主主义与教育》一书中，杜威既有启发性地、批判地评论了他之前的一些教育学家，如柏拉图、亚里士多德、赫尔巴特的思想，也能明显地意识到同时代人在心理学、社会学和教育学上的发展问题。回顾美国的教育史，有很多都是一些特殊的团体，根据自己的利益和喜好，推行自己喜欢的教育改革方案。这样的教育改革仿佛成为不断试错的试验，这样的教育改革能为教育实践特别是教育理论提供什么样的贡献？杜威认为教育科学的进步，依赖于对观察所得材料的系统化积累，如何发现学习的动因？对这样的问题的回答是无止境的。要想实现进步，首先就要开始起步，旧教育是将成人的知识、方法和规则强加于儿童的身上，但不能完全否认成人的知识和技能对于未成年人的经验的指导价值，以及成人和未成年人之间的接触的意义，非此即彼的"新教育"理论是科学性的。杜威更认为，在传统学校存在着忽略儿童和成人之间心理区别的问题时，在这些意识已经牢牢控制着学校教学的现状下，除非非常重视这个心理学事实，否则就不可能有根本的改变。并且仅仅是教育界的领导者和理论家来关注教育改革问题是不够的，需要这些教育心理学成果被每一个教师真正理解，只有当他们能够真正理解改革的科学基础和必要性时，才能真正地完成这些改革。

杜威教育思想中的不足之处在于，他所生活的年代毕竟在一个半世纪前，他的教育思想既植根于当时的社会环境，也受制于当时的社会环境。随着自然科学和社会科学的发展，随着人类所经历的两次世界大战、冷战等一系列重大事件后的反思，杜威的教育思想也在被反思。第一，杜威的教育思想被认为是过于理想化的教育。他所认为的那种理想学校可能无法真正地存在。要实现这样的一种学校，一方面需要特别好的学生，另一方面需要特别好的老师。因此，这样的学校仿佛只有在教育实验中控制变量的条件下才能产生，而不具有广泛的适用意义。第二，杜威强调学校是社会生活的一部分，认为学校应当向学生提供一种扩大其日常生活经验与接触更广大的社会环境的机会。但是在强调学校与社会和家庭生活连续性的时候，却忽略了教育的另一个特殊功能——为学生展现新的前景。学校应该作为一种特殊的社会形式，为学生提供这样的一个场所，使学生能够运用智力，引导学生进入一个崭新的、未曾经历过的经验领域，使学生的思想中的自我意识转变成为思维活动中运用的信心。第三，杜威批判了以符号形式展现出来的知识，强调以经验为基础。但是经过感知觉的研究，人们发现经验并不是那么直接和纯净的。经验的获得也需要通过各种感官的过滤。课程要由所期待的东西构成，而这些东西又源于我们对于它们存在的形式和它们之间先后顺序的认识模式和思想观点。教育是面向未来的，今天我们也无法预知现在的儿童今后将生活在一个怎样的世界中。因此，教育更重要的是提供一种多方面的心理能力和竞争的潜能，学校所教授的内容应该让学生能连续不断地学习研究下去，直至使学生从深化了的理解中感受到心智的力量。

四、我们的认识与理解

第一，让教育回归教育本身。随着社会的进步和发展，人们越发重视教育的作用，教育作为社会民生领域的一项重要事业，被赋予了诸多的使命，如培养人才、增加国家竞争力、甚至是促进社会公平等，小到在一个家庭的层面，父母期望子女获得优质的教育从而取得事业的成功，能够幸福地生活；大到在国家民族的层面，政府期望发达的教育使国家变得强大，增强国家的竞争力和影响力。因此，教育受到广泛的关注，也被给予了很高的期待。在受到广泛重视的同时，教育也受到了来自各方的评价压力。不同的方面都对教育提出了要求，不同的方面也都分别从自己的角度去给出自己所对于好的教育的理解，与此同时，教育也遭到越来越多的批评，让所有人满意的教育是一个无法达到的目标。在这个时候，我们应该在什么样的认识上来谈如何对待教育的问题呢？

杜威的教育哲学中很重要的一个观点是教育无目的论，实际上他主要批判当时的各种教育目的论。杜威认为：教育即生活，教育除了本身没有其他的目的。如果教育背负了太多的不同的目的，那对于教育的评价就会各行其是，难以统一，教育也会如同一个被众人给出不同的建议的孩子般不知所措。杜威将适应社会需要视为教育的归宿，他所论证的是教育应该满足社会的要求，引导儿童生活生长和经验学习，从而使新生一代符合和满足社会的要求。杜威反复强调，学校应该为发扬民主精神而存在，为促进民众幸福而存在。这一点对于我们今天应如何看待教育、如何建立"去功利性"的教育目的具有重要的意义。

第二，对教育研究要采取合作方式。教育是社会领域的一个重要方面，教育学研究与其他学科有着更密切的关系。如教学的内容与自然科学、社会科学的进步发展密切相关，哲学思想和政治理论对教育理论的影响也是深切的。当教育科学作为一门独立学科出现后，很多人对其科学性质疑，人们质疑的主要点在于教育研究中的科学方法是什么？教育理论中的科学支撑是什么？现代科学始于近代的自然科学，是以实验科学为基础的科学体系。因此缺乏实证研究的方法也是教育不具有科学性的主要原因。

因此未来的教育学研究应该向两个方面改进：一方面是加强实证研究方法在教育研究中的应用，为教育研究提供更加科学的方法支撑。心理学无疑在教育研究中能够发挥更大的作用。杜威的教育思想就是基于心理学原理，并通过基于这些原理的教育实验进行验证的。这样的思想比起缺乏扎实基础的纯理论构造更具科学性和实践意义；另一方面是教育研究要更加广泛地借鉴各个学科领域的发展性成果，对于教育问题的研究不应局限在一个小的标签范围内，即认为仅有教育学家才可以研究教育问题，应该广泛吸取各学科的先进理论来充实丰富教育学理论。

第三，在社会转型时期坚持教育改革应以科学的理论为指导。在杜威所生活的年代，美国处于一个发展转折期，最早作为英国殖民地的美国在取得了独立战争的胜利后，开始了工业化进程。产业革命使工业生产和国际贸易飞速发展。第一次世界大战后，美国进入富强国家之列，第二次世界大战后，更成为超级大国。杜威93年的生命岁月，恰好处于美国由农业国跃居为工农业现代化强国的历史巨变时期。杜威高度关注中国问题，他对中国的关注仅次于他自己的国家。杜威在中国人民与帝国主义、封建主义抗争的历史时期到访过中国，中国教育在推动社会进步中所发挥的作用也进一步激发了杜威对于学术研究的热情。然而，当时的中国，尽管也处于一个转折和变革的时代，但尚在为民族独立而抗争的艰苦阶段，杜威的一些教育理论在当时尚不具备指导中国教育进行改革的社会环境。

当今的中国，同样处于一个重要的历史转折时期，我们已经完成了民族独立、建立新中国的使命，在新的历史机遇期，我们更加渴望实现中华民族伟大复兴的中国梦。在这样的一个时期，对于教育的改革呼声渐高，不论是基础领域减负、素质教育的改革，高等教育招生考试制度的改革，还是职业教育领域构建终身化学习社会的改革，都显示出改革已经成为中国教育发展中的关键词。今天，重读杜威的教育思想，更让我们感受到改革的必要性和方向性。教育的改革不是利益、喜好趋向的政策实验，而应该依据科学理论的指导，去回归教育的本质，重建以学生为中心的结构，重视发挥教师的作用，改革传统、僵硬的教学模式，面向未来去进行当下的教育改革。

第十八章 莫勒 ^❶

［印象小记］

莫勒（Hobart Mowrer，1907—1982），美国心理学家，主要从事学习理论的研究，提出了二因素学习理论，并运用统一的学习理论解释了心理分析现象。莫勒也是行为主义新赫尔学派的代表人物之一，对学习、语言、人际关系、心理治疗等领域的研究做出了巨大贡献。1953—1954年，任美国心理学会主席。此外，他还曾担任多家学术期刊的编委。他一生著作等身，著有《学习理论与行为》《学习理论与人格动力》《学习理论与符号加工》《心理治疗理论与研究》等 12 本专著和 200 多篇论文。这些著作对当代的心理学研究仍有一定的影响和借鉴意义。2002 年，莫勒被美国的《普通心理学评论》选入"20 世纪最著名的 100 位心理学家"，位列第 98 位。

❶ 本章作者：董妍，金东贤。

[名著选读]

二因素学习理论：第一版和第二版[1]

根据第二章的分析思路，我们现在已经对主动和被动的回避学习（avoidance learning）有了一个相对简单而自洽的解释。但是，这与我们理想中"统一且全面"的学习概念似乎仍相去甚远。抛开前章所关注的相当具体的问题，当我们把目光转向更广泛的问题时，眼前的画面实际上并没有清晰起来，反而是愈加模糊了。然而，情况也并非总是如此。在明确了主动和被动回避学习的问题后，这一领域还是发生了一些显著的变化，具有深远而重要的意义。我们现在所要特别关注的，就是其中的一些内容。

一、二因素理论：初版

"二因素学习理论"这一表述直至 1950 年才开始广泛应用。其实，这一理论在此前已经初具雏形，只是没有被这样统一命名而已。在前面的章节中，我们已经看到了巴甫洛夫和桑代克的系统性观点的深刻影响。虽然这些观点在形式属性上截然相反，但二者本质上究竟相斥还是互补，仍然悬而未决。对于这一问题，两种观点的提出者都倾向于认为是互斥的。例如，巴甫洛夫（1932）在一篇名为《生理学家对心理学家的答复》的论文中提到，条件作用是他理论建构的稳固基石。虽然巴甫洛夫反对把条件作用视为所有学习的模式，也不承认发现了学习的同源过程，但毫无疑问的是，他对这个概念非常重视。他说：

"条件反射的研究依赖于三个相同的反射理论：决定论、逐步、连续的分析以及整合的原则，结构的原则……因此，可以说，为研究人类大脑的高级分区（例如，大脑半球以及邻近皮质的功能，以及大脑皮质具有的最复杂的基本无条件反射）开辟了无限的可能性。"

同一篇文章里，巴甫洛夫也曾在少数几个段落中表达了对反应替代和试误学习的认可之意——但可以预见的是，他实际上是在试图展示这些学习现象是如何从条件作用原理中引发出来的（这将在第四部分进行讨论）。当然，他并不认为这些形式的学习与其熟知的条件作用过程是不同类或彼此独立的。然而，与此同时的桑代克（1931）则采取了截然不同的

---

[1] Mowrer O H, *Learning theory and behavior*, New York, John Wiley & Sons Inc., 1960, pp. 63-91.

立场。

承代克说：

"我必须承认，条件反射现象在很多方面对我而言还是个谜。虽然我并不知道它们和一般学习之间是什么样的关系，但我也不相信条件反射现象能够反映学习的基本模式或者最一般的原理。"(p. 113)

并且，他又写道(1932b)：

"刺激—反应现象不像一般学习那样普遍。一般来说，条件反射现象可能不是学习的原型……相反，它们似乎更像是一种特殊情况。"(p. 411)

有少数研究者倾向于认为，由于刺激替代和反应替代两种现象似乎都是存在的，且二者的生物学作用方式明显不同，因而自然存在两个截然不同、但又互补的学习过程。它们似乎各自分别运行。当然，对于为什么它们不能共同承担有机体适应的全部任务，也没有固定的理由解释。伍德沃斯(R. S. Woodworth)最早看到了这种区分的可能性。在第一章已经引用的一篇文章中，他探讨了这个问题：

如果一个刺激只与一个反应相联，一个反应只对应一个刺激，并且，一次总出现一个刺激，那么对于选择学习自不必赘述。但事实上，真实情况并非如此。同样的刺激可能已经与两个或多个反应联系在一起，而同样的行为也可能与两个或多个刺激联系在一起。呈现的情景总是复杂的，包含着许多能够刺激不同反应的元素(1981，p. 107)。

当一个反应开始联结一个(或者多于一个)新刺激时，我们显然有条件作用；当一个刺激联结到一个新反应时，我们有试误学习。因此，伍德沃斯认为，这两种行为塑造的形式是确乎存在的，并且是有重要功能意义的。他早期的合作者谢灵顿(C. S. Sherrington)也一定会支持他的这一观点——早在1906年，谢灵顿就对完成行为和预期行为进行了双重区分，这里的习惯形成与条件作用的概念有惊人的相似之处。

而后，在1935年，斯金纳(B. F. Skinner)在一篇题为《两类条件反射和伪模型》的论文中提出了两类行为的基本区别：基于效果律的行为和基于条件作用原理获得的行为。两年后，科诺尔斯基和米勒(Konorski & Miller，1937)表示他们基本同意斯金纳的这一区分。同年，施洛斯伯格(Schlosberg)也发表了一篇论文，开头如下：

"本文旨在区分两种类型的学习，即简单条件反射的学习和效果律的学习。"(p. 379)

1946年，塔特尔(Tuttle)在《两种学习》一文中提出，"大量且不断增加的数据有力而又一致地表明，存在两种截然不同的学习"(p. 267)，其中一种是巴甫洛夫的条件作用，另一种则是效果律。此后不久，考吉尔(Cowgill，1948)也表达了赞同，并指出，奥尔波特(F. H. Allport)早在 1924 年也强调了类似的观点。

因此，很显然，到 20 世纪中叶，心理学思想正朝着这样的观点发展，即巴甫洛夫和桑代克的观点都是正确的——在整体心理适应过程上，二者虽不同但又互补。然而，1943 年，赫尔(C. L. Hull)提出了对于这一问题的另一种有力的观点。为了对后来发展的二因素学习理论做出恰当的评价，这里我们需要先对赫尔的替代性概念(alternative conception)做一番了解。

二、赫尔对巴甫洛夫和桑代克观点的整合

桑代克后来发现，奖励可以加强 S-R 关系(刺激和反应的关系)，但惩罚不会削弱这种关系，这标志着他的思想达到了新的高度。这一观点在《学习的基本原理》(1932b)一书中得到了十分详尽的探讨。赫尔(1935)为这本书撰写了细致的书评，这本书显然也深刻地影响了他。从中他似乎想到，所有的学习都可能依赖于一个单一而唯一的强化过程，即，通过减少内驱力(奖励)提供强化，而这种假设可以归属于巴甫洛夫和桑代克学派。由于科学界对极简法则都很担忧，可以预料，由于巴甫洛夫和桑代克提出的理论都没能满足情境的需要，因而，赫尔的假设将试图实现两者的整合，并取代本章前一节所概述的二因素学习理论中所勾勒出的概念之间的松散联系。看一下，赫尔(1943)怎样完成了这项任务：

"由于目前有关选择性学习与条件反射学习之间的关系问题存在较大分歧，这里将把它们作为两种类型进行明确且较为详细的比较。为了便于比较，图 3-1 详细表征了卷入条件反射学习的动态因素，并平行地再现了选择性强化的过程。"(pp. 76-77)

在同一章的前文中，赫尔根据桑代克效果律的积极作用假设，如果一个有机体在驱力终止之前进行反应，正如图 18-1 所展示的那样，反应将和驱力有更牢固的联结，从而当驱力再次出现的时候，问题情境中的反应将会更迅速、更有力地发生。换句话说，这里假设生物体是这样被塑造的：解决问题(结束驱力)的反应会被固定，并在将来会更多地出现。这被假设为选择性学习或习惯形成的本质。

此外，图 18-1 还向我们展示了，同样种类的强化(如，驱力减小)怎样解释条件作用。如果某种刺激，如 $\dot{S}_c$ 和 $\dot{S}_c$，在 D-R_u 建立联结时，得到强化时呈现，那么，有理由认为同样的强化物(D 的终止)也可能会加强 $\dot{S}_c$ 和 $\dot{S}_c$ 与 R_u 的联结。换言之，有理由认为，如果终止驱力可以加强

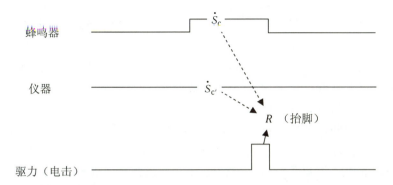

图 18-1　赫尔的图(略微进行了修改)。该图展示了如何解释选择性学习和条件作用。如果一个驱力(如提供一个电击),(小狗)产生一次反应,腿部弯曲,如果驱力在该反应发生不久后就停止了,则驱力与反应之间的联结(实心箭头)将加强(选择性学习)。同样可以推测,驱力减少产生也会产生强化,这将加强任何其他连续刺激($\dot{S}_c$ 和 $\dot{S}_{c'}$)和反应之间的联结。当后面这一联结变得足够强大以至于在电击之前发生反应,那么,"条件作用"就显而易见了

驱力和反应之间的联结,那么,此时也可以加强同时呈现的其他刺激与反应之间的联结。当后一种联结变得足够强大时,"条件反射"可能会出现。也就是说,在驱力呈现之前,单独的 $\dot{S}_c$ 或 $\dot{S}_{c'}$ 也会导致反应出现。这里的反应是一种"防御"或"预期"反应。

　　因此,我们可以说,在习惯形成或选择性(即桑代克式的)学习中,某些反应和刺激(驱力)之间形成(或加强)联结时,刺激(驱力)减少实际上提供了奖励或强化;而条件作用(即巴甫洛夫式学习)则是在相同(无条件)的反应和一些刺激之间形成联结,这些联结不会减少强化的状态。在早期的工作中,作者(1950a,p.89)提出,可以分别用"内生"和"寄生"两个术语来表示两种强化的形式。当然,赫尔的观点是用一种强化或同一种形式的强化来解释两种形式的学习,因此,他的理论通常被称为一元论。赫尔说:

　　最终,这些考虑表明,区分两种形式的学习(试误学习和条件作用)在本质上是肤浅的,因为它们并非在原理或规律上完全相异,而是同一种原理下不同的条件作用而已……在关键方面都是相同的——每种情况下的强化都包括消除驱力(电击的损伤或需要),以及驱力和驱力受体冲动之间的相关减少,一旦在时间上建立起联系,传入受体会立即放电并做出反应。当然,这完全符合前面提到的初级强化……巴甫洛夫的研究与强化律不同,他把 S_u(无条件刺激)的出现作为强化状态的关键,在上

述情形中，电击开始出现是关键。❶ 另一方面，根据我们的假设，强化的关键因素是要伴随需要的减少和驱力受体冲动的降低，即通过终止电击，让脚不再继续受伤……

很容易知道，将巴甫洛夫的公式作为一般的学习理论是不充分的……不难理解巴甫洛夫是如何犯下这样错误的。他的错误主要是其所用实验类型的局限性所致。(pp. 78-79)

赫尔用同样的原理解释了反应替代和刺激替代，图 18-2 能够清楚地描绘出这种范式。这个图与 18-1 类似，只是没有呈现具体的实验情境。此外，这里还将阐述两种可能的学习方式。虽然在处理初级驱力（下线）时是工具性的反应 R_i；但在联结开始建立时 R_i 出现很晚（请参见从驱力到 R_i 的虚线箭头）。但是，因为它是"正确的"，并会因驱力减少所不断强化，它会"前移"，并最终成为驱力出现之后的第一反应（参见从驱力到 R_i 的实线箭头）。在这里，最初与驱力联系更紧密的反应（没有在图上呈现）最终被另一个原本较弱的有效反应（R_i）趋势所替代。

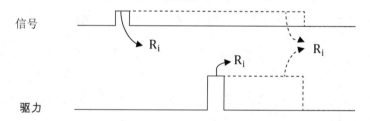

信号

R_i

R_i

R_i

驱力

图 18-2　图中展示了赫尔的一元（一因素）强化理论。这里假设，反应替代（下）和刺激替代（上）依赖于驱力降低；假设驱力的诱发或出现没有强化的属性

但是，（根据霍尔的理论）在进行这种试误学习或者反应替代时，R_i 也正与信号建立联系（参见从信号到反应的虚线箭头）；并且，当这种联结变强时，反应会再次"前移"，并最终开始在信号单独存在时就出现了（参见从信号到反应的实心箭头）。由此可见，条件作用，或者替代刺激，这种反应最初只能由驱力（无条件刺激）引发，而现在则"关联转移"（桑代克术语）到了一个新的、以前无效的刺激上（信号上）。但是 R_i 作为条件反应，仍然是"工具性有效的"。与其仅仅在受到电击之后终止驱动刺激，不如现在终止它，或者以其他方式使生物体为刺激做好准备（参见 Spence, 1951a, p. 262ff. ; Woodworth, 1958）。

---

❶ 在早期时候，尽管赫尔指出他所讨论的实验情境更像是 V. M. 别赫捷列夫（V. M. Bekhterev, 1913）通常采用的情况，但其他人仍然认为其符合巴甫洛夫（1927）的一般理论框架。

三、赫尔理论的固有难题

用一个相同的原理来解释看似不同的现象，这绝不是坏事。但是，这个理论面临的难题，有的不那么严重，有的则严重一些。这些难题是与惩罚问题密切相关的。这并不奇怪，在某种程度上，赫尔从来没有真正解决过惩罚这一问题。"惩罚"这一术语在他三本系统的著作中从来没有出现过，而且他似乎对此也没有探究的意思，好像也没有觉察到这个问题。

因此，让我们首先根据图 18-2 所示的赫尔基本理论示意图，来思考一下，对于反应相关而非独立刺激组成的驱力，假如信号在驱力出现之前发出，可能会发生什么？例如，假设有一只饥饿的小鼠做出了摄取食物的反应 R_{ih}，感到饥饿感下降；而这一反应及其感觉对应的后果是，随后它将受到电击，且这一电击会在第二个某种类型的工具性反应 R_{is} 之后终止。从经验上讲，我们知道，如果这个电击相对强烈，在这一过程重复两三次后，R_{ih} 就会得到抑制。然而，在霍尔的理论框架下，要怎么解释这种结果呢？

赫尔已经提出，只有在驱力降低的时候，学习才会发生（参见第四章第二部分）。在其引述的例子中，电击的出现并没有强化的意义（无论正性还是负性）；只有当电击消失的时候，学习才会发生，从而提供积极的强化。在这一思路下，可以预期，如果饥饿小鼠的摄取食物反应是在电击出现之前做出的，随后电击的出现和消失应当加强这一刺激反应联结，而不是减弱了这种联结。或者也可以推断，由于刺激与反应（R_{ih}）相关，并且这仅在电击终止前不久发生（见第十章），所以，R_{is} 反应应该对这些刺激产生了条件作用，因此，每当进行 R_{ih} 反应时，就相当于提示不要进行 R_{is} 反应。

当然，这两种推测的结果都与事实相反，而且似乎严重违背了赫尔的公式。我们知道，如果一个像 R_{ih} 这样的反应之后伴随一个强电击，这种反应将会被抑制而不是加强；并且，它的出现也并没有提示不进行 R_{is} 反应。可见，由赫尔理论得出的两个直接推论与经验相悖。然而，要记得，在前面的假设情境中，虽然 R_{ih} 反应可能使饥饿感有所减轻，但饥饿感仍是伴随电击出现和电击终止的一项持续刺激。因此，如果电击引发了 R_{is} 反应，这种反应（图 18-1 和图 18-2 所呈现的原理）将成为饥饿驱力的条件作用；并且，由于 R_{is} 反应与 R_{ih} 反应可能不相容，R_{is} 反应与饥饿驱力建立了联结就使得饥饿驱力引发 R_{ih} 反应的可能性大大减小。

赫尔系统 1943 年版本中的假设 16 具体指：

当两个或更多不相容反应的反应电位（SER）同时发生在同一个有机体上时，只有瞬时反应电位最大的反应才能发生。（Hull，1943，p. 344）❶

因此，鉴于上述情况，可以说"惩罚理论"隐含在赫尔的公式中。虽然这并非是专门用来处理惩罚问题的，但这样似乎是可行的，这值得称赞。然而，进一步的反思表明，这种对惩罚的解释只有在有限的、相当特殊的情况下才有效。换言之，这一解释可行的前提是，个体必须做出了能立刻且持续地终止"惩罚"（电击）刺激的某种反应。相反，假如刺激的持续时间是固定的，就意味着没有这样一种终止电击发生的 R_{is} 反应。因此，不会产生饥饿驱力的条件作用，从而不存在与 R_{ih} 反应的竞争。然而，由于这些原因，人们不会怀疑，电击并不会对 R_{ih} 反应有抑制作用。莫勒和维克（Mowrer & Viek，1948）报告的结果表明，从惩罚作用来看，固定时间的电击（不可控的）比那些只有特定反应出现才终止的电击是更有效的。因此，即便有如前假设的特定情境的特例，从赫尔的基本理论概念出发来解释惩罚的作用仍略显牵强，不能对惩罚做出全面的、令人满意的解释。不过，赫尔本人对于其体系能否处理惩罚问题似乎并不太看重。在1951年他与利文斯顿、鲁斯和巴克（Livingston, Rouse, & Barker）合作发表的文章中，赫尔实际上否认了只有一种强化的观点：

贝勒斯（Bellows）和瓦格宁（van Wagenen）记录了一个偶然观察，表明这个推论能够被证实。其中一条狗（一直被进行食道喂养的，不允许自己吃东西）停止了吃东西，并且"颞肌变得相当萎缩"。在这种联结关系中，狗偷偷地摄取食物通常会阻塞"上部狭窄的开口并引起干呕"。除了正常的营养强化失败之外，这种上瘘管堵塞可能会构成相当有效的惩罚。如果建议将负强化（惩罚）的操作与实验性剥夺（experimental extinction）区分开来，这将使解释变得更加复杂化。（pp. 243-244，斜体部分）

负强化的概念与赫尔体系的基本假设无关：赫尔体系认为所有的强化都是积极的（奖励，驱力减少）。并且，要想在赫尔的体系下对负强化进行清晰的表述，只能将其与反应抑制（疲劳）概念联系起来，而赫尔用后者来解释实验性的剥夺。因此，在刚刚引用的文章之后，我们看到：

在延长的假喂养期间，观察到的可能有关的现象是，实验中的狗经常表现出"强烈的神经颤动"（引自实验室记录），从进食疲劳来推测，这也是相当有可能的。再加上大量唾液的分泌，这似乎可能是导致停止进食的重要负面强化（惩罚）因素，我们暂时称之为"实验剥夺"。另一方面，

---

❶ 感谢约翰·D. 戴维斯博士提醒我，在当前语境中注意这个假设和它的意义。

莫勒-艾勒(Mowrer-Aliller)假说(赫尔，1943)认为，I_R 是基于疲劳的相关概念，并似于休眠。(p.244) ❶

　　然而，赫尔将条件反射和试误学习结合起来的这一尝试还存在另一个明显的缺陷。从图 18-2 可以看出，无论何时，他的理论能够起作用的条件是：与危险信号相关的反应，与伴随信号刺激产生的反应相同时才起作用。众所周知，在条件作用情境下，成为预期反应可能与所谓的"完美"或"无条件"反应完全不同。例如，如果一个人发现他的房子着火了，他最合适的反应可能是打电话给当地的消防部门。但是，在火被扑灭之后(甚至在没有着火的时候)，假设这个人害怕他的房子着火。我们现在期望他会做什么？按照赫尔的公式，我们会期望这个人打电话给消防局。但我们实际上可能所期望的是，这个人会去买保险，而这种反应与适合于火灾本身的反应有相当大的不同。

　　实验室研究中发现了很多无条件反应和条件反应之间明显不同的例证，这些并非偶然。至少有一项研究已经发表，这项研究为发现这种精细化的效果做出了贡献(Mowrer & Lamoreaux，1946)。让我们想象一下，一只小鼠在之前描述的那种梭子箱里面(第二章)。经过一段时间的自由探索后，蜂鸣器发出 5 秒的蜂鸣，随后施加电击，这时小鼠只要跑到盒子的另一边就可以免受电击。很快，当电击发生时，小鼠会迅速地跑到盒子的另外一端；几个回合后，没有蜂鸣声时，它也会有"逃避"行为。虽然，在这种情形下跑到盒子另一边已经可以界定为是解决电击问题的一种方法，但这并不能解决对蜂鸣声感到恐惧。这时，对后一个问题的正确反应或解决办法，是一种与跑非常不同的反应，即一跃而起。因此，当动物因对蜂鸣器产生恐惧而奔跑时，这种行为不会终止蜂鸣或者避免电击，蜂鸣器持续整整五秒钟，电击也同样存在，小鼠不得不再次奔跑以终止电击。

　　小鼠现在会变得烦躁不安，尤其是在电击之前、蜂鸣声持续的 5 秒时间里，会产生或多或少的"随机"反应。最后，当蜂鸣声响起时，小鼠

---

❶ 早些时候，在 1943 年，赫尔对此写得有些含糊：虽然赫尔承认"可能有一种以上的强化机制"的可能性，但是，他采取的立场是，驱力出现能够提供强化的证据(负面的)是微不足道、含糊不清的。因此，现在唯一可用的关键证据似乎支持驱力减少或终止假设(p.82)。"我们将继续积极的假设，需要(或者与其密切相关的受体反应)的终止是一种主要的强化因素，这似乎不容置疑。即使需要或相关的受体反应开始被证明具有真正强化的能力，行为的动态性使得它也不会有太多的适应价值"(p.83)。正如其他考虑一样，后者的论断表明，赫尔从来没有充分把这一问题的意义纳入他的系统里面。

很可能会跳起来。当这种情况发生时，蜂鸣器立即关闭，而电击也不再呈现。由此，跳跃的行为通过减少恐惧而得到强化，并且在随后的试验中随着电击次数的增加而发生。

很自然，动物更容易掌握一种学习情境，在这种学习情境中，逃避电击和逃避恐惧（避免电击）的反应相同。但是，只要多花一点时间和精力，小鼠也能学会做出一种反应来逃避电击本身，而以另一种完全不同的反应来逃避对电击的恐惧（参见 Keehn, 1959）。赫尔的体系不能解释这种类型的学习。那么，赫尔试图使所有的学习依赖于驱力减少或者终止电击，我们该如何评价呢？我们看到，虽然它能解释试误学习和某种形式的条件学习，但是，在理论上依然存在大多数与桑代克和巴甫洛夫的原始公式中相同的弱点。此外，在惩罚方面，赫尔的理论特别不充分。对此，这里只做了简单的描述，后面（第八章）我们将会有机会更详细地研究赫尔的工作。

四、巴甫洛夫努力推导的试误学习

正如前面两部分所讨论的，赫尔的整合桑代克和巴甫洛夫学习理论的尝试引起了广泛的关注，尽管存在明显的困难，但（至少相当长的一段时间里）大家的总体评价还是认可的。相比之下，巴甫洛夫在 1932 年尝试利用条件作用来解释试误学习，却几乎没有得到重视（至少在美国是这样的）。虽然，在后面几章将会追溯该理论的发展，但为了解决现在的问题，即使它在某些重要方面不完整甚至是有些晦涩难懂，也值得在这里介绍一下它。由于巴甫洛夫在试误学习方面的努力鲜为人知，并且它非常接近本书后面介绍的系统观点，因此，这里把他 1932 年论文中的有关原文段落引用如下：

在实验时，当我们正在研究一种远距离喂养动物的方法时，我们尝试了许多不同的方法。除此之外，狗的面前总有一个空的锅，上方有一根金属管与盛着干肉粉的容器相连。这个金属管通常用来在实验时为实验动物喂食。上面的容器与金属管的连接处有一个阀门，通过空气传递的方式，阀门会在适当的时候打开，一些肉末就会随之经由金属管落入锅中，并被动物吃掉。阀门没有固定的工作状态，如果金属管被外力摇动了，那么，一些肉末也会从容器中进入金属管内。很快，狗就学会了利用这一点，自己动手用力摇出肉末。当狗吃掉喂给它的那部分食物时，管子几乎不停地抖动，这样一来它就撞到了管子上。当然，这正是训练狗伸出爪子的过程。在我们的实验工作中，条件作用已经完成了教学过程，但是，这里人变成了条件作用的一部分。在后一种情况下，"爪""伸出"等词语，包括来自抬起爪子的接触中的皮肤刺激，伴随爪子抬起的运动感觉刺激，以及训练者的视觉刺激，都是和食物介于不开的，也就是说，无条件的食物刺激是必须的。与被引用的例子完全相同：震动管道的噪音，与管道接触的皮肤刺激，在推挤管道时的动觉刺激，以及最后看到管道——所有这些都与进食的动作有相似的联结，并与脑中进食中心的兴奋联系在一起。这当然是通过同时联想的原理发生的，从而表现出了条件反射。此外，这里还出现了另外两个明显的生理学现象：首先，在这种情况下，明确的动觉刺激可能通过条件作用的发生部位(中枢神经系统的下部是无条件作用的发生部位)与那些运动的执行或产生这些运动的活动联系起来。其次，当两个中枢神经系统相连时，神经冲动开始出现，并进行双向传导。如果我们承认神经系统所有部位的神经冲动都是单向传导的绝对法则，那么在引用的例子中，我们必须假设在这些中枢神经中心之间有相反方向的其他连接，即承认存在连接它们的其他神经元。当抬起爪子给予食物时，刺激无疑会从动觉中枢传递到进食中枢。但是，当这种联系建立起来之后，狗会在食物的诱惑下自己伸出爪子，显然，这里刺激传导的方向是相反的。我无法以其他的方式来解释这一事实。(Pavlov, 1932, pp. 123-124)

尽管引文中涉及神经传导的部分现在看来存在一些问题，但上述引文仍有许多值得关注的地方。首先，它明确提出了一个被桑代克(和赫尔)严重忽略的现象：本体感觉和其他形式的刺激，通常与习得的反应(如习惯)发生关联。在第二章中，我们已经看到，反应相关的刺激在惩罚中的作用是多么重要；而且，正如后面章节所呈现的，反应相关的刺激在"积极"学习中起着同样重要的作用。巴甫洛夫清楚地预见了这种观点，但是，在四分之一个世纪之后，在这一观点没有被全部认可之前，许多其他事件需要为人所熟知。因此，在注意到巴甫洛夫这篇具有历史意义的论文之后，我们再次沿着历史的脉络，提出了二因素学习理论的第二个版本。

五、二因素学习理论：第二版

本章第一节所引述的那些作者，首次采用了二因素学习的立场，对桑代克和巴甫洛夫提出的基本概念没有相对尖锐的批判。反应替代和刺激替代这两个概念，可以说是并列存在的，可以根据场景的需要来解释一种学习或另一种学习。然而，正如第一章和第二章所指出的，这两种类型的理论都存在明显的弱点，甚至在其各自专长的领域内也是如此；并且越来越明显的是，即使两个理论结合在一起，它们也不能完全令人满意的，需要进一步修改。这个困难的症结在于，巴甫洛夫和桑代克都没有充分考虑到恐惧这一现象。他们在试图彻底"客观"时，忽略了行为动力学这一重要方面，他们的理论也因而受到了影响。因此，本文作者在 1947 年的一篇文章《论学习的双重性——对"条件作用"和"问题解决"的重新解释》中，曾根据许多其他研究者提出的论据和论点尝试表明，这两种理论必须怎样修正才能真正兼容和有效互补。

有关早期分析，这里不再给出细节；其主要结果可以总结如下：

1. 把外显行为说成基于直接的条件作用而习得的，是不现实和不准确的(除了一些不重要的例外情况)。只有情绪(特别是恐惧)能够通过条件作用的原理附加到新的刺激上，然后，才可以把它们作为"干预变量"进行操作。❶

2. 桑代克对习惯形成的分析(与消除或惩罚习惯相反)基本上是合理的，但需要以下述方式加以扩展。桑代克将他的研究局限于这样的情境，即被试的动机是饥饿、口渴和其他类似初级或"新陈代谢般的"驱力。现在很清楚的是，有机体在受到后天获得的次级驱力(如恐惧)的激励时，同样可以引发试误学习。

因此，可以把条件学习和试误学习两种截然不同的学习形式重新定义为符号学习和问题解决学习。可以通过以下方式对其做进一步的区分。

1. 问题解决学习发生在驱力减少、问题得到解决时；而符号学习发生在中性刺激伴随驱力诱发或驱力启动时。

2. 问题解决学习以中枢神经系统为中介；符号学习以自主神经系统为中介。

3. 问题解决学习主要有骨骼肌参与其中，符号学习主要有腺体、平滑肌参与其中。

4. 问题解决学习主要涉及自主反应(行为)；符号学习主要涉及非自主反应(情绪)。

大多数的学习情况都很复杂，只有将这两种学习形式都考虑进去才能理解。主动回避学习就是一个很好的例子。首先发生的是符号学习，由此，恐惧变成了对先前中性刺激或符号的条件作用；然后，有机体被这种次级驱力所激发，出现试误行为，找到了解决恐惧问题的行为解决方案。因此，当行为主义仅限于简单的、一步的 S-R 公式时，我们有必

---

❶ 这里提到的例外是所谓的短潜伏期(骨骼肌)反射，如眨眼和膝跳反射。它们的出现可以是直接的条件作用，但是，它们肯定不能代表或者典型地反映一般行为的反射。我们特别关注的是后者。

要最低限度地提出一个两步的、两个阶段的公式：S-r：s-R。其中，S 是危险信号，r 是习惯于它的常见的反应，s 是恐惧，即体验到的驱动力，s 引起(学习之后的)反应 R。这样，对 S 的反应，即 r(内部反应)成了 R 的即时刺激。米勒和多拉德(1941)经常将恐惧作为反应产生的驱力。恐惧首先是一种反应，但它是一种不愉快的"痛苦"反应，因此，具有动机性质。

这并非是说，纯粹的条件作用和纯粹的问题解决学习不可能在某种情况下单独发生。第二版二因素观点只是认为，二者都是解释行为改变的某些常见例证所必需的；并且，二者即使不是并驾齐驱，也一定是首尾相接出现的。❶

这两个学习过程的概念可以总结如下。

综上所述，我们看到，我们设想的二因素学习理论有很多丰富的证据来源。这一理论提出了通常使用"条件作用"时的先决条件，以及拓展了传统"奖赏"学习的概念。如我们所见，"条件作用"一词经常被误用，指生物体对具有"信号价值"的刺激做出的任何骨骼的或内脏的、即时的或延迟的反应。正如我们所见，对于科学研究目的来说，这个用法太宽泛了。现在看来，最好用"条件作用"来形容那种有情绪反应(内脏和血管)的学习类型。相比之下，奖励性学习以前主要用于那些未经学习的生物驱力，如饥饿、口渴、疼痛等引发的动机或"问题"。现在很清楚的是，必须将奖励学习加以扩展，包括习得的驱动力所引发的动机或"问题"，如恐惧情绪或食欲。许多涉及骨骼肌组织的反应，以前被称为"条件反应"；然而在这一理论中，它们根本不是条件反应。只有那些涉及内脏和血管组织的，主观上作为情感体验的反应才被认为是条件反应。如果情绪或次级驱力导致骨骼肌组织被激活，并且这种活动导致次级驱力减少，那么这样获得的外显反应在这里就可以理解为奖励性学习而不是条件作用的例子了(Mowrer，1947，p.121)。

六、对两因素观点的进一步阐述及其意义

到 21 世纪中叶，关于恐惧依附于先前的中性刺激的情况以及恐惧在激励和抑制行为方面所起作用的方式，人们已有很多了解。因此，系统的学习理论必须考虑这些知识。在本章的前几节中，可以看到其后果是多方面的，而且影响深远。一方面，这种将恐惧既作为学习结果又作为

---

❶ 相反观点的实验证据是，情绪和行为对危险信号的反应是同时学习和发生的，见 Dykman，Ganntt，和 Whitehorn(1956)，但是也可以参见 Gantt(1949，pp. 49-50)。

学习原因的认识，敲响了早期行为主义的丧钟。在 19 世纪的大部分时间里，心理学家都专注于意识现象，他们主要的研究方法是"内省"或者"向内看"。如果我们用字母 O 来表示有机体，这些早期研究者的主要兴趣对象可以用字母 c 来表示，c 位于字母 O 的中心。但是，行为主义改变了这一切，开创了博林(Boring，1946)所谓的"空有机体"时代。换言之，O 没有了 c——事实上，甚至 O 也通常被省略。并且，行为经常被简单地视为刺激和反应。总之，O 消失了，S-R 取代了它的位置。但是，当人们谈论恐惧时，必然要重新关注这个有机体，也确实需要恢复一些传统上与意识概念相关的内部功能。

1953 年，本书作者对这些变化做了如下介绍：

1952 年夏天，在为《教育研究》杂志撰写一篇有关当代学习理论评论时，我突然想到，我以前认为条件作用，或信号学习、习惯形成，或问题解决学习，它们本质上是平行的过程；然而，实际上它们是连续的。米勒(1948a)、布朗(Brown)和雅各布(Jacobs)的工作已经表明，如果先前的中性刺激或信号能够通过条件反射引发次级驱力(如恐惧)，那么后者可以作为试误学习或工具性学习的基础。然而，以前几乎没有人把这两种形式的学习放在一个首尾相接的框架中，而且可见，当一个人这样做的时候，他其实正在复原行为主义者先前驳斥的观点，即生物有机体有一些内部功能。

在用于表示条件学习和习惯形成的常规图示中，通常用各种 S′s 和 R′s 表示有机体内外部的刺激与反应，但是，它们之间的"联结"经常是用非常细的线表示。伍德沃斯(Woodworth)在 1921 年提出，这可能使得科学的抽象化太遥不可及了，他冒险地将有机体"O"插在了刺激和反应之间，也就是我们现在熟悉的公式 S-O-R。麦克杜格尔(McDougall，1938)有类似的提议，R. B. 卡特尔(R. B. Cattell，1950)也提出了简单代数表达式 R＝f(S)至少需要细化为 R＝f(S＋O)才行。当然，精神分析学家们多年来一直在谈论生物体内发生的各种有趣的事情，但是学院派心理学家一旦完全反对意识概念，就不愿意再承认它或任何类似的东西。但是，对于图 3-3 中所示的两步法的概念，许多当代心理学家也会心悦诚服，这与符号学习和解决问题学习的一步法概念有所不同，它对学习概念而言是更综合的一种考虑。(Mowrer，1953b，pp. 164-165)

图 18-3 中采用了特殊的符号和示意图，以使他们分别与本文中用于表示替代刺激和反应刺激的其他图中所使用的符号和示意图相一致。但是，这里也有必要举一个例子来说明图 18-3 是如何在实践中发挥作用的，这种例子会让这个两步法的学习理论更易于理解。想象一下，一只

小鼠在非常饥饿(s)的情况下，学会了通过做出反应 R_1 来获得食物。现在，让我们假设小鼠已经因为做出了这中动作，受到了电击(S_1)的惩罚。S_1 产生了恐惧反应 r，由于反应 R_x 无论何时发生都会引发动觉和其他刺激，这些刺激(S_2)成了恐惧反应 r 的条件作用。结果是，R_1 将被抑制，R_2、R_3 或其他一些同样可以满足饥饿(但不会引起电击)的反应将替代它。在这里，一个简单的试误学习的例子让我们看到，条件作用或刺激替代也发挥着不可或缺的作用。

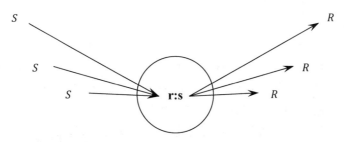

图 18-3 条件作用与试误学习将首尾相接，从而提供了一个更完整、更现实的行为理论

稍后，这种相同类型的关系将以更清晰的其他术语进行展示。两种学习形式在二因素理论的第一版中是平行的或是独立的，而在第二版中是有顺序的和相互依存的。现在，显而易见后者的图示化复原了有机体，并恢复了对内部和外部刺激—反应事件的兴趣。

七、二因素立场的实证支持

对两因素学习概念持保留意见的，主要来自赫尔的追随者。他们与赫尔都认为，实际上只存在一种学习或强化过程，并且该过程仅由驱力降低来激活，或者依赖于驱力降低。要与此理论相一致，就会得到一个稍微矛盾的观点，即恐惧也是在驱力降低或奖励的基础上习得的。在1950 年举行的学习理论"多进程"研讨会上，米勒直截了当地提出了这个问题：

为了一贯坚持强化的驱力减少理论，人们被迫假设，学会对痛苦事件产生恐惧的强化，不是痛苦的开始，而是痛苦的减少。这似乎与所有的合理性存在直接矛盾……我同意驱力减少原理的应用也违背了常识，并且我每次被迫去做的时候也感到不舒服。曾经在很长一段时间内，常识被检验的时候，经常被证明是错误的；然而，一个完全不合理的假设，比如光线被重力压弯，或者一块轻的石头像重的石头一样落下，结果都被证明是正确的。这就是顽固地坚持确凿的实验证据的原因。（Miller,

1951a，p.375）

　　同时，许多研究也提供了新的支持，认为恐惧是基于强化递增而非强化递减来习得的。让我们来看以下由莫勒和艾肯（Mowrer & Aiken，1954）进行的实验。初步观察表明，如果饥饿的小鼠首先学会按下斯金纳棒作为获取食物颗粒的方法，并且如果按下棒的动作会引起音调刺激（先前已经与电击进行了配对）发生，则由按下该棒所产生的抑制（次级惩罚）实际上是一个非常敏感的指标。这一指标可以表明音调已经在何种程度上具备了唤起恐惧的作用。图18-4呈现了几只大鼠暴露于音调和电击中的各种时间先后关系。如果恐惧条件取决于电击发生时的情况，那么应该期望最好的学习发生在音调出现后即刻产生电击的那一组中。另一方面，如果恐惧条件的作用依赖于电击停止时的情况，那么可以期望，学习效果最好的是电击结束前音调出现的那一组。如图18-5所示，前者而非后者的预测得到了证实：对于抑制按压金属棒获取食物来说，音调与电击发生配对出现比音调与电击终止配对出现更为有效。

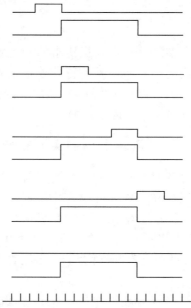

　　图18-4　莫勒和艾肯实验（1954，p.28）中条件刺激（CS）和无条件刺激（UnCS）的五种不同排列方式的示意图。在CS第五组中，条件刺激（闪光）与无条件刺激（电击）没有直接联系，而是在UnCS终止2分钟后单独呈现

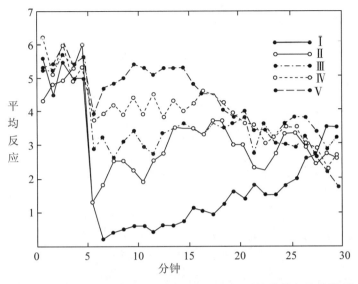

图 18-5　大鼠在饥饿动机驱动下压杆反应抑制的曲线。这种抑制是由刺激产生的，刺激以图 18-4 所示的各种方式与电击结合。如图中第一组曲线所示，刺激与电击发生相关联是最有效的抑制剂（二级惩罚）

　　在相关的实验中，莫勒和所罗门（Mowrer & Solomon，1954）曾经尝试以略微不同的方式来解决相同的问题。众所周知（参见第十章），如果强化紧随刺激之后出现，其条件作用效果要比强化延迟的效果好。此外，赫尔认为驱力快速减少比驱力渐进减少导致的强化更为有效。因此，如图 18-6 所示，这由随音调刺激即刻呈现的不同持续时间的电击和不同终止频率的电击所决定。就恐惧的条件作用而言，如果强化事件是信号与电击的结合，人们会期望在四种情况下学习情况大致相同，因为信号与电击开始的关系始终是恒定的。另一方面，如果恐惧条件的作用依赖于电击终止，人们将会期望最好的学习发生在程序 I 中，而在其他三个程序中的条件作用较差，其学习效果也会更差一些。其原因是，在程序 II 中驱力终止的时间较长，程序 III 和程序 IV 驱力减少是逐渐的而不是快速发生的。

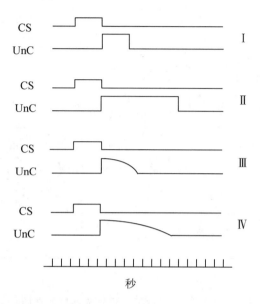

图 18-6　莫勒和所罗门（Mowrer & Solomon，1954，p. 19）实验中采用的四种不同形式的无条件刺激（电击）示意图。如图所示，条件刺激是持续 3 秒的闪烁光，随后每组被试（大鼠）会受到一个不同持续时间和不同形式的电击

　　当测试恐惧条件作用的效果时（使用艾肯实验描述的过程），会得到图 18-7 的结果。它们与恐惧条件作用的驱力减少理论所预测的结果恰好相反：程序Ⅰ不会有最大量的条件作用效果（因为距离越近，驱力降低的曲线越陡峭），而是会导致稍微不那么有效的条件作用（在 0.10 的置信水平上是可靠的）。

　　如果认为恐惧条件作用依赖于信号与电击发生而不是与电击终止的结合，那么，这种信念会让我们期望所有四个实验程序具有相同的条件作用效果。就程序Ⅱ、Ⅲ和Ⅳ而言，这一预言被很好地证实了。但是，正如我们所看到的，程序Ⅰ比其他三个过程会逊色一些。重新审视图 18-6 可以给出一个可能的解释。让我们假定，在所有四种条件下，由于信号—电击开始的关系具有稳定性，因此习得恐惧的程度也会相同。但是，信号之后电击快速随即终止。因此，除了恐惧之外，它在某种程度上可能意味着"脱离"或"希望"。在什么情况下，对"脱离"或"逃避"电击的预期最为强烈？显然是在程序Ⅰ中，驱力降低的发生比较快速和突然。在相反的条件作用程序中，驱力降低可能被期望抵消掉由信号引起的恐惧；并且由于"希望"这一元素（见后面的章节）在程序Ⅰ中最为强烈，因此，在程序Ⅰ中恐惧元素（可能在所有的四个程序中都是恒定的）的净效应最

小。这种推论与图 18-7 所示的结论是一致的。❶

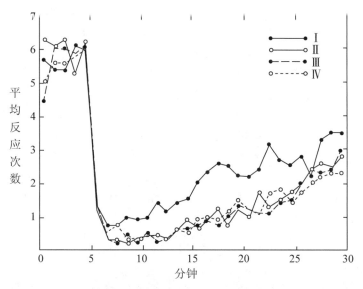

图 18-7　图中曲线展示了饥饿大鼠抑制按压杠杆的行为。与图 18-6 一致，这些行为是由与各种形式的电击相关联的刺激引发的。在Ⅱ、Ⅲ和Ⅳ组中，大鼠出现的抑制行为几乎相同，这三组与第一组有差异，虽然这可能代表了真正的变化趋势（见正文），但是在统计学上没有显著差异

八、关于二因素立场的更多证据

　　有人指出，对恐惧习得来说，电击出现可能是一个特定的强化事件，因为电击的出现可能随后即刻就是主观上疼痛的减轻，虽然电击本身的强度是保持不变的。米勒和多拉德（Miller & Dollard）对这种可能性做了如下描述。

　　传导神经反应的电位记录表明，新刺激的突然出现首先会在感觉器官产生强烈的神经冲动，这种神经冲动的强度会迅速降低，直到神经冲动达到一种平稳的状态（Adrian，1928，pp. 67，116）。这种缓冲被称为适应。根据前述原理，如果神经冲动强度降低得足够多（可能发生在相对强烈的神经冲动突然出现之后），则这种刺激强度的降低可以作为任何与刺激相关的行为反应的一种奖赏。精巧的实验可能揭示了一种机制，能够

---

❶ 图 18-7 所示，结果合理性的本质可以用另一种方式来解读。假设你是小鼠，你代入情境想一想："伴随警告的信号，我最害怕或最不害怕的电击是哪一种模式？"程序Ⅰ的电击形式将会被选择。

解释某些表面上看似不遵循驱力降低理论奖赏原则的学习实例。(1941，p.35)

最近，戴维茨（Davitz，1955）设计了一个巧妙的实验来检验上述假设。戴维茨对一组大鼠施加了一个逐渐增强又突然消失的电击，并呈现一个与电击类似，逐渐增强的闪光刺激，而另外一组大鼠，则在电击前呈现闪光刺激，并在其强度达到顶峰时突然终止闪光刺激。由于电击增加得非常缓慢，它似乎不太可能产生任何形式的阿德里安效应（Adrian effect），人们发现，与电击相关的刺激虽然是缓慢出现的，但是引发的恐惧却更多（如同在一个标准测试情境下自由探索行为的抑制更多）（图18-8）。基于共同经验的基础（以及本书后面将要讨论的原理），如果刺激在减轻疼痛（电击引起的）之前出现比刺激出现在电击刚开始时更令人恐惧的话，这将非常值得关注。

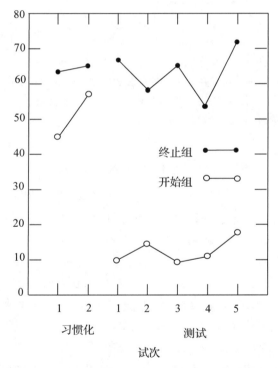

图 18-8　图中展示的是戴维茨（1955，p.153）报告的"旷场"实验结果。在一组被试（大鼠）中，周期性地呈现与逐渐增强的电击相关联的刺激（开始）；在另一组中，刺激与突然的电击终止相关联（结束组）。前者在抑制探索性的行为方面更为有效，从而有更大的恐惧条件作用

关于这个实验，戴维茨自己的一些观察结果如下：

本研究的目的是确定条件刺激(CS)在电击结束时出现是否比在电击开始时中现引先更大的恐惧效果。

赫尔(1943)提出了一个驱力减少的假设来解释恐惧的学习。在次级动机的讨论中，他认为，刺激获得次级驱力(形成恐惧)的作用与"初级或次级驱力诱发"和驱力的"突然减少"有关(p.6)。这表明，线索和恐惧反应之间的联系可以被随后的疼痛减少强化。驱力的"突然较少"或驱力降低是强化的必要条件；并且，根据赫尔的强化梯度概念，与驱力降低发生时间越接近的线索，强化作用越大。如果开始电击会增加驱力，结束电击会降低驱力，在电击结束时呈现的线索将比在电击开始时的线索在时间上更为接近驱力的降低。因此，驱力降低假设表明，相较于位于电击开始时的条件刺激，位于电击结束时的条件刺激具有更大的恐惧效应。

与驱力减少理论相反，莫勒(1950a)提出，线索具有引发恐惧的作用是驱力诱发的后续结果。在这种情况下，强化会增加疼痛而非减少疼痛。因此，驱力诱发假设表明，相比于位于电击结束时的刺激，位于电击开始时的条件刺激能够诱发更大的恐惧。

在简要介绍了先前提到的莫勒和艾肯的研究后，戴维茨写道：

"然而，米勒(Miller, 1951a)提出了另外两种可能导致驱力减少的来源(不含电击关闭的情况)：(a)动物在电击开始后很快从电网中跳下而暂时脱离电击；(b)在电击开始时的早期神经冲动爆发后，传导神经的快速适应和随后的疼痛减轻(即阿德里安效应)。这样，在莫勒和艾肯的实验中，位于电击开始时的条件刺激可能与驱力降低的其中一个来源相连，且实验结果可以由驱力降低假设来解释。

"本研究的目的是尽量减少暂时逃离电网和适应的效应，以检验电击结束时驱力减少的主要来源。为了减少临时逃离电网的可能性，在训练期间，被试(大鼠)被放置在一个倒置的小盒子里，以防止它从电网上跳下来。为了减少适应的影响，逐渐增加强度的电击会持续5秒。虽然动物可能会适应一个水平的电击强度，但是似乎有理由假设，随着强度的稳步增加，适应能力会最小化(p.152)。"

这两项实验的结果已经被报告过了，而且，它们也看起来似乎证据确凿。尽管如此，戴维茨在解释时提出了两个需要注意的问题。

在本实验中，对驱力减少的两个可能来源——临时逃离和适应，进行了最小化处理；因此，在此基础上构建的驱力减少假设与数据是相互矛盾的。然而，在实验中还发现了另一种因素。在电击的最后5秒钟里，被试表现出了异常活跃且明显杂乱无章的活动。在某种意义上，结束组的被试可能因为电击加剧了疼痛，而没有注意到条件刺激的出现。因此，在电击结束时恐惧条件刺激的习得可能会被弱化，这可能是由于被试在电击结束时处于强驱力的条件下未能习得条件刺激。本研究中使用的特定行为测量也需要进一步考虑。在先前恐惧的研究中，保持不动直接与逃离或者逃避的行为类型相对。虽然可以假设，行为抑制下的"恐惧"在本质上与逃离或者避免行为是相同的，但这一假设仍需经过实验的检验。(p. 154)

不过，戴维茨在总结中也写道：

尽管存在上述考虑，但本实验的结果还是和先前莫勒和艾肯(1954)的实验结果相一致，即驱力诱发假设似乎是最合适的解释。这一假设表明，一个线索具有了恐惧的价值是驱力增加的后续结果，而恐惧的强化是驱力诱发的作用。(pp. 154-155)

同样地，科波克和钱伯斯(Coppock & Chambers，1951)，彼特曼、里德和克劳斯科夫(Betterman，Reed，Krauskopf，1952)报告的结果也支持了这一观点，即恐惧习得取决于驱力的增加而非减少。然而，也有其他学者报告了相反的结果，特别是苏利文(Sullivan，1950)、泽曼和魏格纳(Zeaman & Wegner，1954)。因此，对这一问题现在就盖棺定论还为时尚早。不过，我们似乎仍可以继续放心地假设常识是正确的，即在这一特定情境下，恐惧习得是基于驱力增加而非驱力减少的。❶ 与此同时，由于在其他学习(普通的试误学习)的实例中驱力降低也是强化物，因此，

---

❶ 从前述可见，证据已经非常清楚了。在本文引用的泽曼和魏格纳的研究中，曾以这句话作为结尾："结果支持这种观点即这种自主调节反应(心率)的条件作用机制是驱力降低。"(p. 354)然而，魏格纳和泽曼(1958)对这个问题的处理方式却正好相反。他们说："例如，N. E. 米勒曾说过，根据严格的强化的驱力降低理论……其他条件相同时，一个信号伴随一个短暂的有害刺激应该比一个信号伴随一个长期的有害刺激能引起更强烈的恐惧。"(Miller，1951a，p. 375)他们得出结论："尽管在被试、程序和诱发恐惧的方法上存在很大差异，但是莫勒和所罗门研究的结果与我们自己的发现一致……米勒的理论陈述与我们自己数据之间的差异不能轻易归因于缺乏对电击强度的控制。"(p. 240)"得出的结论是，在条件作用下，这一主张不正确或不可检验"(p. 241)。米勒本人最近表示(1959)，他现在"没有完全认可驱力—刺激—降低假设"(p. 256)；并且，他以特有的直率补充道："我借此机会敦促人们尝试制定并严格测试相互竞争的假设，如果时间允许，我甚至可能亲自参与这一活动。"(p. 257)斯彭斯(1956)，作为一名赫尔理论的典型代表，对整个强化问题采取了完全不同的立场(参见第八章)。因此，可以说赫尔提出的驱力降低的一元理论，以及它本身提出的学习条件，实际上已经失败了。

在刚才这些证据的基础上，本章前面所描述的二因素理论对人们来说具有非常强烈的吸引力。然而，尽管有许多吸引人的地方和优势，但是，双过程或者二因素，甚至这里的学习概念也并不能令人完全满意。在最近几年里，有时研究者已经感到并表达了对"习惯"这一概念的不满，而这一概念在最初的二因素模型中是默认存在的（Mowrer，1953a，1956）。此外，"次级强化"现象在过去十年或二十年的实验文献中越来越突出，即使在二因素学习理论第二版中也不能完全解释这一联结，虽然其中有一些联结已经被报告并得到了充分的证实。因此，在下一章中，我们将具体考虑二次强化的问题，进而对"习惯"做出新的解释，并进一步改进二因素理论。

九、本章总结

回顾过去，我们可能会说，二因素学习理论第一版之所以会出现，是因为人们普遍认为，无论是桑代克的效果率还是巴甫洛夫—别赫捷列夫条件反射作用的概念，单独而言，都不能成为学习的一般化范例。但综合起来，赫尔提出了这样一种观点：驱力降低（奖赏）只解释了一种类型的学习（强化）；基于这个前提，他试图用它来解释试误学习和条件作用。然而，赫尔的理论，像巴甫洛夫和桑代克的理论一样，仍然不能充分解释所有被动和主动回避学习的所有事实，所以需要继续寻找一个充分性和包容性更高的概念。二因素学习理论的第二版，像第一版一样，假设条件作用和试误学习都是真实存在的、不同的现象；但是，不像第一版，它对巴甫洛夫和桑代克研究的解释方式做出了重要的改变。第二版二因素理论假设，桑代克（和赫尔）认为试误学习（问题解决）取决于驱力减少的看法是正确的，并且，将驱力的概念进行扩大，包括了恐惧、饥饿和口渴等。进一步假设，巴甫洛夫（和别赫捷列夫）认为，学习是通过刺激的连续性而发生的，而不是驱力减少；然而，反射学家只对客观可观察的反射感兴趣，而修订后的二因素理论强调恐惧情绪是最重要的条件作用，或者是有条件的反应，当驱力减少得到强化时，这种反应会得到激发。这种驱力的减少可以以桑代克研究中的方式进行，也可以是巴甫洛夫和其他人试图解释的一种简单行为，即直接的条件作用。

因此，这一理论假设，问题解决学习确实预先假定了驱力会降低，而符号学习，例如恐惧的条件作用，依赖于符号与有害刺激（如电击）的时间关联性。这里，学习不是驱力减少而是驱力增加的结果，即"惩罚"而不是"奖励"。因此，二因素学习理论第二版不仅认为存在刺激替代和反应替代两种不同的学习形式，还假设二者分别涉及不同的强化类型，

即驱力降低和驱力增加。❶

该理论对主动和被动回避学习的解释是非常有效的。但是，这一理论并非完美。在全面接受桑代克把习惯作为刺激—反应联结或者"联系"观点的同时，针对这一观点的批评也接踵而至（见第七章，也可见 Mow-rer，1960，第七章）。此外，显然，恐惧并不是唯一由条件作用产生的情绪，一些情绪是在驱力减少而非驱力增加的情境下习得的。换言之，假设条件作用和驱力诱发之间有明确而具体的关系，这一理论显然是错误的；而且，由于认识这些概念有很多困难，因此，应该有越来越多的实证研究解决次级强化现象的问题。因此，我们再一次遵循历史和逻辑的规律，转向这个新的研究主题。

[思想评价]

莫勒（Hobart Mowrer，1907—1982）是行为主义学派的代表人物之一，也是二因素学习理论的继承者和改进者。莫勒学术生涯的顶峰，正值行为主义盛行的时期——巴甫洛夫、赫尔和桑代克的学习理论正受到众多研究者的追捧。然而，莫勒却对这些理论有自己独特的见解，并与斯彭斯、阿姆泽尔、米勒和多拉德等形成了"新赫尔学派"。他在两本著作（《学习理论与行为》《学习理论与符号加工》）中详细阐述了他的学习理论。莫勒对学习理论的贡献不仅在于对行为主义的学习理论进行了新的诠释，还在于给认知心理学提供了一定的启示。莫勒还曾依据条件反射的原理制作了一个尿床报警装置，成功治疗了儿童尿床问题。此外，莫勒对学习、语言和人际关系心理学也做出了很多贡献。

一、生平事迹与二因素学习理论形成的背景

莫勒作为一名美国心理学家，深受美国行为主义心理学传统思想的影响。他在 1907 年 1 月 23 日出生于美国密苏里州的尤宁维尔附近一个农场家庭。到了该上学的年龄，他父亲从农场退休，把家搬到了城里。13 岁时，父亲不幸离世，莫勒的生活也发生了翻天覆地的变化。一年后，他经历了人生中第一次严重抑郁症，此后，抑郁症在他一生中反复发作，如影随形。也是出于这个原因，高中毕业后，莫勒升入了密苏里大学，决定学习心理学。在密苏里大学，莫勒跟随当时密苏里大学唯一一位心理学教授梅耶（M. F. Meyer）学习。梅耶是行为主义理论家，尽

❶ 如果读者觉得用图来表示二因素学习理论的第一版和第二版很有帮助的话，也可以参考第一部分的前四段以及第八章随附的插图。

教育心理学经典导读

480

管梅耶的研究与莫勒所期望的，能够解释和治愈他抑郁症的有一定差距，但他还是跟随梅耶的指导，做得非常出色。在大四的时候，莫勒为了完成社会学课程的一个项目，进行了一个有关学生性态度的调查。在保守的年代，这一调查遭到了学生家长的投诉，这导致讲授社会学课程的德格拉夫（H. O. DeGraff）和梅耶两位教授失去了工作。好在这件事对莫勒的影响并不算太大：虽然他没有按时拿到学位，但三年后（1932 年），他还是被授予了学位；1956 年，密苏里大学还为莫勒颁发了奖状。后来，莫勒进入了约翰斯·霍普金斯大学，在奈特·邓拉普（Knight Dunlap）的指导下攻读研究生。在这期间，莫勒以鸽子为对象研究了视觉和内耳前庭受体介导的空间定向。在约翰斯·霍普金斯大学期间，他也第一次接受了心理分析，试图解决再次出现的抑郁问题。1932 年，莫勒获授博士学位后，继续在西北大学和普林斯顿大学担任博士后研究员，从事空间定位方面的研究。莫勒在这一领域发表了一系列论文，在耳科学和感觉生理学领域小有名气。1934 年，莫勒拿到了去耶鲁大学研究学习理论的职位。当时，克拉克·赫尔的刺激反应方法在心理学界占据主导地位，莫勒和他妻子依据该原理发明了第一个尿床报警器。1936 年，莫勒被耶鲁大学人际关系学院聘用为讲师，并受到了洛克菲勒基金会的资助，这也使他得以开展新的研究项目。在那里，他同社会学家多拉德与心理学家杜布（Leonard Doob）、米勒和西尔斯（Robert Sears）一道开展了有关攻击的研究，参与了《挫折与攻击》一书的撰写，并与他们一起参加了精神分析讨论会。莫勒逐渐对学习、语言、精神病理学、认知过程和人际关系等心理问题产生了理论上的兴趣。这些对他后来的学术生涯产生了重要影响。从 30 年代开始，莫勒开始采用电击作为条件作用的装置研究学习理论。1940 年到 1948 年，莫勒任职于哈佛大学教育研究所，在那里，他与默里（H. A. Murray）在哈佛心理诊所工作，并与默里、帕森斯（T. Parsons）和奥尔波特（G. Allport）建立了哈佛大学社会关系系。1944 年，莫勒成为战略服务办公室的心理学家，主要为潜在的情报人员开发评估技术。他利用诱发心理压力方面的经验构造了一个可以对新兵进行心理压力评估的环境。这期间，他也参加了由沙利文（H. S. Sulivan）领导的研讨会。沙利文认为与重要他人的人际关系失常是精神障碍的病因，这一思想对莫勒有深刻的影响。回到哈佛后，莫勒开始为学生们提供咨询。1948 年，莫勒开始在伊利诺伊大学香槟分校开展研究工作，并在这一时期提出二因素学习理论。此外，莫勒还以鸟为研究对象，提出了语言发展的自我中心理论以及人类婴儿语言发展的理论。1975 年，莫勒从伊利诺伊大学退休。1982 年 6 月 20 日，莫勒自杀去世，享年 75 岁。

莫勒成长于 20 世纪初，当时精神分析心理学已经出现，莫勒本人也多次试图通过精神分析解决一直困扰自己的抑郁问题。然而，在行为主义不断崛起的过程中，莫勒在学术生涯中不可避免地深受行为主义的影响。行为主义心理学是 20 世纪起源于美国的一个心理学流派，创建人是美国心理学家华生。行为主义认为，心理学不应像构造主义那样主要依靠内省作为研究心理内容和过程的方法，也不应像机能主义那样虽然关注意识和行为，却仅仅关注实际的应用。行为主义认为，心理学应该采用客观的实验方法研究行为的变化。1913 年，华生的著名演讲《行为主义者心目中的心理学》发表在《心理学评论》上，这标志着行为主义的正式创立。虽然行为主义的创始人是华生，但许多行为主义的思想却来源于俄国的客观心理学。俄国的学者谢切诺夫(I. M. Sechenov)、巴甫洛夫、别赫捷列夫(V. M. Bechterev)都主张采用行为实验的方法来研究动物的生理过程。❶ 尤其是 1927 年《条件反射》英译本的出版，使得巴甫洛夫的研究和思想在美国得以传播。某种程度上，巴甫洛夫的经典条件反射原理是莫勒二因素学习理论的基础。与此同时，在美国本土，虽然机能主义大行其道，但桑代克已然认识到了机能主义的局限性，更加青睐于研究客观的动物行为。他利用迷箱和猫开展了行为研究，发现了学习的练习律和效果律。桑代克认为动物学习的原理适用于所有的哺乳动物。桑代克的工作对心理学的发展具有重大影响，可以认为，它代表了机能主义学派向行为主义学派的过渡。虽然桑代克不愿意放弃内省分析在研究人类意识时的作用，但是，他经由行为实验的结果提出的学习理论对莫勒的研究也有着不小的影响。行为主义诞生之后，学习这一领域的研究在美国变得异常活跃，甚至每个月都会出现大约 80 个新的研究题目。在这些研究中，赫尔的工作十分有影响力，以至于赫尔在耶鲁大学工作期间，他的周围聚集了大批被他的学说吸引的学生和同事，形成了著名的"耶鲁学派"。赫尔本人特别重视科学范式的运用，精心发展了一种系统的行为理论，一共提出了 17 条假设和 122 条公理。这种理论激发了许多后来的研究，而且以一种精确和量化的形式加以发展。在赫尔去世后，耶鲁小组的成员就成了赫尔理论的继承者和发展者，形成新赫尔学派。其中，与斯彭斯、阿姆泽尔、米勒和多拉德一道，莫勒也是新赫尔学派

---

❶ ［美］赫根汉：《心理学史导论》(第四版)，郭本禹、蔡飞、姜飞月、高剑婷译，上海，华东师范大学出版社，2004。

的核心成员。● 实际上，莫勒既是赫尔理论的继承者，也是赫尔理论的批判者和挑战者。在莫勒提出二因素学习理论之前，学习方面的工作大多还是围绕着"迷宫"开展的实验，这些实验很难得到完全的确认，每一个研究的结果都面临着不小的挑战和不少的反驳意见。在这种情形下，莫勒试图找到一条整合的途径，把当时的学习理论进行统合，以解释更加普遍的学习行为，为此莫勒深入分析了当时盛行的巴甫洛夫学说、桑代克的效果律以及赫尔理论，在此基础上提出了学习的二因素理论。

在提出二因素学习理论之前，莫勒首先分析了巴甫洛夫的条件作用和工具性条件作用之间的区别。他认为，在逃避学习中，可以通过巴甫洛夫提出的条件性刺激习得恐惧，当恐惧形成后，为了减少恐惧而学会了逃跑则是通过恐惧降低的强化效应习得的。因此，莫勒提出了一个递增惩罚而递减奖赏的双过程理论。即在递增的强化中，刺激是恐惧的符号；在递减的强化中，刺激是希望的符号。在此基础上，莫勒指出存在两种基本的学习过程。一种是借助于联想的条件作用，即问题解决学习；一种是由动机推动的学习，称为符号学习。1953年，莫勒把这一理论命名为学习的二因素理论。1956年，莫勒进一步指出，习惯是在奖赏所提供的强化或驱力降低的基础上习得的，而恐惧则是在符号和惩罚依随事件的基础上习得的，是诱发驱力的过程。莫勒认为，自己的理论与巴甫洛夫、桑代克和赫尔的理论有所不同，他强调学习包含两个连续的阶段，这其中既包括条件作用形成的符号学习(习得恐惧)，又包括了在奖赏基础上的解决学习(如逃避恐惧)，两者是紧密相连的过程。后来，莫勒又进一步修正了学习的二因素理论，指出所有的学习都是条件作用或符号学习，问题解决学习仅仅是条件作用的特例。他将强化分为递增的强化和递减的强化两种。前者是惩罚，例如，由危险信号产生的恐惧；后者是奖励，例如，由危险信号的消失带来的恐惧解决。莫勒的二因素学习理论放弃了赫尔的驱力降低强化观，指出安全信号出现可以产生希望，这一观点与托尔曼的预期理论十分相似。从心理学发展的历史上来看，莫勒的学习理论在曾经行为主义盛行的时期起到了一定程度上的整合作用，对后来的研究者也有一定的启发，增进了研究者对学习过程的理解。然而，莫勒的研究也受到了一些争议，有些西方心理学史的著作也并未给莫勒留有一席之地。这可能是因为莫勒二因素学习理论的提出刚好处于行为主义向认知主义过渡的时期，也可能是因为莫勒中年以后，将更

● 郭本禹、修巧燕：《行为的调控：行为主义心理学》，济南，山东教育出版社，2009。

多的时间和精力放在临床心理学的研究中了。

尽管如此，莫勒对心理学的贡献仍不可小觑。他曾担任数家专业杂志的编委，还曾于1953—1954年任美国心理学会主席。纵观其一生，他的研究涉及学习、语言、人际关系、心理治疗等多个领域，他还著有《学习理论与行为》《学习理论与人格动力》《学习理论与符号加工》《心理治疗理论与研究》等12本专著和200多篇论文。这些著作对当下的心理学研究仍有一定的影响和借鉴意义。

二、《学习理论与行为》的评析

莫勒1960年出版的《学习理论与行为》一书，对学习理论的整合起到了一定的推动作用。自从1943年赫尔出版《行为的原理》一书，学习领域的研究如雨后春笋般不断涌现，然而在研究盛况的背后，却是支离破碎和无序的现状。莫勒《学习理论与行为》一书的出版，无疑对学习理论的发展有重要的理论贡献。在该书中，作者首先回顾了巴甫洛夫和桑代克的主要思想，接着采用整合的视角分析了学习的过程，提出了包含两个连续过程的二因素学习理论。这本书中提出的理论在当时具有划时代的意义，不仅因为它对当时的学习研究起到了激发作用，而且因为它对过去20年的研究和思考进行了重新总结、梳理和解释。这本书从理论的、认知的和生理心理学的视角，使用实验室和真实生活的例子，诠释了研究数据的意义和合理性。在当时，几乎没有其他的学习著作可以与之媲美。在这本书中，莫勒讨论了学习领域中的许多基本议题，并对许多问题和矛盾之处尝试做出解决。

虽然莫勒经常被认为是行为主义心理学家，但如果要将莫勒的学习理论进行归类，实际上是有些困难的。他的二因素学习理论可以说是经典条件作用、情绪驱动、认知—行为取向的综合。借用经典的条件作用的范式，莫勒的二因素学习理论认为有两种经典的条件作用，一种在驱力降低时（递减的强化，如食物、希望、逃脱）出现，一种在驱力诱发时（递增的强化，如电击、恐惧、失望）出现。根据这两种条件作用，恐惧在电击出现时形成，而接下来恐惧变成了一种动机或情绪驱力，会激发个体去采取行动来降低这种恐惧。除了对于恐惧习得的关注之外，莫勒还根据不同的情境，界定了多种情绪，包括希望、恐惧、失望、挫折、放松、愤怒、勇气和厌恶等❶。为此，美国精神病学会高度评价了《学习

❶ Wodinsky J，"Learning theory and behavior by O. Hobart Mowrer," Social Research，1961(2)，pp.235-237.

理论与行为》一书，认为"该书是一位迷恋行为主义的成熟学者对大量学习理论和相关研究的吸纳，在这本书中，作者从历史发展的视角，阐述了半个世纪以来有关学习理论的思考、假设和实证研究的证据，并在很多地方提出了自己独到的见解"❶。

从内容上看，《学习理论与行为》一书包括两部分。前七章主要从历史的视角，详细介绍了二因素学习理论提出的逻辑和事实背景，以及该理论的主要观点。前七章的主题分别是：引言、历史回顾与展望；效果律、条件作用和惩罚的问题；学习理论第一版和第二版；次级强化的两个概念；次级强化的整合理论；次级强化的局限和问题；修订的二因素理论和习惯的概念。在该书的后五章作者将自己的理论与其他理论进行了比较，并将他的理论应用到了更广泛的场景下。虽然莫勒认为以往的学习理论存在各种各样的问题，但他也认为，我们不应抛弃或忽视早期的学习理论，恰恰相反，那些理论是二因素学习理论的基石。莫勒认为先前的学习理论有其错误和不足，但是，任何学习理论中都有其有效的成分，自己的理论只是对它们进行改造和重新解释，希望能够形成一个新的、全面的系统理论。从这一点上可以看出，莫勒本人对前人的研究还是十分尊重的，不是一味地否认别人理论的贡献，而是在继承先前理论的基础上进行发展。

综上所述，莫勒的《学习理论与行为》一书，对学习的两个过程、强化的两种作用以及情绪的产生进行了整合，这对于行为主义向认知主义的过渡起到了一定的奠基作用。莫勒的研究极大地增进了当时学者们对学习过程的理解，对学习理论的发展和变化起到了推动作用。但是，我们也应该看到，《学习理论与行为》一书也有其不足之处。莫勒虽然认识到了学习包含两个连续的阶段，但他并没有真正指出个体的认知变化在其中起到的作用。因此，他的理论还局限在探究刺激和反应的关系中。尽管如此，莫勒已经认识到了，不能仅用大鼠的实验结果来看待人类的学习行为，人类的学习过程中有更多的情感成分。他还将二因素学习理论运用到了心理治疗和临床心理学领域，并提出了诚实心理治疗法。因此，在学习心理学的发展历史中，莫勒的二因素学习理论仍有着重要的作用。

❶ Wahler H J，"Review of learning theory and behavior，" American Orthopsychiatric Association Inc.，1961，31(4)，p. 838.

三、对莫勒的教育心理学思想的评价

从心理学发展的历史来看，莫勒可以算作行为主义学派的心理学家。他主要从事学习理论的研究，运用统一的学习理论解释了心理分析现象，并以其二因素学习理论而闻名。莫勒对心理学的兴趣源于解决自己的抑郁问题，这一起因注定了他会兼顾研究的理论与实践意义。在职业生涯的早期，莫勒依据条件反射的原理发明了尿床报警器，用来治疗儿童的尿床问题，并取得了成功。这个装置非常简单，主要是用一个电铃与一块布垫相连接，每当儿童尿湿布垫时，会形成一个完整的电回路，电铃就会响起。铃声的出现使得儿童膀胱对尿液的感受性得到了训练和提高，几次之后，儿童就会在要有尿的时候自动醒来，或者睡整晚觉而不会尿床。这项具有实际意义的研究是行为矫正历史上最早的系统研究之一。

莫勒的教育心理学思想不仅体现在他整合了学习的两个过程，也体现在他对惩罚的分析和研究方面。莫勒用小鼠按压杠杆的例子说明了惩罚的抑制作用。例如，一只饥饿的小鼠先通过按压杠杆获取了少量食物，然后每当按压杠杆的时候，它也会受到电击以至于出现严重的疼痛。在若干次按压杠杆和电击之后，小鼠可能会放慢按压杠杆的频率或者停止按压杠杆。这个时候，电击作为一种惩罚成功抑制了按压杠杆的行为。莫勒认为，小鼠按压杠杆的本体反应与电击在时间上非常接近，那么，对电击疼痛的恐惧就与按压杠杆紧密相连了。每当小鼠要按压杠杆时，恐惧感油然而生，为了逃避电击、减轻恐惧，小鼠只好不去按压杠杆。莫勒认为，在积极的回避中，小鼠可能会跳出电击箱，以主动逃离电击、避免恐惧；而在这种惩罚的情境中，小鼠则会什么也不做，以减轻恐惧、避免电击。由此可见，避免条件性恐惧的形成是其教育心理学思想的基础。

莫勒的教育心理学思想集当时的学习理论之大成，在由行为主义学习理论向认知学习理论的过渡中起到了一定的推动作用，他的理论也受到了斯金纳等人的认可。然而，在心理学发展的历史洪流中，他的理论也不可避免地存在一些局限性。首先，莫勒的学习理论主要关注的还是条件反射的作用，缺乏对学习过程的其他理解。在行为主义盛行的历史背景下，他对学习的理解和解释难免会受到当时一些学者的影响。因而，莫勒虽然认识到了学习理论的纷繁复杂，试图整合出一个更好的理论，然而最终仍未能跳出行为主义的圈子，依然采用了行为主义的刺激、反射、反应、强化、条件作用等经典概念来构建自己的理论。实际上，学习不一定要有外显的行为变化，观察学习、内隐学习都是学习的不同形式，而这些现象用莫勒的理论是难以解释的。其次，莫勒的学习理论忽视了学习的认知加工过程。莫勒认为，在学习的过程中会出现情绪，但是，莫勒并没有认识到学习是个复杂的过程，感知觉、注意、记忆、推理等这些心理过程必须要参与其中。如果小鼠对电击没有敏锐的觉察，它也不会主动进行逃避。因此，仅从行为主义的视角分析学习的过程显然是不全面的。最后，莫勒试图构建一个统一体系来解释所有的学习行为，这实际上是不太可能实现的。受到客观心理学和科学方法的影响，20世纪前半叶的心理学家都试图让心理学变得像物理学一样精确。然而，心理世界的复杂不是物理世界能够比拟的，这样的想法目前来看还只是空中楼阁。

虽然莫勒的教育心理学思想存在一定的局限，但不可否认的是，他对当时学习理论的总结和梳理、各种学习理论的整合以及学习理论的发展都是有一定贡献的。行为治疗的兴起与他发明的尿床报警器不无关系，托尔曼新行为主义的诞生也与他提出的"希望"概念密不可分。在行为主义的阵营中，他不是先驱也不是新兴的代表，却能够当选美国心理学会主席，跻身20世纪100位最著名的心理学家之一，这也说明了他的贡献是不可忽视的。

四、我们的认识与理解

莫勒的教育心理学思想及其《学习理论与行为》一书，对我们从行为主义的视角理解学习理论有重要价值；而从他的思想和人生经历上，我们也能获得更多的认识和启发。

首先，与很多其他研究者不同，莫勒选择心理学源于其想解决自己的抑郁问题。因此，不像很多心理学家有多个交叉的学科背景，莫勒自始至终学习和研究的内容都集中在心理学领域。这种学术研究的专一性，对于一个学者来说，既有好处也有坏处。就莫勒而言，最大的好处就是，他对心理学的发展历史，尤其是学习理论的发展有较为深入的了解，能够融会贯通、举一反三。因此，他得以站在历史发展的视角来看待纷繁复杂的心理学研究，并能够系统梳理这些研究和理论。这对于他二因素学习理论的系统提出，无疑有巨大的帮助。此外，他也能够将理论与实践相联系，例如尿床警报器的发明，将学习理论应用于实践当中；提出了诚实心理疗法，创建了自助团体，并提出了真诚、责任、参与等心理治疗原则。然而，单一的学术背景，必然也给他的学术视野带来了一定的局限。莫勒的理论视角比较单一，如前所述，他并没有跳出行为主义的范畴。因而，他一生的学术经历足够"脚踏实地"，却不够"仰望星空"。

在当今社会，多学科的交叉与融合已经成为不可逆转的趋势，能够从整合的学科视角提出一些独特的理论是非常重要的。这提示心理学研究者，要有"拿来主义"的精神，要不断学习、借鉴、吸纳其他学科的方法、理论与技术。唯有如此，才能提出具有划时代意义的理论，做出有时代影响力的研究。

其次，从前面的论述中，我们可以看到，莫勒的理论思想与体系并不独特，主要遵循逻辑实证主义的路线，整合了以往的研究和理论体系，创新性也不是那么强。对于这一点，莫勒本人也不置可否。以至于，在二因素学习理论提出之后，他本人也没有对此做更进一步的研究，仿佛他的兴趣点不在于能够发现新的学习理论，而在于统合各种理论来解释学习现象。实际上，也存在另外一种可能性，即莫勒本人也觉得自己的理论创新性是不够的。毕竟，几乎在他提出二因素学习理论的同时，极富声望的斯金纳就提出了操作性条件反射。"二战"后，斯金纳的行为主义观点基本取代了其他观点。至此，莫勒的学习理论曾一度销声匿迹，有些心理学史教科书上甚至没有莫勒理论的影子。因此，无论哪个学科，要想有所发展，只整合前人的研究是绝对不够的，更需要创建和开发一套适合自己的理论体系与研究范式。心理学不是物理学，也不可能像物理学一样采用统一的理论和范式；心理学的研究与特定的文化环境和社会环境是分不开的。这也启发我们，中国心理学的研究也需要构建适合中国社会的理论体系。

最后，莫勒的人生经历说明，心理学应该对人性有更多的理解和认识。莫勒的抑郁问题使得他一生都不能割舍对临床心理学的眷恋。早期的时候，他因为抑郁选择了心理学作为职业方向，然而，他的抑郁问题并未彻底解决，抑郁至少又继续发作过 8 次。莫勒还曾做过 3 次以上的个体精神分析——尽管热爱学习理论，但他仍然认为神经质症状和抑郁症最好的解决途径是精神分析。然而，经过精神分析后，他的抑郁虽然在短期内有所好转，但很快又会复发。最终，在 50 年代后期，莫勒开始信服沙利文的人际关系理论，相信心理健康的关键在于健康、谨慎、诚实的人际关系。他在自己身上践行了这一理论，向妻子承认了婚外情——虽然他的妻子很不高兴，但他们两个都相信，这些秘密可能解释了他抑郁症的发作。在这之后的 8 年间，莫勒的抑郁也的确有所缓解。不过，在 1953 年，在接任美国心理学会主席的前夕、事业达到顶峰之时，他却经历了人生中最为严重的心理崩溃。他因抑郁住院治疗了三个半月，还服用了第一批三环抗抑郁药。虽然后来莫勒一直在试图帮助他人及自己创建心理治疗小组来解决自己的心理问题，然而他的周期性抑郁终究没有被完全"治愈"，以至于最终选择了自杀。臭勒悲惨的人生遭遇，与他对心理学的执着形成了鲜明对比。我们发现，精神分析和行为主义可能会解决某些心理问题，然而，这两个理论流派都缺少对人所独有的心理与情感过程的关注：精神分析过分关注病态心理，而行为主义则注重模仿物理科学、关注普遍规律；两者都缺乏对人性的理解和对个体差异的关注。心理学的最终目的是要让人类生活得更为健康和幸福，因此，仅仅关注病态是不够的，将动物的研究结果直接应用到人类身上也是不可取的。不论是教育心理学，还是其他的心理学分支，始终应将"以人为本"放在首位，只有这样，方能解决自己和他人的心理问题，让人类过上更为健康和幸福的生活。人本主义心理学和积极心理学似乎向人类指明了这样一条道路，让我们拭目以待。